한국현대詩사

한국
현대
詩
사

오세영 외 지음

민음사

머리말

 아직 논란이 있기는 하지만 1908년 11월 《소년》지 창간호에 실린 최남선의 「해에게서 소년에게」를 우리가 우리 시사 최초의 신시(新詩)로 규정할 때 올해는 정확히 한국 신시가 100년 되는 해이다. 물론 '신시'란 개화기를 전후하여 우리 문학이 근대적 자각의 결과로 쓰기 시작한 새로운 형태의 시를 말한다. 그것은 물론 2000여 년의 역사를 지닌 우리 고전 시가와 어느 정도 그 표현과 이념이 다른 시라는 뜻이다. 이 100년 한국 시의 역사에서 우리는 '신시', '근대시(近代詩)' 혹은 '현대시(現代詩)'라는 용어를 구분해 쓰기도 했다. 그러나 '신시'라는 말은 막연히 우리 고전 시가의 대타적 의미로 사용해 왔고 '근대시'와 '현대시'라는 명칭 역시 그 개념, 시기, 해당 작품에 대한 학계의 보편적 합의가 이루어지지 않았다. 그러므로 여기서는 넓은 의미에서 관용적으로 써 왔던 '현대시'라 지칭하고자 한다. 이 책의 제목을 '한국 현대시사'라 정한 것도 이 때문이다.

다 아는 바와 같이 우리 민족사의 지난 한 세기는 험난하였다. 봉건 사회가 몰락하고 근대 시민 사회가 성립하였으며, 한때 상실했던 국권을 참담한 민족적 투쟁으로 되찾은 시기였다. 그런가 하면 유례없는 민족상잔의 비극에 휘말렸고, 서양 문화의 무분별한 공략에 맞서 자신의 정체성을 지키고자 몸부림친 시대이기도 하였다. 그러나 100년의 이 모든 경험들은 이제 우리 민족 발전의 튼튼한 토대로 자리 매김하였다. 그리고 오늘날 우리는 전 지구적 수준에서나 인류의 보편적 관점에서 세계 10대 강국의 반열에 올라 있다. 지금부터는 우리의 지성도 좁은 민족의 울타리를 벗어나 이 세계와 인류의 발전을 위해 무엇을 공헌해야 할 것인가를 진지하게 고민해야 할 시기라고 생각한다. 바야흐로 세계화 시대인 것이다.

이러한 시점에 한국의 현대시 100년의 역사를 정리 기술한다는 것은 매우 뜻있는 일이라 하지 않을 수 없다. 그것은 앞서 지적했듯이 우리가 이제 민족이라는 좁은 울타리를 벗어나 범세계적, 범인류적인 차원으로 지향함에 있어 무엇보다 우리 자신의 과거 행적들을 성찰하여 새로운 출발을 기약해야 하기 때문이다. 지금은 마침 시기적으로도 한국 현대시 100년의 20세기를 지나 새로운 21세기에 들어섰다. 옛 성현도 온고지신이라 하시지 않았던가. 그러나 무엇보다 중요한 것은 한 민족의 문화유산 그 실재와 허상을 사실대로 기록해서 만대에 전승한다는 그 자체의 의의이다. 역사는 우리의 과거이자 그가 결정하는 현재 바로 그것이기 때문이다. 특히 지난 100년 동안 우리 민족사는 그 어떤 시대보다도 극적이고 다난했기 때문에 더욱 그러하다.

신문학 출발 당시의 우리 시단은 동인지 문단 수준을 벗어나지 못하였다. 시인의 숫자도 두 자릿수를 넘어서지 못했다. 그러나 이 100년 동안 우리의 시는 질적으로나 양적으로 급속히 성장 혹은 발전하여 이제 시단 인구도 1만여 명에 육박하는 시대에 이르렀다. 당연히 수많은 경향의, 수많은 개성들이 백화난만한 꽃밭을 이루고 있다. 세계화 과정 속에서 외국, 특히 서양의 영향도 만만하지 않았다. 서양의 근현대 사조는 대부분 수용되어 우리의 것으로 정착되었다. 그 과정에는 물론 부작용과 시행착오도 없지는 않았으나 대체로 시 창작의 새로운 영양소가 되어 우리 시의 발전에 크게 기여했다는 것은 누구도 부정할 수 없는 사실이다.

그러므로 이 100년 동안 우리 시사의 복잡다단한 개성과 천문학적 숫자에 해당하는 작품들을 모두 섭렵하여 정리 기록한다는 것은 학계의 현 수준으로 아직 한 개인이 감당하기에는 어려운 일이다. 차선책이기는 하나 그것은 필연적으로 공동 작업일 수밖에 없다. 그래서 학계를 대표한 열한 분의 학자들은 시인 협회의 후원으로 여러 차례 모임을 가졌고 시사 기술의 일관성과 객관성을 지키기 위한 여러 원칙들을 마련하였다. 그리고 각자 분담 시기와 범주를 결정하여 이처럼 집필에 임하게 된 것이다. 이 책이 공동 집필의 형식을 취하면서도 완결된 단행본이 될 수 있는 이유이다.

시사 집필에 있어서 가장 고심했던 부분은 (모든 역사 기술이 그렇듯) 시대 구분이었다. 그리하여 우리 집필자 일동은 몇 차례의 논의 끝에 다음과 같은 시대 구분에 합의하였다.

1. 근대시의 형성기(1894년~1919년): 갑오경장으로부터 3·1운동 전까지
2. 근대시의 전개(1919년~1931년): 3·1운동부터 만주사변 직전까지
3. 현대시의 형성기(1931년~1945년): 만주사변부터 8·15광복까지

4. 해방기의 시(1945년~1950년): 8·15광복 이후부터 한국전쟁 발발 직전까지
5. 전쟁기와 전후의 시(1950년~1961년): 한국전쟁부터 4·19혁명 직전까지
6. 민주화의 열망과 좌절(1961년~1972년): 4·19혁명부터 유신 직전까지
7. 산업화 시대의 시(1972년~1979년): 유신 체제 시기
8. 민중 혁명의 시기(1979년~1991년): 신군부의 대두에서부터 문민정부 수립까지
9. 탈냉전의 시기(1991년~2000년): 동유럽의 몰락과 남북 화해의 시기
10. 세계화의 시기(2000년~): 새 천년과 새로운 국제 질서의 개편

이상과 같은 시대 구분은 대체로 사회 혹은 정치 변혁에 따른 것이다. 그러나 삶의 모든 분야가 그렇듯 근본적으로 문학 역시 그 토대가 되는 사회 경제사적 변화로부터 자유스러울 수 없다. 우리의 지난 100년의 문학사 또한 이와 같은 시대 변화에 필연적으로 조응했던 것 또한 사실이다. 예컨대 1919년은 사회적으로는 3·1운동이 일어난 해이지만 우리 시사 최초로 근대시가 쓰였으며, 1931년에 발발한 만주사변은 우리 문학사에서 프롤레타리아 문학을 쇠퇴시켰음을 알 수 있다. 순수시 창작(1930)과 모더니즘 운동이 활발하게 전개된 것 역시 이 무렵이다. (아방가르드 계열의 시들이 소수 쓰이기 시작한 것은 엄밀하게 1926년경부터이지만.) 1941년은 국제적으로 태평양 전쟁이 일어나 그 결과 일제에 의해서 국어 사용이 전면적으로 금지된 해이기도 하다. 1991년은 소련과 동유럽의 사회주의 체제가 무너졌으며 이를 전후하여 국내

에서는 민간 주도의 민주 정부가 수립되었다.(1993년 김영삼의 문민정부가 들어섰다.) 그것을 꼭 우연이라고 말할 수는 없으나 우리 근대사를 살펴볼 경우 큰 사회적 변화는 이렇듯 대개 10년 단위로 일어났다. 그리고 문학의 변화 역시 이 범주에서 크게 벗어나지 못함 또한 사실이다.

올해는 한국 현대시 100년이 되는 해이지만 한국 시단을 대표하는 한국시인협회가 창립 50주년을 맞는 해이기도 하다. 따라서 본서의 간행은 한국시인협회 창립 50주년을 기념하는 뜻도 내포하고 있다.

이 자리를 빌어 본서의 간행을 위해 재정적으로 도움을 주신 대산문화재단과 문화관광부에 심심한 사의를 표한다. 아무쪼록 본서가 학계에서는 학술 연구에, 학생들에게는 지적 탐구에, 일반 독자들에겐 교양의 함양에 도움이 되기를 바라 마지않는다.

2007년 가을

집필자들을 대표하여
한국시인협회장,
서울대학교 국문과 명예교수 오세영

차례

머리말	5

1장 한국 현대시의 성찰 | 오세영　　15
  1 자유시의 성립 과정　　15
  2 정형시로서의 신체시와 창가　　19
  3 근대, 현대, 탈현대　　24
  4 아방가르드, 모더니즘, 포스트모더니즘　　29
  5 시, 서정시 그리고 서사시　　32
  6 한국 시의 율격　　39

2장 근대시의 형성기(1894년~1919년) | 김영철　　43
  1 개화기 시가의 형성 배경　　43
    1) 시대적 배경　　43
    2) 사상적 배경　　46
    3) 문학 저널리즘의 정착 과정　　49
    4) 창작 계층과 장르 의식　　51
  2 개화기 시가의 장르 유형과 특징　　64
    1) 장르 유형　　64
    2) 장르 선택의 배경　　83
  3 1910년대의 시　　95
    1) 자유시의 정착 과정　　95
    2) 상징시의 수용과 전개　　101

3장 근대시의 전개(1919년~1931년) | 최동호 109

1 서구적 시풍과 근대시의 전개 109

2 상징주의와 다다이즘 시에서 모더니즘 시로 112

3 다다이즘에서 프로 문학으로의 전환 135

4 서구 사조의 혼류를 넘어서는 시사적 지향 147

4장 현대시의 형성기(1931년~1945년) | 남기혁 151

1 시대적 상황 151

2 문학 환경과 시단 현황 154

3 1930년대 시단의 주요 경향 159

　1)리리시즘의 다양한 표정들: 순수 서정시 계열 159

　2)문명 비판과 언어 실험: 모더니즘과 아방가르드 계열의 시 179

　3)이념의 퇴조와 내성화의 길: 현실주의 계열의 시 191

4 암흑기의 시 199

　1)친일시 199

　2)저항의 여러 양상들 204

5장 해방기의 시(1945년~1950년) | 고형진 211

1 해방기의 시대 상황과 시단의 경향 211

2 좌파 계열의 시 220

3 '청록파'의 결성과 새로운 세대 228

4 도시적 감수성의 시 239

6장 전쟁기와 전후의 시(1950년~1961년) | 김현자   245

   1 전쟁기와 전후 시단의 주요 경향   245

   2 전쟁시와 현실 인식   248

   3 서정성의 회복과 확대   260

   4 모더니즘 시와 다양한 실험적 모색들   315

   5 맺음말   334

7장 민주화의 열망과 좌절(1961년~1972년)) | 송기한   337

   1 1960년대의 시대적 상황과 시단의 현황   337

   2 시의 외면적 확대 ― 시의 사회적 자장   340

   3 시의 내면적 확대 ― 시의 자의식적 확충   353

   4 시의 서정적 의미역의 확대 ― 전통과 새로운 서정의 도입   382

8장 산업화 시대의 시(1972년~1979년) | 이숭원   395

   1 1970년대의 시대적 상황과 시단의 경향   395

   2 정서의 작용을 중시한 시   404

      1) 전통 서정의 계승   404

      2) 서정성과 현대적 심상의 결합   418

      3) 서정의 현실 수용   428

   3 지성의 활동을 중시한 시   444

   4 현실적 반응을 중시한 시   456

   5 1970년대 시의 시사적 의의   469

9장 민중 혁명의 시기(1979년~1991년) | 박현수   473

   1 1980년대, 압도적인 현실의 시대   473

   2 1980년대 시단의 안팎   477

    3 1980년대 시적 경향의 다양성 483
        1) 현실주의 시의 성황 483
        2) 해체주의 시의 등장 500
        3) 서정주의 시의 건재 515
    4 시사적 의의 531

10장 탈냉전의 시기(1991년~2000년) | 유성호
    1 1990년대 시단의 안팎 533
    2 1990년대 시의 전개 양상 537
        1) 현실주의 시의 전개 537
        2) 생태주의 시의 전개 548
        3) 여성주의 시의 전개 556
        4) 서정주의 혹은 신서정시의 전개 564
        5) 모더니즘 혹은 포스트모더니즘 시의 전개 583
    3 1990년대 시의 성취와 한계 590

11장 세계화의 시기(2000년~) | 맹문재
    1 2000년대의 시대 상황 593
    2 2000년대 시단의 안팎 595
    3 2000년대 시의 전개 양상 597
        1) 원로 및 중견 시인들의 활동 597
        2) 서정시의 심화와 확대 604
        3) 실험시의 등장과 확대 617
        4) 참여시의 지속 627

찾아 보기 637
저자 약력 674

1장
한국 현대시의 성찰

1 자유시의 성립 과정

지금까지 학계에서는 우리의 자유시형이 외래 영향에 따라 이루어졌다는 견해가 보편적이었다. 그러나 필자는 이와 달리 (영향 자체를 부정할 수는 없으나) 본질적으로는 전통시에서 발전해 왔다고 본다. 그 이유는 다음과 같다.

첫째, 일본 체류의 경험이 있는 최남선이나 이광수 같은 신시 작가들의 작품을 예로 들어 우리의 자유시가 외래 영향을 받아 발생했다고 주장하는 것은 옳지 않다. 왜냐하면 이들이 쓴 개화기 시가들, 예컨대 최남선, 이광수의 신체시나 이광수의 4행시 등은 종래의 문학사적 평가처럼 자유시 지향의 시형이 아니라 오히려 자유시에 반동하는 시형이라고 생각되기 때문이다. 지금까지는 이들이 쓴 이른바 '신체시'가 자유시의 효시가 된다는 관점에서 그들이 일본 체류시에 받았을 왜래 영향을 문제 삼아 왔다.

그러나 '신체시'가 자유시에 반동하는 시형이라면 이 같은 가정은 무의미하다.

둘째, 문헌상으로 1910년대 중반까지 외국 시의 한국 수용이 거의 없었다는 점이다. 예컨대 최남선이 「해에게서 소년에게」를 쓴 1908년 11월까지 우리 문단에 소개된 외국 시는 단 한 편도 없었다. 물론 위의 작품이 발표된 《소년》지 창간호의 다음 호, 즉 제2호(1908년 12월)에 최초로 사무엘 스미스(Samuel F. Smith) 작「아메리카」라는 시가 번역 게재된 바 있지만 이 작품은 순수 예술시가 아니라 미국 국가의 가사라는 점, 그 형식이 정형시체로 되어 있다는 점에서 최남선에게(오히려 정형시에 대한 집착을 강화시키는 데 영향을 주었다면 모르거니와) 자유시 지향의 어떤 시작 충동을 주었으리라고 생각되지는 않는다. 참고로 1910년대 중반까지 우리 문단에 소개된 해외 시의 서지를 밝히면 다음과 같다.

  1909년 2월 미상, 「대국민의 기백」, 《소년》
  1909년 3월 몬트꼬 메리, 「청년의 기원」, 《소년》
  1909년 5월 찰스 맥케이, 「띠의 강반의 방앗군」, 《소년》
  1909년 7월 캐롤라인 오온, 「노작(勞作)」, 《소년》
  1910년 3월 빠이론, 「빠이론의 해적가」, 《소년》
  1910년 6월 빠이론, 「대양」, 《소년》
  1910년 7월 네코에푸스키, 「사랑」, 《소년》
  1910년 12월 테니슨, 「제석(除夕)」, 《소년》
  1914년 10월 투르게네프, 「문어구」, 《청춘》
  1914년 12월 존 밀톤, 「실락원」, 《청춘》
  1914년 12월 미상, 「기화」, 《학지광》
  1915년 2월 투르게네프, 「걸식」 외 2편, 《학지광》

다 알고 있는 바와 같이 우리 시사에서 최초의 자유시로 공인된 작품들은 주요한의 「불놀이」(1919년 2월), 김안서의 「겨울의 황혼」(1919년 1월), 황석우의 「봄」(1919년 2월) 등이다. 그러나 실상을 보면 이와 같은 시형이 등장한 것은 그 이전 이미 1910년대 중반의 《학지광(學之光)》에서 활동한 무명의 시인들, 예컨대 최소월(崔素月), 김여제(金輿濟), 돌샘[石泉] 등의 작품에서였다. 따라서 《학지광》이 일본 유학생들에 의해 일본에서 발간된 잡지였다는 것과 위에서 인용한 서지를 감안해 볼 때 우리 자유시 형성 과정에서 해외 시의 영향이 있었다면 아무래도 그것은 1910년대 이후의 일이라고 보는 것이 자연스럽다.

그러나 1910년대 중반에 이와 같은 현상들이 나타났다고 해서 우리의 자유시 형성이 전적으로 혹은 지배적으로 일본을 비롯한 해외 시의 영향으로 이루어졌다고 진단하는 것은 잘못이다. 우리 문학사에서 정형시의 자유시화(自由詩化) 경향은 이미 18세기 후반부터 진행되고 있었고 그 변화의 주도적 흐름이 자생적이었기 때문이다. 이는 우리의 자유시 창작 운동이 해외 시의 영향으로 촉발된 것이 아니라 우리 문학사의 내적 필연성에 따라 일어난 것임을 의미한다. 실제로 우리 문학사에서 정형시형의 해체는 개화기가 아니라 이미 18세기 후반, 즉 사설시조의 등장에서 비롯했다고 보는 것이 옳다. 그것은 17세기에 라퐁텐이 정형률에서 불규칙적인 수의 음절들과 기수율(基數律)을 차용하여 프랑스의 '고전적 자유시(le vers libre classique)'를 개발한 것과 유사한 현상이라고 말할 수 있다. 18세기 한국에서 사설시조의 등장은 정형시라 할 평시조의 율격을 부분적으로 해체하여 그것이 자유시형으로 지향할 물꼬를 텄기 때문이다.

이처럼 18세기 후반부터 시작된 정형시의 해체 및 자유시 지향 운동은 개화기에 들어 시조와 잡가, 민요, 가사, 판소리 등 전통 장르 상호 간에 적극적인 교섭과 침투가 이루어짐으로써 가속화된다. 그 결과 자유시형에 준하는 여러 형태의 개화기 시가 장르들이 등장했던 것은 우리가 문학사에서 익히 보는 바와 같다. 그러나 그 시대의 이와 같은 변화 과정에 아직 일부 문화적 수구 세력들이 없었던 것은 아니다. 예컨대 진정한 시란 '정형시형'으로 쓰여야 한다는 고정관념과 우리의 전통 정형시는 낡고 저열하다는 편견에 사로잡혀 오히려 자유시 창작을 외면하고 그 대신 새로운 정형시의 창작과 그 정립을 꾀하고자 했던 일군의 시인들, 즉 근대의 선각자로 치켜세워진 최남선, 이광수 등이 그들이다.

그들은 자신이 체험한 해외 문학의 현장에서 정작 보아야 할 근대 자유시형은 보지 않고 아이러니하게도 한국의 시조보다 더 완결된 외국의 정형시형들을 보았다. 그리하여 그로부터 어떤 유의 문화적 열등감을 느끼면서 우리 문학의 경우도 전통적인 것과 다른, 새로운 정형시형의 확립이 문화적 근대화에 이르는 첫걸음이라고 오해한 나머지 (자유시 지향의 문학사적 흐름에 반하여) 이른바 '신체시'나 '4행시' 등과 같은 정형시형을 창안하였던 것이다. 조선 중기에 대두하였으나 거의 사라져 버렸던 '언문풍월'이 그 무렵 난데없이 다시 나타나 일대 유행을 일으켰던 것도 같은 문맥에서 이해될 수 있다.

그러나 물론 소수의 문화적 수구 엘리트라 할 그들의 그와 같은 문학적 반동이 근대 시민 사회의 문학적 반영이라 할 자유시 지향의 대세를 꺾을 수는 없었다. '근대'라는 한 시대의 보편적 문화 현상은 필연적으로 문학에 있어서도 보다 자유스럽고 민주적인 형식, 즉 자유스러운 시형을 요구하고 있었기 때문이다. 그리하여 우리 문학사가 마지막 남은 이 장애물을 극복하자 자유시는 이제 확고한 민족시형으로 자리를 잡고 마치 둑을 무너뜨린 홍수처럼 전 문단적 확산에 이르게 된다. 우리는 대체로 이 시기를 1910년대 중반으로 잡을 수 있을 것이다. 따라서 우리 시에 끼친 해외 시의 영향이란 이 마지막 단계에 국한된 것으로 우리 문학사의 자생적 자유시 창작 운동에 한 보탬이 되었을지는 모르나 그 자체가 주도한 것이라고는 결코 말할 수 없다.

결론적으로 우리 근현대 문학사에서 자유시의 형성은 1) 18세기의 사설시조 등장으로 인한 1단계의 정형시 해체→2) 개화기의 전통 장르 상호 간의 교섭과 침투에 의한 2단계 해체→3) 해외 시의 영향→4) 문학적 반동 세력에 의한 새로운 정형시형 확립 운동과 그 극복이라는 네 단계를 거쳐 이루어졌다. 그리고 이 과정에서 주도적인 것은 우리 문학의 자생적인 자유시 창작 의식이었고 해외 시의 영향은 다만 이 마지막 단계에서 부차적인 역할을 담당했을 뿐이다. 우리 문학사의 이 같은 현상은 그 토대라 할 조선 사회의 경제·사회사적 변화, 즉 넓은 의미의 초기 자본주의 형성 과정을 반영하고 있음이 물론이다.

2 정형시로서의 신체시와 창가

개화기 우리 시가 장르에 대한 논의에서 문제되는 것은 '신체시'와 '창가'이다. 전자는 그것이 과연 자유시의 효시가 될 수 있는가 하는 점에서, 후자는 문학적 장르 명칭으로 적합한가 하는 점에서 그러하다. 결론부터 말하자면 이 양자는 모두 그렇지 않다.

지금까지 선학들은 신체시의 파격적인 율격을 정형시 해체의 첫걸음으로 보고 이 율격의 파격성이 근대 자유시형을 성립시켰다고 주장해 왔다. 그러나 신체시는 자유시 지향이라기보다는 정형시 지향에서 쓰인 하나의 과도기적 정형시형이라는 것이 나의 생각이다. 진정한 의미에서의 자유시 혹은 자유시 지향의 율격 해체라면 장르적 차원은 물론이고 개개의 시에서도 어떤 획일적인 규범이 사라져야 하는데 신체시는 (특히 후자의 측면에서) 그렇지 않기 때문이다. 신체시는 한 편의 시를 구성할 때 각 연들 사이에 정확한 형식적 대응과 정형률격의 반복을 고수하고 있다.

    1연: 텨―ㄹ썩 텨―ㄹ썩, 쏴―아
         따린다 부순다 문허버린다.
         태산 같은 높은 뫼, 집채 같은 바윗돌이나
         요것이 무어야 요게 무어야
         나의 큰 힘 아나냐 모르나냐 호통까지 하면서
         따린다 부순다 문허버린다.
         텨―ㄹ썩, 텨―ㄹ썩, 튜르릉 콱

    2연: 텨―ㄹ썩 텨―ㄹ썩, 쏴―아
         내게는 아모것도 두려움 없어
         육상에서 아모런 힘과 권(權)을 부리던 자라도
         내 앞에 와서는 꼼짝 못 하고
         아모리 큰 물건도 내게는 행세하지 못하네
         내게는 내게는 나의 앞에는
         텨―ㄹ썩, 텨―ㄹ썩, 튜르릉 콱
         (후략)
                    ―「해에게서 소년에게」 1, 2연

  신체시의 전형이라 할 최남선의 「해에게서 소년에게」의 총 6연 가운데 편의상 1, 2연만 인용해 보았다. 이를 꼼꼼히 살펴보면 매 연의 첫 행과 끝 행이 같은 말의 반복이고, 각 연 모두 7행으로 되어 있으며, 각 연에 대응하는 매 행의 음절 수와 음수율이 일정함을 알 수 있다. 동일한 음절 수의 의성어와 의태어만으로 구성되어 있는 각 연의 첫 행과 마지막 행을 제외하고 인용 시행들을 율독하면 다음과 같기 때문이다.

    1연: 2행 — 3.3.5
          3행 — 4.3.4.5
          4행 — 3.3.5
          5행 — 4.3.4.4.3
          6행 — 3.3.5

    2연: 2행 — 3.3.5
          3행 — 4.3.4.6
          4행 — 3.3.5
          5행 — 4.3.3.4.3
          6행 — 3.3.5

  물론 2연의 3행과 5행에 1음절씩 가감되는 예외가 없지는 않다. 그러나 음수율에서 1음절 정도의 오차는 문제되지 않으므로 이상과 같은 음독의 결과에서 우리는 신체시의 일반적 특징을 이렇게 요약할 수 있으리라 생각한다. 즉 장르적 차원의 정형률은 없다. 하지만 개개의 시에 적용되는 정형률만큼은 엄격히 지켜진다는 점이다. 그것은 한마디로 신체시가 개인적 차원의 정형시임을 의미하는 것이다.
  이는 또한 이들 작가가 초지일관 정형시 옹호론자들이었다는 그들의 전기적 사실에서도 뒷받침된다. 가령 신체시의 정형시화 운동에 실패한 최남선과 이광수, 주요한 등이 후에 모두 시조 부흥 운동의 기수로 변신하고, 그들의 시론에서 '정형시'를 적극 옹호하였던 것 등을 들 수 있다. (예컨대 최초의 근대시 혹은 자유시 작자로 일컬어지는 주요한과 김안서가 후에 자신의 초기 자유시 창작 행위를 후회하면서 그 부당성을 지적하고 각각 시조와, 소위 격조시(格造詩) 창작자 등 정형시 옹호론자로 변신한 것을 들 수 있다.) 특히 이광수는 한시(漢詩)를 모방하여 행과 연 그리고 율격과 압운까지도 엄격한 이른바 '4행시'를 창안한 바도 있다. 그들의 이와 같은 문학적 행적은 애초부터 그들의 문학 의식에 자유시형이라는 개념이 희박했다는 논거가 된다.

  그렇다면 왜 하필 이 무렵에 이와 같은 개인 창작 정형시들이 등장한 것일까. 그것은 간단히 새로운 한국적 정형시형의 모색이라는 말로 설명될 수 있으리라고 본다. 가령 이 시기 신체시 작가들은 앞서 지적한 바와 같이 일관되게 정형시형을 고수코자 한 문화적 수구 세력들이었다. 따라서 그들의 해외 체험 역시 그 현장에서 근대 자유시형을 보기보다는 아이러니하게 우리가 갖지 못했던 그들 민족 문학의 엄격한 정형시형(서구의 소네트나 일본의 하이쿠와 같은)을 보았고 이에 영향을 받아, 그들이 낡았다고 생각했던 고래의 우리 전통 정형시, 즉 시조와는 다른, 어떤 새로운 한국의 정형시형을 확립코자 했던 것이다. 즉 그들이 시도한 이 새로운 정형시형이 널리 확산되어 문단의 보편적 공인을 받고 더 나아가 고래의 시조를 대신할 새로운 민족적 정형시로 정립되기를 꿈꾸었던 것이다. 그러한 의미에서 신체시란 자유시형을 지향하기 위해서가 아니라 정형시 확립을 목적으로 창안한 개화기의 한 실험적 정형시형이라고 말할 수 있다.

  물론 신체시는 자유시 지향이라는 근대 문학의 역사적 필연성에 반동적이었으므로 장르적 차원의 정형시형 확립이라는 애초의 목적에까지는 이르지 못한 채 개인 창안 정형시 창작의 수준에서

막을 내렸다. 그것이 피상적인 관찰자에게 (4·4조 가사나 시조의 정형성과 대비하여) 마치 정형률의 파격 내지는 자유시 지향으로 비쳐졌을 뿐이다. 그러나 신체시는 개인적 차원이든 공인된 장르적 차원이든 엄연한 정형시의 일종이다.

'창가'는 원래 음악의 명칭이다. 이 무렵 일본 교육부〔文部省〕가 펴낸 일반 학교의 서양곡 노래 모음집『소학 창가집(小學唱歌集)』에서 그 이름이 유래한다. 그러므로 그것은 일본 전통의 노래가 아닌 서양의 가곡을 가리키는 말이다. 그러나 넓은 의미에서 시란 노래의 가사이므로 창가의 가사를 시라 부른다 해서 잘못일 수는 물론 없다. 문제는 그것이 작곡을 염두에 두어 대개 정형률로 쓰였다는 점이다. 즉 '창가'는 대부분 일정한 정형률로 작사된 노래를 일컫는 말이다. 다만 그 정형률이 전통적인 것의 규범만을 따르지 않고 작품에 따라서는 개인이 새롭고 다양하게 창안한 것도 많았다는 점에서 전통 가사와 조금 다를 뿐이다.

이렇듯 '창가'가 '정형률의 시' 혹은 '개인이 자유롭게 창안한 정형시'라면 그것을 굳이 다른 정형시형과 구분하여 별개의 장르로 설정할 필요가 없다. 4·4조로 된 창가라면 '개화기 가사'에 편입시키면 되고, 그 이외의 새로운 정형률로 된 창가라면 이때 등장한 개인 창작의 정형시 즉 '신체시'에 편입시키면 되기 때문이다. 다만 가창 여부를 굳이 구분해야 한다면 (노래로 불리거나 불리지 않거나 하는 것은 현대시의 장르 규정과 별 상관이 없으니) 노래로 불리는 '창가체 가사'와 '창가체 신체시' 그리고 노래로 불리지 않은 '비창가체 가사'와 '비창가체 신체시'라는 용어를 사용하면 된다. 가령 같은 최남선의 작품이지만「경부철도가」는 '창가체 신체시'이며「해에게서 소년에게」는 '비창가체 신체시'이다. 가사의 경우 이외에도 전통 악곡으로 불리는 개화기 이전의 '노래체 가사'가 별도로 있음은 다 아는 바와 같다.

3 근대, 현대, 탈현대

'근대(modern)'란 일반적으로 '고대(ancient)', '중세(middle)'와 더불어 역사 전개의 한 시기를 일컫는 용어이다. 인류의 역사를 이렇듯 세 시기로 나누는 것은 이를 주도해 온 정치나 경제가 세 단계의 발전 과정(혹은 전개 과정)을 거쳐 오늘에 이르렀다는 사회·경제사적 역사관에서 비롯한다. 즉 고대의 노예 경제에 토대한 신정 정치(theocracy)가 중세의 장원 경제에 토대한 봉건 정치를 거쳐 오늘날 근대의 자본주의 경제에 토대한 민주주의 정치로 이행해 왔다는 생각이다. 따라서 근대란 한마디로 경제적으로는 자본주의, 정치적으로는 민주주의가 구현된 시대라고 할 수 있다.

역사가 구분한 모든 시대가 그렇듯 근대 역시 밑바탕에는 그것을 개화시킨 한 특정한 세계관이 정초해 있다. 르네상스 시기에 대두한 이성과 합리주의 정신이 그것인데 이를 가리켜 우리가 간단히 이성 중심적 세계관이라 부르는 것은 다 아는 바와 같다. 자본주의나 민주주의는 모두 이성과 합리주의가 경제나 정치에 구현된 제도인 것이다. 그러한 관점에서 근대는 또한 이성 중심적 세계관이 지배하는 시기를 일컫는 용어라 해도 틀리지 않는다. 그러나 여기에는 몇 가지 논의되어야 할 문제들이 있다. 그 중요한 것의 하나가 자본주의나 민주주의 발생이 과연 이성 중심적 세계관의 대두와 동시적인가 하는 점이다. 대답은 물론 '아니다'이다. 서구에 있어서 이성 중심적 세계관의 대두는 15세기 전후 르네상스 시대부터의 일이지만 자본주의의 확립은 이보다 늦은 19세기 이후의 일이기 때문이다. 그러나 이렇듯 비록 자본주의가 훨씬 후대에 성립되었다 하더라도 우리는 서구의 역사에서 넓은 의미의 근대가 이성 중심 세계관이 대두한 15세기 르네상스에서 비롯한다는 견해를 부정할 수는 없다. 그것은 다음과 같은 이유 때문이다.

첫째, 그 어떤 것이든 원인에서 결과에 이르는 도정에는 분명 시간의 경과가 반드시 있다는 점이다. 르네상스의 이성 중심 세계관이 원인이 되어 경제적으로 자본주의, 정치적으로 민주주의라는 결과에 이르는 과정, 즉 근대화 과정 역시 마찬가지일 터이다. 따라서 이 경우, 근대의 출발은 좁은 의미에서는 결과를, 넓은 의미에서는 원인을 기준으로 할 수도 있다.

둘째, 서구 자본주의는 하루아침에 이루어진 것이 아니라 수백 년 동안의 이행기를 거쳐 왔으므로 보는 관점에 따라서 그 시기를 다르게 설정할 수도 있다는 점이다. 자본주의의 확립은 19세기 산업 혁명의 시대에 이루어진 것이 분명하지만 그 배태기나 성장기와 같은 과정을 염두에 둘 경우 이르게 잡아 15세기부터 비롯한 것이라고 말해도 틀리지는 않기 때문이다. 실제로 역사학자들 사이에는 자본주의의 발전 과정을 15~16세기에 싹이 터서, 17~18세기의 성장 과정을 거친 후, 19세기 산업 혁명 시대에 꽃피었다고 보는 것이 정설이다. 그러므로 좁은 의미의 근대를 19세기 이후로 규정한다 하더라도 넓은 의미의 근대만큼은 르네상스, 곧 이성 중심 세계관이 대두한 15세기에서 비롯했다고 말하는 것이 자연스럽다.

그러나 '근대'라는 시기 역시 단순치 않다. 오늘의 자본주의와 그것을 지탱하는 세계관이 급속히 변하고 있기 때문이다. 그리하여 근자에는 근대를 다시 세 시기로 나누어 보는 논자도 생겨나게 되었다. 가령 19세기 산업 혁명에서 완성된 이른바 자유 시장 경제 자본주의 시기를 제1기로, 19세기 말 독점 자본의 국가 경영에서 비롯된 제국주의 자본주의 시기를 제2기로, 제2차세계대전 종전 직후(1940년대부터) 오늘에 이르기까지의 기술 발전을 통해 이루어진 다국적 자본주의 시기를 제3기로 보는 것이다. '좁은 의미의 근대(modern)' '현대(modern)' '탈현대(post modern)'는 각각 이를 지칭하는 용어이다.

그러나 여기에는 필연적으로 혼란이 따른다. 우리말의 '근대'나 '현대'는 영어의 'modern'을 번역해서 만든 단어인데 정작 이 'modern'이라는 말에는 우리말 '근대', '현대'라는 두 가지 단어가 모두 포함되어 있기 때문이다. 즉 서구어에는 우리말 '근대'와 '현대'와 같이 이 둘을 구분해서 쓸 수 있는 두 가지 단어가 없다.

그러나 실제 사용에 있어서는 그렇지 않다. 그들 역시 우리가 뜻하는 '근대'와 '현대'를 나름대로 구분해 사용하는 것이 일반적이기 때문이다. 이 경우 그들은 대체로 두 가지 방법 중 하나를 택한다. 하나는 'modern'이라는 단어 한 가지로 쓰되 전체적인 문맥에 의지하여 두 시기(근대와 현대)를 구분하는 방법이다. 다른 하나는 'modern'이라는 말에 여러 가지 조어적(造語的) 수사어를 붙여 구별하는 방법이다. 가령 pre-modern(proto-modern, 르네상스에서 비롯된 넓은 의미의 근대), paleo-modern(좁은 의미의 근대), modern(현대), post-modern(anti-modern, neo-modern, 탈현대)이라든지, 독일어의 neue Zeit(르네상스에서 비롯된 시대, 즉 넓은 의미의 근대), neuere Zeit(프랑스 혁명과 산업 혁명에서 비롯된 시대, 즉 좁은 의미의 근대), neueste Zeit(현대) 등이 그것이다.

이와 같은 관점에서 서구의 근·현대는 15세기 르네상스에서부터 19세기 산업 혁명 시기까지의 넓은 의미의 근대, 19세기 초반 산업 혁명의 시대부터 19세기 말까지의 좁은 의미의 근대, 19세기 말에서 제2차세계대전 종전까지의 현대, 제2차세계대전 종전에서 오늘에 이르기까지의 탈현대로 구분된다. 그리고 이에 대응하는 각 시기별 문학 사조로는 각각 좁은 의미의 근대에 리얼리즘과 낭만주의 및 상징주의, 현대에는 영미 모더니즘과 유럽의 아방가르드, 그리고 탈현대에는 포스트모더니즘을 드는 것이 일반적이다. 따라서 영어에 우리말의 '근대'와 '현대'라는 뜻을 구분할 수 있는 단어가 없으므로 편의에 따라 'modern'이라는 말을 근대 혹은 현대로 아무렇게나 번역해 써도 좋다는 주장, 근대와 현대는 아예 구분할 필요가 없다는 주장, 더 나아가 근대와 현대는 그 시대 이념이나 삶의 질에서 서로 다를 바 없다는 주장은 옳지 않다. 이는 다만 우리 지식인들이 '근대'와 '현대'를 구분할 수 없는 영어 어휘의 미망에 현혹된 결과이거나 무지의 소치일 뿐이다.

그렇다면 한국의 경우는 어떨까. 여기에는 몇 가지 더 논의되어야 할 사항들이 있어 명확하게 이야기하기는 힘들다. 서구와 다른 문명사적 전통, 국권 상실로 인한 비정상적인 근대화 과정 등과 같은 이유들 때문이다. 그러나 물론 큰 틀에서 보면 인류사의 보편적인 역사 발전의 단계가 우리 민족사만 피해 갔다고 볼 수는 없으므로 우리의 근대 역시 이 세 시기에 준하는 자본주의 발전 단계가 있었다고 보는 것이 타당하다. 그러한 관점에서 필자는 일찍이 우리 역사에서도 자생적으로 자본주의의 싹이 돋아났던 시기가 있었음을 지적한 바 있다. 18세기가 바로 그것이다. 그러므로 나는 우리 민족사에서 넓은 의미의 근대는 18세기에 출발했다고 본다.

그러나 이 자생적 자본주의의 싹은 일본 제국주의 침략에 의해 무참히 꺾였고, 따라서 우리 민족은 피식민지 국가라는 특수한 상황 속에서 비정상적인 근대화 과정을 겪지 않을 수 없었다. 우리 역사에서 좁은 의미의 근대와 현대가 서구적 개념과 같이 명확하게 논의되기 어려워 그 구분이 아예 있을 수 없다는 주장이나, 근대는 19세기 말 개항 이후의 시대, 현대는 일제가 대륙 침략을 꾀한 1930년대, 혹은 우리가 광복을 되찾은 1940~1950년대 이후 부터라는 주장 등 서로 상반하는 견해가 대두할 수 있는 이유들이 여기에 있다. 다만 산업화를 이룩한 1980년대 후반에 이르러 우리도 탈현대의 시기에 접어들었다는 것만큼은 누구도 부정할 수 없는 사실일 것이다.

그러나 삶의 상부 구조는 토대 혹은 하부 구조와 항상 필연적으로 일치하는 것은 아니어서(실제로 서구 모방적인 한국의 모더니즘이나 아방가르드는 동시대 한국인의 보편적 삶과 유리되어 있었다고 보는 것이 옳다.) 당대 한국 사회의 정치, 경제 구조가 어떠하든 적어도 우리 문학에 있어서만큼은 근대와 현대의 구분이 불가능한 것은 아니다. 비록 당대의 한국이 피식민지 국가의 처지에 있기는 했으나 식민지 지배국인 일본을 통해 서구의 근·현대문학을 접할 수 있었기 때문이다.

그리하여 우리 시문학사에서 상징주의가 소개되고, 자유시가 완성되며, 소설에서 리얼리즘 문학이 창작된 1920년 전후부터는 좁은 의미의 '근대'가, 영미 모더니즘과 유럽 아방가르드 문학이 창작된 1930년대부터는 '현대'가 시작되었다고 보아 큰 무리는 없을 것이다. 그리하여 한국 문학사에서 근대, 현대, 탈현대는 결국 이렇게 구분할 수 있다.

넓은 의미의 근대: 18세기 이후
좁은 의미의 근대: 1920년 이후
현대: 1930년 이후
탈현대: 1980년대 중반 이후

4 아방가르드, 모더니즘, 포스트모더니즘

근대화 과정에서 영미의 영향을 많이 받은 한국은 문학에서도 영미 이론에 경도한 경우가 적지 않다. 그중의 하나가 '모더니즘'이라는 개념이다.

원래 모더니즘이란 (신학에서는 이미 중세기부터 사용된 바 있지만) 영미의 문예 이론가들이 20세기에 들어 그들의 특별한 문학 사조를 지칭했던 용어이다. 여기서 말하는 그들의 '특별한 문학 사조'란 흄(T. E. Hulme)의 철학에 영향을 받아 영미에서 대두한 이미지즘과 네오클래식(주지주의, neo-classic)을 가리킨다. 영미 논자들은 당시 그들 당대에 유행한 이들 사조를 '모던'하다고 해서 '모더니즘'이라는 용어를 사용하였다. 그러므로 엄밀히 말하자면 '모더니즘'이란 유럽의 문학 사조와는 별개인 영미의 것이다.

한편 같은 시기의 유럽 대륙에서는 유럽인들 스스로 아방가르드라 부르는 문학 운동이 전개되고 있었다. 예컨대 다다이즘, 초현실주의(쉬르레알리슴), 미래파, 입체파, 표현주의 등이다. 그런데 아방가르드 운동은 본질적으로 영미의 모더니즘과는 성격이 달랐다. 아방가르드 운동이 넓게는 낭만주의적 세계관에 토대하여 보들레르와 같은 세기말 사상을 계승한 반이성적, 해체적 예술 운동인 데 반하여 영미의 모더니즘은 고전주의적 세계관에 토대하여 흄의 철학을 계승한 이성적, 구조 지향적 예술 운동이었기 때문이다. 한마디로 이 양자의 세계관은 상반한다. 그러므로 유럽 아방가르드는 영미의 모더니즘이라는 용어로는 결코 불릴 수 없는 문학 사조라 할 것이다.

그럼에도 불구하고 문제가 되는 것은 제2차세계대전 이후 영미의 문화론자들이 이 '모더니즘'이라는 용어에 자신들의 문학

사조, 즉 이미지즘과 네오클래식은 말할 것도 없고 유럽 아방가르드까지도 포함시켜 부르기 시작하고 미국이 세계 중심국으로 부상하면서 이제 이 같은 용법이 미국의 울타리를 넘어 세계적으로 확산되기 시작했다는 사실이다. 그리하여 오늘날 영미와 영미 문화론에 종속된 국가에서는 '모더니즘'이 단지 이미지즘이나 네오클래식만이 아닌, 이 시기 유럽의 모든 전위적인 예술 운동(아방가르드)을 포함한 용어로까지 정착되고 말았다. 물론 프랑스나 독일 같은 유럽 중심국에서는 (전후 강대해진 미국의 영향으로 대전 이후 다소간 통용되지 않은 바 아니나) 아직도 이 용어가 보편적이지 않다.

이렇듯 영미인들이 애초에 자신들만의 문학 사조를 지칭했던 이 용어에 전 유럽의 아방가르드를 포함시켜 부르기 시작한 것은 한마디로 미국의 문화적 패권주의 내지 문화 제국주의에서 비롯하는 것이다. 즉 개국 이래 유럽의 변방에서 문화 후진국의 위치를 모면할 수 없었던 처지의 미국이 대전 후 정치, 경제, 군사적으로 세계의 중심에 서자, 문화 예술의 분야에서조차 명실 공히 세계의 중심이 되고자 하는 욕망의 발로에서 저지른 망발인 것이다. 그리하여 그들은 그들의 문화 역시 세계의 중심에 자리한다는 허위 의식에 사로잡혀 이 시기 전 유럽의 문학 사조를 자신들의 문학 사조의 명칭으로 통합해 버린 것이다.

그러나 이와 같은 확장된 용어 사용에 문제가 없을 리 없다. 앞에서 지적했던 바와 같이 영미의 모더니즘과 유럽 아방가르드는 본질적으로 상반하는 예술 운동이기 때문이다. 그리하여 이 모순 덩어리가 된 '모더니즘'은 결과적으로 영미나 이를 추종한 한국의 논자들에게 풀 수 없는 미망 혹은 혼란의 개념이 되어 버렸다. 오늘날 영미뿐만이 아닌 우리 학계나 문단에서 '모더니즘론'이 끝없는 말장난과 공허한 논쟁의 대상이 되어 버린 이유가 여기에 있다. 이와 같은 것 중의 하나가 이른바 '모더니즘'과 '포스트모더니즘'의 관계에 대한 논의에서 후자가 일면에선 전자를 계승하고 일면에선 부정했다는 임기응변식의 주장이다.

한 문학 사조와 다른 문학 사조와의 관계는 지엽적인 특징에서가 아니라 원칙적인 태도 혹은 세계관에서 살펴보아야 한다. 그리고 그럴 경우 해답은 두 가지 이외에 있을 수 없다. 계승했다고 하든지 단절 혹은 극복했다고 하든지 둘 중 하나를 선택하는 것이다. 물론 부분적인 특징에서 전자에도 단절된 요소들이 있을 수 있으며 후자에도 역시 계승되는 일면이 없지는 않을 것이다. 그러나 그 본질 혹은 원칙에 있어서만큼은 이 양자 중의 한 가지일 뿐 절반은 계승하고 절반은 단절했다는 식의 논리가 성립될 수는 없다. 가령 '리얼리즘'은 고전주의 세계관을 계승한 것이지 절반은 고전주의이고 나머지 절반은 낭만주의를 계승했다고 말하는 사람은 없다.

그럼에도 불구하고 포스트모더니즘이 일면 모더니즘을 계승하고 일면 부정했다는 논리는 어디서 오는 것일까. 한마디로 그것은 모더니즘에 대한 오해에서 비롯한 것이라고 말할 수 있다. 즉 그들은 미국 문화 패권주의자들의 견해를 따라 '모더니즘'을 영미 모더니즘(원래의 뜻대로 이미지즘과 네오클래식)과 유럽 아방가르드 모두를 포함한 개념으로 받아들인 것이다. 그 결과 포스트모더니즘은 영미 모더니즘을 부정했다는 측면에선 일면 모더니즘을 부정했다는 논리가, 아방가르드를 계승했다는 측면에선 일면 모더니즘을 계승했다는 논리가 성립될 수 있었다. 포스트모더니즘이란 유럽의 아방가르드가 제2차세계대전 후 뒤늦게 미국으로 수입되어 후기 자본주의 사회의 삶을 미학적으로 반영한 문예사조, 즉 미국화된 아방가르드이기 때문이다. 예컨대 1950년대에 등장하여 미국 포스트모더니즘의 1세대라 불리는 '뉴욕파'들은 유럽에서 처음으로 초현실주의를 수입한 화가들이었다. 따라서 정확히 말하자면 포스트모더니즘은 모더니즘을 지양, 극복하고 그 대신 아방가르드를 계승한 문학 사조라 해야 한다. 그런 까닭에 '모더니즘'이란 용어 앞에 굳이 '포스트(post)'라는 접두사를 붙이는 것이다.

그럼에도 불구하고 아직도 우리 현대시사에서는 영미 문화적 패권주의자들의 논리를 좇아 '모더니즘'이라는 용어에 아방가르드까지 포함시키는 것이 보편적이니 참으로 답답하다. 따라서 필자는 이제부터라도 모더니즘과 아방가르드라는 용어를 구분하여 사용할 것을 제안한다. 그럴 경우 지금까지 똑같은 모더니스트로 취급되어 왔던 시인들 가운데서 정지용, 김광균, 김기림 등은 모더니스트로, 이상, 임화, 고한용, 《삼사문학》 동인 등은 아방가르드 작가로 불려야 할 것이다. 해방 이후의 박인환, 김경린 등은 모더니스트에, 조향, (초기의) 김수영, 김춘수, 김구용, 이승훈, 오규원 등은 아방가르드 작가에 해당한다. 그리하여 1980년대 후반에 들면서 우리 문단에서도 황지우, 박남철, 김영승, 장정일, 김혜순 같은 자생적 포스트모더니스트 시인들이 등장하게 되는 것이다.

5 시, 서정시 그리고 서사시

문학사의 왜곡 기술은 문학 용어 혹은 문학 이론의 몰이해에서도 비롯된다. 그 대표적인 것 가운데 하나가 '서사시'와 '서정시'라는 용어일 것이다.

일반적으로 우리 학계에서는 (소설의 하위 장르에 교양 소설, 농민 소설, 전쟁 소설, 사회 소설 등이, 드라마의 하위 장르에 비극, 희극, 희비극이 있듯) 시의 하위 장르에 서사시, 서정시, 극시 등이 있다고 생각하는 것 같다. 이는 권위 있는 문학 교수들이 집필한 고등학교 문학 교과서를 봐도 알 수 있다. 대부분의 교과서에서 '시의 갈래(하위 양식)'를 버젓이 '서사시' '서정시' '극시'로 나누어 놓고 있기 때문이다. 이와 같이 잘못된 지식을 습득해서 고등학교 때부터 하나의 고정관념을 갖게 된 사람들이 어떻게 오늘날 서사시가 죽었다는 사실을 쉽게 받아들 수 있을 것인가.

서사시와 서정시를 시의 하위 장르로 생각하는 사람들은 두 가지 오류에 빠져 있다. 첫째, 오늘날 시의 하위 장르에는 서사시가 없음에도 불구하고 관념적으로 마치 있는 것처럼 착각하고 있다는 것이요, 둘째, 서사시는 어쩐지 웅장하고 위대한 것으로 서정시보다 무엇인가 더 가치가 있을 것이라고 생각하는 편견이다. 그리하여 시인이라면 누구나 한번쯤 서사시를 써 보려 노력하고 문학 연구가라면 가능한 한 우리 문학사에 서사시의 존재를 확인해서 그 가치를 높이 평가하려는 풍조를 유발시켰다. 그러한 맥락에서 가령 「국경의 밤」과 같은 서정적 서술시, 즉 발라드를 서사시라고 우기는 논리가 개진되어 왔던 것이다.

그러나 오늘날 서사시는 존재하지 않는다. 그것은 물론 서사시라 부를 만한 작품이 단 한 편도 없다는 뜻이 아니라 아예 장르적으로 소멸해 버렸다는 뜻이다. 가령 신라 시대의 향가를 지금 누가 쓴다면 못 쓸 바도 아니나 그로 인해 향가가 장르적으로 살아 있다거나 죽은 향가가 다시 살아났다고 말할 사람은 없다. 그것은 다만 개인적인 호사 취미의 결과일 따름이다. 서사시 역시 마찬가지이다. 오늘날 설령 누가 그것을 썼다고 해서 서사시가 살아 있거나 부활한 것은 아니다. 이 역시 이미 죽은 장르인 서사시를 누군가 호사 취미로 한번 써 본 것에 지나지 않기 때문이다. 가령 「국경의 밤」이 설령 서사시라 하더라도(물론 서사시가 아니지만) 그로 인해 오늘날 한국의 시에 서사시라는 장르가 살아 있다고 말하는 것은 난센스이다.

우리가 이렇게 말할 수 있는 이유는 다음과 같다. 즉 원래 서사시, 서정시, 극시란 고대 그리스 시대의 문학을 분류한 장르 개념들이다. 그런데 그리스 시대에 정립된 이들 서사시와 서정시 그리고 극시는 로마, 중세를 거치는 동안 일시 해체되어 사라졌다가 이후 르네상스 시기를 전후해 다시 서사시는 소설로, 서정시는 시로, 극시는 드라마로 재통합되어 오늘에 이르게 된다. 그러므로 현대의 서사시는 소설이며 현대의 서정시는 '시(poetry)'이다. 그러므로 오늘날 소설은 고대 서사시의 재판이요, 시는 서정시의 재판이며, 드라마는 극시의 재판이다. 이는 문학사의 엄연한 사실이다. 그런 까닭에 이 시의 하위 장르에 다시 서사시, 서정시, 극시가 있다는 말은 어불성설이 되는 것이다.

그렇다면 오늘날 시의 하위 장르를 이처럼 서사시, 서정시, 극시로 구분하는 오류는 어찌해서 빚어진 것일까. 그것은 그들이 '시'라는 명칭으로 불리는 것의 개념을 오해하는 데서 비롯한 듯하다. 한국어 '서사시'로 번역된 '에픽(epic)'이라는 고대 그리스어에는 우리가 오늘날 '시(poetry)'라고 호칭하는 바의 뜻이 포함되어 있지 않다. 그것은 '문학'이라는 정도의 뜻이다. 그런데 그것을 한국어로 서사시, 즉 '시'라고 번역해 놓으니까 (동음이의어임에도 불구하고) 그것을 오늘의 '시'라는 뜻으로 오해해서 '시(poetry)' 안에 다시 서사시와 서정시, 그리고 극시가 있다는 착각을 갖게 만든 것이다. 달리 말해 당대 그리스어로서의 '시', 즉 'poesis'를 'poetry'로 오해한 것이다. 그러므로 'epic' 혹은 'lyric'을 한국어로 번역할 때 번역어 마지막에 붙은 음절, '시'라는 것은 고대 그리스어의 'poesis'를 편의상 (다른 적절한 단어가 없는 까닭에) 번역해 붙인 명칭에 지나지 않는다.

원래 이 'poesis'는 '제작한다'는 뜻(아리스토텔레스 당대에는 조금 그 의미를 좁혀 'literature(문학)' 혹은 'art(예술)'를 가리키는 정도의 뜻)이다. 한마디로 우리가 오늘날 '시(poetry)'라 부르는 것이 아니었다. 따라서 'epic'이나 'lyric'을 서사시나 서정시로 번역 사용할 때의 '시'라는 용어는 문학 혹은 예술이라는 뜻에서 크게 벗어나지 않는다. 즉 서사시, 서정시, 극시라는 말은 일반적으로 문학(poesis)이 서사 문학(epic poesis), 서정 문학(lyric poesis), 극 문학 등으로 분류될 수 있다는 정도의 말이다. 그럼에도 불구하고 이때의 'poesis'를 우리말 '시'로 번역해 놓으니까 발음상의 동일성 때문에 그것을 현대의 '시(poetry)'로 오해하여 마치 현대의 시에 서사시와 서정시 그리고 극시가 있는 것처럼 착각하게 된 것이다. 즉 서정시, 서사시, 극시라는 분류는 고대 그리스 문학이 그렇다는 것이고 이들이 중세에 해체된 후 근대에 들어 다시 성립한 오늘의 장르가 그렇다는 것은 아니다. 오늘의 현대 문학은 각각 이들의 계승이라 할 시, 소설, 드라마로 분류되고 있을 뿐이다. 따라서 오늘날 서사시는 더 이상 장르적으로 존재하지 않는다.

그럼에도 불구하고 만일 누군가 오늘날에도 서사시가 존재한다고 주장하는 사람이 있다면 그것은 아마 다음과 같은 네 가지 경우 중 하나일 것이다. 첫째, 이미 죽어 버린 장르인 과거의 고대 서사시를 누군가가 호사 취미로 한번 써 보았을 경우, 둘째, 소설을 가리키는(헤겔이나 카이저가 말한 바와 같이 소설이야말로 바로 현대판 서사시이니까) 명칭일 경우, 셋째, 서사시가 아닌 것을 서사시로 오해했을 경우, 넷째, 고대의 서사시도 아니고 그렇다고 해서 오늘날의 소설도 아닌 어떤 새로운 '현대 서사시'라는 것을 창안해 썼을 경우 등이다. 물론 이중 앞의 세 가지는 설명할 필요가 없다.

　넷째의 경우라면 우리는 우선 '현대에 창안된 서사시'의 규범이 무엇인지를 확정해 놓아야 한다. 그런데 아직까지 그러한 장르가 없으므로 그러한 규범 또한 있을 리 없다. 고대의 서사시 그리고 현대의 소설과도 다른 어떤 새로운 서사시가 등장했다면 그것은 실험시의 범주를 벗어나지 못할 것인바 '실험시'란 문자 그대로 실험시이므로 당연히 서사시로 불릴 수 없음은 물론 그 어떤 보편적 장르로도 인정받기 힘들기 때문이다. 그럼에도 불구하고 그 '실험시'를 굳이 서사시로 부르고자 한다면 거기에는 분명 고대 서사시의 지배적 성격이 어느 정도 갖추어져 있어야 한다. 즉 내용으로서의 내러티브, 영웅으로서의 인물, 거시담론적 주제(민족, 국가 등의 운명) 등 몇 가지 필요조건이다. 따라서 만일 현대에 창안된 '현대 서사시'가 성립될 수 있다면 바로 이 원칙들의 일부를 배제 혹은 변형시키는 것 외에 다른 방도가 있을 리 없고 그것은 다음과 같은 두 가지로 귀결된다.

　그 하나는 내러티브를 배제하는 경우. 이는 물론 그 어떤 수식어를 앞에 붙인다 하더라도 서사시라 할 수 없다. 다른 하나는 내러티브만큼은 살리되 그 이외의 다른 조건들을 배제 혹은 변형시키는 경우. 그러나 이 역시 서사시라 부를 수 없다. 고대나 현대나 (율격, 운문 등 외형적 요건만큼은 제외한다 하더라도) 내러티브를 지니면서도 비교적 서사시적 성격을 지닌 양식으로는 서정시의 하위 양식들이라 할 발라드나 송가, 찬가 등 이외에는 있을 수 없고 또 있지도 않기 때문이다. 그것은 결과적으로 기왕에 쓰여 온 서정시의 하위 양식으로서 '발라드'나 '송가'와 같은 서술시(narrative poem)나 이의 변형으로부터 벗어나기 힘들다. 설령 실험적인 특성으로 인해 그것이 전통적인 것과 다소 달라졌다 하더라도 궁극적인 친소 관계나 원칙에서 보자면 서사시나 발라드 등과 같은 서술시에 귀속되는 이외 제3의 선택이란 현실적으로 거의 불가능하다. 실제로 오늘날 서사시에 대한 논의에 있어 '현대 서사시'로 규정된 작품들의 대부분은 발라드나 발라드에 준하는 작품 이상이 아니다.

그럼에도 불구하고 그들이 '현대 서사시'의 존재에 집착하는 것은 예컨대 '내러티브' 형식으로 쓰였다는 단 한 가지 조건에 매달려, 사실은 발라드에 해당되는 작품임에도 불구하고 그것을 서사시로 오해한 데서 비롯한 해프닝이다. 그 오해는 아마도 그들의 시 의식에 서사시란 내러티브로 쓰이는 시이며 서사시 이외에는 그 어떤 것도 내러티브로 쓰이지 않는다는 생각이 자리 잡고 있는 데서 오는 것이 아닌가 한다. 그러나 사실은 그렇지 않다. 보편적이지 않을 뿐 예로부터 많은 서정시의 하위 양식들이 내러티브로 쓰여 왔기 때문이다. 앞에서 예를 든 발라드나 송가, 찬가, 비가 등이 그 예이다. 우리 시사에서는 아마 김동환이 쓴 「국경의 밤」이 그 대표적인 예일 것이다. 따라서 그것은 고대의 장르 체계로서는 서정시의 하위 장르에, 현대 문학의 장르 체계로서는 시의 하위 장르에 속하는 어떤 것이다. 아마도 1970년대의 문제작으로 거론되고 있는 김지하의 내러티브 시 「오적」도 물론 발라드의 한 유형이다.

다음으로 문제되는 것은 시에 대한 논의에서 자주 혼란을 야기시켜 온 '서정시(lyric)'라는 용어이다. 원래 'lyric'이라는 말에는 두 가지의 뜻이 있었다. 하나는 고대 그리스 문학을 3대 장르로 나누어 서정시, 서사시, 극시라 할 때의 용어요, 다른 하나는 그 하위 개념 중 하나를 가리키는 용어이다. 예컨대 고대 서정시(앞에서 밝혔듯이 엄밀하게는 '서정 문학')의 하위 장르에는 찬가, 송가, 장송가, 애가, 발라드 등과 더불어 거기에 또 동명의 '서정시'가 있었다. (필자는 오해를 피하기 위하여 전자를 넓은 의미의 서정시, 후자를 좁은 의미의 서정시라 부르고자 한다.) 현대시 역시 고대의 서정시를 계승한 것이므로 그 하위 장르에 고대 서정시의 하위 장르 대부분이 그대로 계승되고 거기에는 물론 좁은 의미의 서정시도 내포되어 있음이 물론이다.

그리하여 서구 현대시의 하위 장르에는 아직도 고대 서정시의 하위 장르를 이어받은 찬가, 송가, 비가, 장송가, 발라드, 좁은 의미의 이 서정시 등과 더불어 중세 이후 새롭게 등장한 소네트, 에피그램, 서간체 시, 철학시 등이 있다. 그러나 문제는 20세기에 들어 보편적으로 쓰이는 시의 하위 장르가 이들 중 바로 이 좁은 의미의 서정시라는 점이다. 즉 특별하고도 예외적인 경우와 실험시 창작을 제외하고 오늘날 대부분의 현대시인들은 이 좁은 의미의 서정시 이외 다른 유형의 하위 장르로는 거의 시를 쓰지 않는다. 그리하여 이제 이 좁은 의미의 서정시는 20세기를 대표하는 시의 하위 장르이면서 그런 까닭에 시 그 자체와 동일시되어 버린 시의 한 유형이 되어 버렸다. 이 좁은 의미의 서정시, 즉 오늘날 일반화되어 있는 시는 '고조된 감정을 짧은 진술을 통해 극적으로 함축한' 시를 가리키는 용어이다.

따라서 특별한 실험시를 제외할 경우 오늘의 시는 본질적으로 서정시이다. 그것은 이중적인 의미에서 그렇다. 장르적으로 오늘의 시가 고대 서정시를 계승했다는 점에서 그렇고, 그 하위 장르 가운데서 특히 좁은 의미의 서정시만이 쓰인다는 점에서 그렇다. 물론 좁은 의미의 서정시는 아니지만. (앞에서 예를 든 김동환의 「국경의 밤」이나 김지하의 「오적」 같은 발라드도 넓은 의미에서는 모두 서정시에 포함된다. 좋든 싫든 현대의 시는 원칙적으로 고대 그리스의 서정시를 계승 발전시킨 양식이기 때문이다.)

6 한국 시의 율격

한국 시의 율격에 대해서는 그동안 많은 논의가 있어 왔다. 그리하여 오늘날 한 시행을 구성하는 음보가 일정한 원칙으로 되풀이되는 이른바 '음보율'이라는 개념이 보편화되어 있는 듯하다. 우리 시의 율격 논의에서 이처럼 음보율이 제기된 것은 우리 시의 전통 율격이라고 생각해 왔던 종래의 음수율이 구체적인 시의 율독에서 항상 정확하게 맞아떨어지지 않는다는 점과 복합 음절 율격(syllabic prosodic metre)인 외국 시의 율격(특히 영시)에 비해 순수 음절 율격(pure syllabic metre)인 우리 시의 음수율은 무언가 빈약해서 우리 시도 다른 무슨 복합 음절 율격이 되어야만 훌륭할 것이라는 편견, 즉 우리 시 율격에 대해 갖는 콤플렉스에서 비롯하는 것이라고 할 수 있다.

그러나 우리 시의 음수율에 관한 이와 같은 인식은 근본적으로 잘못된 것이다. 첫째, 순수 음절 율격인 우리 시의 음수율이 복합 음절 율격보다 저열하다고 생각해서는 안 된다. 그것은 문화적 다양성과 각 민족어의 특성에서 이해될 문제이기 때문이다. 가령 선진국이라 할 프랑스나 이탈리아, 러시아 등의 시의 율격도 모두 순수 음절 율격, 즉 음수율이다.

둘째, 음수율이란 그 어떤 경우(다른 어떤 민족 문화의 시에서도) 엄격히 맞아떨어지는 법이 없다. 낭독에는 발음의 장단에 의하여 한두 개 음절의 결여에서 오는 시간의 유격을 어느 정도 메울 수 있기 때문이다.

셋째, 음보율이란 음수율에 대한 논의를 잠정적으로 유보하고 음절 그 자체가 지닌 음성적 특성이 아니라 음절들이 모여 한 시행을 구성하는 어절적 차원의 혹은 시행 구성 차원의 원리를 통해 율격을 정하자는 태도에서 만들어진 것이니 기초 율격의 해명과는 무관하다. 그러므로 그것은 율격 논의의 부차적인 차원에 속한다. 즉 설령 음보율의 성립이 가능하다 하더라도 기초 율격의 해명에 대한 문제는 여전히 남아 있다. 따라서 이른바 음보율로 우리 율격을 해명하자는 주장은 기초 율격에 대한 논의를 폐기시키자거나 잠시 유보시키자는 주장 외에는 다른 말이 아니다.

넷째, 무엇보다도 우리 시에서는 '음보(foot)'라는 개념이 성립될 수 없다. 음보란 영시와 같은 강약률, 즉 '복합 음절 율격'에서만이 존재할 수 있는 율격 단위이기 때문이다. 원래 음보란 같은 음성적 특징을 지닌 동수 음절(同數音節)이 규칙적인 반복을 되풀이할 때 그 반복의 최소 단위를 일컫는 말이다. 예컨대 약약강률(anapest)의 경우 약음절 두 개, 강음절 한 개로 구성된 3음절이 계속 반복하게 되며 이때 그 최소 반복 단위라 할 3음절을 음보라 부른다. 즉 모든 약약강률의 음보는 정확하게 3음절의 반복으로 되어 있어 그 어느 것도 음절 수가 다른 단위가 같은 음보로 사용될 수는 없다. 따라서 우리 시의 경우와 같이 각 단위의 음절 수가 다른 3·4·5조를 3음보로 지칭한다는 것은 있을 수 없는 일이다. 그럼에도 불구하고 (이렇게 음수율에서는 있을 수 없는) 이 음보라는 용어를 우리 학계가 시의 율격 논의에 차용하게 된 것은 그 언어적 특징이 한국어와 전혀 다른 영미 시론을 모방한 결과가 아닐까 한다.

음수율의 언어를 지녔다는 점에서 우리 시의 특성과 유사한 프랑스 시나 슬라브 시에서는 음보라는 개념이 없다. 그들 시의 율격이란 동수 음절 시행들의 되풀이를 가리키는 말에 지나지 않기 때문이다. 가령 우리 시의 경우는 3·4조, 4·4조, 7·5조 등과 같은 식으로 음수율을 명명하지만 프랑스 시의 경우에는 한편의 시를 구성하는 동음절(同音節) 시행의 음절 수를 계산해서 10음절 시, 11음절 시, 12음절 시 따위로 명명한다. 그러나 한 시행(특히 긴 시행의 경우)을 한 번의 호흡으로 단번에 낭독할 수는 없으므로 휴지의 필요상 몇 개의 단위들을 구분하는 것도 일반적인데 가령 '음절군(groupements syllabiques)' 혹은 '음절 집합(menbres)' 따위로 호칭되는 단위가 그것이다. 예컨대 우리 시의 4·4조에서 4음절은 프랑스 시의 이 '음절군'에 해당하는 것이라고 말할 수 있다. 필자는 이 음절군을 '마디'로 부르고자 하는데 그러므로 우리 시에서 관행적으로 '2음보 율격'이라 부르는 4·4조 시행은 엄밀히 말하자면 2마디로 구성된 8음절 시에 해당하는 것이다.

이와 같은 관점에서 우리 시의 율격은 다음과 같이 정리된다. 첫째, 음보라는 개념은 성립될 수 없다. 따라서 당연히 음보율도 없다. 둘째, 우리 시의 율격은 음수율이다. 셋째, 음수율은 한 시행을 구성하는 음절 수로 결정된다. 예컨대 7음절 시, 8음절 시 등이다. 넷째, 한 시행은 몇 개의 마디들로 구성된다. 그 마디가 음보가 될 수 없음은 마디를 구성하는 음절 수가 동일하지 않기 때문이다. 다섯째, 한 시행은 최소 1마디에서 최대 4마디로 구성된다.

(오세영)

2장
근대시의 형성기(1894년~1919년)

1 개화기 시가의 형성 배경

1) 시대적 배경

개화기의 역사적 계기가 된 개항(1876)은 한국사 최초의 서구 질서에 대한 제도적 결합인 동시에 자본주의 체제로 편입되는 발전적 전기였다. 서구 질서의 근본적 추진력이 바로 근대 자본주의였다는 점에서 개항이 지니는 자본주의적 성격을 결코 부인할 수 없다.[1] 그러나 19세기 초반 제국주의적 팽창주의는 세계적 추세를 이루었고 자본주의가 하나의 제도적 수단이 되었다. 개항 이후 전개된 개화기의 역사 추이도 자본주의를 앞세운 일본의 식민지화라는 형국으로 자리 잡게 되었다.

개항은 전통 질서 극복이라는 긍정적 측면과 새로운 침략의 출

---

1) 김영호, 「침략과 저항의 두 가지 양태」, 《문학과지성》 1권 2호, 294쪽.

발이라는 부정적 측면을 동시에 포괄하고 있다. 그것은 곧 개화사가 해결과 동시에 모순이라는 역사적 아이러니로 출발하고 있음을 의미하는 것이다. 해결이자 곧 모순이라는 역사적 아이러니는 개화사의 취약적 구조가 되었으며, 개화에 대한 서구라는 변수가 일본으로 대체되어 감에 따라 침략과 식민지화라는 구체적 모순의 상황으로 치닫게 되었던 것이다.[2]

아울러 개화사는 조선 후기 사회의 구조적 모순을 해결해야 하는 내재적 임무도 떠안고 있었다. 조선 사회가 갖는 구조적 모순을 극복하려는 체계적 노력이 실학을 통해 개진되어 왔음은 주지의 사실이다. 그러나 개화사는 조선 후기 사회의 모순 해결이라는 지적 잠재력과 합치되지 못한 채 국권 상실의 비극적 상황으로 빠지고 말았다.[3]

개화사는 기존 질서의 발전적 지향과 구조적 모순의 타개라는 내부적 임무와 함께 근대와 서구라는 외재적 임무도 동시에 떠안고 있었다. 실학이라는 자생적 극복력이 발전, 승화되기 이전에 서구와 근대라는 충격(western impact)을 수용해야 함으로써 개화사는 이중의 과제를 떠맡게 되었던 것이다. 기존 질서의 모순 해결과 새로운 질서 정립의 이중 과제 속에 식민지화의 위기까지 중첩되어 개화사는 복합적 상황으로 혼미를 거듭하게 되었던 것이다.

조선조 후반에 준비된 실학이라는 자생적 극복력으로 자체 내의 모순이 해결된 상태였다면 근대와 서구라는 접합이 좀더 바람직한 양상으로 승화될 수도 있었을 것이다. 그러나 자체 정비가 완결되지 못한 채 강요된 타율적 변화는 바람직하지 못한 귀결을

---

2) 최창규, 「개화 개념의 재검토」, 《문학과지성》 2권 2호, 275쪽.
3) 김영호, 「실학과 개화 사상의 관련 형태」, 《문학과지성》 4권 1호.

초래할 수밖에 없었다.[4]

개화기는 개화와 침략을 동시에 해결해야 할 역사 임무를 띤 주체 세력이 하나로 단일화되지 못하고 서로가 일정한 제약을 지닌 채 개별화됨에 따라 한층 더 어려운 상황에 빠지게 되었다. 개화기라는 역사 단계를 좀 더 우리 민족에게 유리한 방향으로 이끌어 가야 할 역사 추진 세력은 다음 네 계층으로 구분할 수 있다.

첫째, 집권층이다. 그러나 이들은 오히려 자기들의 기득권 연장을 위하여 침략 세력에 의존하는 아이러니를 빚었다. 열강의 침략 세력이 일본으로 구체화된 후 그들은 친일 세력의 주체로 부상한다. 둘째, 자주 독립의 기치를 내걸었던 관인(官人) 엘리트 계급들이다. 이 계층은 청구(淸歐) 문명에 일찍부터 접해 왔던 북학파와 역관 계급이 중심을 이루는 계층이다.[5] 셋째, 주지주의 이념에 깊숙이 침윤된 관인들, 유림, 농촌 지식인 계층을 들 수 있다. 결국 이 후자의 두 계층은 진보와 보수라는 개화기의 양대 사상적 조류를 형성했던 집단들이다. 과거의 완강한 주지주의를 수정, 개조하려는 진보주의자들과 그것을 계속 유지하며 사회 변화를 최소화하려는 보수주의자들의 대립이 갑신 귀족 혁명, 동학 농민 혁명 등에서 첨예하게 나타난다. 물론 이 두 사상적 조류는 민권 사상과 반제국주의의 민족 사상으로 합일되어 개화와 자주라는 보완적 기능을 수행하긴 하였으나 첨예한 대립에서 오는 힘의 분열은 큰 손실이었다.

나머지 하나는 비지식인 계층인 일반 농민과 시민 계층이다. 이들은 때로 집단적인 에너지를 방출할 때도 있었으나 집단화,

---

4) 김윤식·김현, 『한국문학사』(민음사, 1973), 74쪽.
5) 개화파 인맥에 대해서는 김영호의 「실학과 개화 사상의 관련 형태」 참조.

조직화되지 못한 채 잠재적인 원동력만 소유한 미활동 계층으로 남았다.

이렇게 통일되지 못한 역사 추진 세력의 개별화는 결국 일제 침략이라는 타율적 강요를 쉽게 수락하는 근본 원인이 되었다.[6]

개화기 시가는 이러한 역사적 격동기를 배경으로 하고 있다. 오세영은 개화기 시가의 출발을 1860년대로 잡고 있는데,[7] 개화기 시가에 보이는 과도기 및 전환기적 특성은 이러한 시대 배경과 밀접한 관련을 갖고 있다.

2) 사상적 배경

개화기는 다양한 사조들이 범람하던 시기였다. 개항으로 상징되는 서구 충격에 의한 시대 상황의 급변은 다양한 사상적 혼란을 초래하였다. 그 사상적 조류는 대체로 전통 가치를 수호하려는 보수 지향적 사상 축과 개화로 상징되는 새로운 가치를 표방하는 진보 지향적 사상 축으로 대별된다. 이 양자 사이의 갈등과 접합이 개화기 사상 체계의 기본 항을 이루고 있다.

개항 전의 서양에 대한 위기의식과 서구 문물에 묻어 온 개화 사상에 대처한 이론적 활로로서 내수외양론(內修外攘論)이 먼저 대두되었다.[8] 이는 물론 서구 자본주의 세력과 조선 사회의 모순을 주지주의 이념의 범위 내에서 자체의 힘으로 극복하려는 의지의 소산이었다. 양화(洋貨) 범람에 대한 관심에서 출발된 내수외양론은 병제(兵制), 무비(武備)의 내수(內修)로써 위급한 상황에

---

6) 조동일은 개화기 인물군을 ① 매국적 집권층 ② 의존적 개화파 ③ 위정척사파 ④ 주체적 개화파로 나눈다. 《국어국문학》 68, 69 합병호, 315쪽.
7) 오세영, 『20세기 한국시 연구』(새문사, 1989), 30쪽.
8) 내수외양론에 대해서는 한우근, 『한국 개항기의 상업 연구』(일조각, 1970), 313~319쪽 참조.

대처하고, 천주교와 양화를 금하는 외양(外攘)으로써 외세에 대응한다는 논리를 전개했다.[9]

그리고 사교(邪敎)이자 사학(邪學)인 천주교를 물리치고 정학(正學)인 주자학, 유교를 옹호하는 주장이 위정척사론(衛正斥邪論)이다. 이전 위정척사론과 양화금단(洋貨禁斷), 병제무비와 가렴주구의 폭정을 시정하자는 내수외양론은 서구 충격에 대한 한국 근대사 최초의 사상적 반응이었다.

1876년의 개항은 내수에 의한 자주적 개방이 아니라 외세의 압력에 의한 타율적 개방이었다. 따라서 척사 사상과 개화 사상의 대립은 불가피한 것이었다. 위정척사론의 척사가 양이(洋夷)로 발전되어 개항 후 왜양일체(倭洋一體)의 척화론(斥和論)으로 치닫게 된다.

개항 이후 일련의 개화 정책을 주화매국(主和賣國)이라고 배척하던 극력한 위정척사 사상이 비등하던 고종 18년대에 척사 사상의 일각에서는 그와 같은 주화매국 의식과는 달리 개화 정책을 긍정적으로 승인하려는 의식적 노력이 나타나기 시작했다.[10] 척사를 기반으로 하되 자강(自强)을 위하여 서양의 기술을 채택해야 한다는 동도서기론(東道西器論)이 그것이다.[11]

이는 중국의 중체서용(中體西用), 일본의 화혼양재(和魂洋財) 등과 같은 일종의 본말 사상(本末思想)으로 볼 수 있다. 이 동도서기론은 근대 국가로 지향하려는 긍정적인 의식으로서 개화론의

---

9) 신관호, 「소진(疏陳)」, 『고종실록』 권4, 고종 1년 1월 16일조.
10) 곽기락, 「상소」, 『일성록』 고종 18년 6월 8일자.
11) 최창규는 척사파의 일원에서 일어난 것으로 보고 있고,(최창규, 『한국의 사상』(서문당, 1973), 194~204쪽) 김영호, 한우근은 온건개화파들이 위정척사에 대항하여 제시한 것으로 본다.(한우근, 앞의 책, 303쪽; 김영호, 「침략과 저항의 두 가지 양태」, 《문학과지성》 1권 2호 294쪽.)

서론적 전개로 볼 수 있다. 동도서기론은 1880년대의 척사 사상과 개화 의식이 거의 동류(同流)로 형성되고 있으며, 초기의 척사적 영향에서 점차 개화 사상으로 발전해 가는 징후를 보여 주는 것이기도 했다. 1876년 대중국 관계의 새로운 정립에서 시작된 개화자강 정책의 진행은 국내 정치 단위에서는 개화는 곧 독립이라는 등가 형식으로 나타났으니 그것이 갑신정변이었다. 그러나 그와 같은 독립 개화에 대한 한민족의 노력과 함께 자주라는 또 하나의 역사적 임무가 환기돼야만 했다. 갑오경장 체제는 이러한 자유 개화 의지가 반영된 정치적 산물이었다.

개화 의식과 자주 독립 사상이 결합하던 19세기 말의 한국 정치사는 개항 체제 이후 개항 추진 세력(관인)과 거기에 대항하는 척사 배타 세력(사림) 사이의 의식상의 갈등이 자주 독립이라는 새로운 역사 임무를 통하여 접합하는 단계였다.[12] 이와 같은 갈등 속에서 나타난 민족의식은 동학 혁명 및 의병 운동을 통하여 대중화되기에 이른다.

1896년 독립 협회를 중심으로 한 민권 운동의 전개에서 나타난 개화 의식은 한편으로는 조선조의 정치적 독립을 표방하려는 근대적 민족 국가 의식이었다.[13] 그러나 이러한 일련의 자주 독립, 근대적 민족주의 등의 개화 의식의 전개는 1905년 을사조약을 통해 자주권이 상실되었을 때 그 한계가 드러났다. 개항 이후 30년간 지속되어 온 개화 체제가 주권 상실로 종결되자, 지금까지의 개화와 자주라는 2대 민족 의식의 조류는 개화로부터 자주로 주류가 넘어오게 되었다. 그 결과 개화는 자주권 회복을 위한 민족 운동의 주류 속에 편입되고 만다.

---

12) 최창규, 앞의 책, 209쪽.
13) 최창규, 앞의 책, 212쪽.

이처럼 개항 전후에서 1910년 한일 병합까지 개화기의 사상적 조류는 위정척사론에서 왜양일체론으로 이어져 의병 운동으로 전개되는 자주의 커다란 흐름과, 개항에서 개화론으로 이어지는 개화의 흐름으로 요약할 수 있다. 그러나 침략과 개화가 동일선상에 놓이는 비극적 상황이 심화되어 갈수록 대립 관계에 있던 두 가지 사상 조류는 국권 회복이라는 명분 아래서 합일되기에 이른다.

개화기 시가는 이러한 사상적 조류를 일정하게 반영하고 있다. 의병과 보수 유림의 한시,《대한매일신보》등의 보수적 신문의 시조, 가사들은 척사 사상을 형상화하고 있고, 최남선의 신시나《독립신문》의 시가 및 학교 창가 등은 개화 사상의 편린을 드러내고 있다. 이렇듯 시대 조류와 문학의 밀접한 접합이 개화기 시가의 특징을 이룬다.

3) 문학 저널리즘의 정착 과정

개화기의 신문, 잡지 등의 대중 매체가 시대 상황과 밀접히 관련되어 있었고, 따라서 국권 회복과 문명 개화 등의 계몽적 선도 매체로 기능하고 있었던 만큼 순수 문학에의 인식은 기대하기 어려운 것이었다. 시가 창작 역시 이러한 효용론적 인식의 테두리 내에서 진행되었던 것이다. 순수 문학, 예술 문학으로서의 문학 인식을 기대하기 어려웠던 시기인 만큼 서구 문학의 수용이나 순수문학론의 전개는 더딜 수밖에 없었다. 더구나 일반 신문에서보다 유학생 중심의 학회지 등에서 문학 인식의 발효에 대한 기대를 걸어 볼 수 있는 터인데, 1908년 통계에 따르면 당시 493명의 유학생 중 직접 문학을 전공한 학생은 단 한 명도 없었다.[14] 이

---

14)《대한학회월보》6호 '유학생 통계표.'

사실로 미뤄 보아 당대의 문학에 대한 사회적 인식이 어느 정도였는가를 충분히 짐작할 수 있다.

그러나 단편적이긴 해도 문학이라는 용어나 외국 문인들의 이름이 간헐적으로 소개되었다. 《대한흥학보》에 발표된 춘원의 「문학의 가치」라든가, 《대한매일신보》의 「천희당시화」 등은 제법 문학론적인 체제를 갖춘 것으로 이미 연구의 관심이 되었던 것이고, 《소년》의 문학 인식 역시 주목의 대상이 되어 왔다.

신문, 잡지를 통틀어 모든 저널리즘의 시가 창작에 대한 관심과 배려는 컸던 듯하다. 비록 서구 문학의 소개나 문학 자체에 대한 인식은 미흡했다 하더라도 대부분의 신문, 잡지가 일정한 문예란을 설치하여 시가 창작의 분위기를 진작시키고 있다. 《대한매일신보》의 사회등 가사는 고정 시가난으로서 널리 평가된 바 있다. 또한 비록 집필진의 창작에 국한되긴 했어도 《대한민보》의 사조난도 고정적인 창작란으로서 대표적인 것이다. 이러한 신문의 고정 시가난의 설정은 일종의 저널리즘의 문학 자선 행위(literature philanthropy)[15]로 볼 수 있다.

개화기에 형성된 저널리즘은 이와 같이 외국 문학의 소개와 문예난의 설정을 통하여 문학 인식의 여건과 분위기를 조성해 감과 동시에 현상문예제를 실시하여 그 기반을 단단히 다져 가기에 이른다. 저널리즘의 문학 자선 행위는 현상문예를 통하여 더욱 문학의 인식 폭을 확대해 갔고 문학 저널리즘적 성격을 더욱 심화해 갔던 것이다. 현상문예제의 실시는 저널리즘이 문학 저널리즘으로 변모하는 중요한 계기가 되고 있으며 개화기 시가의 의식 공간을 크게 확장하는 동인으로 작용하고 있다. 특히 소설 장르에 비해 뚜렷한 작가층과 독자층이 형성되지 못한 상태에서 시가

---

15) Lan Watt, *The Rise of Novel*(London: A Peregrene Book, 1966), 54쪽.

분야의 현상문예는 장르 형성의 기본이 되는 창작 계층 및 독자층의 기층 형성에 큰 영향을 주었다. 개화기에 들어서면서 국문 문자의 보급, 근대식 학교 교육의 증대, 기독교 및 서구 문물의 수용 등으로 시가 창작의 여건은 많은 변모를 가져왔지만 정작 뚜렷한 창작 계층과 독자층의 형성은 잠재적인 상태에 머물러 있었다. 이러한 잠재 계층을 충격하여 시가 창작에 참여토록 적극적으로 유도하고 나선 것이 저널리즘의 현상문예제이다. 잠재 계층의 문학적 충격은 개화기 시가 형성의 관건적 과제이며 그것이 어느 방향에서 어떻게 작용하고 그에 대한 잠재 계층의 반응 양식은 어떠한 것이었는가 하는 문제는 장르 형성 단계에서 중요한 의의를 갖는다. 개화기의 저널리즘은 이러한 문학 잠재 계층의 창작 현재화(顯在化)를 위하여 지속적인 노력을 기울였다. 그러나 비록 현상의 형식은 아니었다 하더라도 독자 투고난의 형식으로 독자들이 시가 창작에 참여하도록 배려하고 있다. 특히 학회지의 경우 독자 투고난 설정은 보편적이었다.

4) 창작 계층과 장르 의식

(1) 창작 계층

개화기 시가의 창작 계층은 익명의 상태에 머물고 있기 때문에 뚜렷한 유형 설정과 신분 성향 및 그들의 사회적 성격을 규명하기란 힘든 일이다. 따라서 선행 연구에서 이미 유형화된 창작 계층의 분류는 시가의 경우 그대로 적용되기 어렵다. 시가의 창작 계층을 개화기의 지식인, 문인들의 사상 계보와 의식 유형에 맞추는 일도 필요하지만, 그보다 먼저 구체적이고 직접적인 차원에서 창작의 실제 관계를 중심으로 해서 파악하는 일이 선결돼야 하리라 본다. 전자가 총체적이고 문학 외재적인 것이라면 후자는 구체적이고 문학 내재적인 것으로 볼 수 있다. 개화기 시가 장르의 형성 과정에 나타난 특징을 규명하기 위해서는 후자의 방법이 효과적일 것이다. 따라서 기존의 연구가 연역적인 것이었다면 실제 창작에 의한 유형 설정은 귀납적인 방법이라고 볼 수 있다. 이러한 전제 아래 개화기 시가 창작에 직접 참여한 사람을 중심으로 그 계층을 유형화해 보면 다음과 같이 구분된다.

첫째 유형은 신문의 제작과 편집을 맡거나 통신원(기자)으로 활약하던 저널리스트 계층이다. 이들은 대체로 신문의 고정난 가사나 시조를 익명으로 발표하였다. 《대한매일신보》의 사회등 가사, 《대한민보》의 시조, 그 밖의 신문의 사조, 잡보난의 시가들이 여기에 해당된다. 그러나 이들의 창작이 신문 제작진에 의한 것이라는 것은 분명하더라도 구체적으로 누구에 의해서 이루어진 것인지는 밝힐 도리가 없다. 《대한매일신보》의 경우 게재된 시가의 성격과 특징으로 보아 신문 제작에 직접 참여한 신채호, 박은식, 양기탁 등을 예상할 수 있다. 또한 《대한민보》의 시조는 오세창, 장효근, 심의성 등을 예상할 수 있다. 이 저널리스트 계층의 시가 창작의 참여는 물론 전면적인 것은 아니다. 이들 외에도 독자 투고와 취재 형식으로 많은 작품이 발표되고 있고, 잡지의 경우는 제작진 아닌 학회 회원들의 참여로 이루어져 있기 때문이다.

두 번째 계층은 유학생 계층이다. 개화기의 유학 제도는 일찍이 1890년대부터 개화 진보 의지의 실천적 일환으로 시작되었다. 처음 관비 유학생 파견에서 촉발된 유학열은 이후 개화기의 중요한 사회 변동으로 상승되어 사비 유학으로까지 확대되었다.[16] 이

---

16) 개화기 유학생 현황에 관한 논저는 다음을 참조할 것. H. N. 알렌, 「한국 근대 외숙사 년표」, 《친목회회보》 1호 소재 「친목일기」; 阿部洋, 《통일시보》 1894호, 1979년 2월 17일; 김영모, 「개화기 유학생의 실태」, 《문학과지성》 3권 1호

유학 계층의 시가 창작은 1905년 을사조약 이후 족출한 학회 결성에서 비롯된다. 특히 일본 유학생을 중심으로 수많은 학회, 단체들이 결성되었고 그 학회들은 대부분 기관지 성격의 학회지를 냈다.《태극학보》,《대한학회월보》,《대한흥학보》등에 의해 이루어졌던 것이다. 특히 이 계층에 의해서 기대할 수 있었던 것은 예술성과 문학성의 창출이었다. 이를 반증하듯《대한학회월보》에서는 신문과는 다른 형태적 조탁이나 미의식의 표출 등이 두드러지게 나타나고 1914년《학지광》에 와서 현저한 양상을 띠게 된다.

셋째, 일반 개화 서민 계층이다. 이 계층에는 학생, 상인, 농민, 공무원, 기독교 신자, 부녀자 등이 포함된다. 그런데 이들 계층은 개화기라는 사회 변동과 함께 신분상의 상승이 있었고, 서구 문물 수용과 새로운 변화의 전면에 부상된 계층들이다. 기독교 수용에 의한 교회 설립과 미션계 학교의 출현, 각종 관사립 학교의 족출 등에 의해서 학생 및 기독교 신자들이 사회의 중요 계층으로 부상되었다. 또한 기독교의 평등 사상, 독립 협회의 남녀 평등 운동의 전개 등으로 여권 신장이 고조됨에 따라 여성층도 사회 계층의 전면에 서서히 부각되기에 이른다. 더구나 국문 국자 운동에 의하여 국문 보급이 보편화됨에 따라 이들 여성층도 중요한 '독서 대중'으로 등장하여 문학 기층을 형성하게 된다. 신소설의 주요 독자층이 여성층이었다는 것도 이러한 사실을 뒷받침한다. 이러한 학생, 기독교 신자, 부녀자들의 계층 형성은 개화기의 사회 변동과 밀접한 관련 속에 있는 것이다.

특히 이들 계층은 보수, 척사적인 이념 지향에서가 아니라 서구 문물과 새로운 제도의 수용 등 개화, 변혁적 이념 지향에서

(1972);《대한학회월보》6호(1908. 7);《매일신보》1973년 2월 28일 논설;《신한민보》1913년 6월 30일자 유학생 명단.

형성된 계층임을 알 수 있다. 김용직도 이 개화 서민 계층은 문맹 단계에 있는 일반 서민층과 다르게 개화 세례와 교육 혜택을 받은 인물들로 신학문 수용에 앞장섰음을 지적하고 있다.[17] 이들 계층은 사회 계층에 있어서의 전면 부상과 함께 개화기 시가 형성에 있어서 중요한 독서 대중을 형성하고, 또 직접 시가 창작에 참여함으로써 문학 담당 계층으로도 중요한 위치를 접하게 되었던 것이다. 물론 크게는 유학생도 이 계층에 포함시킬 수 있겠으나 이 계층은 다른 계층과 구별되는 변별적 특성을 형성하고 있기 때문에 시가 창작에서 하나의 계층 단위로 따로 구분하였다. 이 개화 서민 계층의 참여로 개화기 시가는 민중 의식의 문학적 형상화라는 중요한 특질을 획득한다. 개화기 시가 창작을 촉발시킨 《독립신문》의 시가, 《대한매일신보》, 《경향신문》, 《제국신문》들의 잡보난 시가는 대부분 이들 계층에 의해서 이루어지고 있다. 이 계층은 소설 창작과는 무관한 계층이며 이러한 차이점이 신소설과 개화기 시가의 성격 차이를 도출한 것으로 보인다.

  넷째, 전문 시인 계층이다. 이 계층은 사실 계층으로 유형화시키기 어려울 정도로 인적 구성이 한산하다. 육당 최남선이 대표적 인물이고 1910년대에 와서 이광수, 최승구, 이일, 한상윤, 안서, 김여제 등이 참여한다. 1910년 이전으로 국한한다면 육당 혼자뿐이다. 그리고 그 역시 전문 시인이기를 거부했고, 실제로 사회 의식이 문학 의식을 선행하여 전문 시인으로서의 선구적 역할과 사명을 충분히 수행하지 못한 것으로 평가된다.[18] 소설이 직업적인 문사로서 상업성을 띠고 전문 작가층이 형성되었던 것과는

---

17) 김용직, 「개화기 문인의 의식 유형」, 『한국 근대문학 논고』(서울대학교 출판부, 1985).
18) 정한모, 『한국 현대시문학사』(일지사, 1974).

대조적이다.[19] 극단적으로 말하면 1910년 이전에 국한하는 한 전문 시인 계층은 없었던 것으로 볼 수 있다. 그러나 《대한학회월보》, 《소년》, 《청춘》 등을 통한 육당의 시가 창작 및 문학 저널리즘 활동은 이채로운 것이었으며 그 중요성 역시 과소평가될 수 없는 것이기에 육당 한 명이 되더라도 전문 시인 계층으로 설정할 수밖에 없게 된다. 육당도 물론 저널리스트인 만큼 그 유형에 편입시킬 수도 있겠으나 익명으로 고정난 시가들을 제작한 《대한매일신보》 등의 집필진과는 성격을 달리하기에 구별되어야 할 것으로 보인다. 신소설이 전문화된 작가층에 의해서 형성되었음에 비해 시가는 단 한 명의 시인에 의해 실험, 모색되었던 것이다. 그만큼 육당에게 주어진 문학사적 하중은 무거운 것이었다.

그러나 시가의 이러한 전문 창작층의 허약성이 곧 문학성의 상실이나 당대성 획득의 포기를 의미한 것은 아니었다. 오히려 그 반대의 상황에 놓여 있다. 역설적으로 전문 시인 계층의 공백이 당대성을 획득하는 데 영향을 주고 있다는 점에 개화기 시가의 특수성이 있다. 신소설이 전문 작가층에 의하지 않고 일반 독자들의 참여로 이루어졌다면 친일 성향이나 상업주의 지향 및 가정 소설류의 성격에서 벗어나 당시의 역사성을 더욱 적극적으로 수용할 수 있었을 것이라는 가정은 결코 무의미한 것은 아니리라 본다. 이러한 사실은 곧 개화기 문학이 그 담당 계층과의 전면적 관계에 노출되어 있음을 반증하는 것이다.

끝으로 이민 계층을 가정해 볼 수 있다. 이 계층의 설정은 특수한 관점을 요하는데 그것은 《신한민보》라는 해외 망명 신문의 창작 계층에 국한되기 때문이다. 근래 연구 동향에서 이민 문학

---

19) 권영민, 「개화기 소설 작가의 사회적 성격」, 《한국학보》(일지사, 1980 여름호).

에 대한 관심이 고조되고 있는 만큼 이 계층의 설정은 그런 작업을 위해서도 의의를 둘 수 있을 것이다.

《신한민보》는 안창호가 설립한 재미 교민 단체의 공립회, 국민회의 기관지였다. 1905년 창간되어 국내의 개화기 신문들과 어깨를 나란히 하여 개화기 시가 창작에 적극적으로 참여하고 있다. 합방 이전까지 많은 양의 가사, 시조, 창가를 발표하였고, 1910년대에는 100여 수의 시가들을 발표하여 1910년대의 문학사 공간을 메워 주고 있다. 개화기 시가 형성에 있어 양적, 질적인 면에서 어느 매체에 못지않은 역할과 궤적을 남겼던 것이다. 이 《신한민보》에는 재미 교포가 중심이었으나 미국 외의 해외 거주민들이 참여하기도 하였다. 비록 미국에서 간행된 것이었으나 우리 국민에 의해 우리의 글과 당대의 국내 사정을 첨예하게 인식하고 형상화시켰던 만큼 신문학사 기술에서 제외될 수 없으리라 본다. 미국에서 간행되었다는 이유로 제외된다면 일본에서 발행된 개화기 학술지들도 제외되어야 할 것이다. 그러나 개화기 시가의 창작 계층에서 이민 계층의 설정은 그것이 《신한민보》에 국한되어 있고 투고자 자체의 성분이 완전한 이민이었나 하는 등의 문제를 갖고 있기 때문에 잠정적으로 고려되어야 할 것이다. 즉 다른 계층과 등위적인 성격 구분을 짓기는 어렵다. 이렇게 보면 개화기 시가의 창작 계층은 저널리스트 계층, 유학생 계층, 개화 서민 계층, 전문 시인 계층 등의 네 유형이 되고 여기에 잠정적 계층으로 이민 계층을 설정해 볼 수 있다.

(2) 장르 의식

앞에서 개화기 시가의 창작 계층을 다섯 유형으로 분류하였다. 이들의 계층별 장르 의식 및 문학 성향을 검토해 보기로 한다.

① 저널리스트 계층의 장르 의식

이 계층은 대부분 익명으로 되어 있기 때문에 정확한 인적 구성을 파악할 수가 없다. 학회지 및 일반 잡지에서 이 계층의 창작은 전무하고, 신문 저널리즘에서만, 그것도 《대한매일신보》, 《대한민보》에서 두드러지게 나타난다. 육당의 《소년》, 《청춘》지의 시가 창작은 다른 각도에서 설명해야 한다. 저널리스트 계층의 익명 상태에서의 시가 창작과는 성격이 다른 것이었고 따라서 이를 전문 계층으로 설정했던 것이다. 저널리스트 계층의 인적 구성은 각 신문의 편집과 제작에 참여한 인사들로 추정할 수밖에 없는데 그 인적 사항을 파악하기란 참으로 힘든 작업이다.

이러한 작업의 일환으로 이광린 교수의 연구를 들 수 있다. 그는 《대한매일신보》의 인적 구성을 분석하여 부서별 인원까지 파악하고 있는데 시가 창작에 대한 자료는 제시하지 못하였다. 이에 따르면 신채호는 논설, 양기탁은 편집부서에 소속되어 있고 국문판의 편집도 양기탁이 맡았다. 박은식은 1905년 8월 주필로 들어와 1908년 전반기에 《대한매일신보》사를 사직하고 《황성신문》으로 옮긴 것으로 되어 있다.[20] 이러한 추론의 범위 내에서 신문 제작 특히 편집과 주필 등의 주요 부서에 있던 양기탁, 신채호, 박은식(《대한매일신보》), 오세창, 장효근, 심의성(《대한민보》), 장지연, 남궁억, 유근(《황성신문》), 그밖에 이종일, 이종문 등을 예상할 수 있다. 조동일도 박은식, 신채호, 양기탁 등을 신문사 내의 논설진으로 추정하고 있다.[21]

김윤식은 이들을 지사형 지식인으로 규정하고 위정척사론에 이어지는 사상 계보로 파악하고 있다. 을사조약 이후 정치 활동

---

20) 이광린, 『한국 개화사의 제문제』(일조각, 1896), 260~268쪽.
21) 조동일, 『한국문학통사』 4(지식산업사), 268쪽.

이 불가능해지자 지식 계층은 교육을 통한 계몽 운동과 언론을 통해 일제에 대항하는 계층으로 이원화됐는데 장지연, 양기탁, 신채호 등은 후자에 해당되는 계층이다. 이들의 사상적 배경은 유학이라는 전통 사상에 뿌리를 두고 있었던 것이다.[22] 김용직도 이 계층을 제2유형, 즉 척사 봉건주의 보수 사림 계층이 아닌 진보 사림 계층으로 규정한다.[23] 이들은 민족주의 입장에서 서구 문물을 수용하여 국어 국자 보급, 전통 문화 및 국사 정리에 힘썼다. 이러한 출신 계층적 성향 때문에 그들이 제작한 신문은 물론 고정난의 가사, 시조들도 민족주의적 색채를 강하게 띠고 있다. 그들이 시조, 가사, 한시 등의 전통 장르를 선택한 것도 이러한 민족주의적 이념 지향과 무관하지 않다. 《대한매일신보》의 사회등 가사가 강렬한 비판 의식과 저항 정신으로 인하여 저항 시가로까지 평가되는 것은 이러한 창작 계층의 사상 배경에 기인한 것으로 보인다. 강한 민족주의 이념 지향을 보인 유림 계층의 역사 상황에 대한 문학적 해석이 바로 사회등 가사였고, 고정난 시조였던 것이다. 고정난 가사가 갖는 산문 형식과 논설식 구조는 산문 정신 곧 비판 정신과 관련된다. 또한 일반 개화기 가사와 다른 형식 장치도[24] 이러한 사상과 이념의 분비를 위해서 필요했다. 따라서 고정난 가사가 갖는 형식적 특성과 과격한 내용은 이러한 창작 계층의 이념 지향과 사상 구조와의 관련 속에서 검토되어야 한다. 그들의 장르 의식은 민족주의 이념을 효과적으로 표출하기 위한 장르 선택과 형식 선택에서 벗어나기는 힘든 것이었다. 따라서 포에지의 표출이나 시 양식의 미학적 조탁은 뒷전으로 밀릴 수밖에 없었다.

---

22) 김윤식, 『한국문학사 논고』(법문사, 1973), 93~94쪽.
23) 김용직, 『한국 근대문학 논고』(서울대학교 출판부, 2006), 5~6쪽.
24) 서사, 본사, 결사 등의 논문식 구성, 대화 및 문답 형식 등이 그 예임.

② 유학생 계층의 장르 의식

앞에서 조사된 바대로 시가 창작에 있어서 이 계층의 참여는 뚜렷하다. 저널리스트 계층은 익명 형식으로 되어 있어 추론의 범주를 벗어나기 힘드나 유학생 계층의 참여는 비교적 실증적인 편이다. 앞에서 조사된 인물들 이외에 전기된 것처럼 일본 유학생 단체의 기관지로 성립된 각종 학회지에서의 시가 창작의 주역도 바로 이들 계층인 셈이다. 개화기 시가 형성에서 잡지 특히 《대한학회월보》, 《대한흥학보》, 《태극학보》 등의 중요성은 전술한 바이고, 이들 잡지의 창작 주역이 유학생들이었던 만큼 개화기 시가 형성에서 유학생 계층의 역할은 매우 중요했다.

유학생들은 서구 문물을 일찍 수용하여 이미 아서구화된 일본 현지에서 직접 근대화의 과정을 체험하였기 때문에 개화나 문명 지향에 개방적이었다. 그들이 사회적 지위가 낮은 유생의 자제들이고 집권 지배층의 자제는 전통적 유학 교육에 의존했던 것을 보아도 쉽게 그들이 개화 사상에 침윤될 수 있는 신분적 배경을 나타내 주고 있다. 김윤식은 이러한 중인 계급 출신들이 사회 모순의 해결 명제를 서구 문화의 수입에서 찾았고 그래서 그들의 사상 내용이 문화적 계몽주의에 한정되는 것으로 본다.[25] 그러나 이들을 문화적 계몽주의로 묶어 버릴 수는 없을 듯하다. 그러한 성향은 강한 것이었지만 국권 수호와 민족주의 색채를 강하게 풍기는 작품도 발표되고 있기 때문이다. 중국 유학생의 「송구영신가」와 일본 유학생인 탁옥자의 「여창십흥」[26]을 그 예로 들 수 있다. 이 작품들은 조국을 떠나 있으면서 국권 상실에 직면해 있는

---

25) 김영모, 위의 책, 129쪽; 김윤식, 『한국문학사』(민음사, 1974), 108쪽.
26) 「송구영신가」(《대한매일신보》 1906. 1. 21), 「여창십흥」(《대한매일신보》, 1908년 11월 28일).

위기 상황을 예리하게 표출하고 있다.

이 계층의 장르 선택은 저널리스트 계층과는 달리 시조, 가사 등의 전통 장르와 창가 및 자유시 등의 신흥 장르의 선택으로 혼효 현상을 보여 주고 있다. 이 양 장르 선택의 갈등에서도 새로운 시형의 모색과 조탁에 힘을 기울여 1914년대 《학지광》에 와서 자유시형이 제법 정제된 모습으로 나타날 수 있었던 것이다. 1910년대에 활발해지는 서구 상징시학의 수용이나 산문시 장르의 이입 등은 이들 계층의 서구 체험과 문학 체험의 결과로 볼 수 있다.

③ 개화 서민 계층의 장르 의식

서구 문물의 수용과 근대 교육 제도의 확산으로 근대 의식과 자아의식에 눈뜬 이 계층은 《독립신문》에서부터 시가를 발표하여 시기적으로 가장 빨리 시가 창작에 참여하고 있다. 《독립신문》에 발표된 28수의 창가와 가사는 곧 이러한 시민 사회 형성의 한 반영으로 볼 수 있으며 특히 기독교 수용과 그에 동반된 미션계 학교의 설립이 그 주요한 배경을 이룬다. 《독립신문》에 발표된 시가의 창작 계층이 기독교 신자들과 미션계 학교의 학생, 교원들이 상당수를 차지하고 있음이 이를 반증한다. 따라서 그들의 이념 지향도 기독교로 표현되는 서구 사상이었으며 장르 의식 역시 찬송가 등의 창가 장르 언저리에 머물러 있다. 《독립신문》 소재 시가 형식이 단연으로 중첩되어 있다든지, 합가나 후렴이 붙어 있는 점 등은 곧 찬송가 양식의 패러디라는 인상을 강하게 풍긴다. 또한 《독립신문》 시가가 한결같이 군주와 국가를 찬양하는 내용으로 된 점도 하느님과 같은 신앙적 존재를 숭앙하고 찬양하는 찬송가와 흡사하다. 양 장르는 이와 같이 송시 양식을 취하고 있다. 더구나 대부분 익명 아닌 실명으로 자기 성명과 신분, 직업, 주소 등을 자세히 밝히고 있는 점은 근대 시민 정신의 발아를 엿볼 수 있는 국면이다.

이렇게 《독립신문》에서부터 발아된 시민 정신과 시가 창작은 《독립신문》의 폐간과 함께 주춤했다가 1905년 을사조약과 함께 족출하는 각종 저널리즘을 통하여 활발히 전개되었다. 이러한 일반 서민 계층의 시가 창작은 개화기 시가의 창작과 장르 형성에 튼튼한 기반을 마련하는 계기가 되었으며, 민중에 내재한 발랄성이 그대로 시가에 투사됨으로써 투철한 시대정신과 역사의식의 형상화가 가능할 수 있었던 것이다. 기법의 천착이나 양식적 조착 등 예술적 차원에서의 장르 의식의 깊이는 보여 주지 못했으나 개화기에 형성된 시민 정신과 민중의 발랄성이 투영됨으로써 개화기 시가가 당대성을 획득하는 데 커다란 밑받침이 되고 있다. 이 계층에서의 장르 선택 역시 전통, 신흥 장르의 혼효 양상을 보이나 유학생 계층에 비해 전통 지향성이 강하게 나타난다.

④ 전문 창작 계층의 장르 의식

1910년 이후에는 춘원, 최승구, 현상윤, 안서, 이일 등의 활동이 눈에 띄지만 1910년 이전에는 육당 개인으로 국한된다. 육당의 출현은 개화기 시가의 창작 양상에서 전환적 국면을 가져오게 하는데 그것은 다음과 같은 것들이다.

첫째는 창작 행위의 무의식적 단계에서 의식적 단계로의 전환이다. 육당 출현 이전에는 창작 행위가 민중들의 무의식적인 차원에서 이루어지고 있다. 한두 편의 투고에 그쳐 단편적이고 일시적인 속성을 드러내는 것도 그것이 철저한 문학 인식에서가 아니라 무의식적인 제작 행위였음을 반증한다. 그러나 이러한 즉흥적이고 일시적인 창작 양상은 육당에 와서 커다란 변모를 일으킨다. 그 자신이 전문 시인이 아니라 했고 또한 그의 장르 의식의 허약성은 이미 여러 논자에 의해서 지적된 바이지만 시가 창작에 대한 정열과 집착은 단연 두드러지는 것이었다. 《대한학회월보》의 대몽최 시기에서부터 《소년》, 《청춘》에 이르기까지 개화기 시가 형성의 전 기간에 걸쳐 그의 문학 행위는 지속되었던 것이다. 아무튼 최남선은 일반 창작 계층과는 다르게 분명히 문학 행위임을 인식하고 창작 활동을 하였다. 이러한 의식적인 전환은 그 성과의 성패 여부를 떠나서 개화기 시가 형성의 중요한 전환 모티프로 작용하고 있다.

둘째, 문학 저널리즘의 비전문성에서 전문성에로의 전환이다. 개화기 시가를 창출한 개화기의 각종 신문, 잡지 매체는 사실 엄격히 따진다면 문학 저널리즘으로 볼 수 없다. 신문은 신문대로의 사회적 기능이 있었던 것이고 학회지, 일반 잡지들도 학술 교양에 편향되어 있었던 것이다. 개화기 학회지가 준교과서에 해당된다는 점도 이러한 사실을 반증한다. 개항 이후 물밀 듯이 들어오는 서구 문물과 새로운 지식을 분배, 전파하는 역할과 기능이 당시 저널리즘이 맡은 가장 중요한 몫이었다. 따라서 문학에 대한 배려는 자연 뒷전으로 밀려날 수밖에 없었다. 그나마 사조난과 잡보난 등을 통한 시가 창작은 참으로 다행한 것이었다. 이렇게 비전문적인 창작 양상을 보이던 것이 《소년》에 이르러 커다란 변화를 가져온다. 《소년》 역시 당시 여러 잡지들과 다를 바 없이 교과용 도서에 준한다는 지적이 있지만[27] 문학 특히 시가에 대한 배려는 다른 저널리즘에 비해 특징적인 것으로 볼 수 있다. 60여 편의 시가를 남기고 있는 잡지는 《소년》 이외에는 전혀 없다. 문학 저널리즘의 전문화 역시 육당의 문학에 대한 인식, 특히 시가 장르에 대한 인식의 소산으로 보인다.

---

27) 김윤식, 『근대 한국문학 연구』(일지사, 1973), 32쪽.

셋째, 목적 문학성의 순화 및 희석화에로의 전환이다. 《대한매일신보》의 사회등 가사, 《대한민보》의 시조 등은 문학의 내재적 기준에서 볼 때 예술 양식으로서의 문학 궤도를 벗어난 것이었다. 사실 사회등 가사는 논설의 율문화로서 4·4조 리듬을 뺀다면 시가 양식으로서의 근거마저 의심스럽다. 국권 수호와 국민 계도의 시대적, 역사적 이데올로기의 전파라는 목적을 위한 수단으로 동원된 양식이었던 것이다. 또한 내용 전달의 효과를 위해서는 율문 양식의 파괴도 서슴지 않았는데, 시조의 종장 말구의 파괴는 시조의 형태 미학의 근거를 위협하는 문학적 파괴 행위였다. 그만큼 경직화된 장르 의식에 머물러 있었던 것이다. 이러한 경직성과 목적성은 신문 매체의 특성에서 기인한 것이었다. 그것이 학회지 등 잡지로 전이되면서 다소의 순화 징후를 보이다가 《소년》지에 와서 상당히 후퇴한 모습으로 나타난다.

물론 《소년》의 시가가 교시적 군살을 완전히 제거한 것은 아니지만 《대한매일신보》의 사회등 가사류에 비교해 볼 때 목적성 및 과격성의 순화는 현저하다. 이러한 목적성의 희석화는 예술성의 조탁에 눈뜨게 하는 계기를 가져오는데, 그것이 《소년》에 나타나는 개인 목소리의 대두와 양식적 조탁의 징후이다. 공적 감정의 격앙된 목소리가 다소 누그러지고, 엘리엇(T. S. Eliot)이 제시한 제1의 개인의 목소리가 서서히 드러나고 있었던 것이다. 또한 시형의 변화 모색과 율격 장치의 다양한 실험도 두드러지게 나타나고 있다. 이러한 변모들은 곧 육당의 장르 의식의 투영으로 볼 수 있다. 분명 한계는 있지만 근대시를 잉태키 위한 순수 문학적 자양분은 이러한 육당의 장르 의식에서 배태될 수 있었다. 육당은 시조 장르에 편향성이 강했으나 개화기 시가의 어느 창작 계층보다 새 장르에 대한 인식은 뚜렷했던 것으로 볼 수 있다. 이러한 노력이 육당 개인이 아닌 다수의 전문 시인 배출로 확산되었더라면 개화기 시가의 역사 공간은 분명 다른 모습으로 일찍 자리 잡았을 것이다.

⑤ 이민 계층의 장르 의식

이민 계층의 문제는 전항에서 밝힌 대로 하나의 가정적 단계를 벗어나기 어렵다. 그러나 《신한민보》를 통해 볼 때 그들의 문학 의식은 비교적 뚜렷했고 창작 기간이나 양에서도 뚜렷한 궤적을 보인다. 그들의 문학 의식은 국권 회복과 일제에 대한 저항, 비판의 차원에 머물고 순수 서정의 발아나 개인 정감의 표출은 미약하다. 삶의 터전을 상실하고 조국을 떠나 있는 특수한 계층적 상황 때문에 이러한 저항과 자성의 토운은 어쩌면 당연한 것이었는지도 모른다. 그러나 이러한 목적의식이 강하게 전제되어 있음에도 불구하고 1910년대에 들어 형태적 조탁과 새로운 운율을 모색하여 뛰어난 자유시 작품을 상당수 발표할 수 있었던 것은 그들이 시가 장르에 깊은 인식을 가지고 있었기 때문이다. 《대한매일신보》로 대표되는 저항 가사에서 저항 자유시에로의 변전은 이 계층의 창작 참여와 장르 모색의 결과였다.

2 개화기 시가의 장르 유형과 특징

1) 장르 유형

개화기 시가 장르는 형태 면을 중시하는 장르 개념의 일반적 인식과 당대에 생성, 전개되던 모든 장르를 포괄하는 역사주의적 장르 개념에 입각하여 설정되어야 한다. 또한 개화기 시가는 전통 장르와 새로운 장르의 갈등과 혼효가 특징적인 현상이었던 만큼 이러한 시대적, 문학사적 특성을 고려하여 전통 장르와 신흥 장르로 이원화함이 개화기 시가 장르 이해에 효과적일 것이다. 따라서 개화기 시가 장르는 전통 장르로서 가사, 시조, 한시, 언문풍월, 민요를, 신흥 장르로서 찬송가, 창가, 신시, 자유시 등 9종의 장르를 설정할 수 있다.[28]

개화기를 근대 문학의 출발기로 본다면 노래체로 불려진 찬송가, 창가, 민요 등은 제외되어 할 것이다. 왜냐하면 근대 문학은 '시(詩)'와 '가(歌)'가 분리된, 말하자면 '눈으로 읽는 문학'이어야 하기 때문이다. 따라서 엄격히 구분하자면 창가, 민요, 찬송가는 근대시의 범주에서 제외되어야 한다. 더구나 찬송가는 교회에서 불려진 특수한 종교 문학이라는 점에서 더욱 그렇다. 하지만 개화기는 근대 문학의 여명기이긴 하지만 동시에 고전 문학의 끝자락이 맞물린 전환기였다. 따라서 개화기 시가는 고전 문학과 근대 문학의 특성을 동시에 내포하고 있다.

개화기 시가의 특징인 '시'와 '가'의 미분리 현상도 이러한 전환기적 장르로서의 특성을 보여 주고 있다. 아울러 창가, 신시, 자유시와 같은 새로운 장르와 함께 한시, 시조, 가사 등 고전 시가가 창작의 붐을 이룬 것도 이러한 전환기적 특성으로 해석된다. 따라서 개화기 시가의 전환기적 특징을 전제할 때 개화기 시가 유형에서 노래로 불린 가창 장르의 설정은 불가피하다. 찬송가의 경우는 비록 그것이 특수한 집단에 의해 불려진 노래라 하더라도 창가 및 자유시와 미묘한 접합 관계를 보여 주고 있고, 자유, 평등, 민권과 같은 근대 의식을 내포하고 있다는 점에서 개화기 시가에 포함돼야 할 것이다. 개화기 시가를 근대시의 여명기로 보는 관점도 중요하지만 실증적인 차원에서 당대를 풍미

---

28) 오세영은 '4행시'를 개화기 시가로 설정하고 있다.(『우상의 눈물』(문학동네), 290쪽.)

한 역사적 장르를 포괄하는 시각도 필요할 것이다.

(1) 전통 장르

① 가사

개화기의 가사에 대한 기존의 장르 명칭을 보면 개화기 가사, 개화 가사, 개화 노래[29] 등이 통칭되었고 그 하위 개념으로 동학 가사, 의병 가사, 사회등 가사, 내방 가사 등이 논의되었다. 이 중 개화기 가사와 개화 가사는 성격상 구분되어야 할 명칭으로 보인다. 전자는 개화기에 창작된 모든 가사를 포함하는 포괄적 명칭이지만, 후자는 개화를 지향하는 제한된 부류에 해당되는 명칭이다. 개화기 가사에는 항일, 저항 비판의 척사 지향의 가사도 있기 때문에 이를 구분하기 위해서도 개화 가사보다는 개화기 가사가 포괄적 명칭으로 적합하다. 개화기 시가를 개화기 시가로 보지 않고 저항기 시가로 규정한 정한모의 견해도 이러한 인식의 결과이다. 일단 개화기 가사라는 상위 범주 안에 동학 가사, 의병 가사, 개화 가사, 우국 가사, 내방 가사 등의 하위 장르를 설정함이 좋을 것이다. 개화기 가사는 넓게는 1860년대 동학가사에서 좁게는 1896년 《독립신문》 소재 가사로부터 시작되어 1910년대 말까지 개화기 전 기간 동안 창작된 장르이다. 1918년 《태서문예신보》, 1919년 《매일신보》의 「매신문단」에까지 가사가 창작되고 있어 장르의 견고성을 확연하게 드러낸 장르로 볼 수 있다.

개화기 가사는 4·4조 4음보의 연속체 시가 장르의 전통적 양식 특징을 그대로 계승하면서 찬송가, 창가 등의 상호 작용에 의

---

29) 김상선, 『한국 근대시의 이해』(을유문화사, 1982).

해 분절 및 반복구 첨가, 단형 지향 등의 변형적 특징을 드러낸다. 이와 같이 개화기 가사는 노래로 불려지지 않는 4·4조, 4음보의 연행체 시가로 규정된다. 따라서 합가나 후렴이 붙어 가창되었거나 가창을 전제로 한 4·4조 시가들은 가사에서 제외되어야 한다. 그러니까 가사는 4·4조, 4음보, 연행체를 기본 양식으로 하되 가창되지 않음을 특징으로 하는 장르이다. 따라서 《독립신문》 소재 시가 중 합가나 후렴구가 붙은 것을 가사로 처리함은 재고되어야 할 것이다. 더구나 개화기 가사를 개화 노래로 규정함은 이와 같은 장르 개념상 상거가 있는 견해이다.

> 잠을깨세 잠을깨세 사천년이 꿈속이라
> 만국이 회동하야 사해가 일가로다
>
> 구구세절 다버리고 상하동심 동덕하세
> 남의부강 불어하고 근본없이 효빈하랴
>
> 범을보고 개그리고 봉을보고 닭그릴까
> 문명개화 하랴하면 실상일이 제일이라
>
> 못에고기 부러말고 그물맺어 잡아보세
> 그물맺기 어려우리 동심결로 맺어보세
> ──리중원, 「동심가」(《독립신문》, 1896. 5. 26)

예시처럼 가사는 4·4조 4음보를 기본으로 하고 있고, 첩연 형식을 갖추고 있다. 고전 가사와 다른 점은 제목이 붙고 분연 형태를 띤다는 점이다.

② 시조

　시조는 기존 개화기 시가 연구에서 타 장르에 비해 인식이 미흡했던 장르였다. 그 이유는 여러 가지가 있지만 자료 발굴이 창가, 가사에 비해 늦었다는 점, 기존 시조 연구가들에 의한 시조 문학사 기술의 오류, 개화기의 시대적 기능에 있어서의 장르적 부적합성 등을 들 수 있다. 기존 연구의 몇 예를 보면 다음과 같다. 먼저 박성의는 한국 시조 문학사를 서술하면서 영정조 이후를 시조의 쇠퇴기로 보아 창곡 정도의 성행을 지적하고, 그 후 시조 창작 활동은 전무하여 개화기에 이르기까지 영멸한 상태로 있다가 1920년대 민족 문학 운동의 일환으로 비로소 시조 부흥 운동이 일어났던 것으로 기술하고 있다.[30] 또 장순하는 개화기 시조에 대해 어느 정도 인식이 있었으나 육당의 국풍 시조에만 관심을 두어 논의의 한계를 지었고, 기타 개화기 시조는 비정서적이었다는 이유로 논의에서 제외시키고 있다.[31] 전자는 개화기 시조 자료에 전혀 접하지 못한 데서 오는 기술상의 오류로 보이고, 후자는 개화기 문학의 특성을 고려하지 않은 견해이다. 개화기 시가에서 비정서적인 측면은 바로 개화기 시가의 특성에 해당되는 것이다. 근래에 들어서 이러한 오류와 방법론적 시각이 불식되고 개화기 시조에 대한 논의가 활발히 개진되고 있다.[32]

　실로 개화기 시조는 시조 문학사를 통틀어 가장 집중적인 창작 양상을 보여 주었고 개화기의 역사 상황을 적극적으로 수용, 반

---

30) 박성의, 『한국 문화사대계』, 863~868쪽.
31) 장순하, 「현대시조 60년 개요」, 《현대문학》 14권 3호.
32) 개화기 시조에 대한 주요 논의는 다음을 참조할 것. 정한모, 『한국 현대시 문학사』(일지사, 1974); 김재홍, 「개화기 시조의 일고찰」, 『육사논문집 13』(1976); 권영민, 「개화기 시조에 대한 검토」, 『학술원논문집 15』(1976); 박철희, 「최남선 시조의 정체」, 『한국 시가연구』(형설출판사, 1981).

영하고 있다. 1906년부터 1918년까지 무려 660여 수의 시조가 발표되었다. 이는 동 기간 동안의 880여 수의 가사 창작에 버금가는 양산이라고 볼 수 있다. 10여 년의 짧은 기간에 660여 수의 분량은 시조 전사를 통해 특징적인 창작 양상으로 볼 수 있을 것이다. 또한 주제 표출의 효과적 전략을 위하여 형식의 파괴와 변형도 서슴지 않았고, 사장되었던 사설시조까지 동원하여 시대적 소임을 충실히 수행하였다.

개화기 시조의 장르상의 특징은 3·4조 3장 6구의 기본 틀을 그대로 유지하고 있으나, 종장의 종결 어미 생략, 3·5·4·3의 자수 배열의 혼란, 2행 및 4행시조의 출현 등 장르 변형의 징후를 드러내고 있다. 특히 민요조의 개입과 가사와의 상호 작용 현상이 두드러지게 나타난다. 1906년 7월 21일 《대한매일신보》에 실린 「혈죽가」 3수를 필두로 하여 1910년대, 1920년대 그리고 오늘에 이르기까지 지속적으로 창작되고 있다.

> 협실의 솟은대는 충정공 혈력이라
> 우로을 불식하고 방중의 품은뜻은
> 지금의 위국충심을 진각세계(眞覺世界)
> ─ 대구여사, 「혈죽가」(《대한매일신보》, 1906. 7. 21)

「혈죽가」 3수 중 1수이다. 예시처럼 종장 끝구가 생략되고 '진각세계'처럼 주제어를 압축하여 제시하고 있다. 종장 끝구 생략은 개화기 시조의 일반적 형식이다.

③ 한시

한시 역시 시조와 함께 개화기 시가 연구에서 다소 소홀히 다루어진 장르였는데, 그 주된 이유는 한자라는 표현 매체상의 문제로 집약된다. 김태준은 그의 『조선소설사』에서 갑신, 갑오 이후에 한글이 공용 문자화한 사실에 근거하여 개화기에 들어 한문학이 혼돈, 쇠미의 문운을 걷는 것으로 기술하고 있다. 그러나 비록 국문이 공용 문자화된 시기였다 하더라도 한문 의식이 여전히 강한 세력으로 남아 있었고, 개화기 문학이 국문학사에 있어서 신문학의 출발기임과 동시에 고전 문학의 최종 단계였다는 과도기 및 전형기적 특성을 고려할 때 한시는 당연히 개화기 시가 장르에 포함되어야 할 것이다. 더구나 한시는 뚜렷한 창작 계층에 의한 의식적 문학 행위였고, 그 창작 주체가 또한 위정척사를 내세운 민족 주체 세력이었다는 특성을 갖고 있다. 이 점은 여타 시가 장르에 비해 개화기 시가 문학으로서의 독특한 위치를 갖는 것이다. 비록 한문학이 구한말에 들어 사장(詞章) 문학과 도학(道學) 문학으로 양립되어 서로 문학관을 달리 했을망정, 급변하는 시대적 추이에 적극적인 반응과 극복 의지를 보여 준 사실은 긍정적으로 평가되어야 할 것이다. 개화기라는 역사 상황을 뚜렷이 인식함으로써 사(士)의식의 전통이 주체적 극복 의지로 변모될 수 있었고, 또한 문인이 시대에 처하는 역사적 의무를 발견함으로써 그 노력이 쉽게 우국적인 저항 문학으로 승화될 수 있었다.[33] 그러므로 개화기의 한시는 문학이 시대 정신과 긴밀한 대응 관계를 가질 때 그 존재 의의가 더욱 뚜렷하게 부각될 수 있다는 사실을 입증해 준 장르이기도 한 것이다.

 한편 전문 문인에 의한 한시 이외에 신문, 잡지 등의 시조난에 발표된 한시도 상당수에 이른다. 개화기 저널리즘을 통한 한시 창작은 민중의 참여라는 의의를 갖는다. 따라서 개화기 한시는 전문 문인에 의한 것과 일반 대중의 창작 등으로 대별된다. 1910년까지

---

33) 민병수, 「개화기의 한문학」, 『국어국문학』 68~69, 165쪽.

발행된 40여 종의 잡지에서 국문시가가 게재된 것이 10여 종에 불과한 데 비해 한시는 대부분의 잡지에 실려 있다. 작품 발표뿐 아니라 그에 대한 시평까지 곁들이고 있음을 볼 때 문학 장르로서 한시에 대한 인식의 뿌리가 어느 정도였는가를 충분히 짐작할 수 있다. 한시에 대한 논의는 근래에 들어 매우 활발하다.[34]

　　鳥獸哀鳴海岳嚬　槿花世界已沈淪
　　秋燈掩卷懷千古　難作人間識字人

황현의 절명시 4수 중 일부이다. 한일 병합을 맞은 선비의 절망적인 감회가 잘 표출되어 있다.

④ 민요

민요는 우리 시가 중 가장 오래된 구비 장르로서 개화기에 들어와서도 부단히 민중의 입에 회자되었다. 민요는 민족이라고 하는 일단의 사상, 감정을 같이 하고 있는 사람들 사이에 발효된 순수한 정서의 표현으로서, 그 시대에 적합한 언어와 풍속에 맞는 율동과 선율로서 형성된다. 언제나 그 시대 다수인의 공명을 받아 그들의 정서에 통절히 부딪히며 그들의 문학, 그들의 음악이 되는 것이다.[35] 따라서 민요는 그 민족의 기록이며, 민족과 민중의 영광과 희로애락을 송두리째 그리는 내적 생활의 영상인 것

---

34) 개화기 한시에 대한 주요 논의는 다음과 같은 것들이 있다. 정한모, 『한국현대시문학사』(일지사, 1974); 민병수, 『개화기의 우국문학』(신구문학사, 1974); 김용직, 「개화기 문인들의 서구문화 수용과 의식구조」,《진단학보》44호(1978); 주승택, 「개화기 한시 연구」, 서울대 석사논문(1984); 이규호, 「개화기 한시의 양식적 변모에 대한 연구」, 서울대 박사논문(1986).
35) 정한모, 『현대시론』(보성문화사, 1980), 161~162쪽.

이다. 이러한 민요의 특질은 개화기에 들어서도 그대로 살아나고 있다. 개화기라는 역사 상황에 임하여 적극적인 참여의 노래로 승화되어 민중의 발랄성이 그대로 형상화되고 있다. 민중 전체, 민족 전체가 당면한 역사 상황을 좀더 적극적인 자세로 반영, 비판한 점에 개화기 민요의 특성이 있다.

개화기에 들어 민요는 구전 장르의 차원을 벗어나 새로운 양상을 띠는데 그것이 창작 민요로의 변신이다. 풍속 및 항일 민요가 구전되는 한편, 신문, 잡지 등 개화기 저널리즘을 통하여 개인의 창작 민요가 상당수 발표되고 있다. 원래 민요는 창작 주체와 향수층이 다중(多衆)이라는 특징을 갖는 장르였으나 개화기에 들어서 창작 주체가 개인으로 대체되고 향수층도 신문, 잡지의 독자층으로 변모된다. 또한 구전 문학에서 기록 문학으로의 변신도 개화기 민요의 중요한 특징이다. 즉 개화기 민요는 노래하는 장르에서 보고 읽는 장르로 성격 전환을 하게 된다. 개화기 저널리즘에 발표된 창작 민요들은 가창을 전제로 한 것이 아니라 보고 읽도록 되어 있는 것이 대부분이다. 이러한 두 가지 변화, 즉 창작 주체 및 향수층의 개인화와 구비 전승에서 기록 문학에로의 성격 전환은 개화기 민요 장르의 중요한 변모임에 틀림없다.

한편 창작 민요와 아울러 기존 민요의 개작 행위도 많이 나타나는데, 기존 민요의 가락을 그대로 살리되 가사를 바꾸어 서정, 풍류적인 것을 항일, 비판적인 시대 상황 표출로 개작하고 있다. 또한 개화기 민요는 가사, 시조 등 여러 장르에 간섭하여 장르의 상호 작용 현상을 촉발하고 있는데, 그 역시 주제 표출 효과를 위한 기능적 차원에서 이루어지고 있다. 이와 같이 개화기 민요는 구전 민요의 전통을 계승하면서 한편으로는 창작과 개작을 통한 성격 변화를 가져오고 또한 민요의 장르 특성을 여타 장르에 확산함으로써 개화기의 시대적 소임을 충실히 수행하고 있다.

(舊調) 옥동도화 만수춘에 가지가지 봄빛이라
(新調) 옥동도화 만수춘은 가지가지 봄빛인데 우리나라 민족은 언제나 봄을 만나서 너와같이 되어볼까
―「양산도화 타령」(《서북학회월보》 19호)

예시와 같이 구전 민요를 바탕으로 그 가사를 바꾸어 시대 상황에 맞는 내용으로 개작하고 있다. 이 개작 민요는 개화기의 한 양식이 될 정도로 유행하였다. 물론 시대 비판 의식을 담은 항일 민요도 많이 불려졌다.

오세영은 개화기 시가를 '개화기 시'와 '개화기 구비 문학'으로 분리하여 민요를 후자에 포함시킨다.[36]

⑤ 언문풍월

언문풍월이라는 시가 장르는 1910년대를 전후해 풍미한 변종 장르이다. 그 역사는 조선 시대까지 소급되며 육담풍월, 국한문잡조시(雜俎詩) 등의 전개 과정을 통하여 형성된 장르였다.[37] 이 언문풍월은 한시 형식을 모방한 일종의 장르 패러디화 현상으로 볼 수 있다. 한시 양식 중 7언 절구 및 7언 율시 형식을 그대로 차용하고, 거기에 한자 대신 국문자를 사용함으로써 순국문체 한시 형식의 독특한 양식이 되었던 것이다. 이 언문풍월 장르의 대두는 개화기에 들어 급격히 변모된 문체 의식의 한 반영으로 보인다. 개화기는 국문체와 한문체의 갈등이 심하게 나타나던 때였고, 오히려 개화 서민 계층의 신분 상승, 신채호 등의 민족 주체

---

36) 오세영, 『20세기 한국시 연구』(새문사, 1989), 52쪽.
37) 《조선문예》 1호(1917. 4)에 언문풍월의 유래가 설명되어 있다. 이규호, 「개화기 한시의 양식적 변모에 대한 연구」 참조.

의식이 합세하여 국문 국자에 대한 새로운 인식의 계기가 마련됐던 때이다. 이러한 국문 의식이 팽배하던 시대 환경이 언문풍월 장르를 정착시키는 데 영향을 끼친 것으로 보인다. 다시 말해 한시 형식과 국문 매체의 결합 양식은 당대의 한문체와 국문체의 갈등 양상을 그대로 반영하고 있으며, 이 양자 사이의 조화 및 병립을 추구하려는 시대 추이가 결국 시가 형식으로까지 심화된 것이 언문풍월이라는 장르였던 것이다.

　이 장르가 개화기에 잠시 등장했다 곧 사라지는 일시 유행적 성격을 띠는 것도 그러한 전형기적 성격을 뒷받침하는 징후로 파악된다. 언문풍월 장르는 1901년에 등장해서 1917년에 소멸된 실험적, 역사적 성격을 띤 것이었다. 그러나 비록 짧은 기간의 실험적 모색으로 끝나긴 했지만 한시와 국문 시가의 오랫동안의 평행선을 깨고 장르 접합의 공동 영역을 모색코자 했던 노력은 높이 평가되어야 할 것이다. 어찌 보면 한시 장르의 고답성이 완화되고 국문 장르와의 융화점을 찾으려는 장르 모색 과정으로 볼 수 있고, 한편 개화기에 들어 한문학의 세력이 약화되어 가는 시대적 추이를 반영한 것으로도 볼 수 있다.

　이 언문풍월에 대한 언급은 「천희당시화」에서 처음 나타난다.[38] 「천희당시화」에서 단재 신채호는 이 양식에 대해 비판적인 태도를 취한다. 단재는 당당한 우리의 국시(國詩)가 있는 만큼 우리 글로 시가를 지을 것이지 중국 시에 의존하여 그 형식을 모방함은 마치 학 다리가 물오리 다리로 변모하는 꼴이고, 구미속초(狗尾續貂)의 형상을 낳은 꼴이라고 비판하고 있다. "뛰어난 형식(용종)은 떳떳한 길을 걸어야 할 일이지 험난한(기구) 길을 구태야 택할 일이 무엇인가"라고 반문한다. 철저히 주체 의식의

---

38) 《대한매일신보》 1909년 11월 9일~동년 12월 4일.

관점에서 국시와 중국 시인 한시를 준별하고 있다. 물론 이러한 관점은 장르 자체의 문학 인식에서가 아니라 단재의 민족 의식에서 나온 것으로 보이는데, 그러나 시가 장르의 주체성 확보라는 점에서 주목할 필요가 있다. 이미 그는 한문을 숭상하는 일은 국수를 매몰하고 국혼을 버리며 노예근성에 빠지는 일이라고 주장했던 만큼,[39] 그러한 근대적 민족주의 관점에서 문학 장르를 인식함은 당연한 논리적 귀결이었다.

그러나 이러한 단재의 비판에도 불구하고 언문풍월은 단순한 희작(戱作)이 아니라 진지한 작품으로 승격해서 애국적 내용을 표시하는 등, 그 자체로서 독자적인 가치를 발휘한 것으로 평가된다. 조동일은 언문풍월을 시조가 감당할 수 없는 더 짧고 함축된 시로서의 기능을 훌륭하게 수행하여, 우리 시의 한 갈래로 당당하게 자리 잡을 가능성을 보여 준 장르로 평가한다.[40] 비록 언문풍월이 한시 형식을 그대로 모방한 것이긴 하였으나 우리말을 시어로 가다듬는 계기를 마련한 점은 긍정적으로 평가되어야 한다. 자유율의 개화를 위해서 자수 제약이라는 역기능을 보여 준 것은 사실이지만 국어에 대한 새로운 인식과 시어로서의 국어 조탁은 충분히 가치 있는 작업이었다.

　　　해마다돌아오니, 만수성절이날이
　　　비노라태황폐하, 성수만세무궁히
　　　　── 김수철, 「만수성절을 축함」(《태극학보》 24호, 1908. 9)

이와 같이 언문풍월은 7언 절구 형식으로 되어 있고, 제2구와

---

39) 신채호, 「국한문의 경중」, 《대한매일신보》(1908. 3. 17).
40) 조동일, 『한국문학통사』 4(지식산업사), 286~290쪽.

4구에서 '이' 운자를 규칙적으로 밟고 있어 한시의 7언 절구 형식을 모방하고 있음을 알 수 있다. 즉 언문풍월은 한시 절구에 한자 대신 한글을 끼워 넣은 패러디 양식이다.

(2) 신흥 장르

① 찬송가

찬송가는 물론 종교상의 교리를 전파하기 위한 특수 계층의 노래였기 때문에 일반 시가 장르에 포함시키는 것은 무리이다. 그러나 비록 종교 교리 전파가 주된 것이긴 하였으나 개화기라는 가치 질서의 전환기에 정신 의식면에서 끼친 영향과 개화기 시가 형성 과정에서 형태 리듬상의 변화에 하나의 충격소가 되었다는 점에서 중시되어야 할 장르로 보인다. 기독교 문화가 곧 서구 문화를 상징하고 그것이 개화기에 진행된 서구 충격의 일환으로 간주될 수 있는 것이라면 찬송가가 개화기의 정신 상황에 끼친 영향은 충분히 짐작된다. 또한 개화기 시가 형성, 특히 정형률 파괴를 통한 자유시 형성에 끼친 영향은 거의 직접적인 양상을 띠었다. 더구나 학교 교육을 통해 창가가 널리 보급되기 이전에 교회를 중심으로 하여 널리 민중에 보급됨으로써 창가 보급의 전초 역할을 맡기도 했다. 찬송가집의 효시로 알려진 「찬미가」가 1892년에 나왔으나, 그 이전에 이미 주일 학교에 널리 보급되어 개화기 시가의 여명기에서 장르 형성의 정지 작업을 착실히 수행하고 있었다.

  높으신 상주님 자비론 상주님
  궁휼히 보소서
  이나라 이땅을 지켜주옵시고

오주여 이나라 보우하소서

——「축가」(《독립신문》, 1896. 9. 3)

이 시는 개화기 시가 율조의 기본인 7·5조나 4·4조의 율격 패턴에서 벗어나 있다. 개화기 일반 시가에서 볼 수 없는 새로운 율격을 선보이고 있는 것이다. 그런데 이 시는 1905년에 발간된 『합동 찬송가』 468장 찬송가의 리듬을 따온 것이다. 즉 원래의 찬송가 곡에 가사를 다르게 붙여 새로운 시를 만든 것이다. 이와 같이 찬송가를 모태로 선곡후사(先曲後詞)의 양식이 유행했는데 이러한 시가들은 비교적 다양한 율격 패턴을 보이고 있다. 이러한 과정을 거쳐 4·4조 및 7·5조의 고정된 율격에서 벗어나 다양한 율격 시험이 가능했고, 이것이 자유시 형성의 중요한 모티프를 형성했다.

오세영은 찬송가를 개화기 시가로 보지 않고 4·4조 찬송가를 '창가체 가사', 그 밖의 정형률의 찬송가를 '창가체 신체시'로 규정한다.[41]

② 창가

개화기 시가 장르 중에서 장르 개념과 범주에 대한 논의가 가장 다양했던 것이 창가이다. 대체로 창가의 형성 과정 및 율격의 문제 그리고 가창 방법 등에 대해서 논의가 진행되었다. 주요 견해들을 정리해 보면 다음과 같다.

㉠ 4·4조 리듬을 갖추어 조선조 가사와 동일하나 서양식 악조에 의하여 불리며 분절법을 취함. 6·5, 7·5, 8·5조의 새로운 리

---
41) 오세영, 앞의 책, 49쪽.

듬에 맞춘 새로운 시가.(조윤제,『조선시가사강』)

ⓒ 전통 가사와 운율 형식만 같을 뿐 내용과 노래하는 곡이 전혀 다름. 서양 음악에 맞춤. 낡은 형식에 새로운 시조를 담고 있고 평민화하는 귀족과 신흥 평민의 야합에 의한 장르.(임화,『조선신문학사』)

ⓒ 노래로 불린 것. 4·4조, 7·5조, 자유율도 포함됨. 가창 유무가 창가의 변별적 기준이 됨.(백철,『국문학전사』)

ⓔ 민요와 시조의 영향을 받아 4·4조 가사 형식으로 출발한 개화기의 신생활 양식. 계층과 연령을 초월한 국민 개창의 노래로 초기 창가는 무의식적인 것이었으나 육당 창가는 의식적임.(조연현,『한국현대 문학사』)

ⓜ 7·5조의 자수율을 기조로 한 노래로서의 가사. 7·5조 리듬 및 창가의 명칭은 일본에서 영향 받음.(정한모,『한국 현대시문학사』)

ⓗ 찬송가, 창가, 교가 등 서양 음악의 영향으로 형성된 장르. 가창 장르로서 시가가 분리되기 이전의 과도기적 양식임. 분련 및 후렴구, 부곡 등이 동반됨.(김용직,『한국 근대시사』)

ⓢ 서양식 악곡에 의한 본격적 노래. 악보에 수반되어 가창을 전제로 한 것으로 육당의 7·5조 계열의 작품.(송민호,『한국문화사대계』)

ⓞ 가창을 전제로 한 장르이나《독립신문》의「애국독립가」와는 다르게 2행연에서 4행연으로 변모되고, 4·4조의 음수율이 7·5조 주축으로 바뀜. 악보가 수반되며, 그 악보는 서양 음악에 근거함.(김학동,『한국 개화기 시가 연구』)

이상 나타난 견해들을 종합해 보면 창가의 장르적 개념은 서양 악곡의 가창을 전제로 한 노래체, 즉 음악의 장르이다. 따라서 그 시적(詩的) 측면이라 할 가사는 노래 부르기에 적합하도록 분절, 후렴구, 합가 등의 형식을 수반하며, 그 율조 역시 전통적인 4·4조를 비롯하여 이 시기에 등장한 6·5조, 7·5조 8·5조 등 음수율을 채택하고 있다. 오세영은 이와 같은 특징에 주목하여 그 가사만을 볼 경우 창가는 전통적인 4·4조를 제외할 때 신체시와 크게 다를 것이 없다고 주장한 바 있다.[42]

성자신손 오백년은 우리황실이오
산고수려 동반도는 우리본국일세
(후렴) 무궁화 삼천리 화려강산
대한사람 대한으로 길이 보전하세
———「애국가」(《독립신문》, 1896. 11. 21)

예시처럼 창가는 7·5조를 기본 율격으로 하고, 가창하기 위하여 후렴구가 붙는다. 또한 한 곡에 여러 편의 가사를 노래 부르기 위해 첩연 형태를 갖추고 있다. 위의 시는 4연 중 1연이다. 간혹 가창하기 위한 곡이 제시되기도 한다. 즉 부곡(附曲)도 창가의 한 형식이다.

③ 신시
신시는 신시 및 신체시라는 이중의 명칭으로 통용되고 있다. 이 두 명칭은 어떤 변별적 차이에 의한 장르상의 명칭이기보다는

---

42) 오세영, 앞의 책 45~48쪽. 오세영은 창가의 시적 요소는 다만 그 가사일 뿐인데 가사만을 놓고 볼 경우 신체시와 다를 바 없다고 주장한다. 따라서 그에 의하면 신체시는 노래로 불리는 유형(창가)과 노래로 불리지 않은 유형 (「해에게서 소년에게」와 같은 작품)의 두 가지로 분류할 수 있다. 그는 전자를 창가체 신체시, 후자를 비창가체 신체시라 불렀다.

관습상의 명칭으로 보인다. 먼저 '신시'라는 명칭은 조윤제, 백철, 정한모, 김윤식, 김기현, 송민호, 김해성, 김준오, 박철희의 논저에서 볼 수 있고, '신체시'는 조연현, 조지훈, 김동욱, 김춘수, 김용직, 문덕수, 김학동, 조동일, 오세영의 논저에서 찾아볼 수 있다. 대부분 이 명칭 사용은 새로움의 범칭으로 사용하고 있으나, 정한모는 양자의 구별을 뚜렷이 하여 신시의 명칭으로 통일할 것을 주장한다. 즉 육당 자신이 신체시 아닌 신시 명칭을 사용한 점, 일본 신체시와는 형태, 내용면에서 차이점이 있고, 당시의 시대 현실 및 육당 개인의 정신적 소산임을 존중하여 마땅히 신시로 불려야 할 것으로 본다.[43] 이에 반하여 김학동은 신시가 범칭적 용어이기 때문에 문학의 한 장으로 규정하기에는 어색한 점이 있어 장르 성격을 확연히 하기 위해서는 신체시로 보는 것이 좋을 것으로 주장한다.[44]

한편 신시의 장르 규정에 있어서도 두 가지 양분된 견해가 보이는데, 창가, 가사 이외에 자유율의 성향을 갖는 모든 시 형태를 범칭하는 광의의 개념과 일정한 형태적 특징을 갖는 것으로만 국한하는 협의의 개념으로 나뉜다. 정한모는 신시의 개념을 협의의 개념으로 정리하여 한 연 내에서는 리듬이 자유로우나 각연 대응 행의 자수율이 엄격히 지켜지는 형태적 유형성을 가진 시가로 국한하고 있다.[45] 이 각연 대응 행의 자수율을 엄격히 지키려는 조율 의식은 일본의 리듬 의식에서 영향을 받은 듯하다.[46] 조

---

43) 정한모, 『한국 현대시문학사』(일지사, 1974), 178~194쪽.
44) 김학동, 『한국 개화기 시가 연구』(시문학사, 1981), 99~100쪽.
45) 정한모, 위의 책, 190~194쪽.
46) 조동일, 「현대시에 나타난 전통적 율격의 계승」, 《아세아 학보》 12집 (1976).

연현도 같은 견해를 보여 신시를 운문과 산문의 혼합 형태로 보고 한 연을 독립시키면 비정형적이나 각 연의 각 구절이 동일한 순서로 배열되는 양식으로 규정하고 있다. 이에 해당되는 육당과 춘원의 일부 시가 여기에 해당된다.[47]

그러나 김용직은 이러한 협의의 개념을 수정하여 신시의 발전 단계를 크게 세 단계로 나눈다. 첫 단계는 이러한 형태적 유형성을 엄격히 지킨 것, 둘째 단계는 이에서 다소 벗어난 것, 그리고 셋째 단계는 완전히 자유로워진 것 등으로 나누고 있다.[48] 그리고 신체시와 산문시를 엄격히 구분하고 있고, 신체시의 특성으로 구어체 사용, 속도감, 구두점의 활용, 서정성의 개화 등을 들고 있다.[49] 그러나 이 셋째 단계의 '완전히 자유로워진 유형'을 과연 신체시라 부를 수 있느냐 하는 것은 의문이다. 완전히 자유로워졌다면 의당 자유시일 것이기 때문이다. 이와 같이 신시는 리듬의 반복성, 자수의 제약성 등을 드러내어 정형시의 틀을 완전히 벗어나지 못한 정형시와 자유시의 혼합 양식으로 규정된다. 따라서 신시의 양식 개념도 반율문, 반산문의 시,[50] 준정형시, 준자유시[51] 등으로 인식되어 왔던 것이다. 필자는 자유시와 구별하기 위해 신시의 개념을 일정한 형태적 유형성을 갖는 협의의 개념으로 규정하고자 한다. 최남선의 신시를 보자.

우리는 아무것도 가진 것 없오

---

47) 조연현, 『한국 현대문학사』(성문각, 1982), 117쪽.
48) 김용직, 『한국 근대시사』(새문사, 1983), 110~112쪽.
49) 위의 책, 102~112쪽.
50) 조연현, 위의 책, 160쪽.
51) 김춘수, 『한국 현대시 형태론』(해동문화사, 1958), 23쪽; 오세영, 앞의 책, 52~53쪽.

칼이나 육혈포나—
그러나 무서움 없네
철장(鐵杖)같은 형세(形勢)라도
우리는 웃지 못하네
우리는 옳은것 짐을지고
큰길을 걸어가난 자(者)이일세

우리는 아무것도 지닌 것 없오
비수나 화약이나—
그러나 두려움 없네
면류관의 힘이라도
우리는 웃지 못하네
우리는 옳은것 광이(廣耳)삼아
큰길을 다사리난 자(者)이일세

——「구작삼편」(《소년》, 1909년 4월호)

「구작삼편」은 첩연시로 되어 있고, 각 연의 자수율은 자유롭지만 각연의 대응행은 글자수가 일치하고 있다. '—'표와 같은 문장 부호나 '자(者)이일세'와 같은 특이한 표현조차도 일치시키고 있다. 이처럼 신체시는 독립 연에서는 자유율을 지향하고, 첩연의 대응 행에서는 정형률을 지향하는 특이한 양식을 갖추고 있는 것이다. 신체시를 준자유시, 준정형시로 명명하는 것도 이러한 이유에서이다.

④ 자유시

자유시의 개념 정립과 그 효시에 대한 논의는 학계에서 아직 유동적인 상태에 머물러 있다. 따라서 개화기 시가 장르에서 자유시의 설정 문제는 가정적인 단계를 벗어나기 힘들다. 그러나 창가, 가사 등과 다르게 정형률의 파괴가 현저하게 드러난 것과, 전술한 것처럼 협의 개념의 신시적 형태 유형을 벗어난 시가들을 하나의 장르 범주로 묶을 필요성이 생긴다. 자유시의 장르 개념은 시 형태뿐 아니라 시 정서나 기법 등 다양한 각도에서 이루어져야 한다. 따라서 형태상의 자유로움을 절대적 기준으로 하여 리듬상의 자유로움을 보인 시를 곧 자유시로 규정할 수는 없을 것이다. 그러나 자유시의 장르 개념을 좀더 포괄적인 것으로 해석한다면 좁은 의미의 신시 다음 단계의 시들을 자유시 범주로 묶을 수 있다. 기존의 자유시에 대한 논의의 혼란이나 효시에 대한 이견들은 자유시 개념을 지나치게 좁게 잡음으로써 야기된 것으로 보인다. 따라서 필자는 자유시의 개념을 광의의 포괄적인 관점으로 확대하여 형태 리듬 면에서 정형률의 리듬이 파괴되고 신시의 형태적 유형성, 즉 행연상의 자수 구속과 노래체의 잔존 형태들이 거세된 시들로 규정하고자 한다.

2) 장르 선택의 배경

개화기에 있어서 장르 선택의 문제는 여러 측면에서 고찰되어야 할 것이다. 《대한매일신보》의 사회 비판의 글들이 율문 양식을 취하고 있는 이유는 무엇인가. 신지식 보급과 시대 상황의 인식 등 사회적 기능을 신소설이 맡지 못하고 시가 장르가 담당한 이유는 무엇인가.[52] 또 '시'와 '가'가 완전 분리되지 못하고 오히려 노래체로서의 인식과 기능이 심화된 이유는 무엇인가. 시조, 가

---

52) 김윤식 교수는 개화기 소설이 맡지 못하고 창가 장르에 넘어간 신지식의 보급 기능을 '창가의 산문화 기능'이라고 부르고 있다. 「개화기 문학 양식의 문제점」, 《동아문화》(1973. 12), 115쪽.

사 등의 전통 장르가 맡은 몫과 창가, 신시 등 신흥 장르가 맡은 시대적 몫은 무엇인가. 이와 같은 문제들을 전제해 볼 수 있다.

(1) 시가 장르의 기능과 성격

개화기의 문학 장르로서 산문 양식인 개화기 소설과 율문 양식인 시가가 병존 양상을 보이고 있으나, 시대 상황과 문학 현상이라는 연속적 관점에서 볼 때 두 양식의 대응 방식은 판이했다. 개화기 소설이 문명, 개화, 자주 독립 등의 시대 상황적 주제를 보인 것은 사실이지만 그것이 풍속 묘사의 차원으로 머물러 독자의 호기심 증대라는 문학적 전략 이상의 의미를 갖기는 힘들 것이다. 개화기 소설은 역사, 전기 소설류를 제외하고는 상업주의적이 되어 시대 상황의 인식과 수용에 무관하거나 유리된 양상을 드러낸다. 이에 비하여 시가는 철저한 시대 인식의 토대 위에서 상황 타개의 의지 표출과 비판적 기능을 적극적으로 수행하고 있는 것이다. 국권 회복을 위한 국시 운동은 목적 문학으로까지의 성격 전환을 암시하고 있다.

이와 같이 개화기 시가가 산문 장르에 비해 개화기라는 역사 공간의 수용과 인식에 기능적일 수 있었던 원인은 무엇인가. 그에 대한 해명으로 다음 몇 가지 문제를 제기해 볼 수 있다.

첫째, 시가 장르의 본질적 속성 문제이다. 율문 양식이 서사 양식에 비해 자기 체험을 줄거리 없이 묘출하는 것이라면 개화기적 상황을 드러내기에는 율문 양식이 적합했을 것이다. 개화기라는 혼란기, 전형기적 상황을 논리적 인식을 토대로 하여 완결된 성격으로, 줄거리를 갖춘 양식으로 표출하기는 어려웠을 것이다.[53] 개항과 함께 문화, 정치, 사회의 급격한 변화와, 전통과 외

---

53) 앞의 책, 121~122쪽.

래의 가치관의 혼효 양상이 심화되던 때가 개화기인 만큼 이러한 가정은 충분히 효과적인 것으로 보인다. 김용직은 율문 양식의 중요 속성을 비분석, 미분화로 들고, 논리를 세우고 사실을 서술하는 데 요구되는 절차가 생략될 수 있는 장르가 율문 양식임을 천명하고 있다.[54] 개화기의 격변성은 이와 같이 논리와 분석의 절차를 배제하려는 특성을 갖는 것이다.

둘째, 시가 장르가 갖는 비전문성과 비상업성을 들 수 있다. 이는 창작 계층과 창작 매체적 측면, 즉 문화 사회학적 측면의 문제이다. 신소설은 이미 직업적 문사라는 전문 계층에 의해서 이루어졌고, 판매, 보급 과정에서도 시장성을 띤 상업주의적 속성을 드러내고 있다. 그러나 시가는 창작 계층이 집필진 및 일반 독자와 같은 익명 계층이었고 상업주의적 속성은 전혀 배제된 장르였다. 이러한 양자의 대비적 차이에 의해 시가 장르가 자율성을 획득하고 비판, 저항의 민중적 발랄성을 획득할 수 있었던 것이다.[55] 이러한 몇 가지 사실들이 시가 장르가 산문 장르에 비해 개화기라는 역사 상황을 직접적으로 그리고 첨예하게 조명할 수 있는 근거가 된다.

(2) 가창 장르의 효용성

개화기 시가에 있어서 장르 인식은 '시'와 '가'가 분리되지 않은 '시가'의 미분화 상태에 머물러 있다. 청각적인 것에 호소하는 가의 장르와 시각에 의존하는 시의 장르가 혼효 상태를 이루고 있다. 그러나 엄밀히 말하면 시보다도 가의 인식이 지배적이었던 것이 개화기였다. 개화기 여러 신문, 잡지들의 발표 매체에

---

54) 김용직, 『한국 근대시사』, 70쪽.
55) 조동일, 『개화기의 우국문학』, 71쪽.

사용된 장르 명칭을 볼 때 시라는, 문학으로서의 독립된 장르 인식은 찾아보기 힘들다. 육당에서 다소의 그러한 흔적이 보이지만 뚜렷한 것은 아니었고, 1910년대 《매일신보》에 와서도 시는 곧 한시를 가리켰던 것이다. 개화기 시가의 대표적 장르이던 시조 명칭은 아주 드물게 사용되었고 가사는 명칭조차 보이지 않는다. 대신 '창가', '노래', '타령', '가요', '속요' 등의 명칭이 보편적으로 사용된다. 이렇게 장르 명칭의 사용에서부터 가의 장르 인식은 지배적인 것이었다. 또한 실제 창작에서도 노래로 불릴 수 없는 것임에도 불구하고 악보를 붙인다든지 이미 나와 있는 곡에 맞추어 가사를 짓는 선창후사(先唱後詞)의 양식이 풍미하던 것도 바로 이러한 노래체 편향의 반증으로 볼 수 있다. 「경부철도가」 등 일련의 장편 창가에 곡이 붙어 있어 가창을 유도한 것이 전자의 대표적인 예이고, 《태극학보》의 「애국가」[56]와 같이 찬송가 곡을 전제로 한 가사 제작 행위 등이 후자의 좋은 예이다. 이러한 현상들은 한두 편으로 끝나는 예외적인 것이 아니라 하나의 유형일 정도로 빈번하게 나타난다. 그 밖에 가사의 단연화 및 분절 현상도 곧 찬송가 및 창가의 영향으로 보이며, 신시의 각연 대응 행의 자수 일치 현상도 창가의 영향이었다. 하나의 악보가 정해져 있고 거기에 사를 붙일 경우, 1연과 2연의 자수 배열은 같아질 수밖에 없기 때문이다. 이와 같이 좁게는 장르 명칭에서 넓게는 창이나 가의 개념이 배제된 것을 특성으로 하는 신시까지

---

56) 《태극학보》 18호(1908. 2). 이 작품에 「찬성시 하나님 갓가히 와 동조」로 부기되어 있다. 그 밖에 곡선후사의 몇 가지 예를 보면 ①「견신문계지가」(《신문계》 1호(1914. 2), 『보통교육창가집』 제18 「학도가」와 동), ②「보아네게」(《청춘》 2호, 마가복음 3장 17절과 동), ③「태극기가」(《신한민보》(1915. 12. 4), 찬송가 240과 동), ④「만주들」(《신한민보》(1917. 5. 10), 곡조는 「차이나타운」) 등이 있다.

가창 형식의 흔적이 남아 있다. 곧 가창 의식이 개화기 시가의 장르 의식에 지속적으로 영향을 미쳤음을 알 수 있다. 바로 이러한 가창 의식의 팽배, 노래체 장르의 편향이 개화기 시가의 한 특성을 이루고 있다.

그러면 이러한 현상은 어디에서 기인하는 것인가. 우선 이 문제에 접근할 수 있는 첫 번째 단서로서 노래체 장르가 갖는 반복적 기능을 전제해 볼 수 있다. 이는 많은 논자들이 관심을 갖고 천착한 문제이다. 먼저 김윤식은 루카치의 이론을 원용하여 리듬이 갖는 주술적 질서를 중시한다. 리듬은 여러 잡다한 내용에 질서를 주어 일반화시키는 기능을 갖기 때문에 인간이 그를 유용하게 사용할 수 있는 효용적 형식인 것이다.

개화기 시가의 리듬은 바로 이러한 주술적 기능의 의식적 외형이었던 것이다.[57] 또한 율문은 리듬의 반복에 의해 통일적 질서가 부여되고 회상과 환기의 효과를 얻을 수 있다. 바로 이러한 리듬의 공리적 측면이 개화 지식의 보급과 문화사적 계몽에 효과적일 수 있었던 것이다. 권영민도 외세에 대한 저항과 민족의 자주 독립에 대한 각성을 촉구하기 위해서는 역동적인 리듬이 기능적일 수밖에 없었으며 이러한 개화기의 사회적 이념은 단형 시조의 반복적 리듬을 통하여 강력하게 표현될 수 있었던 것으로 본다.[58] 나아가 육당이 연작 시조를 시도한 이유도 바로 이러한 반복적 리듬의 효과와 관련시킬 수 있다.[59] 연작 시조뿐 아니라 가사에서도 이런 현상은 보편적인데, 《대한매일신보》의 고정난 가사는 대체로 4·4조의 반복적 리듬과 여타의 반복적 기법을 주요

---

57) 김윤식, 위의 책, 120쪽.
58) 권영민, 『개화기 시조에 대한 일고찰』, 190쪽.
59) 위의 책, 193쪽.

한 표현 장치로 활용하고 있다. 고정난 가사가 효과적인 내용 전달을 위하여 여러 형태의 시적 전략을 동원하고 있지만 반복법에 크게 의존하고 있는 것도 바로 이러한 반복의 효과를 인식했기 때문이라고 풀이할 수 있다.

두 번째, 가창 장르 자체를 사회 기능적인 차원에서 인식하여 그것이 국민 대중을 격동, 고무시킬 수 있는 방편으로 이해하려는 태도이다. 이러한 태도는 물론 리듬 의식과 밀접히 관련되는 것이다. 가창한다는 특성 자체가 사람의 감정을 자극하고 고무하여 협동심과 행동력을 유발하는 좋은 촉진제가 된다는 인식이다. 《대한매일신보》 1908년 7월 11일자에 실린 「논학교창가」를 보면 다음과 같은 구절이 나온다. "가(歌)란 자는 인(人)의 감성을 자극하며, 의기를 고(鼓)하야 흥기분발케 하는 자이다" 이러한 가창의 기능적 속성을 이용하여 신채호는 노래체를 사회 개혁의 수단으로 동원코자 했던 것이다. 그것이 바로 그의 '국시 운동'이었다. 노래체가 사회 운동의 방편으로 기능할 수 있다는 효용론적 장르 인식이 결국 가창 장르로 하여금 개화기를 풍미케 한 동인으로 작용했던 것이다.

(3) 전통 장르의 선택 요인

다음으로 개별적인 장르 선택의 문제에 대해 고찰해 보기로 하겠다. 먼저 시조, 가사 등의 전통 장르의 선택 문제이다. 왜 개화기에 들어 모든 제도, 양식들이 급변하는 상황 속에서도 시가 문학에서 구태여 전통 장르를 그대로 습용하고, 오히려 그것이 새로운 장르보다 더 효과적인 것으로 기능할 수 있었는가 하는 문제이다. 개화기에 창작된 시조, 가사만 하더라도 엄청난 수에 이르러 1910년까지만 해도 시조가 580여 수, 가사가 830여 수가 되어 전체 시가의 90퍼센트 이상을 차지하고 있다. 개화기 시가에 있어서 양적인 면에서 지배적인 장르가 바로 전통 장르인 시조와 가사였던 것이다. 이에 대해서는 다음과 같은 해석을 내릴 수 있다.

먼저 민족적 편향성의 문제다. 가사와 시조는 바로 우리 민족의 생명 리듬의 출렁거림이라는 인식이다.[60] 박철희는 이를 종족적 동일성이라는 개념으로 파악하고 있다. 우리의 전래 시가를 선택하고 그에 동일화함으로써 자기 회복과 자기 전개를 통하여 민족적 동일성을 회복할 수 있는 것으로 보고 있다.[61] 특히 시조는 우리 민족에게 생리화되어 있는 본능적인 형식인 만큼 이 형식 체험을 통하여 자연스럽게 현실을 인식하고 반응할 수 있었다는 것이다.[62] 즉 이러한 관점들은 우리의 전통 장르를 선택함으로써 얻어지는 효과에 초점을 맞춘 것이다. 우리의 것을 선택함으로써 주체성의 확보가 가능하고 외세에 대한 저항이나 비판에 효과적일 수 있다는 논리이다. 형식이 내용을 지배한다면 고전의 율문 양식을 선택함으로써 보수, 척사적인 사상 공간을 획득할 수 있음은 당연한 논리인 것이다. 사회 비판, 항일 저항적인 장르가 주로 시조, 가사였다는 점은 결코 우연한 일이 아니었다.

둘째, 전통 장르가 갖는 형식적 친숙함과 그에 의한 기능성의 문제이다. 즉 모든 계층에 익숙한 장르를 선택함으로써 일차적으로는 형식적 저항감을 없애고 그로 인한 파급 효과를 인식했던 것이다. 새로운 장르에 대한 거부감보다는 육화된 기존 장르의 친숙함에 의하여 전달 효과를 증대시킬 수 있을 것으로 이해했던

---

60) 김윤식, 앞의 책, 107쪽.
61) 박철희, 「최남선 시조의 정체」, 『최남선과 이광수의 문학』(새문사, 1981), 1~37쪽.
62) 박철희, 「시조의 방법과 인식의 방법」, 《한국학보》 15(1979, 여름호).

것이다. 새로운 장르에 친숙해지기 위해서는 시간이 요구되는데 개화기와 같은 급변 상황에서는 이러한 절차가 장애 요소로 작용할 수 있다. 또한 당시 시가의 역할이 일부 계층의 향유물로 끝난 것이 아니라 범국민적인 애국 운동의 성격을 띤 것인 만큼 일반 계층에 쉽게 다가갈 수 있는 양식이 기능적일 수 있음은 자명한 일이다. 이러한 이유로 전통 장르가 개화기의 지배적인 율문 양식으로 선택될 수 있었던 것이다.

이를 구체적으로 개별 장르 차원에서 고찰해 보겠다. 먼저 시조의 경우 시조 장르가 갖는 민족 편향성, 보편성, 친숙성 등의 성격뿐 아니라 시대 적응성 역시 시조로 하여금 개화기의 중심 장르가 되도록 작용했던 것으로 보인다. 즉 시조는 그 자체가 고형화된 굳어진 형식이 아니라 변화하는 주변 여건에 적응하여 형식적 변화를 가져오는 장르이다.[63] 시대와 개인에 따라서 확장, 변이되고 새롭게 나타날 수 있는 이러한 형태적 가변성이 개화기라는 특수한 역사 상황에 적응하도록 작용한 것이다. 조동일은 이미 시조의 율격을 기본형과 변형으로 나누고 기본형인 광의의 시조에 음보 추가와 음보 결합, 또는 행의 변형을 거쳐서 협의의 시조가 나타나는 것으로 본다.[64] 이러한 여러 견해들을 긍정적으로 수용한다면 개화기 시조에 나타나는 양식상의 변화에 대한 해석도 쉽게 내릴 수 있을 것이다. 개화기 시조에서 가장 두드러지게 나타나는 종결 어미의 생략 현상은 유장한 어미를 생략함으로써 힘찬 결의와 강렬한 주제 전달의 효과를 가져오는데, 이러한 시대 상황에 긴밀히 적응한 형태 변화는 바로 시조 장르의 형식적 가변성에서 기인한 것으로 설명될 수 있다.

63) 박철희, 같은 논문.
64) 조동일, 「시조 율격과 변형규칙」, 《국어국문학연구》 18집(영남대학교, 1978).

다음, 가사에 대해서는 다음과 같은 설명이 가능하다. 김용직은 가사가 개화기에 있어서 율문 양식으로 크게 부각될 수 있었던 원인을 가사가 갖는 화제 처리 기능에서 찾고 있다.[65] 논의나 비판, 분석이 강하게 요구되던 시대인 만큼 이러한 산문 기능을 효과적으로 수용할 수 있는 율문 양식이 바로 가사였던 것이다. 《대한매일신보》의 고정난 가사는 논설의 율문화에 다름 아니다. 논설을 산문으로 쓰지 않고 시가 양식으로 대신할 수 있었음도 가사가 갖고 있는 이러한 기능 때문인 것으로 풀이할 수 있다. 이러한 가사의 산문적 기능이 극대화된 것이 개화기 가사이다. 개화기 이전에 많은 가사가 쓰였고 그 유형도 다양했으나 개화기만큼 시대 상황에 긴밀히 대응되어 분석, 토론의 비판 정신과 때로는 치열한 저항 정신으로 기능했던 적도 없었다. 가사 장르가 갖고 있는 반율문, 반산문적 속성, 특히 산문적 속성이 강하게 부각되어, 신소설이 담당할 수 없었던 산문적 기능과 때로는 신문의 논설과 사설 등의 대행 역할까지 맡을 수 있었다. 여기에 율문적 속성이 가세하여 가창 장르가 갖는 시대적 기능까지 병행할 수 있었던 것이다. 개화기라는 역사 단위는 국권 상실과 문명 개화라는 이중의 역사 임무를 떠맡게 되어 분석, 토의 및 비판의 산문 정신과, 단결, 계몽을 위한 동인과 계기가 절실히 요구되던 시기였다. 전자가 산문 장르 쪽에서, 후자가 시가 장르가 떠맡을 수 있는 부분이라면 가사는 반산문, 반율문적인 이중의 속성으로 인하여 이 두 가지 기능을 동시에 수행할 수 있었다.

또한 가사를 교술 장르로 해석하는 장르 인식도 이러한 기능론과 관련이 있다. 조동일은 가사가 일정한 사실을 기술해서 전달, 주장하는 교술 장르인데 개화기는 객관적 현실을 드러내고 이에

---

(65) 김용직, 『한국 근대시사』(새문사, 1983), 72쪽.

대처할 주장을 전개하는 것이 중요한 과제로 등장하는 시기이므로 이 교술 장르가 다른 장르보다 더 큰 비중을 차지했던 것으로 본다.[66] 김학성도 유배 가사, 내방 가사 등의 교술성이 《대한매일신보》의 고정난 가사에서 절정에 이른 것으로 본다.[67]

또한 시조 장르와 마찬가지로 가사 역시 개방적 장르라는 인식도 주목할 만하다. 즉 개화기 가사가 기존 역사적 장르들을 수용하여 전대 가사와는 다른 형식적 특징을 보여 준 것은 바로 가사 자체가 가지고 있는 개방성 때문인 듯하다. 개화기 가사의 형태 변화뿐 아니라 시조, 창가, 민요 등의 타 장르와의 긴밀한 상호작용 현상도 가사의 이러한 장르적 성격에서 설명될 수 있다. 이능우는 그의 「가사문학론」에서 가사와 타 장르와의 혼합 양상을 고찰하고 있다. 이러한 여러 가지 장르적 속성과 기능으로 하여 가사는 개화기 시가 장르에서 지배적인 율문 양식으로 대두될 수 있었던 것이다.

(4) 신흥 장르의 선택 요인

다음으로 이러한 전통 장르의 지속적인 전개와 함께 새로운 장르의 대두도 함께 병행했던 것이 개화기였다. 특히 창가는 새로운 장르로서 개화기 찬송가의 영향, 학교 음악 교육의 영향 등 여러 요소들의 복합 작용에서 기인한 것이다. 또한 가창 양식의 정통 장르였으므로 노래체의 기능을 성공적으로 수행할 수 있었다. 창가가 개화기 역사 공간에서 맡았던 주요 역할은 지식 분배와 문명 개화의 전파였다. 개방 이후 물밀 듯이 들어오는 서구 문물의

---

66) 조동일, 『개화기의 우국문학』, 70쪽.
67) 김학성, 「가사의 실현화 과정과 근대적 지향」, 『근대문학의 형성과정』(문학과 지성사, 1983), 249~255쪽.

수용과 전파는 각종 매스미디어를 족출케 하였고 이와 아울러 가창 장르인 창가가 그 한몫을 맡게 되었던 것이다. 노래체와 7·5조의 반복적 리듬이 갖는 기능에 대해서는 전술한 바 있다. 이러한 기능의 수행에 가장 알맞은 장르가 바로 창가였다.

가창으로서의 기능적 역할은 교리 전파를 위해 찬송가가 활용되었던 점에서 확인될 수 있다. 이러한 찬송가의 기능적 속성이 이후 7·5조 창가로 이어지게 되었다.

찬송가 리듬이 교리 전파를 위한 것이었다면 창가의 7·5조 리듬은 새로운 시대의 지식 보급과 문명 개화의 전파를 위한 것이었다. 육당이 창가 장르를 선택한 것도 그가 일본에 유학하면서 인식한 창가의 기능적 속성 때문인 것으로 볼 수 있다. 육당이 동경에 유학할 무렵 일본은 창가 전성 시대로 범국민적인 계몽의 노래, 단결의 노래로서 또는 신흥 일본의 행진곡으로서 학교에서 거리로, 전국 방방곡곡에 메아리쳤다. 창가의 대중성과 다목적성, 그리고 효용성을 한국 개화기 상황에 그대로 옮겨 심은 것이 육당이 창가를 선택한 동기였다.[68] 육당이 《소년》 창간호에서 「쾌소년세계주유시보」라는 산문을 통하여 신문명과 신지식을 보급하다가 이 산문체를 포기하고, 《청춘》에 와서 「세계일주가」라는 창가 장르로 회귀한 것도 이러한 방향에서의 창가 인식의 결과로 볼 수 있다.

끝으로 신시의 선택은 육당이라는 개인의 장르 선택이라는 특성을 갖는다. 물론 일본 신체시의 영향 관계도 고려해야겠지만 정한모의 지적대로 오히려 전통 장르의 변형 모색에서 출현이 가능했던 것으로 볼 수 있다.[69] 육당은 이미 《대한학회월보》, 《대한

---

(68) 정한모, 『한국 현대시문학사』, 235~237쪽.
(69) 위의 책, 187쪽.

유학생회월보》 등에서 시가의 새로운 형태적 조탁을 시도했으며 이러한 모색의 결과로 나타난 것이 그의 신시였다. 그러나 그의 신시 개척은 두 가지 관점에서 상반된 평가가 내려질 수 있다. 즉 효용론적인 관점에서 볼 때 비록 신시가 계몽적인 진취 정신이나 시대정신을 투영한 것이라도 가사, 시조에 비할 수는 없는 것이었다. 따라서 시대 상황의 적극 수용과는 다소 유리된 상태의 율문 양식이었다는 부정의 평가가 내려질 수 있다. 특히 오세영은 '신체시(신시)'란 자유시의 효시가 되기는커녕 오히려 새로운 정형시형의 확립을 모색코자 만들어 낸 일종의 실험용 정형시로 규정한다. 그리하여 그는 이 문학사의 반동적 실험이 실패로 끝나면서 자유시의 봇물이 터진다고 보았다.[70]

다른 하나는 예술 내적인 관점에서 볼 때 형태 운율상의 자유로움, 서정과 자아 의식의 징후를 드러냄으로써 근대 자유시 개척의 기반이 됐다는 긍정적 측면이다. 개화기 시가의 장르 선택이 대중성, 시대성, 효용성 등에 의한 것이었음에 비해 신시의 장르 선택은 육당 개인에 의한 예술적 자각이었음이 대조를 이룬다. 개화기는 물론 대중적인 장르 선택의 시대였던 것은 사실이나 이러한 개인적인 장르 선택 행위도 문학 내적인 발전을 위해서는 필요한 것이었다. 그러나 그 개인적 장르 선택은 개인적 차원에 머물고 말았으며 따라서 그 생명도 단명한 것이었다는 점에 한계를 갖는다.

---

70) 오세영, 『20세기 한국시 연구』(새문사, 1989), 61~65쪽.

3 1910년대의 시

1) 자유시의 정착 과정

(1) 자유시의 정지 작업

근대시는 양식상 자유시여야 한다. 더구나 근대시의 기점을 논할 때는 자유시의 제작이 기준이 되어야 한다. 그러므로 근대시의 기점론은 논리상 자유시의 기점론으로 구체화될 수밖에 없다. 한국 근대시사에서 자유시 형성의 기점은 상당한 진폭을 나타내는 것으로 보인다. 육당의 신시로부터 주요한의 「불놀이」에 이르기까지 근 10년간의 시간적 진폭을 갖고 있다. 《대한매일신보》의 「한반도」(1909년 8월)를 자유시의 효시로 보는 설,[71] 육당 최남선의 「태백산 시집」,[72] 김억의 「야반(夜半)」[73] 등을 효시로 보는 견해가 있다.

그러나 필자의 생각으로는 한국 자유시의 형성 모티프는 신시 이후가 아니라 그 이전으로 소급돼야 하리라 본다. 기존의 제설을 개괄할 때 자유시의 형성 과정은 신시형의 탈피에 논의의 초점을 맞춘 것이었다. 신시를 창가, 개화 가사 등의 정형시에서 자유시로 이행하는 과도기의 시 형태로 간주하여 '준자유시'로 규정하고 있음도[74] 이러한 인식의 소산으로 볼 수 있다.

한국 시사를 통시적으로 확장해 볼 때 자유시형의 대두는 하나의 개혁적 의미를 띠고 있다. 고시가에서 향가, 별곡, 악장, 시

---

71) 이상비, 「한국 근대문학의 재평가」, 《원광대 논문집》 7집, 124쪽. 필자의 견해로는 이 시는 신체시에 해당된다.
72) 정한모, 『한국 현대시문학사』, 195쪽.
73) 구인환, 「자유시와 서사시의 형성」, 《시문학》 11호.
74) 김춘수, 『한국 현대시 형태론』(해동문화사, 1958), 23쪽.

조, 가사에 이르기까지 우리의 고전 시학은 형태미 곧 정형(整形), 균제미가 근간을 이루는 것이었다. 정제된 정형의 테두리 내에서 시적 감흥을 구가해 온 것이 우리 고전 시학의 미학이었던 만큼 그러한 정형의 파괴는 곧 새로운 시학의 개진을 뜻하는 것이었다. 따라서 정형시 파괴와 자유시의 형성은 한국 시사에서 획기적인 의미를 갖는 것이고 그에 대한 검증 역시 한국 시사 정립의 관건이 된다. 한국 근대시 형성의 초기적 징후는 총체적 관점에서 좁게는 운율의 변화로부터 넓게는 구(句)와 행(行)의 변형에 이르기까지 구체적인 정형의 파괴 양상이 추적돼야 할 것이다.

자유시의 출현을 위한 기존 시형의 변형 모색은 서구 문화의 이입에 영향을 받고 있다는 징후를 보여 주고 있다. 그러한 계기를 구체적으로 마련해 준 것이 1890년대 찬송가의 보급이었다. 찬송가에서 확인되는 다양한 리듬은 곡주사종(曲主詞從)의 현사 과정을 거쳐 사주곡종(詞主曲從)의 시가로, 그리고 좀더 자유로운 리듬의 시가로의 전환에 많은 영향을 끼쳤다. 「축가」(1910. 9), 「애국가」(1896. 11), 「고목가」(1898. 이승만 작), 「경축가」(1904. 5) 등의 자유로운 시가 양식은 이러한 영향을 반영한 작품들이다. 그러나 찬송가의 영향은 리듬의 다양성에 의한 정형률 탈피와 율조의 변화에 국한되고 시행의 변화에 의한 자유시의 모색은 오히려 자생적인 양상을 띤다.

시행의 변화가 주로 개화기 학회지를 중심으로 순수 문예난을 통하여 형성되고 있는 사실은 일부 유학생 등 지식층의 문학적 자각에 의한 소산임을 시사하고 있다. 「병중몽몽」(1907. 5), 「모르네 나는」(1908. 2), 「어서 밧비 도라오세」(1908. 3), 「조비공문」(1909. 6) 등에 나타나는 시행의 다양한 배치는 이러한 변화 의욕의 산물이었다. 찬송가에서 충격된 율조의 변화와 일부 학회지 소재 시가에서 확인되는 시행상의 변화 모색에 의해 자유시의 형태적 골격이 좀더 튼튼히 정립될 수 있었던 것이다.

이러한 율조와 시행상의 변화는 신시에 이르러 하나의 정제된 시형으로 수렴되고, 그러한 시학적 근거를 마련한 것이 육당이었다. 비록 신시가 자유시로 개화되지 못하고 새로운 정형의 구속에 얽매인 것은 사실이지만 적어도 전통시가 율격에 대한 비판적 성찰의 계기를 마련해 준 것만큼은 사실이다.

한국 자유시는 1890년대 찬송가의 영향에서 신시에 이르는 동안 여러 가지 실험과 모색을 통해 개화를 위한 정지 작업을 꾸준히 개진했고, 이후 보들레르, 투르게네프 등 서구 산문시의 번역과 소개 과정을 거치면서 기본 골격을 튼튼히 다져 간다.

(2) 자유시의 선구, 「태백산부」와 「태백산의 사시(四時)」

이러한 정형률의 파괴 및 자유율의 모색 작업을 거쳐 등장한 최초의 자유시는 《소년》지 1910년 2월호에 발표된 최남선의 「태백산부」와 「태백산의 사시」였다. 김학동은 일찍이 이 작품들에 대해 근대 자유시의 완벽한 경지를 보여 주었다고 평하였다.[75] 정한모 역시 이들을 신시의 유형에서 벗어난 자유시로 규정한다.[76]

이중 「태백산의 사시」를 보자.

> 혼자 우뚝
> 모든 산이 말큼 다 훗훗한 바람에 항복하여
> 녹일 것은 녹이고 풀릴 것은 풀리고
> 아지랑이 분바른 것을 자랑하도다

---

75) 김학동, 『최남선과 이광수의 문학』(새문사, 1981), 24쪽.
76) 정한모, 『한국 현대시문학사』(일지사, 1974), 96~197쪽.

그만 여전하도다
흰눈의 면류관이나 굳은 얼음의 띠나
어디까지든지 얼마 만큼이든지 오직 〈나〉!
나의 눈썹 한 줄, 꼬딱지 한 덩이라도 남의
손은 못대여!
우러러보니 벽력같이 내 귀를 때린다. 이소리!
꽃없다 진달래 한 포기라도
〈나는 사나이노라〉

———「태백산의 사시(四時)」 중 '춘(春)'

  예시에서 보다시피 이 작품은 정형시의 틀에서 완전히 벗어난 자유율을 바탕으로 하고 있다. 4·4조나 7·5조 등의 반복적 리듬을 찾을 수 없고, 신시처럼 각 연 대응 행의 자수 일치 현상도 보이지 않는다. 그러면서도 내재율이 적절하게 실현되고 있다. "~자랑하도다", "~여전하도다" 등의 반복으로 내재율이 살아난다. 아울러 짧은 시행을 연속적으로 배치시킴으로써 이러한 음악적 효과가 배가되고 있다. 또한 이미지를 통한 시적 형상화도 성공적으로 이루어지고 있다. "흰눈의 면류관", "얼음의 띠"와 같은 이미지를 통해 눈 덮인 태백산의 모습을 선명하게 형상화하고 있다.
  그 밖에 비유법도 효과적으로 구사되고 있는데 의인법을 활용하여 태백산이 봄을 맞는 풍경을 "아지랑이 분바른" 것으로 묘사하고 있다. "흰눈의 면류관"처럼 소유격 은유의 활용도 눈에 띈다. 아울러 자아 정체성의 구현이라는 근대 의식의 단면도 엿보이는데 시인의 자아의식을 태백산의 기백에 빗대어 표출하고 있다. '남이 손댈 수 없는 오직 나'에 대한 각성과 정체성을 부각하고 있는 것이다.

이렇게 이 작품은 정신적 층위나, 양식적 층위에서 볼 때 자유시로서 손색이 없는 것으로 평가된다. 실로 한국 자유시의 출현은 이처럼 정제된 모습으로 나타났던 것이다. 이 밖에 《소년》지에는 이광수의 자유시 「우리영웅」(1910. 3), 「곰」(1910. 6) 등이 발표되었다. 또한 번역 자유시 「정말 건설자」(1910. 5), 「대양」(1910. 6)과 네모예프의 산문시 「사랑」(1910. 8)을 소개함으로써 《소년》은 한국 자유시 창작의 선구자가 되었음이 확인된다.

(3) 자유시 창작의 모태, 《학지광》과 《청춘》

《소년》의 선구적 작업에 힘입어 많은 자유시 창작이 활발하게 이루어졌다. 《학지광》은 특히 1910년대 자유시 창작의 주요 산실이 되고 있는데, 1914년 2월 안서의 「이별」 등 두 편의 자유시를 선보인 후 1915년에 현상윤, 최승구, 김억, 김여제 등의 자유시 9편이 발표되었다. 또한 산문시 창작도 왕성하여 1915년 2월에 안서의 「내의 가슴」 외 2편과, 「밤과 나」(1915. 5), 「춘의 노래」(1917. 7) 등이 발표되었다. 《학지광》에는 1918년까지 자유시 15편, 산문시 5편이 창작되었다. 이렇게 볼 때 《학지광》은 1910년대 자유시 창작의 전진 기지가 되었음을 알 수 있다. 《학지광》에 발표된 자유시들은 양적인 면에서뿐만 아니라 질적인 면에서도 우수한 것들이었다. 안서 김억의 작품인 산문시 「밤과 나」를 보자.

밤이 왔다. 언제든지 같은 어두운 밤이, 원방(遠方)으로 왔다. 멀리 끝없는 은가루인 듯 흰눈은 넓은 빈들에 널리었다. 아침볕의 밝은 빛을 맞으려고 기다리는 듯한 나무며, 수풀은 공포와 암흑에 싸이었다. 사람들은 희미하고 약한 불과 함께 밤의 적막과 싸우지 마지 아니한다. 그러나 차차 오는 애수, 고독은 가까워 온다. 죽은듯한 몽롱한 달은 박암(薄暗)의 빛을 희(稀)하게도 남기었으며 무겁고도 가벼운 바람은 한없는 키스를 땅위며 모든 것에게 한다. 공중으로 날아가는 낡은 오랜님의 소리 〈현실이냐? 현몽(現夢)이냐? 의미있는 생이냐? 없는 생이냐?〉

사방은 다만 침묵하다. 그밖에 아무것도 없다. 이것이 영구의 침묵! 밤의 비애와 및 밤의 운명! 죽음의 공포와 생의 공포! 아이들은 어두운 밤이란 곳으로 여행온다. 〈살아지는 대로 살까? 또는 더 살까?〉 하는 오랜 님의 소리. 빠르게 지나간다.

고요의 소리. 무덤에서. 내 가슴에. 침묵.

——「밤과 나」전문

예시한 바대로 행연법에서나, 이미저리, 의인화, 메타포, 상징 등의 교직이 탁월하게 이루어져 있음을 볼 수 있다. 은가루=흰 눈, 밤=죽음 등의 상징적 기법은 물론이고 특히 의인화의 방법은 두드러진 표현 기법으로 나타나 있다. '밝은 빛을 기다리는 나무', '공포에 싸인 수풀', '바람은 한없는 키스를 땅에 한다', '죽음의 공포는 밤으로 여행온다' 등 시 전체가 이러한 의인 구조로 이루어져 있다. 이러한 기법상의 세련은 이전의 개화기 시가에서 찾아보기 힘든 것이고, 《학지광》에 발표된 여타 작품들에 비해서도 출중한 것이었다.

그 밖에 《청춘》지에도 1914년에서 1918년까지 14편의 자유시가 창작되었으나 이광수, 현상윤, 김억 등의 몇 작품 외에는 현상문예 응모 수준의 습작이어서 다소 수준이 떨어진다. 시기적으로 1914년에 3편, 1915년에 3편의 자유시가 제작되어 《청춘》 역시 자유시 창작의 선구적 역할을 수행했음이 확인된다. 특히 1915년을 전후해서 자유시 창작이 주목되는데, 1914년 《학지광》에 3편, 《청춘》에 3편, 1915년 《학지광》에 13편, 《청춘》에 3편 등 도합 22편이나 되는 방대한 양의 자유시가 발표되었다. 이렇게 볼 때 한국 자유시의 실질적인 출발 기점은 1915년 전후로 보아야 할 것이다. 특히 1914년은 한국 자유시의 개화를 위해서 기념비적인 해였다.

2) 상징시의 수용과 전개

(1) 상징시 수용의 의의

서구 문예 사조로서 한국 근대 시단에 처음 수용된 것이 상징주의이다. 상징주의 수용은 한국 시의 근대적 변용의 모멘트가 되고 있는데, 우리 시는 이를 통하여 시적 정서와 상상력, 기법과 운율에 이르기까지 새로운 변모를 가져온다. 특히 자유시의 개성적 운율에 대한 자각은 상징주의 수용을 통하여 본격화된다.

이러한 상징주의 수용은 일찍이 1916년 《학지광》을 통해 시작되었고, 이후 1918년에 《태서문예신보》에서 본격화되었다. 1919년 이후 《창조》, 《폐허》, 《백조》 등의 동인지가 창간되면서 상징주의는 근대시의 중심 사조로 자리 잡고 우리 시단에 그 뿌리를 내리게 된다. 특히 1921년에 간행된 역시집 『오뇌의 무도』는 서구 상징시가 우리 문단에 착근하는 데 결정적 역할을 담당하였다. 춘원이 1920년대 문학청년들의 시풍이 "오뇌의 무도화" 되었다고 회술한 대로 상징주의는 1920년대 초기 시단의 지각 변동을 가져온 사조였고, 그 진원지가 바로 『오뇌의 무도』였던 것이다. 안서 김억은 이론과 번역을 통하여 상징주의를 소개하고, 직접 상징시를 제작함으로써 명실 공히 상징주의 수용의 선도자가 되었다. 황석우와 주요한도 상징주의를 초기 시단에 뿌리 내리게 한 중심인물이다. 그 밖에 박영희, 박종화, 이상화 등도 상징주의를 실험한 대표적 시인들인데 춘원의 지적대로 1920년대 시인들치고 상징주의 기류에서 벗어난 시인은 드물었다. 실로 상징주의는 1920년대 초기 시단의 커다란 자장을 형성했던 것이다. 이러한 기현상은 서구 사조의 체험이 없었던 초기 문단의 단층성과 주체적 개안과 전통 인식 없이 문학의 혈기만으로 창작에 임했던 초기 문학청년들의 미숙성에서 기인한 것인지도 모른다. 상징주의를 감성적 니힐리즘으로 몰고 간 당대의 시풍이 이를 반증한다. 3·1운동 실패에서 온 지식인들의 좌절과 절망, 울분과 분노가 함께 분출된 용광로가 바로 상징주의였던 것이다. 그들은 죽음과 절망, 허무와 폐허를 노래함으로써 시대고를 카타르시스 할 수 있었다. 상징주의는 그만큼 시의 적절한 시대 사조였고 문예 사조였다. 베를렌의 애상의 미학, 보들레르의 악마주의가 착근하기에 알맞은 정서 풍토가 마련되어 있었던 것이다.

  1920년대 초기를 풍미한 상징주의의 위세는 무분별한 서구 수용에 대한 자성과 함께 우리 것에 대한 인식이 고개를 들면서 서서히 수그러들기 시작한다. 그것이 대체로 1925년을 전후한 시기였는데 카프(KAPF, 조선 프롤레타리아 예술가 동맹)의 결성과 민족 문학의 대두가 그 계기가 된다. 상징주의 수용의 선도자였던 안서도 이 무렵부터 상징시에서 손을 떼며, 주요한, 이상화 등도 전통 지향으로 방향을 바꾸게 된다. 이렇게 보면 상징주의는 1920년을 전후한 몇 년 간이 전성기였음을 알 수 있다. 그러나 그 흐름은 지속되어 만해 한용운의 『님의 침묵』, 그리고 1930년대 유치환, 서정주의 시에서 그 편린이 엿보인다.

  (2) 《학지광》, 《태서문예신보》에서의 안서의 역할

  상징주의가 우리 문단에 처음 소개된 것은 1916년 9월 《학지광》에서였다. 안서 김억은 「요구와 회한」이란 글에서 상징주의를 소개하는데 보들레르의 악마주의 및 교감의 시학, 베를렌의 비애의 미학을 소개하고 그들의 시 세계를 진단하고 있다. 베를렌의 시 「도시에 내리는 비」도 이들을 통해 처음 소개되었다. 단편적이긴 하지만 스텀의 보들레르 연구의 일절을 인용할 정도로 학구적인 자세에서 상징시학에 접근하고 있다. 또한 창작시에서도 보들레르적인 퇴폐미와 베를렌적인 비애의 미학이 표출되고 있는데, 그의 초기작 「이별」(1914), 「내의 가슴」(1915), 「밤과 나」(1915) 같은 작품에서 죽음, 번민, 고독, 절망, 비애, 연애, 키스, 명암굴(明暗窟) 등 퇴폐적인 분위기와 병적 이미저리가 나타난다. 이러한 경향은 일본에 유학하면서 얻은 문학 체험의 반영으로 보인다.

이러한 상징주의의 수용은 1918년 《태서문예신보》가 창간되면서 본격적인 양상을 띤다. 그 중심인물 역시 안서였는데 그는 《프랑스 시단》을 통해 프랑스 상징주의를 체계적으로 소개하고 상당수 상징시를 번역 게재하는 한편, 창작시도 동시에 발표하였다. 특히 안서는 《프랑스 시단》에서 파르나시앙(고답파)과 데카당스에 대해 집중적인 해설을 가해 상징주의 이해에 도움을 주고 있다.

그러나 안서는 언어에 대한 교감 세계의 추구나 가시를 넘어서는 이데아의 투시와 같은 상징주의의 본질을 깊이 이해하지 못하고, 상징주의를 언어의 음악성에서 인식하는 한계를 드러내기도 하였다. 안서의 음악성 편향은 두드러진 것이었는데, 그는 베를렌의 「작시론」, 「가을의 노래」를 소개하며 상징주의의 음악적 특성을 강조하고 있고, 랭보의 「모음」을 음악성을 살렸다는 점에서 상징시의 극치로 평가하기도 하였다. 또한 안서는 베를렌의 감상적 시풍에 매료되어 그를 집중적으로 소개하고 있다. 베를렌의 「가을의 노래」는 특히 안서가 애착을 가진 시였는데 그것의 모방작으로 볼 수 있는 다음과 같은 작품을 남기기도 하였다.

울리여 나는 악군(樂群)의
느리고도 짧은
애닯은 곡조에
나의 죽었던 옛꿈은
그윽하게 살아
내가슴 아파라

─「악군(樂群)」전문

이러한 애상적 음조는 이후 안서 시의 기조음을 이루고 있다.

1921년대 상대한 안서의 역시집 『오뇌의 무도』는 상징주의 수용과 정착에 결정적인 계기를 마련해 준 시집이었다. 여기에는 베를렌, 구르몽, 사맹, 보들레르, 예이츠, 폴 포르, 시몬즈의 시가 총망라되어 상징시집으로서의 성격이 분명하다. 이 시집을 통해서 한국적인 자유시의 패턴이 굳어졌고 권태, 절망, 고뇌, 죽음과 같은 새로운 시적 감정을 경험하게 되었다. 특히 유달리 리듬 의식이 강한 안서에 의해 번역됨으로써 우리말이 지니는 운율미와 우리말의 시어로서의 가능성을 모색할 수 있었다. 안서는 『오뇌의 무도』를 통한 서구시 체험을 그의 창작시에도 투영시켜 1923년 창작 시집 『해파리의 노래』를 상재한다. 이 시집의 시들은 대부분 3·1운동 이후 좌절된 허무의 심적 상황 속에서 쓰인 것인데, 현실에서 받은 절망감을 고독과 지난 꿈을 통해 카타르시스 하고 있다. 베를렌의 영향인 듯 짙은 애상의 음영이 깔려 있는 것도 이 시집의 특징이다.

안서의 상징시에서 발견되는 특징적인 단면은 여성 편향성이다. 베를렌의 비애의 미학을 안서 특유의 섬세한 가락으로 수용함으로써 한국 시의 여성성의 원류를 형성하게 된다. 그의 섬세한 시적 감정은 형태 특히 문체 면에서 현저하게 나타났다. '하늘'과 '한울'을 구별하려는 민감한 어감 의식, '겁은', '롭운' 등의 음향(音響), '러라', '더라' 등의 아어체(雅語體) 어미 활용은 가늘고 여리며 애상적인 시 분위기를 형성하고 있다. 가늘고 여린 아어체 문장과 정한(情恨)의 표출은 여성주의(feminism) 형성의 주요 모티프를 이루었다. 이와 같은 여성주의의 확립은 상징주의 수용에서 안서의 주체적 변용으로 볼 수 있다.

(3) 상징주의의 선구자, 황석우와 주요한

상아탑 황석우는 1919년 《매일신보》에 발표한 「시화(詩話)」를 통해 상징시론을 전개한 바 있다. 이 글은 상징주의를 나름대로의 안목으로 소화하여 새롭게 상징시론을 전개했다는 점에 의의를 찾을 수 있다. 단순한 소개 차원이 아니라 주체적 변용을 시도하고 있는 것이다. 특히 황석우는 보들레르의 교감의 시학에 중점을 두고 있는데 그는 이를 발전시켜 영률론(靈律論)으로 변용하고 있다. 영률론의 요체는 현상 저 너머의 신비의 세계를 개성적인 운율로 담아내는 것이 상징시라는 것이다. 보들레르의 교감의 시학에 골격을 두면서도 개성의 표출을 강조함으로써 주체적인 변용을 가져오고 있다.

한편 황석우는 상징주의를 지적 상징주의, 지적 정서적 상징주의, 정서적 상징주의로 분류하고 특히 정서적 상징주의를 상징주의의 본령으로 인식한다. 또 그 특질을 풍부한 상상력과 구상성(具象性)에서 찾고 있다. 이러한 상징주의의 이해가 하나의 방법론으로 고정되어 그의 상징시 창작에도 영향을 받게 된다. 황석우는 시작의 기본 기법을 은유적 방법론에 두고 있다. 이것이 황석우가 변용시킨 한국적 상징주의의 모습이었다. 그러나 그는 상징주의를 데카당스와 관념의 세계로 몰고 간 한계를 동시에 드러내고 있다.

적십자기(赤十字旗)의 뒤번치는 마노(瑪瑙)바닥의 거리,
창제(窓際)를 지내는 몽롱한 날은
내맘에 찬 비소(鼻笑)를 뿜어 던지고 간다.
아아, 하늘 가득히 날러오는 진흙덩이여,
아아, 괴이(怪異)한 함정에 떨어진 내맘아.
운다, 운다. 독사(毒蛇)의 설(舌).
구월(九月)의 칼날같은 새파란 혀에
위협된 맘은 취우(驟雨)같이 운다.
아아, 심회색(深灰色)의 안개, 추도(墜道)의 밑,
슬픈 알음(軋音)으로 가는 적은 환영(幻影)아.
—「고읍(苦泣)」전문

황석우의 위의 시는 용해되지 않은 관념의 덩어리를 몰고 가고 있다. "몽롱한 날", "찬 비소", "괴이한 함정", "사의 혀", "심회색의 안개", "추도의 밑" 등 퇴폐적인 분위기가 감돌고 있고, "아아" 등의 격한 감정의 과잉 토로가 노출되고 있다. 이러한 퇴폐적 관념성은 《폐허》로 비화되고, 《폐허》의 퇴폐적 염세주의는 다시 《백조》의 낭만적 신화성에 그 뿌리를 내리게 된다.

주요한은 일찍이 도일하여 청년기를 보내면서 일본에 소개된 서구 상징시를 접하게 된다. 특히 우에다 빈(上田敏)의「해조음」및 나카이 난후(永井何風)의「산호집」등이 그의 문학적 감수성을 자극하였고 그러한 영향권 내에서 빚어진 것이「불놀이」였다.「불놀이」에 나타나는 산문 리듬은 주요한이 일본에서 체득한 프랑스 역시 과정을 통한 영향의 소산이었던 것이다. 주요한에게 직접적인 영향을 준 상징시인은 폴 포르와 레니에로 볼 수 있는데, 전자에서는 산문적 리듬과 감각적인 표현, 후자로부터는 이상주의적 지향을 수용하고 있다.「불놀이」에서 보이는 산문 리듬

과 감각적 표현은 구체적으로 폴 포르의 영향이었던 것이다.

아아 좀더 강렬한 열정에 살고 싶다.
저기 저 횃불처럼 엉기는 숨막히는 불꽃의 고통 속에서라도 더욱 뜨거운
삶을 살고 싶다고 뜻밖에 가슴두근거리는 것은 나의 마음……
──「불놀이」부분

예시에서처럼 치열한 삶을 살아가려는 의지가 표출되고 있다. 이러한 시적 건강성과 이상주의적 지향은 1920년대 시인들과 구별되는 주요한 시의 특징이다. 주요한은 데카당스와 악마주의에 침잠되지 않고, 자연과 인생을 긍정적인 면에서 수용하고자 했던 것이다. 이러한 상징주의적 지향이 후에 민중시, 민요시로 수렴되는 하나의 계기가 된다.

(김영철)

3장
근대시의 전개(1919년~1931년)

1 서구적 시풍과 근대시의 전개

　한국의 근대시는 1910년 한일 병합에 의한 조선 왕조의 국권 상실과 새로운 서구 문물의 유입으로 인해 시대적 전환을 열망하는 대중적 요구가 크게 확장되는 사회적 배경 속에서 생성되었다. 20세기 초입에는 찬송가류에서부터 창가, 개화 가사, 사설시조 등의 다양한 서정적 장르들이 공존, 혼류하면서 자신의 문학적 영향력을 파급시키고자 하였으나 새로운 시대의 사회적 요구에 부응하는 새로운 유형의 시가 모색되었다. 이 시대의 시사를 이해하기 위해서는 20세기 초의 사회·역사적 변동에 따라 다음 몇 가지 사항을 고려하여야 한다.
　첫째, 시대사상의 변화이다. 20세기 초에 대두된 사회사상은 종전에 주장된 개화 사상에서 한걸음 더 나아가 일본을 통해 유입되는 서구 사조라고 할 수 있다. 전통적인 사유와 전통적인 방법이 그 근본에서부터 부정되는 시대였으므로 서구 사조를 적극적으로 받아들일 수밖에 없었다.

둘째, 사회·문화적 여건의 변화이다. 그 대표적인 것이 활자 문화의 도입이다. 구송 시대와 필사 문화의 시대를 뒤로하고 활자 문화가 도입된 것은 사회·문화적으로 커다란 충격이었다. 이는 대중문화의 확대를 뜻하며 다양한 잡지 발간과 더불어 지식 교육의 대중화로 구체화된다.

셋째, 개화기부터 시작된 국문 운동의 가속적인 전개이다. 비록 식민 치하이기는 하지만 국민 국가 시대의 도래와 더불어 말과 글이 일치하는 한글 전용 시대를 맞이하였다. 한문 시대에서 한글 시대로의 전환으로 문화를 추동하는 역동성이 문어에서 구어로 바뀌었으며, 서양의 지식이나 일본 문화가 새로운 시대의 가치를 나타내는 기준으로 자리 잡게 되었다. 이러한 문화적 역전 현상으로 인해 가치관의 혁신 운동이 일어났으며 새로운 문물과 새로운 사조에 따른 새로운 풍조가 사회 도처에 파급되었다.

넷째, 민감한 동시대적 영향 관계 형성이다. 어떤 하나의 작품은 그 홀로 존재하거나 창작되는 것이 아니라 동시대의 다른 시인이나 다른 작품과 깊은 영향을 서로 주고받으며 동시대적 질서를 구성하게 되었다. 새로운 물결이 불러일으키는 파장은 그대로 사회 전반에, 그리고 문단과 시인들에게 또 다른 파장을 불러일으키면서 근대적 시단이 형성되어 나갔다.

이러한 사회·역사적 상황 속에서 활자 문화의 표현 매체라고 할 수 있는 청소년 종합지 《소년(少年)》에 최초의 '신시'(新詩)로 평가되는 최남선[1]의 「해(海)에게서 소년(少年)에게」가 1908년에

---

1) 최남선(崔南善, 1890~1957): 1910년 광문회를 창립했으며, 《소년》, 《청춘》, 《붉은 저고리》 등의 월간지 발행. 독립 선언문 기초 책임자. 창작 시조집 『백

발표되었다. 이 시는 서구시를 모방한 흔적을 일부 보여 주기는 하지만 그보다는 거대한 파도처럼 밀려오는 근대 문물 전반에 대한 한국인들의 일반적 자각과 경각심을 표현한 시라고 할 수 있다. 1918년에 창간된 《태서문예신보》에는 프랑스 상징주의 계열의 시들을 비롯한 서구 문학의 여러 경향이 김억,[2] 황석우[3] 등에 의해 소개되면서 작품 번역이 이루어지기도 했는데, 이는 서구 문학의 새로운 수용이라는 측면에서 당시 문학을 지망하던 젊은 세대들에게 큰 영향을 끼쳤다.

1910년대 후반에서 1920년대 중반까지 한국 시인들은 프랑스 상징주의 시의 감상적이며 낭만적인 취향을 모방하면서 자신들의 독자성을 개척하기 시작했다. 한국 현대시는 1925년 '조선 프롤레타리아 예술가 동맹(KAPF)'이 결성되면서 창작된 리얼리즘 계열의 시와 더불어 1926년을 전후하여 정지용,[4] 임화,[5] 김여수[6] 등이 다

팔번뇌』(1925), 고시조집 『시조유취』(1928), 수필집 『백두산 근참기』(1926), 『심춘순례』(1927), 『금강예찬』(1928) 등이 있음.
2) 김억(金億, 1893~?): 1918년 《태서문예신보》를 창간하고, 《폐허》, 《창조》 동인으로 참가. 시집 『봄의 노래』(1925), 『안서 시집』(1929), 『안서 시초』(1941), 번역시집 『오뇌의 무도』(1921), 『기탄잘리』(1923)와 한역시집 『망우초』(1934) 등이 있음.
3) 황석우(黃錫禹, 1895~1959): 《폐허》 동인으로 시 「애인의 인도」, 「벽모(碧毛)의 묘(猫)」, 「태양의 침몰」 등을 발표. 《장미촌》, 《조선문단》 창간 및 주재. 시집 『자연송』(1929)이 있음.
4) 정지용(鄭芝溶, 1902~1950): 섬세하고 독특한 언어로 대상을 청신하게 묘사함으로써 한국 현대시의 새로운 국면을 개척함. 시집 『정지용 시집』, 『백록담』, 산문집 『문학 독본』 등이 있음.
5) 임화(林和, 1908~1953): 본명은 인식(仁植). 카프를 주도하였고 1947년에 월북. 저서에 시집 『현해탄』, 『찬가(讚歌)』, 평론집 『문학과 논리』 등이 있음.
6) 김여수(金麗水, 1905~?): 1923년 《동아일보》 신춘문예에 시 「신(神)의 주(酒)」가 당선되어 등단. 1926년 카프에 가담하고, '구인회'에도 참여. 1946년 조선 문학가 동맹 가담 후 월북. 시집 『여수시초』(1940), 『박팔양 시집』(1947) 등이 있음.

다이즘, 포멀리즘, 초현실주의 시들을 모방하는 시대를 거쳐 1930년대에 이르러 모더니즘[7] 계열의 시가 등장하면서 그 본격적인 역사의 장을 펼쳐 나갔다. 리얼리즘 계열의 시들은 1920년대 중반에서 1930년대 중반까지, 모더니즘 계열의 시들은 1920년대 초반의 감각적이며 퇴폐적인 시대를 거쳐 1930년대 중반부터 1930년대 후반까지 문학적 영향력을 행사하였다. 이는 양자가 전통적인 서정시를 중심에 두고 양 날개를 형성하여 한국 현대시를 추동하는 힘이 되어 왔음을 뜻하는 것이라고 하겠다.

결과적으로 첫 단계에서는 프랑스 상징주의 계열의 시들이, 다음 단계에서는 리얼리즘 계열의 시들이, 마지막 단계에서는 모더니즘 계열의 시들이 시사적 흐름을 선도하였다. 이와 동시에 그 중심부에 자리 잡고 있던 전통적인 서정시에 대한 탐구가 더욱 풍성해지면서 한국의 근대시는 현대시로 전환하게 되었다.

2 상징주의와 다다이즘 시에서 모더니즘 시로

폐허는 새로운 창조의 가능성을 열어 주는 계기가 된다. 이것이 1920년대 초에서 1930년대에 이르는 시기를 집약하는 표현일 것이다. 이 시기는 3·1독립운동의 실패와 이로 인한 민족적 비탄의 시대이기도 했지만 풍요로운 시의 시대이기도 했다. 1920년대

---

[7] 한국에서 모더니즘을 논할 때 그 개념에 대해서는 여러 가지 논란이 있다. 오세영은 모더니즘을 영미 문학에서 말하는 모더니즘, 하버마스나 아도르노 같은 비판 철학자가 말하는 모더니즘, 영미의 다국적 문화론자가 말하는 모더니즘 등 세 가지로 나누고 다국적 문화론자가 말하는 모더니즘에 유럽의 아방가르드(쉬르레알리슴, 다다이즘, 입체파, 미래파 등)를 포함시켜 논한 바 있다. 오세영, 『한국근대문학론과 근대시』(민음사, 1996). 366~367쪽 참조.

초를 지배한 폐허 의식은 젊은 세대들에게 새로운 가능성을 실험하는 창조적 터전이 되었다. 이 시기에 수많은 시 전문 동인지가 출현하여 폐허를 일구어 나갈 열린 문화적 공간을 화려하게 장식하게 되었다.

일본 유학생들인 김동인,[8] 주요한,[9] 전영택[10] 등이 참여하여 동경에서 발간된 《창조(創造)》(1919), 김억, 황석우, 남궁벽,[11] 염상섭,[12] 오상순[13] 등이 참여하여 국내에서 발간된 《폐허(廢墟)》(1920), 변영로,[14] 황석우, 박종화,[15] 박영희[16] 등이 창간한 시 전문

---

8) 김동인(金東仁, 1900~1951): 동인지 《창조》, 《영대》 발간. 단편 소설 「약한 자의 슬픔」(1919), 「배따라기」(1921), 「감자」(1925), 「광염 소나타」(1930) 등과 장편 소설 『젊은 그들』(1931), 『운현궁의 봄』(1933) 등이 있음.
9) 주요한(朱耀翰, 1900~1979): 《창조》 동인이며 상하이에서 《독립신문》 편집. 안창호가 조직한 수양동우회 회원. 시집 『아름다운 새벽』(1924), 『삼인시가집』(1929)과 시조집 『봉사꽃』(1930) 등이 있음.
10) 전영택(田榮澤, 1898~1968): 《창조》 동인으로 단편 소설 「혜선(惠善)의 사(死)」를 발표. 미국에서 흥사단에 가입했으며, 한국문인협회 초대 이사장 역임. 단편 소설 「천치? 천재?」(1919), 「독약을 마시는 여인」(1921), 「화수분」(1925), 「소」(1950) 등과 작품집 『생명의 봄』(1926), 『하늘을 바라보는 여인』(1958) 등이 있음.
11) 남궁벽(南宮璧, 1895~1922): 《폐허》 동인으로 참가하여 시 「자연」(1920), 「풀」(1921), 「생명의 비의」(1921) 등을 발표. 이후 「별의 아픔」(1922), 「자아의 존귀」(1922), 「말」(1922) 등의 시와 일기체 산문 「오산편신」(1920)을 남김.
12) 염상섭(廉想涉, 1897~1963): 《동아일보》 기자, 《조선일보》 학예부장, 《만선일보》 주필 및 편집국장 역임. 《폐허》 창간에 참여했으며, 단편 소설 「표본실의 청개구리」(1921), 「제야」(1922), 「만세전(묘지)」(1922), 「윤전기」(1925), 「두 파산」(1949) 등과 장편 소설 『삼대』(1931), 『취우』(1953) 등이 있음.
13) 오상순(吳相淳, 1894~1963): 전도사, 승려 생활을 했으며 참선과 방랑으로 유명. 《폐허》 동인이며 유고 시집으로 『공초 오상순 시집』(1963)이 있음.

동인지 《장미촌(薔薇村)》(1921), 홍사용,[17] 박종화, 현진건,[18] 이상화,[19] 나도향,[20] 박영희 등이 창간한 문예 동인지 《백조(白潮)》(1922), 《금성(金星)》(1923), 그리고 《영대(靈臺)》(1923) 등이 그 구체적인 예이다. 이 시기에 등장한 낭만적인 시인들은 초기의 계몽주의나 실험적 문학을 벗어나 시적 서정성을 확장시켜 한국 근대시의 역사에 독자적인 서정시의 기틀을 마련하였다.

주요한은 3·1운동 직전에 발간된 《창조》 창간호(1919. 2)에 「불놀이」 등의 작품을, 그리고 일본 유학생 기관지 《학우(學友)》

---

14) 변영로(卞榮魯, 1897~1961): 《폐허》, 《장미촌》 동인이며 시집 『조선의 마음』(1924), 『수주시문선』(1959)과 수필집 『명정 40년』(1953) 등이 있음.
15) 박종화(朴鍾和, 1901~1981): 1920년 「쫓긴 이의 노래」를 발표하며 등단했으며 《장미촌》, 《백조》의 동인. 시집 『흑방비곡』(1924), 『청자부』(1946), 『월탄시선』(1961) 등과 소설집 『금삼의 피』(1938), 『대춘부』(1939) 등이 있음.
16) 박영희(朴英熙, 1901~?): 1921년 《장미촌》에 「적의 비곡」, 「과거의 왕국」을 발표하였으며 《신청년》, 《장미촌》, 《백조》 등의 동인. 카프 조직을 주도하였으며, 「최근 문예운동의 신전개와 경향」(1934)을 발표하고 전향. 시집 『회월시초』(1937)와 평론집 『문학의 이론과 실제』(1947) 등이 있음.
17) 홍사용(洪思容, 1900~1947): 《백조》 창간에 참여. 극단 '토월회'에 가담하고 극단 '산유화회'를 조직. 유고 시집으로 『나는 왕이로소이다』(1976)가 있음.
18) 현진건(玄鎭健, 1900~1943): 《개벽》에 「희생화」(1920)를 시작으로 「빈처」(1921), 「술 권하는 사회」(1921) 등을 발표. 《백조》 동인으로 참가. 단편집 『타락자』(1922), 『지새는 안개』(1925), 『조선의 얼골』(1926), 『현진건 단편집』(1941) 등과 장편 소설 『적도』(1939), 『무영탑』(1939) 등이 있음.
19) 이상화(李相和, 1901~1943): 《백조》 동인이며 기미 독립 운동 당시 대구에서 시위를 계획했으나 발각되어 서울로 도피. 카프에 참여했으며, 의열단 사건에 연루되어 피검. 유고 시집으로 백기만 편 『상화와 고월』(1951)이 있음.
20) 나도향(羅稻香, 1902~1926): 《백조》 동인. 단편 소설 「별을 안거든 우지나 말걸」(1922), 「행랑자식」(1923), 「계집 하인」(1925), 「벙어리 삼룡이」(1925), 「물레방아」(1925), 「뽕」(1925), 「지형근」(1926) 등을 발표. 장편 소설 『환희』(1923)와 소설집 『진정』(1923), 『청춘』(1927) 등이 있음.

창간호(1919. 11)에 「샘물이 혼자서」, 「시내」 등을 발표하였다. 그의 작품은 종전의 최남선이나 이광수[21]가 보여 준 계몽적인 틀을 벗어나 있었다는 점에서 근대적인 새로움을 내포하고 있었다.

    아아, 날이 저믄다. 서편(西便) 하늘에, 외로운 강(江)물 위에, 스러져가는 분홍빛 놀…… 아아, 해가 저물면 해가 저물면, 날마다 살구나무 그늘에 혼자 우는 밤이 또 오것마는, 오늘은 사월(四月)이라 파일날 큰 길을 물밀어가는 사람 소리…… 듯기만하여도 흥성스러운 거슬, 웨 나만 혼자 가슴에 눈물을 참을 수 엄는고?
                                                          —「불놀이」 1연

  초파일 축제에도 다른 사람들과 함께 어울리지 못하는 고독한 청년의 가슴에서 억제할 수 없는 눈물이 솟구친다. 젊은 화자의 고백처럼 확실한 오늘을 잡으려는 욕망이 강렬할수록 더욱 모순에 빠지는 이 슬픔의 감정을 극복하려는 주요한의 시적 의지는 시대를 이끌어 나아갈 시인의 사명감을 표현한 것으로서 이는 한국 근대시의 난제들을 돌파하는 중요한 추동력이 되었던 것이라 말할 수 있다.
  문학사적으로 볼 때 주요한의 「불놀이」 이전의 황석우나 김억 등의 자유시는 최남선과 이광수의 작품을 잇는 과도기적인 의미를 지니는 것이다. 그러나 주요한의 「불놀이」가 근대시의 첫 장을 열었다고 본다고 하더라도 그것을 근대적 산문시라 단정할 수

---

21) 이광수(李光洙, 1892~1950): 와세다 대학교 철학과 재학 중 장편 소설 『무정』(1917)을 발표. 1919년 동경에서 2·8 독립 선언을 주도한 후 중국 상하이로 망명. 시집 『삼인시가집』(1929), 『춘원시가집』(1941) 등과 소설집 『재생』(1925), 『마의 태자』(1927), 『흙』(1933), 『사랑』(1938) 등이 있음.

는 없으며, 근대적 요소들이 막바로 자유시로 이행되었다고 말할 수도 없는 문학사적 난제들이 여기에 얽혀 있다.

김억은 《태서문예신보》를 통해 프랑스 상징주의 시를 다수 번역·소개하였는데, 특히 김억은 《폐허》, 《백조》 등에 번역·소개한 시들을 모아 1921년 한국 최초의 번역시집인 『오뇌의 무도』를 간행하였다.[22] 김억은 프랑스 상징주의 시인들 가운데 특히 베를렌의 시에 경도되었는데 김억을 통해 소개된 그의 「작시론(作詩論)」은 당대의 젊은 세대들에게 커다란 공명을 불러일으켰다.

> 무엇보다도 몬져 음악(音樂)을,
> 그를 위ᄒᆞ야 달으지도 두지도못ᄒᆞᆯ
> 썩 희미ᄒᆞᆫ 알드말듯한
> 난호랴도 못할것을 잡으라
>
> 죠흔말을 으드려 애쓰지 말고
> 말을 차라리 기뷔히허라
> 밝음과 어두움의 셔로 짜ᄂᆞ는
> 흐릿ᄒᆞᆫ 시(詩)밧게는 고음이 업나니
>
> ——「작시론」 1~2연

'아름다운 말을 얻으려 하지 말고 말을 가벼이 하여 음악적인 효과를 목표로 하라'는 「작시론」의 창작 원리는 이러한 김억의 소개에 힘입어 문학을 지망하는 젊은 세대들에게 강한 전파력을 발휘하였다. 이는 불투명한 미래를 가질 수밖에 없었던 당대의 젊은

---

22) 《태서문예신보》와 『오뇌의 무도』에 대한 연구는 정한모의 『한국 현대 시문학사』(일지사, 1974), 243~364쪽 참조.

세대들이 지닌 음울한 시대적 분위기를 반영하는 것이기도 했다. 그러므로 그들이 모호하고 불투명한 것들의 매혹에 빠지는 것은 당연한 일인지도 모른다. 상징주의라는 말이 지니는 매혹 또한 그러하다.

김억과 더불어 상징주의 시풍의 작품을 발표한 시인은 황석우이다. 1918년 《태서문예신보》에 「은자(隱者)의 가(歌)」, 「어린 제매(弟妹)에게」 등을 발표하면서 초기 시단에 등장한 그는 일본 유학 시절 당시 그곳에서 유행하던 상징시의 영향을 받아 이러한 시들을 국내에 소개하는 한편 이러한 취향을 반영한 시들을 발표하였다.

> 어느날 내 영혼의
> 낮잠터 되는
> 사막(沙漠)의 위 숲 그늘로서
> 파란털의
> 고양이가 내 고적한
> 마음을 바라다 보면서
> 이 애 나의
> 왼갓 오뇌(懊惱), 운명을
> 나의 끓는 샘 같은
> 애(愛)에 살적 삶아주마
> 만일에 네 마음이
> 우리들의 세계의
> 태양이 되기만 하면
> 기독(基督)이 되기만 하면
> ──「벽모(碧毛)의 묘(猫)」 전문

「벽모의 묘」는 종전의 시와는 달리 '푸른 고양이의 털'이라는 감각적 이미지를 통해 관능성을 부각시킨 시이다. 이 시에 등장하는 고양이는 실재하는 고양이가 아니라 푸른 털의 고양이로서 신비하고 몽환적인 분위기와 관능의 세계를 보여 준다. 이는 3·1 운동 전후의 불투명한 시대적 상황과 황석우 개인의 우울한 현실 인식이 동시에 작용한 것으로 해석된다.

상징주의 시의 특징들인 음악성이라든가 언어의 형상화를 수용하지 못하고 이처럼 부정적 측면만을 수용하게 된 것은 당시의 시대적 상황과 맞물려 있다는 점에서 한국에서의 상징주의 수용의 문제점으로 지적할 수 있다. 또 기존의 불교나 유교가 아니라 기독교가 새로운 메시아로 인식되는 것도 볼 수 있는데, 시적 화자의 번민이 감각적인 "애(愛)"와 영혼의 구제라는 상반된 욕망의 갈등으로부터 비롯된다는 점을 고려할 때, 이는 그의 시를 이해하는 흥미로운 단서가 된다.

감각적 관능성에서 보다 명징한 이미지의 세계로 나아간 것이 이장희[23]의 「봄은 고양이로다」이다. 1924년 동인지 《금성》에 발표된 이 시는 황석우의 시와 같이 고양이를 소재로 하고 있지만 섬세한 언어적 감각에 의해 묘사된 구체적 이미지가 돋보인다.

  꽃가루와 같이 부드러운 고양이의 털에
  고운 봄의 향기가 어리우도다

  금방울과 같은 호동그란 고양이의 눈에

---

23) 이장희(李章熙, 1900~1929): 1924년 《금성》 3호부터 동인으로 참가하여 「청천의 유방」(1924), 「봄은 고양이로다」(1924) 등을 발표. 유고 시집으로 백기만 편, 『상화와 고월』(1951)이 있음.

미친 봄의 불길이 흐르도다
고요히 다물은 고양이의 입술에
포근한 봄 졸음이 떠돌아라

날카롭게 쭉 뻗은 고양이의 수염에
푸른 봄의 생기가 뛰놀아라

———「봄은 고양이로다」전문

    형식적 안정감을 유지하면서 주관적 감정을 자제하고 객관적 묘사로 시적 감각을 살려 내고 있는 이 시에서 우리는 눈물의 왕이라 자칭한 동시대의 홍사용과는 전혀 다른 언어의 명징성을 접할 수 있다. 감정적 표현을 객관적 이미지로 변용시켜 절제된 효과를 거두고 있다는 것은 주정적인 감각을 새로운 감각으로 변혁시키고자 하는 시적 의지의 결과이다.
    1921년 《장미촌》의 동인이자 1922년 《백조》의 동인이기도 한 박종화는 「밀실로 돌아가다」에서 임종의 날에 '홀로 떠는 내 마음'을 진정시키지 못하고 썩은 해골이 즐비하게 늘어선 거리를 거쳐 밀실로 돌아가며 '해의 죽음'을 노래한 바 있으며, 《백조》를 창간한 홍사용은 "이 세상 어느 곳에든지 설움이 있는 땅은 모다 왕의 나라로소이다"라고 눈물의 왕임을 선언한 바 있다. 파멸적 자의식으로 가득 차 있었던 것이 1920년대 초 한국 현대시의 지배적인 분위기였던 것이다.
    김소월[24]은 눈물과 비탄, 그리고 죽음이 지배하는 격한 감정의

---

24) 김소월(金素月, 1902~1934): 1920년 《창조》에 「낭인의 봄」 등을 발표하여 등단하였으며, 《영대》 동인. 시집 『진달래꽃』(1925)을 간행하여 문단적 위치를 확보함. 사후에 오산 중학교 스승 김억에 의해 『소월시초』(1939) 간행.

시대였던 1920년대 전반을 대표하는 뛰어난 시인이었다. 1920년 《창조》에 「낭인(浪人)의 봄」 등의 시로 문단에 등단한 그는 초기에 감상적 슬픔의 시를 쓰기도 했지만 그 나름의 7·5조의 율격을 독자적으로 심화시켜 당대의 민족적 정서를 한국인의 보편적 정서로 승화시켰다. 김소월의 시가 오늘날에도 널리 애송되고 있는 것은 서정시 본연의 그리움과 사랑을 노래한 데 있다. 다른 어떤 시인도 따를 수 없는 언어적 감각으로 우리의 전통 가락을 살려 냄으로써 김소월은 세월이 지나도 빛을 잃지 않는 국민적 시인이 되었던 것이다.

김소월 시의 또 다른 특징은 서정적 정감에 바탕을 두면서도 생에 대한 깊은 성찰을 보여 준다는 점이다. 구조적 완결성으로 인해 김소월의 대표작으로 거론되어 온 「산유화」는 생명의 순환적 질서를 통해 존재의 보편적 원리를 깨닫게 하는 시이다. 「진달래꽃」 역시 이별의 슬픔에서 나아가 생성과 소멸이라는 자연의 원리를 변용시켜 인생의 원리를 보여 준다.

나 보기가 역겨워
가실 때에는
말없이 고이 보내드리우리다

영변(寧邊)에 약산(藥山)
진달래꽃
아름 따다 가실 길에 뿌리우리다

가시는 걸음걸음
놓인 그 꽃을
사뿐히 즈려 밟고 가시옵소서

나 보기가 역겨워

가실 때에는

죽어도 아니 눈물 흘리우리다

———「진달래꽃」 전문

「진달래꽃」은 1922년 《개벽》에 처음 발표된 이후 오늘날 젊은 세대들까지도 널리 애송하는 시이다. 사랑의 기쁨과 상실을 아름다운 율조에 실어 표현한 이 작품은 기승전결의 형식적 완결성을 통해 고전적 보편성을 획득한다. 「산유화」와 「진달래꽃」이 형식적 완결미를 지닌 작품이라면 「초혼」은 파격미의 극단을 보여 준다. 산산이 부서진 이름을 부르는 혼의 외침은 죽음을 부정하는 슬픔의 정점에서 차가운 돌덩이로 응고된다. 이 외침은 1920년대의 산산이 부서진 개인들의 폐허화한 삶의 공간을 메아리치면서 이념적 논리를 넘어서는 영혼의 절대성을 표현한 대표적인 시로서 「초혼」을 평가하게 만든다.

한국 근대시에서 서정시의 원천을 형성한 시인은 김소월과 한용운[25]이며, 이 양자를 매개하는 시인이 변영로이다. 서정성과 사상성이라는 양극을 대변하는 두 시인을 연결시켜 주는 시인이 변영로라면, 다시 변영로와 한용운을 매개하는 시인은 오상순이라고 할 수 있다. 변영로는 김소월에, 그리고 오상순은 한용운에 좀 더 가까운 시적 특징을 지니고 있었다는 것이다.

---

25) 한용운(韓龍雲, 1879~1944): 서당에서 한학 수학. 기미 독립 운동 당시 민족 대표 중의 한 사람이며 공약삼장을 추가하는 데 결정적 기여. 1918년 《유심》지를 간행했으며 옥고를 치르는 동안 『조선독립이유서』를 저술. 시집 『님의 침묵』(1925)을 간행하고, 장편 소설 『흑풍』(1935), 『후회』(1936), 『박명』(1938) 등을 발표.

변영로는 1920년 《학지광(學之光)》에 「주의적 생활」이란 논문을 발표함으로써 문단 활동을 시작한다. 그는 《폐허》와 《장미촌》의 동인으로 참여했지만 시 작품을 여기에 발표하지는 않았다. 그는 1921년 《신천지》에 첫 시 작품 「소곡 다섯 편」을 발표하게 된다. 여기에 수록된 작품들의 주조는 주권이 상실된 현실과 그 극복 의지에 기초한 민족의식이다. 1922년 3월 《신생활(新生活)》에 발표된 「봄비」는 봄비가 내리는 외적 분위기와 님을 기다리는 화자의 정서가 상응하여 민족애를 촉발하는 작품이다. 「봄비」에 이어 1922년 4월 《신생활》에 발표된 「논개(論介)」는 민족적인 의분을 서정적으로 승화시킨 변영로의 대표작이다.

거룩한 분노는
종교보다도 깊고
불붙는 정열은
사랑보다도 강하다
아, 강낭콩꽃보다도 더 푸른
그 물결 위에
양귀비꽃보다도 더 붉은
그 마음 흘러라.

아리땁던 그 아미(娥眉)
높게 흔들리우며
그 석류(石榴) 속 같은 입술
죽음에 입맞추었네!
아, 강낭콩꽃보다도 더 푸른
그 물결 위에
양귀비꽃보다도 더 붉은

그 마음 흘러라.

—「논개(論介)」 1~2연

　이 작품은 전체 3연으로 되어 있고 각 연에는 후렴이 붙어 있다. 후렴에서 보듯 강낭콩꽃과 양비귀꽃의 색채의 대비가 두드러지게 나타난다. 푸름에 대비되는 붉음의 시각적 이미지는 푸르게 흘러가는 역사의 강물에서 붉게 타오르는 꽃다운 혼을 드러내 보이고자 한 시적 장치이다. '임진왜란 당시 순국한 논개'라는 구체적인 역사적 인물은 독자들의 공감을 깊게 불러일으키는 매개항이다. 한용운의 「논개의 애인이 되어 그의 묘에」도 이와 유사한 방법이 사용되고 있는데 이는 변영로와 한용운이 서로 호응하면서 시대정신의 공통분모를 보여 주는 예라고 할 수 있다. 1924년 발간 당시 판금 조치를 당했던 『조선의 마음』은 민족애를 주조로 한 변영로의 시적 성과를 보여 주는 시집이다.

　한국 근대 서정시인들이 서구적 풍조를 모방하거나 감상에 탐닉하고 있을 때 이와 달리 시에 사상을 불어넣은 시인이 오상순과 한용운이다. 변영로에서 오상순을 매개로 이루어지는 시사적 의미망은 전통에 근거하여 그 나름의 문학사적 응전을 보여 주는 한국 근대시의 특징적 양상을 보여 주는 좋은 예이다. 김소월을 선두로 하여 변영로와 오상순 그리고 한용운 등이 형성한 시사적 맥락과 그 호응이 한국 근대 서정시의 중심부를 차지하고 있다고 해도 과언이 아니다. 오상순과 한용운의 서정시는 서구적 시풍이나 감상을 극복하는 계기를 마련해 주었는데 이들의 사상은 현실주의를 지향하는 프롤레타리아 사상과는 달리 전통적인 불교적, 선적 명상과 사유를 통해 우리 근대시에 내적 깊이를 심화시켜 주었다는 점에서 중요한 시사적 의미를 갖는다.

　기독교, 불교 등을 순례자처럼 전전하지만 결과적으로는 특정 종교에 구속되지 않았던 오상순은 《폐허》의 동인으로 창간호에 평문「시대고(時代苦)와 희생(犧牲)」을, 그리고 뒤이어 시를 발표하면서 문단 활동을 시작했다.「시대고와 희생」에서 오상순은 폐허의 시대에 일체를 파괴한 후 그 재생의 터전 위에 영원한 미를 창조해야 한다고 주장했다. 그러나 패기에 찬 그의 신념은 좌절되고 그는 허무에 휩싸이게 된다. 그럼에도 불구하고 그는 이를 딛고 나아가 1922년「아시아의 마지막 밤 풍경」을 발표한다. 이 작품은 서구의 충격에 대한 아시아인의 대응을 웅장하게 그려 낸 시로서 주목할 만하다.

> 아시아는 밤이 지배한다. 그리고 밤을 다스린다
> 밤은 아시아의 마음의 상징이요 아시아는 밤의 현실이다
> 아시아의 밤은 영원의 밤이다. 아시아는 밤의 수태자이다
> 밤은 아시아의 산모요 산파이다
> 아시아는 실로 밤이 낳아준 선물이다
> 밤은 아시아를 지키는 주인이요 신이다
> 아시아는 어둠의 검이 다스리는 나라요 세계이다.
>
> 아시아의 밤은 한없이 깊고 속 모르게 깊다
> 밤은 아시아의 심장이다. 아시아의 심장은 밤에 고동한다
> 아시아는 밤의 호흡기관이요 밤은 아시아의 호흡이다
> 밤은 아시아의 눈이다. 아시아는 밤을 통해서 일체상(一切相)
> 을 뚜렷이 본다
> 올빼미처럼
> 밤은 아시아의 귀다. 아시아는 밤에 일체음(一切音)을 듣는다.
> ——「아시아의 마지막 밤 풍경」 1~2연

이 시의 서두에서 "아시아는 밤이 지배한다. 그리고 밤을 다스린다"고 한 선언은 "서구라파는 낮을 지배한다. 그리고 낮을 다스린다"는 명제에 상응하는 발언이다. 당시 서구로부터 거세게 밀려오는 문물에 대하여 그 반대 명제로서 맞서고자 한 것이 오상순의 시적 의도였을 것이다. 불교적 명상이 가미된 이 시에서 우리는 한없이 그리고 속 모르게 깊은 아시아의 밤에서 서구가 지배하는 낮을 이겨 내는 위대한 힘을 발견한다. 아시아는 밤을 통해서 일체상을 보고 일체음을 듣기 때문이다. 밤은 낮에 들을 수 없는 소리를 듣게 하고 낮에 볼 수 없는 것을 보게 한다. 아시아는 마음의 상징이요 영원한 모성이다. 밤은 아시아를 낳고 아시아를 지킨다. 그러므로 아시아는 영원하다. 그것은 서구 열강의 식민지로 전락한 아시아인의 발언이자 일본의 식민지로 전락한 조선인의 호소이기도 하다. 밤에 호소하여 생명을 얻는다는 시적 상상은 폐허에서 새로운 창조의 불씨를 찾으려는 젊은 시인들의 열망을 표현한 것이라고 할 수 있을 것이다. 오상순의 시적 지향은 단순히 부정을 통한 긍정이 아니라, 더 깊은 부정을 통해 허무라는 관문을 통과하려는 것이었다. 1923년에 발표한 「허무혼(虛無魂)의 선언」에서 그는 아름다운 모든 것을 부정한다. 결국 허무 자체까지 부정된 자유 공간을 찾으려 했다는 것이 그의 시가 지닌 남다른 철학적 의미이다.

1919년 3·1운동 민족 대표 33인 중의 한 사람이었던 한용운은 사상과 행동의 일체화를 보여 준 3·1운동 세대를 대표하는 시인이자 피압박 시대를 살아야 했던 20세기 한국의 정신적 기둥이기도 했다. 한용운의 다면적 특성이 그의 시를 이해하는 데 절대적인 요소가 되는 것은 아니지만, 이 여러 요소들이 긍정적으로 결합되어 그의 작품에 고유한 문학적 힘을 발휘한다. 그것을 간과해서는 안된다.

님은 갔습니다. 아아 사랑하는 나의 님은 갔습니다.

푸른 산빛을 깨치고 단풍나무 숲을 향하야 난 적은 길을 걸어서 참어 떨치고 갔습니다.

황금(黃金)의 꽃같이 굳고 빛나든 옛 맹서(盟誓)는 차디찬 티끌이 되야서, 한숨의 미풍(微風)에 날어갔습니다.

날카로운 첫 '키스'의 추억(追憶)은 나의, 운명(運命)의 지침(指針)을 돌려 놓고, 뒷걸음질쳐서, 사러졌습니다.

나는 향기로운 님의 말소리에 귀먹고, 꽃다운 님의 얼골에 눈멀었습니다.

사랑도 사람의 일이라, 만날 때에 미리 떠날 것을 염려하고 경계하지 아니한 것은 아니지만, 이별은 뜻밖의 일이 되고, 놀란 가슴은 새로운 슬픔에 터집니다.

그러나 이별을 쓸데없는 눈물의 원천(原泉)을 만들고 마는 것은 스스로 사랑을 깨치는 것인 줄 아는 까닭에, 걷잡을 수 없는 슬픔의 힘을 옮겨서 새 희망(希望)의 정수박이에 들어부었습니다.

우리는 만날 때에 떠날 것을 염려하는 것과 같이, 떠날 때에 다시 만날 것을 믿습니다.

아아 님은 갔지마는 나는 님을 보내지 아니하얐습니다.

제 곡조를 못 이기는 사랑의 노래는 님의 침묵(沈默)을 휩싸고 돕니다.

——「님의 침묵(沈默)」 전문

한용운의 시집 『님의 침묵(沈默)』(1926)의 표제시이기도 한 위의 시는 님이 떠나간 후 침묵이 지배하는 공간에서 격한 감정을 이기지 못하는 화자의 슬픔을 말하고 있다. 그러나 이 시의 특징은 화자가 좌절과 슬픔에만 침잠하지 않는다는 것이며, 이것이 동시대의 젊은 동인지 시인들과 다른 점이다. 만남과 이별의 변증법이라고 부를 수 있는 한용운의 시적 상상은 불교적 사유를 통해 축적된 것으로서 이를 통해 만남은 이별이 되고 이별은 또 다른 만남의 계기가 된다는 역설을 설득력 있게 보여 준다.

이를 당대 상황과 연결하여 말하자면 그것은 조국을 잃어도 다시 조국을 찾을 수 있다는 신념이 배어 있는 시적 상상이라는 것이다. 인간사에는 이별의 아픔만이 있는 것이 아니며 만남의 기쁨이 있으면 이별의 아픔이 있고 이별의 아픔이 있으면 다시 만남의 기쁨이 있다. 이는 기본적으로 불교적 사유이기는 하지만 당대의 상황뿐만 아니라 오늘날에도 적용되는 보편적 인생의 원리이다. 그가 시집의 서두에서 말한 대로 "「님」만 님이 아니라, 기룬 것은 다 님이다. 중생(衆生)이 석가(釋迦)의 님이라면, 철학(哲學)은 칸트의 님이다. 장미화(薔薇花)의 님이 봄비라면 마시니의 님은 이태리(伊太利)"라고 할 때, 한용운의 님은 종교적 대상의 영역을 넘어서 길을 잃고 헤매는 당대 조국을 상징적으로 집약한 것이라고 해석할 수 있다.

한용운의 「님의 침묵」이 거의 동시에 발표된 이상화의 「빼앗긴 들에도 봄은 오는가」와 상통하고 있다는 점 또한 지나칠 수 없다. 님이 침묵하는 공간은 빼앗긴 들의 빼앗긴 봄과 깊은 연관성을 가지며 이는 양자의 상호 소통에 의한 것이라기보다는 1920년대 중반을 지배하던 사회적, 역사적 분위기를 말해 주는 것이라고 하겠다.

이상화는 1923년 9월 《백조》 3호에 「나의 침실(寢室)로」를 발표하였는데 그것은 부활의 침실에서 사랑하는 마돈나와 더불어 새롭게 탄생하려는 재생의 의지를 신선한 감각으로 표현한 작품으로 평가된다. 「나의 침실로」는 같은 동인지 《백조》에 발표된 박종화의 「밀실로 돌아가다」와의 연관성 속에서 쓰인 것이라고 보아도 무리가 아닐 것이다. 이상화의 초기 시들은 유미적이고 퇴폐적인 《백조》 동인들의 시적 특성을 그대로 공유하고 있다. 「환몽병(幻夢病)」, 「말세의 희탄」, 「이중의 사망」 등과 같은 열정적인 초기 시에서 한걸음 나아가 우리 시에 현실 인식과 남성적 맥박을 불어넣은 「빼앗긴 들에도 봄은 오는가」(1926)와 같은 시는 1920년대를 대표하는 저항적 작품으로 꼽을 수 있다.

지금은 남의 땅―빼앗긴 들에도 봄은 오는가?

나는 온몸에 햇살을 받고
푸른 하늘 푸른 들이 맞붙은 곳으로,
가르마 같은 논길을 따라 꿈속을 가듯 걸어만 간다.

입술을 다문 하늘아, 들아,
내 맘에는 나 혼자 온 것 같지를 않구나!
네가 끌었느냐 누가 부르더냐 답답워라 말을 해 다오.

(중략)

내 손에 호미를 쥐어 다오.
살진 젖가슴과 같은 부드러운 이 흙을
발목이 시도록 밟아도 보고, 좋은 땀조차 흘리고 싶다.

(중략)

그러나 지금은―들을 빼앗겨 봄조차 빼앗기겠네.
　　　―「빼앗긴 들에도 봄은 오는가」 1~3, 8, 11연

이 시의 화자는 봄비가 내린 들판을 걸어가면서 이 풍요로운 들을 빼앗김으로 인해 생명의 봄조차 빼앗긴 것 같다고 느끼고 있다. 이는 일제에 의해 수탈당하고 있는 조국의 현실에 대한 강렬한 항의의 표현이다. 이상화의 이러한 현실 인식은 카프 계열의 시인들과 공통되는 일면을 지니고 있다. 1920년대 중반은 초반의 좌절과 울분을 딛고 새로운 사회 개혁 운동이 시작되고 있었다는 점에서 주목할 만한 전환을 보여 주는 시기라고 할 것이다. 이상화가 초기의 낭만적인 서정시를 버리고 평론으로 장르 전환을 한 것은 1920년대 중반에 등단한 임화가 1930년대 후반에 보여 주는 장르 전환의 경우처럼 흥미롭다. 이는 한국 현대시사의 문학사적 의미망을 형성하는 데 중요한 단초를 마련해 준다.[26] 민족주의와 계급 사상 중에서 어느 것이 우선하느냐의 문제는 20세기 한국 근대사를 관통하는 핵심적인 명제였으며 이와 더불어 한 문인의 장르 선택의 문제는 단순히 그 개인의 기질적인 문제라기보다 역사와 조우하는 운명적인 선택의 문제였을 것이라 이해된다.

서구의 모더니즘과 진보적인 프로 문학이 1920년대 시단의 전위적인 추진력을 행사하고 있을 때 오히려 시단의 심층에서는 한국적 주체성에 대한 탐구가 한층 심도 있게 논의되고 있었다. 특히 1926년 최남선의 최초의 개인 시조집 『백팔번뇌』가 간행된 시기를 전후하여 프로 문학에 대응하는 국민문학파의 논리가 시조 부흥 운동으로 전개되고 있었다. 「조선 국민문학으로서의 시조」 (《조선문단》 16호, 1926. 5)에서 최남선은 "시조가 조선의 국토, 조선인, 조선심, 조선 음률을 통해 표현한 필연적 양식"이라고

---

26) 이상화의 장르 선택의 문학사적 의미는 김윤식의 『한국근대문학양식논고』 (아세아문화사, 1980), 61~62쪽 참조.

정의하면서 국민문학의 정신을 시조 형식에서 찾으려고 했다. 또한 같은 시기에 이병기[27]의 「시조란 무엇인가」(《동아일보》, 1926. 11. 20)와 조운[28]의 「병인년과 시조」(《조선문단》, 1927. 11. 2) 등을 통해 시조에 대한 개념이 규정되고 새로운 작품들이 발표되면서 국민문학 운동의 근거로서 시조가 부각되기 시작했다. 1920년대 중반의 시조 부흥 운동은 최남선에 뒤이어 이병기, 조운, 이은상[29] 등에 의해 시조 개혁 운동으로 전개되었는데 이는 단지 구투의 시조를 답습하는 것이 아니라 현대적 의미의 정서와 감각이 가미된 시조를 부흥시킴으로써 전통적인 정형시를 되살렸다는 점에서 문학사적 의미가 있다.

이병기는 1921년 「도(悼) 이마리아」를 발표하여 등단하였으며 시조 부흥 운동에 동참하여 현대 시조의 독자적인 미학을 확보하였다. 그는 학문적, 이론적 연구는 물론 꾸준한 창작 활동을 통하여 자신의 문학적 심도를 보여 주었다.

하쟌튼 이내 병이 나날이 더하고야
간여린 팔과 달이 뼈만 남어 보이노니
이 모양 아니 보심이 찰코 날가 하노라

---

27) 이병기(李秉岐, 1891~1968): 조선어 연구회 발기인으로 참여, 조선어학회 사건으로 피검(1942). 시조의 이론적 학술적 토대를 마련하는 데 헌신. 시조집 『가람 시조집』(1939), 『남도 아지랑이』(1971)와 연구서 『국문학전사』(공저, 1962) 등이 있음.
28) 조운(曺雲, 1898~1956): 조선 프롤레타리아 문학가 동맹 위원 역임. 『조운 시조집』(1947), 『조운 문학전집』(1990) 등이 있음.
29) 이은상(李殷相, 1903~1982): 월간지 《신생》을 편집했으며, 1942년 조선어학회 사건으로 피검. 시조집으로 『노산 시조집』(1932), 『조국강산』(1954), 『노산 시조선집』(1958), 『노산 시문선』(1960) 등이 있음.

어느 날 날로 하여 마음을 노흐시랴
병들어 죽네 사네 행혀나 알릴세라
가막이 소리만 들어도 놀래실 듯하여라
　　　　　　　――「앓흐면서 어버이 생각」 1~2연

  1926년 5월 《조선문단》에 발표된 이 시조에서 얼마간 고시조의 영향을 엿볼 수 있지만 이병기는 시조에 대한 개념 규정으로부터 시작하여 이론적 탐색을 전개하면서 현대 시조의 발판을 마련하는데 결정적 기여를 하였다. 이병기 시조의 특징은 관념을 직접적으로 토로하지 않으면서 대상에 대한 명료한 이미지를 객관적으로 표현하는 데 있다. 이는 그가 내세웠던 실사구시(實事求是)의 시작 태도에서 비롯된 것으로서 1930년대 이후 이병기의 시조는 독자적인 미학을 성취하기에 이르렀으며 『가람 시조집』(1939)은 이러한 성과를 보여 준 것으로서 평가된다.

  1921년 4월 자유시 「불살러주어」를 《동아일보》에 발표하여 등단한 조운은 1925년 《조선문단》에 시조 「법성포 십이경(法聖浦 十二景)」을 발표하면서 본격적으로 시조 창작 활동을 전개하였다. 그는 '가갸날'과 시조 부흥 운동을 국민문학의 이론적 근거로 내세웠으며 내용이나 기교상의 혁신을 통하여 현대적 감각의 시조를 새롭게 시도했다. 그는 전통적인 아어체(雅語體)를 거부하고 일상적 화법을 구사했으며 다양한 형식의 실험을 통해 시조의 도식성을 극복하고자 했다.

비오고 먼하늘을 우지짖는 노고질아
너는 게서 울고 예서는 내가울어
춘광(春光)이 상하(上下) 몇 만리(萬里)던 울어울어

다 네보아라 천(千)길 만(萬)길 아득하고나
천기(天氣)에 나리느냐 지기(地氣)에 올르느냐
내맘도 노고질일세 천(千)길 만(萬)길

——「노고지리」전문

 1926년 8월 《동광》에 발표된 이 시조에서는 어느 정도 새로운 시의 맛이 느껴진다. "한시와 아울러 무용론까지 주장하는 바람에 숨을 자리조차 얻지 못하는 시조가 이제 문단의 한 자리를 잡아 겨우 문단인의 주목을 받게 된 것"(「병인년과 시조」)이라는 그의 주장이 작품을 통해 입증되는 사례라고 할 수 있다. 1930년대 이후 조운의 시조는 더욱 발전하여 간결한 이미지 구사와 절제된 묘사를 통해 현대 시조의 한 전범을 보여 주었다고 해도 과언이 아니다.

 이은상은 1921년 《아성》에 자유시 「혈조」를, 그리고 1923년 《연희》에 시조 「새벽 비」를 발표하면서 시조 창작에 전념하기 시작했다. 그는 1920년대 중반 이후 《조선문단》에 상당수의 작품을 발표하였지만 아직 독자적인 세계를 구축하지는 못했으며 그의 시조가 일정 수준에 이르러 독자적인 개성을 확보하게 된 것은 1932년 『노산(鷺山) 시조집』을 간행한 이후부터이다.

 전통적인 유학을 익히면서 성장한 정인보[30]는 1926년 《계명》에 시조 「가신 어머님」을 발표하면서 문단에 등단하였으며 민족 사관 또는 국학 정신에 바탕을 둔 국토 기행을 통해 민족정신을 고

---

30) 정인보(鄭寅普, 1892~?): 양명학자 이건방의 문하에서 한학을 수학. 1912년 상하이에서 신채호, 박은식 등과 함께 동제사(同濟社)를 조직하여 계몽 활동과 광복 운동. 시조집 『담원시조』(1948)와 연구서 『양명학연론』(1933), 『조선사연구』(1947) 등이 있음.

취하는 경향의 시조를 썼다. 그의 시조는 파격적인 형태 실험이나 풍류 정신과는 달리 규범과 격식에 충실하다는 점에서 시조의 정도를 보여 주었다고 할 것이다. 모두 파격이나 실험에 전념할 때 민족정신에 근거하여 시조의 정도를 확고히 했다는 것은 1920년대의 시조 부흥 운동의 굳건한 확립에 그가 얼마나 결정적인 기여를 했는가를 잘 보여 주는 것이다.

이병기, 조운, 이은상, 정인보 등에 의해 추진된 1920년대 시조 부흥 운동은 1930년대에 등단한 김상옥, 이호우, 정완영 등으로 이어지면서 한국 현대 시조가 새로운 길을 개척해 나가는 계기를 마련해 주었다는 점에서 문학사적 의의를 갖는다.

시조 부흥 운동이 1920년대 중반의 전통적인 정형시의 현대화에 대한 탐구라면 거의 같은 시기에 장시에 대한 탐구가 문단의 다른 한 쪽에서 전개되고 있었다. 1924년 1월 유엽[31]은 근대시 사상 최초의 장시「소녀의 죽음」을 발표하였으며, 여기서 한걸음 나아가 김동환[32]은 1924년 5월 《금성》에 「적성(赤星)을 손가락질하며」로 문단에 등장하여 1925년 『국경(國境)의 밤』과 『승천(昇天)하는 청춘(青春)』 등의 장편 서사시집을 발간하였다.

김동환은 민요시를 지향한 김소월이나 시조 부흥 운동을 한 이병기 등과는 다른 측면에서 우리 현대시의 지향점을 제시한 시인이었다. 신분상의 차이로 숙명적으로 결합되지 못한 두 남녀의 사랑의 이야기를 노래한 다음의 시 김동환의 「국경의 밤」은 우리

---

31) 유엽(柳葉, 1902~1975): 《금성》 동인으로 참가하여 「낙엽」(1923), 「소녀의 죽음」(1924) 등을 발표. 만년에는 불가에 귀의. 시집 『님께서 나를 부르시니』(1931), 장편 소설 『꿈은 아니언만』(1929) 등이 있음.
32) 김동환(金東煥, 1901~?): 월간지 《삼천리》를 창간 주재하고 《삼천리문학》(1938)을 발간. 시집 『국경의 밤』(1925), 『승천하는 청춘』(1925), 『삼인 시가집』(1925), 『해당화』(1942)와 수필집 『꽃피는 한반도』(1952) 등이 있음.

현대시 최초의 장편 서사시로 꼽히는 데 손색이 없다.

1
(아아, 무사히 건넜을까.
이 한 밤에 남편은
두만강을 탈 없이 건넜을까.
저리 국경강안을 경비하는
외투 쓴 검은 순경이
왔다 갔다
오르며 내리며 분주히 하는데
발각도 안되고 무사히 건넜을까?)
소금실이 밀수출마차(密輸出馬車)를 띄워놓고
밤새가며 속 태우는 젊은 아낙네
물레 젓던 손도 맥이 풀려서
파아 하고 붙는 어유(魚油) 등잔만 바라본다.
북국의 겨울밤은 차차 깊어가는데.
2
어디서 불시에 땅 밑으로 울려 나오는 듯
"어어이"하는 날카로운 소리 들린다.
저 서쪽으로 무엇이 오는 군호라고
촌민들이 넋을 잃고 우두두 떨 적에
젊은 아낙네만은 잡히우는 남편의 소리라고
가슴을 뜯으며 긴 한숨을 쉰다—
눈보라에 늦게 내리는
영림창(營林廠) 산림(山林)실이 벌부(筏夫)떼의 소리언만.

—「국경의 밤」부분

전체 3부 72장으로 구성된 김동환의 「국경의 밤」에 대하여 서사시라는 장르 적용에 대한 논란이 제기되어 오기는 했지만 시가 확보한 서사적 공간이 현대시의 새로운 영역을 확장시켜 주었음은 부인할 수 없는 사실이다. 국경 지대인 두만강의 작은 마을을 공간적 배경으로, '현재—과거—현재'라는 시간적 교차를 통하여 소금 장사 나간 밀수꾼 남편의 안부를 걱정하는 여인의 사랑과 갈등을 주조로 하고 있는 이 장시는 단형의 서정시와는 다른 서사적 긴장을 보여 주고 있어 일단 서사적 장시의 성공적인 시도로 평가된다.

그러나 남녀의 애정을 단순한 삼각 구도로 설정함으로써 서두에서 보여 준 장중한 서사성을 약화시키는 결과를 초래하고 있는 것도 사실이다. 그럼에도 단형의 서정시에 장형의 서사성을 불어넣어 줌으로써 유엽과 더불어 우리 시의 지평을 넓혀 준 것은 김동환의 문학사적 기여라고 할 수 있다.

3 다다이즘에서 프로 문학으로의 전환

1920년대 중반에서 후반에 이르는 시기는 전반의 복잡다기한 문예 사조의 공존이 어느 정도 극복되고 시사적 지향점이 구체화된 시기였다. 1926년 6월 조선 왕조의 마지막 황제 순종의 국장을 계기로 육십만세운동이 일어났는데 이는 1919년 3·1독립운동의 연장선에서 파악되어야 한다. 3·1독립운동이 고종 황제의 국장을 계기로 일어났다는 점도 이와 유사하다. 이 두 차례의 독립운동은 역사적으로 조선 왕조의 종말과 새로운 시대의 시작을 뜻한다. 그동안 500년을 지켜 왔던 제도와 가치관은 붕괴되었고 새로운 역사를 이끌어 나아갈 새로운 제도와 가치관의 확립이 절실히 요구되는 시대가 된 것이다.

　새로운 이념을 받아들여 자신들의 방향성을 정한 것은 프로 계열의 시인들이었다. 사회주의 문화 단체를 표방한 '염군사'(1922)와 힘의 예술을 추구하는 '파스큘라(PASKYULA)'(1923)는 1925년 8월 '조선 프롤레타리아 예술가 동맹'을 결성하였으며 1927년 9월 조직의 확대 개편을 통해 계급 문학 운동의 실천 이념을 분명히 제시하면서 제1차 방향 전환을 시도하였다.[33] 반면 민족 진영의 '조선어 연구회'는 1926년 11월 4일 훈민정음 반포 480주년을 맞이하여 '가갸날'을 정하고 농촌의 문맹 타파 운동을 전개하였다. 이는 한글을 국민운동의 중심에 내세워 새로운 국민 운동과 문화 운동을 전개하려는 시도라고 할 수 있다. 이런 사회적 분위기가 반영된 탓인지 1927년 1월에는 좌우를 비롯한 민족 전선이 연합하여 '신간회(新幹會)'를 발족하였다. 신간회의 연합 전선은 서로 다른 지향성을 가진 세력들의 연합인 동시에 민족 역량의 총결집이라는 점에서 민족사적으로 큰 의미를 갖는다. 산발적이며 결집된 지향성을 확립하지 못했던 1910년의 문학과 1920년대 중반 이후의 문학은 이러한 점에서 근본적으로 그 전제가 다른 것이라고 할 수 있다.

　1920년대 초반의 다종다기한 문학적 경향들은 이제 과도기적 혼돈을 거쳐서 세 가지 방향성을 가지게 되었다. 민요시, 시조 부흥 운동 등을 내세운 전통적인 서정시파와 서구 취향의 아방가르드적 모더니즘파 그리고 프롤레타리아 사상을 기반으로 한 카프파 등이 그것이다. 정지용이 서구 취향의 시적 실험을 하고 있을 때 일본에서 영문학, 독문학, 불문학 등 서구 문학을 전공하고 있던 이하윤,[34] 김진섭,[35] 손우성,[36] 정인섭[37] 등 유학생들은 다

---

33) 권영민, 『한국계급문학운동사』(문예출판사, 1998), 119~122쪽 참조.

른 한편에서 1926년 10월 '해외 문학 연구회'를 결성하여 1927년 1월 문예지 《해외문학》을 발간하였다.[38] 서구 문학은 이들 서구 문학 전공자들에 의해 본격적으로 한국에 소개되기 시작하였고, 이러한 활동이 모더니즘 시를 발전적으로 전개시키는 촉발점이 되었으며 프로 문학에 대해서는 반대 명제가 되기도 하였다. 1920년대 중반 해외 문학파의 서구 문학 소개는 1910년대 후반 김억이나 황석우 등이 일본을 매개로 해외 문학을 소개한 것과는 달리 직접 원문 번역을 시도하였다는 것이 중요한 특징이었다. 해외 문학파의 이러한 역량은 서구 문학이 한국 문학에 전파되고 뿌리내리는 초석이 되었다는 점에서 중요한 의미를 갖는다.

다다이즘은 1924년 한국에 처음 소개되었다. 전통의 부정을 내세운 고한용은 트리스탄 차라(Tristan Tzara)의 다다이즘에 대한

---

34) 이하윤(異河潤, 1906~1974): 1926년 《시대일보》에 시 「잃어버린 무덤」을 발표. 1926년 해외 문학 연구회 동인. 1931년 극예술 연구회 동인으로 참가. 시집 『물레방아』(1939)와 역시집 『실향의 화원』(1933), 『불란서시선』(1948) 등이 있음.

35) 김진섭(金晋燮, 1906~?): 1926년 해외 문학 연구회 동인. 1931년 극예술 연구회 동인으로 참가. 이때부터 수필을 쓰기 시작하여 생활인의 철학을 재치 있게 표현. 한국전쟁 당시 납북됨. 수필집 『인생예찬』(1947), 『생활인의 철학』(1948)과 논문집 『교양의 문학』(1955) 등이 있음.

36) 손우성(孫宇聲, 1904~2006): 1926년 해외 문학 연구회 동인으로 참가하여 《해외문학》 창간호에 프랑스의 시와 소설 작품을 번역. 해방 후에는 상징주의, 실존주의 등의 외국 문예 사조의 소개와 연구에 주력. 번역서 『존재와 무』(1958), 『몽테뉴 수상록』(1962) 등이 있음.

37) 정인섭(鄭寅燮, 1905~1983): 1922년 일본 유학 당시 방정환, 마해송 등과 색동회 발기인으로 참여하고 1926년 김진섭, 이하윤 등과 해외 문학 연구회를 조직. 시집 『산 넘고 물 건너』(1968)와 번역 시집 『영역 한국시선』(1963) 등이 있음.

38) 해외 문학파에 대해서는 김용직, 『한국근대시사 하』(학연사, 1986), 421~488쪽 참조.

개념적 정의와 더불어 문학 운동으로서의 다다이즘을 소개하였으며,[39] "짜짜는 일체를 부정한다 …… Dada는 그 모든 것에 절망한다"고 한 방원용의 글[40] 또한 다다이즘의 다양한 개념들을 소개함으로써 다다이즘에 대한 이해의 폭을 넓혀 주었다.

제1차세계대전 중인 1916년 태동하여 1924년 초현실주의로 변신한 다다이즘이 1924년경 한국 문단에도 소개되었다는 것은 당시 사회·문화적 여건으로 보아 세계적으로 크게 뒤진 것은 아니었다. 특히 1924년 앙드레 브르통의 '초현실주의 선언'을 통해 유럽의 아방가르드 예술 운동은 그 절정에 이르게 된다. 이러한 문학 운동은 일차적으로 일본을 매개로 한 것이기는 했지만 유럽의 아방가르드 문학이라 할 수 있는 다다이즘이나 초현실주의가 한국의 모더니즘 시에 끼친 영향은 결코 적은 것이라 할 수는 없다.

1923년 박영희, 김기진[41] 등에 의해 대두된 경향파 문학 또는 프로 문학 동인들은 1925년 '조선 프롤레타리아 예술가 동맹'을 결성하였으며 조직력을 겸비한 이들은 문단의 새로운 주도 세력을 형성하였다. 김기진은 1920년 《동아일보》에 첫 작품 「가련아(可憐兒)」를 발표하였다. 그 후 시 「한 갈래의 길」, 「한 개의 불빛」 등을 발표하면서 시인으로, 그리고 계급 이데올로기의 선택과 더불어 장르를 전환하여 소설가와 비평가로 활동하였다. '조

---

39) 고한용, 「짜다이즘」(《개벽》 51호, 1924. 9), 1~9쪽 참조.
40) 방원용, 「세계의 절망, 나의 본 다다이슴」(《조선일보》, 1924. 11. 1), 문예면 참조.
41) 김기진(金基鎭, 1903~1985): 1920년 《동아일보》에 시 「가련아」를 발표한 뒤 주로 《개벽》에 소설과 평론을 발표. 1922년 토월회 조직, 《백조》 동인. 1923년 파스큘라 결성, 1925년 카프 참가. 소설집 『청년 김옥균』(1936), 『해조음』(1938) 등과 『김팔봉문학전집』(1989)이 있음.

선 프롤레타리아 예술가 동맹'결성 이전의 그의 정치적 상상력이 잘 드러나는 시로서 「한 개의 불빛」, 「백수(白手)의 탄식(歎息)」, 그리고 「화강석」 등을 들 수 있다. 그는 「한 개의 불빛」에서 몇 백 년 동안 침묵해 온 연못이 전해 주는 이야기를 듣는다. 그리고 건너편에 서 있는 한 개의 불빛에서 희망의 열쇠를 찾는다. 그러나 아무 말도 못하는 연못이 그에게 전해 준 크나큰 부르짖음을 들어도 정작 화자 자신은 병약한 지식인일 뿐이다. 1924년 6월 《개벽》에 발표된 「백수의 탄식」은 이러한 지식인의 무력감을 표출한 시이다.

> 카페 일의자(一椅子)에 걸터 앉아서
> 희고 흰 팔을 뽐내어가며
> 우나로―드!라고 떠들고 있는
> 60년(年) 전(前)의 노서아(露西亞) 청년(靑年)이 눈앞에 있다……
> Cafe Chair Revolutionist,
> 너희들의 손이 너무도 희고나!
>
> (…………)
>
> 너희들은 '백수(白手)'―
> 가고자 하는 농민(農民)들에게는
> 되지도 못하는 '미각(味覺)'이라고는
> 조금도, 조금도 없다는 말이다.
> ――「백수(白手)의 탄식(歎息)」 1~2, 5연

이 시에는 시대적 사명감을 자각하기는 하지만 행동으로 실천하지 못하는 지식인의 무력감이 비판적으로 표현되어 있다. 백수로 지칭된 화자는 지식보다는 행동과 실천이 요구되는 시대에 진정한 시대의 선구자가 되지 못하는 것을 자책하고 있다. 이는 3·1독립운동이 좌절된 이후 개인의 밀실로 도피했던 시인들이 이제 시대적 요구를 받아들여야 하는 시점에 도달했음을 말해 주는 것이다.

다다이즘과 보다 직접적으로 연결되는 시인은 김여수와 임화이다. 이들이 추구한 다다적 요소는 아방가르드적인 요소를 통해 보다 잘 드러난다. 이러한 양상은 김여수의 경우 1927년 1월에 발표한 「윤전기(輪轉機)와 4층(四層)집」(《조선문단》, 1927. 1) 등에서 나타난다. 「윤전기와 4층집」은 다다의 반항 정신을 전면에 내세운 과격한 실험시이다. 충동적인 어법을 통해 전개되는 이 시에서 김여수는 활자 크기, 영어 알파벳, 그리고 숫자의 시각적 도안 등 파괴적인 형태 실험을 시도했다.

임인식도 임따따라는 필명으로 다다풍의 「지구와 박테리아」를 《조선지광(朝鮮之光)》(1927. 8)에 선보이는 한편 임화(林和)라는 필명으로 계급 혁명적인 시 「담(曇)—1927」을 발표했는데, 이 시기에 그가 다다풍의 전위적인 시와 계급 혁명적인 시를 동시에 발표했다는 점에 주목할 필요가 있다. 그러나 이 시기 이후 본명도 버리고 임화라는 필명을 굳이 사용하기 시작한 것은 앞으로 프롤레타리아 문학 혁명을 위해 매진하려는 그의 시적 결의로 해석할 수 있다.

카프 계열로 나아갈 젊은 시인들에게 다다이즘이 먼저 받아들여졌다는 것은 이들이 기존의 질서나 사회 구조의 변혁을 열망하는 새로운 세대들이었음을 입증하는 것이기도 하다. 다다이스트에서 계급 투쟁 시인으로 전환하는 경향성을 지닌 문인으로는 김화산[42]을 꼽을 수 있다.

김화산은 1930년 다다풍의 시 「사월도상소견(四月途上所見)」(《별건곤(別乾坤)》, 1930. 6)을 발표했는데, 여기에 제시되고 있는 서울이 모더니즘의 존립 근거가 되는 도시 풍경으로 묘사되고 있다는 점에서 이 작품은 다다이즘에서 모더니즘으로 나아가는 연결점의 하나가 될 것이다.

1927년 《조선문단》에 「농부의 선물」로 등단한 박아지[43]는 공장 근로자들의 삶이 아니라 농민들의 삶을 긍정하고 그 터전에 대해 경건한 애정을 노래한 카프 계열의 농민시인이었다.

그러나 그는 농촌 현실이 일제 식민지 체제의 구조적 모순으로 인해 궁핍하게 전락한 것을 인식하면서 농촌에 대한 경건한 애정을 버리게 되었으며 해방 직후에는 사회주의 체제 건설을 위해 투쟁적인 언어로 앞장섰으나 이후 월북하였다.

1924년 카프의 맹원으로 사회주의 예술 운동에 가담한 박세영[44]은 1927년 「농부 아들의 탄식」, 「어머니의 사랑」, 「산협에서」 등을 《문예시대》에 발표하여 등단하였다. 그는 1920년대 초기에 보여 주었던 문학적 활동보다는 1930년대 시인으로서 더 중요하게

---

42) 김화산(金華山, 1905~?): 본명 방준경(方俊卿). 1926년 카프에 가담. 1927년부터 무정부주의자의 입장에서 시와 비평을 발표. 시 「아름다운 사람」(1927), 「구월우일(九月雨日)」(1931), 「행복」(1931) 등과 평론 「계급예술론의 신전개」(1927), 「뇌동성문예론(雷動性文藝論)의 극복」(1927) 등이 있음.
43) 박아지(朴芽枝, 1905~1959): 본명 박일(朴一). 1927년 카프에 가담하는 한편 《습작시대》에 시 「흰나라」 발표. 광복 이후에는 첫 시집 『심화(心火)』(1946)를 발간하고 진보적인 문학 잡지 《우리문학》을 편집. 한국전쟁 때 월북하여 《조선문학》 편집부에서 근무했으며, 1959년 간행한 시집 『종다리』가 있음.
44) 박세영(朴世永, 1902~1989): 1924년 염군사에 가담하고, 해방 직후 조선문학가 동맹 중앙 집행 위원을 역임한 후 월북. 북조선 문학 예술 총동맹 서기장을 역임하고 1947년 북한의 애국가를 작사. 시집 『산제비』(1938), 『햇불』(1946), 『빛나는 조국』(1947), 『승리의 나팔』(1953) 등이 있음.

평가된다. 1935년 카프가 해산된 다음 그는 시집 『산제비』(1939)를 간행하여 당시 핍박받던 민족의 운명을 극복하고자 하는 의지를 실감 있게 묘파하여 자신의 문단적 위치를 높였다. 1945년 박세영은 해방 조국 건설의 의지를 열망하는 시들을 발표하였으나 뒤이어 월북하게 되었고, 북으로 간 그는 그곳의 국가를 작사하는 등 그 나름의 일관된 프롤레타리아 의식을 가지고 작품 활동을 계속하였다.

1920년대를 마감하는 시점인 1929년에 새로운 시대를 예고하는 두 편의 상징적인 시가 발표되었다. 카프 진영의 임화가 「우리 옵바와 화로」를 발표하여 카프 계열의 선도적 시인이 되었으며, 1919년 「불놀이」를 발표하여 근대시의 첫 물길을 연 주요한 역시 「채석장」을 발표하여 보다 역동적인 문학의 지향점을 제시해 주었다.

> 사랑하는 우리 옵바 어적게 그만 그러케 위하시든 옵바의
> 거북문이 화로가 깨여 젓서요
> 언제나 옵바가 우리들의 '피오니ㄹ' 족으만 기수라 부르든 영남이가
> 지구에 해가비친 하로의 모든 시간을 담배의 독기 속에다
> 어린몸을 잠그고 사온 그 거북문이 화로가 깨여 젓서요
>
> 그리하야 지금은 화젓가락만이 불상한 영남이하구 저하구처럼
> 똑 우리 사랑하는 옵바를 일흔 남매와 가치 외롭게 벽에다 나란히 걸렷서요
> 옵바……
> 저는요 저는요 잘 알엇서요
> 웨 그날 옵바가 우리 두 동생을 떠나 그리로 드러가실 그날 밤에

연겁허 말는 궐련을 세개식이나 피우시고 게섯는지 저는요 잘 아럿세요 옵바

언제나 철없는 제가 옵바가 공장에서 도라와서 고단한 저녁을 잡수실때 옵바 몸에서 신문지 냄새가 난다고 하면 옵바는 파란 얼골에 피곤한 우슴을 우스시며
……네 몸에선 누에똥내가 나지 안니─하시든 세상에 위대하고 용감한 우리 옵바가 웨 그날만
말한마듸 없시 담배 연기로 방속을 메워 버리시는 우리우리 용감한 옵바의 마음을 저는 잘 알엇세요
——「우리 옵바와 화로」 1~3연

1929년 2월 《조선지광》에 발표된 이 시는 프로 문학의 이정표를 제시한 작품으로 높이 평가되어 왔다.[45] 모두 42행의 긴 호흡의 이 시에서 주목해야 할 것은 편지 투의 어법으로 전개되는 여성 화자의 장중하고 곡진한 호소력과 프롤레타리아 이데올로기의 생경성이 표면에 드러나지 않는 자연스러운 시적 진술이다. 누이동생의 목소리를 통해 전달되는 상황 설정의 진실성 또한 시적 공감을 획득하고 있다. 특히 오빠가 가장 위하던 화로가 깨어졌다는 사실을 토로하고 있는 서두를 독백체로 이끌어가다가 '화젓가락만 오빠 잃은 남매와 같이 벽가에 나란히 걸렸어요'라는 담담한 진술로 이 시를 끝맺음으로써 시적 공감을 높이고 있다. 이 화젓가락은 앞뒤 문맥의 호응을 얻어 그들의 투쟁에 대한 굳센 의지를 보여 주는 매개체가 된다. 중간 부분에서 미래의 혁명가가

---

[45] 최동호, 「임화의 단편서사시와 전선시가의 문학사적 의미」, 『디지털 문화와 생태시학』(《문학동네》, 2000), 177~186쪽 참조.

될 동생 영남이가 "만국 지도 같은 누더기 밑에서 코를 골고 있다"는 시행에 공산당 선언의 한 구절을 자연스럽게 삽입하여 그들이 공유하는 투쟁 의식을 높이고 있다는 사실도 간과해서는 안 될 것이다.

이 작품의 서술 기법에 대해 비판적으로 읽을 수 있겠지만 여기서 주목해야 할 것은 발표 당시 이 시를 읽었던 김기진의 다음과 같은 고백이다. 이 고백을 통해 그들이 공유하고 있던 시대적 고뇌가 여실히 드러나며, 이 시의 창작 동기 또한 여기서 비롯되었을 것이기 때문이다.

> 오래간만에 책을 들고서 눈물을 흘려 보았다. (……) 나를 울린 것은 임화 군의 시 「우리 옵바와 화로」라는 것이다. 나는 눈썹 끝에서 맺혀서 떨어지려 하는 눈물을 씻어 버리고 이 시는 우리들의 시로서 얼마나 잘된 것인가 혹은 못된 것인가, 그리고 이 시의 무엇이 나를 감동하게 하였는가 그것을 분석하기로 하였다.[46]

임화의 이 시가 발표되기까지 당시 대부분의 프로시가들은 관념적인 도식성을 넘어서지 못하고 있었다. 프로 문학의 타개책으로서 대중화론을 펼친 바 있는 김기진은 그 가능성을 입증한 작품으로 이 시를 평가하였을 것이다. 김기진의 대중화론과 장르론은 그 나름의 시대적 한계를 지니고 있었지만 그럼에도 불구하고 그것이 지닌 문학사적 의미가 과소평가되어서는 안 될 것이다. 문학사적으로 본다면 이 시는 이상화의 「빼앗긴 들에도 봄은 오는가」(1926)와의 연속선상에서 파악되어야 한다. 특히 내용에 있

---

46) 김기진, 「단편서사시의 길로」, 《조선문예》(1929. 5), 4쪽.

어서 빼앗긴 들과 탄압 받는 노동 운동이 서로 긴밀한 연관성을 가지고 있다는 것이다.[47] 더욱 깊은 상관성은 그들의 문학적 변신에서 찾을 수 있다. 이상화는 1920년대 서구 취향의 낭만주의 시인에서 현실주의 시인으로 그리고 비평가로 변신해 갔는데, 이는 임화가 1920년대 중반에서 1930년대에 이르는 사이에 걸어간 길과 동일하다. 이 두 시인이 보여 주는 문학적 변신에서 프로 문학의 문학사적 동선이 접맥되고 있음을 발견할 수 있다는 것이다.

임화가 프로 문학을 통해 선구자적 의식을 보여 주었던 것처럼 1919년 「불놀이」를 발표하여 근대시의 첫 장을 열었던 주요한 또한 이 시기에 임화와는 다른 시각에서 선구자적 의식을 보여 주고 있었다. 이광수와 더불어 그는 안창호가 주장한 점진 개혁론을 지지하던 '수양동우회(修養同友會)'의 일원이기도 했지만 1929년 6월 《조선지광》에 발표한 「채석장」에서 그는 보다 강경한 주장을 내세웠다. 이는 시대의 첨단에 나서려는 주요한의 선구자적 의식을 잘 드러내 주는 것으로, 1929년이 세계사적으로 하나의 전환기였음을 반영하는 시적 증거로 해석할 수도 있다.

평.평.평. 지구의 근육을 뚜르는 강철의 소리 여름날 뜨거운 벼치 뜨거운 바위에 부어나릴 때 푸른숩과 흰들의 중간에서 인생의 합창소리는 니러난다.
"노래하자 태양아, 나무숩아, 흐르는 시내야 올라가자 선구자야 깨트려라 새 길을,
우리에게 주라, 위대한 힘을 마글자읍는 힘을"

---

47) 최동호, 앞의 글, 184~185쪽.

핑,핑,핑 꾸준이 쉬지안코, 거긔 기우려라 너의 전부를,
바위를 깨무는 의지를 신념을 강철의 심장을 그날에 산은 평지가 되고 바다와 바다가 서로 통하리니
"노래하자 바람아, 소낙비야, 무성한 숩들아, 올라가자 선구자야 깨트려라 새 길을,
우리에게 주라, 위대한 힘을 마글자업는 힘을"

———「채석장」제1~2연

「불놀이」에서 이 시에 이르기까지는 10년이란 세월이 필요했다. 그 사이에 1924년의 「빗소리」가 있었으며 평문 「노래를 지으시려는 이에게」(1924)를 징검다리로 하여 그는 「채석장」으로 나아간 것이다. 「채석장」이 임화의 「우리 옵바와 화로」와 거의 동시에 발표되었다는 점도 상기할 필요가 있다. 다분히 임화를 의식한 듯한 이 시는 '수양동우회' 강경 노선을 주장했던 주요한 자신의 입장을 대변하고 있다는 점에서 주목해야 한다.[48] 정치 운동과 사회 운동이 동일시될 때 주요한의 「채석장」이 쓰였다는 사실도 염두에 둘 필요가 있다. 초기에는 발견할 수 없는 힘의 시들을 주요한의 후기 시편에서 볼 수 있는데 그 대표적인 예가 "막을 자 없었던 위대한 힘"을 찬양한 「채석장」이다. 이는 다분히 프로 문학과의 상관성 속에서 그리고 임화와의 상관성 속에서 파악되어야 할 문학사적 측면이라고 할 수 있다.

1929년 10월 24일 뉴욕 월가의 주가 폭락으로 대공황이 시작되었다. 공교롭게도 바로 다음 날인 10월 25일 정지용은 김영랑의 소개로 박용철을 만났다.[49] 이 두 가지 사실은 전혀 별개의 것이라

---

48) 김윤식, 「준비론 사상과 근대시가」, 『근대문학사상사』(한길사, 1984), 107쪽.
49) 류복현, 『용아 박용철의 예술과 삶』(광산문화원 편, 2002), 412쪽.

할 수도 있지만 새로운 세계 질서의 개편과 더불어 새로운 문학 운동이 태동되었다는 점에서 하나의 사회·역사적 시대상을 반영하는 것이라고 볼 수 있다. 기존의 동인지와는 다른 새로운 시 동인지 발간을 기획하고 있던 박용철은 시단의 새 바람을 불러일으키기 위해서는 참신한 시적 감각을 지니고 있던 정지용의 참여가 절대적으로 필요하다고 판단하였을 것이다. 그들이 1920년대 초반의 동인지 운동과는 다른 차원의 시 전문지 《시문학》(1930)을 발간하면서 한국 현대시 문학사에서 간과할 수 없는 전진이 이루어졌다는 점에서 이 세 사람의 만남은 중요한 문학적 사건이 된다.

사회적으로 1929년 11월에는 광주 학생 운동이 발발하여 전국적으로 확산되었고 12월에는 '조선 혁명당'이 조직되어 선언서를 발표하였으며 같은 시기인 12월에 정지용은 「유리창(琉璃窓) 1」의 초고를 썼다. 대공황과 더불어 세계 열강들은 새로운 정치적, 사회적 도전에 직면하였고 우리 현대시 또한 이전과는 다른 새로운 시대를 맞이하였다. 사회·경제적 압박에 상응하는 새로운 문화 정책이 시행되었으며 우리 현대시 또한 새로운 응전력으로 이에 대응하지 않으면 안되었다. 이런 여러 상황의 변화와 더불어 1920년대 시와 변별되는 1930년대 시의 서막이 열리고 있었다.

4 서구 사조의 혼류를 넘어서는 시사적 지향

근대시의 형성기라고 할 이 시기는 1919년 3·1운동과 1926년의 육십만세로 이어지는 역사적 동선을 그리고 있었다. 이 양대 사건은 조선 왕조가 역사의 중심을 이끌어가는 시대와 결별한다는 중대한 시대사적 의미를 지닌다. 1927년의 카프 계열의 방향 전환 또한 이와 무관하지 않다. 1919년 3·1운동 전야에 촉발된 근대적 문화의 불꽃은 묘하게도 주요한의 「불놀이」로부터 시작하여 1929년 그의 「채석장」으로 마감된다. 그리고 1920년대 중심부에 김소월의 시집 『진달래꽃』과 한용운의 시집 『님의 침묵』이 놓여 있다. 시작과 중간과 끝을 이렇게 보는 것은 특별히 주요한의 시적 업적을 높이 평가하려는 것이 아니라 시적 파동이 그리는 시대적, 연대적 상관성 때문이다. 홍사용, 박종화 등이 감상과 좌절을 열정적인 시로 표현한 이 낭만적 감정의 과잉 시대는 그 초기에는 김억, 황석우 등의 시에서 볼 수 있는 것처럼 서구 시의 영향으로 인해 다양한 문학적 조류가 혼재하는 상황을 초래하였지만 김소월, 한용운, 변영로, 오상순 등의 서정시는 감상적 슬픔의 세계를 넘어서면서 외적 영향에 대한 한국 시의 응전력을 보여 준 예라고 할 수 있다. 다다이즘, 초현실주의 등의 영향을 받은 임화가 프롤레타리아의 현실주의 시로 전향하여 1929년 「우리 옵바와 화로」를 발표했던 것은 김기진, 이상화 등의 시적 전환과 더불어 눈여겨 볼 문학사적 전개이다. 임화가 1920년대 중반에서 1930년대 초반을 관통하는 분명한 문학사적 동선을 보여 주었다는 것은 부인하기 어려운 사실이다. 서구의 영향을 받은 모더니즘 시들 또한 1910년대와 달리 단순한 모방에 그치지 않았다. 시인들 각자가 나름대로 일정한 방향성을 모색하였으며, 이러한 과정에서 이장희, 이상화, 정지용 등이 보여 준 모더니스트적 감각의 시들은 우리 시사에 주요한 흐름을 형성하였다.

    김소월이 시집 『진달래꽃』을 간행한 1925년을 전후하여 문단의 일각에서는 이병기, 조운 등이 시조 부흥 운동을 전개하고 있었으며, 또 다른 일각에서는 김동환의 『국경의 밤』 등에서 볼 수 있듯이 서사적 장시의 탐구를 통해 새로운 길을 모색하고 있었다. 시조 부흥 운동에 의한 정통성 탐구와 더불어 이루어지고 있던 서사적 장시의 시도는 우리 시단에 형식적 다양성은 물론 남성적 활력을 불어넣는 계기가 되었다. 이후 20세기가 마감되는 시점까지 시대의 중요한 고비마다 창작된 서사 지향의 시들은 1920년대의 서사적 장시가 그 원류였다고 할 수 있다.

1929년 11월에 발발한 광주 학생 운동은 학생들에 의해 촉발된 민족 운동으로서 이제 새로운 시대가 열리고 있음을 보여 주는 획기적인 사건이 되었으며, 이러한 시대적 변동이 카프 시인들의 시가 더욱 전면에 부각되는 배경이 되었다고 할 수 있다. 이들의 시가 호응을 얻은 것은 작품으로서의 우수성보다는 1929년 10월에 시작된 세계적인 경제 공황으로 야기된 경제적 파탄으로 인해 이들의 논리가 합리적 타당성을 지닌 것으로 인정받았기 때문이었을 것이다. 그러므로 여기서 간과할 수 없는 것은 문학 운동과 정치 운동의 연결 문제이다. 1927년 신간회 결성과 더불어 좌우의 총연합 전선이 구축되기도 했지만 머지않아 분열되어 버릴 내적 취약성이 그 안에 도사리고 있었다. 일제 당국은 반제국주의 단체인 신간회 운동이 전국적으로 조직화되기 시작하자 정치 운동은 물론 문학 운동까지도 억압하려는 움직임을 보이기 시작했다. 이는 그동안 식민지 체제 구축 작업을 진행해 오던 일제가 대륙 진출을 위한 새로운 정책 결정의 필요성을 인식하고 정치 운동이나 사회 운동은 물론 문학 운동에도 제약을 가하기 시작한 것으로 이해된다.

전체적으로 보아 근대적 시풍을 표면적으로 드러내는 주요한의 「불놀이」는 절제된 시적 통찰을 보여 주는 정지용의 「유리창」과 같은 시로 변용되며 이 과정에서 임화의 「우리 옵바와 화로」와 같이 역사를 추동시키는 진보적 계급 사상을 내포한 시들이 문단에 주도적인 영향력을 행사하기도 하였다. 또한 이 시기에 김소월이나 한용운과 같은 시인들이 출현하여 우리 근대시사를 풍요롭게 만들었던 것은 20세기 초창기 시단의 두드러진 문학적 공적이며 이를 기반으로 1930년대 새로운 시의 시대가 열렸다고 할 수 있다.[50]

(최동호)

---

50) 이 글에 인용된 시는 주로 최동호 편 『한국 명시』(한길사, 1996)에 의거했으며 개별 시인에 대한 논평과 서술의 시각은 『한국 명시』와 졸저 『현대시의 정신사』(열음사, 1985)를 참고하고 그동안 학계에 축적된 업적을 반영하여 새로 작성된 것이다.

4장
현대시의 형성기(1931년~1945년)

1 시대적 상황

　1930년에서 1945년에 이르는 시기는 한국 시사에서 각별한 의미를 지닌다. 한국 시사의 중요한 쟁점들과 문제의식은 물론 오늘날 한국 시단에 자리 잡고 있는 여러 유파와 다양한 시적 지향성이 이 시기에 형성되었다고 해도 과언이 아니기 때문이다. 구체적으로 말하면 이 시기에는 서정시의 자율성(순수성)과 정치성, 전통 지향성과 근대 지향성과 같이 서로 다른 시 정신이 길항하면서 다양한 시사적 쟁점이 형성되었다. 뿐만 아니라 민족이나 계급과 같은 '상상의 공동체'를 매개로 '근대'를 둘러싼 다양한 정치적 무의식이 보다 본격적으로 표출되기도 하였다. 동시대 서구 현대 예술의 여러 사조와 문학적 기법의 영향을 받아 '충격'의 미학을 통해 근대 문명을 비판하려는 양식적 실험이 시도된 것도 이 시기의 일이다. 이런 시적 변화는 근대 서정시 양식을 수립하고 현대적 언어 감각과 기법을 모색하려 했던 1920년대의 시사적 과제를 발전적으로 계승하는 가운데 이루어졌다. 하지만 시사적 연속성뿐만 아니라 이전 시기와의 차이도 함께 짚어낼 필요가 있다.

1920년대의 시에 비해 1930년대의 시가 갖는 특징은 다음과 같이 정리해 볼 수 있다. 우선 1930년대 시인들은 서정시의 현대성에 한껏 다가설 수 있었다. 그들은 1920년대 시인들에 비해 훨씬 성숙된 언어 의식과 세련된 언어 감각을 보여 주었을 뿐만 아니라 도시적 감수성과 문명 비판 의식을 바탕으로 새로운 시대의 현실을 포착하였다. 또한 일제 말의 사회적·정치적 상황에 능동적으로 반응하면서 이를 미학적으로 전유(專有)하기 위해 다양한 시적 실천을 모색하기도 하였다. 근대의 위기에 관한 인식이 확산되면서 다양한 차원의 동양 담론이 펼쳐지고 이에 따라 동양의 전통시학을 현대적으로 계승하려는 움직임도 나타났다. 이와 함께 정치적 암흑기를 거치는 동안 모럴의 위기를 의식하면서 한층 강화된 내면성을 시에 도입한 것도 이 시기의 일이다. 이러한 시적 변화는 1930년~1945년기의 사회·역사적 현실을 반영하고 있다.

1930년~1945년기는 우리 근대사에서 여러 가지 면에서 문제적인 시기이다.[1] 이 시기에는 일제의 식민 통치 체제가 보다 강압적이고 수탈적인 성격을 띠게 되었다. 대륙 침략의 야욕을 불태우던 일본은 군국주의 국가로 거듭나면서 만주사변(1931)과 중일전쟁(1937)에 이어 태평양 전쟁(1941)에 이르기까지 일련의 제국주의적 침략 전쟁을 일으켰다. 이 과정에서 일제는 식민지 조선

---

1) 1930년~1945년기의 정치·사회·경제적 현실에 대한 기술은 주로 한국사편집위원회에서 간행한 『한국사·13: 식민지 시기의 사회경제-1』과 『한국사·14: 식민지 시기의 사회경제-2』(한길사, 1994) 참조.

을 병참 기지화할 목적으로 식민지 공업화 정책을 펼쳤다. 하지만 식민지 조선에서의 산업화·공업화가 민중의 생활 개선에 기여하지는 못하였으며, 오히려 많은 민중이 가혹한 수탈을 견디지 못한 채 고향을 등지고 북방으로 이주하는 결과를 초래하기도 하였다.

한편 일제는 전시 동원의 효율성을 기하기 위해 행정적·법적 체제를 정비하였고 이를 뒷받침할 목적으로 강압적인 사상 통제 정책을 펼쳤다. 1930년대 중반을 넘어서면서 민족주의 및 사회주의 계열의 운동 조직에 대한 검거와 해산이 이루어졌으며, 조선 사상범 보호관찰령(1936), 국가총동원법 등을 통해 '국민'의 정치 활동과 사상 운동을 가로막았다. 이와 함께 민간 언론의 폐간(1940)과 같은 일련의 언론 통제 조치를 통해 반일, 반제국주의 사상의 싹을 잘라 내려 했다. 식민 지배 정책의 폭력성을 보여 주는 이러한 사상 통제 정책을 바탕으로 일제는 내선 일체, 황국 신민화 정책을 펼쳐 조선 민족의 말살을 획책하고 조선인을 침략 전쟁에 동원하였다. 이 과정에서 일제는 '국민 정신 총동원 조선 연맹'의 발족(1938), 황국 신민의 서사와 국어(일본어) 강요, 조선어 말살 정책, 창씨개명(創氏改名)과 신사(神社) 참배 강요, 황민화 교육의 강화 등 일련의 황국 신민화 정책을 시행하였다.[2]

한편 1930년대 이후 전개된 식민지적 공업화, 더 나아가 식민지적 근대화의 진척에 따라 경성을 비롯한 일부 도시에서 근대적

---

2) 일제의 황국 신민화 정책은 민족 동화 정책의 외피를 쓰고 있었다. 하지만 그것의 본질적 목적은 식민지에 대한 분리와 배제, 차별과 억압, 전쟁 수행에 필요한 물적·인적 자원의 징발이었다. 오족협화, 동조동근론, 대동아 공영권 등의 시대적 담론 역시 조선 민족의 개별성과 특수성을 부정하고 일본을 정점으로 형성되는 동양 질서에 조선 민족을 편입시키려는 이데올로기에 지나지 않았다.

도시 문물이 넘쳐나게 되었다. 전차와 가로등, 백화점과 카페, 극장과 영화 등 식민지의 도시에 등장하게 된 근대의 문물들은 도시의 풍경을 새롭게 재편하였으며 그것을 수용하는 피식민 주체의 감각과 감수성에 커다란 충격을 안겨 주었다. 이와 함께 일본을 통해 수입된 서구 문화를 통해 당대의 지식인들은 동시대의 세계 문화를 호흡하기 시작하였다.

2 문학 환경과 시단 현황

1930년대에 들어와 문학의 소통 환경은 전 시대에 비해 훨씬 더 성숙해졌다. 무엇보다 문학의 창작과 향유를 담당할 교양인과 지식층이 확대되었다. 일제가 시행한 식민지 교육의 영향도 있었겠지만 이 시기에는 조선 민중의 점증하는 교육 요구로 인해 학교 교육이 급속도로 팽창하였다. 이에 따라 문학 창작과 향유에 참여할 수 있는 교양인과 독서 대중이 광범위하게 형성될 수 있었다. 한편 외국(특히 일본) 유학을 통해 근대적 문학 이론과 문학 조류에 영향을 받은 지식인 출신 문인들이 속속 문학 창작 활동에 참여하게 되었다. 또한 서구 문예 이론으로 무장한 전문적 시 비평가들이 대거 등장하여 단순한 인상 비평의 수준을 뛰어넘는 심도 깊은 시 비평과 문학 담론을 전개하면서 수준 높은 작품 생산을 이끌어냈던 점도 간과할 수 없을 것이다.

한편 1930년대에는 문학 작품을 소통시킬 수 있는 발표 매체가 훨씬 풍부해졌다. 《조선일보》, 《동아일보》 등 주요 일간지의 학예면을 비롯하여 각종 문예지, 동인지 등을 통해 시인들이 작품을 발표할 수 있는 기회가 확대되었다. 또한 신춘문예 제도의 정착, 순수 문예지의 신인 추천 제도 등으로 인해 신인들이 시단에 진입할 수 있는 통로도 확대되었다. 하지만 1930년대 후반에 이르면 언론과 출판에 대한 일제의 파시즘적 통제 정책이 강화됨에 따라, 특히 조선어로 간행되는 언론·출판에 대한 정간 및 폐간 조치 등이 이루어짐에 따라 조선어로 창작된 작품을 발표할 수 있는 매체는 대부분 사라지고 말았다. 총독부 기관지인 《매일신보》나 친일 어용 잡지인 《국민문학》에 일제의 황국 신민화 정책에 부응하는 작품을 실을 수 있는 것이 고작이었다. 그것이 아니라면 몰래 숨어서 쓴 육필 원고를 보관해 두거나 아예 붓을 꺾어야 하는 시단의 암흑기가 도래한 것이다.

문학의 표현 매체인 언어, 특히 민족어에 대한 재발견과 자각 역시 1930년대 시단의 변화를 이끌어낸 중요한 요인이다. 일제의 식민 지배 기간이 길어짐에 따라 민족어의 위기는 더욱 고조되었다. 그런 가운데 우리 민족 고유의 전통과 문화유산 그리고 민족어와 그 표기 매체로서의 한글에 대한 관심이 고조되었다.[3] 조선어학회의 왕성한 활동이 결실을 맺어 한글 맞춤법 통일안이 확정, 발표(1933)되었고, 전 문단적으로 한글 맞춤법 통일안에 대한 관심과 열기가 높아지는 가운데 그것에 의거해 작품을 창작해야 한다는 의식이 확립되기도 하였다. 이런 상황에서 당대의 시인들은 제국의 언어(일본어)에 맞서 위기에 처한 민족어를 되살려 내고 이를 통해 부재하는 '국가(조선)'를 상상하거나 민족(문화)의 고유성과 특수성을 지켜 내겠다는 문화적 자각을 보여 주었다.[4] 하지만 일제는 식민 지배 말기에 들어서면서 조선어 말살

---

3) 1930년대의 한글 운동과 그 의미에 대해서는 김윤식·김현, 『한국문학사』(민음사, 1973), 178~184쪽 참조.
4) 1930년에 들어와 정지용, 김영랑, 백석 등을 중심으로 토착어의 세계가 탐구되고 방언이 현대시의 중요한 자산으로 자리 잡을 수 있었던 것도 이와 밀접한 관련이 있을 것이다.

정책을 폈다. 이는 공적 영역에서는 물론 사적 영역에서조차 조선어를 축출하려 했던 것이다. 토속어와 방언, 더 나아가 조선어는 제국의 보편적 질서에 포섭될 수 없는 타자의 영역을 형성한다. 이러한 타자의 영역을 인정할 수 없었던 일제는 조선 민족을 '국어(일본어)'라는 보편어적 질서에 편입시킬 필요가 있었고, 이것이 악명 높은 조선어 말살 정책으로 이어진 것이다. 일제의 이런 정책은 역설적으로 1930년대에 이루어진 민족어에 대한 재발견과 자각이 지닌 문화적 폭발력과 정치적 중요성을 보여 주는 것이다.

1930년대에는 시단이 폭넓게 재편성되었다. 새로운 신인이 대거 등장하면서 시인 군(群)의 폭넓은 교체 및 창작 계층의 확대가 진행된 것이다. 프로시의 경우만 보더라도 권환, 임화, 박세영, 이찬 등과 같은 1920년대 카프 계열 시인들의 뒤를 이어 박아지, 이용악, 안용만 등 젊은 시인들이 등장하여 새로운 시대적 상황에 맞춰 한층 원숙하면서도 내면성이 강한 계급주의 계열의 시를 발표하였다. 순수 서정시 계열로는 박용철, 김영랑, 신석초, 신석정, 유치환, 서정주 등과 같이 한국 시사의 기라성 같은 시인들이 문단에 모습을 드러내었고, 모더니즘 계열에도 이상, 김기림, 김광균, 백석, 장만영, 장서언, 《삼사문학》 동인 등 서구 모더니즘이나 아방가르드의 세례를 받은 젊은 시인들이 등장하게 되었다. 이외에도 윤곤강, 오장환, 이육사, 윤동주, 조지훈, 박두진, 박목월 등이 등장한 것도 이 시기의 일이다.

1930년대 시단의 재편성은 시적 지향성과 이념적 지형도에 많은 변화를 가져왔다. 우선 과도한 정론성과 목적 지향성에서 벗어나려는 경향이 뚜렷해졌다. 계급주의 시의 경우만 하더라도 전시대 카프 진영의 프로시가 보여 주었던 과도한 이념 지향성과 투쟁성에서 벗어나 프로시의 내적 성숙을 지향하려는 움직임이 나타났다. 특히 프로시 진영 내부에서 프로시의 양식적 다양성을 추구하는 한편, 사상 전향을 둘러싼 자기반성과 시대 성찰 등을 통해 내면적으로 성숙하고 서정성이 풍부한 시를 창작하려는 경향이 생겨났다. 하지만 카프가 해체되고 지도 비평이 사라진 1930년대 후반에 이르러 대부분의 프로시인들은 미래에 대한 전망을 상실한 채 급격히 내성화의 단계로 접어들게 되었다.

국수주의적 경향을 보이던 민족주의 진영의 전통주의 시 역시 과도한 이념 지향성으로부터 벗어나기 시작하였다. 이는 조선 정신의 탐색을 특징으로 하는 전시대 국민문학파 시인의 뒤를 이을 주목할 만한 시인이 새롭게 등장하지 못한 것을 보아도 알 수 있다. 다만 1930년대 말에 비평계를 중심으로 전통론과 고전론이 제기되면서 국민문학파의 전통주의적 시 창작을 내면적으로 계승하려는 움직임이 등장하였다. 가령 이병기, 정지용과 같은 문장파 시인들은 유교적 교양과 상고(尙古) 정신에 바탕을 둔 전통주의 시 창작을 시도하였다. 하지만 이들 역시 '조선 정신'과 같은 국수주의적 이념에 경도된 것은 아니었다.

1930년대의 시단에서는 극단적인 이념 지향성 대신에 문학의 자율성을 옹호하고 시적 기법의 쇄신을 추구하는 다양한 경향과 사조가 등장하였다. 우선 서구의 현대 모더니즘 및 아방가르드 사조의 세례를 입은 시인과 비평가들이 등장하였다. 이들은 도시적 감수성과 문명 비판 의식에 바탕을 두고 시적 기법의 현대화를 추구하는 새로운 경향을 선보였다. 모더니즘 및 아방가르드 시 창작은 1920년대 후반에 모습을 드러내기 시작하였지만 1930년대에 이르러서는 시단의 중심적 위치로 부상하게 되었다. 가령 이상(李箱)의 과격한 언어 실험 및 형태 파괴, 정지용, 김광균 등의 세련된 회화적 이미지 구사, 김기림의 문명 비판 등은 서정시의 현대성을 확립하는 데 중요한 역할을 하였다. 한편 박용철,

김영랑 등 시문학파 시인들은 문학의 자율성을 강조하면서 방언이 환기하는 토속적인 정감을 전달하는 가운데 세련된 언어 감각을 유감없이 드러내었다. 그들이 일구어 낸 순수 서정의 세계는 낡은 세계에 대한 상실감이나 자폐적인 정한 의식으로부터 크게 벗어난 것은 아니지만, 김소월 이래의 한국적 리리시즘의 맥을 충실하게 이어 갔던 점은 주목할 만하다.

1930년~1945년의 시문학은 시단의 재편성을 거치면서 자연스럽게 주제 의식의 확대와 심화를 이루어 냈다. 특히 식민지 현실의 모순이 심화되고 민족 말살의 위기가 보다 구체화됨에 따라 시인들은 부정적 현실의 비판과 고발, 지식인의 양심과 전향 문제, 고향 상실 의식, 인간 본연의 생명성에 대한 지향, 전통적 가치의 재발견 등 다양한 주제 의식을 탐구하게 되었다. 특히 주제 의식의 확대와 심화가 관념의 과잉 분출에 그치지 않고 시인의 내면성의 확대로 연결된 점은 주목할 만하다. 1930년대 시인들이 추구한 내면성은 현실에의 출구를 잃어버린 시인들이 급격하게 내성화 과정을 밟으면서 나타난 현상이다. 하지만 현실 세계와 숙명적으로 대결할 수밖에 없는 시인의 치열한 정신의 기록이 모럴에 대한 자기 점검과 결부되면서 이 시기의 시인들은 시대에 맞서는 역설의 정신을 일구어 냈다.

하지만 일제 말 암흑기[5]에 이르러서는 더 이상 시인의 고유한 내면 공간조차 허락되지 않을 만큼 문화적 환경이 악화되었다. 이제 시인들은 '친일'을 강요하는 식민지 권력에 굴복하여 그들이 요구하는 시적 주제를 형상화하거나 아니면 시 쓰기 자체를

---

5) 이 장에서 다루는 시인·작품들은 1941년~1945년의 시기 구분과 정확하게 일치하지 않는다. 일제 말 암흑기에 대한 여러 시적 대응을 살펴보는 과정에서 1930년대의 작품도 일부 언급될 것이다.

포기해야 하는 상황에 봉착하고 말았다. 이 운명을 거부하는 목소리가 저항시 형태로 표출되기도 하였지만 그 목소리는 너무 미약한 것이었다. 역사의 논리가 서정시를 압도하면서 시인들은 거부할 수 없는 운명에 신음할 수밖에 없었던 것이다.

3 1930년대 시단의 주요 경향

1) 리리시즘의 다양한 표정들: 순수 서정시 계열

프로시의 과도한 정치성이나 모더니즘 및 아방가르드 시의 과격한 언어·형태 실험과 달리, 1930년대의 시문학에서는 순수 서정성을 중시하는 일련의 시인들이 등장하여 한국 시의 리리시즘적 전통을 일구어 냈다. 이들은 정치적 이념의 문학적 표출을 거부하였을 뿐만 아니라 형태 파괴적이고 해체적인 실험을 추구한 서구 현대 문예 사조와도 거리를 두었다. 그 대신 1930년대 서정시인들은 자연의 아름다움을 노래하거나 한국적·동양적 정서를 표출하고자 했으며, 언어 조탁이나 토속어 수용을 통해 조선어의 아름다운 숨결을 시에 담아 내려 하였다. 또한 이들은 서정적 주체의 순정하고 내밀한 감정 세계를 자유롭게 표출하는 리리시즘에 충실한 현대적 서정시를 수립하려 했다.

시문학파로 지칭되는 박용철,[6] 김영랑,[7] 신석정,[8] 김현구 등은

---

[6] 박용철(朴龍喆, 1904~1938): 1930년 3월 《시문학》을 통해 「떠나가는 배」 등을 발표하며 등단. 주요 시집으로 『박용철 전집』(시문학사, 1940)이 있음.
[7] 김영랑(金永郞, 1903~1950): 1930년 3월 《시문학》을 통해 「동백잎에 빛나는 마음」 등을 발표하며 등단. 주요 시집으로 『영랑시선』(중앙문화협회, 1949) 등이 있음.

1930년대 순수 서정시 계열의 시인들 중에서 가장 첫머리에 놓이는 시인들이다. 시문학파 시인들은 대체로 자연 발생적인 정감의 음송적 표현을 중시하였으며, 언어미에 대한 지나친 집착과 주정주의·서정주의에의 경사를 보여 주었고, 무엇보다 미의 자율적 규범에 대한 확고한 인식을 가지고 있었다.[9]

우선 박용철은 '시문학파', 더 나아가 1930년대 순수시파의 이론적 토대를 제공한 시론가이자 직접 순수 서정시를 발표하기도 했던 시인이었다. 「떠나가는 배」에서 알 수 있듯이 그는 식민지 시대의 상실 의식을 감상적인 진술과 운율적 언어로 표현하고 있지만 여기에는 어떤 이념적인 변설도 개입되어 있지 않다. 이는 박용철이 임화와의 논쟁 과정에서 역설하였던 시적 이념, 즉 현실 생활과 시대정신을 대변하는 대신 '영혼의 가장 깊은 속에서 체험'을 시적으로 변용해야 한다는 생각[10]을 충실하게 드러내고 있는 것이다. 김영랑은 박용철의 이런 시적 이념을 가장 충실하게 실천한 문학적 동지였다.

    모란이 피기까지는
    나는 아직 나의 봄을 기둘리고 있을 테요
    모란이 뚝뚝 떨어져 버린 날
    나는 비로소 봄을 여읜 설움에 잠길 테요
    오월 어느날 그 하루 무덥던 날

---

8) 신석정(辛夕汀, 1907~1974): 1930년 3월 《시문학》을 통해 「선물」을 발표하며 등단. 주요 시집으로 『촛불』(인문평론사, 1939), 『빙하(氷河)』(1956) 등이 있음.
9) 오세영, 『20세기 한국시 연구』(새문사, 1989), 117~118쪽 참조.
10) 박용철의 시론에 대해서는 한계전, 『한국현대시론연구』(일지사, 1983), 135~153쪽 참조.

떨어져 누운 꽃잎마저 시들어 버리고는
천지에 모란은 자취도 없어지고
뻗쳐 오르던 내 보람 서운케 무너졌느니
모란이 지고 말면 그뿐 내 한해는 다 가고 말아
삼백 예순 날 하냥 섭섭해 우옵네다
모란이 피기까지는
나는 아직 기둘리고 있을 테요 찬란한 슬픔의 봄을
———「모란이 피기까지는」 전문

　김영랑은 「고흔 봄길 우혜」(1930), 「돌담에 속삭이는 햇발」과 같은 작품에서, 전라도 방언과 토속미, 전통적인 운율을 창조적으로 계승한 내재적 율격, 순정하기 그지없는 여성적 정조와 감수성을 통해 순수 서정시의 진면목을 보여 주었다. 「모란이 피기까지는」 역시 김영랑 특유의 섬세한 언어 감각과 서정성을 보여 주는 작품이다. 특히 이미 지나간 '봄'과 져 버린 '꽃'은 식민지 시대의 보편적 경험인 국가 상실감이란 맥락과 관련지어 중의적으로 해석될 여지가 있다. 과도한 정치성이나 목적성을 배제하고 있지만, 그의 언어 의식과 정치적 무의식에는 민족주의적 사고가 자리 잡고 있었던 것으로 보인다.
　하지만 김영랑이 추구했던 순수 서정의 세계는 경험적 현실을 수용하기에는 지나치게 협애한 것이었다. 서정시와 현실이 접촉하는 순간 서정시는 어떤 방식으로든 현실의 모습을 닮아 갈 수밖에 없다. 현실에 대한 이념적 반응을 포기한 채 순응적·도피적 태도로 서정적 주체의 감정 세계를 노래하는 데 그쳤던 초기 시로부터 벗어나면서 김영랑의 시 세계는 급격하게 변한다. 거친 호흡과 산문적 진술, 관념적 표현과 남성적 어조가 빈번하게 나타나기 시작한 것이다. 이런 시적 변화는 순수 서정의 세계조차 인정하지 않았던 시대 현실에 대한 시인의 비애와 울분에서 비롯한 것이다. 하지만 그는 친일과 변절의 나락으로 떨어지지 않고 자신의 순수한 정신세계를 지켜 내려는 했다. 「독을 차고」, 「두견」 등에서 표출된 저항 의식은 이런 맥락에서 가능했다.

한편 신석정은 목가적인 전원 세계에 대한 낭만적 동경을 표출하였던 시인이다. 그가 추구한 목가적인 전원 세계, 혹은 이상적 자연은 식민지적 현실과는 동떨어진 세계로서 그의 현실 초월 의식을 유감없이 보여 주는 관념적 공간이다. 하지만 신석정의 현실 초월 의식은 단순한 현실 도피 심리와는 구별된다. 이는 역설적으로 그의 시가 끊임없이 상실과 부재에 대해 노래하고 있다는 점에서 확인할 수 있다.

    어머니
    만일 나에게 날개가 돋쳤다면

    산새새끼 포르르 포르르 멀리 날아가듯
    찬란히 피는 밤하늘의 별밭을 찾아가서
    나는 원정(園丁)이 되오리다 별밭을 지키는……

    그리하여 적적한 밤하늘에 유성이 뵈이거든
    동산에 피는 별을 따 던지는 나의 장난인 줄 아시오

    그런데 어머니
    어찌하여 나에게는 날개가 없을까요?

    어머니
    만일 나에게 날개가 돋쳤다면

석양에 능금같이 붉은 하늘을 날아서

똥그란 지구를 멀리 바라보며

옥토끼 기르는 목동이 되오리다 달나라에 가서……

그리하여 푸른 달밤 피리소리 들려오거든

석양에 토끼 몰고 돌아가며 달나라에서 부는 나의 옥퉁소인 줄 아시오

그런데 어머니

어찌하여 나에게는 날개가 없을까요?

— 「날개가 돋쳤다면」 부분

이 시에서 별밭을 지키는 원정, 달나라의 옥토끼를 기르는 목동이 되어 살고 싶다는 시적 화자의 진술은 시대적 현실("똥그란 지구")로부터 벗어나고자 하는 욕망을 보여 준다. 하지만 이런 욕망보다 더 중요한 것은 "어찌하여 나에게는 날개가 없을까요"라는 진술에서 엿볼 수 있는 상실감과 허무이다. 신석정은 이러한 상실감과 허무를 통해 부조리한 현실과의 대립과 갈등을 노래하고자 했던 것이다. 다만 이러한 대립적 세계 인식이 치열한 아이러니 정신으로 승화되지 못한 채 목가적 이상향과 모성적 존재를 통해 손쉽게 소멸되고 만 점은 순수 서정시의 한계를 보여 주는 것이기도 하다.

한편 1930년대 중반에는 서정주,[11] 유치환,[12] 오장환,[13] 함형수

---

11) 서정주(徐廷柱, 1915~2000): 1936년 《동아일보》 신춘문예에 시 「벽」이 당선되어 등단. 주요 시집으로 『화사집』(남만서고, 1941), 『귀촉도』(선문사, 1948), 『서정주 시선』(정음사, 1956) 등이 있음.
12) 유치환(柳致環, 1908~1967): 1931년 《문예월간》 2월호에 시 「정적」을 발표하면서 등단. 주요 시집으로 『청마시초』(청색지사, 1939), 『생명의 서』(행문

등 생명파 시인들이 등장하여 시문학파와는 다른 측면에서 순수 서정시의 세계를 펼쳐 보였다. 이들은 문학의 자율성과 언어 예술성을 옹호한다는 점에서 시문학파의 순수시에 맞닿아 있다. 하지만 이들은 자유로운 개성과 생명 탐구 정신을 '직정(直情) 언어'로 표출하면서 시문학파의 순수시 정신과 다른 행로를 밟아 나갔다. 특히 생명파 시인들은 내면 세계에 자리 잡고 있는 정신적 갈등과 번뇌를 숨기려 하지 않았다. 오히려 이들은 자신을 둘러싸고 있는 경험적 현실 세계에 대해 환멸감을 적극적으로 표출하는 가운데 자아와 세계의 화해 불가능한 대립을 그려 내는 경향이 있었다.

데뷔작인「벽」을 통해 근대 문명에 대한 불안감과 유폐 의식을 노래했던 서정주는「자화상」,「화사」등을 통해 모더니티에 대한 미학적 부정과 저항 의식을 직접적으로 드러내었다.

> 스물 세 해 동안 나를 키운 건 팔할(八割)이 바람이다.
> 세상은 가도 가도 부끄럽기만 하더라.
> 어떤 이는 내 눈에서 죄인(罪人)을 읽고 가고
> 어떤 이는 내 입에서 천치(天痴)를 읽고 가나
> 나는 아무것도 뉘우치진 않으련다.
>
> 찬란히 틔어 오는 어느 아침에도
> 이마 위에 얹힌 시(詩)의 이슬에는

사, 1947) 등이 있음.
13) 오장환(吳章煥, 1918~1951): 1933년 11월《조선문학》에 시「목욕간」을 발표하면서 등단. 주요 시집으로『성벽』(풍림사, 1937),『헌사』(남만서방, 1939) 등이 있음.

몇 방울의 피가 언제나 섞여 있어
볕이거나 그늘이거나 혓바닥 늘어뜨린
병든 수캐마냥 헐떡거리며 나는 왔다.

——「자화상」 부분

  근대 세계에 대한 서정주의 부정과 저항 의식이 이념적인 형태를 취한 것은 아니다. 오히려 그는 보들레르의 영향을 받아 위악적 태도와 관능적 욕망에의 탐닉 등을 통해 인간 본연의 원시적 생명성을 회복하고자 했다. 그에게 있어서 원시적 생명성이란 이성과 합리성을 중시하는 근대 문명에 의해 억압되었던 타자를 복원하는 길이었다. 「자화상」의 화자가 남들이 '나'의 얼굴에서 "죄인"이나 "천치"의 모습을 읽고 가더라도 "아무것도 뉘우치진 않으련다"라고 당당하게 말할 수 있었던 것은 아마도 자신이 일구어 내는 "시의 이슬"에 섞여 있는 "몇 방울의 피"가 자신의 생명 정신과 순수한 시 정신의 핵심을 담고 있다는 자부심 때문일 것이다.

  하지만 현실 세계에 대한 서정주의 미학적 부정이 뚜렷한 방향성을 확보한 것은 아니었다. 「바다」에서 서정주가 "길은 항시(恒時) 어데나 있고, 길은 결국 아무데도 없다"는 말로 자신이 처한 정신적 곤경을 피력한 것도 이 때문이다. 이는 근본적으로 서정주의의 초기 시에 자리 잡고 있었던 반전통주의적 태도에서 기인한다. 그는 '아버지'로 표상되는 전통적 질서를 온몸으로 거부하면서 가눌 수 없는 본능적 욕망의 표출을 통해 근대 세계에 저항했지만, 그것을 넘어설 수 있는 정신적 안식처를 발견하지는 못했다. 그가 말했던 "고대 그리스적 육체성" 역시 시대성과 순간성을 넘어서는 영원성의 시간 비전을 완전하게 제공해 주지는 못했다.

이런 상황에서 서정주는 자아 분열의 위기를 수습해야 한다는 조급증에 빠져 들었다. 「수대동시」와 「꽃」에서 보듯 보들레르를 잊어버리고 동양적 정신세계로 귀환하려는 움직임은 그의 조급증을 역설적으로 보여 준다. 그것은 근대를 통해서 삶의 비전을 확보할 수 없었던 시인이 동양 전통을 통해 자아와 세계의 화해를 이루어 낸 것으로 볼 수 있지만, 이러한 시적 비전은 문학 외적 논리가 강하게 작동했기 때문에 가능했다. 그것은 바로 일본 제국주의의 동양 담론 및 근대 초극론의 영향을 가리킨다. 서정주는 자신의 동양 회귀를 영원성의 시학이란 이름으로 포장하고 있지만 그것은 생명 의식이나 미학적 부정성을 자유롭게 분출하였던 초기 시의 아이러니 정신을 포기한 대가로 얻어진 것이다. 이제 남는 것은 친일의 논리이다.

오장환의 시적 편력은 매우 다채롭다. 그는 첫 시집 『성벽』에 수록된 「성씨보」, 「성벽」 같은 작품을 통해 전통과 관습의 세계를 통렬하게 비판하는 시를 발표하면서 시단에 얼굴을 내밀었다. 그에게 '고향'과 그것을 둘러싼 관습적 세계의 질서는 시적 자아를 억압하는 낡고 가치 없는 것으로 간주된다. 그런 까닭에 그의 시에서 시적 화자는 고향을 떠나 낯선 항구의 유곽과 술집을 기웃거리는 데카당한 영혼으로 모습을 드러낸다.

    항구여!
    눈물이여!
    나는 종시(終是) 비애와 분노 속을 항해했도다.
    계집아, 술을 따르라.
    잔잔이 가득 부어라!
    자조와 절망의 구덩이에 내 몸이 몹시 흔들릴 때
    나는 구토를 했다.

삼면기사(三面記事)를,
각혈과 함께 비린내나는 병든 기억을……

어둠의 가로수여!
바다의 방향(方向),
오 한없이 흉측맞은 구렁이의 살결과 같이
늠실거리는 검은 바다여!
미지의 세계,
미지로의 동경,
나는 그처럼 물 위로 떠다니어도 바다와 동화치는 못 하여 왔다.
가옥(家屋) 안 짐승은 오직 사람뿐
나도 그처럼 완고하도다.

쇠창살을 붙잡고 우는 계집아!
바다가 보이는 저쪽 상정(上頂)엔 외인의 묘지가 있고
하얀 비둘기가 모이를 쪼으고,
장난감만하게 보이는 기선은 풍풍 품는 연기를 작별인사처럼 피워 주도다.

——「해수(海獸)」 부분

「해수」의 시적 화자는 고향을 떠나 항구를 기웃거린다. '바다'로 표상되는 근대적 계몽 공간에 대한 동경이 없는 것은 아니지만 시적 화자는 그것에 쉽게 동화되지 못한 채 항구의 뒷골목을 어슬렁거린다. 그리고 이내 퇴폐와 향락이 뒤섞인 항구의 뒷골목에서 절망과 비탄에 사로잡힌다. 오장환의 시에 나타나는 퇴폐주의 미학은 식민지적 근대화에 대한 부정이나 저항과 함께 인간의 원시적 생명성을 빼앗긴 영혼이 겪을 수밖에 없는 좌절과 회환을 동시에 보여 준다. 이러한 데카당한 영혼을 소유한 오장환 역시 일제 말의 시대 현실 속에서 급격하게 내면화의 과정에 밟았다. 그의 「The Last Train」은 암울한 식민지 현실에 바치는 우울한 비가로 기억할 만하다. 오장환은 죽음으로부터 소생의 희망을 길어 올리고, 위축된 생명의 복원을 이루어 내기 위해 새로운 탈출구가 필요했다. 그 탈출구는 역설적으로 시인 자신이 그토록 부정했던 고향으로의 귀환, 즉 "탕자의 귀향"[14]이란 방식을 통해서 마련되었다. 「고향 앞에서」의 시적 화자가 "집집마다 누룩을 듸디는 소리, 누룩이 뜨는 내음새……"를 통해 근원적 세계에 대한 그리움을 노래한 것이 좋은 예이다.

유치환은 삶의 근원적인 문제에 대한 실존적 탐색의 시를 발표하였다. 그는 사회 현실이나 순수 자연의 세계에 대해 노래하기보다는 신과 존재에 대한 형이상학 의문을 통해서 영원성과 초월의 문제를 탐색하였다. 이런 시적 탐색의 이면에는 허무주의적인 인생관이 자리 잡고 있다.[15] 인생이란 근본적으로 허망한 것이며 인간 역시 무의미하다는 것이다. 「생명의 서(書)」는 인생의 허망함과 무의미성에 대한 깨달음, 그리고 그것을 초극하겠다는 의지를 노래한 작품이다. 이 작품에 등장하는 '사막'은 인간이 도달할 수 있는 극단적인 허무와 그것의 초극이 이루어지는 관념적 공간이다. 죽음마저 불사하고 인간의 한계 상황을 뛰어넘으려는 의지, 인간 본연의 원시적 생명성에 대한 준열한 탐색은 남성적인 힘을 느끼게 한다. 「일월(日月)」 역시 마찬가지이다.

---

14) 오세영, 「탕자의 고향 발견—오장환론」, 『한국현대시인연구』(월인, 2003).
15) 오세영, 「실존 그리고 허무의 의지—유치환론」, 『한국현대시인연구』(월인, 2003).

나의 가는 곳
어디나 백일(白日)이 없을소냐

머언 미개(未開) 적 유풍(遺風)을 그대로
성신(星辰)과 더불어 잠자고

비와 바람을 더불어 근심하고
나의 생명과
생명에 속한 것을 열애하되
삼가 애련에 빠지지 않음은
──그는 치욕임일레라

나의 원수와
원수에게 아첨하는 자에겐
가장 옳은 증오를 예비하였나니

마지막 우러른 태양이
두 동공(瞳孔)에 해바라기처럼 박힌 채로
내 어느 불의에 짐승처럼 무찔리〔屠〕기로
오오 나의 세상의 거룩한 일월(日月)에
또한 무슨 회한인들 남길소냐

──「일월(日月)」 부분

「일월」에서 시인은 '태양'으로 표상되는 근원적 세계에 대한 열망, 본원적인 생명에 대한 의지를 노래하면서 동시에 참다운 생명을 억압하는 '원수'에 대한 증오와 저항 의식을 표출하였다. 그의 시어는 주로 추상적인 관념어와 거친 이미지로 이루어져

'생명'의 구체적인 의미를 짐작하기 어려운 것이 사실이다. 하지만 유치환의 시가 몇 개의 단순한 상징적 표현으로도 시적인 육체를 얻을 수 있었던 것은 결연한 느낌을 주는 남성적 어조와 아이러니 정신을 통해 현실 초월의 의지를 노래했기 때문이다.

시문학파나 생명파 시인들 이외에도 일제 말에는 다양한 경향의 순수 서정시인들이 등장하여 시단을 풍요롭게 하였다. 이하윤, 함윤수, 김용호, 윤곤강, 김상용, 이한직, 김광섭, 김상옥, 박남수 같은 시인들이 좋은 예이다. 비슷한 시기에 《문장》지를 통해 등단하여 이후 청록파로 지칭된 박목월, 박두진, 조지훈(1920~1968) 같은 시인들도 일제 말의 대표적인 서정시인들이다.

이러한 서정시인들 중에서 우선 신석초[16], 김달진[17]과 같이 전통적 미의식에 기반을 두고 순수 서정시의 세계를 일구어 나간 시인들을 주목할 필요가 있다.

    가을 황혼에,
    쓸쓸한 폐허를 걸어서
    나는 혼자 헤매이도다.
    ―무한히 열린 창공에 물들어서.

    슬픈 국화꽃
    태양 아래(나는 천상의 술을 마시고)

---

16) 신석초(申石艸, 1915~1975): 1931년 《중앙일보》에 평론 「문학창작의 고정화에 항하여」를 발표. 1936년 《자오선》에 시 「호접」 등을 발표하면서 시인으로서 활동. 주요 시집으로 『석초시집』(1946, 을유문화사) 등이 있음.
17) 김달진(金達鎭, 1907~1989): 1929년 《문예공론》에 시 「잡영수곡」을 발표하면서 등단.

꽃잎같이 흩어져 구르는
푸른 파편들을 밟고 가도다.

서녘 바람은 마른 나뭇가지에 깃들이는
작은 새들을 고독히 하고.

어느덧 달은 이슬에 젖어,
내 발밑에 비명하는 깨진
보석을 비추이도다.

오오, 눈앞에 흩어진 낙엽들이여,
영화의 무덤 위에 불가항력의
조각들이여!

멸망하기 쉬운
시간은 물과 같이 흐르고,

어디선 애끊는 적(笛)소리
저 멀리 들려오도다.
　　　　　　　──신석초, 「낙와(落瓦)의 부(賦)」 전문

숲속의 샘물을 들여다본다
물 속에 하늘이 있고 흰구름이 떠 가고 바람이 지나가고
조그마한 샘물은 바다같이 넓어진다
나는 조그마한 샘물을 들여다보며
동그란 지구의 섬 위에 앉았다.
　　　　　　　　　　──김달진, 「샘물」 전문

우선 신석초는 회고적이고 낭만적인 태도로 전통적인 미의 세계를 탐색하였다. 특히 그는 전통 예술의 아름다움과 멋을 시에 담아 내고자 했으며, 자연과 인간 간의 생명력의 교감에 대해 노래하였다.[18] 위에 인용한 「낙와의 부」에서 신석초는 천년 고도 경주의 폐허 속에서 신라 문화의 이상과 신라인의 멋에 대해 찬미하고 있다. 이런 전통 지향적 미의식은 과거에 대한 지나친 이상화나 역사의 미학화에 빠질 위험이 있는 것이 사실이지만 1930년대 순수 서정시의 내면성을 확대한 것이란 점에서 의의를 찾을 수 있다. 한편 김달진은 선적인 미의식과 불교적 세계관에 바탕을 두고 전통주의적 서정시를 창작하였다.[19] 위에 인용한 「샘물」은 짧은 시형과 간결한 언어 구사에도 불구하고 '숲속의 샘물'이라는 작은 세계가 담아 내고 있는 우주적 확산을 발견함과 동시에 그것을 들여다보는 자아 및 자아가 발 딛고 있는 현실로서의 지구의 왜소함을 그려 내고 있다. 이런 시적 사유는 김달진의 전통주의적 서정시가 불교적인 우주 인식과 선적인 깨달음을 통해 성립된 것임을 보여 준다.

신석초, 김달진 이외에도 일제 말에는 전통주의적 경향의 서정시를 창작한 시인이 많았다. 문장파를 주도하였던 이병기나 그의 영향을 입어 《문장》지를 통해 등단한 시조 시인 김상옥[20]이 전통 시조의 현대화를 추구한 것이 좋은 예이다.

청록파로 불리는 박목월,[21] 박두진,[22] 조지훈[23]은 일제 말의 암

---

18) 최승호, 「신석초 시와 '멋'의 미학」, 『관악어문연구』 19집 참조.
19) 김옥성, 「김달진 시의 선적 미의식과 불교적 세계관」, 『한국언어문화』 28집, 95~118쪽 참조.
20) 김상옥(金相玉, 1920~2004): 1938년 6월 《맥》에 「모래알」 등의 작품을 발표. 1939년 《문장》과 《동아일보》에 시조가 당선되면서 작품 활동 시작. 시집 『의상』(1953), 『목석의 노래』 등이 있음.

울한 현실 속에서 리리시즘의 세계를 일구어 냈다. 그들의 공통된 시적 테마는 자연이었다. 그들이 자연에 눈을 뜬 것은 일제 말의 시대 현실 속에서 삶의 다양한 국면에 대한 발언이 자유롭지 못한 까닭도 있었겠지만, 무엇보다 자연이란 이상적 공간을 통해서 시대가 강요하는 삶의 원리에서 벗어나 순수한 시 정신을 지킬 수 있다고 믿었기 때문이다.[24]

산(山)은
구강산(九江山)
보랏빛 석산(石山)

산도화(山桃花)
두어 송이
송이 버는데

---

21) 박목월(朴木月, 1916~1978): 1939년 정지용의 추천으로 《문장》에 「길처럼」, 「그것은 연륜이다」 등을 발표하면서 등단. 대표 시집으로 3인 공동 사화집 『청록집』(을유문화사, 1946), 『산도화』(영웅출판사, 1955) 등이 있음.
22) 박두진(朴斗鎭, 1916~1998): 1940년 《문장》에 「향현」, 「묘지송」 등을 발표하면서 등단. 대표 시집으로 3인 공동 사화집 『청록집』(을유문화사, 1946), 『오도』(영웅출판사, 1953), 『거미와 성좌』(대한기독교서회, 1962) 등이 있음.
23) 조지훈(趙芝薰, 1920~1968): 1939년 《문장》에 「고풍의상」, 「승무」 등을 발표하면서 등단. 대표 시집으로 3인 공동 사화집 『청록집』(을유문화사, 1946), 『풀잎단장』(창조사, 1952), 『조지훈 시선』(정음사, 1956) 등이 있음.
24) 문장파 시인들, 더 나아가 청록파 시인들에게 있어서 묘사의 대상인 자연물은 시적 주체의 내면적 정서와 사상을 전달하는 매개체이다. 예를 들어 이병기와 조지훈의 경우 자연은 유가적 이념을 구현하고 있는 존재로 이해되는데 여기에는 생명 사상이 자리 잡고 있다. 이들의 시에서 자연과 인간, 주체와 객체 사이의 관계에 대해서는 이숭원, 「한국 근대시의 자연표상 연구」(서울대 대학원, 1986) 참조.

봄눈 녹아 흐르는
옥 같은
물에

사슴은
암사슴
발을 씻는다

— 박목월, 「산도화」 전문

아랫도리 다박솔 깔린 산(山) 넘어 큰 산(山) 그 넘엇 산(山) 안 보이어, 내 마음 등등 구름을 타다.

우뚝 솟은 산(山), 묵중히 엎드린 산(山), 골 골이 장송(長松) 들어섰고, 머루 다랫넝쿨 바위엉서리에 얽혔고, 샅샅이 떡갈나무 억새풀 우거진 데, 너구리, 여우, 사슴, 산(山)토끼, 오소리, 도마뱀, 능구리 등(等) 실로 무수한 짐승을 지니인,

산(山), 산(山), 산(山)들! 누거만년(累巨萬年) 너희들 침묵(沈默)이 흠뻑 지리함직하매,

산(山)이여! 장차 너희 솟아난 봉우리에, 엎드린 마루에, 확확 치밀어 오를 화염(火焰)을 내 기다려도 좋으랴?

팟내를 잊은 여우 이리 등속이, 사슴 토끼와 더불어 싸릿순 칡순을 찾아 함께 즐거이 뛰는 날을, 믿고 길이 기다려도 좋으랴?

— 박두진, 「향현(香峴)」 전문

목련(木蓮)꽃 향기로운 그늘 아래
물로 씻은 듯이 조약돌 빛나고

흰 옷깃 매무새의 구층탑 위로
파르라니 돌아가는 신라(新羅) 천년(千年)의 꽃구름이여

한나절 조찰히 구르던
여울 물소리 그치고
비인 골에 은은히 울려 오는 낮종소리.

바람도 잠자는 언덕에서 복사꽃잎은
종소리에 새삼 놀라 떨어지노니

무지개빛 햇살 속에
의희한 단청(丹靑)은 말이 없고……
―― 조지훈, 「고사(古寺) 2」 전문

박목월은 「윤사월」, 「청노루」 등에서 보듯 한국적·동양적 정취를 불러일으키는 자연을 객관적으로 소묘하는 방식의 시를 선보였다. 이런 방식은 정지용의 이미지즘에 영향을 입은 듯하지만, 주체의 내면적 갈등이나 정념의 노출을 극단적으로 절제하는 데 효과적인 방식이라 할 수 있다. 하지만 박목월이 그려 낸 자연이 실제의 자연 세계 그 자체라고 보기는 어렵다. 「산도화」에서 보듯 박목월의 초기 시에 자주 등장하는 '산'이란 공간은 동양적 이상향인 '무릉도원'에 가깝다. 이 '산'이란 공간은 시인이 추구하는 관념적인 이상의 공간이며 영원성의 다른 표현이라 할 수 있다. 박목월은 현실과의 타협을 거부하면서 도달할 수 없는

이상 세계를 꿈꾸는 낭만적 아이러니 정신을 가지고 일제 말의 시대적 상황을 이겨 내려 했던 것이다.

박두진 역시 자연을 이상화된 공간으로 설정하고 있다. 하지만 박목월의 경우와 달리 박두진은 이상적 자연 세계에서조차 인간 세계로 인해 내면적 갈등을 겪을 수밖에 없는 시적 화자를 등장시킨다. 가령「향현」에서 시적 화자는 모든 짐승이 자신의 본성에서 벗어나 서로 조화롭게 살아가는 이상적 공간인 '산'에 대한 그리움을 노래하면서도 대립과 갈등, 반목과 투쟁을 일삼는 인간 세계의 현실을 떠올리고 있다. 박두진의 시에서 이상화된 자연 세계와 세속적인 인간 현실 간의 대립은 현재적 시간과 미래적 시간의 가치론적 위계화로 이어진다. 자연은 인간이 추구해야 할 정신적 이상을 표상하는 것이다. 때문에 그것은 현재적 시간의 부정으로서 미래적 시간의 지평에 놓여 있을 수밖에 없다.「향현」에서 "장차 너희 솟아난 봉우리에, 엎드린 마루에, 확확 치밀어 오를 화염을" 기다리겠다는 표현은 박두진의 시간 의식이 집약적으로 표현된 것이다. 여기에는 암울한 현실에서 느끼는 종말 의식과 재생 의식이 결합되어 있으며, 그 근저에는 기독교적 윤리 의식이 자리 잡고 있다.

조지훈은「승무」,「고풍의상」을 통해 고전 정신과 전통적 미의식을 한껏 보여 주었다. 그의 초기 시는 한시(漢詩)에 대한 소양과 함께 도교, 불교, 유교와 같은 전통 사상에 대한 교양을 유감없이 드러내고 있다. 앞에서 인용한「고사」는 불교적 선취를 드러내고 있는 작품이다. 여기서 시인은 주관의 개입을 최대한 배제하고 자연에 대한 관조와 묘사로 일관하고 있다. 이런 태도가 꼭 불교적 진리를 드러내기 위한 것이라 볼 수는 없겠지만, 가시적인 자연 세계를 통해 비가시적인 정신세계를 암시하고 있다는 점은 분명하다. 한편 "파르라니 돌아가는 신라(新羅) 천년(千年)

의 꽃구름"에서 엿볼 수 있듯이, 조지훈의 정신세계는 전통과 고전의 세계를 지향하고 있었다. 특히 유가적 이념에 충실한 것으로 평가되는 조지훈의 전통주의적 시 창작은 이병기, 정지용 등 문장파의 전통주의에 연결되어 있다.[25]

이외에도 김현승,[26] 노천명,[27] 모윤숙[28] 등의 시 창작도 주목할 필요가 있다.

어린 새벽은 우리를 찾아온다 합니다

새까만 하늘을 암만 쳐다보아야 어딘지 모르게 푸르렇더니
그러면 그렇지요, 그 우렁차고 광명한 아침의 선구자인 어린 새벽이
벌써 희미한 초롱불을 들고 사방을 밝혀 가면서
거친 산과 낮은 들을 걸어오고 있었습니다그려!
아마 동리에 수탉이 밤의 적막을 가늘게 찢을 때

---

25) 이병기, 정지용, 조지훈 등 문장파의 이념적 지향성과 문학 세계에 대해서는 황종연, 「한국문학의 근대와 반근대」(동국대 대학원, 1991); 최승호, 「1930년대 후반기 전통 지향적 미의식 연구」(서울대 대학원, 1994) 참조.
26) 김현승(金顯承, 1913~1975): 1934년 《동아일보》에 「쓸쓸한 저녁이 올 때 당신들은」 등을 발표하면서 등단. 주요 시집으로 『김현승 시초』(문학사상사, 1957), 『견고한 고독』(관동출판사, 1968) 등이 있음.
27) 노천명(盧天命, 1912~1957): 1932년 6월 《신동아》에 시 「밤의 찬미」 등을 발표하면서 등단. 주요 시집으로 『산호림』(자가본, 1938) 등이 있음.
28) 모윤숙(毛允淑, 1910~1990): 배화여고 교사, 《삼천리》 기자, 중앙 방송국 기자 등으로 근무하면서 등단. 1949년 월간 순수 문예지 《문예》 창간. 1954년 국제 펜클럽 한국 본부 창립에 참여. 1955년 한국 자유 문학가 협회 시분과 위원장, 문총(文總) 최고 위원 등 역임. 주요 시집으로 『빛나는 지역』(1933), 『옥비녀』(동백사, 1947), 『풍랑(風浪)』(1951), 『정경(情景)』(1953) 등이 있음.

잠자던 어느 골짜기를 떠나 분주히 나섰겠죠.
　　　　——김현승, 「어린 새벽은 우리를 찾아온다 합니다」 부분

　　모가지가 길어서 슬픈 짐승이여
　　언제나 점잖은 편 말이 없구나
　　관이 향기로운 너는
　　무척 높은 족속이었나 보다

　　물 속의 제 그림자를 들여다보고
　　잃었던 전설을 생각해 내고는
　　어찌할 수 없는 향수에
　　슬픈 모가지를 하고 먼 데 산을 쳐다본다
　　　　　　　　　　　　——노천명, 「사슴」 전문

　김현승은 기독교적 상상력에 바탕을 두고 고독의 문제를 탐색하였다. 특히 그는 「어린 새벽은 우리를 찾아온다 합니다」에서와 같이 '새벽'이라는 전이적 시간의 이미지를 통해 새로운 세계의 도래에 대한 갈망을 노래한 바 있다. 노천명과 모윤숙은 서로 다른 경향의 시를 창작한 여성 시인이었다. 노천명은 고독과 향수를 노래하되 언어의 절제와 감정의 극기를 통해 여성시의 새로운 지평[29]을 열었다. 위에 인용한 「사슴」은 존재의 근원적인 고독을 노래하면서 근원적인 세계에 대한 그리움을 절제된 표현으로 잘 형상화한 작품이다. 한편 모윤숙은 처녀 시집 『빛나는 지역』(1933)과 산문시 「렌의 애가」(1937) 등에서 민족에 대한 사랑을 낭만적인 열정과 남성적인 목소리로 노래하였다.[30]

---

29) 김현자, 「노천명 시의 양가성과 미적 거리」, 『한국시학연구』 2호(1999).

2) 문명 비판과 언어 실험: 모더니즘과 아방가르드 계열의 시

현실주의 계열의 시인들은 식민지 근대화 과정에서 빚어진 억압과 수탈의 현실을 재현하거나, 그러한 현실 속에서 주체 재건을 위한 자기반성의 언어로 시를 써 나갔다. 현실주의 시인들에게 시와 언어는 부조리한 현실을 고발하고 미래에 대한 전망을 노래하기 위한 수단이었다. 이와 달리 1930년대 들어와 본격적으로 등장한 모더니즘 및 아방가르드 계열의 시인들은 시에 대한 장르적 관념과 언어 의식의 혁신을 도모하였다. 이러한 시적 실천은 물론 식민지 근대화에 대한 미학적 반응이라고 말할 수 있다. 그들의 미학적 실천의 절대적 기반이 된 것은 '도시'(주로 경성)의 새로운 문물들이었다. 이 당시 조선의 몇몇 도시들은 식민지적 근대화·공업화 과정을 거치면서 기형적으로 성장하고 있었다. 거리를 질주하는 전차와 자동차, 넘쳐나는 상품과 새로운 유통 시스템(백화점), 네온사인과 카페, 영화와 축음기 같은 근대의 문물들은 이제 시간과 공간에 대한 전통적 표상을 바꾸어 놓았으며, 시인과 예술가들에게 새로운 시선과 감수성을 가지고 문명의 현실을 그려 낼 것을 요구하였다. 1930년대의 모더니스트들과 아방가르드주의자들은 눈앞에 펼쳐지는 매혹적인 근대 풍경에 열광하였고 그것이 가져온 감수성의 변화에 환호하면서도, 다른 한편으로는 근대적 질서의 이면에 숨어 있는 위기의 징후를 감지하고 근대 문명에 대한 피로감과 권태를 드러내면서 탈근대

---

30) 하지만 일제 말에 두 시인 모두 친일시의 경로를 밟아 나갔다. 그들은 '국가'의 호명에 주저 없이 달려 나갔고 전시 동원 체제 아래서 국책에 부응하는 시를 썼다. 이는 그들이 추구한 여성성이 제국(남성)의 타자로서의 여성성과는 거리가 먼 것이었음을 보여 준다. 모윤숙의 친일시에 대해서는 김승구, 「모윤숙 시에 나타난 여성과 민족의 관련 양상 연구」, 『현대 문학의 연구』(한국문학연구학회, 2006) 참조.

의 시적 상상력을 펼쳐 내기 시작하였다.

1930년대의 모더니즘 및 아방가르드 계열의 탈근대적인 시적 상상력과 문명 비판 의식은 새로운 시적 실험을 통해 구체화되었다. 그들은 새로운 시 형태와 혁신적 언어 실험을 감행하였는데, 이는 근대 문명이 만들어 낸 시각적 충격들을 새롭게 재구축하거나 해체하려는 움직임, 이성중심주의적·남성중심주의적 언어 형식와 사유 방식을 해체하려는 욕망으로 이어지기도 하였다. 그 시적 실천은 영미계의 모더니즘과 대륙계의 아방가르드라는 상이한 방식으로 이루어졌다.[31]

(1) 모더니즘 시인들의 시적 지향성

우선 정지용, 김광균, 김기림[32] 등은 넓게 보아 영미계의 이미지즘 혹은 신고전주의의 영향을 입은 시인들이다. 그들은 낭만적 충동 대신에 고전적 질서를 중시하였고, 해체적인 언어 실험 대신에 참신한 이미지 구사를 통한 언어적 조형성 확보에 주력하였다. 정지용은 1930년대의 모더니즘 시인들 중에서 가장 주목할 만한 시인이다. 1926년경 다다이즘·초현실주의적인 형태 실험과 언어 실험을 시도하였던 그는 1930년대에 들어오면서 이미지즘 계열의 시 창작을 본격화하였다.

    바다는 뿔뿔이
    달아나려고 했다.

---

31) 영미계 모더니즘과 대륙계 아방가르드 문학의 차이에 대해서는 오세영, 『20세기 한국시 연구』(새문사, 1989), 119~162쪽 및 『한국근대문학론과 근대시』(민음사, 1997), 353~441쪽 참조.
32) 김기림(金起林, 1903~1950): 1935년 장시 「기상도」 발표. 주요 시집으로는 『기상도』(자가본, 1936), 『태양의 풍속』(학예사, 1939) 등이 있음.

푸른 도마뱀떼같이
재재발랐다.

꼬리가 이루
잡히지 않았다.

흰 발톱에 찢긴
산호보다 붉고 슬픈 생채기!

가까스로 몰아다 붙이고
변죽을 둘러 손질하여 물기를 씻었다.
— 「바다 2」 부분

한밤에 벽시계는 불길한 탁목조(啄木鳥)!
나의 뇌수를 미신바늘처럼 쪼다.

일어나 쫑알거리는 시간을 비틀어 죽이다.
잔인한 손아귀에 감기는 가냘픈 모가지여!

오늘은 열 시간 일하였노라.
피로한 이지(理智)는 그대로 치차(齒車)를 돌리다.
나의 생활은 일절 분노를 잊었노라.
유리 안에 설레는 검은 곰인 양 하품하다.
— 「시계를 죽임」 부분

「바다」 연작시 중 하나인 「바다 2」는 시각적 심상 제시와 언어적 조형성, 절제된 감정 처리와 통합적 감수성 등이 돋보이는 작품이다. 이런 점에서 이 작품은 「유리창 1」과 함께 정지용 특유의 이미지즘 시의 전형을 보여 준다고 할 수 있다. 언어의 회화성을 극단적으로 추구한 점도 주목되지만 바닷물결을 "푸른 도마뱀"의 이미지로 비유하거나 흰 파도가 부서지는 해안의 붉은 바위나 모래벌판을 "흰 발톱에 찢긴/ 산호보다 붉고 슬픈 생채기"로 비유하는 데서 시인의 현대적인 언어 감각과 세련된 감수성을 엿볼 수 있다.

물론 정지용에게 이미지란 단순히 대상에 대한 관조와 객관적 묘사의 수단에 그치는 것이 아니었다. 그에게 이미지란 이질적인 사물 사이에 존재하는 유사성을 발견하고 그것을 통해 시적 자아의 내면성을 드러내는 방법이었고, 그런 점에서 엄밀한 질서 의식의 소산이라고 할 수 있다. 하지만 「바다 2」의 "뿔뿔이/ 달아나려고 했다"는 표현에서 알 수 있듯이 사물의 이미지는 그것을 담아내려는 시인의 의지나 정신적 지향성을 배반하게 된다. 정지용의 시는 언어란 대상을 온전히 담아 내는 그릇이 될 수 없으며 자아와 대상은 끊임없이 어긋날 수 없다는 것을 보여 주고 있는 것이다. 정지용이 그려 낸 '바다'가 단순한 자연물로서의 바다가 아니라 식민지 조선이 지향하던 계몽의 공간으로 상징화되는 순간, 그 '바다'가 흰 포말처럼 부서져서 형체를 알 수 없는 것으로 변질되고 마는 것과 마찬가지의 이치이다. 「황마차」(1927)에서도 부분적으로 나타나지만, 정지용이 「시계를 죽임」(1933) 등을 통해 근대적 시간과 공간에 대한 공포와 불안 의식을 토로할 수밖에 없었던 것도 이 때문일 것이다.

정지용은 1930년대 중반에 이르기까지 가톨리시즘에 빠져들어 일련의 종교시를 창작하게 된다. 그의 가톨리시즘 시는 예술적 순수성와 형상성은 다소 떨어지지만 정지용 특유의 언어 감각을 보여 주고 있을 뿐만 아니라 한국 시의 내면성을 한층 더 성숙시킨 종교시로 평가할 만하다.[33] 한편 정지용은 1930년대 중후반에 이르러 시적 공간을 '산'으로 이동시켜 일련의 작품들을 발표하는데, 그 구체적인 결실이 1939년에 간행된 시집 『백록담』이다. 시집 『백록담』에서 '산'은 시인이 추구한 정신적 염결성을 상징하는 공간이다. 이 시집에서 그는 근대의 풍경을 뒤로 하고 '산'이라는 전통적 공간으로 시선을 돌렸다. 하지만 '산'의 이미지를 포착하고 그려 내는 방식에 있어서 그의 이미지즘적 기법과 정신은 여전히 중요한 역할을 담당하고 있다. 이와 함께 동양화적 기법을 빌어 산수(山水)를 그려 내고 더 나아가 자연의 유기체적 질서에 동화되려는 전통주의 시 정신을 일구어 낸 점은 주목할 만한 일이다.

김광균은 선명한 회화적 이미지를 통해 근대 도시의 풍경과 시대의 우울을 그려 냈다.

    낙엽은 폴—란드 망명정부의 지폐
    포화에 이즈러진
    도룬시의 가을 하늘을 생각케 한다
    길은 한 줄기 구겨진 넥타이처럼 풀어져
    일광의 폭포 속으로 사라지고
    조그만 담배 연기를 내뿜으며
    새로 두시의 급행 열차가 들을 달린다
    포푸라나무의 근골(筋骨) 사이로
    공장의 지붕은 흰 이빨을 드러내인 채
    한 가닥 꾸부러진 철책이 바람에 나부끼고

---

33) 정지용의 가톨리시즘에 대해서는 김윤식, 「가톨리시즘과 미의식」, 『한국근대문학사상사』(한길사, 1984) 참조.

그 위에 셀로판지(紙)로 만든 구름이 하나
　　자욱―한 풀벌레 소리 발길로 차며
　　호올로 황량한 생각 버릴 곳 없어
　　허공에 띄우는 돌팔매 하나
　　기울어진 풍경의 장막 저쪽에
　　고독한 반원을 긋고 잠기어 간다
　　　　　　　　　　　　　　―「추일서정 2」 전문

「추일서정 2」는 그의 감각적인 언어 구사와 이미지 포착이 잘 나타나 있는 작품이다. 특히 그는 도시 문명이 새롭게 펼쳐 내고 있는 풍경을 상실과 비애의 정서로 그려 내고 있다. 하지만 그의 시적 언어는 근대 도시의 우울한 풍경 이면에 자리 잡고 있는 병적 징후나 위기적 상황에 대한 분석과 비판을 보여 주지 못한 채 감상의 과잉에 빠져들고 말았다. 한편 장만영과 장서언은 향토적 정서를 환기하는 세련된 이미지를 구사하고 있지만 내면의 깊이 대신에 낭만적·감상적 태도를 드러내는 한계를 보여 주었다. 이는 현대 문명에 대한 지성적 통찰과 비판 의식을 결여한 채 현대적인 감각과 세련된 언어 구사에만 의존하였던 1930년대 이미지즘 시의 한계를 보여 주는 것이다.

한편 「바다와 나비」의 시인 김기림은 이미지즘적 기법의 실험에 안주하지 않고 문명 비판에 주력하였다.

　　넥타이를 한 흰 식인종은
　　니그로의 요리가 칠면조보다도 좋답니다
　　살결을 희게 하는 검은 고기의 위력
　　의사 콜베―르 씨의 처방입니다
　　헬맷을 쓴 피서객들은

난잡한 전쟁 경기에 열중했습니다
　　슬픈 독창가인 심판의 호각소리
　　너무 흥분하였으므로
　　내복만 입은 파씨스트
　　그러나 이태리에서는
　　설사제는 일체 금물이랍니다
　　필경 양복 입는 법을 배워낸 송미령(宋美齡) 여사
　　아메리카에서는
　　여자들은 모두 해수욕을 갔으므로
　　빈집에서는 망향가를 부르는 니그로와
　　생쥐가 둘도 없는 동무가 되었습니다
　　파리의 남편들은 차라리 오늘도 자살의 위생에 대하여 생각하
여야 하고
　　옆집의 수만이는 석달 만에야
　　아침부터 지배인 영감의 자동차를 부르는
　　지리한 직업에 취직하였고
　　독재자는 책상을 때리며 오직
　　'단연히 단연히' 한 개의 부사만 발음하면 그만입니다
　　　　　　　　　　　　　　—「시민행렬」부분

　　김기림의 장시 「기상도」는 엘리어트의 「황무지」에 영향을 받은 작품이다. 이 작품에서 김기림은 풍자적인 기법을 동원하여 1930년대의 세계사적 질서를 비판하였다. 특히 위에 인용한 「시민행렬」에서 볼 수 있듯이, 김기림은 파시즘의 대두와 휴머니즘의 몰락, 물질 문명의 비대화와 인간성 상실, 제국주의의 팽창과 동물적 생존 양식의 추구 등 1930년대가 안고 있는 세계 질서의 위기를 알레고리화하여 그려 내고 있다. 이러한 풍자와 비판 정신은

동시대의 세계사적 현실에 대한 비판적 거리 두기를 통해 획득된 것으로서 김기림의 모더니티 인식 수준을 보여 주는 것이다. 하지만 김기림 역시 세계사적 현실을 넘어설 수 있는 새로운 전망을 발견하지는 못하였다. '기상도'란 표제가 암시하듯 암울한 현실에 대한 스케치는 있지만, 근대 문명에 대한 준열한 비판 의식을 넘어서는 문명사적 재생 의지까지 보여 주지는 못하였던 것이다.[34]

한편 백석[35]은 1930년대 시인 중에서 주목해야 할 또 다른 모더니스트이다. 그는 「정주성」, 「청시」 등을 통해 세련된 이미지 구사 능력을 보여 준 바 있는 이미지스트였다.

> 산(山)턱 원두막은 비었나 불빛이 외롭다
> 헝겊 심지에 아주까리 기름의 쪼는 소리가 들리는 듯하다
>
> 잠자리 조을던 무너진 성(城)터
> 반딧물이 난다 파란 혼(魂)들 같다
> 어디서 말 있는 듯이 커다란 산(山)새 한 마리 어두운 골짜기로 난다
>
> 헐리다 남은 성문(城門)이
> 하늘빛같이 훤하다
> 날이 밝으면 또 메기수염의 늙은이가 청배를 팔러 올 것이다
> ──「정주성」 전문

---

34) 이에 대해서는 오세영, 「한국모더니즘 시의 전개와 그 특질」, 『20세기 한국 시 연구』(새문사, 1989), 150쪽 참조.
35) 백석(白石, 1912~1995): 1935년 《조선일보》에 시 「정주성」을 발표하며 등단. 주요 시집으로 『사슴』(자가본, 1936) 등이 있음.

「정주성」은 근대의 풍경들을 스케치하는 데 머물렀던 1930년대 이미지스트들과 달리 백석이 추구하는 정신세계가 고향에 있음을 보여 주는 작품이다.[36] 그의 고향 탐색은 다분히 시대착오적이지만 잃어버린 고향에 대한 그리움을 통해 상실의 역사를 환기하고 유토피아적 과거(유년) 속에 잠재하고 있는 미래적 전망을 그려냈다는 점에서 의미가 있다. 특히 백석은 고향 상실이 식민지 근대화에 의해 비롯된 것임을 명확하게 인식하고 있다. 훗날 「북방에서」를 통해 민족사에 대한 반성과 비판이 시도될 수 있었던 것도 이 때문이다. 물론 백석 역시 일제 암흑기를 거치면서 극단적인 페시미즘으로 기울고 말았다. 「남신의주유동박시봉방」, 「고향」에서 발견되는 고향 상실감과 유랑 의식은 시대적 전망의 상실에서 기인한 것이지만 페시미즘의 극단을 보여 주는 절창(絶唱)으로 평가될 만하다.[37]

하지만 백석의 시사적인 공헌은 무엇보다 그가 시도한 언어적·양식적 실험에서 찾을 수 있을 것이다. 그는 「여우난골족」, 「고야」 등의 작품에서 설화와 민속(신앙)의 세계를 수용하였고 평안도 방언을 중심으로 한 토속어의 아름다움을 추구하였으며 판소리의 어법을 빌려 이야기체의 말하기 방식을 만들어 내기도 하였다. 이러한 실험들은 한국 근대시의 전통 지향성과 근대 지향성이 접점을 이루고, 모더니즘과 현실주의가 서로 결합될 수 있는 어떤 지점에 백석의 시가 도달하였음을 의미하는 것이다.

---

36) 1930년대 시에서 반복적으로 나타나는 고향 모티프에 대해서는 이명찬, 『1930년대 한국시의 근대성』(소명출판사, 2000) 참조.
37) 유종호, 「한국의 페시미즘」, 『현실주의 상상력』(나남, 1991), 48쪽.

(2) 아방가르드 시인들의 시적 지향성

온건한 실험에 치중하였던 이미지스트들과 달리, 이상을 비롯하여 《삼사문학》 동인들과 같은 초현실주의자들은 대륙계 아방가르드 예술의 영향을 받아 전통적 시 형태에 대한 과감한 해체와 극단적인 언어 실험을 감행하였다. 이러한 미학적 실험의 차이는 식민지 근대화에 대한 인식의 차이에서 비롯하는 것이자 그들이 모색한 탈근대에 대한 방법론의 차이를 보여 주는 것이다. 모더니스트들이 언어적 조형성과 절제된 감정 표현을 통해 근대 사회가 직면한 문명의 위기와 혼란을 극복하겠다는 특유의 질서 의식을 보여 준 반면, 초현실주의적 경향의 전위주의 시인들은 언어의 현실 재현성을 부정하고 전통적인 서정시 형식에 충격을 주고자 했다. 언어 및 형태 실험에 골몰하는 이런 시적 전략은 근대의 이성중심주의적 사유 방식을 해체하고 탈근대적 상상력을 펼쳐 보이기 위한 것이었다.

이상[38]은 근대에 대한 미학적 부정을 시도한 대표적 아방가르드 시인이었다. 그는 인간의 무의식 및 초현실적 세계에 대한 탐색을 특징으로 하는 초현실주의의 영향 아래, 기존 서정시의 언어와 형태를 전면적으로 부정하고 해체하려 했다.

　　거울속에는소리가없소
　　저렇게까지조용한세상은참없을것이오

　　거울속에도내게귀가있소

---

38) 이상(李箱, 1910~1937): 1930년 2월 《조선》에 소설 「12월 12일」을, 1931년 7월에 《조선과 건축》에 시 「이상한 가역반응」 등을 발표하며 등단. 사후에 『이상선집』(백양당, 1947) 등이 간행되었음.

내말을못알아듣는딱한귀가두개나있소

거울속의나는왼손잡이오
내악수(握手)를받을줄모르는—악수(握手)를모르는왼손잡이오

거울때문에나는거울속의나를만져보지를못하는구료마는
거울아니었던들내가어찌거울속의나를만나보기만이라도했겠소

나는지금(至今)거울을안가졌소마는거울속에는늘거울속의내가있소
잘은모르지만외로된사업(事業)에골몰할께요

거울속의나는참나와는반대(反對)요마는
또꽤닮았소
나는거울속의나를근심하고진찰(診察)할수없으니퍽섭섭하오
—「거울」전문

「거울」에 등장하는 나는 거울 속의 나와 거울 밖의 나로 나뉘어 있다. 이렇게 분열된 자아 내부의 두 자아는 "외로된사업에골몰"하느라 서로 소통할 줄 모른다. 이상이 직면하고 있는 자아 분열은 통합적 주체라는 근대 철학의 전제가 환상에 불과한 것임을 보여 준다. 뿐만 아니라 띄어쓰기의 거부는 언어의 분절성과 통사적 질서에 대한 부정 의식을 보여 주는 것으로서, 시인이 근대 문명에 대해 느끼는 극단적인 불안·공포, 더 나아가 근대의 합리적 질서와 가치 체계에 대한 거부감을 보여 준다. 「오감도」에 나타난 불안과 공포, 무의미한 반복과 병치, 선행하는 진술에 대한 끝없는 부정, 시니피에 없는 시니피앙의 유희 등도 같은 맥

락에서 이해할 수 있는 것이다. 특히 「선에 관한 각서」 연작시에서 발견되는 근대 수학과 과학에 대한 비판적 성찰은 그의 문명 비판과 탈근대 의식의 한 극단을 보여 준다.

하지만 이상은 시대를 너무 일찍 앞서 나간 천재의 비극적 운명에 빠져들고 말았다. 근대 문명에 대한 비판적 성찰과 해체 의식을 감당하기에 당대의 식민지적 근대란 너무나 취약한 것이었고, 그의 시적 실천을 받아들이기엔 당대의 문화적 소통 환경이나 근대 문학의 경험이 너무 일천하였다. 돌이켜보면 이상의 언어 부정과 형태 해체란 '아버지'로 표상되는 전통적 관습이나 근대의 이성중심주의적 질서에 대한 전면적 부정을 의미하는 것일 터인데, 그가 부정의 대상으로 설정한 '아버지'(혹은 국가)가 부재하는 상황에서 그의 탈근대적 사유는 당대의 문학적 현실 속에서는 소통되기 어려운 것이었다. 이상이 "절망은 기교를 낳고 또 그 기교 때문에 절망한다"고 고백할 수밖에 없었던 것, 세계에 대한 위악적 태도와 냉소주의로 일관하면서 끝내 허무주의로 빠져들 수밖에 없었던 것도 이 때문일 것이다.

한편 신백수, 이시우, 정현웅, 한천 등이 포함된 《삼사문학》 동인들이 등장하여 초현실주의론을 소개하고 초현실주의 시를 발표하기도 했다. 신백수의 「12월의 종기」, 한천의 「단순한 봉선화의 애화」 등은 사고의 논리성이나 현실성을 초월한 어떤 꿈의 상태를 표현하고 있으며, 대상의 재현이 아닌 내적 독백과 자동 기술에 의거하여 잠재의식의 세계를 그려 내고 있다. 하지만 《삼사문학》 동인들의 문학 활동은 범문단적인 운동으로 확산하지 못했으며 문학적 성취를 인정하기에는 양적 측면에서나 질적 측면에서 모두 빈약한 것이었다.

3) 이념의 퇴조와 내성화의 길; 현실주의 계열의 시

카프 출신의 시인들은 식민지 시대의 계급 모순과 민족 모순의 형상화에 가장 적극적인 창작 그룹이었다. 계급주의적 시각을 통해 시대 현실을 관찰·분석한 후 노동 계급의 역사적 전망을 제시하는 데 주력하였던 카프 시인들은 다양한 양식적 실험을 통해 시와 대중의 만남을 시도하였다. 1920년대 후반 과도한 정치성과 목적성으로 인해 '뼈다귀 시'로 전락하였다고 비난받던 프로시는 임화가 등장하여 단편 서사시를 왕성하게 발표하면서 새롭게 문단의 주목을 받기 시작하였다. 그것은 프로시의 대중성을 확보하면서도, 과도한 정치성과 목적성에 신음하던 당대의 프로시에 최소한의 예술적 숨결을 불어넣어 줄 수 있는 통로가 되었기 때문이다. 1930년대 접어들어 카프 소장파의 정치적 이데올로기가 강화되면서 정작 단편 서사시의 제창자인 임화가 자신의 득의의 영역이었던 단편 서사시 창작을 중단하였음에도 불구하고, 박아지, 김해강 등 다수의 에피고넨이 등장하면서 단편 서사시는 그야말로 프로시를 대표하는 시 양식으로 자리 잡게 되었다. 일종의 양식화가 이루어진 셈이다.

'운동'의 관점에서 보자면 단편 서사시의 양식적 실험은 프로시의 향배를 결정짓는 것이자, 1930년대 한국 시에 나타난 서사 지향성(가령 이용악의 이야기시에서 볼 수 있는)에 있어서 그 중핵적 위치를 차지하는 것이다. 하지만 단편 서사시의 양식적 실험을 추동한 것은 카프 시인들의 정치적 이념이었다. 때문에 1930년대 중후반에 이르러 계급주의 이념이 퇴조함에 따라 단편 서사시 양식은 내적 해체의 과정을 밟아 갈 수밖에 없었다.[39]

---

39) 1930년대 프로시의 변모 양상에 대해서는 윤여탁, 「1920~1930년대 리얼리

임화는 1930년대 현실주의 시단의 변모 과정을 가장 전형적으로 보여 준 시인이다. 임화는 팔봉 김기진과 논쟁을 거치는 동안 단편 서사시 창작 과정에서 자신이 보여 준 소시민성과 감상성에 대해 자기비판을 감행하였고 한동안 시 창작 대신에 평론 활동에 주력하였다. 하지만 카프의 조직 책임자이자 이론적 핵심 분자였던 임화 역시, 카프에 대한 유무형의 감시와 억압이 강화함에 따라 시 창작 영역으로 되돌아오게 되었다. 1933년 발표된 「오늘밤 아버지는 퍼렁 이불을 덮고」가 그것인데, 이 작품에서 임화가 선택한 것은 이념이 아니라 정서화·주관화된 시였다. 이 작품은 1920년대 후반에 발표된 단편 서사시의 형태나 장르적 관습(서간체)을 유지하고 있지만 그것만큼의 이념적 진실성이나 투쟁성을 보여 주지는 못하고 있다. 이는 임화가 현실에 대한 비극적 전망에 빠져 급변하는 시대 현실을 계기적으로 포착할 능력을 상실하였기 때문에 나타난 현상이다.

한편 「암흑의 정신」에 이르면 임화는 비극적 세계 인식에 함몰되어 자기 정체성의 위기에까지 이르게 된다. 이 작품에서 시적 화자는 스스로를 "여윈 창백한 새"로 비유하고 "아무 곳으로도 길이 열리지 않는 암흑한 계곡에서" 공포와 절망의 탄식에 떨고 있다고 고백하고 있다. 객관적 정세의 악화와 주관적 대결 의지의 상실 속에서 내성화의 과정을 거쳤던 임화가 현실을 타개할 수 있는 시적 비전을 회복하게 된 것은 시집 『현해탄』(1938)에 이르러서이다. 그것은 젊은 날 자신이 품었던 계급적 열정과 미래에 대한 전망을 현해탄을 건너던 "청년"(식민지 지식인)의 영웅적 형상을 통해 회고하는 방식을 통해 이루어졌다. 특히 임화가 다

즘 시의 현실 인식과 형상화 방법에 대한 연구」(서울대 대학원, 1990): 최두석, 『시와 리얼리즘』(창작과비평사, 1997) 등 참조.

분히 서사시적인 구도를 통해 "청년"의 형상을 펼쳐 보인 점, 그리고 그의 언어가 과도한 낭만적 파토스에 휩싸여 있었던 점은 주목할 만하다. 이 낭만적 파토스는 주체 재건에 대한 시인의 의지를 보여 주는 것이기도 하다.[40]

오로지
바다보다도 모진
대륙의 삭풍 가운데
한결같이 사내다웁던
모든 청년들의 명예와 더불어
이 바다를 노래하고 싶다.

비록 청춘의 즐거움과 희망을
모두 다 땅 속 깊이 파묻는
비통한 매장의 날일지라도,
한번 현해탄은 청년들의 눈앞에,
검은 상장(喪帳)을 내린 일은 없었다.

오늘도 또한 나 젊은 청년들은
부지런한 아이들처럼
끊임없이 이 바다를 건너가고, 돌아오고,
내일도 또한
현해탄은 청년들의 해협이리라.

---

40) 이에 대해서는 남기혁, 「임화 시의 담론 구조와 장르적 성격 연구」(서울대학교 대학원, 1992) 참조.

영원히 현해탄은 우리들의 해협이다.

――「현해탄」부분

자고 새면
이변을 꿈꾸면서
나는 어느 날이나
무사하기를 바랐다

행복되려는 마음이
나를 여러 차례
죽음에서 구해 준 은혜를
잊지 않지만
행복도 즐거움도
무사한 그날 그날 가운데
찾아지지 아니할 때
나의 생활은
꽃 진 장미넝클이었다

푸른 잎을 즐기기엔
나의 나리가 너무 어리고
마른 가리를 사랑키엔
더구나 마음이 애띠어

그만 인젠
살려고 무사하려던 생각이
믿기 어려워 한이 되어
몸과 마음이 상할

자리를 비워 주는 운명이
애인처럼 그립다.

　　　　　　　　——「자고 새면」 전문

　「현해탄」의 "청년"은 현실 변혁을 꿈꾸었던 임화가 자신의 이념과 이상을 투영한 낭만적 영웅의 표상이다. 이 청년은 식민 제국 일본에서 "예술, 학문, 움직일 수 없는 진리"를 배우고 익혀 "슬픈 고향의 한 밤/ 해보다도 밝게 타는 별이 되리라"(「해협의 낭만주의」 중에서)고 다짐하였던 근대적 지식인이다. 1930년대 후반에 이르러 임화가 이러한 긍정적 인간형을 되돌아보면서 현해탄이란 역사적 공간을 그려 나간 까닭은 무엇인가? 그것은 피폐한 식민지 현실과 협애한 이념적 지평 속에서 자신이 간직하고 있는 계급주의 이념의 긍정성을 입증하기 위해서였다. 그는 특유의 '낭만 정신'을 통해 일제 말의 악화된 정세 속에서 점점 위축될 수밖에 없었던 주체를 재건하려는 의지를 보여 주고자 했다.

　하지만 시집 『현해탄』 이후 임화는 다시 한 번 운명론에 빠져들고 말았다. 「자고 새면」에서 보듯, 임화는 객관적 정세의 악화를 사실로 수리하고 자신이 이념적 지향성을 내면화할 수밖에 없는 현실에 직면하였다. 시적 주체가 처한 현실과 이념적 지평에 대한 비극적 전망을 보여 주는 것이 바로 '운명' 모티프이다. 이 '운명'은 임화라는 한 개인뿐만 아니라 카프 출신의 시인들, 더 나아가 식민지 시대의 시인들이 감내하지 않으면 안 될 '운명'이었다.

　한편 권환, 박세영, 이찬 등과 같은 구 카프 계열 시인들뿐만 아니라 이용악, 윤곤강 등과 같이 카프에 이념적으로 동조하던 신세대 시인들 역시 카프 해산 전후의 임화와 유사한 시적 행로를 밟아 나갔다. 우선 권환은 주체의 분열과 정체성의 위기를 토로한 「자화상」을 거쳐 「윤리」에 이르면 시대 현실과 타협하지 않은 채 내면의식의 차원에서나마 이념적 정결성을 지켜 나아가겠다는 의지를 피력하였다.

>박꽃같이 아름답게 살련다
>흰 눈(雪)같이 깨끗하게 살련다
>가을 호수(湖水)같이 맑게 살련다
>
>손톱 발톱밑에 검은 때 하나없이
>갓 탕건에 먼지 훨훨 털어버리고
>축대 뜰에 띠끌 살살 쓸어버리고
>살련다 박꽃같이 가을 호수(湖水)같이
>
>봄에는 종달새
>가을에는 귀뚜라미 우는 소리
>천천히 들어가며
>살련다 박꽃같이 가을 호수(湖水)같이
>
>비 오며는 참새처럼 노래하고
>
>――「윤리(倫理)」전문

이러한 자기 윤리의 점검은 시시각각 다가오는 객관적 정세의 압박 속에서 현실과 타협하지 않겠다는 의지를 보여 준 것이지만 이념의 직설적 토로가 불가능해진 시대 현실에 대한 우회적 비판의 의미도 담고 있다. 한편 박세영은 「산제비」, 「오후의 마천령」과 같은 작품을 통해 객관적 정세의 악화에도 불구하고 미래의 승리를 예견하는 혁명적 낭만주의의 시를 발표하였지만 이후 더

이상의 프로시를 발표하지는 못했다. 한편 이찬은 「눈나리는 보성(堡城)의 밤」을 통해 특유의 북방 정서에 기대어 "침통한 역사의 한순간을" 노래하면서 한 차원 더 성숙한 프로시를 보여 주었지만 그 역시 억압적인 시대 현실과의 정면 대결을 지속해 나갈 수는 없었다.

  1930년대의 궁핍한 식민지 현실을 충실하게 그려 낸 현실주의 시인 중에는 이 시기에 새롭게 등장한 이용악[41], 안용만 등이 있었다. 특히 이용악은 서술시 형식을 즐겨 사용하였는데, 그것이 담고 있는 서사적 내용은 온전히 식민지 시대 우리 민족이 경험한 궁핍한 생활상과 북방 유이민에 바쳐지고 있다.

    그가 아홉살 되던 해
    사냥개 꿩을 쫓아다니는 겨울
    이 집에 살던 일곱 식솔이
    어디론지 사라지고 이튿날 아침
    북쪽을 향한 발자욱만 눈 위에 떨고 있었다

    더러는 오랑캐령 쪽으로 갔으리라고
    더러는 아라사로 갔으리라고
    이웃 늙은이들은
    모두 무서운 곳을 짚었다

    지금은 아무도 살지 않는 집

---

[41] 이용악(李庸岳, 1914~1971): 1935년 《신인문학》 3월호에 시 「패배자의 소원」을 발표하면서 등단. 주요 시집으로 『분수령』(동경삼문사, 1937), 『낡은 집』(동경삼문사, 1938) 등이 있음.

> 마을서 흉집이라고 꺼리는 낡은 집
> 제철마다 먹음직한 열매
> 탐스럽게 열던 살구
> 살구나무도 글거리만 남았길래
> 꽃피는 철이 와도 가도 뒤울 안에
> 꿀벌 하나 날아들지 않는다
>
> ——「낡은 집」 부분

「낡은 집」은 일제의 식민 침탈로 인해 고향을 등지고 떠날 수밖에 없었던 북방 유이민들의 궁핍한 삶을 특유의 북방 정서와 서술시적 기법을 통해 그려 내고 있다.[42] 이 작품에서 시인은 "찻길"로 표상되는 식민지적 근대 질서가 강요한 침탈과 착취로 인해 경제적으로 몰락하고 마침내 고향을 등지고 북방으로 떠날 수밖에 없었던 민족의 현실을 "털보네" 가족을 통해 그려 내고 있다. 특히 이 작품은 털보네의 집이 흉집으로 바뀌게 된 과정을 이야기해 주는 서사적 기법과 함께 "꽃피는 철이 와도 가도 뒤울 안에/ 꿀벌 하나 날아들지 않는다"와 같은 알레고리적 표현을 동원하여 식민지 현실의 불모성을 우회적으로 드러내고 있다. 여기에는 가난과 노동, 유랑, 비극적인 가족 해체와 같은 시인의 자전적 체험이 반영되어 있겠지만 이를 식민지 시대 우리 민족이 겪은 보편적인 경험으로 승화시켰다는 점에서 현실주의 시가 도달할 수 있는 최대의 가능성을 보여 준 것이라 할 만하다.

---

42) 식민지 시대 북방 유이민에 관한 시에 대해서는 윤영천, 『한국의 유민시』 (실천문학사, 1987) 참조.

4 암흑기의 시

중일 전쟁과 태평양 전쟁으로 이어지는 일제 말 암흑기는 여러 가지 면에서 시의 위축을 초래하였다. 일제의 내선 일체와 황국 신민화 정책, 그리고 그것을 떠받드는 '황도 사상'이나 '동양 문화론'과 같은 식민 담론이 시대의 공적 담론을 형성하면서 개인의 내면성에 기반을 둔 작품들은 발표될 수 없었다. 또한 '국어'에 의한 작품 활동만이 허락되는 민족어의 위기 상황에서 민족적 현실과 정서를 표현할 수 있는 가능성은 원천적으로 봉쇄되었다.[43] 많은 시인들이 자발적·비자발적으로 국책에 부응하는 사회 활동이나 작품 발표에 참여하게 된 이런 상황에서 친일의 경로에 빠져들지 않기 위해 일부의 시인들은 창작 활동을 중단하거나 일제의 감시를 피해 시대에 대한 저항의 기록을 남겨 두기도 했으며 만주 등지로 망명하기도 했다.

1) 친일시

친일 문학, 친일시에 대한 당대의 명칭은 '국민문학'과 '국민시'였다. '국민'이란 용어는 황국 신민을 의미하는 것으로서, 여기에는 천황을 정점으로 한 가부장적 국가 체제의 일원으로 조선 민족을 편입시켜 제국의 침략 전쟁에 동원하겠다는 식민 지배 이

---

[43] 《동아일보》,《조선일보》같은 일간지,《문장》과 《인문평론》의 문예지 등이 폐간되고,《국민문학》,《신시대》,《춘추》등 친일 어용 잡지 이외에는 작품 발표가 가능한 표현 매체가 없었다. 이외에도 '조선 문인 협회', '조선 문인 보국회' 등을 통해 시인과 작가들에게 친일 작품의 창작·발표를 강요하는 유무형의 압박이 가해짐에 따라 민족시의 기반은 극도로 위축될 수밖에 없었다. 일제 말의 매체 상황에 대해서는 오세영, 「암흑기의 '국민시'」,『20세기 한국시연구』(새문사, 1989) 참조.

데올로기가 작동하고 있다. 1939년경 임학수, 김동환, 이광수, 김용제 등에 의해 모습을 드러낸 국민시는 1941년경에 이르면 전시단으로 확산되어 김용호, 서정주, 김종한[44] 김팔봉, 노천명, 모윤숙, 김상용 등이 여기에 참여하기 시작하였다.

>누구보담도 몬저 외투(外套)를 벗고
>누구보담도 몬저 춘복(春服)을 입엇노라
>
>전쟁(戰爭) 속에 봄이 돌아와
>다사로운 날세 날세 오늘 억그제
>
>고산식물(高山植物)처럼 태양(太陽)을 그려하든
>나의 마음에 봄이 돌아와
>
>찌저진 파초(芭蕉)입도 파초(芭蕉)입이랫거니
>찌저진 춘복(春服)이라고
>춘복(春服)이 아니리오
>
>마음은 신부(新婦)처럼 성장(盛裝)하고
>누구보담도 몬저 새봄을 호흡(呼吸)하다
>
>아아 전쟁(戰爭) 속에 봄이 돌아와
>군용기(軍用機)가 빛에 물들어 날러간 다음
>다사로운 날세 오늘 억그제

---

44) 김종한(金宗漢, 1916~1944): 1936년 《동아일보》에 시 「망향곡」을 발표하면서 등단.

수은(水銀)처럼 마음은 부풀어올으다
　　　　　　　—김종한, 「춘복(春服)」 전문[45]

교복과 교모를 이냥 벗어버리고
모든 낡은 보람 이냥 벗어버리고

주어진 총칼을 손에 잡으로!
적의 과녁 위에 육탄을 던져라!

벗아, 그리운 벗아.
성장(星章)의 군모 아래 새로 불을 켠
눈을 보자 눈을 보자 벗아……
오백 년 아닌 천 년 만에
새로 불 켠 네 눈을 보자 벗아……

아무 뉘우침도 없이 스러짐 속에 스러져 가는
네 위에 한 송이의 꽃이 피리라.

흘린 네 피에 외우지는 소리 있어
우리 늘 항상 그 뒤를 따르리라.
　　　　　　　—서정주, 「헌시(獻詩)」 부분[46]

---

[45] 《매일신보》(1942. 3. 16). (이 글에서는 布袋敏博 (외) 편, 『金鍾漢全集』(東京: 綠蔭書房, 2005), 149쪽에 실린 텍스트를 인용하였다.)
[46] 《매일신보》(1943. 11. 16). (이 글에서는 《실천문학》 2002년 여름호, 22~24쪽에 실린 텍스트를 인용하였다.)

김종한은 가장 왕성하게 친일시를 창작·발표한 시인이다. 그는 '국어'(일본어)로 창작된 작품을 많이 발표하였을 뿐만 아니라 여러 편의 시론을 통해 국민시의 이념을 적극적으로 전파하기도 하였다. 가령 일문시 「원정(園丁)」(《국민문학》, 1943. 8)에서 돌배나무와 능금나무의 접목에 비유하여 조선 민족과 일본 민족의 결속을 주장하기도 하였고, 이외에도 「살구꽃처럼」(《문장》, 1940. 11), 「합창에 대해서」(《국민문학》, 1942. 4)를 통해 일제의 침략 전쟁을 미화·찬양하기도 했다. 위에 인용한 「춘복」은 태양으로 상징되는 천황의 황은을 따듯한 봄날의 날씨에 비유하여 표현하고 있다. 특히 이 작품은 "군용기"란 시어가 암시하듯 일제의 침략 전쟁을 미화하고 그것으로 인한 시대 상황의 변화를 낙관적인 시각으로 그린 점이 주목된다.

서정주는 미요시 다츠지(三好達治)의 '국민시가론'의 영향 아래 평론 「시의 이야기―주로 국민시가에 대하여」(《매일신보》, 1942. 7. 13~17)를 발표하면서 친일 문학에 본격적으로 나섰다.[47] 이 평론에서 그는 동양정신론, 한자 문화권 등의 논리에 의거하여 '동양에의 회귀'를 제창하면서, 당대의 시인들이 "중국의 고전에서 비롯하여 황국(皇國)의 전적(典籍)들과 반도(半島) 옛것들을 고루 섭렵하는 총명"을 가져야 한다고 주장하였다. 미당이 당대의 시인들에게 "황국의 전적"에 대한 교양을 요구한 것은 근본적으로 일본 정신으로의 무장을 요구한 것으로 볼 수 있을 것이다.

이러한 논리적 기반 위에 그는 일련의 친일시를 발표하였다. 그의 친일시는 천황귀일(天皇歸一)·팔굉일우(八紘一宇)로 대변되

---

47) 최현식, 『서정주 시의 근대와 반근대』(소명출판, 2003) 참조.

는 천황 중심의 가족-서사를 승인하면서, 조선 민족을 국민 주체로 소환하는 제국의 목소리를 충실하게 전달하고 있다. 가령 일제의 관제 행사였던 항공일을 기념하기 위해 쓴 「항공일에」(《국민문학》, 1943. 10)라는 작품에서 시적 화자는 태평양 전쟁에서 죽어 간 비행사에 대한 그리움과 흠모의 감정을 표출하고, 자신도 비행사가 되어 높은 하늘로 비상하고 싶다는 꿈을 노래한다. 여기서 하늘로 비상하려는 시적 화자의 꿈은 '천황'을 정점으로 형성되는 동아 협동체적 질서에 동화되고자 하는 욕망을 보여 주는 것이다.

한편 「송정오장 송가(松井伍長 頌歌)」[48]에서 시적 화자는 영미(英美)에 대한 적개심을 드러내면서, '국가'의 부름을 받고 카미카제 특공대로 출격하여 장렬하게 전사한 조선인 청년 '마쓰이 히데오'의 '영웅적'인 삶을 그려내고 있다. 특히 이 작품은 적국의 항공모함에 옥쇄(玉碎)를 감행한 조선인 청년의 비행기를 "우리 동포들이 밤낮으로/ 정성껏 만들어 보낸" 비행기로 설정하고, 그의 옥쇄로 인해 "삼천리의 산천"이 향기로워지고 "우리의 하늘"이 더 짙푸르러졌다고 진술하고 있다. 위에 인용한 「헌시」의 경우에도 전쟁 중에 죽어 간 조선 학도병을 등장시키고 있다. 이 작품에서 시적 화자는 전쟁의 광기나 피식민 주체의 희생을 고발하는 대신 조선 학도병의 죽음을 미화하였다. 이러한 시적 화자의 목소리는 피식민 주체를 제국의 '보편'적 질서에 편입시키겠다는 친일의 논리를 보여 준다.[49]

일제 말 암흑기의 친일시는 국가 상실기에 우리 민족이 겪을

---

48) 《국민문학》(1944. 12. 9).
49) 이에 대해서는 남기혁, 「서정주의 동양 인식과 친일의 논리」, 『국제어문』 37(2006) 참조.

수밖에 없었던 비극적 운명에서 기인하는 것으로서 우리 정신사의 부끄러운 일면이기도 하다. 친일이 자발적이었는가 아니면 강요된 것이었는가 하는 점이 중요하지는 않다. 문제는 오히려 일제 말에 우리 시인들이 일제의 '국민' 담론에 포섭될 수밖에 없었으며, 그것에 대한 성실한 고백과 참회가 뒤따르지 못했다는 점에 있다. 전통주의를 표방했던 시인은 물론 모더니즘이나 현실주의를 표방했던 많은 시인이 무기력하게 동양주의에 함몰되고 말았다. 그리고 서정주가 훗날 자서전에 기록하였듯이 어느 누구도 태평양 전쟁이 일본의 패배로 끝날 것이라고 전혀 예상하지 못한 채 제국주의의 침략 논리에 굴복하고 말았다. 시대를 읽어내는 능력의 부족이나 체제의 기만을 내세운다고 해서 그들의 친일 행위가 가려질 수는 없는 없는 노릇이다. 문제는 한국 근대시, 더 나아가 한국 근대 문학의 정신적 지향성 내부에 잠재하고 있는 논리적 모순, 즉 식민지적 근대화의 과정 속에서 근대성을 추구해야 했던 우리 시인, 문인의 의식 구조의 결함을 되돌아보고 이를 비판·극복하는 일일 것이다.

2) 저항의 여러 양상들

억압적 현실 속에서 미래에 대한 전망을 간직하면서 시대의 부조리를 고발하거나 저항의 담론을 생산한다는 것은 목숨을 건 결단이 없으면 불가능한 일이다. 일제 말의 현실은 시인들에게 목숨을 건 결단을 요구하였다. 이 결단을 실행한다는 것은 어쩌면 시와 문학 그 자체를 모두 내던지고 직접 몸을 내던져 제국에 항거하는 것을 의미할 수도 있다. 하지만 일제 말의 문학 담론에서 그러한 저항의 논리가 언어의 옷을 입기는 어려웠던 것이 현실이다. 그런 가운데에도 일부 시인들이 다양한 방식의 저항 논리를 통해 시대 현실에 맞섰고, 그것의 일부가 시적인 표현을 얻는 경우도 있었다.

우선 정신주의적 현실 대응의 논리가 있다. 가령 정지용이 「인동차」, 「장수산 1」 등을 통해 보여 준 견인주의적 태도는 특유의 현실 도피 심리에도 불구하고 겨울로 상징되는 일제 말의 현실을 순결한 정신으로 이겨 내겠다는 의지를 보여 주고 있다.

　　벌목정정(伐木丁丁)이랬거니 아람드리 큰 솔이 베어짐직도 하이 골이 울어 메아리 소리 쩌르렁 돌아옴직도 하이 다람쥐도 좇지 않고 멧새도 울지 않아 깊은 산 고요가 차라리 뼈를 저리우는데 눈과 밤이 종이보담 희고녀! 달도 보름을 기다려 흰 뜻은 한밤이 골을 걸음이란다? 웃절 중이 여섯 판에 여섯 번 지고 웃고 올라간 뒤 조찰히 늙은 사나이의 남긴 내음새를 줍는다? 시름은 바람도 일지 않는 고요에 심히 흔들리우노니 오오 견디란다 차고 올연히 슬픔도 꿈도 없이 장수산 속 겨울 한밤 내―
　　　　　　　　　　　――정지용의 「장수산 1」 전문

이 작품에서 시적 자아는 "차고 올연히 슬픔도 꿈도 없이" 겨울로 상징되는 시대 현실을 참고 견뎌 내겠다는 의지를 드러내고 있다. 그가 한철을 보내려는 '장수산'이 현실 도피의 공간인 것은 분명하다. 하지만 깊은 산속에서의 은둔을 통해 시적 순결성을 지켜 내는 것만으로도 충분히 일제 말 암흑기에 대한 소극적 저항의 의미를 지닌다 하겠다. 박목월을 비롯한 청록파 시인들이 일제 말에 대응했던 것도 이와 크게 다르지 않다. 특히 이들이 민족어의 위기 속에서 조선어의 순수성과 아름다움을 지켜 나가기 위해 애썼던 점, 그리고 발표되지는 않았지만 많은 미발표 원고들을 보관하여 훗날 우리의 시적 자산으로 물려주었던 점은 주목할 만한 일이다.

한편 윤동주[50]는 기독교적 신앙과 윤리 의식에 바탕을 두고 내면적 저항의 시를 써 나갔다. 그는 암울한 시대 현실에 대한 고발이나 비판 대신에 그것과 맞선 나약한 지식인의 내적 고뇌와 자기반성을 기록하는 데 주력하였다. 그의 시편들에서 현실에 대한 적극적 부정과 저항 대신에 현실과 맞서 싸우지 못하는 나약한 존재의 슬픈 내면이나 자의식의 분열이 자주 나타나는 것도 이 때문일 것이다. 하지만 소극적 저항에 멈춘 내면의 기록조차 일제 말 암흑기의 한국 시단에서 매우 예외적인 사건이 아닐 수 없다.

> 파란 녹이 낀 구리거울 속에
> 내 얼굴이 남아 있는 것은
> 어느 왕조(王朝)의 유물(遺物)이기에
> 이다지도 욕될까
>
> 나는 나의 참회(懺悔)의 글을 한줄에 줄이자
> ─만이십사년일개월(滿二十四年一個月)을
> 무슨 기쁨을 바라 살아 왔던가
>
> 내일이나 모레나 그 어느 즐거운 날에
> 나는 또 한줄의 참회록(懺悔錄)을 써야 한다.
> ─그때 그 젊은 나이에
> 왜 그런 부끄런 고백(告白)을 했던가

---

50) 윤동주(尹東柱, 1904~1945): 1939년《조선일보》에「유언」발표. 대표 시집으로『하늘과 바람과 별과 시』(정음사, 1948)가 있음.

밤이면 밤마다 나의 거울을
손바닥으로 발바닥으로 닦아 보자.

그러면 어느 운석(隕石)밑으로 홀로 걸어가는
슬픈 사람의 뒷모양이
거울 속에 나타나온다.

─「참회록(懺悔錄)」 전문

윤동주는 「십자가」에서 '예수 그리스도'의 죽음을 모티프로 삼아 시대에 대한 속죄양 의식을 노래한 바 있다. 이러한 속죄양 의식은 위에 인용한 「참회록」에 나타나는 처절한 자기반성과 참회의 눈물을 동반한 것이었기에 단순한 감상주의 이상의 정신사적 의미를 획득하게 된다. 「또 다른 고향」에서 나타나는 주체의 분열과 "또 다른 고향"에 대한 지향, 「간」에 나타나는 자기희생과 저항 의지 역시 주목할 만한 문학사적 사건이자 정신적 풍경으로 기록될 만하다.

한편 이육사[51]는 선비적인 절개와 지사적 풍모를 보여 준 저항 시인이다. 그는 민족 해방 운동에 투신하여 자신의 목숨을 내던진 독립 투사이자 암울한 현실 속에서 미래에 대한 희망을 길어 올린 예언적 지성의 소유자이기도 하다.

매운 계절의 채찍에 갈겨
마침내 북방으로 휩쓸려 오다

---

51) 이육사(李陸史, 1904~1944): 1933년 《신조선》에 시 「황혼」을 발표하며 등단. 대표 시집으로 사후에 간행된 『육사시집』(서울출판사, 1946)이 있음.

하늘도 그만 지쳐 끝난 고원(高原)
서릿발 칼날진 그 위에 서다

어디다 무릎을 끓어야 하나?
한발 재겨 디딜 곳조차 없다

이러매 눈감아 생각해 볼 밖에
겨울은 강철로 된 무지갠가 보다.

――「절정」전문

 이육사는 역설의 시인이다. 비 한 방울 내리지 않는 땅에서 꽃이 피고 북쪽 툰드라의 찬 새벽에 제비 떼가 날아오기를 기다리는 「꽃」에서 알 수 있듯이, 그는 미래에 대한 희망이 전혀 보이지 않는 상황에서 절망하거나 좌절하지 않고 새로운 시대의 도래에 대한 믿음을 견지하였다. 위에 인용한 「절정」의 경우도 마찬가지이다. 이 작품에서 시적 화자는 "매운 계절"로 표상되는 시대의 폭압 때문에 "한발 재겨 디딜 곳조차" 없는 극단적 상황에 내몰려 있다. 하지만 그는 현실에 굴복하거나 도피하지 않고 "겨울" 속에서 "강철로 된 무지개"의 모습을 발견한다. 시대의 궁핍 속에서 부재하는 절대적 존재에 대한 믿음을 견지하는 이육사의 모습에서 우리는 민족사에 대한 예언자적 풍모를 엿볼 수 있다. 「청포도」에 등장하는 "청포(淸袍)를 입고 찾아"오는 손님이나, 「광야」에 등장하는 "백마(白馬) 타고 오는 초인(超人)"은 아마도 이육사 자신을 의미하는 것일는지 모른다.
 윤동주의 자기 성찰이나 이육사의 예언적 지성은 내면의 정신세계를 통해 시대 현실과 맞서는 방식이었다. 이와 달리, 심훈은[52] 시대 현실과 맞서 싸우는 육체의 처절한 몸부림을 통해 부정적인 현실에 대한 저항 의지는 물론 새로운 시대의 도래에 대한 염원을 노래하였다.

> 그날이 오면 그날이 오며는
> 삼각산(三角山)이 일어나 더덩실 춤이라도 추고
> 한강(漢江)물이 뒤집혀 용솟음칠 그날이,
> 이 목숨이 끊지기 전에 와 주기만 하량이면,
> 나는 밤하늘에 날으는 까마귀와 같이
> 종로(鍾路)의 인경(人磬)을 머리로 들이받아 울리오리다,
> 두개골(頭蓋骨)은 깨어져 산산(散散)조각이 나도
> 기뻐서 죽사오매 오히려 무슨 한(恨)이 남으오리까
>
> 그날이 와서 오오 그날이 와서
> 육조(六曹)앞 넓은 길을 울며 뛰며 뒹굴어도
> 그래도 넘치는 기쁨에 가슴이 미어질 듯하거든
> 드는 칼로 이몸의 가죽이라도 벗겨서
> 커다란 북〔鼓〕 만들어 들쳐 메고는
> 여러분의 행렬(行列)에 앞장을 서오리다,
> 우렁찬 그 소리를 한번이라도 듣기만 하면
> 그 자리에 꺼꾸러져도 눈을 감겠소이다.
>
> ——「그날이 오면」전문

심훈의 시 「그날이 오면」은 조국의 해방이라는 미래적 상황을 설정하고 그런 상황 속에서 시인이 느낄 법한 희열의 감정을 극

---

52) 심훈(沈熏, 1901~1936): 1926년 「만가, 야시, 일년후」를 발표하며 등단. 사후에 간행된 시집으로 『그날이 오면』(한성도서, 1949)이 있음.

단적인 신체 절멸의 이미지를 통해 그려 내고 있다. 이 시에 나타난 극단적인 신체 절멸의 이미지는 암울한 현실 속에서 광복이란 미래적 사건을 선취한 시인이 느끼는 비극적 황홀을 보여 주는 것이자 광복이란 미래적 사건이 우리 민족이 맞이해야 할 필연적 운명임을 웅변적으로 보여 주는 것이다. 그리고 광복은 '도둑처럼' 찾아왔다.

(남기혁)

5장
해방기의 시(1945년~1950년)

1 해방기의 시대 상황과 시단의 경향

   1945년 8·15광복에서 1950년 6·25전쟁이 터지기까지의 5년간은 우리 현대사에서 가장 들끓는 기간이었다. 8·15광복과 더불어 우리 민족은 새로운 조국을 건설해야 할 역사적 책임을 안게 되었다. 타 민족의 압제에서 벗어나 새로운 나라를 다시 건설하는 일은 가슴 벅찬 일이지만 그 임무는 그렇게 쉽게 달성될 수 있는 일이 아니다. 수많은 난관을 헤치며 정치, 경제, 사회, 문화 등 모든 분야에 걸쳐 새로운 제도와 법률을 제정해야 하고, 나라와 민족의 올바른 앞길에 대한 희망과 이상을 제시해야 하는 것이다. 냉정한 이성과 치밀한 지성, 깊은 인내와 남다른 지혜가 절실히 요구되던 시기가 바로 해방 정국이었던 것이다. 그런데 이 지난한 시대에 이념의 회오리가 세차게 몰아치면서 불안정하고 힘든 우리 사회를 크게 동요시켰다. 외세까지 합세된 이념의 풍랑은 우리 사회를 합리적 이성보다는 경직된 이념으로 끌고 가면서 대립과 반목의 소용돌이로 몰아넣었다. 결국 민족의 갈등과 분열을 극심히 겪으며 마침내 민족과 나라가 일치되지 못하는 뼈아픈 분단의 길로 들어서게 되었다.

새로운 제도와 문화의 건설, 그리고 그 앞에 들이닥친 이념의 회오리는 우리의 문학사에도 그대로 드리워졌다. 이 시기에 우리 문학사는 유래를 찾아볼 수 없을 정도로 수많은 문학 단체들이 결성되었는데, 그 배경에는 특정 이념이 깊이 작용하고 있었다. 여기에 가장 먼저 깃발을 든 이가 바로 임화였다. 그는 해방 소식이 귓가에서 채 가시기도 전인 8월 17일 한청 빌딩에 '문학 건설 총본부'라는 간판을 내걸고 문학인들을 집결시켰다. 그는 바로 이어서 '음악 건설 총본부', '미술 건설 총본부', '영화 건설 총본부'의 결성을 조정한 후 이를 통합한 '문화 건설 중앙 협의회'를 만들고 서기장에 취임하였다. 그는 여기서 민족 문학의 기치를 높이 내세우고 한국 예술계의 지배권을 장악해 나아가고자 했다.[1]

임화 중심의 이런 움직임에 비판적 시각을 가진 카프 계열의 문인들은 '조선 프롤레타리아 문학 동맹'이라는 또 다른 문학 단체를 발족시켰다. 한효, 송영, 박세영 등 1930년대 초 카프가 해체될 당시 이에 반대했던 카프계의 문인들이 주축이 된 '조선 프롤레타리아 문학 동맹'은 《문화전선》이라는 기관지를 통해 임화의 '민족문학론'을 배격하며 계급 우위의 문학론을 펼쳐 나갔다. 그러나 이 두 단체의 대립은 얼마 지나지 않아 당시 공산주의 정당이었던 남로당의 통합 지령에 의해[2] 하나로 합쳐서 '조선 문학

---

1) 조연현, 『한국현대문학사』(성문각, 1980), 596쪽: 김용직, 『해방기한국시문학사』(민음사, 1989), 23쪽 참조.
2) 조연현, 『남기고 싶은 이야기들』(부름, 1981), 17~18쪽.

가 동맹'이라는 거대한 조직을 탄생시켰다. 조선 문학가 동맹은 《문학》, 《우리문학》, 《문화전선》 등의 기관지를 거느리며 광복 직후의 문단에서 가장 커다란 영향력을 발휘하였다. 조선 문학가 동맹은 해방 이듬해인 1946년 삼일절을 맞이하여 『3·1기념시집』을 발간함으로써 해방 직후의 우리 문학사에 '기념시'라는 영역을 마련하는 데 또 다른 역할을 하기도 하였다.

이러한 좌익 계열의 움직임에 맞서 변영로, 오상순, 박종화, 김영랑, 이하윤, 김광섭, 오종식, 김진섭, 이헌구 등은 '중앙 문화 협회'를 결성하였다. 기관지 《중앙순보》를 발간하면서 좌익 계열의 문학에 맞서 나간 이들은 1945년 12월 해방을 기념하는 사화집인 『해방기념시집』을 발간하였다. 조선 문학가 동맹의 『3·1기념시집』보다 한발 앞서 발간된 이 시집은 해방 문단의 '기념시' 창작에 기폭제 역할을 한 것으로 기록될 수 있다. 한편 '중앙 문화 협회'가 발전적으로 해체되면서 '전조선 문필가 협회'라는 새로운 조직체가 결성되었다. 정인보를 회장으로 한 이 단체에는 양주동, 박종화, 이헌구, 김광섭 등이 참여하였다. '전조선 문필가 협회'는 그 하위 조직으로 '조선 청년 문학가 협회'를 발족시켰다. 젊고 패기 넘치는 문인들이 다수 포진된 '조선 청년 문학가 협회'는 당시 커다란 위세를 떨치던 '조선 문학가 동맹'에 대응하려는 의도가 깔려 있었다. 김동리가 위원장을 맡고 유치환과 김달진이 부위원장을 맡은 이 단체의 시 부문에는 박두진, 조지훈, 서정주, 박목월, 유치환, 이한직 등의 이름이 올라 있다. 우리 현대시사의 커다란 줄기를 이어 간 쟁쟁한 시인들이 참여한 이 단체는 문학 연구와 시 낭송, 출판 기념회 등 대외적인 문학 활동을 활발히 전개시키고 '조선 문학가 동맹'에 맞서 순수 문학으로서의 문학의 본질을 강력히 펼쳐 나감으로써 해방 직후 이념과 정치에 휩쓸리던 우리 문단에서 문학의 중심을

지켜 나가는 역할을 하였다.[3]

해방 정국의 문학사에서 가장 빈번하게 쓰인 시의 형식은 바로 '행사시'와 '기념시'[4]였다. 해방의 순간이란 그 어느 것에 비교할 수 없을 정도로 기념비적인 일인 데다, 이념과 정치가 문학을 압도하던 시기여서 수많은 '행사시'와 '기념시'가 쓰이게 되었다. 앞서 언급한 『3·1기념시집』과 『해방기념시집』은 각각 특정 문학 단체의 주도 아래 여러 시인들이 참여한 대표적인 기념시집들이다. 이밖에도 수많은 시인들이 기념시를 창작했고, 또 주요 행사 때마다 그에 부응하는 '행사시'와 '기념시'가 창작되고 발표되었다. 이 시기의 '기념시'와 '행사시'는 이념과 정치의 홍수 속에 쓴 것이라 작품성을 지닌 시들은 많지 않았으며 격문의 성격을 지닌 작품들이 다수 포함되어 있었다. 하지만 그런 가운데서도 임화의 「3월 1일(三月 一日)이 온다」는 기억할 만한 작품으로 이 시기의 대표적인 '기념시'로 기록될 만하다.[5]

해방 직후의 들끓는 정서와 폭발적 에너지가 정치의 영역에선 경직된 이념의 과잉으로 소모적으로 흐른 반면, 출판의 영역에선 빛나는 성과를 거두었다. 8·15해방이 말뜻 그대로 광복을 찾게

---

3) 이상 해방 직후 문학 단체의 결성 과정과 참여 문인, 기관지 등에 관한 기술은 주로 김용직과 조연현의 저서를 참고했음. 김용직, 앞의 책, 5~74쪽. 조연현, 앞의 책, 596~603쪽. 해방기의 문단 움직임과 문학 운동에 대해서는 조연현의 「해방문단 5년의 회고」, 《신천지》(1949. 5)와 권영민의 『해방 직후의 민족문학운동 연구』(서울대 출판부, 1986) 등에서도 상세하게 기술되어 있음.
4) '행사시', '기념시', '정치적 격문시' 등의 용어는 유종호가 명명한 것임. 유종호, 『다시 읽는 한국시인』(문학동네, 2002).
5) 유종호는 임화가 해방 직후 사납게 활약하였던 한 때의 정치시인 가운데 단연 빼어난 시인이었으며, 「3월 1일이 온다」가 해방 후의 많지 않은 그의 소작 가운데 가장 뛰어난 시편이라고 평가한 바 있다. 유종호, 『시란 무엇인가』(민음사, 1995), 219쪽.

된 영역은 다름 아닌 출판 분야였다. 우리말과 글을 마음껏 구사하며 출판의 자유가 크게 열린 해방 직후에 우리 문학사는 일제 말의 어두운 터널을 벗어나 출판의 르네상스를 맞게 되었다. 우리말과 글은 물론 발표 매체인 잡지까지 빼앗겼던 일제 말의 어두운 시기에 출판이 금지되거나 주저되었던 작품들이 해방 이후에 발표된 작품들과 모아져 작품집의 분량을 이루면서 출판의 자유 속에 봇물 터지듯 시집 발간이 이루어졌다. 광복의 폭발적 에너지는 바로 출판 분야에서 커다란 효력을 발휘한 것이다. 신용협에 의해 정리된 이 시기의 발간 시집들을 간추려 보면 다음과 같다.

1946년

조선 문학가 동맹의 『3·1기념시집』, 박종화의 『청자부』, 박목월·조지훈·박두진의 『청록집』, 이육사의 유고 시집인 『육사 시집』, 신응식의 『석초 시집』, 김기림의 『바다와 나비』, 오장환의 『에세닌 시집』, 『병든 서울』, 박아지의 『심화(心火)』, 정지용의 『지용 시선』, 권용득의 『요람』, 박세영의 『횃불』

1947년

유치환의 『생명의 서』, 김광균의 『기항지』, 김억의 『먼동이 틀 제』, 한하운의 『한하운 시초』, 신석정의 『슬픈 목가』, 김상옥의 『초적』, 이병기의 『가람 시조집』, 오장환의 『나 사는 곳』, 임화의 『찬가』, 설정식의 『종』, 이용악의 『오랑캐꽃』, 여상현의 『칠면조』, 조운의 『조운 시조집』

1948년

윤동주의 유고 시집 『하늘과 바람과 별과 시』, 유치환의 『울릉도』, 김안서의 『안서 민요집』, 윤곤강의 『피리』, 『살어리』, 김춘수의 『구름과 장미』, 김동명의 『하늘』, 신동집의 『대낮』, 서정주의 『귀촉도』, 설정식의 『포도』, 『제신의 분노』, 임학수의 『필부의 노래』, 『초생달』, 『팔도풍물시집』, 김기림의 『기상도』

1949년

김상옥의 『고원의 곡』, 『이단의 시』, 유치환의 『청령일기』, 김광섭의 『마음』, 심훈의 『그날이 오면』, 박두진의 『해』, 조병화의 『버리고 싶은 유산』[6)]

윤동주와 이육사와 심훈의 유고 시집이 발간된 것은 해방 직후에 활짝 열린 출판의 자유와 문학적 열망을 상징적으로 보여 주는 일이다. 신석정의 『슬픈 목가』 역시 일제 강점 아래의 어두운 시대를 상징적으로 드러내는 작품들을 많이 담고 있다. 시집 안의 작품들 하단에는 각 작품이 쓰인 날짜가 기록되어 있어 이 작품들이 일제 강점 아래 쓰인 것임을 확인할 수 있는데, 이 작품들이 해방 후 시집 발간을 통해 세상에 전해짐으로써 우리 시문학사를 풍요롭게 가꿔 주고 있는 것이다. 이런 시집 발간의 성황 속에서 김춘수와 조병화 같은 전후 우리 현대시 문학사의 중요한 줄기를 이어 나간 신진 시인들이 출현하게 된다. 김춘수[7)]는 이 시기에 『구름과 장미』라는 시집을, 조병화[8)]는 『버리고 싶은 유산』이라는 시집을 발간하면서 시인의 길로 들어서게 된 것이다. 『새로운 도시와 시민들의 합창』이라는 앤솔러지를 통해 새로운

---

6) 신용협, 「민족문학 수립의 모색기」, 『한국현대문학사』(현대 문학, 2005), 282~283쪽.
7) 김춘수(金春洙, 1922~2004): 1948년 3월 《죽순》 8집에 「온실(溫室)」, 「춘심(春心)」 등을 발표하고, 9월에 시집 『구름과 장미』를 출간하며 등단하였는데, 《죽순》에 발표된 작품은 그 후에 간행된 시집에 수록하지 않아, 시인 스스로 첫 시집을 시적 출발로 삼고 있는 듯하다.
8) 조병화(趙炳華, 1921~2003): 1949년 시집 『버리고 싶은 유산』을 출간하며 등단.

모더니티를 추구한 신진 시인들이 두각을 보인 것도 눈여겨 볼 현상이다. 김수영,[9] 박인환,[10] 김규동[11] 같은 신진 시인들은 이 앤솔러지를 통해 자신들의 문학적 입지를 다져 나갔다. 이 시집은 해방 직후 시집 발간의 성황 속에서 박목월, 조지훈, 박두진이 함께 펴낸 『청록집』과 함께 가장 주목되는 합동 시집이라고 할 수 있다.

시집 발간과 함께 잡지의 발간도 전성 시대를 맞고 있다. 《문장》지의 복간은 이 시기의 출판의 자유와 열망을 드러내는 상징적인 사건이라 할 만하다. 1939년 2월에 창간되어 주옥같은 문학 작품들을 게재함으로써 일제 말의 대표적인 문예지로 손꼽혔던 《문장》지는 아쉽게도 1941년 4월 통권 26호를 끝으로 일제에 의해 강제 폐간되었다. 그런데 그 《문장》지가 해방 후인 1948년 10월에 '속간호'라는 제호 아래 복간된 것이다. 이외에 수많은 잡지들이 해방 후에 새롭게 창간되었다. 《민심》(1945. 11), 《백민》(1945. 12), 《민성》(1945. 12), 《상아탑》(1945. 12), 《신천지》(1946. 1), 《예술부락》(1946. 1), 《대조》(1946. 1), 《신세대》(1946.

---

9) 김수영(金洙暎, 1921~1968). 그의 데뷔에 대해, 어떤 저서에는 1946년 1월 《예술부락》 창간호에 시 「묘정(廟廷)의 노래」를 발표하였다고 기술되어 있고, 또 다른 저서에는 1947년 《예술부락》에 시를 발표하였다고 기술되어 있는데 직접 확인한 결과 《예술부락》의 두 책에서 김수영의 작품을 발견할 수 없었다. 《예술부락》을 창간한 조연현의 자술에 김수영이 《예술부락》과 인연을 맺은 것으로 기록되어 있어.(조연현, 『남기고 싶은 이야기들』(부름, 1981), 18~24쪽 참조) 1946년에 간행된 《예술부락》 2집에 김수영의 작품이 실린 것이 아닌가 추정되는데, 현재까지 이 책의 소장지를 확인할 수 없었다. 그의 데뷔작에 대해서는 좀 더 세밀한 서지학적 검토가 요망된다.
10) 박인환(朴寅煥, 1926~1956): 1946년 《국제신보》에 「거리」를 발표하면서 등단.
11) 김규동(金奎東, 1925~): 1948년 《예술조선》에 「강」을 발표하며 등단.

3), 《문학》(1946. 7), 《새한민보》(1947. 6), 《예술조선》(1947. 10), 《문예》(1949. 8), 《학풍》(1948. 9) 등이 모두 이 시기에 창간된 잡지들이다. 이중에는 특정 문학 단체의 영향권에 놓여 있는 잡지들도 있었지만, 그렇더라도 이 잡지들이 당시의 시인들에게 좋은 발표 기회의 장이 되었음은 말할 것도 없다. 일제 말에 활동했던 중견 시인들이 해방 후에 이 잡지들에 신작들을 발표했고, 또 신진 시인들이 이 잡지들을 통해 의욕적으로 작품 활동을 펴 나갔으며, 신인들에겐 이 잡지들이 문단 등용의 중요한 장이었던 것이다. 김수영, 김규동 같은 신예들이 바로 이 시기에 새롭게 창간된 잡지를 통해 시인의 길로 들어섰다.

또 하나 주목되는 것은 이 잡지들을 통해 그동안 묻혀 있던 작품들이 세상에 빛을 보게 된 점이다. 백석의 작품이 그중에서도 대표적인 예에 해당한다. 백석 후기 시의 상당수는 바로 이 시기에 창간된 잡지들인 《새한민보》, 《신천지》, 《신세대》, 《문장》, 《학풍》 등의 잡지에 실려서 세상에 빛을 보게 되었다. 이 시기에 백석은 북쪽에 머물러 있었고, 이중 일부 작품들 말미엔 "허준이 이전에 가지고 있었던 작품"이라는 부기가 있어 실제 창작 시기는 그 전이었음을 알 수 있다. 아마도 해방 무렵이나 그 이전에 쓰인 작품일 가능성이 크다. 널리 알려져 있다시피 《문장》지와 함께 《인문평론》지가 1941년 4월에 강제 폐간되면서 우리 문단은 암흑기로 들어섰다. 그로부터 해방이 되기까지 4년여 간 발표의 기회를 갖지 못했던 작품들이 해방 후에 창간된 잡지들을 통해 발표의 기회를 잡은 것이고, 백석의 시도 여기에 해당하는 경우였던 것이다. 백석의 작품들은 발표 시점 훨씬 이전에 쓰인 것이어서 엄밀하게 따지면 해방 공간의 문학사에서 다루어야 할 대상이 아니라고 할 수 있다. 하지만 「마을은 맨천 구신이 돼서」, 「칠월백중」, 「남신의주유동박시봉방」 같은 시들은 특정 시기에 접맥되어 있는 작품이 아니면서 서정시의 새로운 지평을 연 명편들이라 각별한 의미를 갖는 것이다. 「마을은 맨천 구신이 돼서」는 매우 독특한 화법으로 토속 신앙에 묻혀 지내는 전통적인 생활 풍속을 생기 있게 그리고 있으며, 「칠월백중」은 생활 정서가 물씬 묻어나는 짙은 토착어로 백중날의 생활 풍속을 경쾌하게 그리고 있고, 「남신의주유동박시봉방」은 우리말의 구문에 대한 다채로운 활용으로 화자의 내면 성찰을 깊이 있게 드러냄으로써 서정시의 진수를 보여 주고 있다. 백석 시의 전개 과정에서뿐만 아니라 우리 근대시의 역사에서도 각별히 기억할 만한 명편들이라고 할 수 있는 이 작품들이 바로 해방기에 새로 창간되는 잡지들을 통해 발표됨으로써 해방 이후 새롭게 전개되는 우리 시문학사의 기초를 튼튼히 다져 주고 있는 것이다.

시집과 잡지의 폭발적인 출간과 더불어 창작 활동 또한 이 시기에 활발하게 이루어졌다고 할 수 있다. 이념 과잉의 시대에 강력한 현실주의 시가 목소리를 높였지만, 그 못지않게 전통적인 서정시가 깊이를 더해 갔고, 새로운 모더니티를 추구하는 일군의 시인들이 등장하여 우리 시의 새로운 길을 열어 보이기도 했다. 하지만 이념의 갈등은 점점 깊어만 갔고 마침내 전쟁을 겪으면서 분단의 길로 들어서게 되었다. 이념 갈등과 전쟁, 분단으로 이어지는 일련의 비극적 역사 속에서 우리 문단은 많은 시인들을 잃게 되는 아픔을 겪는다. 이 점에서 우리 역사상 가장 가슴 벅찬 환희의 공간이었던 해방기는 시사적으로 가장 비극적인 연대기이기도 한 것이다. 그런 가운데서도 김수영, 김춘수, 김종길, 조병화, 정한모, 김윤성 같은 신진 시인들이 출현하여 우리 시의 밝은 내일을 예고해 주고 있다. 이제 이하에서 해방 직후에 나타났던 일련의 시적 경향들을 보다 세부적으로 검토해 보도록 하겠다.

2 좌파 계열의 시

해방기의 정치 문단 시대에 가장 커다란 목소리를 낸 시인들은 아무래도 정치성과 당파성을 앞세운 좌익 계열의 인사들이다. 그 가운데서도 가장 앞에서 목소리를 높인 시인은 단연 임화였다. 해방이 되자마자 발 빠르게 문학 단체를 결성하고 문학인들을 집결시키는 등 해방 직후의 문단을 주도해 나간 그는 1947년을 전후로 월북하기까지[12] 수많은 작품들을 쏟아 냈다. 그의 작품들은 특정한 기념 행사를 위해 쓰인 것이 많아 현장에서의 낭독성을 중시하는 시들이 많다. 짧은 시행에 반복적 어구를 사용하여 전달력을 높이고 긴박한 호흡으로 박진감을 자아내는 것이 그의 행사시의 특징을 이루고 있다. 이런 행사시들은 정치적 선전 선동을 위한 일종의 '정치적 격문시'들이라고 할 수 있는데, 그 가운데에는 「3월 1일이 온다」와 같이 자연에 대한 묘사로 서정적 울림을 동반한 작품들도 발견된다.

  언 살결에
  한층
  바람이 차고

  눈을 떠도
  눈을 떠도

  틔끌이

---

12) 김용직은 당시 임화의 행사 참여 행적을 눈여겨 볼 때 그가 월북한 것은 1946년 말경이나 1947년 초로 추정된다고 말한 바 있다. 김용직, 앞의 책, 181쪽.

날려오는 날

봄보다도
먼저
3월 1일(三月 一日)이
온다

불행한
동포의
머리 우에
자유 대신
〈남조선 민주의원(南朝鮮 民主議院)〉의 기(旗)빨이
늘어진

외국관서(外國官署)
지방 우
조국의 하늘이
각각(刻刻)으로
나려앉는 서울
우리는
흘린 피의
더운 느낌과
가득하였든
만세소리의
기억과 더불어
인민의 자유와
민주조선의 기(旗)빨을

가슴에 품고

눈을 떠도
눈을 떠도

티끌이
날려오는 날.

봄보다도
일찍 오는
3월 1일(三月 一日) 앞에
섰다

　　　　　　——「3월 1일(三月 一日)이 온다」 전문

　조선 문학가 동맹에서 발행한 『3·1기념시집』에 실린 이 시는 해방 후 처음으로 맞는 삼일절에 대한 소회를 적은 작품이다. 시의 초반부에 삼일절 부근의 날씨에 대한 묘사가 운율을 동반한 짧은 시행으로 이루어져 있어 시적 긴장감을 조성한다. 그 음울한 날씨 묘사는 해방 공간의 혼란스럽고 불투명한 현실 상황을 암시적으로 전해 준다. 그 어두운 조국의 현실은 6연의 "조국의 하늘이/ 각각으로/ 나려앉는 서울"이라는 역시 짧은 호흡의 율동감 넘치는 시행에 실려 호소력 있게 전달된다. 이 시는 5연과 7연에서 정치적 메시지가 직설적으로 토로되지만, 이 시의 처음과 끝, 그리고 중간에 이런 시적 묘사와 운율적 장치가 배치되어 있어 당파성을 지닌 '기념시' 치고는 시적 완결성을 확보하고 있다. 하지만 그의 대부분의 작품들은 단순한 상황 설정과 직설적인 언어 구사로 깊이 있는 사고보다는 정치적 선동에 더 적합한 시들로 채워져 있다.

　권한, 박세영, 유진오(兪鎭五) 등이 이 시기 좌파 계열의 '정치적 격문시'를 이어 나간 시인들이다. 이들은 임화보다도 더 과격하고 투쟁적인 언어로 선전 선동의 시들을 써 나갔다. 이 시기의 좌파 시인 가운데에는 최석두라는 신인의 시가 눈길을 끈다. 1948년에 『새벽길』이라는 시집을 간행한 이 신인은 젊은 좌파 시인 치고는 세련된 시적 감각을 드러내고 있다.[13] "우리 모두 떼지어/ 새벽길을 간다// 매운 서릿바람/ 머리 우에 이고// 닭이 울음 우렁찬/ 새벽길 간다// 인민의 불타는 깃발/ 찢어져라 휘날리며/ 욕된 이 땅에 우리의 살길을 찾아// 철병하라!/ 단정 절대 반대!"라고 노래하는 이 시집의 표제작「새벽길」은 2행이 한 연을 이루며 짧은 호흡으로 박진감 넘치는 율동감을 드러낸다. 선동 구호가 그대로 표출되기도 하지만 언어의 미감에 대한 배려가 엿보여서 다른 시인들의 과격한 '정치적 격문시'와 일정한 차별을 보이고 있다.

　해방 공간의 좌익 계열에 선 시인 가운데 가장 높은 시적 성취를 보인 시인은 이용악과 오장환이라고 할 수 있다. 이용악은 해방 전에 『분수령』(1937)과 『낡은 집』(1938)을 간행하여 개성적인 시의 일가를 이룬 바 있다. 「낡은 집」에서는 엄혹한 일제 치하에서 몰락해 가는 농촌인의 비극적인 삶의 모습을 서사 지향적인 시 형식으로 그려 내어 진한 감동을 선사하였고, 1940년에 발표된 「오랑캐꽃」 같은 시에서는 '제비꽃'에 '오랑캐꽃'이란 꽃말이 붙여진 것에 빗대어서 부당하게 억압받는 기층민, 혹은 연약한

---

13) 유종호, 『다시 읽는 한국시인』(문학동네, 2002), 91쪽. 이 책에서 유종호는 최석두라는 좌파 계열의 신인을 주목하고 그의 시집 『새벽길』과 그 표제작인 「새벽길」을 소개한 바 있다.

민중들의 삶의 처지를 암시적으로 그린 바 있다. 그는 자연물의 이미지를 통해 화자의 내면 감정을 표출시키는 매우 전통적인 서정시의 형식을 지향하면서도, 또 한편으로 그 위에 서사적인 언술을 보태어 서정과 서사가 혼합되어 일으키는 특별한 시적 감동을 전해 준 바 있다. 이런 개성적인 시 형식을 추구한 이용악은 해방 후 '조선 문학가 동맹'에 가입하여 좌파 입장에서 현실 인식이 전면에 드러나는 정치적인 시를 발표하였다. 「오월에의 노래」, 「나라에 슬픔 있을 때」 같은 시들이 대표적인 작품에 해당한다.

그런데 주목되는 것은 이런 정치적인 시들을 발표하면서도 그는 또 한편으론 전형적인 서정시의 모습을 한 작품들을 발표하고 있는 점이다. 1947년에 간행된 시집 『오랑캐꽃』은 해방 전과 후에 발표된 작품들을 묶은 것인데, 몇몇 작품들은 전에 발표된 적이 없는 신작들이다. 그 가운데 「달 있는 제사」나 「다리 우에서」 같은 시들은 전형적인 서정시의 형식을 취하고 있다.

    달빛 밟고 머나먼 길 오시리
    두 손 합쳐 세 번 절하면 돌아오시리
    어머닌 우시어
    밤내 우시어
    하이얀 박꽃 속에 이슬이 두어 방울
                            ——「달 있는 제사」 전문

소리 자질의 미감을 살리면서 어머니의 소복과 눈물을 하얀 박꽃에 비유하는 이 시의 제작 원리는 전형적인 서정시의 양식에 닿아 있는 것이다. 이런 서정시편은 1947년에 간행된 시집인 『이용악집』에서도 발견된다. 이 시집에 수록된 「그리움」 같은 시는 해방 전의 대표작 가운데 하나인 「북쪽」이라는 시의 정서를 연상시킨다. 이 시에서 시인은 북쪽 고향에 대한 애틋한 향수를 율동적인 언어에 실어 서정시의 진수를 다시 한 번 보여 준다. 그는 해방 직후에 좌파 계열에 섰으면서도 기억할 만한 서정시편들을 적잖이 발표함으로써 해방기의 시문학사를 아름답게 가꾸는 데 적지 않은 기여를 하였다.

오장환은 해방 이전에 『성벽』(1937), 『헌사』(1939) 등의 시집을 간행한 바 있는데, 해방기에도 활발한 작품 활동을 펼쳤다. 특히 그는 '조선 문학가 동맹'의 일원으로 여러 사업에 활발히 참여하면서 '정치적 격문시'들을 많이 발표하였다. 그는 「병든 서울」에서 "그리고 나는 웨친다./ 우리 모든 인민의 이름으로/ 우리네 인민의 공통된 행복을 위하야/ 우리들은 얼마나 이것을 바라는 것이냐./ 아, 인민의 힘으로 되는 새 나라"라고 힘차게 외치고 있으며, 또 「깽」 같은 시에서는 "깽이 있다./ 깽은 고도한 자본주의 국가의 첨단은 가는 직업이다"라고 우익 진영의 폭력성을 고발하기도 한다. 이것은 말할 것도 없이 적과 아군을 도식적인 이분법으로 분류하고 적군에 대한 적개심을 토로하는 매우 단순한 사고에서 비롯된 것이다. 그러나 오장환 역시 '정치적 격문시' 외에 다음과 같은 기억할 만한 서정시편을 발표하고 있다.

> 가도 가도 붉은 산이다
> 가도 가도 고향뿐이다
> 이따금 솔나무 숲이 있으나
> 그것은
> 내 나이같이 어리구나.
> 가도, 가도 붉은 산이다.
> 가도 가도 고향뿐이다.
>
> ――「붉은 산」 전문

위의 시는 해방 전후의 우리 국토가 극도로 황폐한 지경에 이르렀음을 알게 해 준다. "가도 가도 고향뿐이다"라는 마지막 진술에선 시인의 고향 역시 우리 국토만큼 황폐했음을 일러 준다. 이따금 보이는 '어린 솔나무 숲'은 산하의 황폐함을 더욱 극명히 드러낸다. 그리고 그 '어린 솔나무 숲'을 내 나이에 빗댐으로써 황폐한 산하만큼 쪼그라든 화자의 정신 상태를 보여 준다. 반복 어구와 문장의 구사는 이 시에 율동감을 부여하여 산하 전체가 붉은 산으로만 깔려 있는 느낌을 실감나게 유발하면서 그 황폐한 정서를 간절한 느낌으로 독자들의 가슴 속에 이입시킨다.

좌파 계열의 시인 가운데 묵직한 시적 업적을 남긴 시인으로 설정식을 빼놓을 수 없다. 그는 해방기에 『종』(1947), 『포도』(1948), 『제신의 분노』(1948) 등의 시집을 잇달아 간행했다. 그는 해방 후 불과 몇 년 동안 60편을 상회하는 작품들을 썼는데, 이런 작품 활동은 문학가 동맹계의 시인뿐만 아니라 당시 우리 문단 전체를 통해서도 예를 찾기 어려울 정도의 정열적인 것이었다.[14] 그는 해방기에 다수의 작품을 발표했을 뿐만 아니라 인상적인 작품들도 적잖게 내놓았다. 그는 좌익 계열의 정치 지향적인 시를 썼고 격문 성격의 시를 쓰기도 했지만 여타의 시인들에 비해 구호적 언어가 상대적으로 약화되어 있다.

    만(萬) 생령(生靈) 신음(呻吟)을
    어드메 간직하였기
    너는 항상 돌아앉아
    밤을 지키고 새우느냐

---

14) 김용직, 앞의 책, 219쪽.

무거이 드리운 침묵이어
네 존엄을 뉘 깨뜨리드뇨
어느 권력이 네 등을 두드려
목메인 오열(嗚咽)을 자아내드뇨

권력이어든 차라리 살을 앗으라
영어(囹圄)에 물어진 살이어든
아 권력이어든 아깝지도 않은 살을 저미라

자유는 그림자보다는 크드뇨
그것은 영원히 역사의 유실물(遺失物)이드뇨
한아름 공허여
아 우리는 무엇을 어루만지느뇨

(중략)

내 간 뒤에도 민족은 있으리니
스스로 울리는 자유를 기다리라
그러나 내 간 뒤에도 신음은 들리리니
네 파루(破漏)를 소리 없이 치라

—「종」 일부

 첫 시집인 『종』의 표제작이기도 한 위의 시는 한자어가 남발되고 관념적인 언어가 자주 구사되어 구체적이고 자연스러운 감상의 진행을 방해하는 측면이 있지만 해방 공간에서의 민족의 현실과 미래의 모습을 종의 이미지를 통해 형상화시킴으로써 시적 미학을 도모하고 있다. 시 「제신의 분노」에서는 해방 직후의 혼란스러운 정치 상황을 성서에 빗대어서 형상화시키는 독특한 상상력을 보이고 있기도 하다. 설정식 외에 좌파 계열에 서서 강력한 현실주의 작품을 쓴 시인들로 임학수, 박산운, 여상현 등을 들 수 있다.

3 '청록파'의 결성과 새로운 세대

해방기의 시사에서 가장 눈에 띄는 성취는 '청록파'로 불리는 박목월, 조지훈, 박두진의 작품들이라고 할 수 있다. 일제 말 《문장》지를 통해 시단에 나온 이 젊은 시인들은 함께 모여 『청록집』이라는 합동 시집을 간행함으로써 해방기의 우리 시사를 눈부시게 만들었다. 이 3인의 합동 시집은 해방기뿐만 아니라 우리 현대시의 역사 전체를 통틀어서도 각별히 기억할 만한 시집이다. 시편 하나하나가 골고루 작품성을 갖추고 있는 데다 자연이라는 시의 공간을 공유하면서도 저마다 상이한 개성을 드러내는 시들이 함께 묶인 이 공동 시집은 우리 현대시의 역사에서 가장 주목되는 시집의 하나로 꼽을 수 있다.

이 세 시인은 해방기를 지나 전후 우리 현대시의 역사적 전개 과정에서 저마다 기나긴 족적을 남겼고 그 평가도 조금씩 다른데 일단 해방기에 가장 눈에 띄는 활동을 한 시인은 박두진이다. 그는 『청록집』에 이어 1949년에는 두 번째 시집인 『해』를 발간했다. 이 안에 수록된 표제 시인 「해」는 해방기에 발표된 작품 가운데 가장 주목되는 작품 중 하나이다. 이 작품은 『청록집』의 작품 세계를 계승하면서 한결 세련되고 성숙한 시의 미학을 펼쳐 보이고 있다.

해야 솟아라, 해야 솟아라, 말갛게 씻은 얼굴 고운 해야 솟아라. 산 너머 산 너머서 어둠을 살라 먹고, 산 너머서 밤새도록 어둠을 살라 먹고, 이글이글 앳된 얼굴 고운 해야 솟아라.

달밤이 싫여, 달밤이 싫여, 눈물 같은 골짜기에 달밤이 싫여, 아무도 없는 뜰에 달밤이 나는 싫여……

해야, 고운 해야, 늬가 오면 늬가사 오면, 나는 나는 청산이 좋아라. 훨훨훨 깃을 치는 청산이 좋아라. 청산이 있으면 홀로래도 좋아라.

사슴을 따라, 사슴을 따라, 양지로 양지로 사슴을 따라, 사슴을 만나면 사슴과 놀고,

칡범을 따라, 칡범을 따라, 칡범을 만나면 칡범과 놀고…….

해야, 고운 해야, 해야 솟아라. 꿈이 아니래도 너를 만나면, 꽃도 새도 짐승도 한자리에 앉아, 워어이 워어이 모두 불러 한자리 앉아, 애띠고 고운 날을 누려 보리라.

——「해」 전문

이 시에서 가장 눈에 띄는 것은 산문적인 진술과 활달한 리듬이다. 이 시는 매 연마다 시의 진술이 길게 늘어져 있는데, 그 산문적인 진술은 반복 구문의 적절한 활용으로 율동감을 자아낸다. 이 시의 반복 구문에는 의성어와 의태어가 적절히 활용되어 시의 율동을 한층 생기 있게 만든다. 감각어의 활용이 포함된 그 반복 구문은 소리 자질의 미감까지 발휘되고 있어 운과 율이 함

께 작동하는 풍부한 리듬감을 제공하고 있다. 산문시 형태를 취하면서 말소리의 자질을 최대한 활용하는 시적 태도는 박두진이 초기 시부터 견지했던 중요한 특징 가운데 하나이다. 청록파의 다른 두 시인도 시의 운율에 각별한 배려를 했지만, 그들이 대체로 단아하고 정제된 시형을 유지했던 것에 비해 박두진은 산문시 형태를 지향하고 있다는 점에서 차이를 보인다. 또 '청록파'의 다른 두 시인들은 자연 세계를 지향하면서 우리의 전통적인 생활 정서가 스며 있는 자연 풍경을 그리는 데 비해, 박두진 시의 경우 서구 기독교 정신에 접맥되어 있는 듯한[15] 이상적이고 낭만적인 자연 세계를 그린다는 점에서 차이를 보이고 있다. 박두진의 이런 시적 특징은 그의 데뷔작인 「묘지송(墓地頌)」에서부터 드러난다. '묘지를 기린다'는 뜻을 제목으로 삼으며 묘지 안에 안장된 '주검'을 '노래'하고 있는 이 작품의 시적 태도는 우리의 전통 정서와는 거리가 있는 것이다. 이 시에서 주검은 서러운 삶이 멈춘 평화로운 상태이고 향기로운 것이며 하얗게 빛나는 존재로 묘사된다. 주검에 대한 이 밝은 묘사는 태양에 대한 그리움으로 이어짐으로써 한층 더 환하고 강렬한 낙관으로 나아간다. 죽음에 대한 이 밝고 낙관적인 세계 인식은 묘지 주위의 멧새소리에 대한 묘사를 통해 시의 미학을 완성시킨다. "삐이 삐이 배 뱃종 뱃종"이라는 밝고 경쾌한 새소리는 아마도 우리 현대시사에서 가장 빼어난 의성어 표현의 하나로 기록될 수 있을 것이다.

이런 「묘지송」의 세계가 한층 심화된 작품이 바로 「해」라고 할

---

15) 김현, 김윤식은 그의 시가 정지용, 김현승과 함께 기독교에서 그 시적 발상의 상당 부분을 얻고 있는 희귀한 시인 중의 하나이며, 그의 기독교는 구약 시대의 메시아주의에 가깝다고 말한다. 김현·김윤식, 『한국문학사』(민음사, 2004), 435쪽.

수 있다. 전통적인 서정시를 읽으며 '달'의 정서에 익숙했던 독자들에게 이 밝고 강렬한 '해'의 이미지는 매우 인상 깊게 다가온다. 시인은 어둠을 뚫고 솟아나는 들끓는 '해'의 이미지를 힘차고 유장한 언어가 넘실대는 율동적인 구문으로 빚어 낸다. 그 밝고 힘찬 세계에 사슴과 칡범이 함께 뛰노는 청산을 설정하는 시적 상상은 더없이 낭만적이다. 이 청산 속에서 구가하는 자유와 낭만의 세계는 해방 공간의 환희와 꿈을 가장 적절히 반영하는 상징으로 자리 잡고 있다.

  조지훈의 시 세계는 박두진의 그것과는 크게 다르다. 데뷔작인 「고풍의상」이나 「승무」 같은 시에서 단적으로 확인되듯 그는 우리 고전의 아름다움과 그 안에 깃든 정신세계의 형상화에 깊은 관심을 가진다. 그의 시에서 고전의 미와 정신은 언어의 세공을 통해 아름답게 형상화된다. 그는 손에 피가 돋을 정도로 치열하게 말을 갈고 다듬어서 최상의 언어를 만든 다음 다시 이를 운율에 맞게 고쳐 정제된 시의 형식 안에 싣는다. 지훈은 시가 '언어 미술'이라는 지용의 명제를 가장 충실하게 이은 '청록파' 시인이라고 할 수 있다. 언어 미술의 최상의 경지를 지향하는 그의 시에는 또한 선비 정신이 깃들어 있다. 그의 시는 언어의 조탁과 선비 정신이 결합되어 절제된 운치가 은은히 감도는 새로운 서정시를 빚어낸다.

    꽃이 지기로소니
    바람을 탓하랴

    주렴 밖에 성긴 별이
    하나 둘 스러지고

귀촉도 우름 뒤에
머언 산이 닥아서다.

촛불을 꺼야하리
꽃이 지는데

꽃지는 그림자
뜰에 어리어

하이얀 미닫이가
우련 붉어라.

묻혀서 사는 이의
고운 마음을

아는이 있을까
저허하노니

꽃이 지는 아침은
울고 싶어라.

——「낙화(落花)」 전문

 인용 시의 언어와 형식은 매우 간명하고 절제되어 있는데, 그런 가운데서도 유장하게 흐르는 율동감이 배어 있다. 절제된 형식 속에서 발휘되는 이 율동미는 바로 섬세한 언어 조탁에서 비롯된 것이다. 이 시를 유심히 살펴보면 매 행의 종결형이 서로 다른 것을 알 수 있는데, 그런 가운데서도 운의 묘미가 어느 정도 살아 있다는 것을 발견하게 된다. 다양한 종결 어미 속에서 발휘되는 운의 묘미는 자연스럽게 낭송의 쾌감을 유발한다. 뿐만 아니라 이 시의 모든 언어들은 모두 알맞은 자리에 적절히 배치되어 있어 저마다 언어의 광채를 뿜어내고 있다. 치밀한 형식 의식에서 비롯된 언어의 조탁과 배열 위에 선비 정신에 바탕을 둔 절제되고 운치 있는 시 정신이 보태짐으로써 은은한 아름다움이 배어나는 격조 높은 서정시를 독자들의 가슴속에 심어 주고 있다.

그의 시는 또한 불교 세계에 닿아 있다. 「고사 1」, 「고사 2」 같은 시가 바로 그런 시의 특징을 드러내고 있는 작품들이다. 그의 시에서 불교적 상상은 선적인 경지를 지향하고 있으며, 또 한편으론 미학적인 이미지로 처리되기도 한다. 불교 세계는 그 옛날 신라의 「제망매가」에서 비롯해 근대의 만해 시로 이어지며 우리 서정시 전통의 중요한 근간을 이루고 있는 것이다. 고전의 미에 대한 경사에다 선비 정신과 불교 세계를 아우르고 있는 그의 시는 해방 직후의 우리 현대시사에 전통적인 서정시의 맥을 창조적으로 새겨 나간 것으로 평가할 수 있다.

박목월의 시는 박두진이나 조지훈의 시 세계와 또 다르다. 그는 청록파의 세 시인 가운데 가장 단아하고 정제된 시의 형태를 지향한다. 『청록집』에 수록된 그의 시편 가운데 「연륜」이란 시 한 편을 제외하곤 모두 매우 간명하고 절제된 시의 형태를 견지하고 있다. 압축과 절제는 그의 시 미학의 핵심을 이룬다.

    머언 산 청운사(靑雲寺)
    낡은 기와집

    산(山)은 자하산(紫霞山)

봄눈 녹으면

느릅나무
속잎피는 열두구비를

청노루
맑은 눈에

도는
구름

——「청(靑)노루」 전문

『청록집』의 시편 가운데 가장 빈번하게 거론되는 작품의 하나인 위의 시는 언어 정제미의 절정을 보여 준다. 언어 경제를 위해 생략 가능한 조사는 과감하게 제거되어 있으며 서술어 구사도 최대한 절제되어 있다. 의미 전달에 필요한 최소한의 언어만을 배치하여 독자들로 하여금 상상으로 그림을 그리게 한다. 절제된 언어 구사는 행과 연의 절묘한 구분으로 정태적인 자연 풍경을 입체적이고 생동감 있는 영상으로 승화시킨다.[16] 정제된 언어와 행, 연의 운용을 통해 생동감 넘치는 자연 풍경을 그려 내는 「청노루」는 시적 형식의 아름다움을 생생히 보여 준다.

그의 시에는 박두진의 기독교나 지훈의 불교와 같은 형이상학적 세계의 흔적이 발견되지 않는다. 그는 담백하게 일상의 삶이

---

16) 이 시의 행, 연의 구분에 따른 율동감과 그에 따른 의미 분석은 김종길이 자세하게 시도한 바 있다. 김종길, 『시에 대하여』(민음사), 16~18쪽.

나 풍경을 스케치하며 그 안에 깃든 생활 정서를 노래한다. 일상의 자연스러운 세계를 지향하는 그의 시적 태도는 언어 활용에도 그대로 반영되어 있다. 그의 시적 언어는 매우 절제되어 있는데, 그렇더라도 인공의 세공미를 거의 느낄 수 없다. 그의 시적 언어는 물 흘러가듯 유려하면서 자연스럽다. 그는 일상의 구어도 자연스럽게 시의 문맥 안에 녹여 낸다. 그의 시에 경상도 사투리가 스며 있는 것은 이런 언어 활용의 연장선에서 이루어진 것이다. 그가 오랜 기간 지속적으로 좋은 작품들을 쓸 수 있었던 원동력도 이처럼 특정한 사상이나 정신세계에 기울지 않은 채 자연스러운 언어로 구체적 일상을 투시해 내는 담백한 시적 태도에서 기인하는 것이 아닌가 한다.

청록파 시인과 함께 해방기의 우리 시사를 아름답게 가꾼 또 하나의 시인은 서정주이다. 그는 1930년대에 청록파 시인들보다 앞서 시단에 나와 작품 활동을 펼쳤고, 『화사집』이라는 걸출한 시집을 간행함으로써 시 세계의 일가를 이룬 바 있는데 해방기에도 창작열을 지속시키고 있다. 그는 해방기의 최대 문학 단체인 '조선 문학가 동맹'이 발간한 『3·1기념시집』에 「혁명」이란 시를 발표하였다.[17] 미당의 수많은 시편 가운데 현실 인식이 가장 두드러진 이 인상적인 제목의 작품은 해방기에 발표된 수많은 '기념시' 가운데 가장 뛰어난 성취를 보인 시로 꼽힌다.

---

17) '조선 문학가 동맹' 소속 시인들의 소작으로 이루어진 『3·1기념시집』에 미당 시가 수록된 데에 대해 유종호는 해방 직후 좌우의 감정 대립이나 적대감이 첨예화되기 이전의 일이라 그리된 것이거나, 《시인부락》 시절부터 친교가 있었고 『화사집』의 출판을 맡았던 오장환을 위시한 수록 시인들과의 친교가 작용한 것이거나, 좌고우면하던 그의 정치적 후각이 빚어낸 극히 단기간의 현실 추수의 소산일지 모른다고 추정하고 있다. 유종호, 앞의 책, 113쪽.

조개껍질의 붉고 푸른 문의는
몇천년을 혼자서 용솟음 치든
바다의 바다의 소망이리라.

가지가 찢어지게 열리는 꽃은
날이 날마닥 여기와 소근대든
바람의 바람의 소망이리라.

아— 이 검붉은 징역의 땅우에
홍수와 같이 몰려 오는 혁명은
오랜 하눌의 소망이리라.

—「혁명」 전문

『3·1기념시집』에 실린 다른 작품들은 말할 것도 없고 이 시기의 수많은 '기념시'들이 대체로 생경한 언어와 홍분된 어조로 연설하듯 현실 문제를 직접적으로 서술하는 것과는 달리 이 작품은 뛰어난 비유와 매끄러운 운율로 '혁명'의 의미와 당위를 일깨우고 있다. 바다의 소망인 조개껍질의 붉고 푸른 무늬와 바람의 소망인 꽃에 빗대어서 혁명이 하늘의 소망이라고 진술함으로써 그 '혁명'에 미학성과 자연의 이치에 버금가는 당위성을 부여하고 있다. 여기서 '혁명'은 어떤 특정한 사건이나 이념을 지칭하지 않아 이 시를 특정 공간에 한정시키지 않고 혁명에 대한 지속적인 의미 발생을 일으키며 오랜 생명력을 지닌 명작으로 남게 하고 있다. 그는 1948년에 시집 『귀촉도』를 간행한다. 위의 시 「혁명」을 위시해서 「귀촉도」, 「푸르른 날」, 「행진곡」 등의 명편이 수록되어 있는 이 시집은 초기 시집에서 보인 젊음의 들끓는 육성을 지나 삶의 이치를 차분히 성찰하는 성숙한 시선이 특유의 뛰어난 언어 구사로 펼쳐져 있다.

　유치환도 해방기에 두드러진 활동을 펼쳤다. 그는 해방 이전 북만주에서 지내다가 1945년 6월경 가족을 고향으로 보내기 위해 가족과 함께 고향으로 내려왔는데 얼마 후 바로 해방이 되어 고향에서 해방을 맞이하게 되었다. 그는 고향에 머물며 해방 공간의 어지러운 공간과 거리를 둔 채 안정된 상태에서 많은 작품들을 창작했다.[18] 1948년에는 시집 『울릉도』를, 1949년에는 『청령일기(蜻蛉日記)』를 상재하여 이 시기의 누구보다도 많은 작품들을 생산해 냈다. 시집 『울릉도』의 표제 시이기도 한 「울릉도」는 이 시기에 발표된 그의 대표작 가운데 하나로 꼽힌다. 이 시는 동쪽 끝에 떨어져 있는 섬인 '울릉도'를 소재로 우리 국토에 대한 사랑을 그린 작품이다. 울릉도를 의인화시켜 뭍으로 향하고 싶은 외딴섬의 마음을 구어체의 자연스러운 어조와 운율의 미감을 통해 실감 나게 표현해 내고 있다.

　해외 문학파의 일원으로 8·15 이전 시집 『동경』(1938)을 간행한 바 있는 김광섭은 해방 공간에서 '중앙 문화 협회'를 창립하는 데 주도적인 역할을 하는 등 문단의 새로운 결성에 적극적으로 가담하였으며, 1949년에는 시집 『마음』을 펴내는 등 작품 활동도 활발히 펼쳤다. 그는 첫 시집에서 한자어를 즐겨 쓰며 사변적인 시의 세계를 펼쳐 나갔는데, 두 번째 시집인 『마음』에서도 그러한 시적 태도는 그대로 이어지고 있다. 운율과 이미지의 아름다움보다는 관념적인 언어와 사변적인 진술로 시의 의미를 전개시키는 그의 시적 태도는 해방기의 정치 과잉 분위기에 호응되어 어느 정도 시적 호소력을 발휘하고 있다. 이들 외에도 해방

---

18) 김용직, 앞의 책, 269~270쪽.

전에 일가를 이룬 시인 가운데 김영랑, 김광균, 김현승 등이 해방기에도 지속적으로 작품 활동을 이어 나갔다.

시조 분야에서는 김상옥과 이호우의 활동이 두드러진다. 해방 이전 《문장》지에 시조가 추천된 바 있는 김상옥은 1947년에 시조집 『초적』을 간행하였다. 「청자부」, 「백자부」, 「다보탑」 같은 작품에서 그는 우리의 전통 유물이 지닌 아름다움을 매우 감각적인 언어로 그리고 있으며, 「강 있는 마을」, 「만추」 등의 작품에선 평화롭고 정겨운 우리의 전통 마을과 포근하면서 쓸쓸한 늦가을의 정취를 감칠맛 나는 토착어로 그리고 있다.

이호우 역시 해방 이전 《문장》지에 시조가 추천되어 본격적인 시조 활동을 펼쳤으며, 해방기에는 《죽순》 동인으로 활동하며 작품 생활을 이어 나갔다. 그는 데뷔 시절부터 해방기에 이르기까지 쓴 작품들을 모아 1955년 『이호우 시조집』을 간행하였다. 이호우도 김상옥과 마찬가지로 연시조 형식을 지향하였는데, 그는 특히 시조 형식을 유지하면서도 현대시를 연상할 정도로 자연스러운 언어와 운율을 도모하여 시조 형식을 한층 크게 열어 놓았고, 시조 형식의 아름다움을 크게 고양시켰다. 이병기에 의해 시조시인으로 추천받은 김상옥과 이호우는 모두 이병기가 닦아 놓은 현대시조의 초석을 더욱 단단히 다져 나간 것으로 평가된다.

해방기에 들어서도 서정시의 계보를 잇는 새로운 시인들이 많이 출현하였다. 우선 조병화의 등장이 주목된다. 1949년 시집 『버리고 싶은 유산』을 출간하며 시인의 길로 들어선 그는 「해변」 같은 시에서 밀물과 썰물을 교차시키는 파도의 반복과 등대의 깜박거림이 어울려 빚어내는 무심하고 외로운 바닷가의 풍경을 담백한 어조로 묘사해 내어 서정시의 밝은 내일을 예감하게 해 주고 있다.

이외에도 종합지인 《백맥(白脈)》(1945)을 통해 김윤성[19]이 「들국화」, 「밤의 노래」, 「땅」 등 세 편을, 정한모[20]는 「귀향시편」을 발표하면서 시인의 길로 들어섰고, 김종길[21]은 1947년 《경향신문》 신춘문예에 「문(門)」이 당선되어 시인의 길로 들어섰으며, 구상[22]은 1946년 합동 시집 『응향』을 상재하면서 시인의 길로 들어서 전후 우리 시사를 밝게 열어 나가게 된다. 이밖에 1948년 《연합신문》에 시 「신개지」를 발표한 박태진[23]도 이 시기에 등장한 신진 시인으로 기억해야 할 것이다.

4 도시적 감수성의 시

해방기의 시사에서 또 하나 주목되는 것은 새로운 감각을 추구하는 일련의 신인들이 새롭게 등장한 점이다. 먼저 김경린, 임호권, 박인환, 김수영, 양병식 등이 함께 모여 만든 『새로운 도시와 시민들의 합창』이란 앤솔러지가 주목된다. 이중에서 양병식은 번역시만 3편을 싣고 있고, 나머지 시인들은 창작시들을 싣고 있다. 각 시인들은 이 앤솔러지 안에 저마다 독자적인 제목을 붙이고 그 아래에 두 편에서 다섯 편 정도의 작품들을 싣고 있다. 김경린이 자신의 시편 앞에 붙인 시집의 소제목인 '매혹의 시대',

---

19) 김윤성(金潤成, 1926~): 1945년 《백맥》에 시 「들국화」, 「밤의 노래」, 「땅」을 발표하며 등단.
20) 정한모(鄭漢模, 1923~1991): 1945년 《백맥》에 시 「귀향시편」을 발표하며 등단.
21) 김종길(金宗吉, 1926~) 1946년 《경향신문》 신춘문예에 시 「문(門)」이 당선되어 등단.
22) 구상(具常, 1919~2004): 1946년 합동 시집 『응향(凝香)』을 출간하며 등단.
23) 박태진(朴泰鎭, 1921~): 1948년 《연합신문》에 시 「신개지」를 발표하며 등단.

박인환이 붙인 소제목인 '장미의 온도', 김수영이 붙인 '명백한 노래' 같은 이름 등에서 이 시인들이 추구하는 현대적인 감각을 엿볼 수 있다. 앤솔러지의 이름인 '새로운 도시와 시민들의 합창'은 담백하면서도 시원하게 이 일련의 시인들이 추구하는 것이 '모더니즘 시'에 닿아 있음을 보여 준다. 이들은 또 각자 자신들의 작품을 묶은 소제목 아래에 합동 시집 출간의 변을 붙이고 있는데, 여기서 표출된 공통적인 언어는 바로 '신시론'이다. 그들은 저마다 재래의 시적 감각에서 벗어난 '신시'를 추구하고자 했다. 그들이 지향하는 '신시'의 감각과 형식은 매우 상이하지만, 김수영의 다음과 같은 시는 이들의 시적 추구를 가장 상징적으로 보여 준다.

>꽃이 열매의 상부(上部)에 피였을때
>너는 줄넘기 작난(作亂)을 한다
>나는 발산(發散)한 형상(形象)을 구하였으나
>그것은 작전(作戰)같은 것이기에 어려웁다
>
>국수―이태리어(伊太利語)로는 마카로―니라고
>먹기쉬운것은 나의 반란성(反亂性)일까
>
>동무여 인제 나는 바루보마
>사물(事物)과 사물(事物)의 생리(生理)와
>사물(事物)의 수량(數量)과 한도(限度)와
>사물(事物)의 우매(愚昧)와 사물(事物)의 명석성(明皙性)을
>
>그리고 나는 죽을 것이다
>　　　　　　―「공자(孔子)의 생활난(生活難)」 전문

김수영 초기 시의 난해성을 가장 상징적으로 보여 주는 이 시는 동시대에 성행했던 '정치적 격문시'와 새로운 감수성의 전통 서정시와는 크게 다르다. 관념적인 언어에 지적인 유희가 스며서 일으키는 인용 시의 난해성은 이 앤솔러지에 실려 있는 다른 시인들의 시편에서도 자주 발견된다. 이 지적인 유희는 다른 시인들의 경우 작품 내부의 유기적 구조에 관여하지 않은 채 개별 시구의 표현에 멋을 부리기 위해 쓰인 측면도 일부 발견된다. 하지만 위의 시에서는 이런 지적인 유희에도 불구하고 매우 주목되는 선언을 발견하게 된다. 그것은 바로 죽음을 전제하며 사물을 바로 보겠다는 선언이다.[24] 사물의 생리와 수량과 한도와 우매와 명석성 등 사물에 관련된 모든 것을 시인은 바로 보겠다고 선언하고 있다. 사물에 대한 서정적 노래가 아닌 사물에 대한 새로운 시선과 인식의 선언은 이들이 추구하는 새로운 시적 감각의 핵심을 이루는 것이라고 할 수 있다.

김춘수의 등장은 해방기의 시사에서 얻은 가장 이채로운 수확이라고 할 수 있다. 1948년에 간행한 그의 첫 시집 『구름과 장미』는 기존의 우리 시와는 크게 다른 시적 감각과 형식을 보여 준다. 우리 시의 새로운 모더니티를 추구하고 있는 김춘수의 시는 『새로운 도시와 시민들의 합창』의 시인들의 시적 감각과도 또 다르다. '새로운 도시의 시인'들이 다소 관념적이고 사변적이며 지적인 사유를 보이는 데 반해, 김춘수의 시는 가급적 관념을 배제하면서 이미지의 연쇄를 앞세운다. 그런데 그 이미지는 부자연스럽고 불투명한 문장의 맥락 속에 배치된다. 그리하여 그의 시는 다소 모호하고 불투명한 정서를 유발시킨다. 이 애매성 속에서

---

24) 김수영 시에서 "바로 보마"가 갖는 의미에 대해서는 여태천이 상세하게 분석한 바 있다. 여태천, 『김수영의 시와 언어』(월인, 2005), 155~157쪽.

돌출되는 이미지의 강렬한 환기가 그의 시의 주조음을 이룬다.

저마다 사람은 임을 가졌으나
임은
구름과 장미되어 오는 것

눈 뜨면
물 위에 구름을 담아 보곤
밤엔 뜰 장미와
마주 앉아 울었노니

참으로 뉘가 보았으랴?
하염없는 날일수록
하늘만 하였지만
임은
구름과 장미되어 오는 것

―「구름과 장미」[25] 전문

시집 『구름과 장미』의 표제작인 위의 시에서 '임'은 '구름'과 '장미'라는 이미지로 제시된다. '구름'은 천상에서 아름답게 떠다니지만 동시에 잡을 수 없는 것이기에 허황된 것이고 이내 사라지고 마는 것이다. '장미' 역시 강렬한 아름다움을 선사하지만 생명력은 지극히 유한하다. 2연에서 물 위에 뜬 구름을 담아 보는 행위나 밤에 뜰 장미와 마주 앉아 우는 화자의 행위는 이 아

---

25) 시집 『구름과 장미』에는 작품 끝에 마지막 연으로 "……마음으로 간직하며 살아왔노라"라는 지점이 있었으나 『제1시집』에 재수록될 때 삭제되었다.

름다운 것의 허황되고 유한한 속성에 대한 구체적인 상관물이라고 할 수 있다. 우리 모두가 저마다 간직하고 있는 '임'은 결국 이런 방식으로 존재하는 것이라는 것을 이 시는 일깨워 준다. 불투명하고 모호한 시적 문맥은 '구름'과 '장미'처럼 아름답지만 잡히지 않는 모호한 '임'의 존재를 정서적으로 환기시키는 역할을 한다. 관념을 제거하고 애매성과 이미지의 결합으로 시의 미학을 완성시키는 이 모던한 시적 감각은 이념과 정치가 지배하는 해방 공간의 시사에서 매우 신선하고 독특한 시의 목소리로 자리 잡고 있다.

(고형진)

6장
전쟁기와 전후의 시(1950년~1961년)

1 전쟁기와 전후 시단의 주요 경향

우리 시사에서 1950년대는 전쟁이라는 정치적, 사회적 격절로 인해 시인들이 급격한 의식의 단절과 굴절을 경험한 시기이다. 이 시기의 전반기는 전쟁으로 인한 민족의 생존 자체가 문제되었던 시기이며, 후반기는 전후(戰後) 복구와 앞으로의 민족적 지향성을 확보하는 일이 관건이 되는 시기이다. 전쟁의 폭발력은 세계와 자아를 동시에 무화시키는 재난의 체험으로 시인들에게 각인되었다. 현실의 모든 가치와 신념의 체계가 붕괴된 전후의 시적 상황은 이 시기를 지배하는 실존적 위기의식과 깊숙이 연관된다. 그리하여 전쟁이라는 외상을 각각의 시인들이 어떻게 인식하고 형상화하였는가에 대한 물음은 1950년대의 시사를 관통하는 근본적 문제로 떠오른다.

분단과 문단의 재편성, 그리고 이념적 폐쇄성이 강화되는 이 시기에 시인들은 전쟁의 공포와 위기의식을 경험한다. 전쟁의 불안과 공포 그리고 자기 해체의 위기를 경험한 시인들에게 현실은 죽음을 생산하는 공포의 세계이며, 이러한 인식은 자기 소외와 환멸을 동반한 균열된 자의식으로 표출된다. 삶을 파괴하고, 개인의 실존을 균열시키는 현실의 폭력을 생생하게 경험하는 가운데, 시인들은 세계에 대한 깊은 성찰과 반성의 시선을 견지하면서 언어의 새로운 미학을 탐구하게 된다. 특히 전쟁이라는 대재난과 직접 대면하는 가운데서 쓰인 시편들은, 시인의 충격과 공포, 죽음의 의식이 강하게 분출된다. '전선 문학'을 비롯한 일련의 전쟁시들은 시적 형상화의 수준에 도달하지 못한 것이라 할지라도 전쟁이라는 파국의 체험을 시적 대상으로 삼음으로써 1950년대 시사의 고유한 특성을 드러내 준다.

또한 전쟁이 가져온 공포 속에서 자아가 감지하는 불안과 혼돈의 정조는 곧 세계의 파탄과 황폐화에 필적하는 자아의 상실이라는 문제와 직결된다는 점에서 문제적이다. 1950년대의 시적 인식의 지형도는 이러한 폐허의 정조를 밑그림으로 하여, 주목할 만한 다양한 시적 모색을 보여 준다. 서정주, 이원섭, 이동주, 박재삼 등으로 대표되는 전통 서정시인들의 작업은 1950년대 시사의 중요한 흐름을 이룬다. 이들은 순수 서정의 세계를 통해 파탄된 현실과 자아를 복원하고자 한다. 세계와 자아에 대한 깊이 있는 성찰의 시선은 고립되고 파편화된 자아의 내면을 치유하고, 자연과의 내적 연속성을 회복하려는 시적 의지로 표출된다. 또한 새로운 여성 시인들이 출현하면서 서정의 영역은 본격적으로 확장되고 심화된다.

다른 한편 1950년대 시의 한 흐름은 모더니즘 계열의 시들이다. 박인환, 김규동, 조향, 김경린 등 《후반기》의 동인들로 출발한 일군의 시인들은, 기성의 권위와 질서, 문학적 관습을 부정하고, 미학적 실험과 모색을 통해서 전후 세대들의 새로운 출현을 선언한다. 1930년대 모더니즘 문학의 한계로 지적되어 온 형식적 방법에 대한 단절 의식을 전면화한 신진 모더니스트들은 근대 문명에 대한 철저한 반항과 성찰을 자신들의 미적 토대로 구축한다. 1950년대 모더니스트들은 근대의 부정성을 실존적 문제로 심화시키는 가운데 새로운 시 쓰기를 추구해 나간다. 이 시기의 모더니즘 시인들은 1930년대 모더니즘의 언어 중심, 기교적 측면, 근대성에 대한 감각적 수용의 문제를 비판하는 가운데, 전대의 모더니즘과 스스로를 차별 짓는다. 1930년대 모더니즘의 문명 비판이 정치적인 것을 거세한 '방법'으로서의 비판에 국한됨으로써 현실 감각을 상실할 수밖에 없었던 것에 비해, 방법으로서의 문명 비판이 실존적 인식의 문제와 만나는 지점에서 1950년대 모더니즘이 출발하고 있다는 점은 중요한 의미를 지닌다. 1950년대 모더니즘 시는 근대를 실존적 조건으로 인식하고 적극적으로 시적 사유의 대상으로 삼음으로써 근대적 세계에 대한 심도 있는 반성과 성찰의 과정을 보여 준다는 점에서 의미가 있다.

  이렇게 전통 서정시와 모더니즘으로 나뉘는 1950년대의 시적 경향은, 전쟁을 경험한 세대의 불행한 자의식과 세계 상실의 체험에 뿌리를 내리고 있다. 언어와 세계에 대한 인식의 차별성에도 불구하고, 이들은 세계와 존재에 대한 탐색과 성찰의 시선을 통해서, 폐허의 현실에 대응하는 미학을 구축하고자 했으며, 이러한 노력은 절망과 환멸로 가득 찬 전후의 시대를 관통해 가면서 1960년대의 새로운 시 흐름으로 이어진다. 다시 말해 1950년대 시에서 서정시와 모더니즘의 두 흐름은 대립되는 미학적 입장으로 충돌하기보다는, 파탄된 현실에서 시의 자기 정체성을 확보하기 위해 고투를 벌였던 개별 시인들의 치열한 시적 의식의 산물이라는 점에서 내적 연관성을 이루고 있다.

2 전쟁시와 현실 인식

 전쟁은 인간이 먼 미래로 밀쳐 두었던 죽음과 생존의 문제를 눈앞에서 맞닥뜨리게 한다. 죽음이 난무하는 전장 속에서 인간은 철저히 생물적인 존재가 되고 생과 사는 한순간에 갈린다. 상황의 급박함은 즉각적으로 밀려오는 감정을 비교적 빠른 시간 내에 의미화할 수 있는 장르를 요청하기 마련이다. 전시 문학의 대표적 형태는 단연 시라고 할 수 있는데, 이는 그러한 맥락 속에서 이해될 수 있다.

 전쟁을 주된 소재로 삼고 있는 시들은 "직설적인 상황 묘사와 인위적인 절규 및 감탄사의 나열"[1]로 이루어진 것이 대부분이다. 이 시기 시집들로는 유치환의 『보병(步兵)과 더불어』(1951), 이영순의 『연희고지(延禧高地)』(1951), 조영암의 『시산(屍山)을 넘고 혈해(血海)를 건너』(1951), 장호강의 『총검부(銃劍賦)』(1952)와 『쌍룡고지(雙龍高地)』(1954), 『항전(抗戰)의 조국(祖國)』(1955), 김순기의 『용사(勇士)의 무덤』(1953)과 『이등병(1953)』, 『무너진 지층(地層)』(1954), 구상의 『초토(焦土)의 시』(1956), 모윤숙의 『국군은 죽어서 말한다』, 박봉우의 『휴전선(休戰線)』(1957), 조지훈의 『역사 앞에서』(1959) 등이 있으며, 이 시기에 발간된 것은 아니지만 전시에 쓰인 시들을 수록하고 있는 장호강의 『화랑연가(花郎戀歌)』(1964), 전봉건의 『꿈속의 뼈』(1980) 등도 여기에 포함될 수 있다.

 1950년대 시의 중요한 흐름 가운데 하나는 전쟁 체험을 직접적인 소재로 택한 작품들이다. 이들의 주된 특징으로는 전의를 다

---

1) 김재홍, 「모국어의 회복과 1950년대의 시적 인식」, 『한국현대시사연구』(일지사, 1983).

지고 승전 의식을 고취하는 구호적 언사나 전쟁의 참혹한 현장이 촉발한 비극적이고 허무주의적인 정서를 들 수 있는데, 전자의 경향은 동원 문학적 성격을 띠는 전쟁시에서, 후자의 경향은 공간적 혹은 시간적 거리를 두고 전쟁 자체의 반휴머니즘을 문제 삼는 실존주의적 경향의 시들에서 발견된다.

전시 문학을 주도한 것은 군 정훈국 소속 아래 활동하였던 종군 문인 단체 '문총 구국대(文總救國隊)'였다. 이 단체의 주요 문인으로는 유치환, 서정주, 조지훈, 박두진, 박목월, 구상, 박인환, 김윤성 등을 들 수 있다. 이들은 종군 작가단을 조직하여 전장에서 시국 강연회, 시화전, 문인극 공연, 문학의 밤 등을 개최하였고 기관지 《전선문학》을 발간(1954. 4. 16)하였으며 국군 방송에도 적극 참여하였다. 당시에 전시판을 발간했던 잡지 《문예》 역시 이들의 활동을 후방에서 지원했다.[2] 이러한 행사의 목적이 국군들의 사기 진작과 승전 의식 고취에 있었음은 물론이다.[3]

전쟁시들을 두 흐름으로 다시 나누어 보면, 일선 병사들의 승전 의식과 애국심을 고취하는 기성 종군 작가단의 시와, 직접 병사로 참전해 전의를 고조하는 선동적 내용을 현장에 밀착된 언어

---

2) 전시 문단의 전개 및 종군 작가단의 활동 상황은 한국문인협회 편, 『해방문학 20년』(정음사, 1966)에서 상세히 다루고 있음.
3) 오세영, 「6·25와 한국전쟁시」, 『한국근대문학론과 근대시』(민음사, 1996). 오세영에 의하면 "선전과 선동은 각각 그 입지에 따라" "적국을 향한 것, 조국을 향한 것, 공격적인 것, 방어적인 것 등"의 네 가지 유형으로 나뉠 수 있다. "한국전쟁을 소재로 한 우리의 전쟁시는 대체로 적국을 향한 것보다는 조국을 향한 것, 그리고 방어적인 것보다 공격적인 것이 보편적이나, 적국을 향한 것과 방어적인 것도 다수 발견되고 있다." 오세영은 한국전쟁 당시에 쓰인 선전 선동시의 이런 대체적 경향에 주목한 뒤, 여기서 다시 그 시들을 "담겨진 내용에 따라 찬가, 애도시, 격시, 기원시, 결의시" 등으로 나눈다. 이 세부적 분류를 통해 전쟁시의 의미론적 측면들이 면밀하게 고찰되고 있다.

로 표현하는 신진 시인들의 시가 바로 그것이다.

장미 냄새보다 더 짙은 피의 향기여!
엎드려 그 젊은 주검을 통곡하며
나는 듣노라! 그대가 주고 간 마지막 말을……

(중략)

조국이여! 동포여! 내 사랑하는 소녀여!
나는 그대들의 행복을 위해 간다.
내가 못 이룬 소원, 물리치지 못한 원수,
나를 위해 내 청춘을 위해 물리쳐다오.
물러감은 비겁하다. 항복보다 노예보다 비겁하다.
둘러싼 군사가 다아 물러가도 대한민국 국군아!
너만은
이 땅에서 싸워 이긴다. 이 땅에서 죽어야 산다.
─── 모윤숙, 「국군은 죽어서 말한다─나는 광주 산곡을
　　　헤매다가 문득 혼자 죽어 넘어진 국군을 만났다」 부분

가지런히 흰 이빨 맑은 두 눈방울이 늘 웃으며 일선으로 전진 하는
이 패할 수 없는 젊은 정신이여

(중략)

내 그대들의 싱싱하고 애띤 조국애의 훈향 속에 젖어 앉아
문득 조국의 창천과 그대들의 얼굴을 번갈아 보노니

역시 지금 이 판국에 하늘이 가장 어여뻐 보시는 것
그대들의 그 욕을 모르는 얼굴이라.
　　　　　　　　──서정주, 「일선행 차중에서」 부분

원수를 물리치고
바람처럼 난데없이 밀어든 고을
어두운 거리거리엔 뜻않이
파도 같은 병차(兵車)소리 총검소리
보라
군데군데 모닥불 화광(火光)을 에워
비록 융의(戎衣)는 낡고
풍모는 풍찬(風餐)에 야위었으되
오히려 원수에게도 자랑 높은 군병(軍兵)이여
조국의 의지여

조국의 변변 방방을 이같이 지켜지라
　　──유치환, 「아름다운 군병(軍兵)─자산(慈山)에서」 전문

내 사랑하는 아우들아 이 나라 호국(護國)의 함성(喊聲)들아
우리는 이긴다 일찍이 불의(不義)와 사악(邪惡)이 망(亡)
하지 않는 역사(歷史)를
본 적이 있느냐
늬들 뒤에는 혈육(血肉)을 같이 나눈 우리들이 있고
이상(理想)을 함께 하는 만방(萬邦)의 깃발이 뭉치어 있다.
우리는 믿는다 초조히 기다리는 백성들 앞에
"기뻐하라 승리는 우리의 손에"라는
이 한마디를 선물로 지니고

> 달려올 늬들의 모습을 기다린다.
> 이기고 돌아오라 이기고 돌아오라
> 우리들 가슴을 벌리고 기다린다
> 하늘이 보내시는 너 구국(救國)의 천사(天使)들을.
> ——조지훈, 「이기고 돌아오라—일선사병(一線士兵)들에게」 부분

목적이 뚜렷한 만큼 각 시들이 지향하는 전언 역시 하나로 모아짐을 볼 수 있다. 조국에 대한 애국심과 군인 정신을 고양시켜 전장에서의 승리를 이끌어내고자 하는 것이 바로 이들 선전 선동시의 목표이다.

구체적으로 살펴보면 먼저 모윤숙과 서정주의 시는 군인 정신을 찬미하는 내용으로 이루어져 있다. 모윤숙은 "장미 향기"와 죽은 군인의 "피"를 연결시킴으로써 국군의 죽음에 숭고함과 아름다움의 의미를 부여한다. 이렇게 죽음을 미학화하는 방식은 전장으로의 자발적 투신을 이끌어내는 데 효과적이다. 한편 서정주는 "가지런히 흰 이빨 맑은 두 눈방울", "패할 수 없는 젊은 정신", "싱싱하고 애띤 조국애의 훈향", "욕을 모르는 얼굴" 등을 통해 군인들의 신체를 젊음, 원초적인 힘, 생명력과 연결시킴으로써 승리에 대한 낙관적 확신을 유도한다. 모윤숙과 서정주는 국군의 정신과 육체에 각각 숭고함과 순결함의 이미지를 부여함으로써 수신자인 일선 병사들의 내면을 소명 의식, 낙관주의로 채우고 있으며, 이를 통해 전쟁에 대한 불안과 공포를 경감시키는 효과를 발휘하고 있다.

이에 비한다면 유치환과 조지훈은 좀 더 직접적으로 전쟁 참여와 승전을 촉구한다. 유치환은 적군을 "원수"라고 하면서 승전하고 돌아온 병사들의 의기를 찬양함으로써 국군들을 "조국의 변변방방"을 지켜 낼 정의의 수호자로 호명해 낸다. 조지훈은 여기서

한걸음 더 나아가 출정하는 병사들을 "구국의 천사들"이라 지칭하고 있다. 전쟁을 "불의와 사악"을 심판하는 성전(聖戰)으로 상징화함으로써 전쟁 참여의 당위성을 강조하고 있는 것이다.

  전쟁의 혼란 중에 등장한 신인들의 시 역시 전쟁시의 중요한 흐름을 형성하고 있다. 참전 용사로서 전쟁을 직접 체험한 만큼 이들은 실제 전쟁에 밀착된 표현과 상황들을 종군 작가로 활동한 중견 시인들에 비해 훨씬 두드러지게 보여 준다. 전쟁 체험의 현장에서 쓴 시들은 직설적인 상황 묘사와 인위적인 절규 및 감탄사의 나열로 채워진 것이 대부분이다.

> 총(銃)아!
> 너는 네 몸이 불덩어리로 녹을 때까지
> 원수들의 피를 마셔라
>
> 검(劍)아!
> 너는 네 몸이 은가루로 부서질 때까지
> 원수들의 살을 삼켜라
> ── 장호강, 「총검부(銃劍賦)」 부분

> 이른아침 태양(太陽)에 쪼여
> 무운장구(武運長久) 씨어진
> 태양기(太陽旗) 등에 걸치고
> 막우 이은 대열(隊列)에 끼어
> 웨치는 고함(高喊) 드높이
> 승리(勝利)를
> 통일(統一)을
> 평화(平和)를 지니고

> 용약(勇躍) 정도(征途)에 선
> 젊은 혈열(血熱)
> 용솟음 치는 마음
> 타오르는 정기(精氣)
> 조국(祖國)의 부름 받고
> 반역(反逆)의 적구(赤狗) 모라내려
> 노도(怒濤)처럼 성전(聖戰)터에 밀린다
> ─ 김순기, 「출정부(出征賦)」 부분

> 이구이고지(二九二高地)로부터 내갈기는
> 적기관포(敵機關砲)의 무서운 집중탄(集中彈)은
> 참호단면(塹壕斷面)의 황토(黃土)를 쑤셔대고
> 바윗돌을 탁탁 깨뜨리고
> 소나무를 툭툭 동강내면서
> 무시무시한 사(死)의 폭풍(暴風)을 이르킨다
> ─ 이영순, 「연희고지(延禧高地)」 부분

격정적인 외침과 직설적인 묘사를 특징적으로 보여 주는 위의 시들은 화자가 모두 참전 용사라는 공통점을 갖는다. 전쟁을 몸으로 직접 겪는 병사의 위치에서 서술되는 만큼 적군과 아군, 원수와 조국이라는 이항 대립적 세계 인식이 두드러지게 나타난다. 또한 구체적인 전쟁 용어 및 전지명(戰地名) 등을 전면적으로 등장시켜 선전·선동의 대상인 일선 병사들을 향해 강한 정서적 감화력을 발휘한다.

장호강의 시는 "총"과 "검"을 의인화하여 자신의 몸을 기꺼이 던져 "원수"를 처단하는 의기당당한 군인의 다짐과 전의를 표현하고 있다. 이는 사기 진작과 전의 확충이라는 전쟁 선동시의 역할과 성격을 단적으로 보여 준다. 김순기의 시는 보다 직설적인데, 승리, 통일, 평화를 외치며 전투에 임하는 군인의 도취된 정신을 "젊은 혈열", "용솟음 치는 마음", "타오르는 정기" 등의 도식적 표현을 통해 직접적으로 전달하고 있다. 한편, 이영순[4]의 시는 극단적인 적대성과 직설적인 선동을 보여 주기보다는 전쟁의 현장을 스펙터클하고 실감나게 그려 내는 것에 집중하고 있다. 그러나 이러한 묘사가 극단적 한계 상황에 대한 실존적 문제의식에서 비롯되었다고 보기는 어렵다. 전쟁 자체에 대한 문제 제기보다는 전투의 상황을 현장감 있게 묘사하는 데 주력하고 있기 때문이다.

전쟁시를 발표하면서 문단에 등장한 일군의 시인들은 전쟁이 끝나고 전후 복구기로 들어서면서 점차 그 창조력을 쇠진해 갔다는 한계를 보여 준다. 김순기, 장호강, 이영순 등 정도가 시집을 계속 발간했으나 이들 역시 전시 문학의 한계에서 크게 벗어나지 못한 채 시적으로 승화되지 못한 체험을 반복적으로 재현할 뿐이었다. 문학적 수련과 성숙의 과정을 제대로 거치지 못하고 급박한 시대적 요청에 대응하는 데만 치중하였기에 이들의 시는 그 시효성을 상실하자마자 도태될 수밖에 없었던 것이다.

고통스러운 삶과 개인의 불안, 전쟁의 반휴머니즘을 문제 삼는 시적 경향은 주로 전선의 후방에서 쓰인 피난지 문학에서 두드러지게 나타난다. 1951년에 발간된 김춘수의 시집 『기(旗)』와 1952년에 발간된 조병화의 『패각(貝殼)의 침실(寢室)』이 대표적인 경우이다. 김춘수는 존재론적 사유를 통해 인간의 실존과 사물의

---

4) 이영순(李永純, 1922~?): 1947년 《서울신문》에 전쟁 소설 「육탄(肉彈)」을 발표하면서 등단. 시집으로 『연희고지』(1951), 『지령(地靈)』(1952), 『제삼(第三)의 혼돈(渾沌)』(1958) 등이 있음.

존재에 대한 깊이 있는 성찰을 보여 주고 있으며, 조병화는 피난지에서의 피폐한 현실과 일상의 비애를 서정적인 언어로 형상화하고 있다.

> 태백산맥(太白山脈)이 줄기 진 야산(野山)에 누어
> 푸른 하늘을 덮고 화랑을 피운다.
>
> 그 많은 우울한 일기(日記)들이
> 부산 가로에서
> 온 종일
> 알제리안 파이프를 물고
> 빈곤(貧困)한 철학(哲學)을 팔고 있을
> 이 순간에
> 눈 내리는 능선(稜線)엔
> 생명처럼 포성이 스치고 간다.
>
> ─── 조병화, 「화랑초(花郞草)」 부분

전쟁에서 촉발된 개인적 우울과 불안 의식, 그리고 고독감이 특히 일상에서 나타나는 것에 주목하고 있는 조병화의 시들은 전쟁의 참화를 피해 쫓겨 내려온 부산 피난지에서 무의미한 일상을 살아나가는 지식인의 황량한 내면을 여실히 보여 준다. 전망 없이 살아가는 일상과 철학마저 빈곤해져 버린 참담한 현실은 화자의 삶 전체를 "우울한 일기들"로 만든다. 아이러니하게도 적막하고 무기력한 화자에게 "생명"을 일깨우는 것은 "포성"이다. 자신 혹은 타자의 죽음을 예기하는 포성만이 자아의 실존을 증명해 주는 이 모순적 상황은 전쟁이라는 한계 상황에 직면한 개인의 균열된 내면을 적실하게 드러낸다.

한편 전쟁 당시에 쓰인 것은 아니지만 전쟁의 참상을 회상하며 그 무상함과 비인간성을 고발하는 시들 역시 전쟁 문학의 중요한 흐름으로 포함될 수 있을 것이다.

산과 산이 마주 향하고 믿음이 없는 얼굴과 얼굴이 마주 향한 항시 어두움 속에서 꼭 한 번은 천둥 같은 화산이 일어날 것을 알면서 요런 자세로 꽃이 되어야 쓰는가.

(중략)

모든 유혈(流血)은 꿈같이라고 지금도 나무 하나 안심하고 서 있지 못할 광장. 아직도 정맥은 끊어진 채 휴식인가, 야위어가는 이야기뿐인가.
─박봉우, 「휴전선」 부분

판자집 유리딱지에
아이들 얼굴이
불타는 해바라기마냥 걸려 있다.
내려 쪼이던 햇발이 눈부시어 돌아선다.
나도 돌아선다.
울상이 된 그림자 나의 뒤를 따른다.
─구상, 「초토의 시 1」 부분

전쟁은 그것이 실질적으로 종결된 뒤에도 당대인들에게 치유할 수 없는 상처로 자리 잡았다. 그리고 한 번 깨진 평화에의 믿음과 황무지로 변해 버린 국토의 참상은 절망, 비애, 우울, 불안, 공포가 뒤엉킨 이 시대 특유의 감수성을 보여 준다.

시「휴전선」의 화자에게 꽃은 미적인 대상이 될 수 없다. 휴전선은 작은 불씨 하나만으로도 '화산'처럼 폭발할 수 있는 전쟁의 가능성을 일깨우는 공간이기 때문이다. 그런 의미에서 휴전선은 과거의 포성(砲聲)과 유혈(流血), 미래에 대한 불안, 그리고 끊어진 "정맥"이 비유하는 분단의 아픔으로 중층화되어 있는 외상적 장소라고 할 수 있다. 휴전선이 사라지지 않는 한 잠시 아물었던 상처는 언제고 다시 터질 수 있다. 미완의 전쟁이 남긴 불안과 공포 속에서 한반도 역사는 점점 "야위어가는 이야기"가 되어 가는 것이다. 그렇기에 "분단 현실에 대해 인식하면서 남북 통일 또는 한국적인 평화의 조건에 초점을 맞춘"[5] 박봉우[6] 시인의 시에서는 분단의 과정과 이로 인한 아픔이 진하게 배어 나온다.

　지금 저기 보이는 시푸런 강과 또 산을 넘어야 진종일을 별일 없이 보낸 거시 된다

　(중략)

　모진 바람이 분다
　그런 속에서 피비린내 나게 싸우는 나비 한 마리의 상채기
　첫 고향의 꽃밭에 마즈막까지 의지 할려는 강렬한 바라움의 향기였다

---

5) 임동확, 「황지의 풀잎과 광기의 시학」, 『한국전후문제시인연구』, 김학동 외 9인(예림기획, 2005).
6) 박봉우(朴鳳宇, 1934~1990): 1952년 주간지 《문학예술》에 「석상(石像)의 노래」 당선, 1956년 조선일보 신춘문예에 시 「휴전선」이 당선되면서 등단. 시집으로 『휴전선』(정음사, 1957), 『겨울에도 피는 꽃나무』(백자사, 1959), 『사월(四月)의 화요일(火曜日)』(성문각, 1962) 등이 있음.

앞으로도 저 강을 건너 산을 넘으려면 몇 〈마일〉은 더 날아야 한다. 이미 날개는 피에 젖을 대로 젖고 시린 바람이 자꾸 불어간다 목이 빠삭 말라 버리고 숨결이 가쁜 여기는 아직도 싸늘한 적지(敵地).

벽(壁), 벽(壁)……처음으로 나비는 벽(壁)이 무엇인가를 알며 피로 적신 날개를 가지고도 날아야만 했다. 바람은 다시 분다
——「나비와 철조망」 부분

김기림의 '나비'를 연상하게 하는 그의 시 「나비와 철조망」은, 상처투성이의 나비의 여정을 두드러지게 보여 준다. 강을 건너고 산을 건너 날아가야 하는 나비의 여정은 작은 나비가 날아가기에는 너무나 험난하다. "피", "목마름", "벽"은 "적지", "벽"이라는 시어를 통해 긴장감을 획득한다. 그러나 여정 자체도 가능성이 희박하지만 돌아올 결과 역시 긍정적이지만은 않음을 시인은 이야기한다. "날아야만" 하는 나비가 결국 도달할 곳은 "따시하고 슬픈 철조망"이기 때문이다. 이 아이러니한 표현을 통해 시인은 전쟁으로까지 치달은 상황을 처절하게 인식하고, 그 회복을 간절하게 염원한다.(「신세계」)

박봉우의 시가 전쟁의 유물이라고 할 수 있는 휴전선을 통해 전후의 불안과 분단의 아픔을 노래했다면, 구상의 「초토의 시」 연작은 황폐화된 국토의 정경을 통해 전쟁이 남긴 비극적 현실을 적실하게 그려 낸다. "판자집 유리딱지"마다 "불타는 해바라기마냥 걸려 있"는 아이들의 얼굴은 화자의 "울상이 된 그림자"와 짝을 이루며 침탈된 조국과 생활 기반을 뿌리 뽑힌 민족에 대한 연민을 전경화한다. 초토에 남겨진 아이들의 얼굴은 "불타는 해바라기처럼" 살고자 하는 의지로 가득 차 있다. 그러나 이러한 판

자촌 정경은 역설적으로 생활 기반의 붕괴와 극단적인 기아의 상황을 암시한다는 점에서 비극적인 성격을 드러낸다.

전쟁의 참혹한 경험은 1950년대 시인들에게 치유되지 못할 상처의 원체험을 제공하였다. 종군 작가단으로, 혹은 병사로 직접 전쟁에 참여한 시인들이 쓴 선전 선동시, 피난지에서 쓴 내면 지향적인 시, 전후의 피폐한 현실과 분단을 소재로 한 실존적 경향의 시 등 이 시기에 쓰인 대다수의 전쟁시에서 공통적으로 드러나는 것이 바로 '체험적 진실성'이다. 체험한 자만이 펼쳐 보일 수 있는 절실한 언어야말로 이러한 유형의 시들이 갖는 강렬한 응집력이라고 할 수 있을 것이다. 1950년대 시사에서 전쟁시가 그 미적 거리 조정의 성패 여부를 떠나 중요한 위치를 점하게 되는 이유는 바로 여기에 있다.

3 서정성의 회복과 확대

전쟁이 끝난 후, 불탄 자리만 남은 허허벌판에서 삶을 향한 간절한 노력들이 하나 둘씩 피어나기 시작했다. 폐허가 된 마음을 어루만지고 메마른 정서에 수혈을 하며 극심한 정신적 공황을 수습하며 삶의 가치를 되찾고자 하는 시도들이 시단에서도 나타났다. 전쟁으로 끊긴 순수 서정시에 연계되는 새로운 서정시의 물살이 번져 가기 시작한 것이다. 이는 암울하고 혼돈스러운 현실에서 벗어나는 탈출구인 동시에, 시와 인간의 본령이라 할 수 있는 서정을 찾아 새로운 삶을 살아가고자 하는 능동적인 의지로 해석할 수 있다. 서정주, 김광균, 김광섭, 김상옥, 노천명, 박남수, 박목월, 신석정, 신석초, 유치환, 장만영, 조지훈 등을 당대 활동하던 대표적인 시인으로 꼽을 수 있다.

"어느 가시덤풀 쑥굴헝에 뇌일지라도" 궁핍한 현실의 나날을 "청산(青山)이 그 무릎 아래 지란(芝蘭)을 기르듯" 살아야겠다는 마음가짐을 다지는 서정주의 「무등(無等)을 보며」는 "당대의 순수 서정시파의 한 흐름"[7]을 상징적으로 보여 준다. 해방 이후 그의 시는 전통적 삶과 정서를 한국적인 언어로 풀어 내고 있는데, 이러한 경향은 두 번째 시집 『귀촉도』(1946)를 거쳐 세 번째 시집 『서정주 시선』(1955)에서 훨씬 심화되다가 네 번째 시집 『신라초』(1960)에 이르러 본격화된다.[8] 이 시기의 시들은 생명에 대한 경외감을 바탕으로 힘겨운 현실에도 인간 자체에 대한 희망을 노래하는 유형[9]과, 설화의 인물들을 새롭게 재조명한 유형으로 나눌 수 있다. 이런 작업을 통해 그는 한국적인 세계관과 미학을 신라의 찬란했던 문화 속에서 발견하고 이를 '신라 정신'이라 명명하였다. 불교와 샤머니즘, 그리고 풍류도의 동양적인 정신을 엿볼 수 있는 서정주의 신라 정신은 한민족의 원형적인 미의식을 찾아내고자 노력한 그의 시적 탐색이라 할 수 있다. 그의 시에 등장하는 선덕 여왕과 사소, 그리고 춘향[10] 등의 인물들은 차안과 피안의 대립되는 세계 속에서 인간적인 고뇌를 인정하고 받아들이면서도

---

7) 최동호, 「1950년대의 시적 흐름과 정신사적 의의」, 김윤식·김우종 외 30인 지음, 『한국현대문학사』(현대 문학, 1994), 317쪽.
8) 잘 알려진 「무등을 보며」와 「국화 옆에서」, 「추천사—춘향(春香)의 말 1」, 「다시 밝은 날에—춘향의 말 2」, 「춘향유문—춘향의 말 3」, 「내리는 눈발 속에서는」, 「선덕여왕의 말씀」, 「꽃밭의 독백(獨白)—사소 단장」, 「단식후(斷食後)」, 「풀리는 한강(漢江)가에서」, 「꽃피는 것 기특해라」, 「학(鶴)」 등이 이 시기에 쓰인 시들이다.
9) 「무등을 보며」, 「학」, 「내리는 눈발 속에서는」, 「꽃피는 것 기특해라」, 「상리과원(上里果園)」 등의 시가 여기에 속한다.
10) 「추천사—춘향의 말 1」, 「다시 밝은 날에—춘향의 말 2」, 「춘향유문—춘향의 말 3」.

그 한계를 뛰어넘어 존재론적 깨달음을 얻는 모습으로 그려진다.

> 천길 땅밑을 검은 물로 흐르거나
> 도솔천의 하늘을 구름으로 날드래도
> 그건 결국 도련님 곁 아니예요?
>
> 더구나 그 구름이 쏘내기되야 퍼부을 때
> 춘향은 틀림없이 거기 있을 거에요!
> ——「춘향유문(春香遺文)—춘향(春香)의 말 3」부분

> 살[육체]의 일로써 살의 일로써 미친 사내에게는
> 살 닿는 것 중 그중 빛나는 황금(黃金)팔찌를 그 가슴 위에,
> 그래도 그 어지러운 불이 다 스러지지 않거든
> 다스리는 노래는 바다 넘어서 하늘 끝까지
>
> (중략)
>
> 짐(朕)의 무덤은 푸른 영(嶺)위의 욕계(欲界) 제2천(第二天).
> 피 예 있으니, 피 예 있으니, 어쩔 수 없이
> 구름 엉기고 비 터잡는 데—그런 하늘 속.
> ——「선덕여왕(善德女王)의 말씀」부분

> 아버지.
> 아버지에게로도,
> 내 어린 것 불거내(弗居內)에게로도, 숨은 불거내(弗居內)의 애비에게로도,
> 또 먼 먼 즈믄해 뒤에 올 젊은 여인(女人)들에게로도,

생금(生金) 광맥(鑛脈)을 하늘에 폅니다.
──「사소(娑蘇) 두 번째의 편지 단편(斷片)」 전문

춘향의 깨달음은 "구름"과 "쏘내기"라는 매개체를 빌려 하늘과 땅, 이승과 저승을 이어 가는 유연함과 맞물린다. 미당 시의 시간과 공간의 자유로운 운용은 "구름 엉기고 비 터잡는" "욕계 제2천"의 세속적 공간에서 지귀의 사랑을 이해하는 선덕 여왕(「선덕여왕의 말씀」)의 성숙함, 그리고 시간을 초월해 원형성을 획득하는 박혁거세의 어머니 사소[11](「꽃밭의 독백(獨白)―사소 단장(娑蘇 斷章)」, 「사소 두 번째의 편지 단편」)을 통해 살펴볼 수 있다. 이러한 초월 의식은 추상적으로 존재하는 것이 아니고, 삶의 구체적인 순간 속에서 발견된다. 시인이 열어 놓은 영원의 시간에 초월적 힘이나 절대적 종교의 경지, 또는 추상적인 논리의 세계가 쉽사리 주인으로 들어설 수 없는 것도 바로 이 때문이다. 서정주의 시는 바로 이러한 삶의 공간 양식과 궤를 같이 하고 있는데, 두 영역을 구분하는 경계를 자유자재로 넘어 다니는 시인의 공간 의식은 그의 유연한 세계관을 뒷받침하는 중요한 바탕이 된다. 춘향이가 지상과 천상 양쪽을 오가는 것(「추천사」)이나, 이승도 저승도 아닌 "저승곁을 나르는"(「학(鶴)」) '학'의 자태에서 바로 이곳과 저곳에 종속되지 않는 경계 공간에 자리하려는 미당의 공간 의식이 명확히 드러난다.

또한 신화나 설화의 인물들을 차용함으로써 독자와의 동질성을 회복하는 효과를 얻고 있다. 사소 설화를 소재로 현실 세계의

---

11) 중국 황실의 딸인 사소는 일찍이 신선의 술법을 배워 해동에 와서 머무르다 매를 따라 선도산(仙桃山)으로 가서 지신(地神)이 되었고 박혁거세를 낳아 왕으로 키웠다고 전한다.

윤리 규범을 초월한 영원의 세계는 "생금 광맥"으로 제시되는데, 이곳은 현실적 시공간을 넘어 아버지와 자식과 남편과 후대의 여인들을 만나는 곳이며, 시인의 상상력이 다다른 원형의 장소이다. 그러므로 사소라는 시적 화자는 아비와 자식과 남편을 지닌 모든 여인의 전형일 수 있으며, 피가 생금으로, 광맥으로 화하는 마찰음은 여인들의 삶이 만들어 내는 원형적인 마찰음으로 확산된다. 바로 이러한 점에서 이 시는 시인의 개인적 기억을 뛰어넘어 인간의 불변적 동일성을 향해 열리고 있다. 미당은 이런 인물들을 통해 근원적인 존재를 설정하여 연속성과 동일성을 획득한다. 이러한 그의 상상력은 예술성과 지혜를 담고 있던 신라 정신을 탐구하던 시인 자신의 의도뿐 아니라 전통을 재탐구함으로써 현실을 재인식하고자 하는 정신과도 연결된다.

한편 유치환의 시는 삶에 대한 존재론적인 문제를 시적 세계의 근원적인 토대로 한다. 『예루살렘의 닭』(1953), 『청마 시집』(1954), 『행복은 이렇게 오더니라』(1953), 『제9시집(第九詩集)』(1957), 『유치환 선집』(1958), 『뜨거운 노래는 땅에 묻는다』(1960) 등 인간 존재를 부정적으로 파악하는 허무 의식과 비감(悲感), 그리고 그 실존적 허무를 뛰어넘어 존재론적 상황을 초월코자 하는 초극 의지를 수반한다. 그렇기에 그의 시어는 섬세함이나 부드러움보다는 호방하고 남성적[12]인 느낌을 주면서 비장미를 보여 준다.

---

12) 김영미는 청마 시의 특징적인 어조를 아니무스의 시로 규정하면서 청마 시 가운데 여성 편향적인 어조로 되어 있는 시는 전체적으로 볼 때 그 수가 매우 적다는 것을 지적하고 있다.(김영미, 「한국현대시의 어조 연구: 영랑과 청마 시를 중심으로」, 이화여자대학교 대학원 박사 논문, 1993) 권영민은 "유치환의 시에서 중요한 시적 지향성인 〈의지〉의 테마들이 내면의 힘보다 겉의 소리로 느껴지는 공허함을 노출시키고 있다"는 점을 지적하기도 하였다.(권영민, 『한국현대시사 연구』(일지사, 1983))

하늘의 무궁함을 노래하지 말라 인류로 하여금 영원히 머리에서 벗을 수 없이 눌러 씌운, 밑도 끝도 없이 넓고 큰 저 허공으로서, 푸른 산맥과 검은 삼림의 레―스의 그 변죽을 꾸밈이 없어 보아라 자유로이 오고 가는 구름의, 아침과 저녁 봄 가을 여름 겨울의 때 따라 천차만별한 빛깔과 형태의 나타남이 없어 보아라 또한 밤이 있어 푸른 달의 차고 이과 억조 성좌의 휘황찬란함이 더불어 찾아 오는, 우리가 눈감고 죽음의 망각(忘却)의 한토막을 즐기어 잠들 수 있는 그 밤의 덕이 없어 보아라 저 희멀건 허공이야말로, 수수(須叟)한 목숨의 죄업(罪業)을 냉혹히 하는 응시 고문(拷問)하는 "때"의 유령(幽靈)인 허공이야말로, 그 아래에서의 70년은 죽음보다 가혹하고 긴 형벌일지니―

――「하늘」 전문

시 「하늘」에서는 힘 있는 어조와 더불어 청마 시의 비장미를 엿볼 수 있게 한다. "자유로이 오고 가는 구름", "천차만별한 빛깔과 형태의 나타남" 등 이 자유로운 시인의 공간 인식은 청마 시의 '자아의 세계화', 곧 응축이 아닌 확산이라는 세계 인식으로 이어진다. 수직·수평으로 확장된 시인의 시선은 "보아라"라는 영탄형의 시어를 통해 다시금 감정을 촉발한다. 넓고 큰 세계에 선 시인의 감정이 변화하는 순간이다. 그리하여 이 모든 화려함이 수놓이는 공간인 "허공"을 다시금 생각하는 데 다다르게 된다. "우리가 눈감고 죽음의 망각의 한토막을 즐기어 잠들 수 있는 그 밤의 덕이 없어 보아라"와 같이, 죽음과 망각의 시간으로 이끌려 가는 것이다. 평서문보다는 의문문이나 감탄사를 즐겨 쓰는 그의 어법은 간절한 호소력을 지니고 있는데,[13] 시제를 나타내는 보조 어간의 개입이 없이[14] '있다', '없다'라는 기본형 서술어를 급박한 어조로 반복함으로써 자기 존재를 확인하려는 시적 자아의 의지가 강렬한 인상으로 드러나고 있다.

이 시기 그의 시는 자연물을 통한 인간적인 감정의 투사를 중점적으로 이루어진다. 『예루살렘의 닭』, 『청마 시집』, 『제9시집』, 『유치환 선집』 등의 시집에서 그는 바다와 바위, 나무, 구름, 꽃, 별 등의 자연물을 통해 인간적인 외로움과 좌절 등의 감정을 투사한다.[15]

그의 시는 이미지보다 관념의 사유에 기초한 세계 인식을 특성으로 하기에 철학적이고 사변적이며 관념적인 경향을 보여 준다. 「바람」에서 청마는 "바람과 나는 동기(同氣). 우주의 가장 묵은 일문(一門)의 후예로서 세계의 어디메도 안주할 곳을 갖지 못한 영원한 표박인(漂泊人), 쉼 없이 뉘우치고 탄식하고 회의하고 헤매어야 하는 운명"이라면서, '우주', '후예', '표방', '유랑' 등의 시어를 통해 어디에도 정착하지 못하고 유랑하는 고독한 존재의 운명을 사변적으로 노래하고 있다.

이 시기에 조지훈은 시집 『풀잎 단장(斷章)』(1952), 『조지훈 시

---

13) "아아 등(燈)을! 어서 등(燈)을!"(「미루나무의 노래」), "윤리란! 법도란! 도덕이란!"(「감옥묘지(監獄墓地)」), "아아 어찌 밀어뜨려 낼 수 없이 내게로 시방 닥아 도는 깊은 회오(悔悟)의 골짜기를 지닌 아득한 산, 밤!"(「산」), "호! 호! 호교!/ 호! 호! 호교!"(「미사의 종(鐘)」) 등에서 보이듯 그의 시에서는 자아의 내적 정서가 직접적이고 강렬하게 분출되고 있다.

14) "나는 눈을 감는다/ 나는 없다/ 아니다, 나만 있다/ 천지간에 나만이 있다/ 아슬한 하늘끝 파도소리 바람소리 되어 나만이 있다"(「바닷가에 서서」) 등.

15) "허구한 세월의 긴긴 장일(長日)을 똑같은 사념(思念)에 제 그림자 또렷또렷 지키고 서서, 무시로 생각난 듯 바람이 불면 제일이 외쳐 외로움 알리우곤 또 다시 잠기는 무료, 기울이는 귀―"(「청산(靑山)에서」)에서 보듯, 청산의 이미지에는 "제 그림자"를 올곧게 지키면서 외로움을 견디는 인간의 실존적 고독이 투사되어 있다.

선』(1956) 『역사 앞에서』(1959)를 발표하였다. 『풀잎 단장』은 자연물과 식물 심상이 주로 나타난다.[16] 이 자연물과 자아의 관계는 거대하고 커다란 자연(우주)과, 작은 자아로 등장한다. 그러나 자연물인 꽃이나 풀잎, 꽃 한 송이 등에 이입된 자아의 '작음'은, 우주와 독립된, 별개의 자연이 아닌 서로가 서로에 속해 있는 관계, 소통할 수 있는 관계로 드러내고 있다. 그의 시에서 꽃잎과 풀은 무한한 우주를 관통하는 존재의 통로이자 실존의 문턱이다. 시인은 이러한 꽃잎, 풀 등과 소통함으로써 자아의 한계를 넘어 무한한 우주로의 열림을 경험하게 되는 것이다.

꽃망울 속에 새로운 우주가 열리는 파
동! 아 여기 태고쩍 바다의 소리없는 물
보래가 꽃잎을 적신다

방안 하나 가득 석류꽃이 물들어 온다
내가 석류꽃 속으로 들어가 앉는다 아무
것도 생각할 수가 없다

———「아침」 부분

태곳적 바다와 새로운 우주와의 조우를, 시인은 피어나는 석류꽃의 향기를 통해 직감한다. 다른 세계와의 조우[17]는 또 하나의

---

16) 「산길」, 「풀밭에서」, 「낙엽」, 「절정」 등의 시를 포함한 시집 전체에서 '풀(풀잎)', '꽃', '갈대', '바다' 등은 시적 자아의 의식을 대변하는 이미지로 활용되고 있다.
17) 또한 그의 시에서 바다는 열린 세계, 드넓은 세계를 상징하며, 시적 자아는 그 세계와의 만남에 젖어들게 된다. "바다로 흘러가는 산골 물소리만이 깊은곳으로 깊은곳으로 스며드는 그저 아득해지는 내 마음의 길을 열어준다"(「산골」)

깨달음, 곧 "이 작은 꽃속에 이렇게도 크낙한 그늘이 있을 줄은 몰랐다"로 나아간다. 이러한 선적(禪的) 세계관은 짧고 운율성이 강한 시들로 구성된 시집 후반부에서 더욱 확연하다. 「고사(古寺)」, 「도라지꽃」, 「달밤」 등은 짧으면서도 정제된 운율로 인해 리듬감을 느낄 수 있으며, 자아와 세계가 풍경 속에 녹아들어 가는 인상을 준다. 그러나 "흔들리는 내가 없으면 바람은 소리조차 지니지 않는다"(「풀밭에서」), "한줄기 바람에 조찰히 씻기우는 풀잎을 바라보며 나의 몸가짐도 또한 실오라기같은 바람결에 흔들리노니"(「풀잎 단장」) 등의 시에서, 바람에 씻겨진 풀잎의 정결한 이미지는 '나의 몸가짐'을 되돌아보는 자아 성찰의 매개이며, 이러한 자연적, 우주적 대상과의 상호 연관 속에서 시인은 자기 존재를 새롭게 확인한다. 이러한 자세는 스스로의 내면을 다시 한 번 반성하는 자세로 이어진다. 그렇기에 그의 자연을 두고, 정한모는 '순수 객관의 자연인 동시에 인간적 정감을 초월하는 자연이며 더 넓은 세계를 구현하고자 하는 대상[18]'이라고 지적한다.

등단 초기의 시들이 전통미와 고전미를 압축적으로 살려 내었다면, 중후반기에서는 엄격하면서도 사색적이고 종교적인 시 의식이 구체화된 이미지를 통해 한층 더 원숙하게 구현된다. 시집 『조지훈 시선』[19]의 「지옥기(地獄記)」, 「학(鶴)」, 「포옹(抱擁)」, 「기도(祈禱)」, 「염원(念願)」, 「코스모스」 등의 작품은, 「학」과 「기도」를 제외하고는 산문체의 서술형 문장의 시들로 구성되어

에서, 산골을 흘러가는 물소리는 깊은 바다 속으로 흘러들고, 이 소리의 흐름에 실려 가는 자아의 내면 역시 이러한 심원한 존재의 내부로 스며들고 있다.
18) 정한모, 「초기작품의 시세계」, 『조지훈연구』(고려대학교 출판부, 1978), 25쪽.
19) 초기작에서부터 그가 시선집을 엮을 당시인 1958년까지의 작품을 시인 자신이 묶어 낸 선집으로, 미발표 시 32편이 포함되어 있는 이 시선은 시인의 작품 세계 전반을 살펴볼 수 있는 귀중한 자료이다.

있다. 이전의 시와 마찬가지로 꽃 이미지, 우주로 대변되는 또 다른 정신적인 세계에 대한 희구가 드러나 있으며 그리움이나 슬픔이 사변적이고 철학적으로 형상화된다.

한편 이 시기에 박목월은 두 번째 시집 『산도화』(1955)와 세 번째 시집 『난·기타』(1959)를 출간하였다. 정한모는 "간결한 표현, 생략에서 오는 여백이 주는 함축 등 서정시의 응축 작업에 필요한 온갖 방법을 목월은 충분히 기도하고 실천하여 한국어가 시에서 표현할 수 있는 성과를 누구보다도 많이 거두었다"고 지적한다. 박목월 시의 아름다움은 다양한 감각화 기법과 여기에 담긴 깊이 있는 성찰을 통해 드러난다. 『산도화』에서 그는 「산도화」, 「선도산화」, 「모란여정」 등의 시를 통해 시각으로는 꽃, 맑은 물 및 수정의 심상, 그리고 아스름하게 비치는 사물의 이미지를, 청각으로는 조용하게 속삭이는 작은 소리와 움직임을 그려낸다. 대상과의 거리를 멀게 설정함으로써 목월은 고요하고 평화로운 세계를 구현한다.

모란꽃 이우는 하얀 해으름

강을 건너는 청모시 옷고름

산도화
수정(水晶)그늘
어려 보랏빛

모란꽃 해으름 청모시 옷고름
——「모란여정」 전문

"이우는", "건너는"의 시어에서 파악할 수 있는 먼 거리 의식을 통해 확보하게 되는 담담한 시선은, "청모시 옷고름"과 "보라"빛 수정 그늘과 연관되며 시인이 풍기는 맑고 고요한 향기를 그대로 독자에게 전해 준다. 특별히 거리 의식은, 박목월 시의 미적 특징을 이루는 본질적인 요소들 중의 하나로서 그의 정서와 사상 사이에 개재되어 있는 미적 경험을 만들어 내는 특수한 구성 요소로 작용하고 있다. 박목월은 시각적으로 자신과 대상과의 거리를 멀게 잡음으로써 대상을 아득하고 먼 것, 사라지고 바라는 것 등의 무화(無化)되는 것으로 바라본다. 이를 통해 그의 시에서 먼, 고요한, 잠잠한, 잔잔한 등의 시각적 경험을 중개하는 형용사들을 추출할 수 있다. 그러나 이 조용한 움직임을 나타내는 어휘들은 무심하면서도 부드럽고 강한 시인의 응집력을 드러낸다.[20] 이러한 경향은 세 번째 시집 『난·기타』에서 심화되며 좀 더 깊이 있고 철학적인 세계를 구현하게 된다.

>모밀묵이 먹고 싶다.
>그 싱겁고 구수하고
>못나고도 소박(素朴)하게 점잖은
>촌 잔칫날 팔모상(床)에 올라
>새사돈을 대접하는 것
>그것은 저문 봄날 해질 무렵에
>허전한 마음이
>마음을 달래는
>쓸쓸한 식욕(食慾)이 꿈꾸는 음식(飮食).

---

20) 김현자, 『한국시의 감각과 미적 거리』(문학과지성사, 1997).

또한 인생의 참뜻을 짐작한 자의
너그럽고 너넉한
눈물이 갈구하는 쓸쓸한 식성(食性).
　　　　——「적막(寂寞)한 식욕(食慾)」 전문

슴슴하고 싱거운 것, 고독한 향기, 목마름은 투명하고 고요한 세계를 향한 지향성을 보여 준다. 맑고 투명하고 가느다란 시각, 침묵에 가까운 정적, 무게의 상실감, 무미(無味)의 부드러움을 지니는 박목월의 감각적 특징은 그를 단단하게 만든 고립의 요소와 함께 불확실한 적막의 세계로 이끌어간다. 「야반음(夜半吟)」, 「심상(心象)」, 「하관(下官)」, 「당인리 근처」 등 삶의 무게와 죽음에 대한 시선을 통해 심화되는 적막의 세계에서 시인은 피안과 차안, 현실과 이상의 이율배반적인 두 세계를 통합시켜 나간다. 삶의 무게를 진지하게 성찰하는 그의 자세는("〈나〉는 흔들리는 저울대(臺). 시는 그것을 고누려는 종(鐘)"(「시(詩)」)) 관조적이면서도 온기를 잃지 않는다.("다만 한오리 인류의 체온(體溫)과/ 그 깊이 따스한 핏줄에/ 의지하라./ 의지하여 너그러이 살아 보아라."(「따스한 것을 노래함」)) 이러한 데에는 대상과 주체의 거리를 적절하게 조정하여 바라봄으로써 대상과 사고의 관련성을 질서화하는 그의 미학적 세계관의 역할이 크다. 서정성을 견지하는 동시에 거리의식을 설정함으로써 미적인 균형을 이루고자 한 그의 자세는, 현실을 외면하지 않으면서도 이것을 뛰어넘고자 하는 시인 자신의 의지와 연결된다 하겠다.

박두진 역시 청록파의 다른 두 시인과 함께 자연에 그 시적 근간을 두고 있는 시인 중 하나이다. 그의 자연은 "민족과 인류, 현실과 영원, 현세적·정치적 이상과 종교적·궁극적 생활 생존 양식이 아무런 모순없이 일원화된 세계"[21]라는 명제에서 출발한다. 자연을 묘사하면서 그는 이상화된 자연, 혹은 관념의 세계를 동시에 보여 주고 있다. 자연을 향한 그의 긍정적이고 건강한 찬가는 시적 상상력 및 자아 의식을 이루는 갈등과 해소를, 자연에 의한 밝음과 어두움의 대칭적 구조를 통해 드러내고 있다. 그에게 있어 자연은 친화력과 공감을 바탕으로 한 영원과 동경, 갈망의 보편적인 정서를 담아내는 대상이 되는 것이다. 초기 시에서 중심을 이루는 '해'의 이미지는 '빛'으로 연계되어 그의 후기 시를 계속 지배하는 중심 이미지가 된다.

　　신이 오른 듯, —
　　가슴에서 목구멍이
　　벅차 오르며,
　　팔다리가 올라가며,
　　호흡이 멎어지며,
　　못견디게 광홀한
　　아침이 있읍니다.
　　웃식어려 져.
　　해를 늘름 삼켰다가
　　해를 토한듯,
　　못견디게 승리(勝利)로운
　　아침이 있읍니다.

　　소리치는 금 빛깔
　　암말을 타고,
　　별에서 별에로

---

21) 박두진, 「시의 운명」, 《문학사상》(1972. 10), 276쪽.

쩡겅 쩡겅 달리는,
못견디게 호사운
아침이 있습니다.

—「아침에」 부분

그는 빛 속에서 자신이 개인적 존재로서 지니는 생명 욕구의 중심을 찾거나 초현실적인 절대의 세계를 투영한다. 또한 산과 해의 이미지를 통해 강인하게 타오르는 생명력을 드러낸다. 그에게 있어 생명은 늘 타오름과 갈망을 가진 것으로 인간 내면의 구체적인 열정을 상징하는 것이다.

또한 그의 시가 얻은 빼어난 성취는 한국어의 리듬을 자유자재로 활용한 데서 찾을 수 있다. 모음과 자음의 활음조, 의성어와 의태어가 문장 속에서 조응하는 이중적 기능은 한국어가 지니는 소리의 표현력 내지 운율학 연구의 풍부한 가능성을 제시하고 있다 하겠다. 청록파의 다른 두 시인과 다르게, 박두진은 섬세하고 투명한 서정이나 관조의 태도로 자연을 노래하는 대신, 자연의 생명적 이미지와 능동적 상상력, 한국어가 갖는 소리의 아름다움을 활용한 리듬 효과, 그리고 시를 시대와 종교, 윤리와 동일한 것으로 꿰뚫는 시 정신의 다면적인 추구를 통해 청록파가 제시한 또 다른 깊이 있는 시 세계를 보여 주고 있다.

한편 박남수[22]는 1958년 『갈매기 소묘(素描)』에서, 관조적인 태도, 그리고 의도적 행갈이 기법("구름이 되어/ 하늘에/ 졸/ 다가……(중략)……호렁호렁/울고/있었다"「바람」)과 요설의 산문시

---

22) 박남수(朴南秀, 1918~1994): 1939년 《문장》지에 정지용에 의해 「심야」, 「마을」 등이 추천되어 등단. 시집으로 『초롱불』(1940), 『갈매기의 소묘』(1958) 등이 있음.

(「한제(閑題) 5화(五話)」, 「무제(無題) 2」) 및 이중 화자("처녀야 물 한 모금만 다오. (한 바가지의 우물을 주었읍니다.)"(「한 모금의 물」))의 서술 형태 등의 실험 정신을 드러냈다. 그러나 "어쩌면 죽었을, 어쩌면 살았을/ 내 고향을 생각하면/ 십년 쯤 뒤에는 어머니를/ 그래도 만남직한 오래간만의 눈물// 바람이 분다/ 잎이 진다"(「언제쯤 한 번은 거기에」)에서, 삶과 죽음의 순간이 교차하는 고통스런 현실을 넘어서 '어머니'로 상징되는 따스한 고향을 발견하고자 하는 시인의 태도는 정서적 균형을 놓치지 않음으로써 서정성을 유지하고 있다.

이 시기에 김광섭은 시집 『해바라기』를 통해 감각과 비유, 그리고 미적 거리를 활용함으로써 시 세계를 구체화하고 있다.

> 바람결보다 더 부드러운 은빛 날리는
> 가을 하늘 현란한 광채가 흘러
> 양양한 대기에 바다의 무늬가 인다
>
> (중략)
>
> 생의 근원을 향한 아폴로의 호탕한 눈동자같이
> 황색(黃色) 꽃잎 금빛 가루로 겹겹이 단장한
> 아 의욕의 씨 원광(圓光)에 묻히듯 향기에 익어가니
>
> ——「해바라기」 부분

시 「해바라기」는 의미의 심화와 서정적 집중이 조화롭게 이루어진 시이다. 시인은 세계에 대한 능동적 의지와 생명력을 표출하고 있다. "대기에 바다무늬가 일고"는 하늘과 바다와 땅의 공간적 융합을 보여 준다.

「달밤」, 「사랑」, 「보이지 않는 별」, 「들국화」 등의 시에서도 '너'는 시 속에 등장하는 구체적인 꽃들인 '백합', '해바라기' '들국화'와 빛과 불로 이어지는 밝음, 환함의 이미지를 통해 긍정성을 획득하고 있다. 그의 시는 "입술을 대이라 가을이 서럽지 않게"(「가을이 서럽지 않게」), "풀잎은 서로 입술을 방임한다"(「바위에 묻힌 꿈같이」) 등의 감각 이미지와, 담담하고 서술적인 어조를 통해 균형을 유지한다.

또한 『밤의 서정』(1956), 『저녁 종소리』(1957)를 발표한 장만영[23]은 서술체의 산문시(「서정가(抒情歌)」 등), 외래어의 사용[24]과 함께 새로운 감각을 선보였다. 한편 김상옥은 시집 『의상(衣裳)』(1953), 『목석의 노래』(1956)로 전통적이고 서정적인 시 세계를 구현하였다. 특히 「의상」 시편과 「호수」 시편에서 맑게 길어 올린 토착적 정서가 잘 어우러진 시어, 정제된 리듬과 더불어 한국적 미감의 절정을 보여 준다.

신석정은 시집 『빙하』(1956)에서 상실에 대한 슬픔을 서정적으로 이야기한다. 「슬픈 평행선」, 「망향의 노래」, 「귀향시초(歸鄕詩抄)」, 그리고 제주도 시편(「다시 제주도」, 「항구에서」 등)에서는 사라진 고향, 그리고 돌아와도 이전의 모습을 잃어버린 고향에 대한 그리움과 슬픔을 설파하였다.

이 시기에 보다 근본적인 언어의 탐구 작업은 김춘수에게서 비롯된다. 그는 '무의미시'라는 개념을 통해서 전통적으로 받아

---

23) 장만영(張萬榮, 1914~1975): 1932년 《동광(東光)》지에 투고한 시 「봄노래」로 김억의 추천을 받으면서 데뷔. 시집으로 『밤의 서정』(1956), 『저녁 종소리』(1957) 등이 있음.
24) "돌아오는 황혼이 먼/ 무수한 피아노 소리, 피아노 소리"(「정동(貞洞) 골목」); "포오크며 나이프 소리"(「온실(溫室)」); "방카로풍의 발코니―/ (중략)/ 암·체아에 누운 채/ 잠이 들었다"(「해바라기」) 등.

들여진 시에 관한 관념을 해체하기도 했다. 아울러 언어 밖의 역사와 현실을 시에서 철저히 배제시켜 사물에 대한 일체의 선입관을 버리는 방법을 채용하여 시의 본질에 대해서 탐구하기도 한다.

나는 시방 위험한 짐승이다.
나의 손이 닿으면 너는
미지의 까마득한 어둠이 된다.

존재의 흔들리는 가지 끝에서
너는 이름도 없이 피었다 진다.
눈시울에 젖어드는 이 무명의 어둠에
추억의 한 접시 불을 밝히고
나는 한밤내 운다.

———「꽃을 위한 서시」 부분

김춘수의 초기 시에서 그가 지향한 실존 탐구의 세계는 꽃을 노래한, 꽃을 위한 꽃의 언어들로 이루어져 있다. 존재하는 그 자체만으로도 이 지상에서 가장 아름다운 대상인 꽃을 빌려 시인은 내밀하고 추상적인 의식 세계를 표현한다. 그래서 김춘수 시의 '꽃'은 실재하는 꽃의 의미를 넘어선다. 그가 초기 시에서 공들였던 존재 탐구라는 일관된 주제는 이렇게 '꽃'과 '언어'의 긴장 위에서 이루어지고 있다.

시 「꽃」은 언어를 통해 존재를 탐구하려 시도했던 일련의 시 가운데 대표작이다. 초기 시의 중심어인 '꽃'을 통해 시인은 존재 탐구와 사물의 명명 행위에 대한 문답을 시작하고 있다. 이

시에서 시인은 "하나의 몸짓"에 지나지 않았던 사물의 이름을 불러 줌으로써 그를 의미 있는 대상으로 존재하게 한다. 즉 부유하던 "몸짓"들이 명명 행위를 통해 "눈짓"이 되는 것이다. 여기서 대상에 이름을 부여하는 행위는 단순히 이름을 짓는 것을 넘어서서 그 사물의 빛깔과 향기에 가장 알맞은 이름으로 그 대상을 실존하는 존재로 이해하게 한다. 꽃은 이렇듯 지상에 존재하는 최고의 사물인 동시에 이름도 없이 피었다 지는 익명의 어둠과 움직일 수 없는 식물의 운명을 지닌 복합적인 대상이라는 점에서 존재 탐구의 대상이 되고 있다.

'이름 불러 주기'로 시작된 존재론적 추구는 시「꽃을 위한 서시」에 이르면 가면과 베일을 쓴 대상인 "얼굴을 가리운 나의 신부"의 외피를 벗기려는 행위로 이어진다. 「꽃을 위한 서시」는 이렇게 「꽃」의 연작시적인 성격을 지니며 시의 의미를 발전시키고 있다. 김춘수가 탐구하는 존재는 사물이기도 하고 진리일 수도 있다. 그는 어둠에 가리우고 베일에 싸여 있는 존재를 시의 언어와 명명으로 실존하게 한다. 시인은 존재가 잠겨 있는 무명의 어둠을 걷어 내고 명명의 밝음으로 존재하게 하는 것이 곧 언어의 힘이자 시의 소이(所以)라고 인식하는 것이다.

시「성탄제」시편으로 잘 알려진 김종길 역시 이 시기에 절제된 어법을 통해 시 세계를 구체화하고 있다. 「성탄제」, 「주점서장(酒店序章)」, 「꽃밭」 등의 시가 이 시기의 시이다. 그의 시는 일상의 체험에서 깊은 사색의 우물을 발견하는 힘이 있다.

　　서러운 서른 살 나의 이마에
　　불현듯 아버지의 서느런 옷자락을 느끼는 것은,

　　눈 속에 따오신 산수유 붉은 알알이

아직도 내 혈액 속에 녹아 흐르는 까닭일까.

——「성탄제」 부분

　　대상에 대한 진중한 탐구 정신과, 시를 읽을 때 편안한 느낌이 들게 하는 어법은 추상적이지 않고 보편적인, 따뜻한 감동의 힘을 느끼게 만든다. 시 「성탄제」에서 어린 시절 아버지가 준 산수유 열매는 아픈 영혼을 치유하는 원형적인 이미지로 나타난다. 아버지의 서늘한 옷자락이나 산수유의 붉은 열매는 과거의 경험이면서 동시에 현실의 나를 치유해 주고 어루만져 주는 역할을 한다. 가족의 대표자인 아버지는 나에게 핏줄의 연속성을 부여해 줌으로써 내가 삶으로부터 단절되지 않고 오늘을 살아가게 하는 치유제의 역할을 한다. 이렇듯 생명을 서로 나누어 갖고, 그 생명을 서로 지켜 주는 가족의 혈연적인 원형성은 지극히 구체적이고 생생한 감각들로 나타나면서 서정 장르 특유의 구체성과 상상력의 장을 확보한다. 적절한 균형감은 김종길 시의 가장 큰 강점이라 할 수 있다. 의미의 굽이마다 적절하게 포진된 언어와 그 언어를 끌고 가는 유연한 사유가 특별한 시적 경지를 이룬다.

　　이 시기 김구용[25]은 환상과(「밤」, 「비상」, 「나는 유리창을 나라고 생각한다」) 그 환상 속에서 만나는 죽음, 그리고 침잠되고 고립된 자아를 조우한다. 그러나 "날개" 등의(「비상」) 사물을 통해 그는 이 부정항을 극복하는데, 이 "날개"는 「백탑송(白塔頌)」 등의 시에서 추출할 수 있는 "흰"빛의 색채 이미지와 "해" 등 빛

---

25) 김구용(金丘庸, 1922~2001): 본명 영탁(永卓). 1949년 《신천지》에 「산중야」, 「백탑승」 등을 발표하며 등단. 1956년 《현대문학》 제1회 신인문학상 수상. 시집으로 『시집(詩集) 1』(삼애사, 1969), 『시(詩)』(조광출판사, 1976), 『구곡(九曲)』(조문각, 1978) 등이 있음.

이미지를 활용하며 허무에 대응한다.

> 사랑에 녹슨 몸 위로
> 밝은 해가 굴러
>
> 정오의 심장을 찌르면
> 나의 피는 하늘 꽃이어라
>
> 눈동자에 스미는 해의 호흡은
> 어느 황금(黃金) 여인이기에
>
> 화염(火炎)의 옷을 입고
> 도시의 굳은 벽마다 나타나느뇨
> ──「해」 부분

> 날개야. 소원을 품고 잔디 밭에서 뜨라. 하늘을 깊이 날으는 기체(機體)는 어족(漁族)과도 다른 사람의 꿈의 실현(實顯)이거니. 태양 위치에 심장을 두고, 일용(日用)의 곡명(哭皿)을 애호(愛護)하여라.
> 날개를 몰아 구름을 뚫으면, 타오르는 조수에서 너의 죽은 몸이 연신 날아 오른다.
> ──「비상」 부분

"녹슨 몸"과 "눈동자"를 덮는 "해"와 "피"는 금속성·광물성으로 동일항을 구성하며 "황금 여인"으로 전이된다. 이 여정은 시 「비상」에서 "태양 위치에 심장을 두"는 행위와 등가를 이룬다. 그럼으로써 시인은 "죽은 몸이" "날아 오"르는 경험을 하게 되는 것이다. "허무를 극복"(「그대는 허무의 극점에서」)하고, 죽음을 극복하는 흰빛은 "탑", "흰사슴"(「백탑송」) 등으로 전이되며 긍정성을 획득하고 있다.

한편 1946년 등단 이후 주지적이면서 담담한 어조로 세계를 노래하는 김윤성의 시들은 주로 정적 속에 드러나는 사물의 의미를 관조한다.(「나무」, 「실내」, 「점경」)

> 한결같은 망각 속에
> 나는 구태여 움직이지 않아도 좋다.
> 나는 소리쳐 부르지 않아도 좋다.
> 시작도 끝도 없는 나의 침묵은
> 아무도 건드리지 못한다.
>
> 무서운 것이 내게는 없다.
> 누구에게 감사받을 생각도 없이
> 나는 나에게 황홀을 느낄 뿐이다.
> 나는 하늘을 찌를 때까지
> 자라려고 한다.
> 무성한 가지와 그늘을 펴려고 한다.
>
> ─「나무」 부분

「나무」에서 시인은 남성적인 어조로 힘 있게 나무의 입을 빌려 자신의 의지를 이야기하고 있다. '~하지 않아도 좋다'는 서술의 반복은 "무서운 것"이 없다는 시인의 역설로 이어진다. 이는 "누구에게 감사받을 생각도 없이" 스스로에게 "황홀을 느"끼는 자세가 죽음을 이기는 미학적 힘을 보여 준다. 무엇에도 막히지 않고 거침없이 나아가는 시인의 자세는 나무의 꼿꼿함과 겹치며 "무성한 가지와 그늘을 펴"는 성숙함을 낳는다. 이를 통해 시인은 상흔을 견디고 바로 서고자 하는 의지를 보여 줌으로써 공감을 유도한다.

1954년 전봉건, 김종삼과 함께 『전쟁과 음악과 희망과』를 펴낸 김광림[26]은 초기 시에서 시대의 체험을 관념적으로 그려 내었다.

처음, 인간에게 들킨 아름다움처럼
경악하는
눈, 눈은 그만
꽃이었다

애초엔 빛깔
보다도, 내음보다도
안, 속으로부터 참아 나오는 울음
소릴 지른 것이
분명했다
(중략)

수액을 보듬어 잉태하는 생성의
아픈, 아픈
개념이 꽃이었다.

———「꽃의 문화사 I」 부분

---

[26] 김광림(金光林, 1929~): 본명 충남(忠南). 1952년 《전시문학선》에 시 「장마」, 「내력」, 「진달래」를 발표하면서 등단. 1973년 제5회 한국시인협회상 수상. 1985년 대한민국문학상 수상. 시집으로 『상심(傷心)하는 접목(接木)』(1959), 『심상(心象)의 밝은 그림자』(1962), 『오전(午前)의 투망(投網)』(1965) 등이 있음.

초기 시에서 그가 지향한 관념의 세계는 존재하는 그 자체만으로도 이 지상에서 가장 아름다운 대상인 '꽃'을 빌려 내밀하고 추상적인 의식 세계를 표현한다. 특히 「꽃의 문화사 I」이라는 독특한 제목은 꽃의 내면적인 역사에 대한 존재론적 추구와도 연관된다. 시인은 '꽃'을 통해 자아와 대상과의 순간적인 조응을 감각적으로 포착해 낸다. 꽃의 생성은 울음과 아픔과 결합되어 있으며 이 아픔을 통해 꽃은 생명력을 획득한다. 그는 꽃의 외형적인 아름다움보다 "경악하는 눈"과 "울음"과 "소리" 등 생성의 아픔을 노래함으로써 존재론적 탐구를 시도한다.

또한 시집 『상심(傷心)하는 접목(接木)』(1959)에 등장하는 '나무'와 '꽃'은 떨어진 나뭇가지나 꽃가지를 이어 보고자 하는 시인의 지향성을 상징하고 있다. 「상심하는 접목」에서 시인은 나무를 빌려 와 현 시대의 상황, 곧 전쟁 이후의 상황(「6월이 있게 된 이유의 달 4월은」, 「전쟁과 꿀벌」 등)을 이해하는데, 여기에서 나무는 "부러진 나뭇가지"로 알레고리화 된다. 살아남은 사람들을 상처 입은 존재, 불구의 존재로 인식하는 것이다.

> 전쟁에서 살아남았을 땐
> 우리는 어쩌다 애꾸눈이 아니면 절름발이였고
>
> 다음엔 찢기운 가슴의
> 어느 모퉁이가 허물어졌을 것이다
> ──「상심하는 접목」 부분

「상심하는 접목」에서, 애꾸눈, 절름발이, 찢기운 가슴 등이 보여 주는 육체의 불구성과 훼손된 몸의 이미지는 존재의 균열을 고통스럽게 드러낸다. 전쟁은 어긋남이자 거대한 상흔, 부러짐과 상처, 깨어진 것(「못은 박혔는데」)의 형상으로 드러난다. 또한 시인은 「다리목」에서 "1950년"이라는 한 시점을 지시함으로써, 당대의 삶을 지배하는 전쟁의 비극을 선명하게 드러내고 있다. "눈먼", "목은 꺾이어 갔다"에서 보여 주는 훼손된 육체의 이미지는 전쟁의 고통을 고스란히 몸으로 앓아 내는 존재의 고통을 형상화한다. 그러나 시인의 생각은 여기에서 멈추지 않고, 접목한 가지가 나무와 연결되어 다시금 꽃을 피우는 것처럼, 이를 싸안고 위로하고자 한다. 즉 "다시 푸른 서슬에/ 살이 묻어나는/ 이파리. 이파리 다웁게/ 떨어지는 분화/ 드디어 전쟁은/ 목숨의 부싯돌처럼/ 닳는가"(「노을이 깔릴 때」) 등, 그의 시는 시대가 주는 절실한 삶의 체험을 승화시키는 진정성이 느껴진다.

시 「낙화」로 잘 알려진 시인 이형기[27]는, 이 시기 전통적인 서정성을 견지하면서 밀도 짙은 시어의 긴장을 이룩한다.

    가야 할 때가 언제인가를
    분명히 알고 가는 이의
    뒷모습은 얼마나 아름다운가.

    봄 한철
    격정을 인내한
    나의 사랑은 지고 있다.

    분분한 낙화……

---

27) 이형기(李炯基, 1933~): 1949년 《문예》지에 「비오는 날」 외 2편이 추천되어 등단. 시집으로 『적막강산』(모음출판사, 1963) 등이 있음.

결별이 이룩하는 축복에 싸여
지금은 가야 할 때

무성한 녹음과 그리고
머지않아 열매 맺는
가을을 향하여
나의 청춘은 꽃답게 죽는다.

헤어지자
섬세한 손길을 흔들며
하롱하롱 꽃잎이 지는 어느 날

나의 사랑, 나의 결별
샘터에 물 고인 듯 성숙하는
내 영혼의 슬픈 눈.

———「낙화」 전문

    서정적 집중이 빼어난 이 시는 시적 완결성을 이룩하고 있다. 이별이라는 인간사의 문제를 '낙화'의 자연 현상을 통해 구현하는 시인은 봄에서 여름, 그리고 가을로의 계절적인 변화와 더불어 성숙해 가는 사랑의 모습을 보여 준다. "꽃답게 죽는다"는 시어는 이별의 정서를 절정으로 끌어올리는 동시에 사랑과 인간적 섭리에 대한 시인의 자세를 단적으로 드러내면서 섬세한 미감을 형성한다. "샘터에 물 고인 듯 성숙하는" 시인의 "눈"과 눈물의 이미지는 그의 다른 시편에서도 두드러지게 나타나는데, 이 물은 메마른 땅을 적시고 생을 풍요롭게 하는 동시에, 힘겨운 삶을 위로하는 매개이며, 또한 「낙화」에서와 마찬가지로 성숙의 지표로 형상화되고 있다.

> 산은 조용히 비에 젖고 있다
> 밑도 끝도 없이 내리는 가을비
> 가을비 속에 진좌한 무게를
> 그 누구도 가늠하지 못한다
>
> (중략)
>
> 어쩌면 눈물 어린 눈으로 보듯
> 가을비 속에 어룽진 윤곽
> 아아 그러나 지울 수 없다
>
> ―「산」부분

  인간의 슬픔과 그리움의 정서를 투명한 물 이미지를 통해 맑게 승화시키는 그의 시선은, "가을비 속에 진좌한 무게", 그리고 "물기가 배인 육신의 무게"를 자각하면서 좀 더 깊어진다. "비"로 형상화되는 삶의 무거움은 물의 흐르는 속성을 통해 "너"를 향해 흘러가는 그리움으로 변화하며, 삶의 터전인 "땅 위에 엎디어 밝히는" "울림"으로 변화하는 것이다. 쉽게 공감할 수 있는 근원적인 정서인 그리움, 슬픔, 서러움 등의 정서를 진지하면서도 쉽게 풀어 내며 독자에게 다가가고 있다.

  또한 정한모는 이 시기 '아가'와 '나비' 등 작고 약한 생명에 대한 신뢰와 애정을 드러내며 전쟁으로 상실된 인간성을 옹호한다. 1945년 등단한 그는 이 시기 두 권의 시집 『카오스의 사족』(1958)과 『여백을 위한 서정』(1959)에서도 마찬가지로, 무거움이나 어두움을 드러내기보다는 가벼운 것, 밝은 것, 그리고 견고한 것을 주된 시적 이미지로 활용한다. 시인은 살아 있는 모든 생명체에 대한 애정을 드러내며 휴머니즘 의식을 확대하지만 무조건 현실을 아름답게 포장하는 것이 아니라 고단한 현실 가운데서도 이를 긍정적으로 이겨 내려는 삶의 의지를 통해 감동을 전한다.

> 금나간 양은냄비며
> 불속에서 끌어낸 몇가지 옷이며
> 어린것들 기저귀들을 꾸려넣은
> 보퉁이를 내려놓고 앉아서
> 아픈 다리 지친 마음을 쉬고 있는 고개머리
> 점심 새때 기울어지는 햇살이 따스한 속에
>
> (중략)
>
> 그저 모든 기쁨만을 나눠가면서
> 꺼질듯 사랑하며 살기로 했습니다
> ——「고개 머리에서」 부분

시 「고개 머리에서」는 피난길을 환기시키는 여정을 통해서 힘겨운 현실을 보여 주고 있다. "양은냄비", "불속에서 끌어낸 몇가지 옷", "어린것들 기저귀" 등은 일상적 삶을 상징하는 소재들이자, 삶의 곤궁함과 피난길의 고통을 환기시키는 동시에, 생명의 소중함을 일깨우는 대상이다. 이러한 절망과 비탄의 상황을 끌어안는 새로운 삶에 대한 희구는 "따스한 햇살"을 통해서 현실을 끌어안는 성숙한 시선, 그리고 "꺼질듯 사랑하며 살기로 했"다는 삶의 의지를 낳는다. 정한모의 시가 갖는 조화롭고 치우침 없는 시적 완성도는 일정하게 안정된 감동을 불러 온다.

한편 구상, 김현승, 김남조 등은 절망과 불안의 전후 시대를 종교적 자세를 통해 극복하고자 했다. 특히 김현승의 기도체 시들은 부패한 현실을 극복하고자 한 시인의 방편으로 해석된다. 1934년 등단 이후 그는 꾸준히 종교적인 색채와 염원 및 희구의 경어체 사용, 그리고 "마른 나뭇가지"나 결정화된 "눈물" 등 단단하고 견고하게 빚은 시적 이미지를 주로 활용하였다.

1957년 발간된 『김현승 시초(詩抄)』[28]에서 역시 마찬가지로 "아버지", "당신", "주(主)", "신(神)" 등으로 나타나는 절대적 존재에게 시인은 곡진한 어조로 삶을 이야기하며 깨달음에 이르고 있다.[29] 이러한 깨달음은 가을이라는 절대자의 섭리를 생각하게 하는 실존적 계기가 되는 시간 속에서 얻게 되는데, 주요 이미지인 '나무' 역시 가을의 마른 나무이다. 시인은 「플라타너스」, 「나무와 먼길」과 같은 시에서 인간의 동반자인 동시에 초월자인 나무에게 직접 말을 건네며 인간과 나무를 동일시한다. 또한 '가을'의 시간적 특성과 '나무'의 특수성은 절망이나 고독을 넘어, 스스로를 돌아보는 내적 반성의 시간을 갖고 타인을 위해 '기도'하고, 그들을 '사랑'하게 되는 모습을 보인다.

그리하여 그의 구도자적인 태도는 좀 더 맑고 투명한 것, 견고하고 아름다운 것을 지향[30]하는데, 이는 이후, 마음을 닦고 이

---

28) 김현승, 「자서(自序)」, 『김현승 시초』(문학사상사, 1957). 그의 대표적인 시로 알려진 「눈물」, 「플라타너스」, 「가을의 기도」, 「이별(離別)에게」 등이 여기에 수록되어 있다. 초기 시 중 선별한 시 13(1부)편과 그 이후 시들(2부)을 묶은 것으로, 시인 스스로가 이야기한 대로 자신의 시 세계를 돌아보며 이후의 시작(詩作)을 준비한 숨고르기를 위한 작업이라 할 수 있다.
29) "비우심으로/ 비우심으로/ 비인 도가니 나의 마음을 울리실 줄이야"(「이별에게」)에서처럼, 시인은 '비움'을 통해 자기 각성에 이른다. 이러한 존재의 각성은 '가을', '나무', '까마귀' 등의 소재를 통해 효과적으로 표현된다.

상적인 곳을 바라보며, 더 구체적으로는 "창을 잃으면/ 창공으로 나아가는 해협을 잃고"(「창」)에서와 같이 "창을 닦는" 행위, 그리고 시「바람」에서 "바람"을 통해 사물의 숨겨진 의미가 드러나는 것을 관찰하는 시선 등으로 변용화한다.

또한 노천명, 모윤숙 등 해방 전에 등단한 여성 시인들도 이 시기에 활발하게 활동하였다.

이미 해방 전에 발간된 시집 『빛나는 지역』(1934)을 통해 민족주의적이고 열정적인 상상력을 펼쳤던 모윤숙은 1950년대에 와서도 이러한 주정적 경향을 계속해서 이어가는 한편, 개인적이고 내밀한 정서를 보다 심화해 보여 주고 있다. 이러한 경향은 시집 『풍랑』(1951)과 『정경(情景)』(1959)에서 잘 드러난다.

먼저 6·25전쟁기에 발표된 시들로 이루어진 『풍랑』은 궁핍한 피난 생활의 체험을 고백적 어조로 보여 주는 시집이다. 전쟁의 상흔과 현실의 고통을 배경으로 삼고 있는 그의 대표작 「국군은 죽어서 말한다」는 이 시기에 쓰인 작품이다.

> 천년을 한 줄 구슬에 꿰어
> 오시는 길을 한 줄 구슬에 이어 드리겠습니다.
> 하루가 천년에 닿도록
> 길고 긴 사무침에 목이 메오면
> 오시는 길엔 장미가 피어지지 않으오리다.
> 오시는 길엔 달빛도 그늘지지 않으오리
>
> ——「기다림」부분

---

30) "마른", "꽃씨", "열매", "마른 나뭇가지", "흠도 티도,/ 금가지 않은/ 나의 전체는 오직 이뿐!"(「눈물」) 등.

산 옆 외따른 골짜기에
혼자 누워 있는 국군을 본다.
아무 말, 아무 움직임 없이
하늘을 향해 눈을 감은 국군을 본다

(중략)

나는 국군의 군복을 입은 채
골짜기 풀숲에 유쾌히 쉬노라.
이제 나는 집에 피곤한 몸을 쉬이고
저 하늘에 나르는 바람을 마시게 되었노라.
나는 자랑스런 내 어머니 조국을 위해 싸웠고
내 조국을 위해 또한 영광스레 숨지었노니
여기 내 몸 누운 곳 이름 모를 골짜기에
밤이슬 내리는 풀숲에 나는 아무도 모르게 우는
나이팅게일의 영원한 짝이 되었노라

──「국군은 죽어서 말한다」 부분

이 시에 관한 것은 앞의 항목 '전쟁시와 현실 인식'에서 다루었거니와, 시대적 긴장감이나 시적 상황을 펼쳐 내는 힘이 강하게 느껴지는 이 시들은 현실 자체를 적극적으로 해석하는 힘이 전해진다. 어머니, 조국 등의 주제가 독자들에게 주는 보편적인 회감을 바탕으로 화자에 따라 조절되는 미적 거리의 조정, 객관성과 주관성의 교차, 극적인 구성과 어조의 변화 등으로 서사적 구조와 서정적 집중을 이루어 낸 성공적인 작품이라 할 수 있다.

시집 『풍랑』을 통해 시인이 보여 준 민족에 대한 정한과 시대적 구호들은 1959년에 발간된 『정경』으로 넘어가면서 보다 정제된 표현을 얻게 된다. 이 시집에 이르러 모윤숙은 전 시집에서 보여 주었던 현실의 아픔과 고백을 다스리며(「헤어진 뒤에도」, 「남대문(南大門)」) 다시금 서정적인 정서를 회복하고자 한다. 특히 '그렇지요', '그렇게 했지요', '~지 않나요?' 등과 같은 청자 지향적 언술을 주도적으로 사용, 고백을 통해 내면을 다스리는 서정적 화자의 형상을 그려 낸다. 그러나 때로는 영탄 어법이나 서술체의 지나친 사용으로 말미암아 시적 긴장이 약화되는 경우도 있어 모윤숙의 주정주의적 경향이 갖는 일정한 한계를 노출하기도 한다.

주정주의적 경향을 특징적으로 보여 준 모윤숙과 달리 노천명은 첫 시집에서부터 지적 세련미와 절제된 언어로 여성시의 지성적 경향을 이루는 바탕이 되어 온 시인이다. 등단 이후 그는 무엇보다 사회와 현실에 대한 직접적 반응을 유보하면서 현실 인식의 심화 및 감정의 내면화에 충실하고자 하였다.

주정적, 구호적 언술 일색이었던 해방 이전의 여성 시단에서 노천명은 응시와 절제의 시선을 통해 자의식에 대해 집요하게 성찰하였으며, 남성적 언술로 인식되었던 어조와 언술을 체화해 표현하였다. 또한 이러한 양성적이고 다성적 목소리[31]와 객관적 언

---

31) 여성적 언술과 남성적 언술의 공존 혹은 병행을 통해 자아를 드러내는 시인의 모습은 익히 알려진 "사슴"의 모습을 통해 구체적으로 드러난다. "높은 족속"의 자아를 품었으되 슬픈 그림자와 먼 산을 응시하는 모습은 노천명이 인식한 자기 자신의 갈등이자 어쩌면 모든 인간에 내재한 보편적인 존재론적 갈등일 것이다. 동시에 인간 내면에 깃든 남성성과 여성성의 요소를 폭넓게 수용한, 즉 인간에게 내재한 양성성을 동시에 드러냄으로써, 어느 자아도 억압하지 않고 자유로운 의식과 욕망을 표현했다는 점에서 의의를 찾을 수 있을 것이다. 그의 시에서 읽어 낼 수 있는 응시와 절제의 시선은 종래 남성적 언술로 인식되었던 어조와 언술을 체화해 표현하고 있으며 양성적 목소리와

술, 그리고 서사 지향성으로 특징지어지는 새로운 영역을 개척하였던 것이다.

시어의 측면에서 노천명은 모국어를 각별히 닦아 썼는데, 특히 자연어에 대한 애정과 관심이 높아 그의 시는 우리 고유의 식물, 풍속, 사물들의 이름들을 누구보다도 풍부하게 보유하고 있다. 세련된 은유와 이미지 구사의 수법, 서사적 이야기가 함축된 시들은 토속어의 활용과 구체적 이미지, 그리고 청신하고 맑은 상상력이 역동적으로 흐르는 그의 시 세계를 구현하며 당대 시단에 신선한 자극이 되었다.

· 아카시아꽃 핀 유월의 하늘은/ 사뭇 곱기만 한데/ 파라솔을 접듯이/ 마음을 접고 안으로 안으로만 든다(「유월의 언덕」)
· 오이씨같은 발부리가 창공을 차고/ 까아맣게 늘였다 들어오는 길은(「그네」)
· 마당엔 하늘을 욕심껏 들여놓고(「이름없는 여인되어」)
· 깨어진 기와 위를 담쟁이 넝쿨이/ 꺼멓게 기는 흰 낮(「고궁」)
· 긴 짐승모양 징그럽게 감겨들고(「별은 창에」)
· 마술사 같은 어둠이 꿈틀거리며/ 무거운 걸음새로 기어드니(「포구의 밤」)
· 기인 항해에 지친 배의 육중스런 몸뚱이(「바다에의 향수」)

객관적 언술 그리고 서사 지향성이라는 새로운 영역을 개척하게 된다. 또한 그는 여성 화자, 남성 화자는 물론 객관적 화자에 이르기까지 절제의 미감으로 화자를 자유롭게 변모시키면서 다양한 소재들을 개성 있는 언술 속에 담아내 여성시의 체험과 세계를 확대시켰다. 남성 화자와 남성성의 수용은 한결같이 가냘프고 수동적인 목소리를 냈던 여성시의 체험을 넓히고 순응적이기만 했던 기존의 여성시의 지평을 뛰어넘어 새로운 화법을 개발한 의의를 가지는 것으로 볼 수 있다.

접었다 폈다 하는 파라솔을 추상의 덩어리인 마음으로 구체화하는 감각이 신선하다. 늘였다 들어오는 그네의 움직임이나 넓은 하늘을 좁은 마당 안으로 들여놓는 응축의 움직임은 이 시들에 입체감을 부여하고 있다. '감겨들다', '꿈틀거린다', '기어들다' 등의 서술어는 동물적인 이미지의 육감적 인상을 환기시키며 '밤'이나 '어둠' 등의 관념들을 생생하고 구체적으로 촉감화한다. 선험적인 생명력을 환기시키는 이 선명하고 감각적인 이미지군은 시인의 감정의 풍경을 나타내는 것이며 사람의 마음이 사물에 닿는 듯한 직접적인 느낌을 주고 있다. 시각, 청각뿐만 아니라 촉감, 미각으로 확대되는 노천명의 이러한 감각적 기법은 한국 현대시의 모더니즘적인 요소와도 맥락이 닿아 있다 하겠다. 감각과 은유, 그리고 양성 화자 활용 등 세련된 시적 기법과 한층 더 확장된 시 세계를 통해 그의 시사적 위치를 가늠해 볼 수 있을 것이다.

한편 1950년대를 주된 활동기로 삼는 대표적인 여성 시인으로는 홍윤숙[32]과 김남조를 들 수 있다. 이들은 모윤숙과 노천명의 계보[33]를 각각 계승하면서도 독창적인 시 세계를 개척, 여성 시단에 새로운 활력을 불어넣었다.

여성의 의식과 활동 모두 위축되던 시대적 정황 속에서도 강건한 의식을 바탕으로 시를 썼던 한 여성 시인을 만나게 되는데,

---

32) 홍윤숙(洪允淑, 1925~): 호는 여사(麗史). 1947년 《문예신보》에 「가을」을 발표하면서 등단. 시집으로 『여사시집』(동국문화사, 1962), 『풍차』(신흥출판사, 1964), 『장식론』(하서출판사, 1968), 『일상의 시계소리』(한국시인협회, 1971), 『타관의 햇살』(유림문화사, 1974), 『하지제』(문지사, 1978), 『사는 법』(열화당, 1983), 『낙법(落法)놀이』(세계사, 1994) 등이 있음.
33) 김현자, 「한국 여성시의 계보」, 『한국시의 감각과 미적 거리』(문학과지성사, 1997).

그가 바로 홍윤숙이다. 홍윤숙은 김남조와 대적점에서 노천명을 계승한 지성적 흐름을 주도한 시인이다. 1947년 등단하여 1962년 첫 시집 『여사시집』을 출간한 홍윤숙은 끝없이 자기 존재를 확인하고 정감을 억제해 나가는 태도를 견지하며 사물과 관념의 영역을 성실하게 천착해 나갔다. 그의 시에는 언어에 의한 지적 성찰이 번뜩인다. 특히 그는 당대 여성 시인으로서는 드물게 6·25전쟁 이후 비극적 역사 속에 놓여 있는 개인의 삶을 조명하고 있으며, 여성들의 삶이 비극적 역사나 사회의 모순과 결코 무관하지 않음을 체험한 사람만이 느낄 수 있는 절박한 현실 의식을 통해 차분하고 담담한 어조로 이야기한다. 이러한 태도는 역사의 주변부로 밀려나 있던 여성의 의식을 감수성의 자극이 아닌 반성에 의한 지적 충격을 통해 일깨우고 있다는 점에서, 그리고 이를 통해 기존의 여성 언술에 새로운 가능성을 열어 주고 있다는 점에서 중요한 의의를 가진다.

  산산히 헤어진 유리(流離)의 길머리
  허물어진 비탈길 옛 두던에
  너는 이름 없는 전사(戰士)⋯⋯
  먼 그리움에 눈망울 젖어
  하늘 우러러 목 느리는
  백마(白馬)이기도 하다

  (중략)

  나라에 큰일 있어
  가난한 어버이들 모조리 이러서 갈때
  너 또한 먼 강(江)뚝 맑은 하늘 아래

조국의 영광된 기호(記號)인양
솟으라쳐 높이 솟아
　　　——「백양(白楊)에 부치는 노래」 부분

위의 시는 고난으로 점철된 역사를 몸으로 직접 체험한 자만이 가질 수 있는 적극적인 현실 인식이 돋보이는 시이다. 시인은 한반도의 역사와 그 속에서 지탱해 온 자신의 삶을 "아득히 바래보는 바래움 없는 위치에서/ 묵묵 자성(自盛)하는 나무의 역사(歷史)"(「생명의 향연(饗宴)」)에 비유한다. 묵묵하게 서서 인내하는 나무의 모습에서 환기되는 인내와 의식의 고양은 결국 집채 같은 한밤, 한 시대의 어둠을 허무는 긍정적인 불("조국의 영광된 기호인양 솟으라쳐 높이 솟아")을 낳고 있다. 특히 거친 남성적 현실과 대비되는 "그리움에 눈망울 젖어", "사랑하지 않아도 좋으리/ 기다리지 않아도 좋으리" 등의 여성적 어조는 비극적 역사를 온 몸으로 감수해 내면서 부정적 현실을 건강한 노동과 여성적 포용으로 극복해 가려는 여성의 의지를 잘 드러낸다.

그는 6·25전쟁 이후 비극적 상황 속에 놓여 있는 개인의 삶을 조망하면서 주로 남성 작가들의 관심사였던 역사나 사회에 깊이 접근함으로써 내부로만 향해 왔던 여성시의 범주를 확장시켰다. '하고 있다', '스며들다', '본다' 등의 객관화된 어법의 사용은 대상과의 균형 잡힌 거리 위에서 삶과 우주에 대해 성찰하는 시인의 관조적, 지적 태도와 적절히 호응한다.

특히 그의 역사에 대한 체화된 인식은 여성의 삶에 부정적인 것으로 인식되기 쉬운 일상사에 대한 반추를 통해 내적 깊이를 얻어 간다. 여성적 공간의 일상성은 시인 특유의 긍정적 성찰로 인해 빛나고 있다. 그러한 성찰은 홍윤숙의 시에서 '소금', '바람', '나무', '집' 등의 일련의 이미지를 동반하고 나타난다.

이러한 확대된 시각과 지적 태도는 문화나 역사 밖으로 소외되어 있던 여성들의 의식에 지적 자극을 주는 역할을 하고 있으며, 주정주의적 경향에 경사되어 왔던 기존의 여성적 언술에 새로운 가능성을 열어 주고 있다.

김남조[34]는 첫 시집 『목숨』(1953)을 시작으로 『나아드의 향유(香油)』(1955), 『나무와 바람』(1958), 『정념(情念)의 기(旗)』(1960) 등을 잇달아 발간하면서 활발한 시작 활동을 전개한다. 그의 시세계는 일관되게 사랑에 대한 절대적 가치를 추구하고 있다는 점에서 전통적 서정시의 한 축을 계승하고 있다. 동시에 부드럽고 섬세한 서정성과 강렬한 생명에의 의지가 종교와 인간을 자유자재로 아우르면서 사랑이라는 주제를 독특하게 확장시켜 나간다.

누구 가랑잎 아닌 사람이 없고
누구 살고 싶지 않은 사람이 없고
불붙은 서울에서
금방 오무려 연꽃처럼 죽어갈 지구를 붙잡고
살면서 배운 가장 욕심없는
기도를 올렸습니다

(중략)

돌멩이처럼 어느 산야에고 굴러

---

[34] 김남조(金南祚, 1927~): 1950년 《연합신문》에 「성숙(星宿)」과 「잔상(殘像)」을 발표하며 등단. 시집 『수정(水晶)과 장미(薔薇)』(정양사, 1959), 『김남조 시집』(상아출판사, 1967), 『설일(雪日)』(한국시인협회, 1971), 『동행』(서문당, 1976), 『바람세례』(문학세계사, 1988), 『평안을 위하여』(서문당, 1995), 『외롭거든 나의 사랑이소서』(좋은날, 1997) 외 다수가 있음.

  그래도 죽지만 않는
  그러한 목숨을 갖고 싶었습니다
——「목숨」 부분

 시 세계 전체에 드리워진 종교적 지향성이나 사랑과 구원을 둘러싼 간절한 염원은 기본적으로는 전쟁의 참혹한 체험과 절박한 정신적 공허에서 출발한다. 절망 속에서 배운 "욕심 없는 기도"는 산야에 굴러다니는 "돌멩이"와 같은 단단한 생명에의 의지를 구축해 낸다. 시대적 체험을 바탕으로 한 생명에 대한 이러한 열렬한 기구가 그의 사랑의 시에 구체적인 힘을 실어 주게 되며 종교적 지향이 강한 시가 추상성에 함몰되지 않고 뜨거운 인간의 목소리를 담게 하는 바탕이 된다.

 첫 시집 『목숨』에서 그는 진정한 '사랑'과 마주하는 순간을 '목숨의 절정'에 비유한다. 그런가 하면 생의 절체절명의 순간에 마주하는 '바다'를 사랑이 넘실대는 충만한 공간으로 형상화하고 있다. 『나아드의 향유』나 『나무와 바람』, 그리고 『정념의 기』 역시 사랑하는 이를 위한 시적 자아의 헌신적이고 희생적인 이미지가 두드러지게 나타난다. 절대적인 대상으로서의 임에 대한 지향은 눈물의 머리채로 예수의 발을 닦는 행위나, 혹독한 시련 속에서 임을 확인하는 자신의 선택과 의지를 통해서 나타난다.

  설백의 두 손길로 옥합을 열고
  공손히 따루는 나아드의 향유,
  풋미역처럼 윤나는 검은 머리채를 눈물과 향유에
  비벼 적시며 예수의 발을 닦아드리느니
  한없이 샘솟는 눈물로 오래오래 주의 발을 닦는도다
——「나아드의 향유(香油)」 부분

겨울, 추위, 바람, 눈물로 상징되는 기다림의 혹독한 시간, 차가움과 내밀함의 시간을 겪고 나서야 비로소 시적 자아는 임을 진정으로 맞이할 수 있게 된다. 「겨울사랑」, 「겨울에게」, 「다시 겨울에게」, 「겨울나무」, 「겨울바다」, 「겨울꽃」 등의 시에서 보듯이, 겨울, 추위, 바람, 눈물 등의 상징어가 빈번하게 등장하는 것도 이러한 특성을 잘 보여 준다. 겨울은 존재의 새로운 탄생을 예비하는 죽음의 시간으로 형상화된다. 겨울을 마주한 시적 자아는 죽음의 시간을 고독하게 참아 내는 인내의 과정을 거쳐 다시금 영원한 생명을 획득해 간다. 이때 겨울은 물리적 현실 속의 존재를 천상의 지고지순한 존재로 상승시켜 차원 높은 생명의 가치를 획득하게 하며, 또한 열정과 번민을 차갑게 얼려 비로소 임과의 이성적인 진정한 융화를 이루게 한다.

김남조 시의 중심어로는 나무, 바람, 영혼, 촛불 등을 들 수 있다. 이러한 시어들은 대부분 영혼과 육체의 갈등, 지상적 욕망과 천상적 초월의 갈등과 관련되어 있다. 그중에서도 특히 '촛불', '향유' 등은 물과 불의 복합적 요소가 빚어 내는 지상의 관능적 사랑이 기도와 정화를 통해 신을 향한 지순 무구의 아가페적 사랑으로 변모되는 과정을 은유화한다. 또한 그의 시에서 '당신'에 대한 사랑은 '나무'라는, 존재론적인 사랑을 함유하는 시인의 개인적 상징물에 가탁되어 섬세하게 형상화되고 있다.

세계와의 융합을 꿈꾸는 이러한 포괄적 세계관은 가톨리시즘에 입각한 양면성의 포괄, 개별적인 것을 넘어서는 영원성에의 희구, 인간애 등으로 특징지어지는 김남조 시의 개성을 잘 드러내고 있다. 경건한 종교적 사랑과 인간 생명에의 뜨거운 사랑이 결합함으로써 그는 여성시의 한 계보를 발전적으로 선도하였다.

이 밖에도 1946년에 등단한 조애실, 1954년에 등단한 석계향, 1955년에 등단한 박영숙, 1956년에 등단한 김지향, 1957년에 등단한 추은희, 1958년에 등단한 김혜숙, 박명성, 박정희, 1959년에 등단한 강계순, 최선영 등 신예 여성 시인들의 다양한 활동 속에서 1950년대 여성 시단은 점차 그 입지를 확대해 가는 한편 1960년대 여성 시의 다채로운 흐름을 예비할 수 있었다.

한편 이 시기 전봉건[35]은 시집 『사랑을 위한 되풀이』에서 폐허가 된 삶 속에서 다시금 피어나는 생명에 대한 애정과 사랑을 열정적인 어조로 이야기한다. "되풀이"라는 시집과 해당 시의 제목답게, 그의 시에서는 "자세히 보라", "무엇인가", "저것들"의 반복되는 시어를 통해, 남루한 일상을 낱낱이 조명한다. 그 일상을 눈물겹고 아름다운 것으로 바꿈으로써, 삶을 이겨 내는 의지를 다지는 것이다.

> 저것들
> 살찐 꽁치 두어 마리 사러
> 시장 가는 언니 등에 엎힌 저것.
> 깨어지고 부서진 기와 조각에
> 구름이랑 해랑 산(山)과 나무랑 그림 그리며 노는
> 성황당 뜰의 저 어린 것.
> 전차길도 마구 건너뛰는 숨박꼭질
> 왼통 넋 잃은 저 어린것들을 본다
>
> (중략)

---

35) 전봉건(全鳳健, 1928~1988): 1950년 《문예》지에 「사월(四月)」, 「축도(祝禱)」 등을 발표하며 등단. 《현대시학》 창간. 시집으로 『사랑을 위한 되풀이』(춘조사, 1959) 등이 있음.

자세히 보라.
그러면 저 언덕 아래 나뒹군
대포의 녹슨 포신이나
저 밭머리에 처박힌 전차의
녹슨 캐타페라에도
오늘 아침 이슬은 아롱아롱 맺혀 있고
이슬마다 태양은 가득히 고여
빛나고 있음을 알 수가 있다

(중략)

둥글게
일렁이고 일렁이는
푸른 물결 무늬.
자세히 보라
저 물결 푸른 무늬 타고 함께 분명히 춤추듯이 일렁이고
일렁이는 우리의 하늘과 햇빛
버드나무와 그리고 너와 나와
얼굴 든 작은 꽃 한 송이

어찌 노래가
아닐 것이랴.
                    ──「사랑을 위한 되풀이」 부분

  시인은 전쟁이 지나간 자리에서 뛰어노는 어린 아이들의 모습과, 그 흔적에 맺힌 이슬과 아롱진 햇살, 그리고 일상을 꾸려 나가는 이들의 움직임을 애정 어린 시선으로 노래한다. 그리하여

그는 다시금 "노래하리라"고 외친다. "사랑을 위한 되풀이"는, 결국 그의 노래가 세계를 사랑하고 있음을 뜨겁게 이야기하는 "되풀이"인 것이다. 시인은 노래의 힘을 통해 독자를 치유하고 세계와 화해한다.

이와는 달리 성찬경[36]은 환상적이고 추상적인 세계를 통하여 이질적이고 낯선 시 세계를 선보인다. 그의 시에는 자연물보다는 인공적인 사물이 주로 등장하며, 설사 자연물이 등장한다 하더라도 이는 추상화된 자연으로 변용된다.("1. 밤// 지금 나의 크기는/ 우주의 반이다// (중략)// 3. 별// 신의 정충(情蟲)/ 빛날수록/ 암흑이다."(「밤, 달, 별 기타」))

> 그 위엔
> 언제고 드높은 가을의 하늘처럼
> 허(虛)한 기운이 떠돌고.
>
> 그 밑엔
> 귤색 봄날의 태양이
> 온갖 향기를 무르녹여 따뜻한 바람에 싣고.
>
> 그 안에
> 싱싱한 목석목류(木石木留)랄지라도
> 고이 간직할 수 있는
> 사랑의 냉장고가 있고.

---

36) 성찬경(成贊慶, 1930~): 1956년 《문학예술》에 「미열」, 「궁」, 「프리즘」으로 등단. 시집으로 『화형둔주곡(火刑遁走曲)』(정음사, 1966), 『벌레소리송(頌)』(문원사, 1970), 『시간음(時間吟)』(문학예술사, 1982)이 있음.

오고 가는 마음이 일으키는
거미줄이 무심타 할 미풍에도
보롱보롱 하늘의 소리를 울리는 은실의 악기가
신기한 솜씨를 기다리고 있고.

몇 개의 틀어박힌 별들이
신비로운 빛으로
영원을 팔방으로 곧장 달리며
여기저기에 말뚝을 박는다.

─「궁(宮)」 전문

  시인이 추구하는 이상향은 관념 속에서 구체화된다. 「궁」에서 시인은 "그 위엔", "그 밑에", "그 안에" 등의 지시어를 통하여 대상이 되는 "궁"을 감싸는 주변물을 이야기하며 "궁"을 이상화된 공간으로 이야기한다. 이러한 세계는 다툼이나 갈등이 사라지고 환상적이며 화해가 이루어지는 곳이다. 그러나 현실에서 그 세계로 이행할 수 없기에, 시인은 "밤의 노래"(「미열」)처럼 '죽음'("낮잠")의 장치를 설정하고 있다. 『화형둔주곡』, 『벌레소리송』, 『시간음』이라는 시집명에서 드러나듯이 이 시인은 현실의 감각으로 감지될 수 없는 미시적 세계, 추상적인 시간과 죽음의 세계, 무의식과 상상의 세계를 '소리'라는 구체적인 지각으로 표현한다.

  「미열」에서 "모오차르트의 밤의 노래"와 "명랑한 취주악"이라는 소리는 화자로 하여금 '미열'에 시달리는 사람의 의식과 무의식의 통로, 현실과 꿈의 통로, 이 세계와 저세계의 통로, 관능과 아름다움, 그리고 죽음의 세계가 이어진 통로로 향할 수 있게 하는 매개자 또는 안내자가 된다. 여기서 성찬경의 시는 예술과 사랑과 죽음을 넘나드는 옛 오르페우스의 신화적 모티프와 만난다.
「궁」이라는 상상의 세계를 묘사할 때에 시인은 "보롱보롱 하늘의 소리를 울리는 은실의 악기"라는 청각뿐 아니라 시각, 후각, 촉각, 미각의 다섯 가지 감각을 자유자재로 넘나드는 통감적(通感的) 글쓰기의 독특한 실험을 하고 있다. "귤색 봄날의 태양", 그리고 그 "향기"와 "따뜻한 바람" 등은 상상계의 위와 아래, 안과 밖을 차근차근 살필 수 있는 구체적인 촉수가 되어 준다.

그의 초기 시는 추상적 내지 초현실적인 경향을 보여 주면서 1950년대 시사에서는 드물게 새롭고 이색적인 실험으로 시 세계를 확장하고 있다는 점에서 독특한 의의가 있다.

이외에 전쟁 후 피폐해진 삶에 서정성을 회복시키고자 하는 시단의 경향에 따라 전후 시단에는 구자운, 권일송, 김관식, 김남조, 김종문, 김종진, 박양균, 박재삼, 박성룡, 박용래, 박희진, 유경환, 윤삼하, 이동주, 이수복, 이성교, 이유경, 이원섭, 이형기, 임강빈, 장호, 정공채, 한성기, 한하운, 황금찬 등의 시인들이 대거 등장한다.

박재삼[37]은 1953년 《문예》지에 「강물에서」로 등단했다. 맑고 투명한 시어와 명징한 이미지를 전통적인 가락에 실어서 민족적 정한을 아름답고 처연하게 그려 낸다.

  마음도 한자리 못 앉아 있는 마음일 때,
  친구의 서러운 사랑 이야기를

---

37) 박재삼(朴在森, 1933~1997): 1953년 모윤숙에 의해 《문예》에 시조 「강물에서」로 추천 받음. 1955년 서정주에 의해 《현대문학》에 시 「섭리」, 「정적」으로 추천 완료. 1956년 제2회 《현대문학》 신인상 수상. 시집으로 『춘향(春香)이 마음』(1962), 『울음이 타는 가을강』(1987) 등이 있음.

가을 햇볕으로나 동무삼아 따라가면,
어느새 등성이에 이르러 눈물나고나.

제삿날 큰집에 모이는 불빛도 불빛이지만,
해질녘 울음이 타는 가을강을 보것네.

저것 봐, 저것 봐,
네보담도 내보담도
그 기쁜 첫사랑 산골 물소리가 사라지고
그 다음 사랑 끝에 생긴 울음까지 녹아나고
이제는 미칠 일 하나로 바다에 다 와 가는
소리 죽은 가을강을 처음 보것네.
　　　　　　　　——「울음이 타는 가을 강」 전문

　1959년 발표된 그의 대표작인 「울음이 타는 가을 강」은 순간의 시학을 지향하는 서정시가 다다를 수 있는 미감의 절정을 보여 준다. 섬세하고 투명한 감성을 우리말의 결을 최대로 살려 선택된 시어에 투영함으로써, 전통적 정한의 정서를 인상적으로 체험하게 한다. 화자는 자문자답 형식을 빌려 청자를 낯익은 고향의 장소로 불러들인다. 제삿날의 불빛과 울음이 타는 가을 강을 배경으로 함께 일렁이는 첫사랑의 이야기는 '슬픔의 연금술사'라는 칭호에 걸맞은 박재삼 고유의 서정적 풍경화법으로 나타난다. 성장과 상실, 사랑과 이별, 삶과 죽음이 울음이 타는 가을 강을 따라 바다로 치닫는다. 이것은 누구도 피해 갈 수 없는 운명이기에 가을 강은 모두가 공감할 수 있는 원형적 체험의 공간이 된다.
　「수정가」 역시 그의 시적 경향성을 보여 주고 있다. 이 시는 정한의 눈물을 맑고 신선한 아침의 물방울로 새롭게 길어 올린다. 담담한 듯하면서도 다감하고 정겨운 가락을 타고 흐르는 춘향의 목소리는 음습한 정한의 정서에 신선하고 새로운 기운을 부여한다. 박재삼 시에 있어서 "눈물"은 한과 눈물을 소재로 전통적인 서정성을 획득했다는 긍정적인 평가[38]와 더불어 비현실적이고 현실에 대한 응전력이 부족하다는 부정적인 폄하[39]의 근본 원인이 되고 있다. 그러나 "눈물"은 영탄적인 울음이나 슬픔을 넘어서, 정서를 질서화하는 승화 과정을 거치며 새로운 미감을 획득한다.

한국어의 언어적 질감을 되살리고, 소월, 영랑, 미당으로 이어지는 전통적인 정서와 리듬을 계승한 박재삼의 서정적 시 세계는 모더니즘론이 새롭게 대두되었던 1950년대 한국시사에서 의미있는 성과를 거두었다고 할 수 있겠다.

「이야기하는 쟁기꾼의 대지(大地)」로 등단한 신동엽[40]은 「진달래 산천(山川)」, 「새로 열리는 땅」, 「향(香)아」 등의 시편에서 전통적 서정주의의 풍모를 뚜렷이 보여 준다. 이 시들에서 그는 이야기 시, 서술시 등의 장르 변동을 시도하며, '옛이야기'와 '전설'로 표상되는 순일하고 아름다운 세계를 이상향으로 그려 내며 이를 갈구한다.[41]

---

38) 김주연, 「한과 그 이후」, 『천년의 바람』(민음사, 1975) 해설: 윤재근, 「박재삼론」, 『현대 문학』(1975. 5).
39) 고은, 「실내 작가론—박재삼편」, 《월간문학》(1970. 1).
40) 신동엽(申東曄, 1930~1969): 1959년 《조선일보》 신춘문예에 장시 「이야기하는 쟁기꾼의 대지」가 입선하면서 등단. 시집으로 『아사녀(阿斯女)』(1963), 전집 『신동엽 전집』(1975) 등이 있음.
41) "들국화처럼 소박한 모습을 가꾸기 위하여 맨발을 벗고 콩바심하던 차라리 그 미개지(未開地)에로 가자 달이 뜨는 명절밤 비단치마를 나부끼며 떼지어 춤추던 전설 같은 풍속으로 돌아가자 내ㅅ물 구비치는 싱싱한 마음밭으로 돌아가자"(「향(香)아」)

아름다운 서정의 세계를 그려 내고 있는 박희진[42]의 시에서는 불교적인 색채와 더불어 시간의 연속성을 느끼게 하는 시편들을 찾아볼 수 있다.(「경이초」, 「미래의 시인에게」) 인간 존재가 갖는 불안을 이해하고 이에 다가가기 위해 그는 다각도로 자연물을 탐구한다. 또한 그는 미아리 묘지 등의 시를 통해 전쟁 이후의 상흔을 드러내는 동시에 서정성을 담보한 장시의 가능성 역시 보여 주고 있다. 한편 박성룡[43]의 시에서는 '능금', '풀잎', '바다', '바람', '이슬' 등의 자연 심상을 주로 찾아볼 수 있다. 그는 이러한 자연물을 감각적으로 노래한다. 그에게 있어 자연물은 인간의 감정을 대변하는 동시에 우리 일상에서 가리워져 있던 것들을 다시 들여다봄으로써 힘을 얻게 만드는 존재이다. 이러한 충일감은 원시적인 생명력의 직관적 체험에 기반한 것이다.

또한 이수복[44]의 시편에서는 자연을 소재로 한 전통적인 어법과 정서를 극대화시킨다. 그는 단순히 자연을 묘사하는 것으로 끝나지 않고, 그 자연에 깃들어 자연과 하나가 되어 회복되는 인간의 모습을 그려 냄으로써 전쟁 이후 얻은 허무와 고통을 이겨 내고자 한다.(「모란송」 시편)

한편 박양균[45]은 전쟁으로 인한 인간성 상실에도 불구하고 인

---

42) 박희진(朴喜璡, 1937~): 1955년 《문학예술》 추천으로 등단. 시집으로 『실내악』(사상계, 1960), 『청동시대』(모음출판사, 1965)가 있음.
43) 박성룡(朴成龍, 1930~2002): 1955년 《문학예술》지에 「교외」, 1956년 「교외」(다른 내용의 시임) 등으로 등단. 시집으로 『가을에 잃어버린 것들』(삼애사, 1969) 등이 있음.
44) 이수복(李壽福, 1924~1986): 1954년 《문예》지에 「동백꽃」, 1955년 《현대문학》에 「실솔」, 「봄비」로 추천 완료. 시집으로 『봄비』(현대문학사, 1968)가 있음.
45) 박양균(朴暘均, 1924~1990): 1952년 《문예》에 「창(窓)」, 「계절」, 1953년 「꽃」으로 등단. 시집으로 『두고 온 지표(地標)』(춘추사, 1952) 등이 있음.

간에 대한 신뢰를 잃지 않으려는 노력을 보인다. '다리'나 '창' 등의 매개항적인 요소를 띠는 사물을 통해 그는 끊임없이 세계와 교섭하며, 소통의 끈을 놓지 않는다.(「꽃」, 「다리 위에서」, 「창」, 「거울」) 또한 「요즘의 시」, 「일몰」 등의 시에서 문명화된 도시인의 아픔과 갈등을 그리며 새로운 감수성을 불어넣었다. 다작(多作)으로도 유명한 시인 장호[46]는 「해바라기의 역사」, 「하수도의 생리」 등의 이야기 시, 장시를 통해 서정시의 새로운 영역을 드러낸다. 그의 등단작인 동시에 대표작이라고 할 수 있는 「하수도의 생리」에서 시인은 "하수도"를 온갖 인간 군상이 모인 삶의 현장으로 표상하며 당시 시인이 대결해야 했던 세계를 현현하고 있다. 한편 윤삼하[47]는 등단작 「응시자」 이후, 그 스스로의 내면을 탐구하는 시적 여정을 보여 준다. 그의 시 「응시자」에서 그는, "유탄"으로 인해 찢긴 "가슴"을 "피묻은 돌"로 이야기하며, 이것은 "영 사라지지 않을" "눈망울"되며 내면으로 침잠하고 있음을 지적한다.("그의 입술은 차라리 쓰러져가는 〈라자루스〉의 그 마지막 침묵하는 표정."(「응시자」)) 정공채[48]의 등단작 「종이 운다」에서는 흘러가는 삶의 원리와 순간순간 발견되는 생명의 긍정성이 담담한 시선과 명징한 언어로 드러난다.

황금찬[49]의 경우, 시인은 이전의 기억, 그리고 현재의 기억이

---

46) 장호(章湖, 1929~1999): 본명 김장호(金長好), 1951년 피난지 항도 부산에서 간행되는 《신생공론》에 「하수도의 생리」, 「속 하수도의 생리」를 발표하며 등단. 시집으로 『파충류의 합창』(시작사, 57) 등이 있음.
47) 윤삼하(尹三夏, 1935~): 1957년 《조선일보》, 《동아일보》 신춘문예에 각각 「응시자」, 「벽」으로 등단. 시집으로 『응시자』(서구출판사1965) 등이 있음.
48) 정공채(鄭孔采, 1934~) 1957년 《현대문학》에 「종이 운다」로 등단. 『정공채 시집』(유림사, 1979) 등이 있음.
49) 황금찬(黃錦燦, 1918~): 1953년 《문예》와 《현대문학》으로 등단. 시집으로 『현장』(청강출판사, 1965), 『구름과 바위』(선경도서, 1977), 『고독과, 허무

엇갈리고 겹치면서 다시금 새로운 의미를 만들어 내는 일련의 과정을 선보인다. 그는 파편화된 현실을 다시금 생각하고 의심한다. 그의 이러한 노력은 결국 관계 맺기로 변화하며 의미를 찾아내게 된다.("이름 대신/「당신이」/ 불리우게 되던 날/ 그날부터 낮은 꿈을 먹고/ 소는 코뚜레를/ 훈장처럼 찼다"(「추상화(抽象化)」)) 기독교적 색채를 엿볼 수 있는 그의 시는 갈등을 넘어 화해하게 만드는 포용성을 품고 있다.

'바다', '파도' 등을 주된 심상으로 활용(「용의 팔뚝」, 「귀가」)한 구자운[50]은 바다를 비롯한 '바위(龜裂)' 등의 이미지를 통해 결연한 자세를 보여 준다.(아 모두들 잠들었는데 잠 아니 자는 이는 누구요?// (중략)// 홀로 외로이 어우러져/ 향을 내뿜는 난초 잎이여"(「귀가」)) 한편 '겨울', '극한' 등의 상황을 설정하고 이를 극복해 내는 모습을 그려 냄으로써 유경환[51]은 자연과 인간 생명의 강인함을 이야기한다. 그의 시 「천사」나 「여인」은 이를 구현하는 과정을, 식물에 인간의 육체성을 부여하면서 생명력을 노래하였다.

권일송[52]의 시에서는 도시의 폐허와 근원 없는 자의 슬픔을 만날 수 있다.(「도시와 넥타이」 등) 그러나 그는 원류, 근원을 찾아가면서(「아직도 먼 날 영원한 수고」) 건조하고 메마른 삶을 비판

와, 사랑과』(혜진서관, 1986), 『사랑교실』(오상, 1989), 『나무의 계절』(신원문화사, 1990), 『물새 꿈과 젊은 잉크로 쓴 편지』(혜화당, 1994) 등이 있음.
50) 구자운(具滋雲, 1926~1972): 1955년 《현대문학》에 「균열」, 1956년 「청자수병」, 1957년 「매(梅)」로 등단. 시집으로 『청자수병』(삼애사, 1969), 『벌거숭이 바다』(창작과 비평사, 1976)가 있음.
51) 유경환(劉庚煥, 1936~2007): 1953년 《소년세계》에 「오누이 가게」가 당선되어 등단. 시집으로 『감정지도』(삼애사, 1969) 등이 있음.
52) 권일송(權一松, 1933~1995): 1957년 《한국일보》에 「불면의 흉장」, 《동아일보》에 「강변이야기」가 당선되면서 등단. 시집으로 『이 땅은 나를 술마시게 한다』(한빛사, 1966)가 있음.

하기보다 이를 끌어안으며 새 삶에 대한 의지를 다지면서, 전후 시인으로서의 각오를 다지고 있다.

한편 자연물에 대한 애정을 드러낸 박용래[53] 시의 특징으로는 단문 및 명사형 종결 어미와 반복적 어법을 통한 운율의 확보, 그리고 자연물을 소재로 하며 여성적인 어조와 소멸 의식을 통해 표현되는 서정성의 확보 등을 들 수 있다. 새, 바람, 풀꽃, 논, 풀벌레 등의 향토적이고 전원적인 소재는 1950년대 후반에 쓰인 15편의 초기 시 「땅」, 「겨울밤」, 「설야」, 「가을의 노래」 등의 시편에서부터 주된 이미지로 나타난다. 그의 시에서 자연은 웅장하거나 강렬한 원시성을 풍기는 것이 아닌, 작고 소외된 풀꽃, 벌레, 그리고 그 속에 깃든 소박한 정착 공간 등으로 구현된다. 시인은 홀로 침묵한 채 자연과 교감하며 서정적인 동일화를 이루고 있으며, 인간의 근원적인 고독과 그리움에 대해 숙고하게 만드는 '듣는' 행위[54]는 세계를 관찰하고, 나아가 자아의 내면을 탐색하는 작업을 이룬다. 그의 시는 소박하고 전원적이지만 동시에 근원적인 공간인 자연 공간의 향수를 불러일으킴으로써 공감을 이끌며 자아를 치유하는 작업으로 확장된다.

마찬가지로 전통적 소재에 대한 애착을 드러낸 이성교[55]는 소

---

53) 박용래(朴龍來, 1925~1980): 1956년 박두진에 의해 「황토길」, 「땅」 등이 각각 《현대문학》 1월호와 4월호에 2, 3회 추천을 받으며 등단. 1979년 한국문학사 제정 제7회 한국문학작가상 수상. 시집으로 『싸락눈』(1969), 『강아지풀』(1975), 『백발(白髮)의 꽃대궁』(1979)이 있음.
54) 그가 듣고 있는 눈소리나 풀벌레 소리의 특징은 인위적인 소리가 아닌 자연의 소리이며, 이 소리는 시적 자아로 하여금 듣게 한다는 점에서 특징적이다. "잠 이루지 못하는 밤 고향집 마늘밭에 눈은 쌓이리"(「겨울밤」)에서 환기되는 눈 쌓인 풍경의 고즈넉한 풍광은 "언제까지나 작별을 아니 생각할 수는 없고"(「땅」)로 이어지면서 존재의 근원적 고독을 불러낸다.

박하고 토속적인 삶을 그려 낸다. 「주음치리」 시편에서 엿볼 수 있는 고향 공간은 평화롭고 조용하며 갈등이 해소되는 곳이다. 자연 친화적인 소재를 통해 한성기[56] 역시 생명과 자연에 대한 애착을 드러낸다. 그의 시편에서 자주 등장하는 "산"은 현실의 삶과 분리된 공간으로서의 의미뿐 아니라 산과 대면함으로써 회복하게 만드는 치유의 의미를 갖는다.(「특별기도」)

한편 조병화는 인간의 순수 고독을 이야기한 시인으로 꼽을 수 있다. 조병화의 시는 인간의 본질적 속성이라 할 수 있는 근원적 고독에 시적 뿌리를 내리고 있다. 그는 전쟁의 참상에 대한 초기 시 이후, 일상의 고독과 외로움 속에 파묻힌 존재자의 모습을 현현하면서 존재의 내적 고독을 시적 서정으로 순화시키는 데서 형성되는 순수 고독의 세계를 지속적으로 탐구한다. 이러한 경향은 1950년대에 발간된 시집[57]들에서 두드러지게 나타난다. 순도 높은 고독에 대한 의식과 강렬한 희구는 『패각의 침실』(1952), 『인간고도(人間孤島)』(1954)에 이르러서는 구체적인 일상성을 띠며 좀 더 확연한 시각 이미지로 변이[58]된다. 또한 이 이후의 시집 『사랑이 가기 전에』(1955), 『기다리며 사는 사람들』(1959)에서는 고독, 일상, 가난 등 철학적인 주제들을 좀 더 평이한 언어로 풀어 이

---

55) 이성교(李姓敎, 1932~): 《현대문학》에 「윤회」, 「노을」이 추천되며 등단. 시집으로 『산음가』(문학사, 1965), 『겨울바다』(문원사, 1971) 등이 있음.
56) 한성기(1923~1984): 1952년 《문예》지 5, 6월 합본호에 모윤숙의 추천으로 「병후(病後)」, 1955년 박두진 추천으로 「꽃병」, 「아이들」로 등단. 시집으로 『산에서』(백영사, 1963), 『낙향이후』(활운사, 1969)가 있음.
57) 『하루만의 위안』(1950), 『패각의 침실』(1952), 『인간고도』(1954), 『사랑이 가기 전에』(1955), 『기다리며 사는 사람들』(1959) 등.
58) "빨간 태양을 가슴에 안고/ 사나이들이 잠이 길어진 아침에/ 샘터로 나오는 여인네들은 젖이 불었다"(「샘터」), "열매와 같이 익은 심장을 안고/ 길을 걷자……(중략)……주검은 가고 인생이 남고"(「길을 걷자」).

야기함으로써 사색적인 주제들을 쉽고 서술적인 어조와 사랑, 외로움, 이별 등 누구나 공감할 수 있는 보편적인 시적 상황을 통해 독자와의 거리를 좁히고 있다.

 1952년에 등단한 천상병[59]은 장식적 수사나 지적인 조작을 배제하고 현실을 초탈한 삶의 자세를 매우 간명하고 담백하게 표현한다. 그는 세속적 가치와 인위적 기교를 뛰어넘어 소박하고 천진한 시 의식을 담음으로써 매우 개성적인 시 세계를 보여 준 시인이다.「나무」,「약속」,「갈대」,「강물」등의 시에서 시인은 대상이 풍기는 고독에 동참한다. 특별히 그는「등불」,「어두운 밤에」에서 고독을 마주하는 자신과 조우하고, 시인으로서의 자신을 발견한다. 이러한 의식은 곧 하늘의 '새'라는 상징물로 이어지는데, 초기 시「무명(無名)」(1957)에서도 시인은 자연의 거대한 흐름 속에 서 있는 자아를 발견한다. 우주 속에서 무명의 존재를 발견했다는 것은 삶을 개척하는 역동적인 힘으로 작용할 수도 있으나 동시에 유한한 인간에 대한 비극적 성찰의 시작이 될 수도 있다. 그러나 하늘을 나는 새는 그의 시에서 삶의 유한성을 역전시켜, 무명의 존재를 우주라는 영원의 공간으로 귀속시키는 상관물이 된다.[60]

 문덕수[61]는 첫 시집『황홀』에서 전쟁의 상흔과 불안, 분노, 고독

---

59) 천상병(千祥炳, 1930~1993): 1952년《문예》1월호에 유치환의 추천으로「강물」을 발표하고 5, 6월 합본호에 모윤숙의 추천으로「갈매기」를 발표하며 등단. 1971년 행방불명되어 사망 추정. 유고집『새』발간. 시집으로『새』(1971),『천상병은 천상 시인이다』(1984) 등이 있음.
60) "이 하늘, 저 하늘의/ 순수균형"(「새」)의 자세는 곧, "하늘을 깎아" 무명의 존재를 탐구하고자 했던 시인 의식의 일관된 지향으로서, 그의 시 세계를 풀어 나가는 출발점이 된다. "저기 저 하늘을 깎아서/ 하루 빨리 내가/ 나의 무명을 적어야 할 까닭을.// 나는 알려고 한다/ 나는 알려고 한다"(「무명」)에서, 시인은 반복적 술어를 통해서, 자기 존재에 대한 탐구의 의지를 곧추세운다.

등의 내면적 관념을 감각화한다. 이 시기 '나무' 등을 비롯한 식물의 심상(「생각하는 나무」 등)을 통해 고통스러운 삶 속에서도 강렬하게 피어나는 삶의 여정을 그려 내고 있다. 「군대」, 「초병」, 「포연을 숨쉬는 나팔꽃」, 「완충지대에서」, 「38선에서」 등의 시에서 그는 전쟁의 참상만이 아니라, 그 안에서 견디고 살아가는 인간에 집중하면서 보다 내면적이고 본질적인 세계를 지향한다.

> 보이지 않는 지맥에까지 어쩔 수 없는 몸부림을 전한다.
> 안으로 지닌 생명의 그지없는 중량을 가득히 느껴 본다.
> 받들고 숨쉬는 하늘과 구름과……산새의 무게를 균형해 본다.
> 먼 불안의 방황에서 돌아오듯
> 이제 숨막히는 긴장을 푼다.
> 한 잎 두 잎 목숨을 떨어뜨린다
> 가볍고 서운한 안으로 충만해 오는 희열이 있다
> 가지를 휘감아 울리는 비상(飛翔)의 흐느낌이 있다.
> 발가벗은 채
> 나무는 귀를 기울여 본다.
>   ——「생각하는 나무」 부분

"몸부림", "생명의 그지없는 중량", "방황" 등의 시어는 대지에 뿌리박고 몸을 굳건히 세운 나무에 남성적인 의지를 불어넣는다. 이 긴장감의 절정에는 삶을 일구고 가늠해 보는 인간사와,

---

61) 문덕수(文德守, 1928~): 1955년 《현대문학》에 시 「침묵」, 「화석」, 「바람 속에서」가 추천되어 등단. 1964년 평론 「신라정신의 영원성과 현실성」으로 현대문학상 수상. 시집으로 『황홀(恍惚)』(세계문화사, 1956), 『선(線), 공간(空間)』(성문각, 1966), 『새벽바다』(성문각, 1975) 등이 있음.

"하늘"과 "구름", 그리고 "산새"의 무게를 지고 있는 나무가 겹치며 "긴장"이 놓인다. 계절의 순환에 따라 잎을 떨구고 나무는 일시적으로 죽음에 다가서게 되지만, 그 또한 "가볍고 서운한" "충만해 오는 희열"로 승화되는 것이다. 시인은 시대적 아픔을 회한에 끈적거리지 않는 강인함으로 의지를 발현한다.

그는 나무만이 아니라, 식물 심상, '꽃'을 통해 꽃이 피고 열매 맺는 과정을 육체 이미지와 병치시키며 삶 그 자체를 조명하는 것으로 드러내 삶의 의지를 다진다. 그의 시는 현실을 뛰어넘는 초연함과, 객관적인 내면 성찰을 심원한 은유를 통하여 형상화하고 있다.

한편 이 시기에 한하운[62]은 시집 『보리피리』를 출간하였다. 『보리피리』는 1949년 시인이 나병 환자들을 위한 사업에 직접적으로 뛰어들면서 한동안 활동을 하지 않다가 6년 만에 낸 시집이다. 병에 걸리고 난 이후, 그는 천형의 존재로서의 슬픔과, 한 많고 아름다운 세상[63]을 "문둥이"라는 시어로 표현한다.[64] 특히 그는 눈물이나 울음 등 극한의 슬픔을 "피-ㄹ 닐니리"라는 피리 소리[65]로 형상화하였다.

김관식[66]은 『낙화집(落花集)』(1952)과 『김관식 시선』(1956)에서

---

62) 한하운(韓何雲, 1920~1975): 1949년 《신천지》 4월호에 시 「전라도 길」, 「벼」, 「목숨」 등 13편을 발표하며 등단. 시집으로 『한하운 시초』(1949), 『보리피리』(1955), 『한하운 시전집』(1956) 등이 있음.
63) 한하운, 「자서(自序)」, 『보리피리』(인간사, 1955).
64) "그리움과 뉘우침이 가득한 문둥이"(「청지유정(靑芝有情)」)
65) 그의 시에서 피리나 풀잎, 파랑 등의 'ㅍ' 음상과 "파랑잔디"(「청지유정」)에서 환기되는 푸른색의 이미지는 시인이 생각하는 이상적인 자유로움과 생명을 드러내 준다.
66) 김관식(金冠植, 1934~1970): 1952년 시집 『낙화집』 발행. 1953년 《현대문학》에 「연(蓮)」, 「계곡(溪谷)에서」 등으로 추천 등단. 시집으로 『김관식 시선』 등이 있음.

"땅벌레", "누에", "잠자리" 등의 벌레 이미지를 통해 전쟁의 충격이 남긴 상흔으로 인해 축소되고 왜소해진 자아의 모습을 형상화하였다. 또한 성서의 창세 이야기와 추수 감사절 등의 기독교적 시선을 엿볼 수 있는데, 여기서도 마찬가지로 "두더지"나 "뱀" 등 땅에 접촉한 짐승과 죄의 이미지를 엿볼 수 있다. 또한 '그대'를 비롯한 타인에게 이야기하는, 말 건네는(「석가의 노래」 등) 대화 및 서술체를 통해 감정을 직접적으로 토로(「통곡」)한다.

전통적 소재에 대한 애정과 서정성에 대한 관심을 드러내는 이동주[67]는 『혼야(婚夜)』(1951), 『강강술래』(1955)에서 과거의 시간과 현재의 시간을 매개하는 행위('강강술래', '혼인')를 통해 이질적인 시공간을 통합하며 물아의 경지에 다가선다. 또한 앞뒤 낱말의 수를 통일한 행갈이나 운 맞춤, 그리고 곡진하면서도 정돈된 어법, 운율에 대한 시인의 섬세한 의식을 통해 전통적인 시인의 세계관을 살펴볼 수 있다. 한편 임강빈[68]은 꽃과 항아리를 통해 묘사적인 시 세계를 보여 주고 있다. 새와 열매 등의 자연물과 더불어 짧고 운율이 강한 시를("먼곳으로부터/ 찾아오는// 새벽/ 맑은/ 동자여"(「새벽」), "물살이 고와서/ 소리내는 강// 물소리가/ 이따금/ 목을 적신다"(「강」)) 통해 공감을 자아내고 있다.

또한 1956년, 1958년, 1959년에 등단한 신경림, 고은, 황동규, 민영 등의 시인은 이후 1960년대부터 현재에 이르기까지 활발하

---

67) 이동주(李東柱, 1920~1979): 1946년 좌경 단체인 목포 예술 문화 동맹에 가담하여 오덕, 심인섭, 정철 등과 함께 공동 시집 『네동무』 간행. 1950년 서정주의 추천으로 《문예》지에 「새댁」과 「혼야」를 발표하며 등단. 1960년 한국문인협회상 수상. 1962년 오월문학상 장려상 수상. 시집으로 『혼야』, 『강강술래』, 『산조』 등이 있음.
68) 임강빈(任剛彬, 1931~): 1956년 《현대문학》에 「코스모스」 외 2편이 추천되어 등단. 시집으로 『당신의 손』(현대문학사, 1969) 등이 있음.

게 활동하며 한국 시의 깊이와 넓이를 확장한 시인이라 할 수 있다. 시 「갈대」로 잘 알려진 신경림[69]은 등단 초기에는 인간의 원형적 고독을 노래하였으나, 이후에는 농촌 현실과 민중들의 정서에 기초한 사실주의적인 시 세계를 그려 냈다. 또한 고은[70]은 「봄밤의 말씀」, 「눈길」 등을 발표하면서 본격적인 작품 활동을 시작하였다. 그의 초기 시에서 두드러지는 것은 자연이 지닌 변전의 요소와 예리한 관찰에 의해 파악되는 순수한 서정성이라고 할 수 있다. 또한 「즐거운 편지」 및 「풍장」 시편으로 잘 알려진 황동규[71]는 지적이고 세련된 언어와, 다채로운 상상력을 통한 새로운 서정의 세계를 구현하면서 한국 시의 주지적 경향을 이어 나가고 있다. 그리고 민영[72]은 절실한 삶의 체험을 미학적으로 승화시키면서 약하고 소외된 존재들을 노래한다. 또한 그는 세계의 불합리와 폭력성을 직시하면서도 삶의 아픔을 끌어안는 강인한 시 세계를 펼친다.

---

69) 신경림(申庚林, 1936~): 1956년 《문화예술》에 시 「낮달」로 등단. 시집으로 『새재』(창작과비평사, 1979) 등이 있음.
70) 고은(高銀, 1933~): 본명 고은태(高銀泰). 1958년 《현대시》에 「폐결핵」을 발표하면서 등단. 시집으로 『신·언어·최후의 마을』(인문서점, 1967) 등이 있음. 초기의 시집 『피안감성』, 『신·언어·최후의 마을』 등에서 인간이나 자연은 같은 질서 아래 놓여 있으며, 모든 생명체를 소멸시키는 삶의 법칙에 의하여 인간은 성장하고 죽는다고 말한다. 또한 그는 인간과 자연의 생사변전이 같은 원인에서 생긴다는 주제를 여러 방법으로 변형·제시함으로써 자연과 인간을 움직이는 법칙을 파악하고자 한다.
71) 황동규(黃東奎, 1938~): 시 「시월」, 「동백나무」, 「즐거운 편지」가 《현대문학》에 추천되어 등단. 시집으로 『삼남에 내리는 눈』(민음사, 1974) 등이 있음.
72) 민영(閔暎, 1934~): 1959년 《현대문학》에 「동원(童願)」을 발표하면서 등단. 시집으로 『단장』(유진문화사, 1972) 등이 있음.

전후의 현실에서 파탄된 자아를 회복하고, 세계와 자아의 내적 연관성을 성찰하고자 하는 1950년대의 서정시는 단순히 전통적 서정을 계승하는 차원을 넘어선다. 이 시기의 서정에는 파괴된 개인의 실존을 회복하고자 하는 성찰의 자의식이 강렬하게 자리하고 있다. 시인들은 자아의 고독과 슬픔을 깊이 있게 들여다봄으로써 고유한 내면성을 구축하고 이를 통해서 폐허가 된 현실에 대응하고자 하는 시적 의식을 보여 준다. 이러한 서정성의 다양한 질감은 1950년대의 시적 인식을 심화시키고, 서정의 영토를 확장하는 데 기여하였다. 특히 새로운 여성 시인들의 등장은, 기존의 여성시가 보여 준 인식적 지평을 넘어서 새로운 가능성을 보여 주었다. 그러나 해방과 전쟁, 분단 등으로 점철되는 이 시기는 모든 인간이 타자이고 주변인이며 고독한 소외인이었던 총체적 비극의 시대였다는 점에서, 각각의 시인들이 보여 준 다양한 서정시의 특질은 1950년대의 시사를 이끌어 가는 중요한 흐름이었다고 하겠다.

4 모더니즘 시와 다양한 실험적 모색들

해방 이후 모더니즘 운동을 주도한 것은 1930년대 모더니즘의 발전적 계승을 표방하며 1948년에 결성된 '신시론' 동인이었다. 김경린, 김병욱, 박인환, 김경희, 임호권 등이 동인으로 참여하였는데 무엇보다 스스로를 전대 모더니즘은 물론 기성 문단과도 구별하는 세대론적 성격을 강하게 보여 주었다는 점이 이들의 특징이라 할 수 있다. 그 새로운 모색의 결과물이 바로 김수영, 김경린, 박인환, 양병식, 임호권 5인이 참여한 해방 기념 시집『새로운 도시와 시민들의 합창』(1949)이다.

이렇게 해방 공간 안에서 '신시론' 동인들이 전개한 모더니즘 운동은 당시 좌우익 양측으로부터 비판받아야 했다. 좌익 진영으로부터는 사상성 결여라는 공격을, 전통 서정시 일색의 우익 진영으로부터는 난해라는 비난을 받았던 것이다.[73] 이들이 표방한 '현대성'은 통념적으로 당시 좌우 문단 양 진영에 공통으로 시급했던 '민족 문학 건설'의 과제와는 동떨어진 기교탐닉주의로 받아들여져 왔기 때문이다. 그러나 그들의 모색은 단순히 기교적 차원에서 판단될 수만은 없는 측면을 갖는다. 그들이 기치로 내건 '언어의 기능 확대', '새로운 시 형식의 마련' 이면에는 부정적 현실에 대한 미적 저항이라는 인식론적 차원이 함께 견지되어 있기 때문이다.

1950년대 모더니즘 시 운동은 해방 공간에 등장한 이 신진 모더니스트들을 중심으로 전개되었다. '신시론' 동인을 중심으로 태동했던 후기 모더니즘[74] 운동은 1950년 이후 '후반기'라는 명칭으로 거듭나며 본격적인 유파적 운동으로 정착해 갔다. '후반기'의 집단적 활동은 전쟁 발발 이후 1951년 부산에서부터 본격적으로 시작되었으며, 이후 여러 차례의 동인 교체가 이어지면서 집단 내적으로 다양한 경향들을 포괄하게 되었다. '신시론' 동인 중 김병욱, 김경희 등은 그 출발 직후부터 이 흐름에서 탈퇴하였

---

73) 이승훈, 『한국 모더니즘 시사』(문예출판사, 2000), 181쪽.
74) '후기 모더니즘'이라는 용어로 해방 이후 모더니즘 운동을 처음 지칭한 것은 시인 김경린이다. 그는 '신시론' 그룹과 시집 『새로운 도시와 시민들의 합창』에 참여했던 시인들을 중심으로 모더니즘의 새로운 흐름이 형성되어 갔던 당대적 상황을 설명하면서 '후기 모더니즘'이라는 용어를 사용하고 있다.(김경린, 「'신시론' 그룹과 『새로운 도시와 시민들의 합창』과 후기 모더니즘의 태동」, 김경린 편저, 『한국 모더니즘 시운동 대표 동인 시선』(앞선 책, 1994).)

고, 이후 김규동, 김차영, 이봉래, 조향 등이 이 집단의 정규 구성원으로 새롭게 영입되었다. 그러므로 정규 구성원으로 명명될 수 있는 시인으로는 동인회를 주도한 박인환, 김경린을 비롯, 후에 부산에서 영입된 김규동, 김차영, 이봉래, 조향 등의 여섯 명을 들 수 있겠다. 그러나 이들은 1950년에 결성되어 1954년에 실질적으로 활동을 중단할 때까지 이렇다 할 동인지를 발간하지 못함으로써 집단 결속적인 성과물을 구체적으로 내놓지 못하였고, 이로 인해 정규 구성원을 정확하게 한정하는 일을 어렵게 하였다. 실제로 '후반기'의 주요 멤버인 김규동은 『새로운 도시와 시민들의 합창』에 참여하였던 김수영과 1950년대에 새롭게 등장한 김종문, 박태진, 전봉건, 이활 등을 이 흐름에 포함시키고 있기도 하다. 이는 '후반기'라는 용어가 단순히 폐쇄적인 그룹 이름에 그친 것이 아님을 보여 준다. 오히려 '후반기'라는 용어는 그 그룹의 이념에 동조하고 동일군의 인간 관계를 형성한 여러 방계 시인들까지를 포괄하는 사조적 맥락에서 사용된 측면이 크다고 하겠다.[75] '후기 모더니즘의 기수'라는 이들의 정체성은 이렇게 각 멤버들의 개성과 유파 자체의 세대론적 성격이 갈등·상호 작용하는 가운데 점차 분명하게 정립되어 갔다.

'후반기' 동인들이 자신들의 정체성을 확립하는 과정에서 대타항으로 설정한 것은 1930년대 모더니즘이다.[76] '후반기' 동인의

---

75) 이상 '후반기' 동인의 결성 과정과 정규 동인들에 대한 보다 자세한 내용은 오세영의 「후반기(後半紀) 동인(同人)의 시사적(詩史的) 위치(位置)」, 『20세기 한국시 연구』(새문사, 1989)에 상술되어 있다.
76) 1950년대 모더니즘을 1930년대 모더니즘과 연속선상에서 파악하고 있는 논의로는 김유중의 것을 들 수 있다. 그는 영미 모더니즘의 영향을 공통항으로 설정하여 1930년대와 1950년대 모더니즘, 나아가 1960~1970년대 모더니즘을 일관된 맥락 속에서 다룬다. 무엇보다 영미 계열 모더니즘의 한국적 수용 과

시들이 보여 준 도시적 소재와 새로운 언어에 대한 방법적 탐색, 그리고 현실에 대한 미적 응전은 이들이 1930년대 모더니즘과 갖는 연계성과 차별성을 동시에 보여 준다. '후반기' 동인 자신들에 의해 강조된 것은 무엇보다 차별성이었는데, 이는 그 운동의 정신적 측면에서 잘 드러난다. 1930년대 모더니즘의 모색이 주로 기법적인 측면에 경사되어 있었다면, 1950년대 '후반기' 동인의 모더니즘은 그러한 기법적 모색에 '현대적 정신'에 대한 인식론적 고려를 더하고자 시도했다는 점에서 차이를 보여 준다. '현대성'에 대한 문학적 접근과 인식론적 접근을 동시에 견지함으로써 근대 이후 피상적 수준으로 수용되었던 서구 모더니즘을 자기화하고자 노력했던 것이다. 바로 이점이 이들의 시를 단순히 수사학적 차원에 국한하여 바라보는 시각을 재고하게 만든다. 그들의 다양한 실험과 모색들은 모더니즘, 즉 현대성을 어떻게 선취할 것인가라는 문제에 깊이 천착하고 있었다는 점, 그리고 스스로의 집단을 '후반기'라는 용어로 지칭한 점은 이들이 모더니즘을 단순히 방법론적 차원에서만 받아들인 것이 아님을 단적으로 보여 준다. 그러므로 '후반기' 동인들이 표방한 모더니즘은 인식적 차원에서 이해될 필요가 있다.

'후반기' 동인 중심의 모더니즘 운동이 갖는 시사적 의의는 이렇게 1930년대 모더니즘의 특성을 어느 정도 지속시키면서 그 한계를 넘어서고자 시도했던 점에서 찾을 수 있다. 또한 이들이 전개한 모더니즘 운동은 해방 후의 문학적 공백기 속에서 전대 모더니즘

정을 통시적으로 훑는 과정 속에서 1950년대 모더니즘이 담당한 긍정적 기능과 시사적 의의가 중요하게 다루어지고 있는데, 이를 통해 '후반기' 동인의 한계에 대한 비판에 중심이 놓여져 온 선행 연구사를 보완하고 있다.(김유중, 「모더니즘 시와 시론」, 한국현대시학회 편, 『20세기 한국시의 사적 조명』 (태학사, 2003).)

과 1960년대 모더니즘을 이어 주는 우리 시의 교량 역할을 하였다는 점에서도 의의가 크다. 특히 좌익 문인들의 월북으로 인한 이념적 공백을 '모더니즘 운동'을 표방한 새로운 문학 이념을 통해 대치한 점 역시 이들의 시사적 비중을 가벼이 다룰 수 없게 한다.[77]

그러나 결과적 측면에서 볼 때, 이들이 과연 1930년대 모더니즘의 한계를 돌파하고 성숙한 모더니즘적인 인식을 성취했는가 여부에 대해서는 다소 회의적일 수밖에 없다. 이들의 시가 보여 준 비판적 포즈는 광범위한 의미의 문명 비판을 피상적으로 답습하는 데 그쳤다는 한계를 드러내기 때문이다. '후반기' 동인의 실험은 식민지 체험, 이데올로기 전쟁, 분단 등의 병리적 상황들로 점철되어 온 한국적 현실, 한국의 특수한 '근대'에 대한 응전보다는 '문명적 상황'이라는 추상적이고 보편적인 인식 틀에 기반한 것이었다. 이로 인해 이들이 추구한 새로움은 피상적인 수준에 그칠 수밖에 없었다. 새로움의 피상성은 이들의 시가 1930년대의 모더니즘 시와 실질적으로는 크게 차별되지 않는다는 사실을 보여 준다. '후반기'가 주창한 모더니즘의 특성이라 할 낯선 이미지들과 난해성, 현란한 수사들은 1930년대 모더니즘 시에서 다수 시도되었던 유형들을 반복적으로 재생산하고 있을 뿐, 발전적 계승 혹은 발전적 극복의 단계까지는 도달하지 못하였다는 점에서 그 한계를 드러내었다.

그러한 한계들은 문명 비판을 전면에 내세운 김경린[78]과 초현실

---

77) 이기성, 「1950년대 모더니즘 시의 시간의식과 시쓰기」(이화여자대학교 대학원 박사 논문, 2001).
78) 김경린(金璟麟, 1918~): 1939년 《조선일보》에 시 「차창(車窓)」 등을 발표하며 등단. 1950년 '후반기' 동인 참여. 1957년 'DIAL' 동인에 참여. 시집으로 『현대의 온도(溫度)』(1957), 『태양(太陽)이 직각(直角)으로 떨어지는 서울』(1985), 『서울은 야생마처럼』(1987)이 있음.

주의적 경향의 조향[79]에게서 단적으로 드러난다. 전위적 모더니즘의 주된 내용을 이루는 도시적 소재와 불안 의식은 이들의 시에서 오히려 더 단순해지고 조잡해진 경향을 얻고 있음을 볼 수 있다.

> 오늘도
> 성난 타자기처럼
> 질주하는 국제 열차에
> 나의 젊음은 실려가고
>
> 보랏빛
> 애정을 날리며
> 경사진 가로에서
> 또다시
> 태양에 젖어 돌아오는 벗들을 본다.
> ──김경린, 「국제 열차는 타자기(打字機)처럼」 부분

> 낡은 아코오뎡은 대화를 관뒀습니다.
>
> ─여보세요?
>
> 폰폰따리아

---

79) 조향(趙鄕, 1917~1984): 1940년 《매일신보》 신춘문예에 「초야(初夜)」가 당선되면서 등단. 1941년 일본에서 《일본시단》, 《시문학연구》지 동인으로 활동. 1946년 시 동인지 《노만파》 창간. 1950년 '후반기' 동인 참여. 시전집으로 『조향 전집』(1994) 등이 있음.

마주르카
디이젤―엔진에 피는 들국화.
―왜 그러십니까?
모래밭에서
수화기(受話器)여인의 허벅지
낙지 까아만 그림자

비둘기와 소녀들의 랑데―부우
그 위에
손을 흔드는 파아란 깃폭들

나비는
기중기(起重機)의
허리에 붙어서
푸른 바다의 층계를 헤아린다

― 조향, 「바다의 층계(層階)」 전문

　김경린은 속도감 넘치는 열차의 모습과 태양을 등지고 집으로 돌아가는 소시민들의 모습을 병치시킴으로써 속도 지향적인 문명과 그 안에서 촉발되는 소시민적 비애를 형상화하고 있다. 지칠 줄 모르고 질주하는 국제 열차와 그것에 실려 점차 젊음을 소진해 가는 사람들의 모습은 문명 사회 안에서 인간이 소외되어 가는 상황을 보여 준다. 문명의 비인간성은 "경사진 가로에서/ 또 다시/ 태양에 젖어 돌아오는 벗들", 즉 정신없는 일과를 마치고 지쳐 돌아가는 소시민들의 모습과 병치되면서 더욱 부각된다.
　시적 언어에 대한 김경린의 강조점은 이렇게 감정의 지성화와 즉물적 표현, 그리고 새로운 언어에 놓여 있다. 그러나 그의 시가 늘 시론을 통해 개진된 것만큼의 성취를 보여 주는 데까지 나아갔던 것은 아니다. 오히려 그의 시도는 실패로 끝나는 경우가 더 많았다. 시적 형상화에 있어 냉혹한 현실에 대한 지성적 대응보다는 센티멘털한 감성에 호소하는, 즉 시론에서 피력된 방향과 일치하지 않는 경우를 빈번하게 보여 주었기 때문이다. 그가 내세운 표현의 새로움 역시 1930년대와 비교해 볼 때 더 진전된 것이라고 보기 힘들다. 오히려 문명에 대한 지향과 비판이 갈등하는 1930년대 모더니즘의 긴장된 언어가 김경린에게서는 다소 약화되어 있다. 김경린은 모더니즘 시의 특징적 국면이라 할 문명인의 비애와 불안 의식을 문명—자연, 기계—인간의 도식적인 이항 대립으로 단순화시켰다는 점에서 한계를 보여 준다.

초현실주의를 표방했던 조향 역시 새로움에 대한 피상적 답습의 수준에서 크게 벗어나지 못하고 있다. 그의 시어는 김경린의 경우보다 더 낯설다. "낡은 아코오뎡", "폰폰따리아", "마주르카", "디이젤—엔진에 피는 들국화", "수화기", "비둘기와 소녀들의 랑데—부우", "기중기의" 등 시 「바다의 층계」에는 생경한 문명어들이 다수 포진되어 있다. 특히 이 시는 이질적 사물의 병치를 통해 시적 긴장과 새로운 의미 창출을 꾀하는 초현실주의의 데페이즈망 기법을 전면적으로 사용하고 있다는 점에서 주목된다. 문명어와 자연어의 결합으로 이루어진 이미지들의 병치가 특징적인데, 이런 전체 이미지들은 마지막에 가서 "기중기의/ 허리에 붙어서/ 푸른 바다의 층계를 헤아리"는 나비의 이미지로 수렴된다.

그러나 조향이 그려 낸 이 낯선 풍경은 인식론적 충격을 전달하는 데까지 나아가지 못했다. 그가 시도한 생경한 이미지들의 자유로운 결합은 언어적 충격을 넘어 현실의 폭력성에 대한 메타포로 나아가지 못한 채 단순 나열에 그치고 있을 뿐이다. 문명 비판을 위한 실험이 아닌 실험 자체를 위한 실험에 그쳐 버린 것이다.

김경린과 조향의 시는 나열된 소재가 새롭거나 시어가 현란하고 장식적일 뿐, 정작 새로운 시적 논리를 개척하지는 못하였다는 한계를 공통적으로 보여 준다. 또한 그 관심과 의욕이 실험적인 단계를 완전히 벗어나지 못한 채 패배적인 의식과 현실에 대한 도피로 이어지고 있다는 한계 역시 드러내고 있다. 실제 이들의 시에서 이야기되는 도시 문명은 현실과 동떨어진 이국적 풍물에 대한 막연한 인식으로 나타난 경우가 적지 않다.

이에 비한다면 김규동은 이념적 무장과 시적 실천이 비교적 일치한 시인이었다고 할 수 있다. 김규동은 '구인회'를 중심으로 전개되었던 1930년대 모더니즘 운동의 비판적 극복을 슬로건으로 내거는 한편, 1950년대 시단의 양대 경향 중 하나인 전통적 서정주의를 강하게 거부하면서 자신의 노선을 분명히 해 갔다. 이 시기의 그는 특히 주지적 입장에 기반한 시와 시론을 대거 발표하였는데, 첫 시집 『나비와 광장』과 1959년에 발간된 시론집 『새로운 시론』이 그 결과물이다.

> 현기증 나는 활주로의
> 초후의 절정에서 흰나비는
> 돌진의 방향을 잊어버리고
> 피 묻은 육체의 파편들을 굽어본다.
>
> 기계처럼 작열한 작은 심장을 축일
> 한 모금 샘물도 없는 허망한 관점에서
> 어린 나비의 안막(眼膜)을 차단하는 건
> 투명한 광선의 바다뿐이었기에 —

진공의 해안에서처럼 과묵한 묘지 사이사이
숨가쁜 제트기의 백선(白線)과 이동하는 계절 속—
불길처럼 일어나는 인광(燐光)의 조수에 밀려
이제 흰나비는 말없이 이즈러진 날개를 파닥거린다.
—「나비와 광장」 부분

  김규동 시의 주된 배경은 「나비와 광장」의 제목에서 이미 명시되어 있듯 도시이다. 여기서 광장은 사람이 모이는 곳이자 중심지라는 의미로 활용되기 때문이다. "오늘도 나는 이 거리에서/ 도대체 어디로 가는 것인가"(「하늘과 태양만이 남아 있는 도시」)에서 보듯, 광장 한복판에 선 시적 자아를 지배하는 감정은 불안이다. 이 불안함은 "불안한 세대의 기류 위에 떨어지는 불행한 저음"(「화하(花河)의 밤」)에서와 같이 어디로 갈지 알 수 없는 것에 대한 불안, 곧 시대에 대한 불안과 연결된다. 전후의 황폐한 현실 앞에 마주한 주체의 심경을 권태와 서글픔, 허망함, 피로감 등으로 표현하는 김규동의 방식은, 주조된 피로한 주체의 형상 자체를 통해 시대를 문제적으로 바라보게 한다. 김규동의 문명 비판은 바로 이점에서 김경린과 조향의 문명 비판이 보여 준 피상적 수준을 넘어서고 있다. 김규동의 시적 성취는 막막함을 바라보고자 하는 주체의 의지, 곧 폭풍우나 바람 속에 서거나, 바라보는 자세와, 3·1운동, 8·15해방, 6·25전쟁 등 시대의 아픈 기억들을 반복 호출하는 과정 속에서 발 디딜 무언가를 찾고자 하는 태도에서 드러난다. 『나비와 광장』을 통해 그는 시적 방법에 대한 탐색과 더불어 자기 성찰과 현실에 대한 모색을 시도하였던 것이다.

  정작 '후반기'의 주도적 인물이었던 박인환은 조향, 김경린, 김규동 시의 즉물적 경향과는 이질적이라고 할 만큼 감상성과 허무적 감각이 강하게 노출된 시 세계를 전개하는 다소 이례적인 행보를 보여 준다. 박인환 역시 이론적으로는 문명에 대한 이성적 비판을 추구하는 전위적 모더니즘의 기치를 내걸었으나 실제 시작(詩作)에 있어서는 그러한 기치에 반하는 센티멘털리즘을 강하게 노출하고 있어 이론과 실천상의 괴리가 단적으로 포착된다. 박인환 특유의 센티멘털리즘은 대표작 「목마와 숙녀」에서 단적으로 드러난다. 많은 평자들은 이 시가 도시 문명 속에 자리 잡고 있는 존재론적 우울과 감상을 피상적으로 묘사한 단계에 머물러 있다고 지적해 왔다.[80] 하지만 실제로 1950년대에 쓰인 그의 시 전반을 검토해 보면 피상적 감상성이라는 용어 아래 일괄적으로 단순화할 수 없는 측면들이 드러난다.

"어데서나 나와 함께 사는/ 불행한 신"(「불행한 신」), "불안한 언덕"(「1950년의 만가」), "불행한 연대"(「일곱 개의 층계」), "살육의 시대"(「서적과 풍경」), "황막한 연대"(「1953년의 여자에게」), "주검과 관념의 거리", "상심한 별"(「목마와 숙녀」), "고갈된 세

---

[80] 1950년대 박인환 시의 감상성을 모더니즘 성취의 한계로 지적하는 논의로는 다음과 같은 것들이 있다.
김춘수, 「'후반기' 동인회의 의의」, 『심상』(1975. 8); 이주형, 「박인환 시고(詩考)」, 『국어교육연구』 제10집(1978); 오세영, 「후반기 동인의 시사적 위치」, 『20세기 한국시 연구』(새문사, 1989); 이건청, 「박인환과 모더니즘적 추구」, 김용직 외, 『한국현대시사연구』(일지사, 1983); 고명수, 「박인환론」, 『한국 모더니즘 시인론』(문학아카데미, 1995).
이와 달리 박인환의 시적 성취를 인정하는 한편, 그의 시사적 위치를 모두 긍정적으로 평가하는 논의 역시 다양하게 진행되었다. 주요 논의로는 다음과 같은 것들이 있다.
김규동, 「박인환론」, 『심상』(1978. 1); 김재홍, 『한국전쟁과 현대시의 응전력』(평민사, 1978); 장인수, 「한 모더니스트의 자기 소묘」, 상허학회 지음, 『새로 쓰는 한국시인론』(백년글사랑, 2003).

계"(「의혹의 기(旗)」), "비참한 축제"(「잠을 이루지 못하는 밤」) 등 일일이 나열하기 어려울 정도로 1950년대 박인환의 시가 그려 내는 세계의 모습에는 종말 의식과 죽음 의식이 짙게 깔려 있다. 해방기의 혼란과 뒤이은 전쟁, 그리고 분단이라는 한계적 상황을 두루 거쳐 온 그의 시에는 『새로운 도시와 시민들의 합창』에서 보이던 미래에의 희망과 "투명한 감각"(「지하실」)이 더 이상 발견되지 않는다. 죽음과 우울, 피로와 고독, 타락한 도시와 전망의 부재를 이야기하는 절망적 언사들로 가득할 뿐이다.

> 저 묘지에서 우는 사람은 누구입니까.
> 저 파괴된 건물에서 나오는 사람은 누구입니까.
> 검은 바다에서 연기처럼 꺼진 것은 무엇입니까.
> 인간의 내부에서 사멸된 것은 무엇입니까.
> 일 년이 끝나고 그 다음에 시작되는 것은 무엇입니까.
> 전쟁이 빼앗아간 나의 친우는 어디서 만날 수 있습니까.
> 슬픔 대신에 나에게 죽음을 주시오.
> 인간을 대신하여 세상을 풍설(風雪)로 뒤덮어주시오.
> 건물과 창백한 묘지에 있던 자리에
> 꽃이 피지 않도록.
> ──「검은 신」 부분

「검은 신」은 폭력과 광기, 폐허 속에서 파탄난 주체의 내면을 여실히 보여 준다. 화자는 반복된 물음을 통해 현실의 비극에 대한 신의 대답을 기다린다. 그러나 신은 어떠한 대답도 전망도 제시해 주지 않는다. 화자의 물음만이 메아리처럼 공허하게 울릴 뿐이다. 박인환이 신을 "검은 신"이라고 명명하고 있는 것은 바로 이 때문이라고 할 수 있다. 미래에 대한 긍정적 비전이 상실된 전후의 피폐한 현실을 '대답 없는 신'의 형상으로 상징화하고 있는 것이다. 물음을 요구로 전환하는 언술 형태는 전망의 부재와 당대인의 균열된 내면을 여실히 보여 준다. '슬픔 대신 죽음'을, '꽃 대신 풍설'을 요구하는, 즉 폐허의 현실을 치유할 방법을 구하는 것이 아니라 심판과 종말을 요구하는 데서 주체의 실존적 한계 의식이 첨예하게 드러나고 있다.

비극적 현실을 극화하는 이러한 반어적 어법은 박인환의 시를 센티멘털한 현실 도피주의, 실패한 모더니즘의 표본으로 규정짓던 통상적 비판들을 재고하게 만든다. 1950년대 박인환 시의 주된 특징으로 거론되는 슬픔, 허무주의, 불안 의식은 폭력의 극단과 불모적 현실을 몸으로 체험한 당대인들의 황량한 내면을 반영하는 것으로 볼 수 있기 때문이다. 박인환 시의 미적 현대성은 이렇게 미래에 대한 희망을 송두리째 무너뜨린 위기의 연대(年代)를 실존적 자각과 내면적 언술을 통해 극화했다는 점에서 찾을 수 있을 것이다.

'후반기' 동인에 직접 가담하지는 않았지만, 그들과의 유파적 동질성을 강하게 보유한 김수영의 초기 시 역시 같은 흐름 속에서 파악될 수 있다. 그의 초기 시가 보여 준 난해함은 많은 연구자들이 그가 다른 '후반기' 동인들과 마찬가지로 인식론적 성숙이 결여된 피상적 모더니즘을 표방했음을 증거하는 기준으로 동원되곤 하였다. 그러나 실제 텍스트를 살펴보면, 난해함 이면에 전통과 현대, 낙후된 과거와 선취해야 할 미래의 갈등, 비문명권의 열등감과 문명을 향한 긍정적 시선 등이 복잡하게 얽혀 있음을 보게 된다. 즉 김수영은 '현대성'과 우리의 현재적 상황에 가로 놓인 거리를 인식하면서, 비판을 위한 비판이 아닌 우리 현실에 뿌리 박은 비판을 보여 주고 있는 것이다. 문명에 대한 지향과 열등감의 묘한 공존은 김수영의 초기 시에 자주 등장하는 '설움'이라는 단어를 통해 잘 드러난다.

> 내가 으스러지게 설움에 몸을 태우는 것은 내가 바라는 것이 있기 때문이다.
>
> 그러나 나는 그 으스러진 설움의 풍경마저 싫어진다.
>
> 나는 너무나 자주 설움과 입을 맞추었기 때문에
> 가을바람에 늙어가는 거미처럼 몸이 까맣게 타버렸다.
> ——「거미」 전문

시 「거미」에 따르면 자아의 설움은 "바라는 것이 있기 때문"에 생겨난다. 그리고 이 '바라는 것'의 구체적 내용은 다음의 시들을 통해 제시되고 있다. '설움'은 「헬리콥터」에서는 근대 문명의 상징인 "헬리콥터"의 손쉬운 이륙을 보며 우리의 현실을 자각하는 "우매한 나라의 어린 시인들"에 의해, 「국립도서관」에서는 피폐한 고향과 예언자가 나지 않는 거리의 상황을 인식하는 화자에 의해 촉발된다. 두 시에서 모두 명확히 제시되듯이 설움의 원인은 선취해야 할 미래와 현실 사이의 괴리에서 발생하고 있다. 시대 및 현실에 대한 자각과 선취해야 할 미래에 대한 지향, 이 두 방향의 긴장이 김수영의 시를 피상적인 모더니즘의 범주에 놓을 수 없게 한다. 그가 모색한 현대성은 한국적 현실에 뿌리박은 상상력 안에서 마련되고 있기 때문이다. '후반기' 동인들이 보여준 시론과 작시 상의 괴리, 그리고 실험적 수준을 넘어서지 못한 생경하고 난해한 언어의 한계를 김수영은 현실 옆에 체재하는 방식을 통해 극복하고 있는 것이다. 동시대에 발표된 「폭포(瀑布)」, 「사령(死靈)」 등의 시에서는 이러한 경향이 역사의식과 현실 비판을 명징하게 보여 주는 방향으로 발현되고 있기도 하다. 그의 1960년대적 경향을 예후적으로 보여 주는 「폭포」와 「사령」은 모더니스트에서 참여시의 기수로 변모해 가는 김수영의 시적 도정을 과도기적으로 보여 준다.

낯선 언어와 피상적 문명 비판 못지않게 후기 모더니스트들을 이야기할 때 염두에 두어야 하는 사실 가운데 하나가 바로 동인들 각각의 다양한 시적 경향이다. 후기 모더니스트들 각각은 어느 하나의 흐름으로 묶을 수 없을 만큼 모더니즘의 제 영역에 다양하게 포진해 있다. 모더니즘 내의 다양한 흐름의 공존은 후발 주자로서 1950년대에 새롭게 등장한 송욱, 전영경, 전봉건, 김종삼, 김종문, 신동집, 민재식 등에게서 더욱 두드러지게 나타나는 점이기도 하다. 이 신진 시인들은 '후반기' 동인들이 전개한 모더니즘 운동과 직간접적으로 관련되어 있으면서도 기존의 모더니즘적 시각만으로는 제대로 접근하기 어려울 만큼 다양하고 이질적인 방향을 각각 대변하고 있다. 이러한 사실은 결국 이후 우리 시단의 폭과 깊이가 그만큼 넓어지고 두터워졌다는 반증이 될 수 있을 것이다.[81]

1953년 등단한 김종삼[82]의 시에서는 순수시로서의 성취만이 아니라 언어에 대한 실험 정신을 살필 수 있다. 전후에 팽배했던 고립감과 고독 그리고 좌절감을, 그는 잃어버린 세계를 향한 열망으로 이야기하였으며, 이를 환상적이고 몽환적인 요소, 과감한 생략과 반복, 여백을 구사하는 독특한 기법으로 형상화하고 있

---

81) 김유중, 앞의 책, 235쪽.
82) 김종삼(金宗三, 1921~1984): 1953년 《신세계》에 「원정(園丁)」을 발표하면서 등단. 시집으로 『전쟁과 음악과 희망과』(자유세계사, 1957. 김종삼, 전봉건, 김광림 삼인시집), 『십이음계』(삼애사, 1969), 『시인학교』(신현실사, 1977) 등이 있음.

다. 하지만 그 기법이 지향하는 예술의 세계, 영원의 세계와의 결합은 불가능하다.

나의 무지(無知)는 어제 속에 잠든 망해(亡骸) 쎄자아르 프랑크가 살던 사원(寺院) 주변에 머물렀다.

나의 무지는 스떼판 말라르메가 살던 본가(本家)에 머물렀다.

그가 태던 곰방댈 훔쳐 내었다
훔쳐 낸 곰방댈 물고서
나의 하잘것이 없는 무지는
방 고호가 다니던 가을의 근교(近郊) 길바닥에 머물렀다
그의 발바닥만한 낙엽이 흩어졌다.
어느 곳은 쌓이었다.

나의 하잘것이 없는 무지는
장 뽈 싸르트르가 경영(經營)하는 연탄공장(煙炭工場)의 직공이 되었다.

파면되었다.

——「앙포르멜」 부분

환상의 세계에 편입될 수 없는 이유를 시인은 "무지(無知)"로 이야기한다. "나의 무지는"—"머물렀다"의 반복은 시인이 결국 바라는 세계, 곧 현실 세계 너머에 있는 이상 세계와의 비화해를 이야기한다. "파면"된 시인은, 거부된 스스로의 의미에 대해 질문한다. 「나」, 「나의 본(本)」, 「나의 본적(本籍)」 등의 일련의 시

들은 이러한 맥락에서 이해할 수 있다고 하겠다.[83]

송욱[84]은 특히 이러한 상황 속에서 독특한 시 형식과 탄탄한 이론적 무장으로 주목 받은 신인 가운데 하나였다. 그가 본격적으로 문단의 주목을 끌기 시작한 것은 1950년대 후반 전후의 혼란스런 상황과 정치적 부패를 해학적으로 풍자한 연작시 「하여지향(何如之鄕)」부터였다고 할 수 있다. '비순수'와 '역사의식', 그리고 '풍자적 상상력'을 표방한 이 시는 역사와 현실의 여러 국면들이 탈색되어 있는 순수 서정시와 난해한 모더니즘 시를 동시적으로 공격하며 전쟁과 분단으로 인해 단절되었던 풍자적 전통의 맥을 다시 잇고 있다는 점에서 시사적 의의를 갖는다. 그러나 동원된 언어들이 지나치게 작위적이고 실험적이라는 점, 내용의 도식성으로 인해 아이러니적 효과가 감소하고 있다는 점에서 그의 실험은 일견 한계점을 드러내고 있기도 하다. 실험에서 한 단계 더 나아간 적합한 언어적 풍경을 성취하지 못함으로써, 서구 문학과 이론에 지나치게 경사된 채 공소한 문명 비판만을 반복

---

83) 나의 이상은 어느 한촌 역 같다./ 간혹 크고 작은/ 길 나무의 굳어진 기인 눈길 같다./ 가보진 못했던 다 파한 어느 시골 장거리의/ 저녁녘 같다./ 나의 연인은 다 파한 시골/ 장거리의 골목 안 귀퉁이 같다.(「나」 전문)

　나의 본적은 늦가을 햇볕 쪼이는 마른 잎이다. 밟으면 깨어지는 소리가 난다./ 나의 본적은 거대한 계곡이다./ 나무 잎새다./ 나의 본적은 푸른 눈을 가진 한 여인의 영원히 맑은 거울이다./ 나의 본적은/ 몇 사람밖에 안 되는 고장/ 겨울이 온 교회당 한 모퉁이다./ 나의 본적은 인류의 짚신이고 맨발이다.(「나의 본적」 전문)

　나의 연인은/ 고지대 빈터/ 돌축대이다./ 나의 연인은 어느 철둑길 언변에/ 높이 자란/ 어둠한 잡초밭이다./ 나의 연인은 내가 살아가는 날짜들이다.(「연인」 전문)

84) 송욱(宋稶, 1925~1980): 서정주의 추천으로 《문예》 3, 4월호에 시 「장미」, 「비오는 창」을 발표하면서 등단. 시집으로 『유혹(誘惑)』(1954), 『하여지향』(1961), 『월정가(月精歌)』(1971) 등이 있음.

생산해 낸 '후반기' 동인들과 동일한 한계에 봉착할 수밖에 없었던 것이다. 1950년대 모더니즘의 중심부에 놓였던 시인은 아니지만, 그 역시 1950년대 모더니즘의 성과와 한계를 동시에 보여 주고 있는 것이다. 역시 송욱과 더불어 풍자적인 시인[85]으로 알려진 전영경[86]은 기존의 시어를 거부하고 욕설과 속어 등을 통해 일련의 충격을 던진다. 이러한 강한 실천성과 탐구 정신에 의해 새로운 의미를 창출하려는 시도들이 그의 시 전편을 통해 나타난다. 「오렌지」 등의 시로 잘 알려진 신동집[87]은 이 시기에 삶과 죽음의 모습을 담담하게 관조(「목숨」, 「얼굴」, 「나의 안에서」)하며 의미를 찾아간다. 시집 『서정의 유형』에서는 본래의 관념을 부정하고 다시금 이를 새롭게 인식하려는 시인의 모습을 엿볼 수 있다.("어제 만난 얼굴은 다시는 볼 수 없습니다/ 오늘 만난 얼굴은 어제의 얼굴이 아니올시다/ 좀 더 찢어지고 부숴지고 이즈러진 얼굴의 복수(複數)// 남은 것은, 단/ 하늘 밑 땅 위의 인간의 얼굴뿐입니다/ 일체(一切)의 풍경을 믿지 않는 마음은 얼굴뿐입니다(「얼굴」 전문)) 또한 『제이(第二)의 서시(序詩)』에서는 실험 정신을 유지하면서도, ("보다 명철해질 것을 바라며 여러 정다운 사물들에 눈을 돌린다. 꿈은 나의 한계를 벗어 나가고 〈이데에〉는 찬 바람에 씻기워 맑은 피가 된다"(「신설」)) 공감할 수 있는 시 쓰기 의식을 통해("어디엔가 반작이고 있을/ 나의 오늘을 나는 짚어야 한다"(「어떤

---

85) 이재선, 『한국문학의 해석』(새문사, 1981).
86) 전영경(全榮慶, 1930~2001): 1955년 《조선일보》 신춘문예에 시 「선사시대(先史時代)」, 1956년 동아일보 신춘문예에 「정의(正義)와 미소」가 당선되며 등단. 시집으로 『선사시대』(수문사, 1956), 『김산월여사(金山月女史)』(신구문화사, 1958), 『나의 취미는 고독이다』(신구문화사, 1959) 등이 있음.
87) 신동집(申瞳集: 1924~): 1948년 『대낮』으로 작품 활동을 시작. 시집으로 『서정의 유형』(영웅출판사, 1954), 『제이의 서시』(한국출판사, 1958) 등이 있음.

시」)) 소통의 통로를 열어 놓고자 노력한다.

서구 모더니즘 이론에 밝았던 시인인 김종문[88]은 이 시기 『벽(壁)』(문헌사, 1952), 『불안한 토요일』(백조사, 1953), 『시사시대(詩史時代)』(보문사, 1955) 등의 시집을 내놓았다. 평론가로서도 활동한 그는 자유로운 시 형식과 부단한 시 형식의 변화를 통해 현대인의 내적 불안과 갈등, 그리고 병적 징후를 드러내었다.

이와 같이 '후반기' 동인을 중심으로 전개된 후기 모더니즘 운동은 그들의 시론을 통해 개진된 바와는 다르게 실제 시적 성취면에서 일정한 한계를 노정하였다. 피상적인 문명 비판, 첨예한 현실 인식의 부재, 체화되지 못한 문명어들의 생경한 나열 등이 바로 그 한계점으로 지적되는 사항들이다. 이 한계들은 이들의 시가 1930년대 시와의 연속선상에서 여전히 과도기적 단계, 즉 우리 시에 도입된 모더니즘을 성숙화, 자기화하기 위한 모색의 단계에 머물러 있음을 보여 준다. 1930년대의 모더니즘의 비판적 극복을 기치로 내걸었으나 '후반기' 동인이 보여 준 언어적 풍경은 결국 1930년대 시와 크게 차별되지 않는 것이었다.

그러나 다른 한편으로 해방 후의 문학적, 사회적 기후 속에서 시와 삶 사이에 새로운 관계를 시도하고자 했던 '후반기' 동인들의 노력은 해방 직후 자칫 단절될 뻔한 이 땅의 모더니즘의 한 맥락을 잇게 하고, 도시적, 감각적, 지성적 형상화 방법과 시대 감각에 의한 의식 세계를 확충하였으며 이를 통해 새로운 언어 개발과 이미지 조형에 기여한 것이 사실이다. 또한 이 계열과 직·간접적으로 결속되어 있으면서도 현실과 좀 더 밀착된 언어를 선보인 새로운 시인들의 등장은, 이후 한국 모더니즘 시의 전체

---

88) 김종문(金宗文, 1919~1981): 1952년 《문예》에 「신천지」 등을 발표하며 등단. 시집으로 『벽』, 『불안한 토요일』, 『시사시대』 등이 있음.

적 구도가 본격적으로 틀 지어지기 시작한 것이 바로 이 시기임을 보여 준다. 그러므로 1950년대 후기 모더니즘 운동이 그 한계 못지않게 중요한 시사적 의미 역시 지니고 있음을 강조하지 않을 수 없다.

5 맺음말

문학사에서 하나의 시기는 전대의 문학적 관습에 대한 반성과 새로운 미학의 출현으로 특징지어진다. 당대 문학의 장을 역동적으로 만들어 가는 것은 현실의 질곡에 대응하면서 자신의 고유한 언어 미학을 창출하려는 시인들의 도전과 모색의 정신이라 하겠다. 이런 점에서 1950년대는 전쟁이라는 비극적 체험의 절망을 딛고 다양한 시적 모색이 수행된 가능성의 시기이다.

전쟁의 불안과 공포 그리고 자기 해체의 위기를 경험한 시인들에게 현실은 죽음을 생산하는 공포의 세계였으며, 이러한 인식은 자기 소외와 환멸을 동반한 균열된 자의식으로 표출되었다. 그러나 이러한 절망과 위기의식은 1950년대 후반기에 이르러 점차 언어적 안정성을 확보하고, 세계와 자아에 대한 깊이 있는 성찰의 시선을 얻게 된다. 이 시기 서정적 계열의 시들이 보여 주는 세계와 자아에 대한 깊이 있는 물음과 성찰은, 1920년대 이래의 전통적 서정을 계승하고 심화하면서 서정시의 영역을 확장하였다는 점에서 주목할 만하다. 그리고 모더니즘 시들이 보여 주는 치열한 대결 의식과 실험적 모색들은 1950년대 한국 시사의 지평을 새롭게 구축한다.

전통적 서정시와 모더니즘의 두 갈래로 흘러가는 시적 모색은 1950년대에 국한된 것이 아니라, 한국 현대시사의 기저를 형성하는 심원한 흐름을 이룬다. 이러한 흐름은 전후의 시대적 정신으로 융합되면서, 1960년대 이후의 시적 경향을 구축하는 데 중요한 역할을 하였다. 전후의 현실이 주체에게 직접적으로 가하는 고통과 상처의 시기로 의미화되는 1950년대의 시와 달리, 근대화의 진행과 그로 인한 소외가 심화되는 1960년대 시의 무의식은 '환부 없는 아픔'으로 비유되는 비가시적 억압에 침윤되어 있다. 개인의 소외와 고립의 정조가 1960년대 문학의 전의식으로 자리 잡게 되는 과정은, 전후의 파탄된 문명과 불안 의식을 존재의 위기로 내면화하는 1950년대 시와의 연속선상에서 이해될 수 있는 것이다. 특히 1960년대 순수시는 자기 해체 위기를 극단적으로 경험한 1950년대 시의 징후적 요소가 내면화되는 과정과 긴밀하게 연관되어 있다고 하겠다.

이렇게 전후 시가 보여 주는 개인의 고독과 불안, 그리고 폐허의 현실에 대한 가파른 대결 의식과 성찰의 자의식은 1960년대 시단의 현실 인식과 역사적 실천의 과정에서도 지속적인 문제로 제기됨으로써 한국 현대시사를 구축하는 밑바탕이 된다. 현실에 대한 반성적 자의식을 시적 인식으로 심화시켜 갔던 1950년대의 시사는 식민지에서 해방기를 거쳐 1960년대로 이어지는 우리 시사의 분기점을 이루면서 역사적 의미를 획득한다.

(김현자)

7장
민주화의 열망과 좌절(1961년~1972년)

1 1960년대의 시대적 상황과 시단의 현황

　1960년대는 우리 현대사에서 대단히 중요한 의미가 있는 연대이다. 정치적으로는 4·19혁명과 5·16군사정변이 있었던 시기이고, 경제적으로는 제1차 5개년 경제 시스템의 가동으로 본격적인 자본화·근대화가 시작되는 때이다. 물론 어느 특정 연대를 몇몇 사건으로 계통화할 수 있는 것은 아니지만 이 두 가지 흐름을 1960년대적 특징이라고 부르는 데는 이유가 있다. 하나는 정치적 억압과 자유, 그리고 다시 억압으로 되돌아가는 고리의 악순환이다. 이승만 독재로부터 해방되는 4·19혁명과 자유에 대한 희열, 그리고 군사 쿠데타에 의한 민주 사회에의 좌절이 1960년대 지식인의 방황과 자기 모색의 근본 동인이었던 것이다. 게다가 이 시기에는 본격적인 산업화에 따른 근대에 대한 불안 의식이 이들에게 덧붙여진다. 결국 한국의 근대화 과정은 군사 정권과 산업화가 맞물리면서 독점 자본에 의한 독점 개발이라는 독특한 형태의 자본주의로 그 모양새를 갖추게 된다.

이러한 현실 속에서 1960년대 시인들, 지식인들은 무엇을 할 수 있었을까. 기술화되는 산업 현장과 도시의 팽창, 이농의 심화, 빈부의 격차, 열악한 노동의 현실 등 1960년대적 특징을 살아야 했던 이들이 정립시켜야 했던 자아란 무엇이고 그 정체성이란 무엇이었던가. 여기서 논의하고자 하는 시인들의 시 세계는 바로 그러한 처절한 상황을 인내하면서 스스로를 방향지우고자 하였던 이들의 자기 노력의 산물이라 할 수 있을 것이다. 우리가 강조하고자 하는 것은 그들의 시적 경향이나 세계관의 차이는 문학의 질이나 관념에 있어서의 차별성을 뜻하는 것이 아니다. 이들 모두의 세계는 당대 현실 속에서 올곧게 문학적 응전을 펼쳤다는 공통점을 지니기 때문이다. 이들의 문학적 응전을 '근대화 과정에서의 자아 정체성 찾기'라고 규정하고자 하는 이유도 여기에 있다. 이러한 규정에는 어느 특정 이데올로기나 형이상학적 우월성을 내세우고자 하는 의도가 담겨 있지 않다. 즉 현실에의 근접도에 따라 진보성 여부를 묻거나 그 잣대에 의해 특정 시인들의 문학적 평가를 내리는 것과는 무관하다는 것이다.

물론 1960년대 시인들의 자아 정립 과정을 정밀하게 분석해 내는 일은 쉬운 일이 아니다. 뿐만 아니라 이들이 보여 준 문학적 이력과 궤적은 당연히 개성과 각각의 특수성 위에 서 있으며 이 속에서 저마다 독자적인 세계관과 문학적 방법들을 선보이고 있기 때문이다. 그럼에도 불구하고 이 시기에 활동했던 시인들을 거칠게나마 몇몇 유형으로 분류해 내는 것이 가능할 것으로 판단된다. 물론 그 기준은 단순한 문학적 사조나 흐름에 의한 것이 아니라 1960년대의 현실에 응전하는 양상에 따른 것이다.

그러한 응전으로 시작된 1960년대는 시의 르네상스라 일컬어질 정도로 많은 시들이 창작되었다. 또한 그러한 양적인 측면을 보족하듯 새로운 문학 집단들 또한 등장했다. 특히 동인지 전성 시대라 불러도 좋을 만큼 많은 시 전문지들이 출현했다. 이때 나온 동인지들로는 《60년대 사화집》, 《현대시》, 《신춘시》, 《지하시》, 《산문시대》, 《현실》, 《시단》, 《에스쁘리》, 《원탁시》, 《한국시》, 《70년대》 등이 있다.

뿐만 아니라 1950년대부터 이어진 《현대문학》, 《사상계》와 더불어 《창작과비평》, 《문학과지성》 등의 잡지가 창간됨으로써 시의 양적 풍성함뿐만 아니라 이념적 다양성까지 확보하게 되었다. 특히 《창작과비평》을 비롯한 진보 성향의 잡지들은 반공 이데올로기에 억눌려 있던 한국 시단에 진보의 새로운 물결을 제공해 주었다. 참여시의 등장이 바로 그것인데, 시의 현실 참여 문제는 해방 공간 이후 진보 문학의 정립과 정체성 확보뿐 아니라 카프 이후 소멸된 시의 현실 참여와 순수의 문제를 다시금 환기시키는 계기가 되었다.

이렇게 다양한 시적 경향을 보인 이들을 계통화시키자면, 먼저 불합리한 현실을 인식하고 그것에 적극적으로 대항했던 그룹, 이른바 저항적 담론의 색채를 짙게 내뿜은 시인들을 들 수 있다. 김수영을 비롯한 참여시 그룹이 바로 그들이다. 이와 대비하여 1960년대 현실에 대해 적극적 변혁 의지를 내보이지는 않았지만 이와 관련된 성향을 문학 내적 담론에서 수용하고자 했던 시인들의 경우를 생각해 볼 수 있다. 이들의 문학적 실천은 현실에 대해 구체적 저항의 실천을 띠고 있지는 않지만 비판적 이성에 의한 의미의 생산적 활동을 담지한 경우라 할 수 있다. 여기에 속하는 시인들로서 1960년대를 풍미하였던 전위 그룹, 이른바 《현대시》 동인들이 있다. 이 동인들의 활동은 1962년에 시작되어 1971년 26집을 마지막으로 발간하면서 끝을 맺었다. 10년 가까이 지속된 《현대시》 동인들을 하나의 유형으로 묶는 것은 매우 어려운 일이다. 《현대시》 동인에는 많은 시인들이 참여했기 때문에, 가령 이들이 모더니즘을 지향했다거나 내면의 자아를 천착해 들어갔다거나 하는 식으로 유형화하는 것은 의미가 없다. 그러나 이들 그룹이 지향했던 이념이 자아 탐구이고, 이를 바탕으로 현실과의 결합 정도, 그들이 지향했던 세계관 등등에 의해서 그 시적 세계를 다음 두 가지 시적 특징으로 패턴화하는 것이 가능하지 않을까 한다. 하나는 이들이 1980년대 말 유행처럼 번져 나간 포스트모던의 세계관과 흡사한, 아니 이들 포스트모던의 전사적 역할을 수행한 그룹이다. 그리고 다른 하나는 의미의 파괴보다 의미의 구축에 주력한 시인들을 들 수 있는데, 이는 언어의 의미화를 통해 현실에 대한 비판적 지성을 보다 직설적으로 보여 준 경우이다. 《현대시》 동인들은 크게 이 두 가지 그룹으로 대별할 수 있다.

한편 《현대시》 동인으로는 활동하지 않았지만, 이들의 세계관과 비슷한 경향을 보이면서 그들만의 독자적인 시 세계를 일군 시인들이 있다. 정현종의 경우가 그러하다. 1960년대의 현실을 자신들의 내밀한 안목과 경험과 세계관을 통해서 전유해 낸 시인들이 있다. 곧 독특한 자기 세계관을 바탕으로 그들 나름의 독특한 서정의 영토를 개척해 나간 경우이다. 황동규, 고은 등의 시인이 여기에 속한다.

2 시의 외면적 확대 — 시의 사회적 자장

먼저 현실에 표방한 실천적 담론으로써 1960년대의 암흑을 헤쳐 나가며 자기 정립을 시도한 시인들의 경우를 보자.

이를 대표하는 시인으로 가장 먼저 떠오르는 시인이 김수영이다. 1950년대 모더니즘적 경향을 보이던 김수영의 시는 4·19혁명 이후 민중적이고 정치 지향적 성격을 강하게 드러낸다. 그러한 경향들은 그의 시론에 의해 더욱 강화된다. 그러나 그의 시론을 포괄적으로 보았을 때 김수영이 주장하는 시가 꼭 민중적 정치주의 시를 지향했다고는 할 수 없을 것이다. 이는 바꾸어 말하면 4·19혁명 이후에 쓰인 시와 시론이 김수영의 시적 입지를 더욱 축소하여 김수영을 편협한 참여주의자로 한정시키는 결과를 가져올 수 있었음을 의미한다.

김수영에 관해서는 많은 언급이 있지만 그의 시에서 본질적인 것은 한 가지이다. 시인은 인간의 존엄성을 회복하고 진정한 민주주의를 정착시키는 데에 힘이 될 수 있기를 간절히 그리고 끝없이 고민한다는 점이다. 어느 시기 그가 모더니즘의 면모를, 또 어느 시기 현실주의자의 면모를 갖기도 하지만 그것들은 모두 그 한 가지 시의 정신을 실현하기 위한 방법들에 불과하다. 그러한 점에서 '참여시'로 분류되지 않는 초기 시라 할지라도 그것이 관념의 시가 아니고 행동의 시가 되는 이유도 여기에 있다.

김수영은 초기부터 일관되게 '설움'과 끝없는 대결을 했다. 우리는 '설움'이 그의 마음을 불편하게 하고 그것을 해결하도록 강제하는 기제에 속한다는 것임을 살펴보았거니와 그에게 '설움'의 감각이 끝없이 지속되었듯이 그 무엇과의 '대결' 또한 끊임없이 이루어지는 것이었다. 어찌 보면 그의 투지는 생래적(生來的)인 것이 아니었을까 생각된다.

그렇다면 그가 대결하였던 '적(敵)'은 정확하게 무엇인가? 시인은 전쟁의 상처에 기인하는 '설움'이 매우 진보된 문명에 의해 극복될 것이라고 믿었다. 그러나 기대했던 그 문명이 실은 소리없이, 보이지도 않게, 그리고 뿌리 깊이 인간을 파멸할 것이라는 사실을 알게 된 후부터 공격의 대상은 '문명'이 된다. 그것이 또한 전쟁을 일으킨 장본인이고 보면 문명은 결코 면죄부를 받지 못할 것이다. 이에 따라 김수영은 '문명'에 대한 전면전을 선포한다.

    우리들의 적(敵)은 늠름하지 않다
    우리들의 적(敵)은 카크 다글라스나 리챠드 위드마크 모양으로 사나웁지도 않다
    그들은 조금도 사나운 악한(惡漢)이 아니다
    그들은 선량(善良)하기까지도 하다
    그들은 민주주의자(民主主義者)를 가장(假裝)하고
    자기들이 양민(良民)이라고 하고
    자기들이 선량(善良)이라고도 하고
    자기들이 회사원(會社員)이라고도 하고
    전차(電車)를 타고 자동차(自動車)를 타고
    요리(料理)집엘 들어가고
    술을 마시고 웃고 잡담(雜談)하고
    동정(同情)하고 진지(眞摯)한 얼굴을 하고
    바쁘다고 서두르면서 일도 하고
    원고(原稿)도 쓰고 치부도 하고
    시골에도 있고 해변(海邊)가에도 있고
    서울에도 있고 산보(散步)도 하고
    영화관(映畵館)에도 가고
    애교(愛嬌)도 있다
    그들은 말하자면 우리들의 곁에 있다

    (중략)

    우리들의 싸움의 모습은 초토작전(焦土作戰)이나

「건 힐의 혈투(血鬪)」 모양으로 활발하지도 않고 보기좋은 것도 아니다
그러나 우리들은 언제나 싸우고 있다
아침에도 낮에도 밤에도 밥을 먹을 때에도
거리를 걸을 때도 환담(歡談)을 할 때도
장사를 할 때도 토목공사(土木工事)를 할 때도
여행을 할 때도 울 때도 웃을 때도
풋나물을 먹을 때도
시장(市場)에 가서 비린 생선냄새를 맡을 때도
배가 부를 때도 목이 마를 때도
연애(戀愛)를 할 때도 졸음이 올 때도 꿈속에서도
깨어나서도 또 깨어나서도 또 깨어나서도……
작업(作業)을 할 때도 퇴근시(退勤時)에도
싸이렌소리에 시계(時計)를 맞출 때도 구두를 닦을 때도……
우리들의 싸움은 쉬지 않는다

우리들의 싸움은 하늘과 땅 사이에 가득차있다
민주주의(民主主義)의 싸움이니까 싸우는 방법도 "민주주의식(民主主義式)"으로 싸워야 한다
하늘에 그림자가 없듯이 민주주의(民主主義)의 싸움에도 그림자가 없다

―「하…… 그림자가 없다」 부분

장황한 위의 시는 김수영이 전투 계획서를 얼마나 세심하게 작성하고 있는가를 보여 주고 있다. 그가 대결하는 적이 무엇인지 명료하게 알 수 없었다면 그가 설정하고 있는 전선이 불명확해서가 아니라 셀 수 없이 많았기 때문이다. 여기에서 그는 단순히

'정치 권력'만을 겨냥하고 있지 않다. 그는 정치가가 아니기 때문이다. 그는 시인이고 지식인이고 철학가였기에 인간을 억압하는 모든 것에 전선을 긋고자 한다. 그것이 인간의 이기심이라면 그곳에, 자본주의라면 그곳에, 근대 문명이라면 그곳에 그는 바리케이트를 친다. 그러한 작업은 대단히 섬세한 지성과 강한 에너지를 필요로 한다. 따라서 시인으로서, 지식인으로서, 철학가로서 사는 일은 대단히 피곤하고 힘든 일이다. 그가 행동하지 않는 시인이라면, 무관심한 지식인이라면, 관념적인 철학가라면 물론 상황은 완전히 다를 것이다. 그러나 그는 그렇게 하지 못한다. 왜냐하면 행동하지 않을 때 부조리와 모순은 더욱 세력을 확장하여 감염된 부위를 더 확대하고 더 부패시킬 것이며 결국에 인간의 생명을 앗아 갈 것이기 때문이다.

전쟁 이후 점차적으로 정착되어 가고 있던 자본주의 및 근대 문명이 전쟁의 상흔을 복구하고 생활의 안정을 보장해 줄 것이라 여겼던 시인은 그러나 그것이 허구에 불과하다는 것을 알고 있다. 그와 반대로 문명의 뿌리가 배어든 곳이면 어김없이 갈등과 부패가 번질 것이다. 따라서 '적'은 생활의 구석구석에 존재하는 것으로 인식된다. '적'은 과거적 인식에 따르면 분명 '식민지'나 '전쟁'과 같은 거대 코드가 될 것이나 현대의 적은 '전투'나 '군사 작전'의 형태로 등장하는 것이 아니며 모든 생활 곳곳에 보이지 않게 소리 없이 잠입해 들어온다. 그것은 동료의 얼굴에도 있고 가족의 마음에도 있으며 심지어 자신의 의식 속에도 있다. 선량한 사람, 가난한 사람이라고 해서 적이 아니라고 단정 지을 수 없다. 문제는 그가 어떠한 관계망 속에서 어떤 의식과 어떤 정신을 갖고 살아가는가 하는 점이다. 특정한 장(場) 속에서 그가 압제자의 위치와 태도와 의식을 가지고 자신의 행동을 지정한다면 그는 적이다.

때문에 '우리들의 싸움은 하늘과 땅 사이에 가득 차' 있을 것이며 따라서 '우리들의 싸움은 쉬지 않을 것'이다. 그 싸움은 '활발하지도 보기 좋을 것'도 아니지만 '언제나' 이루어질 것이다. 다양한 장(場)에서 전면적으로 이루어지는 이 같은 방식의 투쟁을 김수영은 '민주주의식'이라 한다. 그리고 이것을 통해 얻고자 하는 것도 '민주주의'인 것이다. 요컨대 민주주의는 정치권력만의 문제는 아니다. 그것은 생활의 문제이고 모든 인간의 의식의 문제이다.

물론 4·19혁명 이후 김수영은 더욱 본격적이고 더욱 치열하게 투쟁한다. 4·19혁명은 지금껏 생활에 침투해 인간을 괴롭혔던 수많은 부조리와 부패를 일시에 해결할 수 있을 듯한 거대한 에너지를 지니고 있었다. 또한 독재 정권을 붕괴시킬 정도의 절대적인 순수성과 힘을 의미하기도 하였다. 김수영이 이에 고무된 것은 당연한 일이다. 그는 더욱 과감하고 신랄하게 투쟁을 실행한다. 「우선 그놈의 사진을 떼어서 밑씻개로 하자」는 혁명이 진행되는 중의 흥분과 투지가 가득 배어 있는 시이다. 김수영의 많은 풍자적이고 해학적인 시 가운데에서도 이 작품은 가장 과격하고 신랄하다. 여기에서 '그놈'은 의심할 것 없이 자유당 독재 정권의 수장이다. 우리 시사(詩史)상 시에 '밑씻개'와 같은 욕설을 이처럼 천연덕스럽고 후련하게 사용한 시인은 김수영 이전에 찾아보기 어렵다. 우리는 여기에서 김수영에게 절대적이었던 '시'의 본령이 적어도 미적, 예술적 성취에 있는 것이 아니라는 사실을 확인하게 된다. 그의 시적 본질은 '정신(精神)'이었던 것이다. 그것은 투쟁의 정신, 곧 자유와 민주주의를 향한 정신이다.

---

1) 조태일(趙泰一, 1941~1999): 1964년 《경향신문》 신춘문예에 시 「아침 선박」이 당선되어 등단.

이와 비슷한 시적 세계를 보여 준 시인으로 조태일[1]을 들 수 있다. 조태일은 신경림과 고은으로부터 시작된 민중시의 흐름을 이으며, 우리 시사에 드물게 존재하던 강한 남성적 목소리를 뿌리내리게 한 대표적 시인이다. 1970년대에 쓰인 그의 시들은 사회의 부정과 질곡을 극복하고자 하는 민중의 적극적이고 진취적인 의지를 대변하면서 사회의 민주 세력을 집결시키는 계기로 작용한다. 이를 통해 1970년대 참여시인의 계열을 담당할 새로운 시인들을 배출하는 동시에 1980년대 거대한 물줄기로 자리 잡게 되는 민중 문학의 탄생에 직접적인 기여를 하게 된다.

이때에 발표된 그의 대표 시들 가운데「식칼론」이 투쟁의 당위성과 전제 조건을 마련하고 민중을 투쟁의 주체로 세우는 데 초점을 두고 있다면,「나의 처녀막(處女膜)」은 독재 정권과 그의 행위라는 실체를 내세워 우리가 싸워야 하는 투쟁의 내용을 구체적으로 명시하고 있는 시에 해당된다.

제군
연전에 파열된
나의 처녀막을 기억이나 하시는지.

하루에도 몇 번씩 강한 열 손가락으로
나의 어린 유년을 열어젖히고
상한 나의 처녀막 근처에 꿇어앉아
산산이 쪼가리난 흔적의 민주를 자유를
감득(感得)이나 하시는지.
통곡이나 하시는지.

쪼가리 쪼가리난 처녀막으로

붉은 세월의 피의 꽃방석 만들어 깔고 앉아
삐리 삐릴리 삐리 삐리 삐릴리
야만의 풀피리를 불고 있네만,
쪼가리 쪼가리난 민주나 자유로
붉은 세월의 피의 꽃방석 만들어 깔고 앉아
삐리 삐릴리 삐리 삐리 삐릴리
야만의 풀피리를 불고 있네만.
심란해라 심란해라 아이 심란해라.

(중략)

호강 한 번 못해 보았기로야 나의 처녀막은,
호강 한 번 못해 보았기로야 민주나 자유는
파열당한 아픔과 그 흔적을 낙으로 삼는가를,
차라리 나의 영양으로 삼는가를.

피 흘리며 흩날리는 사계(四季)를,
쏘내기 맞듯이 쏘내기 맞듯이 맞고 앉아서
내 육체에 꽂혀 나부끼는 메아리를 보는
나의 눈 속에는
어렸을 적 내 이웃에 살던 영감마님의 얼굴처럼
늙은 내 조국, 몇 놈 때문에 보기 싫은 조국이 보이네.
수염 돋듯 돋아난 내 유년이 보이네.
쪼가리 쪼가리 난 처녀막으로
아아 쪼가리 쪼가리난 민주와 자유로
붉은 세월의 피와 꽃방석 만들어 깔고 앉아
삐리 삐릴리 삐리 삐리 삐릴리

나의 사랑을 불면서

그렇게 야만의 풀피리를 불면서.

—「나의 처녀막(處女膜) 2」부분

가장 정결하고 가장 거룩한 것이 무엇인가를 찾다가 '처녀막'에서 그 상징성을 발견하였다는 시인의 언급대로 위의 시에 형상화되어 있는 '처녀막'은 시대와 민족의 가장 고귀한 가치를 가리킨다. 자유와 민주로 대표되는 그것은 우리 민중이 피로써 쟁취한 조국의 순결성에 해당되는 것이며 곧 "삼천만 개의 쌍 눈을 번뜩이며/ 삼천만 개의 쌍 귀를 세우고/ 삼천만 개의 가슴을 비벼 불꽃 튀는/ 불꽃 튀는 단일화된 외침을 가지고/ 삼천만의 기념비처럼/ 내가 섰"(「나의 처녀막 3」)던 4·19혁명이다.

문제는 자유와 민주가, 조국의 가장 순결하고 고귀한 가치가, 4·19혁명이 "산산이 쪼가리난" 데 있다. "호강 한 번 못해" 본 그것이 하루 아침에 갈가리 찢겨 "야만의 세월"이 오고야 말았다는 것이다. 시적 자아는 그로 인한 아픔과 고통에 처절하게 울부짖으며 "각하(閣下)"(「나의 처녀막 3」)와 "제군들"을 향해 우리 민중들이 입은 상처를 호소한다. "각하"와 "제군들"은 가해자와 피해자라는 서로 대립적인 자리에 서 있지만 "처녀막"이 "파열"되었다는 사실에 대해서는 동일하게 둔감하기 때문이다. 시적 자아는 돌이킬 수 없이 유실된 혁명 앞에서 상실감과 허탈감으로 괴로워 "통곡"하는 것이다.

그러나 위 시의 시적 자아는 마냥 패배감과 좌절감에 매몰되어 있지는 않다. 그는 가장 고통스럽게 울부짖지만 그 울부짖음과 통곡을, "처녀막이 파열"된 데서 비롯된 아픔을, 순결성을 산산조각 낸 야만성을 투쟁의 힘으로 전환시킨다. "붉은 세월의 피의 꽃방석 만들어 깔고 앉아" "야만의 풀피리를 부"는 것은 바로 자아의 이러한 행위를 암시하는 것이다. 즉 자유와 민주의 혁명이 유산된 바로 그 지점에서 보란 듯이 자리를 펼치고 앉아 주체를 규합하고 가해자를 향한 투쟁의 화살을 쏘겠다는 것이다. 이는 아픔을 아픔으로, 고통을 고통으로 받아들여 그 속에 머물게 되는 차원을 넘어서는 것으로 아픔과 고통을 극복하여 투쟁에의 국면으로 승화시키겠다는 의지의 표현이라 하겠다. 여기에서 "쪼가리 쪼가리난 민주와 자유, 그리고 피의 처녀막"을 "방석"으로 만들겠다는 발상은 조태일 시인 특유의 강인함과 적극성에서 가능한 것으로서, 바로 그러한 시적 상상력으로 아픔과 고통에서 투쟁으로의 전환과 승화가 이루어질 수 있었던 것이다. 그리고 이와 같은 시인의 적극성과 강인함이야말로 민중의 연대를 구축하고 그들을 투쟁의 주체로 서게 할 수 있었던 원동력이 된 것이다. 조태일의 사회 참여적인 시들은 그 목소리가 웅혼하고 강건하다는 점에서 그 시적 특성을 찾을 수 있다. 「식칼론」이라든가 「나의 처녀막」 연작시에서도 드러나듯이 그는 언제나 가장 절대적이고 순수한 상태를 상정하고 이를 구현하기 위해 가장 선명하고 직접적인 표현을 사용한다. 그는 언어도단의 극단적 지점에까지 자신의 의식을 밀어 올려 이를 증명하고 그 의식의 크기를 확장하기를 서슴지 않는다. 이러한 그의 태도가 그의 시를 강인한 남성의 이미지로 기억하도록 하는 것이다.

그러나 그의 남성성은 여성성과 매우 밀접하게 결합되어 있다. 1960년대에 쓴 첫 시집 『아침선박』을 초기 시로, 『식칼론』으로 대표되는 1970~1980년대의 시를 중기 시로, 1980~1990년대에 쓴 시들을 후기 시로 본다면 이들 사이엔 동시적이기도 하고 계기적이기도 한 남성성과 여성성의 혼재가 이루어져 있는 것이다. 조태일의 시에서 남성성과 여성성은 각각 대사회적 목소리와 원시적 목소리에 대응한다고 볼 수 있는데, 사실 조태일의 시에서 이들은 배타적 자리에서 대립되어 존재하지 않는다. 오히려 이들은 상호 보완하고 서로 지지하면서 각각의 크기와 영역을 확대해 나가는 데 도움을 주고 있다. 이러한 점에서 보면, 조태일을 남성적이라는 단일한 이미지의 시인으로 보거나 민중시인의 면모로서만 이해하는 것은 상당한 무리가 있다.

1960년대 저항적 담론을 이끌었던 작가로 빼놓을 수 없는 시인이 이성부[2]이다. 그의 시를 이끌어가는 중심 축들은 사회적 책임 의식과 고향 의식이다. 그렇지만 이 둘 사이의 관계가 서로 분리되는 것은 아니다. 이성부는 고향에 대한 회한과 애정 속에서 사회를 이해하고 책임 의식을 느끼기 때문이다. 시인이 사회에 대해서 느끼는 책임 의식은 인간은 사회적 동물이라는 당위적인 차원의 것이 아니다. 자신에게 남아 있는 소시민성에 대한 자기 회의와 반성의 차원에서 이루어진다. 물론 그의 소시민성에 대한 자기반성들은 계급에 대한 분화된 인식과는 거리가 먼 것으로서 어디까지나 실존적인 자기 결단에 의한 것이다.

이성부 시를 논구하고 해석하는 자리에서 사회에 대해 갖는 그의 책무 의식을 논외로 한다면, 그의 시에 대한 올바른 자리매김은 거의 불가능하다. 그의 시에서 사회에 대한 책임 의식은 매우 강한 어조로 발산되는데, 가령 그러한 특징이 잘 드러나는 「어머니」의 마지막 연을 보자.

　　어머니의 마음은 저렇게 참 많이 있구나.
　　남모르게 마을 떠나가는 사람들의
　　울먹이는 발길에도

---

2) 이성부(李盛夫, 1942~): 1961년 《현대문학》에 「소모의 밤」, 「백주」로 1회 추천되고, 1962년 《현대문학》에 「열차」, 「이빨」로 추천 완료하여 등단.

숨고싶은 몸에도
그리하여 쓰러지고 다시 일어서는 안간힘에도
어머니의 마음은 참 많이 있구나.

가자, 가자,
두려움 무릅쓰고 내 어찌 돌아가지 않으랴.
어둠을 뚫어 사슬을 끊어
나아가는 젊음 곁으로
피끓는 사람들의 곁으로
내 어찌 돌아가지 않으랴.

—「어머니」 부분

 이 작품에서 시적 자아에게 실천의 매개를 제공하는 것은 "어머니의 마음"이다. 어머니의 따뜻하고 포근한 마음이 시인의 흔들리는 마음을 추스리고 다스려서 사회적 실천을 독려하도록 만들어 버린다. 물론 여기서의 어머니는 가족주의의 틀 속에서 경험되는 개인적인 어머니만은 아니다. "내가 비로소/ 어머니의 주먹밥 꺼내어/ 그 아픔 입맞추"면서 "어둠 속에 마음을 열어 빌고 또 비는/ 어머니의 저 굳센 모습을" 상기할 때는 나 개인만의 어머니가 될 수 있지만, "가야할 길은 잃었으나/ 나타날 길은 결코 멀지 않음을/ 밝아오는 새벽의 흙투성이 얼굴을,/ 힘모아 싸우다 싸우다가/ 죽어서도 이겨 나오는 사람들"로부터 어머니를 읽어낼 때는 그러한 개인주의적 어머니를 초월하기 때문이다. 시적 자아가 "가자, 가자"를 의도적으로 반복하면서 실천의 길로 나아가는 것도 사회적 어머니들에 의해 촉발된 힘에 의해 가능한 것이었고, "어둠을 뚫어 사슬을 끊으면서" "피끓는 사람들의 곁"으로 돌아가는 것도 그 힘에 의해서이다.

이렇듯 이성부의 사회에 대한 책임 의식은 모든 인간이 보편적으로 경험할 수 있는 공유 지대인 모성적인 것에 의해서 촉발된다. 이 모성적인 것은 개인의 의미망에서가 아니라 사회적 의미망 속에 짜여진 것이다. 게다가 이성부의 시에서 사회적 책임 의식은 모성적인 것에서 시작되기도 하지만, 대사회적인 일상적 현실 속에서 실현되기도 한다. 가령 「새벽길」 같은 작품의 경우가 그러하다. 이 작품은 사회적으로 큰 충격을 준 전태일의 분신을 다룬 작품인바, 시인은 그 사건을 계기로 날로 무디어 가는 자신의 사회적 책임 의식을 각성하는 수단으로 삼는다. 곧 그의 죽음이 "어리석은 나에게도 찾아와서/ 눈 부릅떠 일깨운다"든지 "아아 비로소 나도 큰눈을 뜨고/ 나를 떠나 나아가는" 발판으로 만드는 것이다. 이성부의 시에서 '나'에 관한 담론이나 그것과 연관된 담론을 발견하는 것은 그리 어려운 일이 아니다. "별안간 나를 후려치면서/ 어물어물 가는 것을 용서하지 않겠다는/ 바람"(「비닐우산」)이나 "한 점 붉디붉은 시의 응결을 찍기 위하여/ 오늘 밤 나는 다른 마음이 되고 싶다"(「이 볼펜으로」) 등이 그러하다. "나를 후려치는 행위"나 "다른 마음이 되고 싶은 것"은 '나'의 실존적 결단과 태도에 결부된 문제들이다.

  사회에 대한 책임 의식 속에서 공동체에 대한 그의 열정은 자신의 뿌리인 전라도와 백제에 대한 주목으로 나타난다. 백제와 전라도는 특정의 영역을 넘어서는 외연적 의미를 갖는 것이긴 하지만 사실상 자신의 시적 뿌리인 고향의 의미와 거의 동일한 차원에 놓이는 개념들이다. 자신의 고향을 사이에 두고 그러한 고향의 의미를 보족하는 수평적, 수직적 외연이 넓어지면서 '전라도'라는 공간의 확대로, '백제'라는 시간의 확대로 나타난 것이기 때문이다. 시인이 그러한 시공간의 확대를 통해서 얻은 결과는 민중의 질긴 삶과 그들에 대한 보다 심화된 애정이었다.

3 시의 내면적 확대 — 시의 자의식적 확충

다음으로 위의 시인들이 보여 준 대사회적 담론들과는 달리, 현실에 대한 반항과 변혁의 성향을 문학 내적 담론에서 수용하고자 했던 시인들의 경우를 생각해 볼 수 있다. 이들 가운데 대표주자는 오세영[3]이다. 오세영의 초기 시집 『반란하는 빛』은 일반적으로 초현실주의적 모더니즘의 범주에서 이해되어 왔다. 왜냐하면 그의 초기 시들이 파괴와 충동에서 비롯된 세미오틱(Semiotic)적 글쓰기의 범주로 묶을 수 있는 것들이기 때문이다. 기존의 정립적 글쓰기를 붕괴시키면서 쓰이는 세미오틱적 글쓰기는 표면적인 언어 파괴에만 그치는 것이 아니라 주체 자체를 해체시킨다는 점에서 큰 의미를 지닌다. 따라서 오세영의 초기 시는 분열된 자아가 겪는 불안과 공포의 분위기로 가득 차 있게 된다. 시인은 고통스러운 이러한 상태를 의도적이고 자발적으로 받아들인다. 그러나 시인은 불안과 공포의 상태에 그대로 멈춰 있는 것 또한 거부한다. 그러한 의지는 시 속에서 탈출과 소망 모티프로 형상화된다.

> 잊어버려, 잊어버려라고, 그가
> 속삭인다.
> 나는 누워서 눈을 감았다.
>
> 에테르로 풀리는 어둠을 붙들고
> 톱니, 저 관절에 낀 시간을 닦아낸다.

---

[3] 오세영(吳世榮, 1942~): 1965년 《현대문학》에 「새벽」으로 1회 추천. 이후 1968년 《현대문학》에 「잠깨는 추상(抽象)」 외 1편으로 추천 완료하여 등단.

엔진에 타오르는 한잔의 불,
끝끝내 벨 것인가,
떨어져나간 팔과 다리, 내 심장에서
우는 벌레, 영혼의 살 한점,
결국 들춰낼 것인가,

나는 내려간다.
회랑의 층계를 돌아
스물아홉의 육(肉)의 밑바닥에
선박들이 침몰하고,

전주(全州)에서 본 여자가 메스를 들고 차갑게 웃고 있다.
염려 없다면서, 없다면서
빼앗는 내 눈의 불.

박제된 유년의 깊은 밑바닥에
알콜에 적신 내가 누워 있다.

———「불 2」 전문

  위의 시에서 의미의 전체적인 구조를 파악하는 것은 불가능하다. 의미가 되는 단위는 기껏해야 완전하지 않은 한 문장에 불과하다. 이는 각각의 문장들이 긴밀한 짜임 없이 독립적으로 제시되고 있음을 뜻한다. 의미 단위들은 서로 시간적, 공간적, 논리적 소통을 이루지 않으며 제각각 다른 방향을 향해 치닫고 있는 것이다. 소통이 된다 해도 그것은 현실 정합성을 상실한 채 초현실적 형상 내에서 이루어진다. 각각의 의미 단위들 사이에 어떠한 공통점이 있다면 그것은 '운동성'과 '열기(熱氣)' 정도일 것이다. 이는 각 의미 단위들이 행위를 중심으로 형성되어 있다는 것, 이들 행위들이 움직임 자체의 의미만 지닌다는 점에서 알 수 있다.

의미가 소거되고 '운동성'과 '열기', 즉 에너지만 남아 있다는 것은 무엇을 뜻하는가? 그것은 시인이 현실적 논리를 교란시켜 의미를 제로 상태로 환원시켰다는 것을 의미한다. 의미가 없이 에너지만 남아 있는 상태는 그만큼 새로운 의미를 찾을 수 있는 근원에 도달하기가 쉬워진다. 위의 시 역시 현실이 무로 환원된 자리에 새로운 모색만이 어지럽게 종과 횡을 그리고 있는 것이다.

인용 시에서 보듯 정립적 세계의 부정과 동시에 반정립적 세계의 부정은 새로운 정립의 언어를 예시하는 것이다. 그것은 세미오틱적[4] 언어와 생볼릭적[5] 언어의 중층적 혼융을 뜻하며 기존의 질서와는 다른 새로운 국면을 의미한다. 여기서 형성된 글쓰기는 세미오틱적 글쓰기가 승화된 형태이며 오세영의 시 세계에서 그것은 사랑과 숭고함, 신성한 종교적 상상력으로 구현된다. 이로

---

4) 크리스테바의 사유에서 세미오틱(semiotic)은 생볼릭(symbolic)과 대립되는 것으로 후자가 상징적 안정성을 지니고 있는 정립적 언어라면 전자는 그러한 국면이 파괴되고 해체된 양상을 의미한다. 그러나 이러한 파괴와 해체는 무용하고 부정적인 것이 아니라 새로운 의미를 생산하기 위한 기반이 된다. 이 점에서 세미오틱은 코라(chora)와 그 성격을 공유한다고 할 수 있다. 실제로 세미오틱의 언어가 산출되는 것도 코라의 지점에서이다. 세미오틱의 개념에 관해서는 J.Kristeva, *Revolution in Poetic Language*(Columbia Univ. Press, 1984) 62~70쪽 참조.

5) J. Kristeva, 위의 책, 62~66쪽. 크리스테바에 의하면 생볼릭은 다음과 같이 정의된다. 과정 중의 주체(subject in process), 혹은 시도하는 주체(subject on trial)는 세미오틱의 침투를 통해 생볼릭적 언어를 부정한다는 점에서 해체적이지만 그 자체로 머물지 않고 또 다른 정립의 언어를 지향한다는 점에서 여타의 해체론자들의 입장과 차이가 난다. 과정 중의 주체는 세미오틱과 생볼릭 사이에서 변화를 전제한 상대적이고도 계속적인 운동을 한다.

써 우리는 오세영의 초기 시와 그 이후 시가 단절적인 대신 서로 역동적이고 논리적인 관계를 이루고 있으며 초기 시로부터 배태된 이후의 시들은 모성으로 대표되는 원초적 지대와의 공존과 합일에서 비롯되는 것임을 짐작할 수 있다.

오세영과 비슷한 사유를 보인 이승훈[6]은 모더니즘적 경향을 보이면서 다른 시인들과 달리 매우 난해한 국면을 보여 주었다. 그의 시는 1930년대의 시인 이상에 비견될 수 있으면서도 이상과는 다른 또 다른 자의식을 내포하고 있다. 그러하면서 그는 대단히 치밀한 상상의 구조를 그려 내고 언어 사용에 있어서도 정밀한 국면을 보여 주었다. 그의 치밀함과 명민함은 어쩌면 그에게로 다가갈 수 있는 길을 차단하는 요인으로도 작용한 듯싶다. 그의 시는 완결적이어서 의미의 코를 잡아 나가기가 쉽지 않기 때문이다.

이러한 그의 시의 특징은 '비대상시'라는 점에서 찾을 수 있다. 이승훈의 시는 자아 탐구의 시이면서 대상을 소거한 '비대상시'라는 데에서 특수성을 지닌다. 일반적으로 시의 본령이 자아 탐구를 추구하는 데 놓여 있는 까닭에 이승훈이 설정한 방법론으로서의 '비대상시'는 자아 탐구의 특수한 유형을 보여 주는 것에 다름 아니다. 이러한 방법론을 통해 그가 자아를 발견하였는지 그러지 못하였는지는 또한 별개의 문제다. 우리가 질문해야 할 것은 이승훈의 방법론이 '어떠한' 유형의 자아 탐색을 시도한 것인가에 놓여 있다.

이승훈이 자아와 언어가 서로 대립하면서 팽팽한 힘겨루기를 할 수밖에 없는 상황에 봉착해 있었음을 의미하는 것으로, 이때 자아는 대상을 소거한 까닭에 자아 획득을 일정 정도 포기해야

---

6) 이승훈(李昇薰, 1942~): 1962년 《현대문학》지에 「낮」 외 1회 추천. 같은 해 「바다」 외 2회 추천. 그리고 1963년 「두 개의 추상」이 3회 추천되어 등단.

한 반면 언어는 자율적으로 무의식의 타자적 영역을 확대해 감으로써 자아의 입지를 상당히 불안정하고 위태롭게 했음을 알 수 있다. 이 시기의 이승훈의 시적 언어가 기괴하고 차디찬 형상으로 비쳤던 것도 이러한 이유에서 비롯한 것이거니와 이 문제는 궁극적으로 의식과 무의식, 자아와 타자가 양립 가능한 것인가 혹은 서로 자신의 영역을 위해 쟁투를 벌여야 하는 관계에 있는가와 관련되는 것이다.

이승훈의 초기 시 가운데 「어휘」, 「사물 A」, 「비명」, 「악몽」 등의 많은 시들은 이 두 축을 종횡으로 오가며 난해한 의미의 무늬를 그어 가는 언어로 가득 차 있다.

> 사나이의 팔이 달아나고 한 마리의 흰 닭이 구 구 구 잃어버린 목을 좇아 달린다. 오 나를 부르는 깊은 명령(命令)의 겨울 지하실에선 더욱 진지하기 위하여 등불을 켜놓고 우린 생각의 따스한 닭들을 키운다. 닭들을 키운다. 새벽마다 쓰라리게 정신의 땅을 판다. 완강한 시간의 사슬이 끊어진 새벽 문지방에서 소리들은 피를 흘린다. 그리고 그것은 하아얀 액체로 변하더니 이윽고 목이 없는 한 마리 흰 닭이 되어 저렇게 많은 아침 햇빛 속을 뒤우뚱거리며 뛰기 시작한다.
>
> ──「사물 A」 전문

위의 시들에서도 확인할 수 있듯이 1960년대의 이승훈의 다수의 시에는 '자아'와 '반자아(反自我)' 간의 대결과 쟁투가 그려져 있다. 편의상 '반자아'라고 하였는데 이것은 무엇을 향한 힘겹고도 고귀한 의지를 보이는 자아에 반하여 자아의 행위를 무화시키고 파괴하려는 세력을 의미한다. 가령 「사물 A」에서 "더욱 진지하기 위하여 등불을 켜놓고 생각의 따스한 닭들을 키우는", "새벽마다 쓰라리게 정신의 땅을" 파는 '우리'에 비해 '반자아'는 이를 제외한 지점에서 그로테스크하고 험상궂은 이미지로 현상하는 부분 전체를 가리킨다. 예를 들어, "사나이의 팔이 달아나고 한 마리의 흰 닭이" "잃어버린 목을 좇아 달"리는 형상이라든가 "소리들은 피를 흘리"는 형상들, "그것은 하아얀 액체로 변하더니 이윽고 목이 없는 한 마리 흰 닭이 되어" "뒤우뚱거리며 뛰"는 등의 모습들이 그것이다. 이들 이미지들은 공통적으로 실재할 수 없는 비현실적이고 반논리적인 동시에 환멸을 조장한다. 이들 이미지들에 접하면서 우리는 알 수 없는 분노와 좌절과 역겨움을 느낀다.

　자아와 반자아로서의 이 두 축은 의외로 그 성격이 선명하게 대비되어 있다. 전자가 "나를 부르는 깊은 명령의 겨울 지하실에선" "새벽마다 쓰라리게 정신의 땅을 판다"로 나타나면서 진술의 명료함과 의식의 확고함을 보이고 있다면, 후자는 언어의 분절성이 약화되어 그 경계가 불분명하고 각기 의미의 단위가 몽롱한 환상의 흐름처럼 모호하게 처리되어 있다는 점에서 그러하다. 또한 전자에서는 시간의 계기가 일정하게 구획되어 있다면 후자에서는 시간의 순차적 계기가 사라지고 없다. 시어 그대로 "완강한 시간의 사슬이 끊어"져 있는 것이다. 이처럼 두 축은 자리가 명백히 구분되면서 시적 구도의 두 기둥을 견고하게 지탱하고 있다. 그것들은 지금까지 우리가 살펴본 의식과 무의식, 자아와 타자적 언어에 대응하는 것이다.

　그런데 시의 전체적 구도를 유지하는 자아와 반자아의 각 계기들은 자신의 영역을 확고하게 차지하는 데서 멈춰 있는 것이 아니고 상대의 영역에까지 자신의 세력을 넓히고자 하는 치열한 움직임을 보인다. 자아의 "닭들을 키운다"의 반복된 사용이나 반자아의 "새벽 문지방"을 넘고자 하는 몸짓, 닭의 양 축에서의 변형과 변주 등이 이러한 움직임의 표징들이 되는 것이다. 자기의 영역을 확장하려는 것은 이 두 축이 서로 대결 구도를 보이고 있음을 의미하는 것인데, 이 두 축은 성질상 서로 분명히 대비되지만 형태상으로 보면 특정한 질서로 일반화할 수 없을 정도로 서로 부딪히고 뒤섞인다는 것을 알 수 있다.

이러한 관점에서 보았을 때 이승훈은 자아와 무의식의 대립·병존의 문제, 타자적 언어의 존재 양상에 대한 문제, 언어와 자아 정립의 문제라는 중요한 주제를 우리에게 던져 놓고 있다고 볼 수 있다. 그는 시를 통해 이들의 현상함을 요령 있게 제시해 주고 있으며 또한 대립되는 영역 사이에서 일어나는 치열한 암투의 과정을 신랄하고 섬뜩하게 묘사해 내고 있다.

《현대시》동인 그 가운데 세미오틱적 글쓰기를 한 시인 가운데 이건청[7]이 있는데, 그의 시 세계는 위의 시인들과 몇 가지 면에서 차이가 있다. 우선 그의 시는 모더니즘과 초현실주의, 모더니즘과 리얼리즘, 순수시와 참여시, 서정시와 해체시 등의 경계에 위치한다. 이러한 사실은 이건청 시인의 시에 접근하는 것을 더욱 어렵게 만들어 버리는 요인이기도 하다. 그의 시 세계에 대한 깊이 있는 이해를 가로막는 이유도 여기에 있다. 이건청 시의 특징을 이해하기 위해서는 시의 겉면에 드러나는 부분들을 탈각시키고 그가 고안해 낸 방법적 원리와 직접 마주해야 한다. 그 가운데 하나가 '데페이즈망'과 '어둠에의 천착'이다.

다음 시는 이건청 특유의 그러한 시 세계를 잘 보여 주고 있는 작품이다.

---

7) 이건청(李建淸, 1942~): 1967년 《한국일보》 신춘문예 입상과 1968년 《현대문학》에 「구악」이 추천되어 등단.

메스를 든 손이
계단을 내린다.
배선공사장의 언 흙에 닿는다.
안개처럼 퍼지는 가스가
인간을 울리고,
하야하라고, 하야하라고
저 깊은 살속을 뛰어가던 신발들이 보이고
60년대(六0年代)의 무릎이 보이고
내 속에 멈춘 선어(鮮魚)가 뼈만 남는
전과정(全過程)이 보이고
무너지는 십자가가 보였다.
겨울 흙위엔
빈가지만 남아 흔들리고
밤새도록 사내는 바닷가를 헤맨다.
아, 그 검은 그림자로
메스가 닿는다.
비명,
사슬이 끄을리는 이명(耳鳴)속
유년의 내 목선들은 떠나고
휘파람으로 따라붙던
그 초록빛 시간들은 떠나가 버리고
현재의 시간이 피를 흘린다.

배선공사는
얼고 있다. 헤쳐진 흙위로
암흑을 딛고
흰 까운의 그가 오고 있다.

─「개복(開腹)」 전문

　1969년에 쓴 위의 시는 당시 시인의 시에 지배적으로 드러나 있던 불안과 혼돈의 분위기를 그대로 반영하고 있다. 위의 시는 논리적이고 이성적이기보다는 비논리적이고 초현실적인 상상력으로 이루어져 있으며, 이 속에서 직접 연결되기 힘들 듯한 이미지들이 충동적이고 빠른 호흡으로 제시되고 있다. 게다가 은유나 상징과 같은 시적 장치들이 전면화되어 있는 까닭에 시의 논리적 의미를 파악하는 것이 어려운 것도 사실이다. 우리는 다만 전체적으로 시가 매우 어둡다는 것, 시적 자아가 고통으로부터 벗어나기 위해 치열하게 몸부림치고 있다는 것, 절망에 찬 상황이 시대성을 띤다는 것 정도를 파악할 수 있을 뿐이다. 이 둘은 다른 측면에 놓여 있지만 서로 밀접한 관련을 맺고 있는 것이라 할 수 있다. '데페이즈망'은 시인의 관점에 의하면 취의와 매체를 활용하되 이 사이의 간격을 넓힘으로써 상상력의 개입을 최대화하고자 하는 의도를 반영하려는 시적 의장이다. 그러나 '데페이즈망'은 시인에게 단순히 기법으로서만 의미를 지니는 것이 아니다. 그것은 상상력을 통해 확보되는 시적 공간의 측면에서 더욱 큰 의미를 띠는 것이었다. '데페이즈망'의 기법을 통해 시인은 시적 범위를 확대시켰으며 이 속에서 본격적으로 어두운 현실을 형상화하게 되었다.

　어두운 현실을 포착하는 시인의 태도는 몹시 비타협적이고 철저해서 도무지 그것으로부터 벗어날 수 있는 출구 자체가 봉쇄되는 것처럼 느껴진다. 그러나 이러한 태도는 시인의 시적 전략과 닿아 있는 것이다. 시인은 '어둠'은 거짓된 희망이나 성급한 낙관으로 극복될 수 없으며 오히려 그것을 시적으로 형상화하는 과정 속에 극복의 계기가 있다고 판단한다. 현실과 시적 매체는 그 범주가 다른 것으로서 언어를 매개로 하는 시가 상상적 매체 이상의 성격을 지닐 수 없다는 점에서 볼 때 그의 판단은 옳은 것이었다고 할 수 있다. 시인은 시의 자리를 정확하게 알고 있었던 것이다. 따라서 시인은 집요하게 어둠을 응시하고 성실하게 이를 시화(詩化)시켜 온 것이다.

정진규[8]의 시 세계는 우리에게 독특한 경지를 경험하게 한다. 특히 1980년대 중반부터 본격화되었던 정신주의적 시적 경향이 「연필로 쓰기」, 「뼈에 대하여」, 「몸시(詩)」, 「알시(詩)」 등으로 구체화되면서 정진규의 시 세계는 우리 현대시의 문단에 더욱 확고히 자리 잡게 된다. 동양의 전통적 사상에 깊이 연원을 드리우고 있는 그의 시 세계는 계속되는 이들 시집들의 간행을 통해 탄탄하고 독보적인 위치를 굳히는 것이다.

1960년대에 쓰인 그의 초기 시는 이후 넓고 큰 세계로 구축된 그의 형이상학적 경향의 시들을 위한 초석이 된다. 이 시기의 시에는 앞으로 그의 사상적 기반이 되고 있는 노장 사상 등의 동양 철학적 인식이 명료하게 드러나 있지 않다. 대신 초기 시에서 우리는 현실을 살아가는 평범한 인물로서 겪게 되는 일상적이고도 특수한 경험들에 투명할 정도로 정직하게 반응하는 시인을 만날 수 있다.

　　따뜻하였던
　　운명의, 조용한 누나의 팔
　　팔을 베고
　　그의 내안(內岸)을 흐르는

---

8) 정진규(鄭鎭圭, 1939~): 1960년 《동아일보》 신춘문예에 「나팔 서정(抒情)」이 가작으로 당선되어 등단.

눈물의 여울소릴 듣던 일
일이란 이젠 죄다 구속(拘束)이었던
떠나고 싶었던
그때.
나의 내면(內面)은 갑자기
조고맣게 일어서 걸어가는 망아지떼
망아지들의 검은 통발톱
아랠 검은 콧구멍들로 벌름대는 풀밭
일색(一色) 풀밭이었다.
그걸 나는 뒤쫓았다.
또는
태날적 예수 빛내던
그날의 빛깔이 전통(傳統)이라고
구원(救援)의 아침 햇살 하날
가슴에 달고 빛깔나 있었던 여자(女子)
여자(女子)의 빛깔을
나는 자꾸만 맞비춰대고 있었다.
처음으로 차본 순금(純金)시계
그걸로 자꾸만 맞비춰대고 있었다.
젖는 누나의 내안(內岸)을
쉬임없이 저어가던 나의 목선(木船)들
그것들은 죄다 끝나 있었다.
—「마굿간 여자(女子)」 전문

「마굿간 여자」의 "나"는 "조용한 누나의 팔을 베고" 이상향의 이미지를 꿈꾸는 어린 소년이다. 정진규의 시에는 자유의 절대 공간에 놓여 티 없이 맑고 순수한 성격으로 형상화되는 자아가 자주 등장하는 하는데 그것이 곧 시인의 정직성일 것이다. 이 작품에서 그러한 성격의 매개로 기능하는 것이 '망아지'나 '당나귀'이다. 이러한 사례들은 종종 그의 이런 내면을 표현하기 위한 매개물로 제시된다. 우리는 「내 반지의 여자(女子)」에서의 "즐겁게 뛰어간/ 아이들의 풍요(豊饒)를 뒤 쫓다가/ 어렵게 깨어나는 감성(感性)을 싣고/ 가장 완전(完全)한 것으로 오는 당나귀"에서 이 점을 쉽게 확인할 수 있거니와 위의 시에 등장하는 "망아지떼" 역시 같은 관점에서 살펴볼 수 있다. "망아지떼"는 부정적인 상황에 대비된 순수 자연의 이미지가 되고 시적 자아가 열심히 추구하는 대상으로 자리한다. 또한 "망아지떼"가 "순금 시계"와 변주됨으로써 그것이 지닌 절대 순수, 절대 자유의 의미가 더욱 확고해진다.

「마굿간 여자」에서도 우리는 정진규 시의 특성화된 의미 구조를 발견할 수 있지만 이것은 앞의 다른 시들에 비해 보다 선명하게 형상화되어 있음을 알 수 있다. 일상적 체험 영역과 이상적 체험 영역의 극명한 대비, 그리고 다양한 기표를 통해 후자의 의미 영역이 무한히 확장되는 구조가 다른 시들과 공유하는 점이라면 이상적 체험 영역이 "누이", "여자"의 상상 공간 안에서 연상되며 시적 자아 역시 소년이라는 특정한 성격으로 유도되는 점은 다른 시들에 비해 구체화된 부분이다. 더욱이 "망아지떼"의 의미역(域)과 "또는"으로 대등하게 이어지는 부분에서 "구원의 아침 햇살"을 "태낧적 예수 빛내던 빛깔"이라고 진술한 것은 이상적 체험 영역이 일정 정도 절대자에 의해 규정될 수 있음을 보여 주는 것으로서, 다른 시들이 체험의 양상에 초점을 두고 이를 위한 기표의 증식에 주력했던 것과 대비되는 것이다. 이는 특정 체험의 양상, 체험의 외연에 대한 것이기보다는 체험의 의미, 체험의 내포에 대한 언급이기 때문이다.

사실상 정진규의 독창성은 여기서 출발한다. 평범하고 습관화된 경험을 범상하게 보지 않고 이에 예민한 감각과 섬세한 시선을 던지는 시인은 이내 경험이 곧 그것과 어우러지는 특정한 조건에 의해 다른 성질로 현상한다는 것을 깨닫게 된 것이다. 이러한 것이 있었기에 시인은 일상의 삶의 영역을 넘어설 방도로 여기가 아닌 다른 곳을 상정하지 않는다. 여타의 종교나 여타의 이데올로기 등이 그에게는 필요치 않았던 것이다. 그러한 고립된 세계관이 없이도 그는 이곳의 현실을 뛰어넘어 이곳과 전혀 다른 세계를 가져올 수가 있었는데, 그것은 바로 특수한 경험을 유도하는 특정한 조건을 마련하는 일에서 귀결되는 것이었다.

그리고 시인은 그를 위한 특정 조건이란 다름 아닌 '나'를 바꾸는 일에 해당됨을 인식하게 된다. 그것이 '마음 다스리기'를 의미하는 것은 두말할 여지가 없을 것이다. 그는 그가 경험한 절대의 특정 경험을 지속적으로 유도하기 위해 그의 마음에 '칼'을 들이대고 대수술을 감행한다. 잘라 내고 도려내고 버리고 꿰매는 일이 이때부터 이루어진다. 그 '칼'의 날카로움도 가히 절대자가 흡족해할 만큼의 차원 높은 것이다. 이를 보면 정진규에게 평생의 시작 활동에 걸쳐 주요 테마가 된 '마음', '정신'의 문제가 초기 시에서부터, 그것도 자신의 경험에 근거한 섬세한 인식과 통찰로부터 비롯된 것임을 확인할 수 있다.

다음으로 모더니즘 경향을 보이면서 의미의 파괴보다는 의미의 생산에 주력한 시인들이 있다. 이러한 성격을 보이는 시인 가운데 가장 앞자리에 놓이는 이가 이수익[9]이다. 이수익은 1960년대를 풍미했던 《현대시》 동인들의 일반적 경향들과는 달리 의미

---

9) 이수익(李秀翼, 1942~) 1963년 《서울신문》 신춘문예에 시 「고별」, 「편지」 등이 당선되어 등단.

를 만들어 내는 데 주력해 온 시인이다. 1960년대의 안개와 같은 현실 속에서 가야 할 길을 잃어버린 젊은 세대들이 그 현실적 반영으로 의미의 해체에 매달린 것은 어찌 보면 당연한 시대적 반영이었다고 할 수 있다. 시대에 대한 그들의 몸부림은 1930년대 이상류의 아방가르드적 세계를 1960년대식으로 계승 발전시켰다. 반면 이수익은 의미의 생산에 주력함으로써 정지용류의 이미지즘적 세계를 계승 발전시켰다. 이들은 1960년대의 모호하고 암울한 현실을 인식하는 데는 동일한 지점에 있었지만 그 지향하는 방법은 달리했다. 가령 그의 초기 시 가운데 한 편을 보자.

바다에 눈은
뛰어내린다.
겨울바다의 허전한 공복이
그 아래에서
커다랗게 입을 벌리고 있는 이상
눈은 끝까지 조용히 내릴 수가 없다.

내려야 할 곳이 이미 땅이 아니라
바다인 것을
알았을 그 순간부터,
눈은 굳어지고
눈은 난폭해진다.

그래서 바다에 내리는 눈은
특공대처럼
뛰어내려,
날름거리는 바다의 혀를 찌르고

자기도 죽는다.

———「내리는 눈」 전문

　인용 시는 이수익의 모더니즘 시 가운데 뛰어난 가편(佳篇) 중 하나이다. 의미의 영역이 고스란히 보존된 이 작품에서 난해성이라든가 의미의 굴절과 같은 초현실주의적인 시적 의장은 거의 보이지 않는다. 하나의 작품이 유기적 덩어리를 이루는, 잘 빚어진 항아리와 같다는 말도 된다. 이는 해체의 전략을 구사하는 데 매달린 《현대시》 동인들의 시 세계와는 일정 정도 거리를 두고 있는 경우이다. 거리를 두고 있다기보다는 예외적이라고 하는 편이 옳을지도 모른다. 그만큼 이수익의 시들은 의미의 해체에서가 아니라 의미를 생산해 내는 전략을 구사해 왔다.

　앞서 언급한 대로 이수익은 이미지즘 계열의 시인이었다. 그는 자신이 직조하는 이미지즘의 세계 속에서 현실을 읽어 내고, 이를 다시 그 나름의 시각으로 해석해 냈다. 「우울한 샹송」 등에서 보이는 사랑 의식이나 원시주의, 죽음 충동 같은 사유들이 바로 그러하다. 이러한 사유들은 인식의 분열이나 불완전성과 같은 근대성의 제반 현상들과 밀접한 관련을 맺고 있다. 여기에 주목한 이수익은 사랑과 같은 통합적 사유들을 끌어들임으로써 근대가 주는 불안을 극복하려 했다. 이수익 시의 시사적 의미는 무엇보다도 여기에서 찾을 수 있다. 그는 모더니즘이 처음 시도된 1930년대와 그것이 꽃핀 1980년대 이후의 매개 지대였던 1960년대의 시인이다. 여기서 이 시기 사이의 점이 지대 역할을 한 것이 《현대시》 동인들이라 한다면, 이수익은 이 가운데에서도 이미지즘과 신고전주의와 같은 영미 모더니즘 계열의 시를 계승하고 발전시킨 시인이다. 자연 지향과 같은 그의 통합적 사유들은 정지용의 계승이면서 1980년대 이후 등장한 많은 후배 시인들의 중심 역할을 했으며, 특히 제도의 틀을 뛰어넘는 무의식적인 사유의 방법들은 이수익 시인만이 보유했던 득의의 영역이었다.

오탁번[10]은 1960년대 후반 《현대시》 동인의 한 사람으로 활약하면서 세련된 언어미의 추구와 존재론적 탐색이라는 두 계기를 동시에 실현한 시인이다. 이때 두 계기의 동시적 실천은 오탁번의 시 창작 방법에 기인하는 것이면서 모더니즘에 있어서의 그의 특수성을 마련하는 데로 이어진다.

오탁번의 시 창작 방법에서 가장 핵심적인 요소는 정해져 있지 않는 대상들로부터 역시 정형화되어 있지 않은 원형적 상상을 끌어낸다는 점에 있다. 시인은 우연히 마주치는 사물들을 독특한 이미지로 채색하여 그로부터 직접 근원적 세계로의 길을 만들어낸다. 이때 독특한 이미지는 근원적 세계와 닿을 수 있는 절대적이고 순수한, 혹은 응집되고 완전한 이미지를 가리킨다. 대상은 오탁번 특유의 관점 및 재능과 어우러져 새로운 모습으로 탄생하고 이어 자아로 하여금 존재론적 의미를 확인케 해 주는 세계로가 닿게 한다. 이러한 과정을 살펴볼 때 오탁번에게 언어는 기교적 차원에 놓여 있는 것이 아니고 존재론적 탐색과 직결되는 매개라 할 수 있다. 바로 새로운 이미지, 새로운 언어를 통해 원형의 상상 세계가 펼쳐질 수 있기 때문이다.

주변의 사물로부터 의미를 끌어내는 오탁번은 부정적 공간이라는 이유를 들어 여기를 회피하는 것이 아니라 오히려 적극적으로 탐색, 천착해 들어간다. 그에게는 비록 하찮고 보잘것없고 부조리하다 하더라도 그것들을 외면하지 않는 것이다. 오히려 오탁번은 그것들을 끌어안아 그로부터 아름다운 의미를 구해 낸다.

---

10) 오탁번(吳鐸藩, 1943~): 1967년 《중앙일보》 신춘문예에 시 「순은이 빛나는 이 아침에」가 당선되어 등단.

오탁번의 시를 보면 바로 그 사소한 것들 속에 근원적이고 완전한 세계가 숨겨져 있었음을 발견하게 된다.

> 도동(道洞) 저켠 울릉도 해구(海口)에서 가져온
> 서울 제기동 내 서랍 속의
> 이 작은 바닷돌.
> 지중해 빛나는 물결 사이 사이에서
> 남근(男根)이 건강한 해신(海神)이
> 뮤즈의 방에 포석(布石)을 해가던
> 닳은 바둑돌.
> 지문의 흔적이 시계침 소리같이 튀어나오는
> 튀어나왔다가 다시 잠기는
> 시간의 밀집.
> 해신(海神)은 죽어서 을유문화사 판 그리스 신화에 활자로 남아
> 내 서가 위에 놓여 있지만
> 현포(玄圃) 앞을 물살 일구며 그 먼 현대를 뒤흔들고
> 지금은 나의 안으로 옮겨와 넘쳐나며
> 신전의 석주(石柱)만큼 확실하게
> 오랜 시간을 꿰뚫으며 달려와
> 나를 침몰케 하는
> 이 작은 바닷돌의 깊이.
> 도동(道洞)에서 포항으로 항해하는 선박만큼
> 경쾌하게 나는 운반돼 갈까.
> 포세이돈을 거부하고 바닷돌의 아득한 깊이 안으로
> 몸을 숨긴 뮤즈의 일부를
> 그 시간의 일부를 발굴할 수 있을까.
> 등대같이 높다란 방에 돌아와

이 작은 바닷돌의 깊이를 벗기는 나는
아직 미망(未明)의 인부(人夫)일 뿐, 형체도 시력도 없는 바람같이 목말라
남근(男根)만 건강한 남자(男子)가 되어
헤집으며 침몰해 갈 뿐
현대의 저켠 울릉도 해구(海口)에서 가져온
시간의 집중 그리고 그 무한의 깊이.

——「돌의 깊이」전문

위의 시는 다소 선명한 의미 구조를 내포하고 있다. "울릉도 해구에서 가져온 바닷돌"을 중심으로 근원적이고 신화적인 의미역이 구축되고 있다면, "돌"을 현대의 도시 한가운데로 운반해 온 "나"는 절대의 신화적 공간과 불완전하고 불확실한 일상의 세계 사이에서 미묘하게 흔들리고 있는 자아이다. 대단치도 않은 "작은 바닷돌"을 울릉도의 어느 한구석에서 주워 온 후 그 "돌"을 바라볼 때마다 시적 자아는 깊은 상상에 빠져든다. 이때 "돌"은 단지 특정 지역에 소재해 있던 하찮은 사물이 아니고 오랜 시간이 응집된 성스럽고 보편적인 영물이 된다. "돌"은 "지중해"와 "해신"과 "그리스 신화"를 넘나들며 상상의 영역을 확장해 간다. 그리고 그 확장된 시공만큼 현대의 역시 하찮은 개체에 불과한 "'나"를 자극하여 존재론적 성찰을 유도한다. 그것은 "현대를 뒤흔들고/ 나의 안으로 옮겨와/ 오랜 시간을 꿰뚫으며 달려와/ 나를 침몰케" 하는 것이다. "나"는 "작은 바닷돌"에 의해 비로소 지금 여기의 눈에 보이고 견고하기만 한 세계가 아닌 또 다른 세계가 있음을 감지한다. 그 세계는 아득한 깊이와 헤아릴 수 없는 시간을 "집중"하고 있는 "나"로 하여금 그 깊이와 시간을 가늠케 한다. 그리고 후자의 세계는 전자의 세계를 "뒤흔들고" "침몰케"

하는 것이다.

 이와 같은 의미 구도는 오탁번 시의 전형적인 형태, 즉 일상역(日常域)과 상상역(想像域)이 교차하는 지대에서 존재의 근원에 대해 탐구하는 양상을 보여 주고 있다. 특히 무한한 시공의 근원적 세계를 지지해 주는 상상역이 일상의 하찮은 사물을 매개로 도입되는 양상은 오탁번 시의 특성에 직접 닿아 있는 것이다. 그렇다면 모더니즘의 관점에서 이러한 양식의 시적 특성은 어떻게 해석 가능한가? 위의 시에서도 암시되고 있듯이 원형적 세계에 기대어 존재의 근원을 탐색하고자 하는 자아의 간절한 시도에는 현대의 부조리하고 소외된 일상이 전제되어 있다. 지금 여기의 삶이란 존재의 의미가 확인되지 않은 채 "남근만 건강한 남자"로 표상되듯 단순하고 기계적인 생리로 채워진다. 현대를 살고 있는 자아는 자신의 존재 근거를 확인하지 못하고 모호한 안개 속을 맹목적으로 "헤집으려 침몰해" 가는 것과 다를 바가 없는 것이다. 현대인의 삶이 그러하기 때문에 원형적 세계에 기대어 존재론적 의미를 캐내고자 하는 자아의 행위에는 문명에 대한 대응법이 내포되어 있다. 그가 비록 "형체도 시력도 없는 바람같이 목마른 미망의 인부"일지라도 그러하다. 여기에 문명에 대한 부정이 암시되어 있음은 의심할 여지가 없다. 하지만 그렇다고 해서 이것이 시적 자아가 지금 여기라는 도시를 외면하는 것으로 읽히지는 않는다. 근원적 세계로의 매개가 되는 "작은 바닷돌"은 먼 곳에서 이곳 도시의 "등대같이 높다란 방"으로 "운반"되어 왔다는 점에서 암시되듯 시인의 상상력은 바로 도시 한가운데에서 이루어지고 있기 때문이다. 시적 자아는 도시를 떠나지 않은 채 지금 이곳에서 존재론적 탐색을 펼쳐 가는 것이다.

 오탁번의 이러한 시적 태도는 모더니즘의 자장 안에서 볼 때 매우 독특한 것이다. 일상역과 상상역을 동시에 제시하는 창작 방법에 의해 그의 시에는 현대인의 소외와 불안, 현대적 삶의 부조리가 완전하고 질서화된 세계와 함께 균등하게 구현되기 때문이다. 이는 흔히 모더니즘에서 보여 주는 부조리한 세계와 완성된 세계 사이의 분리와 단절의 양상과 거리가 있는 것이다. 이 점에서 우리는 오탁번의 시를 모더니즘의 의미 있는 변용이라 일컬을 수 있다.

《현대시》 동인 가운데 이수익 등과 비슷한 시적 방법과 정신의 세계를 보여 준 시인이 허만하[11]이다. 허만하 시의 특색은 상상력의 넓이에 있다. 그는 《현대시》 동인으로 출발했으면서도 이 동인들이 보였던 내면의 무한한 팽창과는 무관하다. 이는 허만하 시인만이 갖는 고유의 영역이라 해도 과언이 아닌데, 그는 다른 《현대시》 동인들의 경우처럼 모더니즘적 사유(실상 이 시인의 모더니즘적 특색은 이미지의 우연적 결합이 짙은 초현실적 특성에 가깝긴 하다.)에 가까운 세계를 보이지만, 그 사유의 폭은 이들과 매우 다르다. 곧 그의 시 세계는 어떤 근원의 세계에 맞닿아 있는 것이다. 이를 원시적 상상력이라 부를 만한데, 가령 다음과 같은 시를 보자.

    저물어가는 원시(始原)의 단애(斷崖)에서
    포효(咆哮)했던 끝없는 니힐,
    어쩌면 생전의 내 두개골을 내려치던
    이족(異族) 무딘 돌도끼.
    아니, 팔랑이는 나비,
    코를 고는 장자(莊子)의 선잠에 떨어진

---

11) 허만하(許萬夏, 1932~): 1957년 《문학예술》지에 시 「과실」, 「꽃」 등이 추천되어 등단.

나비가 잊고 간 유황빛 날개조각
그것은 거부할 수 없는 누구의 질긴 자력(磁力)이었다.
그 보이지 않는 손짓을 따라
짙푸른 레에테의 밤강(江)을 건너
미역잎같이 너풀거리던 원사(怨死)한 여인(女人)들의 머리숱
그 한없이 짙던 해조림(海藻林)의 기억(記憶)밖에 없다.
눈먼 무의식(無意識)의 무게 아래서 내 살은
음각(陰刻)된 양치류(羊齒類)의 빈 잎사귀
한조각 점판암(粘板岩)의 아득한 연대기(年代記)에 지나지 않았다.

---「지층(地層)」 부분

 인용된 시는 종군 체험을 바탕으로 쓴 시인의 대표작 가운데 하나이다. 그는 이 작품에서 전쟁을 원시인의 싸움 정도로 사유하고 있다. 전쟁의 처절하고 가혹한 장면들을 연상한다면 이러한 동일시는 매우 소중한 것이라 하지 않을 수 없다. 전쟁이 문명의 결과라면 시인은 그러한 문명의 폐해를 원시적 상상력 속에서 극복하려 하기 때문이다. 즉 참혹한 전쟁을 원시인들이 벌인 유치한 전쟁쯤으로 희화화하는 이 발상이야말로 허만하 시인만의 독톡한 몫일 것이다. 그의 이러한 상상력은 1950년대 박인환이나 전봉건과 그 맥을 잇는 것이면서 1970년대 이후 모더니즘 시가 나아갈 통합적 사유의 한 모델이 되기도 했다는 데 그 의미가 있다.
 한 시대를 풍미했던 《현대시》 동인들은 이러한 세계나 시적 방법 외에도 다양한 시 세계를 보여 주었다. 김영태, 마종하, 이유경, 김종해, 박의상이 그들이다. 이 시인들은 이수익 등의 시인처럼 어떤 자의식적 해체라든가 형식 파괴와 같은 과감한 실험성

을 유보하면서 의미의 생산에 주력하였다. 이수익 시인처럼 사랑 의식을 표명한 시인으로 김영태[12]가 그러하고, 문명화되는, 혹은 그러한 과정에서 파생되는 여러 문제점을 예리하게 관찰한 이유경[13]이 그러하다. 또한 이와 비슷한 시 세계를 보여 준 시인으로 마종하[14]가 있는데, 이 시인은 특히 사회에서 소외된 자들에 대한 따뜻한 시선을 자신의 시 세계 속에 올곧게 담아냈다.

게다가 《현대시》 동인들은 자의식적 확장이나 해체를 뛰어넘어 사회에 대한 적극적 관심이나 실천에도 관심을 보였는데, 이는 《현대시》 동인들이 지향했던 세계나 이데올로기에 비춰 보면 매우 예외적인 현상이다. 김종해[15]는 아비 의식의 부재를 통해서, 박의상[16]은 사회의 부조리에 대한 고발 의식을 통해서 현실에 적극적인 참여 의지를 보여 준 것이다. 이들은 모더니즘의 테두리를 벗어나 현실 참여 가능성, 혹은 모더니즘과 리얼리즘의 경계 내지는 혼합 가능성을 보여 주었다는 점에서 시사적 의미가 크다.

모더니즘 성향으로 보이면서 《현대시》 동인들의 세계와는 별도의 세계를 구축한 정현종[17]은 1962년 「화음(和音)」, 「독무(獨舞)」, 「여름과 겨울의 노래」가 《현대문학》에 추천되어 등단하였다. 그의 등단작들에 나타난 화려한 이미지와 능란한 말솜씨, 발랄한 상상력은 특히 당대의 젊은 평론가들의 관심을 불러일으키기에

---

12) 김영태(金榮泰, 1936~): 1959년 《사상계》에 「설경」, 「시련의 사과나무」 등이 추천되어 등단.
13) 이유경(李裕憬, 1940~): 1959년 《사상계》에 「과수원」이 추천되어 등단.
14) 마종하(馬鍾河, 1943~): 1968년 《동아일보》 신춘문예에 시 「겨울행진」이, 《경향신문》에 시 「귀가」가 당선되어 등단.
15) 김종해(金鍾海, 1941~): 1963년 《자유문학》에 「저녁」이 당선되어 등단.
16) 박의상(朴義祥, 1943~): 1964년 《서울신문》에 「인상」이 당선되어 등단.
17) 정현종(鄭玄宗, 1939~): 1964년 《현대문학》에 처음 추천되고, 이어 1965년 「독무」와 「여름과 겨울의 노래」로 《현대문학》에서 3회 추천 완료되어 등단.

충분하였는데, 이들이 이끌어 가는 담론은 우리 문단의 새로운 물줄기가 되어 거세게 흐르게 된다. 그의 시는 기존의 전통적 서정시가 보여 주고 있었던 단아함의 면모, 절제된 언어를 통해 정신적 세계를 지향하던 경향과 매우 다른 것이었다. 그의 시는 일상어를 끌어들여 기성의 틀을 깨고 서정시를 낯설게 하였던 김수영의 맥에 닿아 있는 듯도 하지만 그의 작품에 구현된 세계는 김수영의 그것과는 매우 판이한 모습을 보인다.

정현종의 시적 구문은 매우 낯설고 독창적인 것이어서 평론가들은 그러한 것들에 대해 "번역투다", "서구식 문법 체계다", "현대시의 새로운 틀이다"라는 등의 언급을 한 바 있다. 굳이 연원을 밝힌다면 정현종의 시는 김수영의 달변의 구문에 자신의 독자적인 세계를 구축한 것이라 할 수 있다. 이러한 정현종의 시를 탐색해 들어갈 때, 우리가 선택할 수 있는 시적 형식 중 대표적인 것은 역시 구문상의 특징이다. 당대의 비평가에 의해 남성적이고 개인적이라고 평가된 그의 시적 구문은 압축과 생략을 통해 암시적 의미와 이미지의 선명함을 추구하였던 전통적 서정시와 분명 다른 위치에 있다. 은유 구조를 대표하는 전통적 서정시가 내면적 유사성을 바탕으로 주체와 대상의 동일시를 추구하는 것이라면, 정현종의 시적 구문은 이에 대한 반작용으로서 이루어진다.

그는 자기의 방으로 들어간다. 밤.

금도 아닌 생업으로 가득 찬 낮의 거울 속에는 아무도 없다. 대낮 아래서 춤을 추는 연애와 산업을 위해 해님은 자기의 얼굴을 달빛으로 바꾸고 싶다. 물리학자의 딸을 닮은 시간은 부서져 천당 같은 찻집으로 쫓겨 들어간다. 마침내 낮은 시녀처럼 어둠의 발을 씻기 시작한다.

그는 자기의 방으로 들어간다. 밤.
자기의 방은 비로소 출항이고 방 전체가 등불이고
마침내 방 전체가 파도이다. 어디에 가서 닿을 수 있을까? 정신의 밝은—어두운 밤이 찾아가는 항로의 끝에는 다시 수평선이 응답처럼 가만히 누워 있다. 그러나 어디에 가서 닿을 수 있을까.
——「자기의 방」 부분

정현종의 시에서 의미가 모호한 난해시는 상당수 찾아볼 수 있다. 이런 경우 한 군데로 초점화되는 의미나 일관된 이미지의 조직보다는 전체적인 분위기만으로 시를 이해하게 된다. 위의 시 역시 어휘론적, 의미론적 인접성의 원리가 개입된 환유 구조를 취하고 있음을 알 수 있다. 1연의 "방"과 "밤", 그리고 "밤"에서 2연의 "금"으로 이어지는 연쇄는 의미의 관련성보다는 언어유희에 가까운 어휘론적 인접성에 의해 가능한 것이다. "금"으로 "가득한 낮의 거울"의 의미가 확연하지 않기 때문에 "금"은 어디까지나 "밤"이라는 어휘소에 의해 생성된 것임을 알 수 있다. 그러나 한편 "금"을 "金", 즉 "돈"이라는 의미로 환산해 볼 때 "돈"과의 인접적 관계에 의해 "생업"이 연상될 수 있다. 다음에 나오는 "산업" 또한 "생업"과의 환유적 관계에 의한 것이고 "해님"이 선택될 수 있었던 것도 "대낮"과의 제유적 관계 때문이다. "춤을 추는 연애"로부터 "딸"이, "낮"으로부터 "시간"이, "해님"으로부터 "천당"이 무작위로 이어져 나온다. 이들의 연결은 의미상의 필연적 고리를 지니지 않는다. 이들의 무의미한 연결은 특정한 내포를 구현하기 위한 구성적 의지에 의해 가능한 것이 아니고 그저 존재하는 현실의 실재적 양태 속에서 무차별적으로 어휘를 끌어오는 경우에 해당된다.

3연에서도 우리는 유사한 분석을 행할 수 있다. 시인은

"방"="출항", "등불", "파도"라는 등식을 제시하고 있지만 "출항"에서 "등불" 사이의 의미의 무연성 때문에 "방"의 의미 찾기는 곧 실패로 돌아가고 만다. "출항"과 "등불"을 곧 '희망', '기대', '미래' 등의 메시지로 읽을 수 있을 것인가? 그러나 그러한 의미를 끌고 가기에는 이를 뒷받침할 만한 시적 진술들이 적극적으로 제시되지 못하고 있다. "정신의 밝은―어두운 밤"의 구절에 대한 해석이 분명하지 못하다는 점에서 이를 확인할 수 있는데, "―"가 곧 '정신의 밝음'과 '밤의 어두움'을 대립시켜 자아와 세계 사이의 갈등을 표현하는 것인지 혹은 "밝은―어두운"의 혼합어가 "밤"을 수식하여 의미의 혼란을 유도하는 것인지에 따라 해석이 달라질 수 있다. 반면 "등불"을 앞세워 "출항"한다든가 "파도"를 타고 "항해"한다는 사실을 염두에 둘 때 "출항"과 "등불", "파도"가 모두 환유적 관계에 놓여 있음은 분명해진다.

전통적 서정시의 주요한 언어 장치이자 시적 표현 도구였던 은유에 의하면 기표는 언제나 일정한 기의를 상정하고 쓰인다. 또한 기표의 모임 사이에 유사성의 원리가 지켜지므로 상정된 기의는 명확하게 초점화된다. 기표는 이러한 기의를 구현하기 위한 것이므로 기표는 기의와의 밀접하고 필연적인 관계에 의해 조직되기 마련이다. 즉 기의와 기표는 서로 대응하는 동일성의 원리가 작용하는 것이다. 때문에 은유가 지배하는 시는 독자가 자신의 지성을 동원하여 의미를 구하는 것이 가능하고 유의미하다. 독자는 기표가 지향하는 기의를 위해 상상의 여행을 떠나게 된다. 주로 기표와 기의는 서로 계열체적 축 속에 놓이게 되므로 독자는 독법에 있어서의 수직적인 상상 구조를 전개하게 된다. 이때 기표와 기의의 거리가 너무 멀 경우 시의 해독은 어려워지고 거리가 너무 가까울 경우 상상력의 폭이 제한되어 상투적인 시가 되어 버린다. 따라서 기표와 기의 사이의 적정한 거리가 중요한 과제인데 일반적인 시론에서는 이를 주지와 매체 사이의 긴장 관계, 즉 텐션(tention)으로 설명한다.

이렇듯 정현종의 시적 구문은 자아와 대상 사이의 합일과 총체적 동시성을 부정하고 대체와 선택이라는 시간의 연속성을 보여준다. 서술시적 경향을 띠고 나타나는 이러한 시적 구문을 환유 구조라 할 수 있는데, 그의 시가 진술의 발랄함과 화려한 이미지로 다가왔던 것도 이 때문이다. 이것이 정현종의 시를 현대의 새로운 시이자 기존 서정시의 전복으로 여기게 한 계기였고, 당대 젊은 비평가들의 관심을 모을 수 있었던 요인이다. 자본주의가 성숙한 시대의 담론을 결정짓는 수사학은 환유라고 한 데에서 알 수 있듯이 정현종의 새로운 구문의 시가 현대의 시대상에 가장 정직하게 조응한다고 판단한 듯하다.

또 이와 비슷한 경향을 보이는 시인이 오규원[18]이다. 오규원의 시는 우리에게 하나의 유형화된 것으로 다가온다. 4·19 세대의 그것으로, 산문화된 시의 그것으로, 《문학과지성》 그룹의 그것으로 읽히곤 한다. 때론 난해하다거나 해체적이라는 느낌도 갖게 된다. 이러한 인상은 가장 일차적으로 그가 1960년대의 한가운데에서 성실한 시작 활동을 전개하였기 때문에 비롯되는 것이다. 1960년대적 조건은 자유와 민주주의를 위한 시민 혁명을 일으킬 만큼 주체 의식이 확보되었던 때였고 산업화와 근대화가 뿌리 깊이 정착되고 있을 시점이다.

오규원의 시작 활동 역시 이러한 시대적 배경과 맞물려 진행되었는데, 그것은 무엇보다도 당대의 현실에 대한 비판 의식에 근거하고 있다고 볼 수 있다. 급속한 자본주의화에 따른 사회 전반

---

18) 오규원(吳圭原, 1941~2007): 1965년 《현대문학》에 「겨울 나그네」가 김현승 선생에 의해 1회 추천되고, 1967년 「우계의 시」로 2회 추천되어 등단.

의 병리 현상들은 날카로운 현실 감각을 지니고 있던 새로운 세대들에겐 회피하거나 외면할 수 없던 시적 장애물이었다. 전통적 서정시를 썼던 선배 시인들이 사회 현실과 유리된 채 추상화된 시를 써 나갔다면, 이들은 시대의 장애물을 자신의 것으로 수용하여 변화한 시대에 조응하는 새로운 시형을 모색하기에 이른다. 오규원의 산문화된 시는 이러한 시 대상을 담아내려는 시도의 하나라 할 수 있다. 또한 오규원은 언어의 본질적인 부분에 관해 질문하는데, 그것은 언어가 의사소통의 도구가 되고 체제 내화됨에 따라 귀결되는 관념화와 관련된 것이다. 이는 자본주의 체제가 심화된 사회에서 만연케 되는 도구화된 이성의 폐해를 드러내는 것이다. 오규원은 언어가 사물을 명명할 때 벌어지는 간격이야말로 이성의 도구화와 언어의 관념화의 분명한 증거라 판단한다. 그리고 그러한 틈이야말로 존재의 실존을 유실시키고 생명을 파괴한다고 생각한다. 현대의 메커니즘에 길들여진 현대인의 시선으로 포착되기 힘든 이 지점을 오규원은 그의 시 세계를 지탱하는 중요한 거점으로 삼아 생명이 싹트고 시가 소생할 수 있는 섬세한 영토로 삼는다.

오규원의 시인으로서의 자의식은 이 지점에서 형성된다. 담론이 살아서 주체를 고양시키지 못하고 오히려 의식을 누르는 억압자로서 기능하는 것을 문제시한 오규원은 이를 담론의 경직화, 언어의 관념화라고 진단하고 시적 언어란 이처럼 상투성에 길들여진 언어에 생기를 불어넣어 새로운 언어로 거듭나게 한 것이라고 주장한다.[19] 즉 시적 언어는 언어를 기성의 질서와 맥락으로부터 떼어내고 사물과 관념 사이의 거리를 극복하여 사물을 살아

---

19) 오규원·이광호 대담, 「언어 탐구의 궤적」, 『오규원 깊이 읽기』, 이광호 엮음(문학과지성사, 2002), 31쪽.

있는 존재 그대로 드러낼 수 있어야 한다는 것이다. 여기엔 사물은 언어에 의해 비로소 형태를 보장받아 소통의 계기가 되지만, 다른 한편으로 언어는 사물을 체제화된 언어 내에 가두어 그것을 물화시킬 위험 또한 안게 된다[20]는 사실이 전제되어 있다. 또한 이러한 관점에 섰을 때 언어에 의해 이루어진 인식 역시 언어가 지닌 기능과 한계를 그대로 지니게 된다.

  인식의 마을은 회리바람이더라 흔들리는 언어들이더라
  무장한 나무들이더라
  공장에선 석탄들이 결사적이더라
  인식의 마을은 겨울이더라 강설이더라
  바람이 동상에 걸린 가지를 자르더라
  싸늘한 싸늘한 적설기더라 밤이더라
           ——「인식의 마을」 전문

  환상의 마을에서
  살해된 낱말이
  내장을 드러낸 채
  대낮에
  광화문 네거리에 누워 있다.

  초조한 눈빛을 굴리는
  약속이
  불타는 서시(西市)의 거리를 지나다가

---

[20] 송상일, 「자유를 뭐라 이름지을까」, 위의 책, 109쪽.

피투성이가 되어
그 위에 쌓인다.

—「대낮」 전문

　위의 시들에 등장하고 있는 상징들은 언어 및 언어를 매개로 이루어지는 인식에 관한 오규원의 관점을 명확하게 보여 주고 있다. 「인식의 마을」에서 "인식"은 그것이 "언어"에 의해 형성되는 까닭에 "흔들리는 언어들", "무장한 나무들", "겨울", "강설", "밤"과 같은 일련의 계열체들과 등가가 된다. 이들 계열체들은 모두 부정적 의미가들을 지니는 것들로서, 생명에 뿌리내리지 못한 허약함과 유연성을 잃은 경직됨, 그리고 곤궁함과 암울함을 상징한다. 반면 "석탄들"은 이들 부정적 계열체들과 대립된 의미를 지니게 되어 "인식"의 인공적이고 반생명적 성질에 대비되는 원시적이고 정열적인 힘을 가리킨다.

　「대낮」에 이르면 오규원의 상상 체계는 더욱 흥미롭게 제시된다. '낱말이 살해된다'고 하는 심상치 않은 표현을 통해 읽을 수 있는 것은 시인이 '언어'의 파괴를 매우 강도 높게 바라고 있다는 점이다. "낱말이 내장을 드러낸 채 대낮에 광화문 네거리에 누워 있"음을 상상하는 것처럼 시인은 '언어'가 산산이 해체되어 다시는 회생할 수 없을 지경으로 패배하기를 원한다. 언어는 결코 사적이고 은밀한 차원의 것이 아니라 모든 이들이 공동으로 사용하는 공적이고 대중적인 것이다. 바로 그러하기 때문에 그것은 사회 전체를 '언어의 감옥'으로 몰고 가는 큰 문제를 안고 있다. 2연의 "약속"은 상투화되어 경직된 사회의 전체적 체계를 암시하는 것인데 "약속"이 "초조"와 불안에 떨며 결국 "피투성이가 되어" "쌓"이는 이유도 그 중심에 언어가 가로질러 놓여 있기 때문이다. 즉 언어는 체제와 관습을 구축하는 가장 핵심적인 요소에 해당하므로 이에 따라 언어의 경직은 사회의 구조와 체계에 그만큼 심각한 타격을 준다는 인식이 여기에 있다. 경직화되어 생기를 상실한 죽은 언어를 해체하고 파괴하는 일이 중요한 것도 이러한 이유 때문이다. 사회를 곤고하게 하는 언어가 파멸하여 새로운 생성의 언어로 거듭난다면 그러한 언어에 의해 운용되는 사회 역시 다른 면모로 태어날 것이다.

이 점은 오규원 시의 4·19 세대 혹은 《문학과지성》 그룹의 그것이라는 유형적 분류와 겹쳐지지 않는 오규원만의 고유한 세계에 해당된다고 하겠다. 이러한 세계를 구축할 수 있었던 것은 그의 시에 대한 철저함과 현실에 대한 집요한 응전의 태도가 가로놓여 있었던 데에서 비롯한다.

4 시의 서정적 의미역의 확대──전통과 새로운 서정의 도입

1960년대를 달궜던 현실 정향적 담론과 비현실 정향적 담론 이외에 독자적으로 자신만의 독립된 시 세계를 구축하여 이 시기의 시사를 메운 시인들이 있다. 우선, 신동엽은 앞서 언급한 것처럼 문학적 특색이 좀 색다르다. 신동엽이 펼친 생태학적 상상력은 잘 알려진 대로 1990년대 들어 화두가 된 담론이다. 그런데 1960년대에 이미 신동엽으로부터 논의가 시작되었으니, 그의 예지가 남달라 보이는 대목이다. 생태론은 반계몽과 반근대를 인식론적 배경으로 깔고 있다. 1960년대 초부터 미약하게나마 전개된 근대화 체험에 대한 신동엽의 생태학적 대응은 이런 측면에서 그 의미가 크다고 하겠다.

신동엽이 풀어헤친 생태학적 상상력의 테두리는 크게 다음 두

가지다. 하나는 자연과 인간의 조화이고 다른 하나는 인간과 인간과의 조화이다. 이는 인간은 자연의 주인이 아니라 자연과 함께 상호 공존하고 공생하는, 나아가 자연의 일부라는 인식의 전환에서 얻어진 것이다. 신동엽이 집요하게 탐색해 들어간 비인간중심주의적 자연관은 만물 일체, 만물 평등이라는 동학 사상에 크게 힘입은 것이다.

> 수운(水雲)이 말하기를
> 하눌님은 콩밭과 가난
> 땀흘리는 사색 속에 자라리라.
> 바다에서 조개 따는 소녀
> 비 개인 오후 미도파 앞 지나는
> 쓰레기 줍는 소년
> 아프리카 매 맞으며
> 노동하는 검둥이 아이,
> 오늘의 논밭 속에 심궈진
> 그대들의 눈동자여, 높고 높은
> 하눌님이어라
>
> 수운(水雲)이 말하기를
> 강아지를 하눌님으로 섬기는 자는
> 개에 의해
> 은행(銀行)을 하눌님으로 섬기는 자는
> 은행에 의해
> 미움을 하눌님으로 섬기는 자는
> 미움에 의해 멸망하리니,
> 총 쥔 자를 불쌍히 여기는 자는

그. 사랑에 의해 구원받으리라.
—「수운(水雲)이 말하기를」 부분

인간과 자연의 조화라든가 수평적 인간 관계에 주목한 신동엽이 동학에 이른 것은 다음 두 가지 측면에서 의미가 있다. 첫째는 동학이 반외세, 곧 반서구적인 사상을 표방했다는 점에서이다. 오늘날 생태주의적 패러다임을 만들어 낸 것은 잘 알려진 것처럼 자연과 인간을 분리시키는 서구의 도구적 합리성이다. 그리고 그것은 다른 한편으로 제국주의를 만들어 낸 근본 요인이기도 하다. 그러한 까닭에 신동엽이 동학을 통해 비판하고자 한 것은 서구의 이분법적인 사고와 인과율, 그리고 그 발현태인 제국주의까지 연결된 것이라 할 수 있다. 따라서 신동엽의 동학 사상의 수용은 왜곡된 인간의 삶의 조건을 회복하고자 하는 생태주의적 발상이기도 하면서 탈식민화적 발언이기도 한 것이다. 둘째는 동학이 내세운 만물 평등 사상이다. 오늘날 생태주의적 담론과 그 사상적 연원을 탐색해 들어가는 논의들 가운데 대부분이 동학 사상에 주목하는 것도 여기서 그 원인을 찾을 수 있다.

인용 시에서 만물 평등 사상은 모든 것이 섬겨지는 한울님 사상으로 표현된다. 곧 한울님은 대지이기도 하고 조개 따는 소녀이기도 하면서 또한 쓰레기 줍는 소년이기도 하고 아프리카의 노예이기도 하다. 이렇게 되면 땅이나 바다와 같은 자연뿐만이 아니라 인간 역시 그것들과 더불어 하나라는 만물 일체 사상으로까지 나아가게 된다. 뿐만 아니라 유교적 질서가 만들었을 법한 위계질서적 인간관계도 수평적 인간관계로 바꿔 놓음으로써 인간들 사이의 조화나 상생의 사고 역시 잘 보여 주고 있다.

이런 맥락에 서면 둘째 연의 의미는 매우 자연스러워진다. 상생의 조화가 붕괴될 때 일어날 수 있는 위험을 경계한 연으로,

아무리 좋은 사상이나 이념도 그것이 독단으로 흐를 때 종국에 가서는 망할 수밖에 없다는 분파주의적 행동에 대한 경고의 메시지를 담고 있기 때문이다. "총 쥔 자를 불쌍히 여기는" 그러한 넉넉한 사랑만이, 곧 독선적인 관념에 매달리지 않는 사고만이 인간의 생명을, 사물의 생명을 구원할 수 있으리라는 것이다.

그리고 동학 사상에서 촉발된 그의 생태론적 사유가 보여 준 다른 하나는 인간에 대한 인간의 지배가 아니라 인간 상호간에 존중되는 인간들 사이의 수평적 관계를 추구했다는 점이다. 인간에 대한 인간의 지배를 비판하는 그의 그러한 사유는 매우 선구적인 것이었다.

고은 역시 민중시로의 도정을 모범적으로 보여 줌으로써 1960년대를 풍미한 매우 예외적인 시인이다. 고은의 초기 시는 매우 난해하다고 알려져 있다. 특히 중기 이후의 현실 지향적 시에 비하면 고은의 초기 시는 여전히 완전하게 해석되지도 명료하게 이해되지도 않는다. 따라서 그의 시를 이해하는 길 가운데 하나는 그의 시에서 주도적으로 드러나는 모티프를 찾는 일일 것이다. 이런 측면에서 고은의 초기 시에 지속적으로 등장하는 '누이'의 의미는 매우 중요하다. '누이'는 1960년대 고은이 불가에 귀의한 입장에 비추어 볼 때 억압하고 통제해야 하는 욕망을 상징한다고 할 수 있다. 표면적으로는 불가의 가르침을 받아들이고 있지만 내면에서 치솟는 욕망은 쉽게 제어될 수 있는 것이 아니기에 시인은 방황하고 괴로워한다. 그리하여 그는 생의 의욕마저 근본적으로 상실하는 병적인 상태에까지 치닫는다. 그리고 이러한 방황과 상실감은 불가에서 말하는 '허무 의식'으로 채색되곤 하였다.

어린 시절 고향 바닷가에서 자주 초록빛 바다를 바라보았습니다
그 바다가 저에게 자꾸 달려오려고 애를 썼으나

저는 조금씩 물러날 뿐 마중나가지도 못하고 바다는 바다일 뿐이었습니다

(중략)

제가 가지고 있던 오랜 병(病)은
착한 우단 저고리의 누님께 옮겨 갔습니다
아주 그 오동(梧桐) 꽃의 폐장(肺臟)에 묻혀 버리게 되었습니다
누님은 이름 부를 남자 하나가 없고
오직 〈하느님!〉〈하느님!〉만을 부르고 때로는 아버지도 불렀습니다

(중략)

이윽고 여름 한동안 저는 흙을 파먹기도 하며 울기도 했습니다
비가 몹시 내리고 마을 뒤 넓은 간사농지는 홍수에 잠겼습니다
집이 둥둥 떠내려가는 온종일의 물 세상
누님께서 더욱 아름다왔기 때문에 가을이 왔습니다
그렇습니다 진정코 누님이야말로 가을이었습니다

(중략)

마침내 내가 참을 수 없게, 울 수도 없게 누님은 피를 쏟았습니다
한아름의 치마폭으로 그 피를 껴안았습니다 쓰러졌습니다
그때 저는 비로소 보았습니다 누님의 깊은 내부가 외부임을
그리고 그 동정(童貞) 안에 내재(內在)하는 조석(潮汐)의 고향

바다를
  그 뒤로 저의 잠은 누님의 시든 잠이었습니다
  누님의 방에는 산 자 죽은 자의 고막(鼓膜)으로 가득 찼고 저는 문 밖에서 숱한 밤을 한 발자국씩 새웠습니다

  (중략)

  이듬해 봄의 음력(陰曆) 안개방울 달린 빈 빨랫줄을 가리키며
  누님의 흰 손은 떨어지고 이 세상을 하직했습니다
  저는 울지 않고 그의 흰 도자(陶磁) 베개 가까이 누워
  얼마만큼 그의 죽음을 따라가다 돌아왔습니다
  관(棺) 속은 누님인지 나인지 또는 어떤 기쁨인지 모르는 어둠이었습니다
  ──「사치(奢侈)」부분

「사치」는 '누이' 모티프가 절정에 다다른 시이다. '나'와 한 번도 애정의 연(緣)을 맺지 못한 채 쓸쓸히 살아온 '누이'는 '내'게서 '폐결핵'이 전염되어 결국 죽음을 맞이한다. 위의 시는 '누이'의 죽음을 둘러싸고 '내'가 겪는 슬픔과 절망을 형상화하고 있다. '나'를 향한 그리움을 태웠으나 응답받지 못한 '누이'는 "이름 부를 남자 하나가 없"이 외롭게 죽어 간다. 그녀가 부른 이름은 한 남자의 그것 대신 "하느님"일 뿐이었다. 그해 마을은 넘치는 "물"로 홍수가 났는데, 마을을 덮을 정도의 '넘치는 물'은 "누님"의 아름다움으로 해석된다. 이는 '누이' 역시 '나'와 마찬가지의 삶의 궤적을 보이고 있음을 암시하는 것이다. '나'와 동일하게 그녀가 지녔던 '욕망'은 "물" 속으로 녹아 흘러갔던 것이다. 이 점에서 그녀는 '아름다움'을 지닐 수 있었고

"가을"로 비유되는 계절의 성숙기를 맞이할 수 있었다.

한편 '폐결핵'을 앓던 '누이'는 그녀의 커다란 "치마폭"으로 "피"를 "껴안"는다. 그녀는 '병'을 "끌어안으면서" 이어 죽음에 함몰되고 만다. 이 점에서 그녀는 끝끝내 "잠"과 '병'을 극복하지는 못한 것으로 보인다. 그러한 '누이'는 "물"로 비추어 보면 밀물과 썰물의 부침으로 평온할 수 없었던 '고향의 조석 바다'를 연상시킨다. 한편으로는 욕망을 인내하는 아름다움을 지니되 다른 한편으로는 욕망에 침몰해 갔던 여인의 갈등과 고통이 이를 통해 그려지고 있는 것이다. 양극단 사이에서 괴로워하던 "누님"의 죽음은 그녀의 견디기 힘들었던 내적 갈등이 외적으로 드러난 것에 불과할 뿐이다. 그녀는 온몸으로 그 고뇌를 표출하고 있었던 것이다. "누님의 깊은 내부가 외부"인 까닭도 이와 관련된다. 그녀의 방이 "산 자"와 "죽은 자"로 뒤섞여 가득 차 있던 것, 산 자와 죽은 자 사이의 간극이 "고막" 한 장 정도의 차이로 인식되는 것 또한 그녀가 품고 있는 죽음에 기인하는 것이다. 즉 그녀는 욕망에의 갈등을 극단까지 몰고 감으로써 삶과 죽음이 만나는 지점으로까지 직접 가 닿는다. 죽음에 이르는 이러한 그녀의 방식은 "문 밖에서 숱한 밤을 한 발자국씩 새웠"던 '나'의 방식과 구별된다. '나'는 '죽음'을 연기하며 관념 속에서 죽음을 가늠해 보는 것으로 죽음을 이해한다. 혹은 죽은 누이를 통해 죽음을 추체험하고 느끼면서 "죽음을 따라가다 돌아"온다. 이에 비하면 '누이'는 직접 죽음 속으로 뛰어드는 것이다. 욕망과 죽음을 끌어들이는 '누이'의 이러한 행위는 '이승에서 저승으로 이어지는 물의 원리'에 수렴되는 것이지만 그녀가 보인 방식은 흐름이라는 긴 시간을 찰나의 것으로 환원시키고 있다는 점에서 충격적이다.

고은 시에 줄기차게 나오는 '누이'는 욕망과 허무 의지 사이의 갈등을 완전하게 해소하지 못하고 결국 죽음에 이른다. 그녀는 한편으로는 "물"이고 다른 한편으로 욕망의 늪에서 빠져나오지 못하는 불행한 상황에 처하게 된 것이다. 그러나 그녀는 죽음을 통해 시인으로 하여금 더 큰 깨달음을 얻게 해 준다. 그것은 그녀에게 삶은 곧 죽음이었지만 그리고 이 사이는 얇은 막 하나의 간격이 있을 뿐이지만 삶과 죽음은 구별되어야 한다는 점과 관련된다. 삶이 있는 동안엔 삶을 죽음으로 덧칠하기보다는 죽음과 분리된 삶의 자리를 찾고 그 자리를 지키기 위해 주어진 시간을 모두 소비해야 한다는 것이다. 죽은 누이는 새벽의 공기를 통해 시인에게 이러한 말을 전한다. 누이의 가르침은 고은으로 하여금 환속하게 하는 요인이 된다. 고은은 불가의 관념적 세계를 버리고 현실로 내려온다. 현실에는 해결해야 할 문제들, 온갖 모순과 부조리가 넘쳐나고 있다. 고은은 가장 일상적인 일에서부터 문제들을 찾아 해결해야 한다고 생각한다. 우리는 고은이 초기의 시적 세계를 넘어서서 현실 참여적이고 민중 지향적인 시 세계를 펼치게 되는 부분도 바로 여기임을 알 수 있다.

이와 더불어 전통적 서정을 충실히 구현한 시인으로 허영자[21]를 들 수 있다. 이 시인은 1930년대 서정주나 김영랑, 박용철 시인 등의 정신세계를 이어받고 있으며, 그 시 세계는 언어의 간결미이다. 그의 시에는 산문적인 잡스러움이나 나열이 없다. 언어의 정제미가 뛰어나다. 이를 바탕으로 시인이 필생의 시적 과제로 탐색하고 있는 사랑의 의미를 변주시키고 있다.

고운 네 살결 위에
영혼 위에

---

21) 허영자(許英子, 1938~): 1962년 《현대문학》에 「사모곡」이 추천되어 등단.

이 신비한
사랑의 문양(紋樣)을 찍고 싶다

(이것은 내 것이다!)
땅속에 묻혀서도
썩지를 않을
저승에 가서도
지워지지 않을

영원한 표적을 해두고 싶다.

——「떡살」 전문

　인용 시는 인구에 회자되고 있는 허영자의 대표작이다. 흔히 연애시하면 떠오르는 것이 지나친 감상성이나 센티멘털이다. 그런데 허영자의 사랑시는 그러한 감수성과는 무관하다. 얼핏 보아도 알 수 있는 것처럼, 얼마나 절제되어 있는가. 시인은 사랑시 일반이 흔히 범할 수 있는 그러한 정서들을 언어의 간결한 정제미를 통해서 초월하고 있다. 이러한 절제된 감각이야말로 1960년대 한국 시의 의미 있는 성과 가운데 하나이다.

　시의 현실 참여 문제라든가 지식의 자의식적 확장이 풍미하던 1960년대에 독특한 자기 서정을 드러내 보인 시인이 이가림[22]이다. 그는 문명과 치열한 싸움을 진행시키던 모더니스트들과 달리, 서정시 고유의 영역을 지켜 내면서 문명의 폐해와 모순을 예리하게 읽어 내었다. 시인이 이해하는 생존 환경은 완결된 통합

---

22) 이가림(李嘉林, 1943~): 1966년 《동아일보》 신춘문예에 「빙하기」가 당선되어 등단.

구조로서의 삶이 아니라 균열된 해체 구조로서의 삶이며, 바로 그 해체된 삶이 가져다주는 슬픔의 감정이 그의 초기 시가 갖는 핵심이다.

> 가시내야, 가시내야
> 우리도 예전엔
> 한 개 고운 피리였단다
> 가느랗게 심금(心琴) 울리는 피리였단다
> 그것은 어느날인가
> 피 토하며 지지지 검은 불발탄(不發彈)이 관통해 간
> 피리의 시커먼 구멍, 가시내야
> 그때부터 찢겨진 사랑의
> 텅빈 헛소리 새였단다.
> ——「피리타령」 부분

「피리타령」은 일체화된 삶이 파괴된 모습을 아름답게 형상화한 시이다. 이가림은 이 시에서 파괴되지 않은 삶의 원형질을 "고운 피리"로, 그것이 파괴된 모습을 "텅빈 헛소리"를 내는 "피리"로 인식한다. 그런데 처음엔 원시적 건강성과 조화로운 음색을 내던 이 피리는 "불발탄"의 세례를 받은 이후 그 소리를 잃어버리고 "텅빈 헛소리"만을 내게 된다. 말하자면 문명의 폐해에 노출된 이후, 그 조화로운 음색을 잃어버린 것이다. 그때부터 사랑은 찢겨지고 우리의 공동체적인 삶의 공간도 파괴되기 시작했음을, 이 시는 '깨진 피리'를 통해 우리에게 보여 주고 있다. 이가림의 시들은 이렇듯 점증화되는 근대화의 여러 모순들을 조화로운 공간의 파괴를 통해 환기시키고 있다.

1966년 《현대문학》을 통한 등단한 박제천[23]의 시 세계는 동양

적 상상력에 있다. 근대화가 점증적으로 진행되던 시기에 모든 시인들이 서구적 감수성에 기대어 시작 활동을 하고, 그것이 현대시의 본령인 양 인식하고 있는 마당에 그의 이러한 동양적 상상력은 매우 예외적이라 할 수 있다. 그럼에도 그의 시 세계가 전혀 이질적으로 느껴지지 않는 것은 한국 시의 정신적 원형을 동양적 세계관, 그것도 장자로 대표되는 무위자연에서 두고 있다는 점일 것이다.

서정의 확대와 감수성의 예리한 감촉이라는 명제를 갖고 시작된 1960년대 서정시의 영토는 이근배[24]에 이르러 더욱 확대되는 모습을 보게 된다. 이근배의 시들은 전위적인 요소들보다는 전통적 서정에 가까운 세계들을 많이 읊어 내었다. 그 가운데서도 뭔가 변하지 않고 우리의 기억이나 생활 속에 남아 있는 것들에 대한 따뜻한 애착이 그의 시의 특징이다. 가령, 그의 시에서 많이 등장하는 어머니라는 소재에서 변주되는 의미의 여러 실타래를 보면 이는 금방 확인할 수 있다. 시인은 어머니를 모성적 상상력에서 길러지는 보편적 감수성에 중점을 두는 것이 아니라, 애뜻함의 정서에 가깝게 읽어 낸다. 이는 그의 시가 추상적이고 초월적인 것에서가 아니라 매우 구체적인 일상의 진실에서 이루어지고 있음을 말해 준다.

서정의 확대라는 측면에서 빼놓을 수 없는 시인이 박이도[25]이다. 박이도의 초기 시들은 당시를 풍미했던 유행적인 사조들과는

---

23) 박제천(朴堤千, 1945~): 1965년 《현대문학》에 「빈사의 새」가 추천되어 등단.
24) 이근배(李根培, 1940~): 1961년 《경향신문》에 시조 「묘비명」, 《서울신문》에 「벽」이 당선되어 등단.
25) 박이도(朴利道, 1938~): 1961년 《한국일보》 신춘문예에 「황제와 나」가 당선되어 등단.

일정 거리를 두고 있다. 현대시의 기본 구도가 엑조티시즘으로 흐르고, 그것이 현대시의 기본인 양 인식되던 때, 시인은 오히려 한문 투를 즐겨 사용함으로써 그러한 유행적 흐름들과는 무관한 시 세계를 보여 주었다. 여기에다가 그의 시들에는 동화적 순수 세계가 가미됨으로써, 그의 시가 나아가야 할 방향, 아니 1960년대 서정시가 감당해야 할 하나의 축이 무엇인지를 분명히 보여 주었다는데 그 의미가 있다.

강우식[26]의 경우도 마찬가지이다. 강우식의 시들은 그 소재가 아주 구체적인 일상에서 시작된다. 그의 그러한 시적 발상은 영미 이미지스트들이 즐겨 사용했던 이미지즘에 가까운 듯해도, 꼭 그 사조라고 한정해서 볼 수 없다는 데 그 시적 특색이 있다. 그것은 그의 작품 세계 속에서 시인만의 고유한 영역이 자리 잡고 있기 때문이다. 그것은 이미지즘에다가 어떤 해학성이 결합된 형태로 나타난다. 실상 일상의 영역을 이렇게 재미있게 시화한 시인도 없었다. 강우식 시가 갖는 시사적 의미는 바로 여기서 찾을 수 있겠다.

이외에도 김광협,[27] 신중신,[28] 정대구,[29] 민용태[30] 등의 시인들이 이 시기에 활동하였다. 김광협의 『강설기』(1970), 신중신의

---

26) 강우식(姜禹植, 1948~): 1966년 《현대문학》에 「박꽃」, 「사행시초」 등이 추천되어 등단.
27) 김광협(金光協, 1941~): 1965년 《동아일보》 신춘문예에 「강설기」가 당선되어 등단.
28) 신중신(愼重信, 1941~): 1962년 《사상계》에 「내 이렇게 살다가」 외 2편이 당선되어 등단.
29) 정대구(鄭大九, 1936~): 1972년 《대한매일》 신춘문예에 「나의 친구 우철동씨」가 당선되어 등단.
30) 민용태(1943~): 1964년 《창작과비평》에 「밤으로의 작업」 등을 발표하며 등단.

『투창』(1977), 정대구의 『나의 친구 우철동씨』(1976), 민용태의 『시비시』(1984) 등 이 당시에 쓴 작품들을 대상으로 첫 시집을 발간했는데, 외면의 확대와 내면의 깊이, 그리고 일상의 진실들을 진솔하게 읊어 내었다.

한편 1960년대는 허영자 이외에 다른 여류 시인들도 활발히 활동하고 있었다. 김후란[31], 이향아[32]가 바로 그들이다. 대표적 시집으로는 김후란의 『장도와 장미』(1968), 『음계』(1971)가, 이향아의 『황제여』(1970)가 있는데, 이들은 남성적인 힘과 톤이 절대적으로 요구되던 이 시기에 여성 고유의 섬세한 시선으로 사회의 제반 일상들을 읊어 냈다.

1960년대에 등단하거나 이 시기에 활발히 문학적 세계를 구축한 시인들에게서 발견할 수 있는 것들은 하나같이 이 시대를 어떻게 견디고 살아나갈 것인가에 대한 천착과 그에 대한 치열한 몸부림이라 할 수 있다. 이를 '근대화 과정에서의 자아 정체성 찾기'라고 규정할 수 있거니와 이렇게 탐색된 자아 정체성들은 난만히 꽃피었던 1970~1980년대 문학의 거울이나 전사(前史)로 자리 매김 될 수 있는 매우 소중한 자산이라 하겠다.

(송기한)

---

31) 이향아(李鄕莪, 1938~): 1960년 《현대문학》에 「오늘을 위한 노래」 외 2편이 추천 완료되어 등단.
32) 김후란(金后蘭, 1934~): 1966년 《현대문학》에 「가을은」 외 2편이 추천 완료되어 등단.

8장
산업화 시대의 시(1972년~1979년)

1 1970년대의 시대적 상황과 시단의 경향

1969년 9월 3선 개헌안이 국회에서 변칙적으로 통과되고 10월 17일 국민 투표로 가결됨으로써 3선 개헌이 확정되었다. 이에 따라 1971년 4월 27일 제7대 대통령 선거가 실시되었고 박정희는 김대중 후보를 누르고 재집권에 성공함으로써 유신 체제 출범의 발판을 마련하였다. 박정희 정권은 1972년부터 다시 중화학 공업화를 목표로 제3차 경제 개발 정책을 추진하면서 미래의 화려한 청사진을 제시하였다.

1965년부터 진행된 베트남 파병에 의해 전쟁 특수를 탄 우리 경제는 공업화에 의한 수출 주도형 체제로 전환하면서 경제 수치상으로 볼 때 비약적인 발전을 이룩하였다. 제2차 경제 개발 5개년 사업이 끝난 1971년의 1인당 국민 총생산(GNP)은 시작 연도인 1966년의 두 배를 넘었으며, 수출도 목표치의 두 배를 넘는 성과를 보였다. 이와 발을 맞추어 현대, 선경, 삼성 등의 재벌 기업이 나타나기 시작했다. 이 시대를 관통한 구호는 '조국 근대화'였고 국민들에게는 '근검, 절약, 저축'의 덕목이 강조되었으며,「잘살아 보세」라는 노래가 전국에 울려 퍼졌다. 그러나 이러한 외형적 발전은 우리가 간직해야 할 귀중한 권리의 희생을 전제로 한 것이었다.

장기 집권과 독재화를 비판하는 국민의 저항이 끊이지 않고 여러 가지 국제 정세의 변화에 위기감을 느낀 박정희 정권은 민심 전환 차원에서 1972년 7월 4일 남북 공동 성명을 발표하였다. 그러나 이와 병행하여 박정희 정권은 장기 집권을 위한 정책을 구상하였는데 그것이 바로 유신 헌법 개헌안이다. 1972년 10월 17일 전국에 비상 계엄령을 선포하고 27일에 유신 헌법을 공고하였으며 11월 21일 국민 투표에 가결되어 개헌이 확정되었다. 유신 헌법에 의해 12월 15일 '통일 주체 국민 회의'가 구성되고, 23일 여기에서 대의원들의 간접 선거를 통해 박정희가 제8대 대통령으로 당선되었으며, 27일 정식 취임하여 제4공화국이 출발함으로써 1973년부터 1979년까지 유신 체제가 전개되는 것이다.

이후 한국의 정치 사회는 저항과 탄압으로 이어지는 파국의 과정을 거치게 된다. 양심적 지식인의 끊임없는 저항, 몇 차례의 긴급조치 및 계엄령·위수령 선포에 의한 초법적 탄압, 연쇄적인 구금, 투옥, 죽음 등 1970년대 전 시기가 정치적 추문으로 얼룩졌다. 결국 1979년 10월 26일 박정희 대통령이 피격 사망하여 유신 체제가 붕괴될 때까지 극심한 정치 사회적 동요가 계속되었다.

반면 제4공화국에서 경제는 꾸준히 성장하였다. 1인당 국민 소득은 1972년 255달러였으나 1980년에는 1,481달러로 여섯 배 가까이 증가하였다. 경제 개발 5개년 계획의 성공적 달성과 새마을 운동의 확산으로 한국은 낙후된 농업 국가에서 중화학 공업 국가로 발전하기 시작했다. 그러나 정부의 과도한 수출 지향 정책으로 한국 경제의 대외 의존도가 심화되고, 성장 제일주의 정책으로 빈익빈 부익부 현상이 나타났다. 이 시기를 흔히 개발 독재의 시대로 부르거니와, 외국에서는 한국의 민주주의가 10년 후퇴했다는 평가를 내렸다.

통계에 의하면 1969년에서 1977년까지 농촌에서 도시로 이주한 수가 800만 명에 이른다. 이것은 농촌의 붕괴와 도시 빈민의 증가를 단적으로 알려 주는 수치다. 정부는 쌀값을 일정 수준으로 유지하기 위해 생산 원가에 못 미치는 가격으로 농민들에게 쌀을 수매하였다. 도시의 생산성을 높이기 위한 전략이었지만 이것은 신경림의 「농무」에 나오는 "비료 값도 안 나오는 농사 따위야/ 아예 여편네에게나 맡겨 두고"라는 구절처럼 농업에 대한 환멸감과 이농의 충동을 젊은이들에게 불어넣었다. 이 시기에 농촌을 떠나 도시로 이주한 농민의 수가 증가된 것은 이러한 농업 정책의 결과였다. 그래서 농업의 희생 위에 공업 발전이 이루어졌다는 해석이 나오는 것이다. 농촌을 살리겠다고 시작한 새마을 운동은 역으로 도시의 비대화를 가져온 것이다.

권영민 교수는 이 시기의 문제점으로 "막대한 외국 자본과 기술에의 의존", "경제적 토대의 취약성"을 들고, 그 결과 "농촌의 소외와 지역 간의 격차에 따른 갈등"이 야기되고 "산업 시설의 확대와 공해 문제" 등이 새로운 사회 문제로 대두되기 시작했다고 지적하면서 고도 경제 발전을 위한 통치 권력의 강화가 사회적 갈등과 대립을 야기하는 결과를 낳았다고 보았다.[1] 하정일은

---

1) 권영민, 『한국현대문학사 2』(민음사, 2002), 245쪽.

1970년대를 "분단 자본주의가 정착된 시기"로 보면서 반공주의, 권위주의, 성장주의에 의해 지탱된 유신 체제는 "냉전적 분단 상태를 구실로 한 폭력적이고 억압적인 권위주의 통치를 통해 자본주의적 근대화를 밀어붙이려는" 의도의 소산이라고 규정했다.[2]

이러한 시대 상황 속에서 정치적으로는 억압을 받는 상황이었지만 경제 수치가 암시하듯 국민의 소득은 1960년대보다 크게 상승하였다. 특히 도시 인구가 팽창하자 문화를 향유할 수 있는 중간층이 확장되었다. 1970년대에 들어와서 베스트셀러 소설이 많이 등장해서 한국 문학사상 최초로 몇 십만 부가 판매되는 사례가 나타났으며 베스트셀러가 된 소설은 영화화되어 다시 몇 십만 명의 관객을 동원하였다. 정치적 사회적으로는 음울한 상태였지만 문화적 경제적으로는 풍요를 보이는 이중의 모순 속에 놓여 있었다. 청바지 문화, 통기타 문화라는 말이 생기고 대학생들도 맥줏집에 모여 울분을 토로하면서 동시에 자본주의적 소비의 쾌감을 느끼는 시대, 억압과 향락이 공존하고 빈곤과 풍요가 공존하는 상황이었다.

소설과 영화가 몇 십만 대중을 끌어들이기는 했지만 시는 거의 베스트셀러 반열에 끼지 못했다. 그래서 김현은, 1950년대만 하더라도 시가 문학의 중심에 있었는데 1960년대에 들어서면서 소설이 시를 앞지르기 시작했고 "1970년대에 이르면 시는 완전히 문학의 주변으로 몰려난다"고 진단하였다.[3] 시가 베스트셀러 반열에 끼지 못하여 독서 대중으로부터 유리된 것은 사실이지만

---

2) 하정일, 「저항의 서사와 대안적 근대의 모색」, 『1970년대 문학연구』(소명출판, 2000), 16쪽.
3) 김현, 「산업화 시대의 시」, 권영민 편, 『해방 40년의 문학 4』(민음사, 1985), 417쪽.

1970년대에 발간된 시집의 총수를 놓고 보면 1960년대에 비해 비약적인 증가를 보이고 있어 시도 역시 경제 발전에 의한 출판 문화 호전의 혜택을 입은 것으로 나타난다. 1970년대에 발간된 시집, 동인지 및 사화집의 총 권수는 무려 984권에 달했는데, 이는 1960년대의 510권에 비하면 비약적인 증가를 보인 것이다.[4]

이렇게 시집 출간이 활성화된 데에는 1966년에 창간된 《창작과비평》과 1970년에 창간된 《문학과지성》의 영향이 컸다. 이들 두 계간지는 독립된 출판사를 세우고 시집 출간에 힘을 기울여 시집을 대중화하는 데 크게 기여했다. 이것은 1970년대에 나타난 "시집의 계열화" 현상에 해당하는 것으로 "한 출판사가 일정한 이념이나 유파의 형성을 지향하거나 의식하면서 다수의 시집을 출간하는" 현상이 나타나[5] 계간지를 중심으로 한 문단의 이원적 구도를 형성하는 부작용을 낳기도 했으나, 시집을 독자들에게 가까이 가게 하여 시집 출간을 활성화한 것도 사실이다.

이 시기에 창작과비평사에서는 신경림의 『농무』(1975), 조태일의 『국토』(1975), 김현승의 『마지막 지상에서』(1975), 김광섭의 『겨울날』(1975), 박봉우의 『황지의 풀잎』(1976), 김관식의 『다시 광야에』(1976), 황명걸의 『한국의 아이』(1976), 이시영의 『만월』(1976), 최하림의 『우리들을 위하여』(1976), 이성부의 『백제행』(1977), 김준태의 『참깨를 털면서』(1977), 고은의 『새벽길』(1978), 정희성의 『저문 강에 삽을 씻고』(1978), 김창완의 『인동일기』(1978), 신경림의 『새재』(1979), 정호승의 『슬픔이 기쁨에게』(1979), 양성우의 『북치는 앉은뱅이』(1980) 등의 시집을 간행하였

---

4) 이승하, 「산업화 시대의 시인들」, 『한국의 현대시와 풍자의 미학』(문예출판사, 1997), 226쪽.
5) 조남현, 「70년대 시단의 흐름」, 『현대시』 1(문학세계사, 1984. 5), 118쪽.

고, 문학과지성사에서는 신대철의 『무인도를 위하여』(1977), 장영수의 『메이비』(1977), 황동규의 『나는 바퀴를 보면 굴리고 싶어진다』(1978), 정현종의 『나는 별 아저씨』(1978), 오규원의 『왕자가 아닌 한 아이에게』(1978), 문충성의 『제주바다』(1978), 김명인의 『동두천』(1979), 김형영의 『모기들은 혼자서도 소리를 친다』(1979), 김광규의 『우리를 적시는 마지막 꿈』(1979) 등의 시집을 간행하였으며, 민음사에서는 '오늘의 시인 총서'가 시선집 중심으로 간행되었다. 이러한 시집 계열화에 소외감을 느낀 일군의 시인들은 문학예술사에서 박희진의 『서울의 하늘 아래』(1979), 김종해의 『왜 아니 오시나요』(1979), 이탄의 『옮겨 앉지 않는 새』(1979), 정진규의 『매달려 있음의 세상』(1979), 강우식의 『꽃을 꺾기 시작하면서』(1979), 전봉건의 『피리』(1979), 김광림의 『언어로 만든 새』(1979), 박용래의 『백발의 꽃대궁』(1979), 문덕수의 『살아남은 우리들만이 다시 6월을 맞아』(1980) 등의 시집을 간행하였다.

시집 출간과 병행하여 문학 전문지들이 많이 창간되었는데 1969년에 《현대시학》이 창간되었고 1972년에 《문학사상》과 《풀과 별》이, 1973년에 《심상》과 《한국문학》이, 1977년에 《세계의 문학》, 1978년에 《문예중앙》이 창간되어 창작 발표의 지면이 크게 확대되었다. 또 동인 활동이 활발하게 전개되어 많은 동인지들이 출간되었다. 김현은 《70년대》(강은교·임정남·김형영·정희성·윤상규), 《자유시》(강현국·박정남·박해수·이경록·이기철·이동순·이태수·이하석·서원동), 《신년대》(조상기·조병철·조병무·이우석·이수화·이규호·오재철·문효치·김준식·김시태), 《분수》(신용대·이봉진·이생진·신협·윤강노), 《반시》(김명인·김성영·권지숙·정호승·김창완), 《흙과 바람》(강희근·김석규·이광석·정순영·표성흠·황선하), 《잉여촌》(유자후·도하룡), 《적(敵)

과 적(敵)》(마광수·강창민·김유신·강경화·신승철·안경원) 등이 활발하게 움직이고 있는 1970년대는 가위 시 동인지의 시대라 할 만하다"고[6] 상세한 자료를 제시하며 말했다. 이러한 출판 문화적 현상만 보면 1970년대는 "문학의 시대로 규정되기에 모자람이 없는 시대"라고[7] 할 수 있다.

그러나 생명의 촉수를 건드리고 감성에 호소하는 시는 역시 풍요보다는 빈곤에, 향락보다는 억압에 민감하게 반응하며 시대의 불행을 노래한다. 정치 사회적 문제의식을 심각하게 인식한 일부 문인들은 억압의 숨통을 뚫고 1974년 11월 자유 실천 문인 협의회를 결성하여 독재 정권에 저항하는 고난의 선언문을 낭독하였다. 역설적이게도 문화 배경의 풍요 속에서 시인들의 고민과 저항은 어느 때보다 격렬했다. 시를 읽는 독자들 역시 전통적 의미의 순수 서정시보다는 저항 의식을 담은 현실 비판 시에 더 관심을 보였다. 비평의 방향 역시 현실 문제에 적극적인 반응을 보이는 시가 시대의 고통을 외면하지 않는 의미 있는 시라는 평가 쪽으로 기울어졌다. 그래서 "문학사적으로 보자면, 1970년대 시의 주류는 사회적 관심의 증폭이었으며, 시의 서정성보다는 시의 사회적 대응이 깊게 각인되는 시기"였고 "서정에서 현실로의 방향성이 크게 부각되었던 시기"라는[8] 설명이 대세를 이루었다. 1970년대 중요 시인을 분석한 책의 다음과 같은 서문은 이 시대의 문학적 환경과 시적 특질을 사회 현상과 관련지어 요령 있게 정리한 글이다.

---

6) 김현, 앞의 글, 419쪽.
7) 이승하, 앞의 책, 223쪽.
8) 최동호, 『한국현대시사의 감각』(고려대학교 출판부, 2004), 105쪽.

1970년대는 시인들에게 '시란 무엇인가?'라는 원론적 질문이 아니라, 역사와 현실 앞에서 '시란 무엇을 할 수 있는가'라는 실천적 물음에 답할 것을 요구하는 시대였다. (……) 정치적으로는 유신 독재의 억압으로 인해, 경제적으로는 산업화의 침탈로 인해 인간의 존엄성과 생존권이 유린되던 시대였다. (……) 한편으로 1970년대는 어둠 속에서 시가 가진 상징적 생명이 그 어느 때보다도 힘차게 타올랐던 시대이기도 하다. 시인들은 암흑 같은 현실과 대면하는 자신의 내면 의식에 대한 성찰뿐만 아니라 자신의 삶이 담보해야 하는 역사적 실천성까지도 치열하게 반성함으로써, 부정(不正)한 시대를 살아가는 시인의 진정성을 탐구하고자 했다.[9]

이 책에서는 1970년대의 시인을 현실에 대한 직접적인 비판의 의미로 시를 쓰는 시인, 현실 부정과 비판을 내면화시켜 시적 자의식의 근거로 삼는 시인, 전통적 서정을 계승하면서 시대적 과제에 답하는 시인의 세 유형으로 나누었다. 이러한 구분에 의하면 '모더니즘 및 아방가르드 계열'에 속하는 시인은 거의 고려되지 않고 '현실 부정과 비판을 내면화시켜 시적 자의식의 근거로 삼는 시인'에 일부 흡수되어 기술되고 있다. 정효구의 지적대로 "70년대의 우리 시단은 60년대에 유행했던 관념적인 난해시도, 80년대에 유행했던 형식 파괴의 해체시도, 90년대에 이야기되고 있는 포스트모던한 징후들도 갖고 있지 않았다"[10]는 점을 고려한다 하더라도 이 구분이 현실 인식 쪽에 비중을 두고 기획되었다

---

9) 이화현대시연구회, 『시대를 건너는 시의 힘—70년대 우리 시 읽기』(소명출판, 2005), 3쪽.
10) 정효구, 「1970년대 우리시와 모더니즘의 문제」, 『20세기 한국시와 비평정신』(새미, 1997), 258쪽.

는 점은 부정하기 어렵다.

그런데 1970년대 시의 실상을 놓고 보자면 현실 참여적인 시가 시단의 주류를 이룬 것은 아니었다. 일제 강점기에도 마찬가지였지만 이 시기에도 정치 현실에 대해 적극적인 저항을 표현한 시인은 그렇게 많지 않았다. 대부분의 시인은 서정이나 기법의 경역 내에서 현실 인식을 함축적으로 드러내려 하였다. 1980년대의 시를 논하는 경우에도 그렇지만 1970년대의 시를 논할 때에도 정치 현실적 지향에 민감하게 반응하는 현상을 볼 수 있는데, 이것은 그 시대의 시를 정치 현실과 관련지어 도식적으로 이해하고 현실 참여적인 시를 우수한 시로 평가하는 부작용을 낳는다. 현실에 대한 고민과 저항 의식이 담겨 있다고 해서 그 요소가 훌륭한 시를 평가하는 시금석이 되거나 필요조건이 될 수는 없다. 이것은 일제 강점기에 발표된 카프의 프로시에 현실 인식이 전면화되어 있다고 해서 그것을 곧바로 우수한 시로 평가할 수 없는 것과 같은 논리다.

어려운 시대를 살아가는 인간의 자세로서는, 현실을 방관하거나 외면하는 것보다 현실에 대해 고민하고 불의에 대해 저항하는 것이 더없이 훌륭한 일이겠으나, 그러한 요소가 시의 성공을 자동적으로 보장해 주는 것은 아니다. 훌륭한 시란 그것 말고도 여러 가지 요소가 결합되어 성립되는 것이고 문학사적 사실을 정리하고 평가할 때에는 그런 복합적인 시선의 교호 작용이 필요한 법이다. 1970년대 시 논의가 어떤 도식성에서 벗어나지 못한 듯한 인상을 주는 것은 이 점에 대한 철저한 인식이 결여되었기 때문일 것이다. 이 글에서는 특히 그 점을 염두에 두고 복합적 시각의 긴장감을 유지하려 노력하면서 1970년대의 시를 살펴보려 한다. 크게 서정주의 계열의 시, 모더니즘 계열의 시, 현실주의 계열의 시로 나누어 살펴보되, 설명의 편의를 위해 서정주의 계열의 시를 정서의 작용을 중시한 시, 모더니즘 계열의 시를 지성의 활동을 중시한 시, 현실주의 계열의 시를 현실적 반응을 중시한 시라는 소제목을 설정하여 서술하겠다.

2 정서의 작용을 중시한 시

1)전통 서정의 계승

1930년대나 해방 직후에 등단한 시인들은 대부분 전통적 서정시를 써 왔다. 이들 중 서정주는 1970년대에 들어와서도 매우 개성 있는 창작 활동을 벌였는데 그 결실이 『질마재 신화』(1975)와 『떠돌이의 시』(1976)로 엮였다. 「질마재 신화」는 1972년 2월부터 연재가 시작되어 1975년 6월에 연재가 완료되었고, 시집은 5월 20일자로 출간되었다. 이 연작시는 그의 나이 57세로부터 60세에 이르는 인생의 원숙기에 집중적으로 창작된 것이다. 조국 근대화, 국민 소득 증대, 경제 개발을 외치는 시대에 그는 어릴 때의 기억이 묻어 있는 고향 마을로 눈을 돌려 근대화의 역방향에 서 있는 토속적 세계를 시로 서술하기 시작했다. 모든 것이 화폐 가치로 환산되고 물질적 풍요만을 추구하는 현실 앞에서 고향의 토속적 민담을 통해 정신적 가치를 추구하려 한 것이다. 그는 이 시기에 창작 생활을 시작한 후 거의 처음으로 사회 현실에 대한 불만을 표현한 「뻔디기」(《시문학》, 1973. 11)라는 작품을 발표하였다. 길거리에 손수레를 끌고 다니는 번데기 행상을 소재로 하여 정신의 가치를 외면하고 손자들에게까지 대를 이어 열심히 일만 해 달라고 하는 당시의 상황에 대한 불만을 표현한 것이다. 이승하도 이 시를 시인이 몸담고 있는 사회에 대한 비판 의식을 나타낸 시로 보았다.[11]

그는 예수의 시대처럼 정신의 가치가 통용되는 시대를 그리워했고 그러한 삶의 모형을 질마재 사람들의 토속적 삶에서 찾은 것이다. 얼핏 보면 허황된 이야기 같아 보이는 질마재의 체험담을 들려주면서 그 속에 우리가 계승해야 할 중요한 요소가 있음을 전하고자 한 것이다. 모든 것을 계량화하고 수치화하는 현대 사회에서는 그 가치를 제대로 인정받기 어려운, 그러기에 망각의 저편으로 사라져 가는 인간들의 사연이기에 '신화'라는 이름을 붙였을 것이지만, 거기에는 우리가 마땅히 계승하고 받들어야 할 정신의 빛나는 결정들이 담겨 있다. 한국 사회의 산업화가 본격적으로 진행되는 시기에 「질마재 신화」 연작이 쓰였다는 것은 상당히 중요한 의미를 지니는 일이다.[12]

박목월은 1970년대에 들어와 「사력질(砂礫質)」을 연작하면서 시상의 전환을 꾀한다. 그전의 농후한 서정의 시 세계에서 벗어나 모더니즘적 이미지 추구와 존재의 탐구로 이어지는 시적 변화를 시도한 것이다. 『경상도의 가랑잎』(1968) 시기부터 이미 하나의 기둥으로 자리 잡고 있던 이미지와 존재 탐구가 「사력질」 연작으로 이어지고 시집 『무순(無順)』(1976)의 시편으로 결정되어 나타난다. "사력질"이란 말은 '자갈밭 같은 모습'이란 뜻이다. 이것은 시인이 살아온 세상이, 그리고 앞으로 걸어갈 죽음까지의 길이 자갈밭 같은 모습이라고 생각하고 연작시 제목을 정한 것으로 추측된다.

생에 대한 사색을 "사력질"이라는 추상적 단어로 내세운 것처럼 그는 "정결한 옥쇄"와 "싸늘한 질서"로 표상되는 기하학적 미

---

11) 이승하, 앞의 책, 269쪽.
12) 이승하는 이 시에 나타난 독특한 언어 미학과 풍속의 재현을 중시했다. 이승하, 앞의 책, 268쪽.

의식을 추구한다. 깨어진 접시가 갖는 기하학적 미의 세계에는 싸늘하고 정결한 대상만이 있을 뿐 현실로 통하는 문은 닫혀져 있다. 모가 날카롭게 빛나는 파편 하나가 실존의 냉엄함을 표상하고 있을 뿐 인간적 훈기는 찾아보기 힘들다. 이것이 「무한낙하(無限落下)」, 「빈 컵」, 「사력질」 계열의 시가 갖는 특징이다. 그는 현대적인 사물을 끌어들여 "나선상(螺旋狀) 합금(合金)의/ 듀랄루민의 갈증(渴症)"을 느끼며 "왜라거나/ 무엇 때문이라거나/ 그런 물음을 벗어버린/ 그것의 무한낙하(無限落下)"(「무한낙하」)를 노래한다. 비정한 금속성의 물질 문명 아래 놓인 현대인의 고독과 무의미를 제시하는 것이다. 그런 한편 「이순(耳順)」에서는 정갈하고 단정한 어법으로 이순을 맞는 노년의 심경을 매우 순정하게 노래하였다. "오늘의 물거품 안에서/ 순하게 빨려드는/ 잉크의 숙연한/ 수납(受納)" 같은 구절은 노년의 정갈한 내면을 흡인력 있는 언어로 표현한 명구다. 이러한 노년의 정갈한 시행을 남기고 그는 1978년 3월 타계하였다.

박목월과 함께 고독과 신앙의 정신세계를 시로 표현한 김현승도 1975년 4월 갑자기 세상을 떠났다. 사후에 간행된 시집 『마지막 지상에서』(1975)에는 1972년 이후의 작품이 수록되어 있는데 이 시집에 대해 최동호는 "욕망과 권력을 향해 질주하듯 뻗어 나가던 시대에 정결하게 비어 있는 마음을" 보여 준다고 설명하고, "청교도적 금욕주의가 물질과 권력 만능의 시대에 정신적 가치를 가식 없는 목소리로 일깨워" 주었다고 평가하였다.[13] 김현승의 시는 당시의 상황에 대한 비판적 의미는 시에 담아내지 않았지만 물질적 욕망을 키우는 물신 추구의 시대에 순결한 정신의 가치와

---

13) 최동호, 앞의 책, 117쪽.

인간성의 옹호를 강조하는 시를 씀으로써 시대의 소명에 응했다. "남은 것은―/ 마른 손등으로 닦는/ 한 두 방울의 눈물/ 소금기 섞인 마른 눈물."로 시작하는 「낙엽후(落葉後)」(《한국문학》, 1973. 12)는 박목월의 「이순」을 연상시키는 작품으로 노년의 적막감과 생의 아름다움에 대한 회한, 그 다음에 남는 탈속의 정신을 담백하게 표현하였다. 다음의 시 역시 그의 청교도적 순결성과 인생 철학을, 그 순명(順命)의 정신을 잘 보여 주는 작품이다.

산 까마귀
긴 울음을 남기고
지평선(地平線)을 넘어갔다.

사방(四方)은 고요하다!
오늘 하루 아무 일도 일어나지 않았다.

넋이여, 그 나라의 무덤은 평안한가.
――「마지막 지상(地上)에서」 전문

타계하기 두 달 전인 1975년 2월 《현대문학》에 발표된 이 작품은 마치 자신의 죽음을 예고하듯 삶을 관조하면서 물질적 욕망의 소진과 순결한 정신의 추구, 생과 사의 지평선을 넘는 평안의 시학을 간결한 형식에 담아내고 있다. 1970년대 시를 기술하는 사람들이 억압과 질곡의 시대, 저항의 노래에 너무 치중하여 이러한 순정한 시 정신의 의미를 제대로 드러내지 못한 것이 못내 아쉽다.

해방 직후부터 시를 쓰기 시작하여 1949년 시집 『버리고 싶은 유산』으로 문단에 데뷔한 조병화는 고독과 우수와 연모의 서정을 담은 시집을 거의 매년 한 권씩 간행하였는데 1970년대에도 7권의 시집을 상재하였다. 그중 『어머니』(1973)와 『남남』(1975)은 단일한 주제로 된 연작시를 시로 묶은 것이어서 주목해 볼 만하다. 특히 『남남』은 사랑과 그리움의 정서를 바탕으로 인간 존재의 의미를 성찰한 작품집이어서 조병화 시 세계의 진수를 담은 것으로 평가된다. "네 마음이 미치지 않는 곳에/ 둥우릴 만들어/ 내 눈물을 키웠으면 했다/ 그리고 네 깊은 숲에/ 보이지 않는 상록의 나무였으면 했다/ 네게 필요한, 그 마지막이었으면 했다"(「남남 27」) 같은 구절은 사랑의 절대성을 존재론의 차원으로 심화한 대목이며, "존재에 취하며/ 밝음에 취하며/ 너무나 가혹한 이 부재/ 살을 대며/ 넌 날 감지하지 못한다"(「남남 43」) 같은 대목은 존재의 유한성과 인간의 근원적 고립을 잘 나타냈다.

여성 시인 중 가장 많은 시집을 간행한 김남조도 1970년대에 3권의 시집을 간행하였다. 그중 『사랑초서』(1974)와 『동행』(1976)은 그의 시의 구원의 테마인 사랑의 순결성과 애모의 간절함을 노래한 작품으로 채워져 있다. 그런데도 "삶과 사랑은/ 숯불 일어 맨살에 엉켜 붙는/ 화상 부푸러기/ 미치는 피와 살의/ 그 젊은 날도/ 이젠 다 지나갔는지"(「와병기」)에서 보이는 솔직한 피로와 회오의 감정은 그의 시적 생애의 한 고비가 전환됨을 알리는 징표로 작용한다. 또 "막내는 열 살/ 이승의 밤하늘에/ 날이 날마다 별이 솟는 놀라움을/ 어린 아들과 나눈다"(「별」)에서 보이는 순정하고 자연스러운 모성애의 발로도 그의 사랑이 평안한 삶의 지평으로 내려오고 있음을 알려 준다.

김남조와 더불어 가톨릭적 서정의 깊이와 인간적 애증의 깊이를 보여 준 홍윤숙도 1970년대에 3권의 시집을 간행하였다. 여성 시인 중 역사와 현실에 대한 비판적 목소리를 들려준 몇 안 되는 드문 경력의 소유자인[14] 그는 자신의 현재의 삶과 과거의 기억을 병치하면서 끝내 타관을 맴돌 수밖에 없는 삶의 아픔을 『타관의 햇살』(1974)로 실어 냈으며, 역사적 현실에 눈감지 않으려는 의지와 어두운 시대에 갈망하는 구원의 기도를 제6시집 『하지제(夏至祭)』(1978)의 시편으로 엮어 냈다. "너 가는 천지/ 굽이쳐 강물로 흐르는 내 사랑은/ 아픈, 맨발의 백의종군(白衣從軍)/ 날마다 희디흰 붕대를/ 가슴에 감는다"(「우리들 시대의 아들아 1」) 같은 구절에서 시대의 아픔과 미래의 희망을 한꺼번에 아우르고 있다.

과작에 속하지만 매우 독특하고 개성적인 서정 세계를 펼쳐 낸 시인으로 박용래가 있다. 한국적인 정서를 고도의 절제를 통해 간결하고 섬세하게 표현해 온 그는 이 시기에 『강아지풀』(1975)과 『백발의 꽃대궁』(1979)을 간행하였는데 이 두 권의 시집에 그가 1970년대에 쓴 시가 거의 다 묶여 있다. 그는 다른 어느 시인도 흉내 낼 수 없는 그만의 독자적인 서정을 한 단계 더 승화된 차원에서 전개함으로써 1970년대 서정시의 한 진경을 보여 주었다.

어깨 나란히 산길 가다가 문득 바위틈에 물든 산호(珊瑚) 단풍 보고 너는 우정이라 했어라. 어느덧 우정의 잎 지고 모조리 지고, 희끗희끗 산문(山門)에 솔가린 양 날리는 눈발. 넌 또 뭐라 할 것인가? 저 흩날리는 눈발을, 나 또한.
　　　　　　　　　　　——「산문(山門)에서」 전문

시가 압축을 생명으로 하는 언어 예술이라고 한다면 이 시는 시의 가장 원초적인 형태를 보여 주었다. 여기 배치된 단어 하나하나에 눈길을 두고 의미를 깊이 곱씹어 보면 이 시의 깊은 맛을 제대로 음미할 수 있다. "어깨 나란히"라는 말은 "우정"이라는

---

14) 엄경희, 「비탈을 껴안는 교목의 생」, 『한국대표시인선집 홍윤숙』(문학사상사, 2004), 300쪽.

말이 나오는 전제를 이룬다. "바위틈에 물든 산호 단풍"이라는 구절도 단풍을 산호에 비유한 것도 새롭지만 바위 '틈'에 붉은 단풍이 물들어 있다는 상황을 떠올려야 아름다움이 제대로 감지된다. 산 전체를 물들인 장쾌한 단풍이 아니라 바위 사이에 빨갛게 보이는 예쁘장한 단풍이니 산호에 비유될 만하고 그렇게 작고 정겨운 모습이니 우정에 비유될 만하다. 민감한 시인에게는 시간의 흐름 자체가 안타까움인 것. 우정의 단풍이 "모조리 지고"라는 구절에서 "모조리"라는 말에 담긴 시인의 서운함과 허전함을 감지할 수 있다. 화자는 먼 거리에서 산의 초입을 바라보며 천지에 단풍이 자취도 없이 사라지고 희끗희끗 눈발이 날리는 장면을 보고 있다. 저 흩날리는 눈발은 무엇에 비유될 수 있을 것인가? 그렇게 정처 없이 흘러가는 세월은 또 무어라 이름 붙일 수 있을 것인가? 자연의 변화는 그때그때 다른 아름다움을 가져다주지만 그런 변화의 시간이 우리를 슬프게 한다. 세월이 흘러 흩날리는 눈발조차 볼 수 없는 그런 시간이 우리에게 찾아온다면, "넌 또 뭐라 할 것인가?" "나 또한" 이 생략의 어법은 얼마나 또 시다운가. 현실 인식이니 저항 정신이니 하는 거대 담론에 휘말려 이러한 순정한 서정시를 살피는 눈이 흐려져서는 안 될 것이다.

슬픔의 미학이라고 할 수 있을 독특한 색조의 정한을 정감 있는 언어로 표현해 온 박재삼도 이 시기에 『천년의 바람』(1975), 『어린것들 옆에서』(1976), 『뜨거운 달』(1979)을 출간했다. 이중 『어린것들 옆에서』는 가난과 병고에 시달리면서도 그것을 삶의 어쩔 수 없는 과정으로 받아들이면서 자연의 갈피에서 발견되는 부드럽고 순하고 아름다운 장면에서 생의 위안을 얻는 중년 시인의 눈물겨운 심사가 표현되어 있다. "또한 나의 노래여, 노래여./ 슬픔이거들랑 저럴진저./ 그 너머 기쁨이거들랑 저럴진저." (「소곡(小曲)」)에 보이는 것처럼 삶의 기쁨과 슬픔, 혹은 사랑의 기쁨과 슬픔을 균등하게 대하면서 생의 양면을 동시에 포용하려는 중년의 예지가 펼쳐진다. 이것은 그야말로 "슬픔 뒤에 궁극의 아름다움을 찾아내"려는 자세이고 "아름다움은 슬픔으로 인하여 더욱 그 선명성이 더해"지는[15] 경우다. 그런가 하면 40대의 무력한 가장으로 중병을 앓는 아이의 병원비를 염려하면서도 한편으로는 어린 생명의 티 없이 맑은 순결성에 감탄하는 애틋한 서정이 감동을 준다.

> 혈압(血壓)이 높아가고
> 위장(胃臟)이 나빠가고
> 이제 차츰 웃을 일이 적어간다마는
> 아울러 사랑하는 이여,
> 네 살향기에서도
> 한 십리 남짓은 떠나왔다마는,
> 우리 집 막내는
> 뇌막염(腦膜炎)을 앓았아도
> 자다가 웃고,
> 여자의 어느 살결보다도
> 부드럽고 맑은 살향기 가졌네.
>
> ——「자다가 웃고」 전문

삶의 힘겨움에 대한 탄식보다 더 중요한 것은 시인이 어린아이를 키우면서 체험한 티 없이 맑은 동심의 천진성이다. 이 천진성은 춘향이나 흥부의 내면적 순결성과 상통하는 측면을 갖는다.

---

15) 김영미, 「갇힌 시간과 그 해체 —박재삼론」, 『시대를 건너는 시의 힘』(소명출판, 2005), 198쪽.

웃을 일이 적어져 가는 그의 눈 안에 고귀하게 들어오는 막내의 천진한 웃음과 "부드럽고 맑은 살향기." 그 맑은 기류는 마흔 넘은 그의 육신의 때, 정신의 때를 벗겨 내고 그에게 생의 새로운 기쁨을, 그리고 어지럽지 않은 사랑의 향기를 새삼 솟아오르게 하는 것이다.

이외에 이성교는 『보리 필 무렵』(1974)과 『눈 온 날 저녁』 (1979)을 간행하였는데 두 시집 다 전통적 서정의 순정성을 충실히 계승하였다. 『보리 필 무렵』에 수록된 「가을 운동회」는 소년의 천진한 시각으로 시골 초등학교의 운동회 장면을 자연스럽게 그려 낸 점이 인정되어 중학교 1학년 국어 교과서에 수록되었다. 전통 서정시의 흐름을 유지하면서도 감상적 요소를 절제하여 "짜임새 있는 구성과 압축의 묘미"를 보여 주는 여성 시인으로 평가받는[16] 허영자는 이 시기에 『어여쁨이야 어찌 꽃뿐이랴』(1977)를 간행하였다. 여기 수록된 「떡살」, 「복숭아」, 「바람부는 날」 등의 시에서 "원시적인 감각 이미지의 생동성을 감각화"하는[17] 강렬한 표현 미학을 수립하는 데 성공했다. 최원규[18]는 서정시의 울타리에 일상적 삶의 애환과 현대적 감각을 함께 불어넣으려 한 다작의 시인이다. 그는 이 시기에 『자음송』(1973), 『비 속에서』(1976), 『불타는 달』(1979)을 간행하였다. 이들 시집에 사물 이미지의 추구, 불교적 상상력, 우울한 허무주의, 생의 모순에 대한 인식 등 다양한 주제와 표현 양식이 담겨 있다.

유안진[19]은 『절망시편』(1972), 『물로 바람으로』(1976), 『그리스

---

16) 김현자, 「한국 여성시의 계보」, 『현대시』(1992. 2), 88쪽.
17) 김현자, 『아청빛 길의 시학』(소명출판, 2005), 220쪽.
18) 최원규(崔元圭, 1933~): 1961년 《자유문학》에 「나목」이 당선되어 등단. 시집으로 『금채적』(1961), 『겨울가곡』(1966), 『순간의 여울』(1971) 등이 있음.

도 옛애인』(1978) 등 3권의 시집을 간행하여 매우 정력적인 창작 활동을 전개하면서 전통과 현대를 아우르는 비애의 정서를 기탄없이 표현하였다. 신달자[20]는 『봉헌문자』(1973)와 『겨울축제』(1976)를 간행하여 서정과 지성을 아우르는 서정 세계를 전개하면서 여성 시인의 위상을 높였다. 유안진은 전통적인 가락을 바탕으로 단아하고 이지적인 서정의 세계를 펼쳐 냈다. 고독과 그리움이라는 주제를 여성 특유의 감각으로 섬세하게 표현하였다. 신달자는 때로는 격렬한 어조로 사랑의 환희와 아픔을 노래하고 때로는 고요한 음률로 생의 비밀과 사랑의 신비를 읊조렸다. 전통적 가락보다는 서구적 심상을 개발하려는 노력을 보였다.

이외에 신동집, 박희진, 성찬경, 박이도, 임보 등이 지성과 감성을 결합한 개성 있는 작품을 발표하여 한국 시의 영역을 풍요롭게 확장하였으며 1960년대 후반에 등단한 김초혜, 이가림, 강인한, 정양, 이생진 등이 지속적인 활동을 벌였다.

1970년대에 등단한 일군의 서정시인들은 그 전과는 다른 신선한 서정의 세계를 펼쳐보였다. 1966년에 등단한 김형영[21]은 『침묵의 무늬』(1973)와 『모기들은 혼자서도 소리를 친다』(1979)를 간행했다. 서정주의 초기 시 혹은 보들레르적 어법의 영향을 받아 뜨거운 육성으로 강렬한 이미지를 선보였다. 1970년대 중반을 넘어서면서 「풍뎅이」, 「금붕어」, 「올빼미」, 「모기」 등 동물을 소재로 삼아 현실의 구속 앞에 무력하게 살아가는 인간 군상의 모습을

---

19) 유안진(柳岸津, 1941~): 1965년 《현대문학》에 시 「달」, 「별」, 「위로」가 추천되어 등단. 시집으로 『달하』(1970) 등이 있음.
20) 신달자(愼達子, 1943~): 1972년 《현대문학》에 「발」, 「빨래」, 「에레베타」가 추천되어 등단. 시집으로 『고향의 물』(1982), 『아가』(1986) 등이 있음.
21) 김형영(金炯榮, 1945~): 1966년 《문학춘추》에 「소곡」이 당선되어 등단. 시집으로 『다른 하늘이 열릴 때』(1987) 등이 있음.

알레고리 기법으로 나타내기도 했다. 그러나 그의 본령은 역시 「동행」이나 「이 몸 바람되어」에 보이는 자연과 결부된 순연한 서정에 있었다.

1969년에 등단한 문정희[22]는 『문정희 시집』(1973), 시극집 『새떼』(1975)를 간행하였다. 첫 번째 시집의 제목을 당당히 자신의 이름을 내세울 정도로 자신감에 찬 이 여성 시인은 자유롭고 활달한 어법으로 사랑과 죽음과 인생과 시대를 다채롭게 노래했다. "흐르는 것이 어디 강물뿐이랴/ 피도 흘러서 하늘로 가고/ 가랑잎도 흘러서 하늘로 간다."로 시작하는 「새떼」는 문정희의 상상력이 인간과 자연 사이를, 지상과 천상 사이를 자유롭게 이동하는 것을 보여 준다. 그런가 하면 「콩」은 밭두렁의 콩을 "새끼들만 주렁주렁 매달아 놓"은 "흙을 다스리는 여자"로 의인화하여 다른 시에서 보지 못한 독특한 생명력을 콩에 부여하고 있다.

콩은 생산하는 여성의 상징인 동시에 "야무진 가을 아이들"로 전환된다. 그만큼 문정희의 상상적 비약은 눈부실 정도로 민첩하다. "부호로만 울던 새/ 어디서 죽나"라든가 "허공 밖의 눈이 되어/ 아픔으로 서성이고"(「새의 행방」) 같은 시행에 보이는 절묘한 언어 표현은 그만의 독보적인 것이었다. "삶과 현실 그리고 소망을 자신의 시적 감각이란 더듬이로 정확하게 포착하여 그것을 '사상'이란 웅덩이나 '애달픔'의 항아리에 담지 않고 정서적 감각으로 풀어내고 있다"는 김선학의 견해는[23] 문정희 시의 개성을 명쾌하게 요약한 것이다.

---

22) 문정희(文貞姬, 1947~): 1969년 《월간문학》에 「불면」, 「하늘」이 당선되어 등단. 시집으로 『혼자 무너지는 종소리』(1984), 『아우내의 새』(1986) 등이 있음.
23) 김선학, 「신선한 모습의 감각적 담론」, 『어린 사랑에게』(미래사, 1991), 145쪽.

나태주[24]는 1971년 《서울신문》 신춘문예로 등단하여 『대숲 아래서』(1973), 『누님의 가을』(1977), 『막동리 소묘』(1980)를 간행하여 누구보다도 활발한 창작 활동을 전개했다. 그는 고향인 충남에 뿌리를 내리고 전통적 서정성에 바탕을 둔 작품을 일관되게 발표하였다. 평이하고 소박하면서도 사람의 마음에 잔잔한 여운을 남기는 그의 시는 1970년대의 암울한 현실과 대조를 이루면서 순연한 서정의 기틀을 잡아 갔다. 그의 시가 지닌 소박성은 시인 자신의 천진한 내부에서 자연스럽게 우러나오고 생활 속에 용해된 것이다. 외로움, 그리움, 사랑, 안타까움 등 인간의 가장 보편적인 감정을 천진하고 소박하게 노래한 그의 시는 지나치게 단순하고 동어 반복적이라는 비판도 들을 만하지만 인간으로서 가장 순수한 사랑의 감정을 표현하였다는 점에서 중요한 의미를 부여받을 수 있다.

송수권[25]은 1975년 35세의 나이로 뒤늦게 등단하여 1980년에 첫 시집 『산문에 기대어』를 간행하였지만 오랜 숙성 기간을 거쳐 순도 높게 발효된 그의 서정의 경지는 늦은 등단을 단기간에 만회할 만한 질량을 지니고 있었다. 데뷔작 「산문에 기대어」는 누이의 죽음을 소재로 하여 개인의 정한을 인간 보편의 근원적인 슬픔으로 승화시켰다는 평을 받았다.

누이야
가을 산 그리메에 빠진 눈썹 두어 낱을

---

24) 나태주(羅泰柱, 1945~): 1971년 《서울신문》에 「대숲 아래서」가 당선되어 등단. 시집으로 『굴뚝각시』(1985) 등이 있음.
25) 송수권(宋秀權, 1940~): 1975년 《문학사상》에 「산문에 기대어」가 당선되어 등단. 시집으로 『꿈꾸는 섬』(1983), 『아도』(1985), 『새야 새야 파랑새야』(1986) 등이 있음.

지금도 살아서 보는가
정정한 눈물 돌로 눌러 죽이고
그 눈물 끝을 따라가면
즈믄 밤의 강이 일어서던 것을
그 강물 깊이깊이 가라앉은 고뇌의 말씀들
돌로 살아서 반짝여 오던 것을
더러는 물 속에서 튀는 물고기같이
살아오던 것을
그리고 산다화 한 가지 꺾어 스스럼없이
건네이던 것을

━━「산문에 기대어」 부분

 이 시는 "가을 산 그리메에 빠진 눈썹"이 환기하는 신비로운 첫 시행의 매력에 의해 많은 독자들의 입에 회자되었다. 가을산의 아름다움을 배경으로 정정한 눈물과 즈믄 밤의 강과 고뇌의 말씀으로 이어지는 전통적 정한의 변용은 대상과의 교감을 통한 서정적 합일에 이르는 경로를 선연하게 보여 준다. 그 이후 「춘향이 생각」이나 「지리산 뻐국새」 등의 작품을 통해서 전통적이고 토속적인 정한의 세계를 현대적 감각으로 심화하는 작업을 지속하였다.
 1970년부터 시를 발표한 이성선[26]은 전통 서정시의 맥락을 계승한 시인으로 전원적 서정을 바탕으로 한 종교적 갈망과 지향을 통해 그만의 독특한 세계를 펼쳐 냈다. 이러한 그의 특성은 "자칫 방법과 관념에 치우치기 쉬운 현대시에 서정적 탄력과 탐미적

---

26) 이성선(李聖善, 1941~2001): 1970년 《문화비평》에 「시인의 병풍」이 당선되어 등단. 시집으로 『몸은 지상에 묶여도』(1979), 『밧줄』(1983) 등이 있음.

긴장을 불어넣을 촉매가 된다는 점에서 그 심화와 확대의 중요성이 인정된다"는[27] 평가를 받는다. 그의 첫 시집 『시인의 병풍』(1974)은 "심오한 불교적 상상력에 광대무변한 우주적 상상력"이 결합된 새로운 사유의 영역을 보여 주었으며, 101편의 연작시를 모은 장시집 『하늘문을 두드리며』(1977)는 "절대자에 대한 지순하고 열렬한 찬미"를 통해 서정시의 또 다른 진경을 보여 주었다.[28] 이 장시집에 실린 시들은 부분적으로 몇 개의 지면에 분재되기도 했는데, 서시를 포함하여 102편의 산문시로 연결되어 한 권의 시집을 구성하게 된 것이다. 이 시집에 대해 성찬경 시인은 시집의 후기에서 영혼이 갈구하는 바가 감동적으로 드러나 있는 절창이라고 극찬하였다.

이 장시는 벌레가 나비가 되어 하늘로 비상하는 과정을 절대자에 대한 간절한 염원과 구도의 형식으로 표현한 것이다. 벌레는 땅 속에 허리 구부리고 있다가 작고 보잘것없는 몸을 움직여 지구의 한 부분을 기어간다. 이렇게 하찮은 벌레가 그 내면에는 초월에의 강렬한 욕구를 지니고 있다. 그래서 벌레집을 짓고 그 깜깜한 독방에 홀로 들어앉아 해탈의 순간을 기다리며 끝없이 하늘문을 두드린다. 그 기다림과 염원을 통하여 비로소 초월의 세계로 상승하여 자유를 얻고 우주를 소유하게 되는 것이다. 그러나 철학적 명상시라고 할 수 있는 이런 작품집은 1970년대의 상황에서 제대로 평가받을 수가 없었다.

1974년 《심상》으로 등단한 한광구[29]도 차분하게 가라앉은 서정

---

27) 김재홍, 『한국 현대시의 사적 탐구』(일지사, 1998), 309쪽.
28) 이승하, 앞의 책, 296~297쪽.
29) 한광구(韓光九, 1944~): 1974년 《심상》에 「혹」, 「0.4」가 당선되어 등단. 시집으로 『찾아가는 자의 노래』(1981), 『상처를 위하여』(1987) 등이 있음.

의 세계를 통하여 독자들의 심금을 울렸다. 그 결실은 첫 시집 『이 땅에 비오는 날은』(1979)에 일차적으로 정리되었고 1980년대 이후 더 활발한 작품 활동을 보여 주었다. 이외에 허형만, 윤석산, 권택명, 김영석, 손기섭, 신협, 유자효, 유재영, 이해인, 이명수, 김성춘, 한영옥, 권택명, 권달웅, 김수복, 한기팔, 차한수 등이 1970년대에 등단하여 당대 서정시의 위상을 확대하며 1980년대 시와의 교량적 역할을 했다.

2) 서정성과 현대적 심상의 결합

1960년대에 출발한 '현대시' 동인들은 그들의 동인 명칭을 '현대시'라고 한 데서도 짐작되듯이 현대성의 수립을 창작의 지향점으로 삼았다. 이미지를 통한 내면 탐구를 기치로 내건 그들은 1970년대에 지면이 확대되면서 각자의 개성을 살리면서 더욱 활발하게 작품을 발표하였다. 정진규[30]는 이 시기에 『들판의 비인 집이로다』(1977)와 『매달려 있음의 세상』(1979)을 간행하면서 1960년대와는 다른 그만의 독특한 산문시 세계를 개척했다. 그는 현대적 이미지 중심의 단계에서 벗어나 시에 산문성과 현실성을 도입함으로써 서정의 진폭을 확장하고자 했다. 1975년 《문학사상》에 발표한 「들판의 비인 집이로다」에 담긴 호곡과 같은 비탄의 가락은 그의 변신을 예고하는 것이었다. 이미지나 내면 탐구만으로는 시를 지탱하기가 어렵다는 것을 인식하여 삶과 현실에 대한 관심을 수용한 것인데 그것은 구체적 발언의 형태가 아니라 시적인 상징의 차원으로 제시되었다. 이 시 전후에 「그리운 만

---

30) 정진규(鄭鎭圭, 1939~): 1960년 《동아일보》에 「나팔서정」이 당선되어 등단. 시집으로 『마른 수수깡의 평화』(1966), 『유한의 빗장』(1971), 『연필로 쓰기』(1986) 등이 있음.

남」, 「나의 모국어」, 「봉서」, 「텔레비전」 등의 시에서 소시민적 일상성에 침윤되어 가는 자신에 대한 환멸과 자책을 표출하기도 했는데 이 시에서 시인의 현실에 대한 비애가 호곡의 율조와 결합하고 시적 상징과 결합하면서 정신의 고도로 상승한다.

 어쩌랴, 하늘 가득 머리 풀어 울고 우는 빗줄기, 뜨락에 와 가득히 당도하는 저녁나절의 저 음험한 비애(悲哀)의 어깨들 오, 어쩌랴, 나 차가운 한 잔의 술로 더불어 혼자일 따름이로다 뜨락엔 작은 나무 의자 하나, 깊이 젖고 있을 따름이로다 전재산(全財産)이로다

 어쩌랴, 그대도 들으시는가 귀 기울이면 내 유년(幼年)의 캄캄한 늪에서 한 마리의 이무기는 살아남아 울도다 오, 어쩌랴, 때가 아니로다, 때가 아니로다, 때가 아니로다 온 국토(國土)의 벌판을 기일게 기일게 혼자서 건너가는 비에 젖은 소리의 뒷등이 보일 따름이로다

 어쩌랴, 나는 없어라 그리운 물, 설설설 끓이고 싶은 한 가마솥의 뜨거운 물, 우리네 아궁이에 지피어지던 어머니의 불, 그 잘 마른 삭정이들, 불의 살점들 하나도 없이 오, 어쩌랴, 또다시 나 차가운 한잔의 술로 더불어 오직 혼자일 따름이로다 전재산(全財産)이로다, 비인 집이로다, 들판의 비인 집이로다 하늘 가득 머리 풀어 빗줄기만 울고 울도다
       ──「들판의 비인 집이로다」 전문

하늘에서 내리는 비를 "음험한 비애의 어깨"로 비유하고 비에 젖고 있는 나무 의자 하나를 "전재산"이라고 내세우는 우울한 화

자의 비탄이 시 전체를 관통하고 있다. 뜨거운 물도, 물을 끓일 불도 없는 상황에서 "차가운 한 잔의 술"로 비애를 달랠 수밖에 없는 "비인 집"의 "오직 혼자"인 화자의 처절한 공허와 고립은 "국토"라는 시어에서 개인의 문제가 아니라 이 땅에 살고 있는 많은 사람들의 자의식을 대변한 것이라는 의미를 창출한다. 요컨대 이 시는 서정과 현대적 심상과 현실성이 결합된 양상을 보여 준 것이다.

압축과 절제에 바탕을 둔 독특한 모순 어법을 구사하여 언어 표현의 아름다움을 창조한 이수익은 과작의 시인이다. 첫 시집 『우울한 샹송』(1969)을 내고 이 시기에 『야간열차』(1978)를 간행했다. 정갈한 구도로 조성된 그의 시는 잘 닦인 금속 기물의 은은한 광택과 표면의 서늘한 감촉을 연상케 한다. 완벽에 가까운 정갈한 구도 속에 고립의 처소에 놓인 자아의 외로움을 배치시킨다. 고립 속에 창조된 세계는 결빙된 얼음처럼 정갈하고 투명한 상태를 지향하며 시어와 시행은 극도로 정제된 결빙의 구성 분자로 작용한다. 서정과 현대적 심상의 가장 아름답고 조화로운 결합을 추구한다.

그의 시 「묘(墓)」는 지상의 삶이 희비의 연속이며 굴종과 타협으로 얼룩져 있으나 결국은 한 평밖에 안 되는 땅에 마른 흙으로 덮이는 허망한 것이라고 노래하였다. 일상적 삶의 관점에서 보면 목숨이 끊어지는 것이 슬픈 일이겠으나, 비속하고 허망한 지상의 삶에서 벗어나 지하의 가문에 내려앉는 것은 오히려 안온한 휴식이라는 뜻이 그 시에 나타난다. 현실적 오욕의 길에서 벗어나 영혼의 순결성을 추구하려는 태도가 죽음의 안온함을 말하는 데까지 이른 것이다. 다음의 시는 그가 생각하는 죽음이 단지 육신의 소멸이 아니라 진정한 미의 근원에 도달하기 위한 고행과 자기 단련의 과정임을 알려 준다.

모가지도 버려야 한다.
두 팔도 잘라야 한다.
남아 있는 흉상으로 더욱 절실한
언어(言語)를 만들기 위하여
무서운 단죄(斷罪)를 내려야 한다.
파괴의 구도로 이루어질 뿐인
토르소.
차라리 상실(喪失)이 아름다운.

――「토르소」 전문

팔과 목을 잘라 죽음의 흉상을 만드는 것은 "더욱 절실한 언어를 만들기" 위한 고투의 과정이다. 순수와 진실을 추구하기 위해서는 "무서운 단죄", "파괴의 구도"가 필요하다. 누추한 삶의 가지를 과감히 잘라 내고 순수의 형상만을 남기는 것, 그 상실의 과정은 아름답고 가치 있다. 그런 의미에서 죽음에 대한 명상은 더 큰 진실, 더 확고한 아름다움, 더 순수한 삶에 도달하려는 노력에 해당한다.

이미지의 조형, 언어의 미학적 창조, 내면 의식의 형상화로 시의 출발을 보인 오세영은 1970년대에 들어와서 존재론적인 탐구를 통하여 사물과 삶의 본질을 투시하려는 경향으로 변화를 보인다. 「등산」에 나오는 "세상의 모든 것은 내 것이 아니다./ 다만 가까이 할 수 있을 뿐이다."라는 구절은 대상의 존재론적 탐구로의 전환과 그 작업의 어려움을 암시한다. 사물의 존재 양태를 탐구함으로써 그것을 통해 인간 존재의 모순을 인식하려 하는 것이다. 모순을 넘어서기 위해 새로운 길을 찾으려 하지만 그것이 쉽게 발견될 리가 없다. 여기서 소멸과 허무를 인간의 존재론적 조건으로 인정하는 측면이 나타난다. 이런 점에서 그의 세계 인식은 비극적이다. 그러나 그는 인간의 지상적 유한성을 그 자체로 인정하고 그것을 너그럽게 받아들일 때 오히려 삶의 유한성을 넘어설 수 있다고 생각한다. 지상의 모든 존재는 소멸과 죽음에 이르는 도정에 놓여 있다. 아무리 몸부림쳐도 소멸의 숙명을 피할 수 없다. 그럴 바에야 있음에 대한 집착을 버리고 스스로 소멸을 수락함으로써 삶의 완성을 이루는 길을 택한다. 그는 역설의 어법과 결합된 잠언적 표현으로 존재론적 탐구의 관념성을 피해 간다. "스스로 육신(肉身)을 포기하는 자의/ 저 완벽한 연기(演技)."(「여윈 손」)라든가 "돌은 눈먼 사랑을 깨우는/ 증오를 배울 때, 비로소/ 돌이 된다."(「돌」) 같은 것이 대표적인 예이다.

    화석(化石) 속엔 한 마리
    새가 난다.
    결코 지상(地上)으로 내려오지 않는 새.

    내가 흘린 눈물도
    쥬라기 지층(地層) 어느 하늘 아래
    하나의 보석(寶石)으로 반짝거릴까.
    가령 죽음이라든가.
    죽음 앞에서 초롱초롱 빛나던 눈.

    스스로 불에 타서 소멸(消滅)을 선택하는
    지상의 별들이여
    묻혀라 화석(化石)에.
    영원히 죽는 것은 이미
    죽음이 아니다.
                                       —「보석(寶石)」 전문

이 시에서 시인은 삶의 유한성과 초월성에 대해 명상하고 있다. 유한성과 초월성은 서로 충돌하는 모순의 관계에 있다. 그러나 사고의 전환을 하게 되면 삶의 유한성은 영원의 차원으로 상승한다. 그런데 화석에는 선사 시대 생물의 모습이 시간을 초월하여 그대로 보존되어 있다. 그런 의미에서 화석은 사물의 죽음을 보여 주는 것이 아니라 사물의 영원한 존재성을 보여 준다. 우리의 일상적 삶도 화석의 상태로 승화시킨다면 눈물은 보석이 되고 죽음은 영생이 될 것이다. 소멸과 허무를 인간의 존재론적 조건으로 받아들일 때 삶의 유한성을 넘어설 수 있다는 생각을 화석의 이미지로 전환 표현한 데 이 시의 특징이 있다.

'현대시' 동인인 이건청[31]은 박목월이 창간한 월간 시지 《심상》(1973)의 편집 실무를 맡아 바쁜 시간을 보내면서 한편으로 개성 있는 시를 발표하였다. 자아의 번민을 서구적 이미지로 표현하던 그는 점차 현실에 관심을 돌리기 시작한다. 서정성을 바탕으로 현대적 심상과 문명에 대한 의식, 현실 비판 의식이 결합된 그의 시 세계는 복합적인 성격을 지녔는데, 『목마른 자는 잠들고』(1975)에 이 시기의 중요 시편이 집결되어 있다. 여기에는 알레고리의 형식을 취한 두 편의 연작시 「심봉사전」과 「황인종의 개」가 수록되어 있는데 시대의 압력과 개인의 왜소함을 노래하고 있다. 「심봉사전」에서는 내적 열망을 지녔으나 눈이 멀어 열패감에 시달리는 심봉사를 화자로 설정하여 시인의 내면적 갈망과 현실에 대한 소외감을 표현하였다. 「황인종의 개」에서는 비천하게 버려져 끈에 묶인 채 버둥대는 개를 시적 자아로 설정하여 한국

---

31) 이건청(李健靑, 1942~): 1970년 《현대문학》에 「구악」이 추천되어 등단. 시집으로 『이건청 시집』(1970), 『망초꽃 하나』(1983), 『청동시대를 위하여』(1989) 등이 있음.

사회의 정신적 불구성을 암시하면서 억압에 시달리는 개인의 비굴감, 낭패감을 형상화하였다.

1970년대에는 연작시가 많이 발표되었다. 1970년대 연작시를 대표하는 시인은 박제천[32]이다. 그는 당시 누구보다도 정력적인 창작 활동을 펼쳤다. 『장자시』(1975)에 212편의 작품이 수록되었고 『심법(心法)』(1979)에 110편이 수록되었는데 이들 작품의 대부분이 연작시다. 김현은 박제천의 시에 대해 "『장자시』와 『심법』에서 동양적 달관을 아름다운 동물 이미지로 형상화하고 있다"고 짧게 언급하였는데[33] 동물 이미지만이 아니라 다채로운 감각적 심상이 화려하게 수놓여 있고, 동양적 달관이라고 했지만 사실은 서양적인 발랄하고 자유로운 상상력이 폭발하고 있다. 그러니까 '장자시'라든가 '심법'이라는 말은 단지 동양적 소재의 차용 혹은 사유의 기반을 제시한다는 의미를 부여할 뿐이고 시의 외형은 현저히 서구적인 데 기울어 있다. 김현의 촌평보다는 "일체의 만물은 차이가 없고 구별이 없다."는 장자의 사유에 기초를 두고 "이런 무차별의 원리가 상상력을 자극시켜 심상들을 자유롭게 결합"시키고 있다고 설명한 김준오의 관점이 박제천 시의 실상에 근접한 것이다.

박제천의 시 세계를 평설한 글의 표제가 「동양적 초현실주의 시」[34]라고 되어 있는 것을 보았는데 이 말은 1970년대에 보여 준 박제천 시의 특징을 잘 나타내는 요약어다. 그만큼 이 당시 그의

---

32) 박제천(朴堤千, 1945~): 1965년 《현대문학》에 「빈사의 새」 등이 추천되어 등단. 시집으로 『율(律)』(1981), 『달은 즈믄 가람에』(1984), 『노자시편』(1988) 등이 있음.
33) 김현, 앞의 글, 422쪽.
34) 강우식·홍신선 엮음, 『박제천 시선집 5』(문학아카데미, 2005), 191~210쪽에 있는 진순애의 평론 제목.

시는 무의식의 자동 기술에 가까운 방만한 이미지의 자유로운 접합으로 이루어져 있었다. 『장자시』는 초현실주의 쪽에 기울어져 있고 『심법』은 동양적 사유에 기울어져 있지만 그 둘은 이미지의 축을 기반으로 조화로운 결합을 이루고 있다. 그것은 "내가 꽃이라고 가리키는 곳에는 아내의 잠옷이 서 있다 내가 꽃이라고 가리키는 곳에는 담배연기가 서 있다 내가 꽃이라고 가리키는 곳에는 벽(壁)이 서 있다 내가 꽃이라고 가리키는 곳에는 새가 서 있다 내가 꽃이라고 가리키는 곳에는 도시(都市)가 서 있다 아내는 안경을 썼다가 벗었다가 눈물을 흘린다 아아 아내의 눈물 속에 꽃이 있다"(「허수아비가(歌) 그 셋」) 같은 산문적 반복의 형식을 취하거나 "금이 간 햇볕이 마른 논바닥에 엎어져 있다/ (중략)/ 부서져 황토(黃土)가루가 된 햇볕이 앞장서서 뛰어간다" (「허수아비가 그 열셋」) 같은 현란한 이미지를 통해서, "녹아도 녹아도 녹지 않는 아이스크림이 달려온다/ 그 여자를 피하기엔 너무 좁은 바다/ 끝없는 아이스크림이 내 위로 지나간다"(「풍어제 그 스물일곱」) 같은 초현실적 환상, "혼자서 맞이하는 공산(空山)의 명월(明月)/ 그대여 내 안에서 무너지는/ 이 산(山)의 한 움직임을 비추어라."(「심법상편(心法商篇)」) 같은 잠언적 경구 등을 통해 실현된다. 이러한 다양한 방법론이 시의 현대적 감각을 한 차원 고양하였다.

1970년에 등단한 조정권[35]은 첫 시집 『비를 바라보는 일곱 가지 마음의 형태』(1977)를 간행하였다. 그는 가장 70년대적인 신선한 감각과 심상을 구사한 시인이라고 할 수 있다. 그것은 데뷔작 「흑판(黑板)」이나 첫 시집의 표제작인 「비를 바라보는 일곱

---

35) 조정권(趙鼎權, 1949~): 1970년 《현대시학》에 「흑판」 등이 추천되어 등단. 시집으로 『시편』(1982), 『허심송』(1985), 『하늘이불』(1987) 등이 있음.

가지 마음의 형태」를 보면 금방 확인되는 사실이다.

> 물이 엎질러진 마당구석에서 아이들은 얼굴을 비춰보며 놀고, 나는 얼음이 갈라지는 헛간의 빙벽에 매달려 있었다. 이번에는 소리들이 뼈를 부딪치고 있었다. 소리들은 바다로 기울어져 가고, 내 안에서는 하얗게 고함치며 갈라지는 뼈가 있었다. 그러자 바람이 메마른 나뭇가지의 살을 씻어내리다 실신하는 바다에서 흰 팔의 소리들이 다시 들려오고 있었다.
> ——「비를 바라보는 일곱 가지 마음의 형태」부분

위의 시에 나오는 감각적 시행들은 내면의 움직임을 다양한 이미지로 구현한 탁월한 형식미를 보여 준다. 그래서 오세영은 그의 시에 대해 "70년대의 선두주자로서 그가 보여주었던 발랄한 감수성이 아직도 신선한 자극으로 남아 있음을 기억한다"고 회고하였다.[36]

그런데 신선한 이미지로 출발한 그도 1970년대의 현실적 압박감에서 자유롭지 않았던지 「근성(根性)」, 「75년 5월」, 「78년 5월」, 「79년 가을」 등의 시에서 생활 체험과 관련된 명상이라든가 현실에 대한 고민과 반응을 시로 나타내고 있다. 그의 시가 "시대 상황의 부조리에 대한 부정과 비판 정신"을 가지고 있다고 보고 "삶을 고통으로 파악하여 현실의 폭력에 대한 저항을 보여 줌으로써 정신의 매서움과 살아 있음을 형상화"했다고 진단한 것은[37] 그런 현상을 두고 판단한 것이다. 그러나 그것은 그의 본령이 아니었고 그는 언어와 형식에 대한 관심을 끝까지 유지하였

---

36) 오세영, 「사물과 언어와 존재」, 『풀잎 속 푸른 힘』(고려원, 1986), 147쪽.
37) 김재홍, 앞의 책, 305쪽.

다. 그의 지향은 정제된 이미지가 이루는 결빙의 미학에 있었다. "사물에 내재된 본질적 힘을 응시하는 조정권의 단정한 언어는 불필요한 정서의 자기 탐닉을 방지하려는 서정적 주체의 자각"을 뜻한다고[38] 해석한 것이 이 시기 조정권 시의 실상에 부합하는 내용이다.

1972년 《현대문학》으로 등단한 이기철[39]도 '자유시' 동인으로 활동하면서 전통과 지성이 결합된 현대적 감각의 시 작품을 발표하였다. 첫 시집 『낱말 추적』(1974)은 삶과 존재의 실상을 탐구하는 지적인 정신이 감성적인 언어와 어떻게 조우하는가라는 시의 원론적 문제에 대한 고민이 작품의 저류에 흐르고 있다. 그만큼 서정적 단순성보다는 지적인 탐구를 통해 서정의 세계에 다가가려는 시인의 노력이 돋보인 작품집이라고 판단할 수 있다. 그 이후 이기철은 조금 더 유연한 언어로 생활의 세부에서 삶의 진실을 찾아내는 안정된 서정시의 길로 접어들게 된다.

1973년 《현대문학》으로 등단한 조창환[40]도 감성과 지성이 조화를 이룬 시 세계를 펼쳐 냈다. 음악적 리듬보다는 음악에서 연상되는 심상의 리듬에 더 관심을 보여 이미지의 조형을 통해 자연과 세계를 표현하는 독특한 양식을 개척했다. 그러한 노력이 첫 시집 『빈 집을 지키며』로 집결되었다.

---

38) 유지현, 「서정적 주체의 회복과 시양식의 갱신」, 최동호 편, 『남북한 현대문학사』(나남출판, 1995), 276쪽.
39) 이기철(李起哲, 1943~): 1972년 《현대문학》에 「5월에 들른 고향」 등이 추천되어 등단. 시집으로 『청산행』(1982), 『전쟁과 평화』(1985), 『우수의 이불을 덮고』(1988) 등이 있음.
40) 조창환(曺敞煥, 1945~): 1973년 《현대시학》에 「귀향」, 「연가」 등이 추천되어 등단. 시집으로 『라자로 마을의 새벽』(1984), 『그때도 그랬을 거다』(1992), 『파랑눈썹』(1993) 등이 있음.

3) 서정의 현실 수용

'현대시' 동인의 한 사람인 이유경은 『하남시편(下南詩篇)』(1975)을 간행하였다. 이 시집에서 이유경은 현실 쪽으로 발을 깊게 들여놓았다. "농촌 사회의 붕괴로 인해 받은 도시인의 정신적인 상처"를 시로 표현하고 있으며 지식인의 자리에서 "농촌을 버린 자신을 반성"하는[41] 자의식의 흐름을 보여 주었다. 하남은 시인의 고향인 경상남도 밀양군 하남읍을 가리킨다. 그는 소음과 공해에 찌든 도시에서 벗어나 유년의 기억이 곳곳에 스며 있는 고향으로 돌아갔지만 거기서 위안을 얻지 못한다. 고향의 풍물에서 오히려 짙은 소외감과 이질감을 느낀다. 그는 시집의 서문에서 "하남의 들판. 바람과 언 강물과 파릿한 보리의 아픔으로 다시 돌아가 그 시달리며 움츠린 악몽의 세계를 내 사랑의 획득과 함께 고뇌하고 싶다"고 썼지만 실제로 그가 고향에서 마주하게 된 것은 "하남(下南)벌은 지옥에 처박혀 바람에 휩쓸리고 있다"는 배반감이다. 그것은 "하남벌에 돌아와 한숨 쉬는/ 내 십년의 배반(背叛)"(「배반」)이라는 구절에서 단적으로 진술된다. 고향의 모습에서 자기 동일성을 발견하기도 하지만 그것은 잠깐이고 그 시간이 지나면 환멸의 심정이 시인을 휩싼다. 그러한 자기 자신의 모습을 바라보는 의식의 근저에는 "허무감"[42]이 자리 잡고 있다. 이것은 1970년대 농촌의 실상을 인식한 지식인 시인의 진솔한 "영혼의 고백"[43]이 대안을 갖지 못할 때 당연하게 터져 나오는 무력함의 토로였다.

최하림[44]의 첫 시집 『우리들을 위하여』(1976)는 "지식인임을 망

---

41) 이승하, 앞의 책, 275쪽.
42) 이건청, 『한국 현대시인 탐구』(새미, 2004), 447쪽.
43) 이승하, 앞의 책, 276쪽.

각하지 않는 범위 내에서 시인도 민중이라는 공동 운명체의 일원임을 강조하고, 그럼으로써 순수·참여의 도식적인 이분법을 지양해 간 시인"이라는[45] 설명에서도 확인되는 것처럼 우울하면서도 정갈한 서정의 바탕 위에서 시대와 현실과 인간에 대한 고민과 성찰을 노래한 시들로 채워져 있다. 이 시집에는 매섭고 추운 겨울의 이미지가 반복되는데 그것은 현실의 암울함을 암시한다. 그런 상황의 암시적 표현을 통해 "어둠과 추위와 공포와 고통으로 이어지고 있는 시적 정황의 한가운데에서 그것을 극복하기 위한 의지의 탄생"을 확인할 수 있다는 평가와[46] "고난의 시대를 사는 동시대인들의 처절한 고통스러움을 직핍하게 표현"하였다는 평가를[47] 얻었다. "상징주의적 탐미성과 민중적 이념성 사이에서 가파른 진자 운동을 하고 있다"는 해석도[48] 이와 유사한 것이다.

    칼날의 댓닢이 밤에도 자지 않고
    흔들리는 것을 보고 있다 달빛의
    신경이 흔들리는 것을 보고 있다
    여기저기 떼몰려 가고 있는 아우성을
    들으며 유배의 꿈을 부르는 우리들은
    우리들이 무엇인가를 보고 있다
    우리들은 무엇인가 우리들은 무서운 칼날이고

---

44) 최하림(崔夏林, 1939~): 1964년 《조선일보》에 「빈약한 올훼의 회상」이 당선되어 등단. 시집으로 『작은 마을에서』(1982), 『겨울꽃』(1985), 『침묵의 빛』(1988) 등이 있음.
45) 앞의 책, 241쪽.
46) 권영민, 『한국현대문학사 2』(민음사, 2002), 360쪽.
47) 최동호, 『한국현대시사의 감각』(고려대학교 출판부, 2004), 116쪽.
48) 남진우, 「시집 속의 시 한편」, 《조선일보》 2003. 8. 2일자.

> 무서운 칼날이고 무서운 칼날이 아닌가
> 밤의 히어로같이 한걸음 한걸음
> 가슴과 목덜미 눈과 입술가로
> 부정의 손을 쓰면서
> 무서운 칼이여
> 잠든 지방을 흔들어라
> 번쩍이는 날로 사방을 베어라
> 우리나라의 대밭에는 말못할 소리가 내려 있고
> 부정의 울부짖음이 있고
> 우리들은 우리의 무뢰배처럼
> 억새풀 속에서 억새가 자라나고
> 주민들 속에서 주민들이 자라나는 것을 보고 있다
> 뒤숭숭한 잠결에도 그들이 떨리는
> 꿈을 꾸는 것을 보고 있다
> ──「우리들은 무엇인가」 전문

여기 나오는 "칼날의 댓닢", "무서운 칼날", "떼몰려 가고 있는 아우성" 등의 시어에는 민중적 저항성이 담겨 있다. 그러면서도 시 전체를 감싸는 암유의 어조는 직접적인 발언에서 벗어나 서정적 미의식을 통한 공감의 지평으로 이끌고 있다. "유배의 꿈", "떨리는 꿈" 등의 시어는 화자의 고통이 현실 문제 때문에 솟아난 것이지만 현실적 저항이 아니라 정신적 모색에 의해 그것의 극복이 가능하다는 암시를 주고 있다. 끝까지 시의 울타리를 지키면서 내면에 호소하는 어법을 구사하고 있는 것도 중요한 특징이다.

일찍이 '현대시' 동인으로 참여한 김종해는 '현대시' 동인 중 현실에 대한 관심과 지향이 가장 강한 시인이다. 그는 이 시기에 고려 시대 노비 해방 운동을 일으킨 만적의 일대기를 그린 장편 서사시 「천노(賤奴), 일어서다」(1977)를 연재하기도 했다. 1970년 대에 발표한 일련의 작품들은 『왜 아니 오시나요』(1979)에 집결 되었는데 제목이 암시하는 것처럼 절망의 시대에 미래의 희망을 기다리는 간절한 염원이 시집 전편에 흐르고 있다. "양심과 정의를 저해하고 정당한 삶을 모멸(侮蔑)의 늪으로 밀어 박지르는 상황에 대하여 당돌하고도 굳센 결의로서 대결하는 이 시인의 응전력"을 강조한[49] 홍기삼의 해설은 시집의 특징을 단적으로 압축한 것이라 할 수 있다. 서정의 율조와 심상의 품격을 지키면서도 현실의 갈등을 암시하고 자아의 환멸을 고백하는 시적 특징은 다음과 같은 작품에 잘 나타나 있다.

> 그대의 두 볼에서 한 잎 한 잎 져내리는 어둠을 보았다
> 깊은 밤 베개머리에 떨어져 내리는 몇 장의 어둠이 그대를 적신다
> 성경책 갈피에 끼워 둔 그대 최후의 믿음을 적시고 사랑을 적신다
> 그대의 비타협(非妥協) 안에서 자라던 적(敵)들을 적시고
> 침묵을 적시고
> 몇 달 동안 쌓였던 적개심마저 적신다
> 사랑의 눈물이여, 오오 그대 어둠 속에 숨어서 우는구나
> 가늘게 떨리는 그대의 풀잎
> 그대 오늘밤에 일어나 인간의 초원(草原)쪽으로 창문을 열어 놓고 공기(空氣)를 가는구나

---

49) 홍기삼, 「절망과 사랑의 시학」, 『왜 아니 오시나요』(문학예술사, 1979), 14쪽.

짓밟힌 모든 것을 지금 이 시각에 용서해 주는구나
이 분간하기 어려운 어둠 속에서
서로가 서로를 판별하지 못하는 이 두꺼운 장벽의 시각 속에서
—「사랑을 위하여」 전문

첫 시집 『허무집』(1970)을 간행한 강은교[50]는 허무와 죽음 등 인간의 근원적인 문제를 여성 특유의 선험적 미의식으로 표현하였는데 시선집 『풀잎』(1974)에 담긴 '허무집 이후'의 시편으로부터 삶의 구체적 단면을 향한 변화의 모습을 보인다. 그것은 「벽제(碧蹄)를 생각하며」, 「하관(下棺)」, 「풍경제(風景祭)」 연작 등을 통해 실현된다. 그의 시가 현실의 부조리와 모순에 관심을 기울이면서 사회와 역사와 만나게 되는 것은 『빈자일기(貧者日記)』(1977) 이후의 일이지만[51] 그 단초는 '허무집 이후'의 시편에 이미 모습을 드러낸다. 그러나 '허무집 이후'의 시편들은 울림 깊은 서정의 밀도를 유지하면서 삶에 대한 새로운 각성을 포용하고 있다. 그런데 「풍경제」에서 "들리지 않는 귀는 언제나/ 들리는 귀가 되고 싶다."(「풍경제—서쪽 하늘」)라든가 "불러보세 불러보세./ 앞 못보는 것들아/ 끝내/ 사랑하올 것들아."(「풍경제—없는 무덤」) 등으로 내적인 소망을 속삭이든가 낮게 호명하던 어법은 『빈자일기』 이후 다음과 같이 목청 높여 지시하는 경직된 어조로 바뀐다.

---

50) 강은교(姜恩喬, 1945~): 1968년 《사상계》에 「순례자의 잠」이 당선되어 등단. 시집으로 『빈자일기』(1977), 『소리집』(1982) 등이 있음.
51) 허문회, 「사랑의 변주곡—70년대 여성 시인 연구」, 『1970년대 문학연구』(소명출판 2000), 270쪽; 엄경희, 「벽 속을 비추는 세 개의 등불—강은교론」, 『시대를 건너는 시의 힘』(소명출판, 2005), 310쪽.

일어서라 풀아
일어서라 풀아
땅 위 거름이란 거름 다 모아
구름송이 하늘 구름송이들 다 끌어들여
끈질긴 뿌리로 긁힌 얼굴로
빛나라 너희 터지는
목청 어영차
천지에 뿌려라

――「일어서라 풀아」 부분

"일어서라 풀아"라는 구호와 같은 명령은 독자를 고무하여 의식을 각성시키겠다는 의지가 담겨 있기는 하지만 강은교가 유지하던 허무의 서정적 음감에서 이탈한 것은 사실이다. "새벽과 새벽이 맞닿은 곳/ 거기 맨몸으로/ 일어서야 하리"(「소리 9」) 같은 경직된 언어 구사나 "어디서 피 오는 소리/ 어디서 피 갈앉는 소리"(「이제 눈뜨게 하소서」) 같은 과장의 어법은 의도가 정서를 앞서서 시의 균형 감각을 잃은 상태를 보여 준다. 이 시기 작품에 과도하게 반복되는 돈호의 청유형 어법은 그가 시대 의식, 현실 인식에 지나치게 압도되어 있음을 알려 준다. 이것은 1970년대에 저항 의식을 담은 시편들의 도식성에 서정시의 순정성이 침윤된 장면이다.

탐미적 미의식으로 출발한 홍신선[52]은 『서벽당집(棲碧堂集)』(1973)과 『겨울섬』(1979)을 간행하였다. 『서벽당집』에 실린 「논」 연작 14편은 "역사적인 수난의 상징으로 농투성이를 설정"하고

---

[52] 홍신선(洪申善, 1944~): 1965년 《시문학》에 「희랍인의 피리」 등이 추천되어 등단. 시집으로 『삶 거듭 살아도』(1982), 『우리 이웃사람들』(1984) 등이 있음.

"그들의 뿌리내릴 수 없는 삶을 처절하게" 그려 냈다.[53] 시집의 앞부분에 실린 「밤」은 현실에 대한 부정 의식과 함께 현실의 삶을 어쩔 수 없이 끌어안을 수밖에 없다는 이중적 애증의 감정을 나타낸다. 시의 첫 행 첫 마디에 "건답"이라는 말을 배치한 것은 우연이 아닐 것이다. 그것은 20대 청년 시인이 목도한 당시 삶의 암유적 표현이다. 황량한 건답에 까만 털투성이 어둠이 어슬렁거리는 불길한 상황이 바로 그의 내면 의식에 떠오른 현실의 국면이었다. 그 다음에 나오는 "폐기된 사랑", "시대의 뚝", "침묵" 등의 어사 역시 시대의 질곡과 현실의 억압을 대리적·암유적으로 표현한 것이다.

여기서 더 나아가 『겨울섬』에 수록된 시편들은 도시 지식인의 우울한 자화상과 그가 바라본 현실의 부조리함을 표현하고 있다. 표제작인 「겨울강」을 위시하여 「광화문 골목길에서」, 「우리 시대」, 「등화관제의 눈 몇 송이」, 「옛마을」 등의 작품에는 분명 현실에 대한 풍자와 억압적 현실에 대한 저항 의식, 그 시대를 숨죽이고 살 수밖에 없는 우울한 자아의 부끄러움이 다양한 색상으로 착색되어 있다.

김명인[54]은 첫 시집 『동두천』(1979)에서 자신의 체험을 바탕으로 1970년대의 시대 상황을 압축적으로 보여 주는 시편을 매우 개성적인 언어로 제작했다. 그는 시대의 우울을 노래하면서도 섣부른 객기에 사로잡히지 않고 점착력 있는 언어로 존재의 심연에 다가가려는 시도를 벌인다. 각 시편에는 허무 의식의 정조가 흐

---

53) 이승하, 앞의 책, 277쪽.
54) 김명인(金明仁, 1946~): 1973년 《중앙일보》 신춘문예에 「출항제」가 당선되어 등단. 1976년 '반시' 동인 활동. 시집으로 『머나먼 곳 스와니』(1988), 『물 건너는 사람』(1992), 『푸른 강아지와 놀다』(1994) 등이 있음.

르지만 그 배면에는 정치적 억압에 대한 절망감과 정치적 현실에 대한 거부감이 도사리고 있다. 현실의 정황은 그의 시에서 "막막한 안개", "질펀한 어둠"으로 표상된다. 시적 자아는 과거의 아픈 추억을 떠올리며 상처를 확인하고 회한에 잠기며, 현재의 위상에서도 그 소외와 고독을 벗어날 수 없을 것이라고 생각하고, 자신이 걸어갈 길조차 어둡고 불안한 것으로 그리고 있다. 이것을 그는 "더러운 그리움", "고단한 외로움" 등의 언어로 표현한다.

다른 시인들도 마찬가지겠지만 1973년에 등단한 그는 유신 체제의 성립과 더불어 시인으로 출발하였다. 무언가 발언을 해야 하는데 제대로 말할 수 없는 상황, 그 속에서 시를 쓰고 지식인으로서 행세한다는 것은 그야말로 막막하고 아득한 어둠으로 인식되었을 것이다. 질식할 것 같은 정치적 억압에 무어라 대항하지 못하면서 그 억압을 그대로 수용하지도 못하는 지식인의 내면은 그 시대를 또 하나의 폐허로 인식했던 것이다.

더러운 그리움이여 무엇이
우리가 녹은 눈물이 된 뒤에도 등을 밀어
캄캄한 어둠 속으로 흘러가게 하느냐
바라보면 저다지 웅크린 집들조차 여기서는
공중에 뜬 신기루 같은 것을
발 밑에서는 메마른 풀들이 서걱여 모래 소리를 낸다

그리고 덜미에 부딪혀 와 끼얹는 바람
첩첩 수렁 너머의 세상은 알 수도 없지만
아무것도 더 이상 알 필요도 없으리라
안으로 굽혀지는 마음 병든 몸뚱이들도 닳아
맨살로 끌려 가는 진창길 이제 벗어날 수 없어도

나는 나 혼자만의 외로운 시간을 지나
　　　떠나야 되돌아올 새벽을 죄다 건너가면서
　　　　　　　　　　　　――「동두천(東豆川) 1」 부분

　동두천의 참담했던 교사 생활을 회상하는 이 시에서 시인은 과거의 기억만이 아니라 현재의 삶도 미래의 시간도 캄캄한 어둠으로 인식하고 있다. 그가 바라보는 세계는 공허하며 인간의 거주 공간인 집조차 신기루처럼 느껴진다. 「고산행(高山行)」에서는, 우리들은 정거하지도 않을 열차를 기다린다고 말하는가 하면 자신만이 아니라 다른 사람들 역시 무의미한 행동을 반복하고 있다는 생각을 보여 준다. 이 허무주의적 발상은 시인이 마주한 정치적 억압, 그것에서 온 1970년대의 폐허 의식과 관련된 것이다. 그는 자신의 체험을 시화하면서도 그것을 "탁월한 형상화의 능력"에 의해 "어려운 시대를 사는 한국인 전체의 체험에 대한 하나의 상징으로 승격"시키는[55] 시적 성취를 보여 주었다.

　김명인처럼 체험에 바탕을 둔 것은 아니지만 역시 절망과 허무에 갇힌 1970년대의 우울한 시대 정신을 한의 정서로 노래한 윤상규[56](윤후명)도 개성 있는 시 세계를 보여 주었다. 그의 첫 시집 『명궁(名弓)』(1977)을 관류하는 것은 한의 정서다. 시집의 해설을 쓴 김종철도 "한(恨)의 감정에 대한 그의 본능적인 경사"를 찾아내고 있다.[57] 「울음소리」라는 작품을 보면 그 시가 보여 주는 것은 우리의 현실적 경험과는 유리된 세계다. 그러나 그것이 함

---

55) 이동하, 「70년대의 시와 현실의식」, 『현대시』 1(문학세계사, 1984. 5), 168쪽.
56) 윤상규(尹常圭, 1946~): 필명 윤후명. 1967년 《경향신문》에 「빙하의 시」가 당선되어 등단. 시집으로 『명궁』(1977)이 있고 소설가로 활동함.
57) 김종철, 「캄캄한 세계 속에서의 완강함」, 『명궁』(문학과지성사, 1977), 102쪽.

축하고 있는 한의 정서는 우리들이 몸담고 있는 삶의 국면을 떠올리게 한다. 이 시는 우리들이 살고 있는 지상의 현실도 결국은 사랑과 죽음이 반복되는 넓은 무대가 아닐 것인가 하는 생각으로 이끈 것이다. 그래서 그의 시를 단순한 서정이 아니라 시대 정신을 반영한 현실 지향의 서정이라고 본 것이다.

정호승[58]은 김명인과 마찬가지로 1973년에 신춘문예로 등단하여 '반시' 동인으로 함께 활동했고 1979년에 첫 시집 『슬픔이 기쁨에게』를 간행하였다. 이런 점에서 김명인과 자주 비교되어 "김명인이 구체적인 경험에 의거해서 시작을 하고 있다면, 정호승은 추상적인 관념에 의거해서 시적 대상을 이해"한다는[59] 설명이라든가, 김명인의 시가 "정호승의 시만큼 쉽고 빠르게 독자의 심금을 녹여 주지는 못하지만 센티멘털리즘에로 연결되는 일"은 없으나 정호승의 시는 "추상적인 문제의식에서 작품을 출발시킴으로써 막연함, 애매모호함이 남아서 떠돌게 된다"는[60] 설명이 나오기도 했다. 그러나 이 시기 정호승은 김명인 시가 안고 있는 허무주의의 늪에서 비껴나 일종의 낭만적 낙관주의라고 부를 만한 기다림의 자세, 슬픔을 극복하려는 평명한 어법을 보여 주는 것이 특징이다.

그것은 그의 유명한 시 「맹인부부가수」나 「슬픔을 위하여」, 「슬픔이 기쁨에게」를 읽으면 금방 확인된다. 어떻게 보면 그 참혹한 어둠의 시대에 어떻게 이렇게 순정한 기다림과 슬픔의 힘에 대한 신뢰를 유지하는지 신기할 지경이다. 이러한 낙관적 신뢰가

---

58) 정호승(鄭浩承, 1950~): 1973년 《한국일보》에 「슬픔이 기쁨에게」가 당선되어 등단. 시집으로 『서울의 예수』(1982), 『새벽편지』(1987), 『별들은 따뜻하다』(1990) 등이 있음.
59) 김현, 앞의 글, 425쪽.
60) 이동하, 앞의 글, 173쪽.

현실을 추상적으로 받아들이는 지식인적 관념에서 도출된 것이라는 오해를 불식시키려는듯, 그는 「혼혈아에게」에서 한국전쟁의 비극을 사실적으로 드러내고, 「종이배」에서 분단의 아픔을 노래하고, 「유관순」 연작을 통해 당대 사회에 대한 저항을 우의적으로 표현하기도 했다. 특히 그가 사용하는 부드러운 언어와 정돈된 율조, 미세한 감정의 파동은 각박한 시대를 사는 독자들의 마음을 위안하는 힘이 분명히 있었다. 서정성과 현실성의 결합이라는 측면에서 보면 1970년대에 가장 성공한 자리에 선 시인이 바로 정호승이라고 할 수 있다.

임홍재[61]는 시조로 출발하여 1975년 《서울신문》 신춘문예로 등단하였는데 안타깝게도 1979년에 사망함으로써 4년간의 짧은 시작 활동밖에 보여 주지 못했다. 그는 농촌의 궁핍한 상황과 그 속에서 사는 농민의 애환을 누구보다도 잘 표현하였는데 「무우청을 엮으며」에서는 전통적인 서정에 바탕을 두고 "춥고 가난한 겨울을 위해" 이웃집 무청까지 걷어서 엮는 아내의 모습을 묘사하면서 가난 속에서도 난쟁이처럼 주눅 들지 말고 "구수한 황토 냄새/ 고향 맛을 그대로 간직한 시래기"를 통해 위안을 얻자고 한다. 그러면서 "아내와 내가 믿는 내일은/ 따습고 밝을 것인가"라고 하며 미래에 대한 희망을 포기하지 않는다. 그러나 다음의 시는 투쟁의 언어로 무장된 저항 의식을 거침없이 드러내서 앞의 시와는 전혀 다른 양상을 보인다. 그가 타계하지 않고 지속적으로 시를 썼다면 현실주의 시의 성과에 부합하는 평가를 받았을 것이다.

---

61) 임홍재(任洪宰, 1942~1979): 1975년 《서울신문》에 「바느질」이 당선되어 등단. 사후 시집 『청보리의 노래』(1980) 간행.

피통 터져 농약 먹고 죽은 농부야
삼베올 구멍마다 맺힌 눈물을
기러기가 쓸고 가는데
이 땅에 진정 데불고 갈 만한 것이 있더냐.
농부는 죽을 때 피를 토하고
색신(色身) 고운 씨앗을 뿌리고 간다는데
부황이 나도 토사가 나도
아버지는 신들린 사람처럼 산역(山役)만 할 것인가.
밤마다 술에 취해
북망산 먼 줄 알았더니
방문 밖이 북망이라
황천수가 먼 줄 알았더니
앞 냇물이 황천술세
울음섞인 가락을 토해 내며
북망산(北邙山) 누우런 황토(黃土)를 수북히 털어 놓는데
품팔러 간 어머니는 왜 오지 않는가.
황토(黃土) 마루에 진눈깨비 내리고
어지럽게 어지럽게 도깨비불만 오르는데
아 아버지의 만가(輓歌)는 언제 끝날 것인가.

―「산역(山役)」 부분

신대철[62]은 1968년 《조선일보》 신춘문예로 등단하여 『무인도를 위하여』(1977)를 간행하였다. 그의 시는 암울한 시대를 살아가는

---

[62] 신대철(申大澈, 1945~): 1968년 《조선일보》에 「강설의 아침에서 해빙의 저녁까지」가 당선되어 등단. 시집으로 『개마고원에서 온 친구에게』(2000) 등이 있음.

예민한 자아의 죄의식과 번민을 침통한 어조로 씹어 내듯 토로했다. 시집의 표제작「무인도를 위하여」에 나오는 "1974년, 무죄?/ 제 죄명을 모르시나요?/ 제 땅에 악착같이 살아 있잖아요?/ 제 땅에서 죽으려는, 죽을 죄를 졌잖아요?"와 같은 독백은 그러한 죄의식을 직접 토로한 예이다. 그러한 죄의식은 "이 땅은 공동소유야. 넌 무죄야."라는 해명에 의해서도 사라지지 않는다. 그러므로 그의 '무인도'는 죄의식을 가진 자아와 죄의식에서 풀려난 자아가 분열을 이루는 공간이자 죄의식조차 느끼지 못하는 사람들이 도피하는 공간이다. '무인도'는 1970년대를 살아가는 사람들의 침묵과 고립과 단절과 격리를 상징한다. 그는「무인도」, 「다시 무인도를 위하여」 등의 작품을 통해 시대에 대한 환멸감과 이상향에 대한 동경을 겹쳐 표현한다. 장편시「우리들의 땅」에서 과감하게 비무장 지대 참호 주변의 풍경을 보여 주며 분단 의식을 형상화하던 그는 죽음의 시대를 무감각하게 받아들이고 시대의 아픔을 방관하는 자괴감을 다음과 같이 아름답고 가슴 저린 언어로 나타내기도 했다. 그의 시는 1970년대 시 중 서정과 현실을 결합한 고뇌하는 양심의 모습을 보여 줌으로써 많은 독자를 확보하였다.

　　죽은 사람이 살다 간 남향(南向)을 묻기 위해
　　사람들은 앞산에 모여 있습니다

　　죽은 사람은 죽은 사람. 소년들은 잎 피는 소리에 취해 산 아래로 천 개의 시냇물을 띄웁니다. 아롱아롱 산울림에 실리어 떠가는 물빛, 흰나리를 잡으러간 소년은 흰나비로 날아와 앉고 저 아래 저 아래 개나리꽃을 피우며 활짝 핀 누가 사는지?

조금씩 햇빛은 물살에 깎이어 갑니다. 우리 살아 있는 자리도
깎이어 물 밑바닥에 밀리는 흰 모래알로 부숴집니다.
　　죽은 사람은 죽은 사람,
　　흰 모래 사이 피라미는 거슬러오르고
　　죽은 사람은 죽은 사람,
　　그대를 위해 사람들은 앞산 양지 쪽에 모여 있습니다.
　　──「흰나비를 잡으러 간 소년은 흰나비로 날아와 앉고」 전문

　1968년 신춘문예로 등단한 김종철[63]은 첫 시집 『서울의 유서』(1975)를 간행하였다. 그의 신춘문예 당선작 「재봉」은 유연한 신화적 상상력과 탐미적 언어의 직조로 구성되어 시인의 조숙한 상상력을 잘 보여 준 작품으로 평가된다.[64] 그러나 1970년대에 들어와서는 주로 현실 풍자의 비판 정신을 드러내는 작품을 많이 발표하였고 『서울의 유서』에는 그런 성향의 작품이 많이 수록되어 있다. 시집의 표제작이 된 「서울의 유서」는 1970년대 초반의 암울한 시대 상황을 그대로 드러내는 중요한 의미를 내장하고 있다. 여러 가지 비유로 구성된 그 시편은 당시의 시대 상황과 젊은 시인의 암담한 의식을 다층적으로 드러낸다.

　　서울은 폐를 앓고 있다
　　도착증의 언어들은
　　곳곳에서 서울의 구강을 물들이고

---

[63] 김종철(金鍾鐵, 1947~　): 1968년 《한국일보》 신춘문예에 「재봉」이 당선되어 등단. 시집으로 『오이도』(1984), 『오늘이 그날이다』(1990), 『못에 관한 명상』(1992) 등이 있음.
[64] 이숭원, 「추억의 힘과 내면의 평형」, 《문학수첩》(2007 봄호).

완성되지 못한 소시민의
　　　벌판들이 시름시름 앓아 누웠다
　　　눈물과 비탄의 금속성들은
　　　더욱 두꺼워 가고
　　　병든 시간의 잎들 위에
　　　가난한 집들이 서고 허물어지고
　　　오오 집집의 믿음의 우물물은
　　　바짝바짝 메마르고
　　　우리는 단순한 갈증과
　　　몇 개의 죽음의 열쇠를 지니고 다녔다
　　　　　　　　　　　　　　　—「서울의 유서」부분

　이 시에 담긴 시대 의식은 지금 읽어도 짜릿한 전율을 느끼게 한다. "서울은 폐를 앓고 있다"는 직선적인 명제, "양심의 밑둥을 찍어 넘기고", "몇장의 지폐에 시달린 소시민의 운명"과 같은 구절에서 연상되는 소시민의 좌절감, "주리고 목마른 자유를/ 우리들의 일생의 도둑들은 다투어 훔쳐 갔다"에 보이는 억압적 현실에 대한 고발적 단언 등을 읽으면 '서울의 유서'라는 제목의 극단성과 함께 이 시가 선명한 상황 의식을 표출하고 있음을 단번에 알아차릴 수 있다. 그뿐 아니라 이 시집에 베트남 참전 경험을 시화한 작품들이 집중되어 나타나는 것도[65] 주목할 만하다. 「죽음의 둔주곡—나는 베트남에 가서 인간의 신음 소리를 더 똑똑히 들었다」는 200행에 이르는 장시인데 전장의 황폐함과 전쟁의 비정함, 인간 심리의 절박감과 공포감, 죽음에 따른 폐허 의

---

65) 공광규, 「김종철 시의 창작 방법 특징」, 《유심》(2006 여름호), 432~437쪽.

식 등을 변주하며 시상을 전개한다. 그러면서도 이 시에는 구원의 가능성으로서 여인과의 사랑과 어머니에 대한 사랑을 기독교적 차원에서 드러내고 있다. 이외에도 「베트남 칠행시」, 「닥터 밀러에게」, 「병」 등의 시에서 전쟁의 비인간성과 그것이 안겨 준 가혹한 상처를 극적인 방식으로 표현하고 있다. 이러한 베트남 참전 체험과 당대 현실에 대한 비판 정신이 한꺼번에 집약된 것은 특이한 일이어서 이 시집의 의미가 새롭게 부각될 필요가 있다.

1972년에 등단한 감태준[66]은 『몸 바뀐 사람들』(1978)을 간행하였다. 이 시집의 제목이 암시하는 바와 같이 표제작은 도시 변두리를 떠도는 소외된 계층의 고단한 삶을 표현한 것이다. "생각이 다 닳은 사람들은, 거기 다만 재가 풀풀 날리는 얼굴로 빨래처럼 널려 있었다"라는 마지막 시행은 산업화의 물결에서 누락된 뿌리 뽑힌 사람들의 비애와 왜소함을 정확한 이미지로 제시한 것이다.

데뷔작 「내력」에도 다소 모호한 상태로 소외된 존재의 방황과 우수를 표면에 드러내고 있으며 출세작 「흔들릴 때마다 한잔」에서는 더욱 극적인 형태로 형상화되어 있다. "반쯤 죽은 주모가 살아 있는 참새를 굽고 있다 한 놈은 너고 한 놈은 나다"라는 대목은 도시 소시민의 우울한 무력감과 왜소함을 압축적으로 드러낸다. 도시의 거대한 권력 구조 속에서 왜소한 개인은 끝없이 흔들리다가 가뭇한 연기처럼 사라질 수밖에 없고 연탄불에 굽혀지는 참새처럼 날개를 잃고 소실될 수밖에 없다는 발상이 배면에 깔려 있다. 그래서 그의 시를 "도시적 삶의 어려움과 페이소스를 형상화"했다고 보았고[67] "산업화 과정의 구조적 모순"에 관심을

---

[66] 감태준(甘泰俊, 1947~): 1972년 《월간문학》에 「내력」이 당선되어 등단. 시집으로 『마음이 불어 가는 쪽』(1987) 등이 있음.
[67] 김재홍, 앞의 책, 298쪽.

두고 있다고[68] 진단한 것이다.

3 지성의 활동을 중시한 시

굳이 모더니즘이라는 이름을 붙이기는 어렵지만 언어와 형식, 기법의 혁신에 뜻을 두고 시의 새로운 경역을 개척하려 한 시인들이 있다. 그들 중 일부는 전위시에 가까운 극단적 실험성을 보여 준 시인도 있다. 그러나 대부분의 시인들은 서정 자체는 부정하지 않고 시의 현대성을 도모하려는 경향을 보였다. 전통적 서정을 그대로 지키는 것은 진부하다고 선언하지는 않았지만 기존의 상투형과 싸움을 벌이면서 새로운 형식과 새로운 인식의 결합을 추구하였다.

동양 사상에 초현실주의 방법을 결합하여 특이한 난해시를 쓴 김구용은 1960년대부터 쓴 작품을 모아 『구곡(九曲)』(1978)을 간행하였고 1970년대에도 독자적인 연작 발표를 계속하여 『송 백팔(頌 百八)』(1982)에 그것을 수록하였다. 1950년대에 전후의 폐허 의식에 시달리며 불안한 내면을 독특한 이미지와 시어로 표현한 김종삼은 『시인학교』(1977), 시선집 『북치는 소년』(1979) 등의 시집을 간행하면서 타인이 모방할 수 없는 그만의 독특한 개성을 드러냈다. 겉으로는 논리적 분석을 거부하는 듯한 그의 시는 언어와 이미지의 세공에 의해 제작된 미학적 구조물로 보이지만 사실은 그 내면에 인간적·시대적 함의를 내포하고 있다.[69]

존재론의 포즈를 취하며 이미지를 추구하던 김춘수는 1960년

---

68) 이승훈, 「집 없는 시대의 삶」, 『마음의 집 한 채』(미래사, 1991), 143쪽.
69) 이숭원, 『폐허 속의 축복』(천년의시작, 2004), 147~148쪽.

대 말부터 이른바 무의미시를 표방하였는데 1970년대에 들어와 서는 「처용단장」 2부 이후의 시편에서 의미만이 아니라 무의미시의 묘사적 이미지조차 지워 버리고 무의식이 연주하는 주술적 리듬에 언어의 몸을 맡긴 작품을 제작한다. 이것을 시인 이승훈은 "적나라한 실존의 현기"라고 부른 바 있다. 이것은 의미의 절망을 넘어 이미지로, 이미지의 절망을 넘어 리듬으로 탈주해 간 시인의 새로운 시도다. 그가 보여 준 언어의 주술적 구사는 원초적 언어의 시대 이후 상실하게 된 언어의 사물성을 회복하려는 시도이다. 시인은 동일한 음감의 언어를 반복 사용함으로써 소리가 사물을 형성하고 사물을 창조하는 기적을 실현한다. 1960년대에 모더니즘 계열의 시를 쓴 문덕수와 전봉건도 『새벽바다』(1975)와 『피리』(1979) 등의 시집을 간행하여 지속적인 활동을 벌였다.

1958년에 등단한 황동규는 이 시기에 시선집 『삼남에 내리는 눈』(1975)과 『나는 바퀴를 보면 굴리고 싶어진다』(1978)를 간행하였다. 그는 이 시기 매우 다양한 시작 경향을 보여 주었는데, 「조그만 사랑노래」나 「더 조그만 사랑노래」는 그의 초기 시의 발전이라고 할 수 있는 연가의 형식을 취하고 있다. 그리고 「계엄령 속의 눈」과 「금가(楚歌)」는 시대 상황에 대한 고민과 울분을 담아내고 있으며, 「수화(手話)」, 「정감록 주제(主題)에 의한 다섯 개의 변주(變奏)」, 「돌을 주제(主題)로 한 다섯 번의 흔들림」 등은 주제보다는 형식의 변주를 추구하는 실험 정신을 보여 주는 작품들이다.

그는 사회 정치적 현실에 대한 고민이나 울분도 직선적으로 드러내지 않고 시적인 어법으로, 다시 말하면 상징적 우회적 기법과 비유적 장치에 의해 표현한다. 그는 이것을 사회적 억압에 대한 이데올로기적인 반응이라기보다는 "생물적인 반응"이라고 말하기도 했다.[70] 인간이라면 누구든 보여 줄 수 있는 반응을 긴장된 시의 형식으로 보여 준 것이다. 말하자면 삶 일반이 아니라 구체적 현실에 대한 반응도 시적인 어법으로 전환하여 표현하는 방법을 끝까지 추구한 것이다. 이것은 『나는 바퀴를 보면 굴리고 싶어진다』에서 더욱 극적인 방식으로 실현된다. 이것을 김현은 "방법론적 긴장"이라는 명명으로 요약했다.[71]

> 아아 병(病)든 말(言)이다
> 발바닥이 식었다
> 단순한 남자가 되려고 결심한다
> 마른 바람이
> 하루 종일 이리저리
> 눈을 몰고 다닐 때
> 저녁에는 눈마다 흙이 묻고
> 해 형상(形象)의 해가 구르듯 빨리 질 때
> 꿈판도 깨고
> 찬 땅에 엎드려
> 눈도 코도 입도 아조아조 비벼버리고
> 내가 보아도 내가 무서워지는
> 몰려 다니며 거듭 밟히는
> 흙빛 눈이 될까 안될까.
>
> ——「계엄령 속의 눈」 전문

---

70) 황동규 대담, 「시의 젊음을 누리는 탐색의 정신」, 《유심》(2001 가을호).
71) 김현, 「시와 방법론적 긴장」, 『나는 바퀴를 보면 굴리고 싶어진다』(문학과 지성사, 1978), 93~106쪽.

이 작품도 발표된 상황과의 관계로 보면 대단한 저항시로 해석될 수 있다. "단순한 남자가 되려고 결심한다"에 보이는 자기모멸의 자의식, '눈'이라는 시어의 반복적 사용이라든가 "해 형상의 해"라는 구절에 보이는 언어의 이중 사용을 통한 새로운 의미의 창조, "내가 보아도 내가 무서워지는"에 드러나는 자책과 혐오에 기반을 둔 반성적 자의식, "흙빛 눈이 될까 안될까"에 보이는 판단을 유보하는 시적 은폐의 어법 등은 그 내면에 1970년대의 정치 상황에 대한 환멸감이 놓여 있지만, 그보다는 새로운 시를 써야겠다는 지적 의지가 뚜렷한 열망으로 타올랐고, 현실성과 전위성을 종합하려는 창조의 정신이 발현된 것이라고 보는 것이 더 타당하다.

정현종도 시와 삶의 긴장을 방법적으로 유지하며 시를 쓴 시인이다. 그의 작업은 황동규와 유사하면서도 오규원과도 비슷한 면이 있다. 황동규보다는 현실적 삶에 대한 고민에서 자유롭고 오규원보다는 시어의 집착에서 자유롭다. 그만큼 그는 자유의 경쾌함을 유지하였는데 그것이 모두 그의 장점으로 작용하지는 않는다. 그는 물론 "재기발랄한 언어와 유쾌하기 이를 데 없는 상상력으로 우리 시의 영토를 확장"한 시인이고 "부드러운 감수성과 독특한 유머 감각"을 간직한[72] 시인이다.

그런데 그 재기 발랄함과 유쾌함이 1970년대의 음울한 사회 현실과 연결될 때 어색한 부조화를 연출한다. 그래서 이동하는 그의 시에 "현실이 끼어들 때 어색하고 싱거운 꼴을 면치 못하고" "자유롭고 싱싱하던 그의 언어가 이상하게 굳어 버린다"고 지적한 것이다.[73] 「밤술집」에는 침묵을 강요당하는 기쁨 없는 시대 속

---

[72] 이승하, 앞의 책, 253쪽.
[73] 이동하, 앞의 글, 171쪽.

에 영위되는 일상적 삶의 허망함이 그려져 있는데, 기쁨도 자유도 없는 현실의 상황을 반어적으로 "자유의 기쁨"이라고 부르짖으면서 소시민적 안일함에 젖어드는 일상인의 무기력을 조롱하고 있다. 이러한 풍자와 반어, 우의적 고발 등의 표현은 당대 현실에 대한 인식에 새로운 스타일의 시에 대한 지향을 결합한 것이지만 그럼에도 불구하고 억지스럽다는 느낌을 지울 수는 없다.

그는 이 시기에 『사물의 꿈』(1972), 시선집 『고통의 축제』(1974), 『나는 별 아저씨』(1978)를 간행하였는데 뒤로 갈수록 그의 경쾌한 상상력은 언어의 자유를 추구한다. 『나는 별 아저씨』에 수록된 「절망할 수 없는 것조차 절망하지 말고……—노우트 1975」는 그의 단상을 산문시 형식으로 채록한 것인데 그가 전개한 자유 발랄한 형식의 변주가 어느 단계에 이르렀는가를 불안한 양상으로 보여 준다. 김현은 이러한 정현종 시의 특징을 "변증법적 상상력"이라는 용어로 설명하였다.[74]

오규원도 발랄한 언어 구사와 언어의 교란을 장기로 삼는 시인이다. 그는 이 시기에 『순례』(1973)와 시선집 『사랑의 기교』(1975), 『왕자가 아닌 한 아이에게』(1978)를 냈는데 시선집을 제외하고 보면 두 시집은 성격이 다소 다르다. 김현은 "오규원은 초기에서부터 말에 대한 집착이 아주 강한 시인"인데 정현종과 비교해 볼 때, 정현종의 기교가 부드러움에 의거해 있다면, 그의 것은 비꼼에 있다고 하면서 그의 시가 "말의 혹사에까지 이른다"고 보았다.[75]

여기에 비해 조남현은 오규원이 "초기의 초현실주의적 시풍을 점차 수정하여 '현실', '역사', '시대'에 대한 관심을 증대시켜"

---

74) 김현, 「변증법적 상상력」, 『나는 별아저씨』(문학과지성사, 1978), 99~109쪽.
75) 김현, 「산업화 시대의 시」, 『해방 40년의 문학 4』(민음사, 1985), 422쪽.

갔다고 보았다.[76] 이러한 서술의 차이는 바로 시의 변화 때문에 나타난 것이다. 김현은 오규원의 초기 시작에 대한 선입견을 가지고 1970년대의 오규원 시를 바라본 것이다. 1970년대 중반 이후의 오규원의 시는 아이러니와 패러독스의 기법을 통하여 "자본주의화, 산업화로 표상되는 당대의 억압성에 대한 방법적 대응의 과정"을 보여 준다는[77] 지적이 타당하다.

『왕자가 아닌 한 아이에게』에는 그러한 성격의 작품이 다수 수록되어 있다. 정면 비판보다는 야유와 풍자의 어법이 강한 것은 사실이지만 현실 상황에 대한 불만이 담긴 것은 틀림없다. 그러나 극대화된 야유나 풍자 혹은 자기 희화가 현실을 소재로 빌려 언어의 교란을 실험하는 것은 아닌가 하는 생각도 든다. 만일 앞의 김현의 설명이 이것을 지시한 것이라면 그 언급은 타당한 면이 있다.

서정적 경향의 시를 쓰던 이형기는 이 시기에 『꿈꾸는 한발(旱魃)』(1975)을 간행하였는데 이 시집은 그 전의 이형기 시의 면모와는 다른 문명 비판적 색채를 보이면서 모더니즘적 실험성도 드러낸다. 그래서 이승하는 이 시집을 "난해하고 실험적인 시집"으로 진단하였다.[78] 그러나 「랑겔한스 섬의 가문 날의 꿈」이나 「바다」 같은 시에서는 난해한 면이 보이지만 다른 대부분의 작품은 그렇게 난해하지는 않다. 다만 새로운 기법을 개발하려는 시인의 실험 정신이 도처에 내비치는 것은 사실이다.

그의 시의 실험은 고립의 상태에서 허무의 극점을 지향하는 자아의 독특함에서 온다. 예를 들어 「기적」, 「루시의 죽음」, 「첨예한 달」 등의 시는 허무의 폐허 의식을 보여 주면서도 죽음의 허

---

76) 조남현, 「70년대 시단의 흐름」, 『현대시』 1(문학세계사, 1984. 5), 121쪽.
77) 이연승, 『오규원 시의 현대성』(푸른사상, 2004), 99~100쪽.
78) 이승하, 앞의 책, 309쪽.

망에서 시간의 굴레를 벗어나 영원을 지향하는 어떤 정신의 극점을 제시하고 있다. 그것은 죽음에 맞서는 절대 순수의 사물화, 죽음에 맞서는 증오의 극치, 타인을 죽음으로 끝장내는 비수의 날카로움 등으로 나타난다. 요컨대 이형기 시의 실험 정신은 허무의 폐허에서 벗어날 수 있는 가능성의 하나로 정신의 치열성, 예술적 투혼에 해당하는 것이다. 이외의 많은 시들에서 자아의 고립과 좌초를 나타내는 이미지들이 반복되는 것을 볼 수 있다. 그것은 현대 문명의 폐해에 마주친 현대인의 운명적 고립과 좌절을 의미한다. 말하자면 인간은 현대 사회 속에서 고립 속에 추락할 수밖에 없는데 그 장렬한 최후가 오히려 정신의 극점을 보여 준다는 논리이다. 따라서 허무를 피하는 것이 아니라 허무에 맞서고 허무를 통해 생의 의미를 찾으려는 도전적 자세를 드러낸다. 그러한 도전 정신의 표현은 상투성을 벗어난 이형기만의 독특한 실험 정신에 의해 지탱되었다.

김영태 역시 실험적 전위성을 보여 준 시인이다. 그는 이 시기에 『초개수첩(草芥手帖)』(1975)과 『객초(客草)』(1978), 시선집 『북호텔』(1979)을 간행하였다. 초현실주의적인 언어 실험에 주력했던 1960년대의 시에 비해 이 시기의 시는 오규원처럼 현실 비판의 면모를 띤다. 그러나 역시 오규원의 시처럼 실험적 독백의 어법과 요설체의 야유를 보여 줌으로써 단순한 현실 비판이라기보다는 형식 실험의 전위성을 강하게 드러냈다. "음악과 같은 상태의 '순수시'를 꿈꾸었던 김종삼의 직접적인 후계자"인 그가 이 시기에 현실 비판의 측면을 보였던 것은 "당대의 불행한 현실로부터 어느 누구도 자유로울 수 없었다는 것을 반증하는 예"이기도 하다.[79]

---

79) 최현식, 「현실의 각성과 시의 자기 확장—1970년대 모더니즘 시를 중심으로」, 『1970년대 문학 연구』(소명출판, 2000), 304쪽.

그러나 그의 시의 내면에는 여전히 '순수시'에 대한 강한 지향성이, 다시 말하면 언어와 형식 실험에 대한 전위 의식이 자리 잡고 있었다. 따라서 1970년대의 그의 시가 "내면 탐구의 시와 현실 비판적 사회시라는 상반된 두 경향으로 대별"[80]된다는 판단은 정당하다. 여기서 "상반된 두 경향"이라는 말이 의미 있는데 그것이 상반된 경향처럼 보이는 것은 내면 탐구의 시가 보여 주는 비현실적 절대 심상의 직조와 현실 비판의 시가 보여 주는 현실 재현적 서술이 분열된 양상으로 이질화되기 때문이다. 이 두 측면을 이어 주는 것은 역시 실험적 언어 의식이다. 현실 비판의 의미를 담은 시들도 자기 비하의 역설이나 야유, 가면극의 언어유희 같은 실험적 어법을 사용하고 있기 때문이다.

현실에 대한 관심을 외곽으로 돌려 버리고 오로지 언어의 순수성과 시적 대상의 절대성을 고집스럽게 추구해 온 시인은 이승훈이다. 김준오는 김춘수의 무의미시가 "이승훈에게 '비대상'의 시라는 이름으로 계승"되었다고 보고 "독자의 소통이 고려되지 않은 독백의 시"에 해당한다고 보았다.[81] 비대상의 시는 현실 세계에서 탈각하여 인상파 회화처럼 절대적인 시적 오브제를 설정하고 몽타주 기법을 통해 사물의 직관적 병치나 접합을 시도한다. 그는 이 시기에 『환상의 다리』(1976)를 간행하였는데 "『당신의 초상』(1981)의 시편이 거의 1970년대에 쓰였으므로 이승훈이 이 시기에 행한 작업은 이 두 권"[82]이라고 볼 수 있다. "형무소 뒷길

---

80) 김희정, 「양극을 향한 두 개의 시선—김영태론」, 『시대를 건너는 시의 힘』 (소명출판, 2005), 322쪽.
81) 김준오, 「70년대 시와 형상화 문제」, 『현대시』 1(문학세계사, 1984. 5), 154~155쪽.
82) 이승하, 앞의 책, 254쪽.

하느님 막막한 잿빛 시간을 초월하여 시간은 움직이지 않고 시간은 머얼다 공상의 냄새 때문이라면 의심마저 죄악이다 화구(畵具) 하나가 형무소 뒷길에서 웃기 시작한다 발광(發狂)하기 시작한다 하 하 하 그러니 죽어라 죽은 시간의 피는 달다"(「꿈의 깊이」)처럼 악몽에 가까운 암울한 내면 세계를 명멸하는 이미지로 나열하였던 것인데, 실존의 문제를 탐구하는 듯한 포즈를 취했지만 실상 그의 시는 초현실주의적 자동 기술에 가까운 이미지의 나열이었고 관념의 유희였다.

이하석[83]은 1971년에 등단하여 이동순과 2인 시집 『백자도(百子圖)』(1975)를 간행하였고 『투명한 속』은 1980년에 간행하였는데 1970년대의 시 작업은 이 시집에 집약되어 있다. 이 시집의 시편을 단순하게 말하면 문명 비판의 시라고 할 수 있겠지만 그런 주제의 평면성을 넘어서는 기법의 실험 정신이 상당히 전경화되어 나타난다. 그래서 김재홍도 "모더니스트적인 기법과 감수성으로 오염된 문명의 허상을 내밀하게 형상화"했다고[84] 평가하였다. 특히 그는 시적 자아를 은폐하고 묘사의 대상을 전경화하는 독특한 기법을 구사하였는데 정효구는 이하석의 시를 "시의 지성화를 꿈꾸는 자기 절제의 시학"이라고[85] 요약하였다. 그의 시는 도시의 불모성, 문명 사회 이면의 부정적 단면을 드라이한 어법으로 점묘하였다. 「부서진 활주로」나 「뒤쪽 풍경」 같은 작품을 보면 그의 시가 이 시기에 상당히 독특한 자리를 점유하였음을 이해하게 된다.

---

83) 이하석(李河石, 1948~): 1971년 《현대시학》에 「관계」, 「분위기」 등이 추천되어 등단. 시집으로 『김씨의 옆 얼굴』(1984), 『우리 낯선 사람들』(1989) 등이 있음.
84) 김재홍, 앞의 책, 310쪽.
85) 정효구, 「1970년대 우리시와 모더니즘의 문제」, 『20세기 한국시와 비평정신』(새미, 1997), 272쪽.

1970년에 등단한 노향림[86]도 신선한 이미지를 다채롭게 구사하여 이미지스트로서의 세련된 면모를 드러냈다. 『K읍 기행(K邑紀行)』(1977)은 제목이 암시하는 것처럼 엑조틱한 이미지의 직조로 채워져 있다. "메타포를 통해 관념을 물질로, 사물을 관념과 감정으로 자유자재로 변형하여 이미지스트로서의 독자적 가능성을 보여"주었다는[87] 설명은 그의 시의 핵심을 지적한 것이다. 이하석의 시처럼 그의 시도 시적 자아를 은폐하고 "이미지를 병치시키거나 나열시키는 수법"[88]을 구사하는데 여성 시인의 정감 때문인지 그렇게 객관적인 거리를 유지하려고 해도 대상에는 시인의 주관적인 감정이 은밀하게 착색되어 나타난다. 그 결과 그의 시는 신선한 이미지와 은은한 정감이 결합된 독특한 색상을 갖게 된다. "몇 트럭씩/ 논밭으로 실려 나가는 묶인 고뇌(苦惱)/ 낯선 사투리들이/ 발길에 툭툭 채였다"(「K읍 기행」)라든가 "철사토막 같은 손으로/ 소나무들은/ 앙가슴을 가리고/ 소리들이 보고 싶었다/ 대장간에 쌓여 있는/ 정적들이 보고 싶었다"(「꿈」)처럼 관념을 감각화하는 수법은 전형적인 이미지즘의 시작 경향을 대변한다. 그러면서도 그 내면에는 쓸쓸하고 고요한 자아의 내면과 비애의 음영이 드리워져 있다.

김광규[89]는 1975년 30대 중반의 나이에 등단하였지만 늦은 출

---

86) 노향림(盧香林, 1942~): 1970년 《월간문학》에 「불빛의 새」, 「겨울과원」이 당선되어 등단. 시집으로 『연습기를 띄우고』(1980) 『눈이 오지 않는 나라』(1987), 『그리움이 없는 사람은 압해도를 보지 못하네』(1992) 등이 있음.
87) 김재홍, 앞의 책, 309쪽.
88) 정효구, 앞의 책, 264쪽.
89) 김광규(金光圭, 1941~): 1975년 《문학과지성》에 「유무」, 「영산」 등을 발표하여 등단. 시집으로 『우리를 적시는 마지막 꿈』(1979), 『반달곰에게』(1981), 『아니다 그렇지 않다』(1984), 『크낙산의 마음』(1986) 등이 있음.

발을 충분히 만회할 만큼 부지런한 시작 활동을 벌여 『우리를 적시는 마지막 꿈』(1979)을 간행하였다. 평이한 듯하면서도 지성과 감성이 결합된 독특한 시 세계는 문단의 주목을 끌었다. 그의 시는 인생과 사회와 문명에 대한 비판 의식을 뚜렷이 드러내고 있다. 그런 면에서 보면 그의 시를 현실 비판적 경향의 시로 설명해야 할 것 같은데 그가 보여 준 지적인 절제와 부분적인 실험성은 단순한 현실 비판 시로 유형화하는 것을 가로막는다. 가령 "김광규는 참여의 구호를 외치지 않으면서도 역사와 현실에 대한 날카로운 투시와 휴머니즘적 비평 정신을 섬세한 메타포를 통해 형상화함으로써 이 땅의 참여시의 새로운 가능성을 제시한다"는[90] 평가나 "산업 시대가 보여 주는 도덕적 타락과, 유신 체제 속에서 겪게 마련인 억압을 그는 거의 산문에 가까운 형식으로 노래함으로써 많은 평론가들의 관심을 끌었다"는[91] 설명은 현실 비판의 단면을 표나게 드러낸 것이다. 그러나 그의 시 각 편을 꼼꼼히 읽어 보면 유사한 어법이나 형식을 취한 것이 거의 없다. 요컨대 그는 각 편마다 고도의 지적 견제를 통해 서로 다른 어법과 형식을 시도한 것이다.

예를 들어 「시론(詩論)」은 황폐한 세상에서 시란 무엇이며 시인이란 어떤 존재인가에 대한 시인의 생각을 상당히 난해한 구문으로 표현하였으며, 「영산(靈山)」은 과거사에 대한 평이한 산문적 서술 형식을 취하고 있고, 「나」, 「생각의 사이」 같은 시는 짧은 어구나 단어 하나로 된 시행을 수십 행씩 나열하여 자아와 사회의 정체성을 탐문하고 있다. 그런가 하면 「어느 지사(志士)의 전기(傳記)」는 "발단·전개·파국이라는 서사 구조"를 통해 "한 인

---

90) 김재홍, 앞의 책, 303쪽.
91) 이승훈, 「70년대의 한국시」, 『한국현대문학사』(현대 문학, 1989), 373쪽.

물의 파란만장한 생애를 압축적으로 재구성한 형식"[92]을 취하며, 「묘비명」이나 「오늘」, 「상행」 등은 그의 장기인 아이러니 어법을 구사하고 있고, 「희미한 옛사랑의 그림자」는 객관적 서사에 회한의 서정이 결합된 어법을 사용한다. 이처럼 다양한 화법을 구사하였다는 것은 그가 단순한 현실 비판의 시인이 아니라 시의 원론성과 기법의 쇄신을 함께 추구하는 시인이라는 사실을 일깨워 준다. 그런 판단에 의해 그의 시를 현실주의 계열의 시로 분류하지 않고 여기서 서술하였다.

1977년에 등단한 이성복[93]은 1970년대 후반의 시대적 상황을 전례 없이 개성적인 전도와 파열의 언어로 표현하여 1970년대의 마지막을 장식한 모더니스트이다. 그의 날렵한 어법은 김수영의 그것을 연상시키면서도 전통 시법을 부정한 자유분방한 형식은 김수영을 훨씬 넘어선다. 그의 첫 시집 『뒹구는 돌은 언제 잠깨는가』가 간행된 것은 1980년 10월이었다. 광주 민주 항쟁이 일어난 지 몇 달 뒤 간행된 이 시집의 반향은 매우 컸다. 이 시집에는 실험적 성향과 함께 1970년대 말의 현실적 억압에 대한 절망적이고 자폐적인 자의식이 담겨 있다. 말하자면 억압적 현실에 대한 관심과 새로운 스타일의 시에 대한 관심이 이 시집 전체를 날줄과 씨줄로 엮고 있는 것이다.

그의 시는 가족사의 치욕적인 사건을 통하여 한 사회의 파탄을 드러내는 방법을 택했다. 말하자면 "추악한 세계의 축도로 추악한 가계를 설정하고 이 추악함에 정면으로 맞서지 못하는 자아의 고뇌를 분열된 중층의 발화로 형상화"[94]했던 것이다. 여기서 중층

---

92) 김준오, 앞의 글, 148쪽.
93) 이성복(李晟馥, 1952~　): 1977년 《문학과지성》에 「정든 유곽에서」를 발표하여 등단. 시집으로 『남해금산』(1986), 『그 여름의 끝』(1990) 등이 있음.

의 발화라고 하는 것은 초현실주의의 자유 연상이나 자동 기술과 관련된 것으로, 충돌하고 길항하는 내면의 움직임을 다층적·입체적으로 드러내는 방법이다. 이것은 1970년대 말 사회의 복잡한 모순 구조를 드러내기 위해 개발한 이성복의 독특한 화법이다. 그것은 그가 직면한 사회 현실의 문제를 드러내기 위해 새롭게 창조한 표현 방법이었다. 여기에 대해 "이상과 송욱 그리고 전영경 등의 모색이 실험적인 성공 이외의 그 무엇을 보여 주지 못하고 시사적 실패로 그치고 만 사실을 기억할 필요가 있을 것이다"라는[95] 비판적 진단도 있었으나 그의 시의 파장은 1980년대까지 장려하게 이어졌다.

4 현실적 반응을 중시한 시

서두에서 밝힌 것처럼 1970년대의 시대적 특성상 현실 비판이나 저항 의식을 담은 시가 이 시대의 주류인 것처럼 서술하는 경향이 많은데 시의 실상을 보면 서정주의 계열의 작품이 압도적으로 많고 현실주의 계열의 시는 그렇게 많지가 않다. 다만 현실에 대처하는 삶의 진정성과 문학적 실천성의 측면에서 현실주의 시가 독자들에게 강렬한 인상을 주어 주목을 받은 것이고 시대와의 관련 속에 시를 서술하는 관성에 의해 1970년대를 대표하는 경향인 것처럼 부각된 것이다. 서정주의 계열의 시 중 '서정의 현실 수용' 항목에서 서술한 시인도 여기 넣을 수 있겠으나 여기에서는 서정성보다 현실성을 더 우위에 두고 자유와 평등의 실

---

94) 이희중, 『기억의 지도』(하늘연못, 1998), 80쪽.
95) 김재홍, 앞의 책, 310쪽.

현이라는 목표를 향해 문학적 실천을 감행한 시인들만을 다루기로 한다.

1960년대에 허무의 서정을 극한까지 몰고 갔던 고은은 1970년대에 들어서면서 타고난 열정을 현실 참여와 체제 저항시 제작에 쏟아 부으면서 180도 방향 전환을 보인다. 이동하는 그의 저항시가 안고 있는 "저돌적이고 폭력적인 입장", "경직된 획일적 사고", "폭력적인 흥분과 질타" 등을 지적하면서 1970년대의 저항시도 1960년대의 극화된 허무주의 시의 변형에 해당하는 것이 아닌가 하는[96] 생각을 표명한 바 있다. 그러나 그의 시가 토로한 뜨거운 열기와 국토와 민족에 대한 절절한 사랑의 호소는 분명 1960년대의 우울한 허무주의와는 구분되는 것이었다. 워낙 다작의 시인인 그는 이 시기에 『문의마을에 가서』(1974), 시선집 『부활』(1975), 『입산』(1977), 『새벽길』(1978) 등의 많은 시집을 간행하였는데, 뒤로 갈수록 저항 의식이 강화되어 『새벽길』에서 "전투적인 사회 참여시는 절정을 이루"게 된다.[97] 이 시집에 담긴 다음과 같은 결사 투쟁 참여의 호소는 당시의 상황에서는 처절한 저항의 육성으로 들렸겠지만 현재의 시각에서는 과격하고 공허한 구호로 보인다.

    우리 모두 화살이 되어
    온몸으로 가자
    허공 뚫고
    온몸으로 가자
    가서는 돌아오지 말자

---

96) 이동하, 앞의 글, 161~163쪽.
97) 백낙청, 「발문」, 고은 시선 『어느 바람』(창작과비평사, 2002), 273쪽.

박혀서
박힌 아픔과 함께 썩어서 돌아오지 말자
　　　　　　　　　　　　　　——「화살」 부분

술주정뱅이 어머니의 아들 이제야 싸움터로 떠납니다
싸워서 죽을 싸움터로 떠납니다
새벽길 찬 바람 속에
두 주먹 불끈 쥐어 어머니의 주먹밥 만들었어요
가슴에 원한 서려
어머니의 노잣돈 가득합니다
오늘 하루가 어머니의 오랜 세월입니다
먼동 찢어 새벽길 떠나며
날선 칼로 몸뚱이 되어
싸워서 그날을 등에 지고 오렵니다
피묻은 깃발 날리며
찢어진 깃발 날리며
다친 다리 싸매고 그날을 지고 오렵니다
　　　　　　　　　　　　　　——「새벽길」 부분

　이 시에는 정의로운 투쟁의 결의와 죽음을 불사하는 항거의 핏발이 선연하게 새겨져 있다. 유신 독재에 대한 항거와 그로 인한 젊은이들의 죽음이 시대의 불행으로 각인된 1970년대에 "우리 모두 화살이 되어" "싸워서 죽을 싸움터로" 떠나자는 선동은 매우 가슴 섬뜩하다. 고은이 이런 시를 구호로만 외치지 않고 그 자신 행동의 전위에 서서 구금과 투옥의 고초를 수없이 겪은 것은 참으로 의로운 일이지만, 한편의 시를 보는 관점에서는 이런 투쟁 선동의 격문은 분명 시의 형식을 빌려 선동적 목적에 이용한, 불행한 목적시에 해당하는 예라고 말하지 않을 수 없다.

고은과 더불어 실천적 저항시를 대표하는 인물은 김지하[98]다. 그는 1970년대 대부분을 옥중에서 보냈지만 잠시 감옥에서 나왔던 1975년 봄 그동안 써 두었던 작품을 발표하였다. 《창작과비평》 봄호에「빈 산」,「불귀(不歸)」등 12편의 시가, 《신동아》 4월호에 「밤나라」외 6편의 시가 발표되었다. 이 시편은 김지하 시선집 『타는 목마름으로』(1982)에 '황토 이후' 시편으로 수록되었다. 끊임없는 투쟁으로 사형선고와 무기징역감형, 형집행정지 등에 시달렸던 그였지만 그의 시는 고은과 같은 격렬한 투쟁 선동의 시가 아니라 서정의 품격을 유지한 저항적 고뇌의 시편이었다.

> 모두들 끌려가고 서투른 너 홀로 뒤에 남긴 채
> 먼 바다로 나만이 몸을 숨긴 날
> 낯선 술집 벽 흐린 거울 조각 속에서
> 어두운 시대의 예리한 비수를
> 등에 꽂은 초라한 한 사내의
> 겁먹은 얼굴
> 그 지친 주름살을 죽음이라 부르자
> 그토록 어렵게
> 사랑을 시작했던 날
> 찬바람 속의 너의 손을 처음으로 잡았던 날
> 두려움을 넘어
> 너의 얼굴을 처음으로 처음으로

---

[98] 김지하(金芝河, 1941~): 본명 김영일. 1969년 《시인》에 「황토길」, 「녹두꽃」 등을 발표하여 등단. 시집으로 『황토』(1970), 『대설 남』(1984), 『애린』(1986) 등이 있음.

바라보던 날 그 날
그 날 너와의 헤어짐을 죽음이라 부르자
　　　　　　　　　　　　　——「1974년 1월」 부분

한치뿐인 땅
한치도 못될 이 가난한 여미에 묶여
돌아가겠다 벗들
굵은 손목 저 아픈 노동으로 패인 주름살
사슬이 아닌 사슬이 아닌
너희들의 얼굴로 아픔 속으로
돌아가겠다 벗들
　　　　　　　　　　　　　——「바다에서」 부분

　앞의 시는 1974년 1월 8일 긴급조치 1, 2호가 발령되어 다시 수배의 길을 떠났을 때의 절망감과 그것을 이겨 내려는 내면의 몸부림을 표현한 시이고, 뒤의 시는 질곡의 세월을 살아가면서 노동하는 동료들의 품으로 돌아가겠다는 의지를 내보이면서 시대의 질곡은 영원한 사슬이 아니라 잠시의 아픔이라고 달래며 시대의 아픔에 동참하겠다는 다짐을 노래한 시다. 여기서 보는 것처럼 그의 시에는 과장된 구호가 거의 없고 감정의 절제 속에 해야 할 말만을 압축적으로 배치하는 견인의 자세가 드러난다.
　신경림은 1955년에 등단하였으나 10년 넘게 작품 발표를 하지 않고 있다가 1970년대에 들어와서 활발한 작품 활동을 벌였다. 특히 1973년에 간행된 『농무』가 민중의 애환을 다룬 점에서 문단의 주목을 받고 1975년에 재출판이 되면서 『농무』의 문학적 영향력은 더 확대되어 "민중시 진영에게 커다란 가시적 성과로 평가"[99]되었다. 이 작품이 실제 발표된 것은 1971년인데 신경림이 1970년대에 들어와 발표한 「파장」(1970), 「눈길」(1970), 「폐광」(1971), 「벽지」(1971) 등의 시와 짝을 이루는 작품으로 산업화 단계에 접어들어 농촌 공동체로서의 정체성을 상실해 가는 1970년대 농촌의 와해 양상을 농무의 가락 속에 형상화하였다. 그는 농촌 공동체가 오랫동안 신명풀이의 수단으로 삼아 온 농무를 상징적 소재로 선정하여 농촌 공동체의 붕괴를 예고한 것이다. 그 형상화의 시점이 1971년이라는 점은 하나의 문학사적 사실로 기록될 만하다. 이 시기 이후 산업화의 속도는 더욱 빨라졌고 농촌 공동체의 변질 역시 가속화되었기 때문이다.

1970년대 중반 이후 그는 민요의 가락을 통해 민중에게 다가가려는 시도를 보이는데 그 성과가 집약된 것이 『새재』(1979)다. 『새재』에 실린 「어허 달구」나 「목계장터」 등의 작품은 그러한 경향을 잘 나타내고 있다. 특히 생동하는 농민상을 보여 준 것은 "신경림이 재현한 농민적 주체의 심리적 역동성은 주목할 만한 것"이라는[100] 평가를 받는다. 이들 시편은 다음의 예에서 보는 것처럼 가난한 소외 계층의 애환을 그들에게 친숙한 민요의 가락에 실어 전하면서 비애의 정서를 드러내면서도 감상에 빠지지 않는 절도를 유지하고 있다. 요컨대 민요의 가락은 내용과 형식의 조화를 꾀하면서 주제의 경직성을 완화하는 완충 작용을 한 것이다.

산은 날더러 들꽃이 되라 하고
강은 날더러 잔돌이 되라 하네
산서리 맵차거든 풀 속에 얼굴 묻고

---

99) 황정산, 「70년대의 민중시」, 『1970년대 문학연구』(소명출판 2000), 229쪽.
100) 곽명숙, 「1970년대 한국시에 나타난 민중의 의미화와 재현 양상」(서울대 박사학위논문, 2006. 2), 158쪽.

물여울 모질거든 바위 뒤에 붙으라네
민물 새우 끓어넘는 토방 툇마루
석삼 년에 한 이레쯤 천치로 변해
짐부리고 앉아 쉬는 떠돌이가 되라네
하늘은 날더러 바람이 되라 하고
산은 날더러 잔돌이 되라 하네

―「목계장터」부분

   1960년대 중반에 등단한 조태일은 등단 초기부터 「식칼론」이나 「쌀」 등의 작품을 통하여 사회적 비판 의식을 표현했는데 1970년대에 들어서면서 그의 남성적 투혼은 조국에 대한 사랑을 바탕으로 억압적 사회 현실과 직접 맞서는 자세를 취했다. 이러한 시를 모아 『국토』(1975)를 간행하였으나 출간되자마자 폐간되는 비운을 겪는다. 그는 현실 세계의 억압적 힘에 맞서 인간이 인간답게 사는 세상이 무엇인가를 꿈꾸며 삼천리 국토 방방곡곡에 질곡에서 벗어난 자유의 노래가 울려 퍼지기를 희구하였다. 남성적인 역동성과 여성적 정한을 함께 갖춘 그의 독특한 가락은 시대의 아픔과 자신의 고뇌, 미래의 희망을 처절하게 노래하였다. "눈보라가 치는 날 술이 없으면 어찌하나,/ 눈보라가 치는 날 국경선이 안 떠오르면 어찌하나,/ 눈보라가 치는 날 두근거리는 가슴 없으면 어찌하나,/ 신문지 위에나 헌 교과서 위에다가/ 술잔을 그리고 새끼줄이라도 칠 일이다."(「눈보라가 치는 날―국토 21」)라고 서정적인 정감에 민족 문제를 담아내다가도 "못생긴 얼굴끼린데/ 목소리 내 목소리 가려 무엇하랴./ 내 목소리 갈앉으면/ 니 목소리 와서/ 내 아우성으로 피고/ 니 목소리 갈앉으면/ 내 목소리 가서/ 니 아우성으로 피어나리니."(「얼굴―국토 45」) 같은 시에서는 유사 어구를 반복하는 추상적 도식성에 갇히기도 했다. 「버려라 타령—국토 30」에서는 현실의 모순을 회피하는 당시 언론과 지식 계층의 비겁한 태도를 직설적으로 비판하여 남성적 고발의 육성을 그대로 드러냈쪽.

이성부도 1960년대 초에 등단하여 초기에 모더니즘적인 시를 쓰다가 곧 거기서 벗어나서 농민과 국토에 대한 사랑을 담은 시를 쓰면서 현실 저항적 의미를 서정성에 녹여 표현하는 작품으로 전환한다. 이 시기에 그는 『우리들의 양식』(1974)과 『백제행』(1977)을 간행하였다. 그의 이러한 현실 참여적 전환에 대해 "더욱 강력한 저항 정신을 취한 대신 사물에 대한 유연한 대응력을 상실한 예"로 보기도 했는데[101] 이것은 "현실에 대한 심정적 반응"이나 "분노의 직설적 토로"가 빈번하게 노출된 점을 지적한 것이다. 「광주」나 「전태일군」 등 현실의 문제를 직접 노래한 것에는 그런 측면이 없는 것이 아니고 대표작 「벼」에도 관념적인 주제화가 모습을 드러내고 있지만, 「전라도」 연작시와 「백제」 연작시에 나타난 민중에 대한 애절한 사랑의 탄원은 지금도 충분히 감동을 자아낸다. "노인은 삽으로/ 영산강(榮山江)을 퍼올린다 바닥이 보일 때까지/ 머지않아 그대 눈물의 뿌리가 보일 때까지"(「전라도 7」) 같은 구절은 매우 서정적인 진폭을 보여 주며 다음과 같은 작품도 주제 의식을 잘 살린 한편의 아름다운 서정시로 읽을 수 있다.

기다리지 않아도 오고
기다림마저 잃었을 때에도 너는 온다.
어디 뻘밭 구석이거나
썩은 물 웅덩이 같은 데를 기웃거리다가

---

101) 이승하, 앞의 책, 234쪽.

한눈 좀 팔고, 싸움도 한 판 하고,
지쳐 나자빠져 있다가
다급한 사연 들고 달려간 바람이
흔들어 깨우면
눈 부비며 너는 더디게 온다.
더디게 더디게 마침내 올 것이 온다.
너를 보면 눈부셔
일어나 맞이할 수가 없다.
입을 열어 외치지만 소리는 굳어
나는 아무것도 미리 알릴 수가 없다.
가까스로 두 팔 벌려 껴안아 보는
너, 먼 데서 이기고 돌아온 사람아.

——「봄」 전문

    1969년 「참깨를 털면서」로 등단한 김준태[102]는 농촌의 토속적 현실에 바탕을 두면서도 현실 참여적인 시를 발표하여 첫 시집 『참깨를 털면서』(1977)를 간행하였다. 그의 데뷔작이자 출세작인 「참깨를 털면서」는 농촌에서의 노동과 보편적인 삶의 자세에 대해 많은 것을 생각하게 해 주는 작품이다.

산그늘 내린 밭귀퉁이에서 할머니와 참깨를 턴다.
보아하니 할머니는 슬슬 막대기질을 하지만
어두워지기 전에 집으로 돌아가고 싶은 젊은 나는

---

102) 김준태(金準泰, 1948~): 1969년 《시인》에 「참깨를 털면서」 등을 발표하여 등단. 시집으로 『나는 하느님을 보았다』(1981), 『국밥과 희망』(1983), 『불이냐 꽃이냐』(1986) 등이 있음.

한번을 내리치는 데도 힘을 더한다.
세상사에는 흔히 맛보기가 어려운 쾌감이
참깨를 털어내는 일엔 희한하게 있는 것 같다.
한번을 내리쳐도 셀 수 없이
쏴아쏴아 쏟아지는 무수한 흰 알맹이들
도시에서 십년을 가차이 살아본 나로선
기가 막히게 신나는 일인지라
휘파람을 불어가며 몇 다발이고 연이어 털어댄다.
사람도 아무 곳에나 한번만 기분좋게 내리치면
참깨처럼 쏴아쏴아 쏟아지는 것들이
얼마든지 있을 거라고 생각하며 정신없이 털다가
〈아가, 모가지까지 털어져선 안되느니라〉
할머니의 가엾어 하는 꾸중을 듣기도 했다.
　　　　　　　　　—「참깨를 털면서」 전문

이 시는 도시 생활을 한 시인이 농촌에 와서 참깨를 터는 장면을 보여 준다. 자신의 삶에 대해 다소 답답하게 생각하던 화자는 사람도 이렇게 한번 기분 좋게 내리치면 열매를 쏟아내며 자신의 모든 것을 바칠 수도 있으리라 생각한다. 정신없이 참깨를 내리치던 화자에게 할머니의 당부의 말씀이 들려온다. 삶의 바탕이자 원질인 "모가지"까지 털어내서는 안된다는 지혜의 경구다. 이처럼 김준태는 현실의 문제를 제시하고 비판 의식을 드러내면서도 지성인적인 성찰에 바탕을 두고 격하지 않은 어조로 시상을 전개하는 특색을 보였다.

1970년 신춘문예로 등단하여 첫 시집 『답청』(1974)을 간행하여 주목을 받고 『저문 강에 삽을 씻고』(1978)를 간행한 정희성[103]은 현실 참여적 민중시의 차원을 한 단계 높인 시인으로 평가받는다. "이념적 지향성과 시적 감정이 적절히 융해된 시로 평가되며, 1970년대 후반의 경직화된 민중시에 하나의 반성적 징표가 된다"는[104] 설명이나 "고은의 목청 높인 절규"보다 "단아하고 꿋꿋한 선비의 목소리"로 고전적 품위를 유지하였다는[105] 평가는 모두 그러한 특성을 드러낸 것이다. 특히 지식인 화자에서 벗어나 남성 노동자를 화자로 설정한 「저문 강에 삽을 씻고」와 「쇠를 치면서」, 여성 노동자를 설정한 「어머니, 그 사슴은 어찌 되었을까요」 같은 작품은 1970년대 사회 문제의 중핵을 이루는 노동 문제를 시의 전면으로 끌고 와 절제된 어조로 사연을 펼쳐 냈다는 점에서 높은 평가를 받을 만하다. 그러나 지식인의 고민을 직접 드러낸 「어두운 지하도 입구에 서서」나 통일이나 현실의 억압을 주제로 한 몇 편의 작품에서는 작위성과 관념성이 노출되어 시의 격조를 떨어뜨리는 것도 사실이다.

1970년에 등단한 양성우[106]는 『신하여 신하여』(1974)를 간행하였는데 1975년 2월 광주 와이더블유시에이(YWCA) 강당에서 열린 집회에 참석하여 박정희 정권을 비판한 시 「겨울공화국」을 낭송했다는 이유로 같은 해 4월 파면됐다. 『겨울공화국』은 1977년에 간행되었으나 곧 판매 금지 당했고 양성우만이 아니라 출판에 관여한 고은과 조태일도 구속되었다. 2년이 넘는 옥고를 치른 후 1970년대 중반 이후의 시를 모은 『북치는 앉은뱅이』가 1980년에 간행되었다. 이러한 그의 삶이 암시하는 것처럼 그의 시는 체제

---

103) 정희성(鄭喜成, 1945~): 1970년 《동아일보》에 「변신」이 당선되어 등단. 시집으로 『한 그리움이 다른 그리움에게』(1991) 등이 있음.
104) 최동호, 앞의 책, 111쪽.
105) 이동하, 앞의 글, 174쪽.
106) 양성우(梁成祐, 1943~): 1970년 《시인》에 「발상법」, 「증언」 등을 발표하여 등단.

에 대한 비판 정신이 전면에 돌출되어 있다. "삼천리는 여전히 살기 좋은가/ 삼천리는 여전히 비단 같은가/ 거짓말이다 거짓말이다/ 날마다 우리들은 모른체하고 다소곳이 거짓말에 귀 기울이며/ 뼈가르는 채찍질을 견뎌내야하는/ 노예다, 머슴이다, 허수아비다"(「겨울공화국」)에서 보는 것처럼 시인이 내세우려는 발언의 욕구가 시의 형식을 와해시키고 있다.

1973년 신춘문예로 등단하여 《반시》 동인으로 활동한 김창완[107]은 첫 시집 『인동일기(忍冬日記)』(1978)를 간행했다. 그의 시 역시 사회의 모순과 체제의 억압에 대한 저항 의식을 담아냈으나 '인동일기'라는 제목에서 연상되듯이 직접적인 비판보다는 시적인 비유와 상징의 그늘 아래서 비판 정신을 표현했다. 척박한 현실을 견디며 살아가야 하는 민초들의 고통과 자신의 고뇌를 병치시키면서 저항 의식을 드러내고 서정의 품격을 유지하려 했다. 그만큼 그는 견딤의 중요성을 친숙한 서정적인 어조로 노래한 점이 특징이다. 저항적 서정시를 쓰던 그가 1980년대 중반 이후 시를 쓰지 않게 된 것은 안타까운 일이다.

1973년 신춘문예로 등단한 이동순[108]도 《자유시》 동인 활동을 거쳐 첫 시집 『개밥풀』(1980)을 간행하였다. 등단작은 내면의 환상을 다소 난해한 어법으로 드러낸 「마왕의 잠」 연작이었는데 1977년 무렵부터 "역사적 현실에 깊은 관심을 갖고 본격적인 민중시를 지향"하게[109] 되었다. 「서흥김씨 내간」 같은 작품은 6·25

---

107) 김창완(金昌完, 1942~): 1973년 《서울신문》에 「개화」가 당선되어 등단. 시집으로 『우리 오늘 살았다 말하자』(1984) 등이 있음.
108) 이동순(李東洵, 1950~): 1973년 《동아일보》에 「마왕의 잠」이 당선되어 등단. 시집으로 『물의 노래』(1983), 『지금 그리운 사람은』(1987) 등이 있음.
109) 이태수, 「역사적 현실을 바라보는 시인」, 『개밥풀』(창작과비평사, 1978), 117쪽.

의 전란 속에 시인을 낳고 세상을 떠난 시인의 어머니를 화자로 설정하여 시대의 질곡에 희생된 민초들의 고초를 대리 표현하였다. 표제작인 「개밥풀」 역시 민중의 상징으로 개밥풀을 형상화한 것인데 의도가 전면에 노출되어 작위적인 접합 같다는 느낌을 준다. 이 시집의 시편은 서정시에 가까운 형질을 더 많이 보여 주기는 하지만, 장시 「검정버선」은 일제 강점기에 일어난 백정의 민권 회복 운동인 형평 운동을 소재로 하여 민중적 저항 의식을 표현하고 있다. "더없이 욕된 운명 위에 더욱 밤이 퍼부어질지라도/ 박달자루 도낏날을 들게 갈아 둘러메고/ 도적도 사슬도 대번에 내려칠 눈빛 번뜩이며/ 오늘도 검정버선은 새벽 일터로 나아간다"는 마지막 시행은 민중적 저항성을 표 나게 드러내고 있다.

1969년에 등단한 이시영[110]은 첫 시집 『만월』(1976)을 간행하였다. 이 시집의 시편 역시 민중성과 서정성 사이에서 양자를 병치하는 경향을 보인다. 표제작 「만월」은 서정성의 밀도가 높으면서도 6·25전쟁을 전후한 시기의 농촌의 궁핍한 상황을 처절한 시어로 표현하였다. "썩은 덕석에 내다 버린 아이들과 선지피가 자욱했다"는 대목에서 농촌 마을의 처참한 생활상이 암시되고 "어둠 속에 숨 죽인 갈대덤불을 헤치고/ 늙은 달이 하나 떠올랐다"는 마지막 시행 역시 미래의 전망을 갖지 못한 젊은 시인의 암울한 의식을 드러낸다. 그의 시는 대부분 농촌의 피폐함과 소외 계층의 억눌린 삶을 그려 낸 것이 많았는데 직접적인 비판이나 분노의 표출보다는 "분노의 감정을 차분한 어조로 억누르는 듯"한 시를 써서 "내밀한 신음 소리 같았다"는[111] 느낌을 주었다. 그만큼

---

110) 이시영(李時英, 1949~): 1969년 《월간문학》에 「채탄」이 당선되어 등단. 시집으로 『바람 속으로』(1986), 『길은 멀다 친구여』(1988), 『피뢰침과 심장』(1989) 등이 있음.

그는 현실이 안겨 주는 문제들을 감정의 깊이 속으로 용해하고자 한 것이다. 그의 시의 고향이 가난과 고초로 얼룩진 피폐한 공간으로 형상화된 것은 1970년대 산업화를 부정적으로 본 시인의 비판 정신의 결과였을 것이다.

5 1970년대 시의 시사적 의의

개발 독재로 요약되는 1970년대 유신 체제는 먹고사는 일이 어느 정도 해결된 대신 인간의 기본권이 제한된 시대였다. 생각하고 말하고 행동하는 인간의 권리가 강압적으로 통제되는 상황에서, 생각하는 동물인 인간은, 특히 지식인은 가혹한 정신적 억압의 고통을 느끼게 된다. 상황에 민감하게 반응하는 시는 그런 고통의 기류를 흡입하여 창조의 자원으로 활용한다. 1970년대 시에 어김없이 등장하는 어둠, 고독, 격리, 번민, 좌절, 회한, 적의, 분노 등의 심상은 1970년대의 정신적 기류를 언어로 재현한 결과이다. 그러나 어둠의 내면을 위장한 사회 현상의 표면에는 산업화의 미래를 예고하는 화려한 청사진이 펼쳐져 있었다. 나날의 삶을 사는 사람들은 정치적 저항으로 얻게 될 불확실한 미래의 전망보다는 일상의 삶에 충실함으로써 얻게 될 확실한 미래의 행복을 원했다. 억압과 풍요 사이에 1970년대 평범한 한국인의 삶이 영위되었고, 자유와 평등의 실현이라는 거대 담론과는 거리를 둔 상태에서 일상의 행복을 추구하는 대다수 시민들이 살고 있었다.

이 시대의 시 역시 억압과 풍요의 모순 사이를 관통해 갔다.

---

111) 이승하, 앞의 책, 279쪽.

아무리 고통스러운 시대에도 인간에게는 자신의 꿈을 간직할 권리가 있고 자연의 아름다움을 즐길 욕구가 있고 개인적 번민을 토로할 자유가 있다. 시는 인간의 마음에서 우러나오는 것이기 때문에 이 모든 양식을 다 포괄하지 않을 수 없다. 고통의 토로, 고통을 준 자에 대한 분노의 표출만이 시가 아니라 내면적 몽상의 표출, 황홀한 자연미의 표현, 자폐적 번민의 독백도 시가 될 수 있다. 그리고 더 정확히 말하면 진정한 시는 어느 한 면만을 드러내지 않고 이러한 요소를 복합적으로 드러낸다.

또 하나 강조하고 싶은 것은, 시는 드러내는 내용이나 드러내는 행위만이 중요한 것이 아니라 드러내는 방법도 중요하다는 사실이다. 내용과 행위와 방법이 언어를 통해 통합적으로 육화될 때 한편의 시가 탄생한다. 이 점은 정말 중요한 사실이어서 특별히 강조하고 싶다. 흔히 1970년대나 1980년대의 시를 서술할 때 시의 내용과 그 내용을 발표한 시인의 행동이 중요한 요소로 부각된다. 현실 참여의 저항적 자세와 그들이 보여 준 희생적 헌신이 강조된다. 그러나 한 시인의 역사적 실천에 대해 인간적 존경심을 갖는 것과 한 편의 시 작품을 올바로 평가하는 것과는 별개의 문제다. 이 점을 간과해서는 안 될 것이다.

1970년대 시사를 기술한 대부분의 글이 현실 참여나 저항적 담론으로 채워지는 데 비해 이 글은 서정주의 계열의 시를 서술하는 데 상당한 분량이 할애되었다. 이것은 의도적인 것이 아니라 사실이 그러하기 때문이다. 1970년대 시의 실상을 보면, 서정적 표출에 집중한 시가 아주 많고 현실을 비판하거나 형식의 새로움을 추구한 작품들도 대부분 서정성에 기반을 두고 그러한 작업을 진행했던 것이다. 또 내용과 행위와 방법이 언어를 통해 통합적으로 육화된 것이 진정한 시라는 관점을 가치 판단의 기준으로 삼았기 때문에, 발언의 욕구가 앞선 현실 참여시에 대한 설명은 분량이 줄어들게 되었다.

내용이나 행위의 중요성을 강조하는 것이 시인의 정직성을 설명하는 방법이 될 수는 있을 것이다. 그러나 내용과 행위가 우위에 서서 형식을 이끌어 간다는 것은 처음부터 불가능한 논리다. 그것은 시의 파탄을 의미하기 때문이다. 내용과 행위와 방법이 옹골지게 하나로 짜일 때 진정한 시가 탄생하게 된다.

(이숭원)

9장
민중 혁명의 시기(1979년~1991년)

1 1980년대, 압도적인 현실의 시대

1980년대는 현실이 상상력을 압도하던 시대였다. 1980년대는 계엄령으로 시작되었다. 1979년 부마 민주 항쟁 때 선포된 계엄령이 10월 26일 박정희 대통령 시해 사건, 12월 12일 신군부 쿠데타, 그리고 1980년에 접어들면서 '서울의 봄'으로 불리는 전국적인 민주화 운동과 광주 민주화 운동 등 일련의 사건들을 계기로 연장되었다. 이 계엄령은 전두환 정권이 출범한 1980년 8월 27일 이후에도 풀리지 않았다. 계엄령은 사형이 확정된 김대중을 무기징역으로 감형한 다음 날인 1981년 1월 24일에 해제되었다. 1980년은 계엄령 속에서 시작하고 저물어 갔다.

계엄령 속에서도 '서울의 봄'이라는 민주화 열기가 분출될 수 있었던 것은 철저한 1인 독재 체제인 유신 정권이 종말을 고하면서 권력의 중심이 사라졌기 때문이다. 신군부가 중심으로 다시 등장하면서 오히려 탄압은 극에 달하였으며 민주화 운동은 크게 위축되었다. 그러나 민주화 운동은 내부적으로 불씨를 계속 간직하며 대학생과 노동자의 연합을 통해 전방위적으로 확대되고 있었다. 이런 움직임이 바탕이 되어 1987년 6월항쟁 때 대통령 직선제를 이끌어낼 수 있었다. 그러나 노태우 정권이 집권함으로써 투쟁의 성과는 다시 빛을 잃었다. 1980년대는 이처럼 민주화 운동의 좌절과 성취가 교차하던 시대였으며 이런 기억이 모든 문화를 장악하고 있었다. 문학 역시 1980년을 전후반으로 하여 다른 국면을 맞게 된 것도 이런 상황의 반영이라 할 수 있다.

1980년대의 민주화 운동은 여러 가지 면에서 1970년대와 다른 양상을 띤다. 그 차이는 당대 독재 정권의 특성과 사회적 변화에 기인하는 것으로 정리할 수 있다. 먼저 정권의 이념에 있어서 유신 정권은 이념을 뚜렷하게 지니고 어느 정도 시대적 소명에 부응하고 있었는 데 반해, 신군부 정권은 전적으로 역사의 돌연변이 현상으로 태어나 정권 약탈 이외에 통치 이념이나 시대적 소명 같은 것을 염두에 두지 않았다. 신군부 정권의 민중 대량 학살(광주 민주화 운동)이 가능했던 것도 이 때문이다. 다음으로 사회적인 측면에 있어서 비정상적인 경제 성장으로 인해 계층 간의 빈부 격차가 심화되었고 그것이 계급 갈등을 유발하고 있었다. 유신 정권은 한국의 경제가 노동자의 복지를 고려할 정도로 성장하지 않았기에 노동 운동을 효율적으로 통제할 수 있었다. 그러나 1980년대에 들어 한국의 경제는 더 이상 노동자의 노동력 착취를 통해서만 성장을 도모할 수 없는 경제 수준에 도달하였는데, 이것이 계급 갈등의 측면에서 파악됨으로써 노동 운동은 전혀 다른 국면으로 전개되었던 것이다.[1]

여러 조건의 변화에 따라 민주화 운동 역시 변화할 수밖에 없었는데, 그 변화의 핵심은 노동자와 학생의 연대 투쟁, 즉 노학 연대이다. 학생들은 이념 학습과 노동 운동 실천을 통하여 그간의 지식인 위주의 엘리트적 투쟁이라는 한계를 벗어나 민주화 운동을 새로운 차원으로 끌어올렸다. 1970년대 노동 운동이 "민중과 정치적으로 결부되지 않은 부르주아 운동"[2]이었다는 비판이 일어났던 것도 학생들의 적극적인 현실 참여가 기존 노동 운동에 인식의 변화를 가져다주었기 때문이다. 노학 연대를 통하여 노동자의 의식도 향상되었으며, 이것은 대규모 노동 운동의 전국적 파급이라는 결과를 가져왔다.

1980년대를 이해하기 위해서는 신군부 정권의 언론 매체 장악에 주목하여야 한다. 전두환 정권은 언론 통제를 용이하게 하기 위해 1980년 12월 1일부로 언론 기본법을 공포하여 대대적인 언론 통폐합을 단행하였다. 국가 보위 입법회가 제정·공포한 언론 기본법은 언론 기관을 강제적으로 통폐합함으로써 대중 매체를 완전하게 장악하는 데 목적이 있었다. 이 법은 잡지·통신 등 정기 간행물의 등록 취소를 자의적으로 규정하고 있으며 언론 기관의 정보 청구권을 배제하는 예외 규정을 두었을 뿐만 아니라, 언론인의 강제 연수나 정기 간행물의 검열과 간섭을 가능하게 하는 독소 조항을 담고 있었다.

언론 기본법은 소수 언론사들에게 세제·금융상의 특혜를 주어 언론사가 대기업으로 도약하게 만드는 계기를 마련해 주었다. 그 대가로 언론들은 정권을 비호하는 친정부적 기관지로 전락했다. 그러나 이 법은 다양한 지하 언론 매체의 자생력을 키워 주는 역

---

1) 오세영, 「80년대 한국의 민중시」, 『한국현대문학연구』 9(한국현대문학회, 2001. 6), 126~127쪽.
2) 고은, 「80년대 복판에 서서—민중과 민중문화운동에 대한 단상」, 《실천문학》 8(1987. 1), 65쪽.

할을 하였다. 진실을 왜곡하는 제도권 언론에 대항하여 민주화 운동 청년 연합(민청련)의 《민주화의 길》, 민주 통일 민중 운동 연합(민통련)의 《민중의 소리》, 《농민신문》, 《도시빈민신문》, 《노동자신문》 등이 쏟아져 나왔으며, 다양한 단체들이 발간하는 신문 혹은 소책자 프린트물이 대안 언론의 기능을 하였다. 진보 언론인들의 모임인 '민주 언론 운동 협의회'(1984)가 창립되고 기관지 《말》(1985년 6월)이 발행된 것도 이 즈음이다. 《말》지는 1986년 9월호에 문화공보부 홍보 정책실이 매일 각 언론사에 은밀하게 보낸 보도 지침을 폭로하여 신군부 정권의 추태를 적나라하게 고발하였다.

당시의 모든 문인들은 자신의 문학적 지향이 무엇이었든 간에 이 부정적인 현실에 직면하고 있었다. 김혜순의 자작시 해설에서 이 당시의 풍경을 짐작할 수 있다.

> 나는 그때 출판사에 파트타임으로 나가고 있었는데, 어느 날인가 시청에 검열을 받기 위해 제출한 희곡집 가제본은 모든 행이 검은 등사 잉크로 지워져서 내 앞에 던져지기조차 했다. 자료를 찾느라 뒤져 보면 검은 줄로 지워진 기사와 소설들로 뒤덮여 있던, 그리고 군데군데 행 삭제라고 쓰여져 있던 일제 시대의 정기 간행물들처럼 어디론가 많은 말들이 차압되어져 가던 때였다. 많은 고백이 지워졌고 침묵 속에 휩싸였으며 거짓 고백만이 횡행했다. 내가 다니는 《말》을 찍어 내는 출판사에서 출판 언어 대신 적게 맞을 수 있는 법, 빨리 〈그곳〉을 벗어날 수 있는 대화 전략들이 수근거려졌다. 그리고 술자리에선 모두 패잔병이나 배신자들처럼, 혹은 영혼을 저당 잡힌 사람들처럼 몸과 말을 함부로 내동댕이쳤다.[3]

---

3) 김혜순, 「오독된 나의 시—잘못 전달된 나의 고백」, 《현대시학》(1991. 9), 138쪽.

작품집이 나오기 전에 시청에서 검열을 받기 위해 가제본을 제출해야 하던 시대 풍경이 이 고백에 담겨 있다. 신군부가 서울시청에서 모든 인쇄 매체에 대해 검열을 하고 있었던 1980년 초반의 풍경일 것이다. 이것은 언론 기본법이 만든 새로운 풍경이었으며 고통스런 풍경이었다. 이 악법에 따라 1985년 8월 《실천문학》의 잡지 등록이 취소되었고 같은 해 12월 창작과비평사의 출판사 등록이 취소되었다. 이를 계기로 언론 기본법에 대한 폐지 내지 개정 여론이 강하게 일어 6·29 선언 이후 정기 국회에서 폐지되었다.

1980년대의 모든 문제는 신군부 정권의 정책과 연계되어 있었다. 각종 프로 경기의 출범, 국풍 81과 같은 스펙터클의 창조, 에로 영화의 전성 등은 3S정책으로밖에 설명할 수 없을 것이다. 그나마 다행인 것은 88올림픽을 겨냥한 유화 정책의 하나로 1988년 7월 월북 작가의 해방 전 문학 작품에 대한 출판 허용이 늦게나마 이루어졌다는 것이다.

1987년 6월항쟁 이후 치른 대통령 직접 선거에서 김대중, 김영삼의 후보 단일화 실패로 당시 노태우 후보가 다시 정권을 잡음으로써 신군부 정권의 소멸은 다음 대통령 선거로 미루어졌다. 이렇게 하여 1980년대는 시민의 민주화 열기를 제대로 소화해 내지 못한 야당 정치권의 분열로 신군부 정권의 지배 아래 고스란히 놓이게 되었다. 문학 역시 이런 사회적 배경으로부터 자유로울 수는 없었다.

2 1980년대 시단의 안팎

고은은 "1980년대는 우리 민족 전체 앞에서 정치의 때이자 문학의 때"⁴⁾라고 하였다. "정치의 때"가 시대 상황과 연관된 표현이라는 것은 쉽게 알 수 있지만, "문학의 때"라는 말은 다소 설명이 필요할지 모르겠다. 물론 이 말은 문학, 특히 시가 이 시대에 전경화되었다는 의미일 것이다.⁵⁾ 이때의 문학은 현실주의 문학만을 의미한다. 당대의 상황을 고려할 때 이런 함의는 일부는 타당하지만 일부는 비약이라 할 수 있다. 1980년대에는 현실주의 경향(민중시)뿐만 아니라 서정주의 경향(서정시)이나 해체주의 경향(실험시)의 시 역시 다양하게 발표되었기 때문이다.

그럼에도 1980년대가 민중 문학의 시대라는 것은 그 담론이 주류화 될 수밖에 없는 시대 상황과 맞물려 있었을 뿐만 아니라, 서정주의나 해체주의에 비하여 이론상 논리화하기에 적절한 내용을 지니고 있었기 때문이다. 민중 문학 계열에서 수많은 이론가들이 자체적으로 다양한 논쟁을 벌이며 이론적 분화를 이루어 낸 것도 이 때문이다. 여러 면에서 민중 문학은 1980년대의 시대 상황과 부합되는 면이 많았다.

해체주의 경향의 시는 1980년대 시의 또다른 축으로 논의된다. 해체주의 또한 현실적인 대응력을 어느 정도 지니고 있었기 때문에 시의 시대의 주류로 편입될 수 있었다. 민중시의 상투성을 거부하고 현실에 대한 미학적 대응을 강조하는 일군의 젊은 시인들이 형태 파괴와 환유적 언어 배치, 산문적 요설, 장르 해체 등 다양한 실험을 통하여 현대시의 새로운 차원을 개척하였다. 끝없

---

4) 고은, 앞의 글, 73쪽.
5) 1980년대가 시의 시대라고 할 때 통계적인 관점에서 두 가지 근거가 있다. 첫째, 1980년대 후반에 문학 도서의 발행 종수가 감소하던 시기에 시 장르는 오히려 증가했다는 점. 둘째, 1983년을 기점으로 시가 수필의 생산력을 압도했다는 점이다. 배노필, 「베스트셀러의 문화적 형성에 대한 연구」(서울대학교 석사논문, 1999), 42~43쪽.

이 혁신해 나가는 실험주의를 바탕에 두고 있다는 점에서 현실주의와 해체주의는 유사성을 보여 주었다.

이 시대의 시 장르에서 현실적으로 분명한 한 줄기를 형성하고 있던 서정주의는 본질적으로 실험주의와 거리가 멀었기 때문에 다른 것에 비하여 그 존재가 부각되지 않았으며 이것이 평가 절하로 이어졌다. 그러나 민중시가 두드러지면서 서정시가 필요 이상으로 평가 절하 되고, 이것이 반복적으로 문학사적 왜곡으로 이어지고 있다는 지적에 귀 기울여야 할 것이다.[6]

1980년대 시단을 둘러싼 여러 상황을 고찰하기 위해 당시 평단의 전개를 살펴보는 것이 도움이 된다. 전반기에는 주로 실천성과 민중 개념을 전경화한 현실주의 논의가 공세적으로 전개되었다. 백낙청의 1970년대 민족문학론이 실천적인 성과를 강조하는 방향으로 진행되었으며, 문학 운동을 사회 운동의 일환으로 보는 시각이 우세해졌다. 또한 백낙청의 민족문학론에 대한 비판 혹은 보완으로 채광석이 주창한 '민중적 민족문학론'이 대두되었다. 해체주의 계열에서는 김현의 평문들이 지속적으로 발표되고 있었다. 김현을 비롯한 《문학과지성》 그룹이 형식미학적 측면을 부각시키면서 형식 실험을 지원하고 있었다. 서정주의 계열에서는 이동하, 김시태, 오세영, 김선학, 이건청, 정효구 등이 서정성의 가치를 옹호하며 하나의 비평 흐름을 형성하고 있었다.

1980년 중반 이후, 6월항쟁을 계기로 현실주의 논의가 절정에 오른 듯하였으나 오히려 반현실주의적 계열의 반격과 서정주의로

---

[6] 이는 1980년 말의 '서정시 회귀'를 민중시나 해체시의 관점에서 만들어진 "문단적 퍼포먼스요 이슈거리"로 보는 시선에서 잘 드러난다. 오세영, 「리리시즘의 회복과 서정시—1980년대 후반의 시단 풍경」, 『우상의 눈물』(문학동네, 2005) 참조.

의 회귀가 나타났다. 6월항쟁의 승리에 고무되어 민족문학론의 다양한 분화가 이루어졌으며, 더욱 원리주의적인 경향으로 논의가 전개되었다. 백낙청의 소시민성이 비판되면서 지식인 주도의 문학 운동을 민중 중심의 운동으로 전환하여야 한다는 논리가 더욱 강화되었다. 그러나 원리주의적 논의가 극단화되면서 고립을 자초하였는데 이는 결과적으로 현실주의 계열의 쇠퇴를 의미하는 것이기도 하였다. 다른 계열의 반격이 본격화되기 시작한 것도 이때이다. 새롭게 등장한 반리얼리즘 계열 평론가 정과리, 성민엽 등의 반격이 그것이다. 이런 구도를 이해하는 데에는 다음과 같은 도표가 도움이 된다.[7]

	서정주의	해체주의	현실주의				
명칭	순수 문학	자유주의 다원론	시민적 민족 문학	민중적 민족 문학	노동 해방 문학	노동 해방 문예	민족 해방 문학
대표 잡지 그룹	문협 《현대문학》	《우리 세대의 문학》, 《문학과사회》	《창작과 비평》	《문학예술운동》, 《사상문예운동》	《노동해방문학》	문예연, 노문연《노동자 문예통신》	《녹두꽃》, 《노둣돌》
이론가 평론가	김동리 이동하 오세영	홍정선 정과리 성민엽	백낙청	채광석 김명인	조정환 임규찬	조만영	백진기 김형수
시인	박정만 이성선	장정일 유하	고은,「화살」		박노해,「머리띠를 묶으며」		김남주,「조국은 하나다」

서정시 계열의 신인이 당선 소감에서 당돌하게도 민중시 계열을 비판하고 나선 것도 바로 이 즈음이었다. 김기택은 1989년 한국일보 신춘문예 당선 인터뷰에서 민중 문학에 대한 반감을 표시

---

7) 이 도표는 김성수가 1980년대 문학 비평을 개괄하는 논의에서 제시한 것이다.(시 부분 추가) 한국예술연구소, 『한국현대 예술사대계Ⅴ―1980년대』(시공사, 2005), 60쪽 참조.

하였다. 그는 "가난한 자들의 내면을 사랑하거나 소중히 여기기보다는 그것을 이용해서 남을 변화시키려는 민중주의 예술의 작위성을 증오한다."라는 말을 했다. 이에 대한 반응은 "1989년이면, 민중 문학의 거센 파도가 한풀 꺾였다고는 해도 아직도 그 도덕적 정당성은 누구 하나 의심하지 않고 있던 때였는데, 이제 갓 등단한 신인의 위와 같은 강력한 발언은 상당히 충격적으로 받아들여졌다."[8]는 언급에서 확인할 수 있을 것이다. 1980년대도 이제 저물어 가고 있었던 것이다.

1980년대 시단에서 특기할 만한 사항은 크게 세 가지로 정리할 수 있다. 그 첫 번째가 무크지의 활성화이다. 잡지 인가를 받기 어려운 시대 여건 아래 출판사 등록만 있으면 특별한 허가 절차 없이도 출판이 가능하다는 점에서 무크지의 성황은 현실적인 이유가 있었다. 1980년 중반까지의 무크지를 정리해 보면 다음과 같다.

> 1980년: 《시운동》, 《열린시》, 《응시》, 《청녹두》, 《황토》, 《예각》, 《암호》, 《절대시》, 《실천문학》 등
> 1981년: 《시와 자유》, 《오월시》, 《시와 경제》, 《변방》, 《한국문학의 현단계》, 《17인의 신작 시집》
> 1982년: 《우리 세대의 문학》, 《언어의 세계》, 《수화》, 《진단시》, 《미래시》, 《제3세계 문학》, 《작가》, 《마산문학》, 《임술년》, 《시각과 언어》
> 1983년: 《공동체 문화》, 《삶의 문화》, 《르포시대》, 《민족과 문화》, 《일과 놀이》, 《시인》, 《민중》, 《문학의 시대》,

---

8) 하재봉, 「내부에 불을 감추고 웅크린 호랑이」, 『문학정신』(1992. 2).

《실천불교》,《지평》,《살아 있는 아동문학》,《분단시대》,《평민시》,《국시》,《민의》,《민중시》

1985년: 《민중 교육》 등[9]

이런 목록을 일별해 볼 때 무크지의 성황이 1980년 초《창작과비평》,《문학과지성》의 폐간에 직접 기인한다는 주장은 재고되어야 할 것이다. 오히려 양쪽 계열에서 소외되어 있던 "새로운 문학 세대 등장에 따른 자생적, 능동적 움직임의 반영"[10]으로 보는 견해를 참고할 만하다. 따라서 이들 무크지에서 현실주의 계열이 지배적이라는 점이 지나치게 강조되는 것은 바람직하지 않다. 양적으로 현실주의 계열이 많긴 했지만《시운동》,《우리 세대의 문학》,《언어의 세계》,《지평》 등 미적 자율성의 측면을 강조하거나《문학의 시대》처럼 운동으로서의 문학을 전면적으로 승인하지 않는 무크지들의 영향력도 만만치 않았기 때문이다.

다음으로 주목할 것은 시집의 베스트셀러 현상이다. 현실주의와 반현실주의 계열의 대립이 어느 정도 균형을 이루고 있음은 당대의 베스트셀러 시집 현황에서도 드러난다. 시집의 베스트셀러 현상은 1980년대적인 현상이라 할 수 있는데, 1970년대만 해도 베스트셀러라 부를 만한 시집은 윤동주의 시집밖에 없었다. 그러던 것이 1980년대 들어 최초의 밀리언셀러 시집인 서정윤의 『홀로서기』를 비롯하여 이해인의 『오늘은 내가 반달로 떠도』, 도종환의 『접시꽃 당신』, 김초혜의 『사랑굿』 그리고 고은 외 『마침내 시인이여』, 박노해의 『노동의 새벽』 등이 베스트셀러 반열에 올랐다. 도종환, 김초혜 등의 서정시 계열과 박노해 등의 민중시

---

9) 김윤식 외, 『우리 문학 100년』(현암사, 2001), 337쪽.
10) 위의 책, 335쪽.

계열이 나란히 베스트셀러 목록에 오른 것은 현실주의와 반현실주의 계열의 대립이 독자들에게 반영된 것이라 볼 수 있다.

여기에 민중시 계열에 있어서 창작 주체의 다변화와 장르의 확대 같은 것을 특기할 수 있다. 농민, 공장 노동자, 일반 노동자 등이 직접 시를 발표하여 창작의 주체로 등장하면서 문단의 지형도를 바꿔 놓았는데 박노해, 백무산과 같은 노동자 시인이 대표적이다. 또한 서사시, 장시, 연작시, 공동 창작시, 굿시 등이 성행하였는데 이는 기존 문단의 경직된 문학관을 수정하여 문학의 지평을 확장시켰다는 점에서 의의를 찾을 수 있다.

3 1980년대 시적 경향의 다양성

1) 현실주의 시의 성황

현실이 상상력을 압도하던 1980년대에 현실주의 계열의 시는 시대적 상황으로 인하여 당대 시의 주류를 형성하고 있었다. 시 창작을 담당했던 시인층의 범위가 넓었으며, 시인의 수도 상대적으로 많았다. 이 계열의 시인으로는 기성 시인으로 고은, 신경림, 민영, 문병란, 이성부, 조태일, 김지하, 강은교, 최하림, 이시영, 김광규, 정희성, 김준태, 김남주, 김명수, 정호승, 이동순, 김명인, 구재기, 하종오, 고정희 등이 있으며, 1980년대에 등단한 시인으로 고형렬, 박노해, 김진경, 김해화, 오봉옥, 김정환, 최두석, 김사인, 곽재구, 안도현, 김용택, 고재종, 임동확, 이재무, 이은봉, 박세현 등이 있다.

1980년대에 활동한 기성 시인들은 민중 문학의 이념을 내면화시켜 생경한 주장을 남발하지 않고 시적 형상화에 상대적으로 가치를 많이 두는 시 경향을 보여 주었다. 김지하는 1980년대에 들어 가장 커다란 변화를 보여 준 시인이다. 1970년대에 현실 비판 의식을 치열하게 표출하면서 민중시의 전위 역할을 한 그는 1980년 형집행정지로 감옥에서 나온 뒤 생명의 본질에 대한 통찰을 바탕으로 서정시를 주로 창작하였다. 그는 최제우, 최시형, 강일순 등의 민중 사상의 핵심을 '생명 사상'으로 파악하여 자신의 문학과 사상의 전환점으로 삼았다. 이를 바탕으로 나온 것이 『대설 남』(1982), 『애린』(1986), 『검은 산 하얀 방』(1986), 『이 가문 날에 비구름』(1986), 『별밤을 우러르며』(1989) 등이다.

> 네 얼굴이
> 애린
> 네 목소리가 생각 안 난다
> 어디 있느냐 지금 어디
> 기인 그림자 끌며 노을진 낯선 도시
> 거리 거리 찾아 헤맨다
> 어디 있느냐 지금 어디
> 캄캄한 지하실 시멘트벽에 피로 그린
> 네 미소가
> 애린
> 네 속삭임 소리가 기억 안 난다
> 지쳐 엎드린 포장마차 좌판 위에
> 타오르는 카바이드 불꽃 홀로
> 가녀리게 애잔하게
> 가투 나선 젊은이들 노래 소리에 흔들린다.
> ――「서시―소를 찾아 나서다」 전문

이 시기의 중심 모티프인 "애린"은 서정시의 근원으로서 시인이 추구하는 대상이다. 여성성으로 나타난다는 점과 심우도의 구조를 닮아 있다는 점에서 생명의 근원, 생명의 실상과 관련 있다. 이전의 시가 투쟁과 부정으로 나아간 남성적 웅혼함과 강렬함의 시인 데 반해, "애린"을 찾아가는 서정시는 생명과 포용으로 나아가는 여성적 부드러움의 시이다. 독창적인 생명 사상에 바탕을 둔 인식의 변화가 그의 시를 새로운 차원으로 나아가게 한 것이다.

고은 역시 직접적인 진술보다는 평이한 문체로 민중의 삶을 절실하게 그려 내는 시풍으로 민중시의 새로운 경지를 보여 주었다. 1980년대에 『조국의 별』(1984), 『시여 날아가라』(1986), 『전원시편』(1987), 『네 눈동자』(1988) 등을 간행하였는데, 대부분 서정적인 시선으로 시대의 문제에 접근하는 시라 할 수 있다. 특히 그의 야심작인 『만인보』가 1980년대 중반부터 집필되기 시작했다는 점에서 이 시기는 시적 행보의 전환점이 된다.

> 너와 나 사이 태어나는
> 순간이여 거기에 가장 먼 별이 뜬다
> 부여땅 몇천 리
> 마한 쉰네 나라 마을마다
> 만남이여
> 그 이래 하나의 조국인 만남이여
> 이 오랜 땅에서
> 서로 헤어진다는 것은 확대이다
> 어느 누구도 저 혼자일 수 없는
> 끝없는 삶의 행렬이여 내일이여
>
> 오 사람은 사람 속에서만 사람이다 세계이다
> ──「만인보─서시」 전문

1986년 《세계의 문학》에 연재를 시작한 「만인보」는 1990년까지 9권이 나왔으며 이후 30권을 목표로 계속 나오고 있다. 이것은 구체적 역사 속에 놓인 개인을 통해 만들어 가는 역사의 거대한 모자이크로서, 개인을 통하여 개인을 넘어선 공동체의 문제를 서정적으로 다룬 연작 서사시이다.

　신경림은 농민의 삶과 정서를 서정적인 방식으로 그린 1970년대 시의 연장선상에서 민중시의 지평을 확장시키고 있다. 민중의 정서가 고스란히 담긴 전통 장르인 민요에 관심을 기울여 현대적 감각으로 민요의 시적 가능성을 보여 주고 있는 것이다. 민요에 주목한 것은 농민의 삶과 정서를 제대로 이해하여 그것을 아름다움으로 승화시키기 위해서였는데, 『달넘세』(1985), 『남한강』(1987), 『가난한 사랑 노래』(1988) 등은 이런 노력의 결실이라 할 수 있다.

> 산동네에서 내려다보면
> 장바닥은 큰 강물이다
> 어떤 물줄기는 작은 소리를 내고
> 어떤 물줄기는 큰 소리를 내고
> 어떤 물줄기는 느릿느릿 또
> 어떤 물줄기는 급하게
> 서로 치고 받으면서
> 밀고 밀리면서 끌고 당기면서
> 소곤대면서 아우성치면서
> 모이기도 했다가 흩어지기도 했다가
> 그러다가 하나가 되어
> 우렁찬 하나의 노래가 되어
> 도도히 흘러가는 큰 강물이다

싸움처럼 큰 강물이다
　　　　　　—「산동네에서 내려다보면」 전문

　민중들의 삶이 이루어지는 장바닥은 서로 다른 방향으로 흩어지기도 하고 모이기도 하지만 결국 그 흐름 자체가 거대한 하나의 큰 강물, "싸움처럼 큰 강물"을 이룬다는 인식은 민중의 삶에 대한 강한 신뢰를 보여 준다. 민중의 힘이 역사를 바꾸는 하나의 거대한 흐름을 형성할 수 있으며 또 마땅히 그래야 한다는 생각을 강물을 통하여 비유적으로 표현함으로써 직설적 진술의 생경함으로부터 벗어나고 있다.

　하종오[11]는 『벼는 벼끼리 피는 피끼리』(1981), 『사월에서 오월로』(1984), 『분단동이 아비들하고 통일동이 아이들하고』(1986), 『넋이야 넋이로다』(1986) 등 1980년대에 여러 권의 시집을 내면서 왕성한 활동을 하였다. 그의 시는 분단 상황에 대한 비판적 고찰을 서정적인 방식으로 보여 준다. 「벼는 벼끼리 피는 피끼리」처럼 "참말로 참말로/ 갈라질 수 없어 이 땅에서 흔들리고 있는" 벼의 형상에 분단 상황의 우리 모습을 오버랩시키는 장면에서 시적 특장이 드러난다. 또한 이야기시, 극시, 굿시 등의 형식적인 실험을 시도한 점도 주목할 만하다.

　고정희[12]는 준열한 현실 인식에서 울려 나오는 메시지 중심의 시를 주로 창작하던 이전과 달리 1980년에 들어서면서 처연한 슬픔을 서정적으로 풀어 내는 시를 발표한다. 씻김굿과 같은 민중

---

11) 하종오(1954~　): 1975년 《현대문학》으로 등단. 시집 『벼는 벼끼리 피는 피끼리』, 『사월에서 오월로』, 『넋이야 넋이로다』 등이 있음.
12) 고정희(1948~1991): 1975년 《현대시학》으로 등단. 『누가 홀로 술틀을 밟고 있는가』, 『이 시대의 아벨』, 『지리산의 봄』 등이 있음.

예술을 자신의 시 형식으로 적극적으로 끌어들여 서정성의 새로운 차원을 보여 주었다. 『초혼제』(1983), 『이 시대의 아벨』(1983), 『눈물꽃』(1986), 『지리산의 봄』(1987), 『저 무덤 위에 푸른 잔디』(1989) 등의 시집이 이런 경향을 나타낸다.

> 남원에서 섬진강 허리를 지나며
> 갈대밭에 엎드린 남서풍 너머로
> 번뜩이며 일어서는 빛을 보았습니다
> 그 빛 한 자락이 따라와
> 나의 갈비뼈 사이에 흐르는
> 축축한 외로움을 들추고
> 산목련 한 송이 터뜨려 놓습니다
> 온몸을 싸고도는 이 서늘한 향기,
> 뱀사골 산정에 푸르게 걸린 뒤
> 오월의 찬란한 햇빛이
> 슬픈 깃털을 일으켜 세우며
> 신록 사이로 길게 내려와
> 그대에게 가는 길을 열어줍니다
> ──「지리산의 봄」 부분

기성 시인들 모두 심미성을 갖춘 민중시를 지향한 것은 아니다. 오히려 치열한 투쟁 의식으로 무장하고 직접적이고도 생경한 진술을 강하게 표출한 시인도 있었는데, 그 대표적인 예가 김남주[13]이다. 그는 1974년에 등단하였으나 반독재 투쟁으로 투옥되어

---

13) 김남주(1946~1994): 1974년 《창작과비평》에 시 7편을 발표하며 등단. 시집으로 『조국은 하나다』, 『사상의 거처』 등이 있음.

1970년대를 감옥에서 보냈으며 본격적인 시작 활동은 1980년대 중반 이후에 이루어졌다. 『진혼가』(1984), 『나의 칼 나의 피』(1987)에서 명징한 일상어로 강렬한 적대 의식을 표출하고 있다.

> 학살의 원흉이 지금
> 옥좌에 앉아 있다
> 학살에 치를 떨며 들고 일어선 시민들은 지금
> 죽어 잿더미로 쌓여 있거나
> 감옥에서 철창에서 피를 흘리고 있다
> 그리고 바다 건너 저편 아메리카에서는
> 학살의 원격조종자들이 회심의 미소를 짓고 있다
>
> 당신은 묻겠는가 이게 사실이냐고
> ──「학살 3」 부분

사실 민중시는 수사학과 서정성을 벗어 버릴 때 선전 선동이라는 목적을 완전하게 달성할 수 있다. 이때 수사학은 직접적이고도 정확한 인식을 방해하는 역할을 한다. 서정성 역시 치열한 현실 인식의 강도를 떨어뜨릴 수 있다. 이런 점에서 김남주의 시는 박노해와 더불어 민중시의 원형이라 할 수 있다. 지식인의 사유나 직업 시인의 수사학을 흉내 내지 않는 직접성과 진솔함은 미적 이념의 자신감을 필요로 한다는 점에서 아무나 흉내 낼 수 있는 것이 아니다. 이에 비추어 보았을 때 기성 민중 시인들의 서정화는 어떤 점에서 민중시의 정체성을 스스로 훼손하는 방식이었는지도 모른다.

1980년대 민중시 계열의 기성 시인들은 민중들의 정서를 이해하는 한 방식으로 민중 예술에 많은 관심을 기울였다. 김지하는 판소리, 무가, 신경림은 민요, 하종오, 고정희는 씻김굿에 관심을 갖고 창조적 수용 문제를 고민하며 여러 시적 성과를 남겼다. 이것은 주로 영혼의 위무, 즉 위령의 형식으로 나타났다. 이는 시대의 질곡 때문에 원한과 복수심으로 사무친 민중들의 마음을 위로하는 기능을 하였으나 한편으로는 현장의 직접적인 생기를 초월론적으로 해결하려는 관념적인 방식으로 이해되기도 하였다. 전반적으로 기성 시인들은 민중에 대한 대리자 의식이라는 지식인의 정신적 채무로 인하여 현장 의식보다는 관념적 지향을 보이는 경우가 많았다.

지식인 시인의 채무 의식은 1980년대에 등단한 시인들에게도 드러나는데, 이념적인 측면에서 더 치열해진 점이 차이라 할 수 있다. 이들은 노동자, 농민 같은 특정 계급보다는 넓은 의미의 민중의 정서와 이념적 지향을 보여 주는 데 치중한다. 언어 감각이 현실 인식과 행복하게 만나고 있는 것이 장점이지만 비판적인 관점에서 볼 때 이념적 후퇴로 보일 정도로 주지적인 분위기를 띠고 있다. 김정환, 최두석, 곽재구, 김사인, 이은봉, 임동확 등이 대표적이다.

김정환[14]은 『지울 수 없는 노래』(1982), 『황색예수전』(1983) 등을 통하여 비판적 현실 인식과 그 속에서 발견하는 희망을 미적 긴장을 유지하며 제시하고 있다. 구체적인 현실을 직접적으로 제시하기보다는 일반적이고 보편적인 상황으로 승화시키고자 하는 미적 노력이 그의 시적 특성이다. 다음 시처럼 "4·19 21주년 기념시"라는 부제가 붙어 있는 경우에도 4·19혁명의 기억은 비유적으로 처리되어 억압을 상징하는 보편적 사건으로 바뀐다. 그러나

---

14) 김정환(1954~): 1980년 《창작과비평》으로 등단. 시집 『지울 수 없는 노래』, 『황색예수전』, 『좋은 꽃』 등이 있음.

1980년 후반에 현실 인식을 그대로 드러내는 선전 선동시를 창작하면서 시적 변모를 보인다.

> 불러도 외쳐 불러도
> 그것은 떠오르지 않는 이미 옛날
> 그러나 불현듯, 어느날 갑자기
> 미친듯이 내 가슴에 불을 지르는
> 그리움은 있다 빗속에서도 활활 솟구쳐오르는
> 가슴에 치미는 이름들은 있다.
> 그들은 함성이 되어 불탄다.
> 불탄다. 불탄다. 불탄다. 불탄다.
> 사라져버린
> 그들의 노래는 아직도 있다.
> 그들의 뜨거움은 아직도 있다.
> 그대 눈물빛에, 뜨거움 치미는 목젖에
> ──「지울 수 없는 노래」 부분

이은봉[15]은 『좋은 세상』(1986), 『봄 여름 가을 겨울』(1989)에서 부정적인 현실을 직시하면서도 그것을 직설적으로 드러내기보다는 서정적으로 풀어 내는 데 주력한다. 서정성은 일상을 바라보는 따뜻한 시선에 기인한다. 왜곡된 삶의 다양한 측면을 다루는 그의 시들은 서정적인 낮은 목소리 때문에 현실 문제를 다시 한 번 돌아보게 만든다.

---

15) 이은봉(1954~): 1984년 공동 시집 《마침내 시인이여》로 등단. 시집 『좋은 세상』, 『봄 여름 가을 겨울』, 『내 몸에는 달이 살고 있다』 등이 있음.

골목길 어디
부서져 딩구는 장난감 병정들
그 먼 장난감 병정 나라로
즈이 사내
오오, 미운 사랑을 찾아서 떠난
누이야
네 아이 슬픈 보조개
네가 남긴 설움이
여기 이렇게 한 점
붉은 눈물로 피었고나.

　　　　　　　　　　　──「사루비아」전문

  최두석[16]은 『대꽃』(1984), 『임진강』(1986)에서 지적인 제어를 통하여 치열한 현실 인식과 지적인 상상력을 독특하게 결합시킨다. 이런 제어 때문에 시 속에 등장하는 비극적 현실은 미학적 거리를 두고 그려지지만, 그 속에는 격렬한 감정이 숨겨져 있다. 서정성과 서사성의 결합을 통해 시 형식의 새로운 가능성을 보여 주었다.
  곽재구[17]는 『사평역에서』(1983), 『전장포 아리랑』(1985) 등을 통해 암울한 시대를 살아가는 소외된 사람들의 이야기를 서정성 속에 녹여 내고 있어, 비참한 현실에 대한 분노와 연민이 아주 천천히 독자에게 스며들게 만든다. 서정성이 강하여 소외된 사람

---

16) 최두석(1956~) : 1980년 《심상》으로 등단. 시집으로 『대꽃』, 『임진강』 등이 있음.
17) 곽재구(1954~) : 1981년 《중앙일보》 신춘문예에 「사평역에서」가 당선되어 등단. 시집으로 『서울 세노야』 등이 있음.

들의 묘사가 지닌 핍진성이 무화되는 것이 한계라 할 수 있다.

김사인[18]은 많은 작품을 발표하지는 않지만 따뜻하고 섬세한 시선으로 삶의 하찮은 부분들을 조명하고 있다. 임동확[19]은 『매장시편』(1987), 『살아 있는 날들의 비망록』(1989)에서 지난한 현실 속에서조차 포기할 수 없는 이상을 지성과 감성의 긴장 속에 표현한다.

지식인 시인들의 관조적 거리와 미학적 의장에 대한 비판으로 등장한 것이 현장시이다. 현장시란 노동이 벌어지는 공간에서 느끼는 문제의식을 노동의 주체가 쓰는 시를 말한다. 공장 노동자는 공장에서, 농민은 농촌에서, 교사는 학교에서 자신의 문제를 직접 표현하는 것이다. 1970년대의 민중시는 노동자의 입장을 대신하여 쓴 지식인 시인의 시라는 점에서 노동 현장의 생생함과는 거리가 있었다. 노동자들은 수사학적으로 세련되지 않아도 자신의 문제를 자신들의 입장에서 진솔하게 표현해 주는 시를 원하였다. 현장시는 대부분 1980년대에 새롭게 등단한 신인들에 의해서 창작되었다.

도시 노동자가 창작의 주체가 되어 자신의 경험을 구체적으로 그려 내는 노동시 시인으로 박노해, 백무산, 박영근, 김해화, 정인화 등을 들 수 있다. 현장 노동시의 가장 대표적인 시인은 『노동의 새벽』(1984)으로 노동시의 새로운 차원을 보여 준 박노해[20]이다.

---

18) 김사인(1956~): 1981년 《시와 경제》로 등단. 시집으로 『밤에 쓰는 편지』, 『가만히 좋아하는』 등이 있음.
19) 임동확(1959~): 1987년 시집 『매장시편』을 발표하며 등단. 시집으로 『살아 있는 날들의 비망록』, 『운주사 가는 길』 등이 있음.
20) 박노해(1958~): 1983년 《시와 경제》로 등단. 시집 『노동의 새벽』, 『참된 시작』 등이 있음.

떨려오는 온몸을 소름치며
가위질 망치질로 다짐질하는
아직은 시다.
미싱을 타고 미싱을 타고
갈라진 세상 모오든 것들을
하나로 연결하고 싶은
시다의 꿈으로
찬바람 치는 공단거리를
허청이며 내달리는
왜소한 시다의 몸짓
파리한 이마 위으로
새벽별 빛나다.

——「시다의 꿈」 부분

  1980년대 박노해의 시는 하나의 충격이었다. 지식인 시인의 관념적인 민중시에서 느낄 수 없는 노동 현장의 생생한 활기와 진솔한 정서가 구체적으로 표현되었는데, 이는 그 자신이 노동자였기 때문에 가능한 것이었다. 노동자가 지니는 적대감과 분노, 좌절과 희망 같은 정서가 그대로 노출되는데 이것이 오히려 장점으로 받아들여졌다. 시적 수사를 걸치지 않은 일상어의 힘이 그의 시에서 새롭게 발견된 것이다. 「시다의 꿈」, 「손무덤」, 「노동의 새벽」처럼 그의 시는 수사적인 고민을 하지 않은 것처럼 정서를 직접적으로 드러내지만 그 바탕에는 현장에서 체득한 문제의식이 잘 녹아 있어 시적 긴장이 흐트러지지 않는다. 『노동의 새벽』이 발표된 이후 현장시 창작 열기가 확산되었는데, 노동자가 창작 주체가 되어 노동 현장을 다룬 작품들이 많이 투고되어 민중 문학 진영에서는 이를 소화하기 위해 《노동문학》이라는 문학 계간지를 창간할 정도였다.

백무산[21]은 박노해 현상을 새로운 차원으로 소화해 낸 시인이다. 노동자의 전투 의식과 지배 이데올로기에 대한 통찰을 바탕으로 하는 『만국의 노동자여』(1988)라는 시집은 1980년 후반의 시대 상황과 맞물려 노동시의 새로운 추동력이 되었다. 그는 박노해와 달리 적대감을 계급의 관점에서 정제하여 노출하고 있으며 언어를 더 치밀하게 조직한다. 일상어가 이념의 지도 위에 조직적으로 배열되는 것이다.

>경찰은 데모를 하였다
>납치범들의 졸개인 경찰은 무장을 하고
>주인 앞에 몰려 와서 데모를 하였다
>
>최루탄을 쏘고 군화발로 짓이기며
>과격시위를 하였다
>공장 앞에 몰려 와
>극렬하게 데모를 하였다
>
>노동자들은 진압에 나섰다
>저들의 살상 무기를 막자고
>지게차가 나섰다 포크레인이 나섰다
>깃발을 들고 함성으로 나섰다
>주인인 노동자들은 피흘리며 진압에 나섰다
>　　　　　──「경찰은 공장 앞에서 데모를 하였다」 부분

---

21) 백무산(1955~): 1984년 《민중시》로 등단. 시집으로 『동트는 미포만의 새벽을 딛고』 등이 있음.

이 시는 경찰과 노동자의 일상적인 위치를 전도시킴으로써 세계의 주체로서 노동자의 본래 위치를 독자에게 강하게 각인시킨다. 이제 경찰로 표상되는 지배 이데올로기 앞에서 노동자는 수세적인 위치를 벗어나 강인한 주체로 다시 선다. 백무산은 계급의식을 내면화한 현장 노동자로서 세계에 대한 자신의 발언을 세련되면서도 강하게 표출하는 힘을 보여 주었다.

박영근[22]은 『취업공고판 앞에서』(1984), 『대열』(1987) 등에서 자신이 노동 현장에서 얻은 구체적 감각을 진솔하게 표현하였다. 한 치 앞도 볼 수 없는 현실의 막막함에 좌절하면서 다시 그것을 딛고 어떤 지향을 찾아나서는 노동자의 모습을 형상화하고 있다.

김해화[23]는 『인부수첩』(1986)에서 건설 현장을 떠돌며 얻은 막노동의 체험을 건강한 시선으로 서술하고 있다. 노동자의 구체적 일상을 섬세하게 기록하여 현장시의 새로운 부분을 개척하고 있다.

이렇듯 노동시가 도시 노동자의 궁극적인 목표인 계급적 전복을 향하여 투쟁 의지를 앞세우고 있다면 농민시는 농촌의 평화롭고도 공동체적 정서의 보존이라는 소극적인 대응으로 이루어져 있다. 그래서 서정적인 요소가 강하게 드러날 수밖에 없는데, 이 점이 서정시와 변별되지 않아 농민시라는 장르적 정체성이 혼란스러워지기도 한다. 또한 근대화로 농촌이 파괴되기 이전의 과거를 신성화하는 회고적 시선에 기대기 쉬워 현장의 모순을 폭로하고 새로운 전망을 제시하는 현장시로서는 한계를 지닌다. 김용택, 고재종, 이상국, 이재무 등의 시가 여기에 속한다.

---

22) 박영근(1958~): 1981년 《반시》로 등단. 시집으로 『취업공고판 앞에서』, 『대열』, 『김미순전』 등이 있음.
23) 김해화(1957~): 1984년 공동 시집 『시여 무기여』로 등단. 시집으로 『인부수첩』, 『우리들의 사랑가』 등이 있음.

김용택[24]의 「마당은 삐뚤어도 장구는 바로 치자」와 같은 시는 현장시로서 농민시의 위상을 어느 정도 보여 준다.

> 환장허겄네 환장허겄어
> 아, 농사는 우리가 쎄빠지게 짓고
> 쌀금은 저그덜이 편히 앉아 올리고 내리면서
> 며루 땜시 농사 망치는 줄 모르고
> 나락도 베기 전에 풍년이라고 입맛 다시며
> 장구 치고 북 치며
> 풍년잔치는 저그덜이 먼저 지랄이니
> 우리는 글먼 뭐여
> 신작로 내어놓응게 문뎅이가 먼저 지나간다고
> 기가 차고 어안이 벙벙혀서 원
> 아, 저 지랄들 헝게 될 일도 안된다고
> 올 농사도 진즉 떡 쪄먹고 시루 엎었어
> 아, 입은 삐뚤어졌어도 말이사 바로 혀서
> 풍년만 들면 뭣헐 거여
> ——「마당은 삐뚤어도 장구는 바로 치자」 부분

「섬진강」(1985), 「맑은 날」(1986), 「꽃산 가는 길」(1988), 「누이야 날이 저문다」(1988) 등 서정성 짙은 김용택의 농민시는 노동시의 이념적 경직성이 사라진 대신 서정성을 확보했지만, 농촌 문제의 구조적 모순을 통찰하는 데에는 실패한다. 위의 시에서 농민의 하소연이 어떤 대상을 향하고 있는지 분명하지 않은 것도

---

24) 김용택(1948~): 1982년 공동 시집 『꺼지지 않는 횃불로』로 등단. 시집으로 『섬진강』, 『맑은 날』, 『누이야 날이 저문다』 등이 있음.

이 때문이다. 농민시의 현실 인식은 모호한 적의 때문에 하소연에 그치게 되는 경우가 많았다.

고재종[25]은 「바람 부는 솔숲에 사랑은 머물고」(1987), 「새벽들」(1989)에서 농촌 현실의 구체적 경험을 자연스럽게 그려 내고 있다. 여러 사건과 소재를 통해 농민의 현실 인식을 섬세하게 보여 준다.

이상국[26]은 질박한 언어로 농촌 현실을 다루는 서정적인 작품들을 발표하였다. 삶의 원형을 농민과 농촌에서 발견하는 그의 시에는 농민에 대한 애정과 연민이 섬세한 관찰과 잘 어울려 서정적 울림을 준다. 삶의 터전인 강원도 북부의 지역적 특성 탓인지 그는 분단 문제에도 관심을 보여 주었다.

이재무[27]는 『섣달 그믐』(1989)에서 유년 체험을 바탕으로 농촌의 충만한 세계와 궁핍한 현실이라는 극적 대조를 섬세하고도 서정적인 시선으로 형상화하고 있다.

교육 현장시도 1980년대 후반의 주요 장르 중 하나이다. 1989년 전국 교직원 노동 조합(전교조) 결성으로 해직 교사가 다수 발생하였으며 교육 문제가 전 국민의 관심사로 떠오르게 되었다. 이런 시대 상황을 반영하여 교육 문제만을 집중적으로 다룬 시인으로 정영상, 조재도, 정일근 등이 있으며, 부분적으로 이 문제에 관심을 가지고 창작에 반영한 시인으로 도종환, 고광헌, 배창환, 박세현 등이 있다.[28]

---

25) 고재종(1957~): 1984년 공동 시집 『시여 무기여』로 등단. 시집으로 『바람 부는 솔숲에 사랑은 머물고』, 『날랜 사랑』 등이 있음.
26) 이상국(1946~): 1976년 《심상》으로 등단. 시집으로 『동해별곡』, 『내일로 가는 소』 등이 있음.
27) 이재무(1958~): 1983년 《실천문학》으로 등단. 시집으로 『섣달 그믐』, 『시간의 그물』 등이 있음.

정영상[29]은 안동 지역에서 교사로 활동하다 1989년 해직 교사가 된 후 1993년에 타계한 교사 시인으로, 교단 경험을 바탕으로 『행복은 성적순이 아니다』(1989)라는 시집을 펴내 교육 문제를 여러 측면에서 다루었다. 조재도[30]는 『교사일기』(1988)에서 자신이 속한 교육 현장의 문제를 지속적인 관심을 가지고 여러 형식을 통해 다양하게 보여 주었으며, 정일근[31]은 『바다가 보이는 교실』(1987)에서 「야학일기」, 「바다가 보이는 교실」 연작을 통하여 교육과 사회의 문제를 서정적인 어조로 연계시켰다.

> 너희들 속으로 내가 걸어가야 할 길이 있구나
> 저 산에 들에 저절로 돋아나 한 세상을 이룬
> 유월 푸른 새 잎들처럼, 싱싱한
> 한 잎 한 잎의 무게로 햇살을 퉁기며
> 건강한 잎맥으로 돋아나는 길이 여기 있구나
> 때로는 명분뿐인 이 땅의 민주주의가,
> 때로는 내 혁명의 빛바랜 꿈이,
> 칠판에 이마를 기대고 흐느끼는
> 무명 교사의 삶과 사랑과 노래가
> 긴 회한의 그림자로 누우며 흔들릴 때마다

---

28) 교육시의 성격에 대해서는 양희옥, 「80년대 교육시의 내용과 문제점―문학 갈래로서의 교육시론」, 『시와 시학』(1996. 겨울) 참조.
29) 정영상(1956~1993) : 1984년 《삶의 문학》으로 등단. 시집으로 『행복은 성적순이 아니다』, 『물인듯 불인듯 바람인듯』 등이 있음.
30) 조재도(1957~) : 1985년 《민중교육》으로 등단. 시집으로 『교사일기』, 『쉴참에 담배 한 대』 등이 있음.
31) 정일근(1958~) : 1984년 《실천문학》으로 등단. 시집 『바다가 보이는 교실』, 『유배지에서 보내는 정약용의 편지』 등이 있음.

> 너희들은 나를 환히 비추는 거울
> ——「바다가 보이는 교실—우리반 내 아이들에게」 부분

교육시, 혹은 교육 현장시는 주로 순수한 어린 학생 앞에서 자신의 소시민적 고민을 성찰하거나 아이를 통하여 바람직한 미래를 상상하는 방식으로 현실 문제를 다룬다. 어린 학생을 청자로 제시하기 때문에 언어도 서정적이면서도 일상적이라는 특성을 지닌다.

2) 해체주의 시의 등장

1980년대를 시의 시대라 할 때 현실주의 계열과 함께 논의되는 또 다른 축이 해체주의(모더니즘 포함)이다. 이 계열이 눈에 띄는 것은 해당 시인들이 수적으로 많았기 때문이 아니라 이들 시가 현실주의와 같은 정도의 실험적 과격함을 지니고 있었기 때문이다. 현실주의가 내용상의 실험주의였다면 해체주의는 형식적인 실험주의였다. 이 두 가지 실험주의 때문에 이 시기의 중요한 시 계열을 현실주의와 해체주의 양 축으로 나누는 것이 일반화되었다.

1980년대의 해체주의는 왜곡된 현실에 대한 그로테스크한 반응이다. 실험주의는 대부분 형식적 실험에 치중하지만 그 형식의 자유로움으로 인하여 현실 비판과 만나기도 쉽다. 정지용, 김기림, 임화, 조향, 김구용, 송욱, 전영경처럼 아방가르드 시를 현실비판 의식과 연계시킨 시인이 많은 것은 실험주의와 현실주의의 교집합이 생각보다 넓다는 것을 보여 주는 예가 된다. 상상력을 압도할 정도로 현실이 전면적으로 옥죄어 올 때 상상력을 상대적으로 덜 필요로 하는 현실주의 계열의 시가 비교 우위에 놓일 수밖에 없다. 해체주의는 왜곡된 현실을 직시하기보다는 형식적 비틀기를 통하여 수용하였는데 이 역시 현실적 응전력이 있는 것으로 받아들여졌다.

이 시기의 해체주의는 실험 의식이 다소 약한 모더니즘 경향과 실험 의식이 과격한 아방가르드 경향으로 나눌 수 있다. 모더니즘 경향의 시들은 형식상의 과격한 실험을 자제하며, 실험주의를 내면화한 방식으로 시를 구성한다. 건축술적인 언어 구도, 참신하고 감각적인 이미지의 제시, 사회적인 현실보다는 그것이 투사된 내면 풍경의 기술 등이 주요 특성이다. 이들 시에서 시적 대상은 지성을 투과하면서 미적 거리를 유지한 채 하나의 객체로서 존재한다. 그것은 미적 왜곡을 거친 주관화된 객체이다. 이런 경향의 시를 쓰는 시인으로 황동규, 정현종, 이하석, 김광규, 최승호, 김승희, 김정란 등과 1980년대 등단 시인으로 기형도, 송찬호 등을 들 수 있다.

황동규와 정현종의 시는 1980년대에 들어 시적 변모를 보이는데, 이 변모를 통하여 두 사람의 시적 분위기는 상당히 유사하게 되었다. 이전에 보여 주었던 지적 긴장을 늦추고 서정적인 분위기에 더욱 기대고 있다. 황동규의 『악어를 조심하라고?』(1986), 정현종의 『떨어져도 튀는 공처럼』(1984), 『사랑할 시간이 많지 않다』(1989) 등은 지적 성찰을 서정적으로 풀어 내면서 세계의 미묘한 국면들을 좀더 자연스럽게 부각시킨다.

눈 내린 숲
눈 위에
(오 나는 또 크나큰 비밀을 누설하느니)
꿩 발자국!
(발자국과 발자국 사이엔
발 옮길 때 발톱이 그은
아주 가는 선(線)!)
누설된 정결

누설된 고요
(앙증은 간질처럼)
일린(一瞬), 우주의 수렴

　　　　　　　　　——「꿩 발자국 1」 전문

　이 시의 묘사는 지적으로 압축되어 있지만 시적 분위기는 전체적으로 서정시의 단아한 세계와 맞닿아 있다. 그러나 이 짧은 시에서 지적 통찰들은 유기적 질서를 지니지 않고 묘사와 서술의 파편으로 뒤섞여 있다. 1980년대 시에 부쩍 많아진 '괄호'는 이런 뒤섞임을 지적으로 만들어 주는 역할을 하며, 지속과 단절, 판단과 판단 유보의 경계를 표시하고 매개하는 기호로 사용된다. 황동규의 시에서도 "목판 위에서 눈 껌벅이는/ (자세히 보면 껌벅이지 않는)/ 모두 입벌린/ (한꺼번에 숨막혀 죽은)/ 생선들"(「점박이 눈」)처럼 괄호는 유사한 역할을 한다. 이것은 단순한 기호가 아니라 1980년대의 비극적 현실을 대하는 그들의 태도를 보여 주는 표지라 할 수 있다. 부정적 현실 앞에서 판단과 판단 유보의 경계를 서성거리는 미학주의의 그림자가 여기에 투영되어 있다.
　이하석, 최승호는 '도시시'라는 범주에 드는 시인으로 도시적 일상성을 냉철한 시선으로 포착하고 객관적이고도 지적인 언어로 구성하는 시인이다. 이하석[32]의 『투명한 속』(1980), 『김씨의 옆얼굴』(1984), 『우리 낯선 사람들』(1989), 최승호[33]의 『대설주의보』(1983), 『고슴도치의 마을』(1985), 『진흙소를 타고』(1987)에서 그

---

32) 이하석(1948~): 1971년 《현대시학》으로 등단. 시집 『투명한 속』, 『김씨의 옆얼굴』 등이 있음.
33) 최승호(1954~): 1977년 《현대시학》으로 등단. 시집 『대설주의보』, 『진흙소를 타고』, 『세속도시의 즐거움』 등이 있음.

려지는 도시의 일상성은 자동화된 도시적 감각을 새롭게 되살려낸다.

> 돈만 넣으면 눈에 불을 켜고 작동하는
> 자동판매기를
> 매춘부라 불러도 되겠다
> 황금교회라 불러도 되겠다
> 이 자동판매기의 돈을 긁는 포주는 누구일까 만약
> 그대가 돈의 권능을 이미 알고 있다면
> 그대는 돈만 넣으면 된다
> 그러면 매음의 자동판매기가
> 한 컵의 사카린 같은 쾌락을 주고
> 십자가를 세운 자동판매기는
> 신의 오렌지 쥬스를 줄 것인가
>
> ——「자동판매기」 부분

  도시시의 감각은 1970년대 개발 독재에 의해 급성장한 도시를 미적 거리를 가지고 냉정하게 개관할 수 있게 된 시대 상황의 반영이다. 이들이 도시의 일상성을 재발견하는 데 사용한 도구는 극사실주의적이고도 명쾌한 묘사였다. 도시를 사회·경제사적 산물이 아니라 문명사적 결과로 보는 점이 이들 시의 장점이자 동시에 한계가 된다.

  모더니즘 경향의 절제된 언어는 1980년대에 등단한 시인들에게 일정한 영향을 끼쳤다. 새로운 시인들은 지적으로 절제된 언어를 공유하며 황동규나 정현종의 대사회적 괄호 의식은 받아들이지만, 도시시의 명쾌함 대신 도시를 장악하고 있는 애매모호한 그늘에 적극적으로 반응한다는 점에서 독자성을 지닌다. 기형도,

송찬호가 대표적인 시인이다.

기형도[34]는 1985년에 등단하여 1989년에 타계하였지만 지적이면서 음울한 시풍으로 독자성을 획득한 시인이다. 『입 속의 검은 잎』(1989)에서 그의 음울은 근원적으로 치유 불가능한 비관주의적 세계 인식을 바탕으로 하고 있는데 지적으로 제어된 비약적인 이미지에 의해 감상으로 떨어지지 않는다. 그의 비관적 시선이 사회를 음울하게 바라보게 하는지 음울한 사회가 그의 비관적 시선을 만들었는지는 풀리지 않는 수수께끼로 남는다.

> 택시운전사는 어두운 창밖으로 고개를 내밀어
> 이따금 고함을 친다. 그때마다 새들이 날아간다
> 이곳은 처음 지나는 벌판과 황혼,
> 나는 한번도 만난 적 없는 그를 생각한다
>
> 그 일이 터졌을 때 나는 먼 지방에 있었다
> 먼지의 방에서 책을 읽고 있었다
> 문을 열면 벌판에는 안개가 자욱했다
> 그해 여름 땅바닥은 책과 검은 잎들을 질질 끌고 다녔다
> 접힌 옷가지를 펼칠 때마다 흰 연기가 튀어나왔다
> 침묵은 하인에게 어울린다고 그는 썼다
> 나는 그의 얼굴을 한 번 본 적이 있다
> 신문에서였는데 고개를 조금 숙이고 있었다
> 그리고 그 일이 터졌다. 얼마 후 그가 죽었다
>   ──「입 속의 검은 잎」 부분

---

[34] 기형도(1960~1989): 1985년 《동아일보》로 등단. 시집으로 『입 속의 검은 잎』이 있음.

어두운 분위기가 시 전체를 장악하고 있는 기형도의 시처럼 송찬호[35]의 시 역시 비관주의적이면서 지적인 건축물로 어둠 속에 세워져 있다. 송찬호의 『흙은 사각형의 기억을 갖고 있다』(1989)는 비관적 언어 인식을 바탕으로 세운 언어의 성채이자 감옥이다. 그의 시를 감싸고 있는 도저한 절망의 근원은 언어 자체를 일종의 감옥으로 보는 그의 비극적 사유에 있다.

말의 고향은 저 공기 속이다
공기 속을 떠돌아다니는 꺼지기 쉬운 물방울들
바람 속 고정불변의 감옥들

말과 사물 사이에 인간이 있다
그곳을 세계라 부른다
드러내 보이는 길들, 그 길을 이어받아
뒤틀린 길을 드러내 보이는 길들

——「공중 정원 1」 부분

이와 달리 아방가르드 계열의 시는 과격한 실험 의식으로 시를 극단으로 밀어붙인다. 1980년대의 해체주의라는 명칭은 이 계열의 시를 겨누고 있다. 해체주의 시를 부정적 현실의 그로테스크한 반응으로 이해할 때 왜곡된 현실과 해체된 미적 구조물 사이의 유사성이 드러난다. 그러나 해체주의 시에서 해체가 진행될수록 구체적 현실은 파편화되어 작품 속에서 사라져 버린다. 해체주의 시는 본질상 외계와 절연된 폐쇄적인 미학적 구조물로 화할 가능성이

---

35) 송찬호(1959~): 1987년 《우리 시대의 문학》으로 등단. 시집으로 『흙은 사각형의 기억을 갖고 있다』, 『10년 동안의 빈 의자』 등이 있음.

다분한 것이다. 하지만 1980년대의 해체시는 현실과 끊임없이 소통하고 있었다는 점에서 정치적 실험주의라 부를 수 있다.

1980년대 해체주의는 그 이전의 이승훈, 오규원의 실험을 바탕으로 하고 있다. 물론 그 이전으로 역사를 소급해 가면 우리 전위시의 원형인 이상의 작품을 만날 수 있을 것이다. 식민지 전위시인 이상의 후예로서 이승훈은 '비대상 시'라는 이론을 1980년대에 본격적으로 주장하는데 이것이 해체주의의 기원 중 하나가 된다. 오규원 역시 여러 시들을 통해 실험적인 시들을 발표하였다. 이들 시가 미학적 관점의 해체주의라 한다면 1970년대 후반에 등단하여 1980년대에 본격적으로 활동하기 시작한 이성복, 이윤택, 김혜순, 최승자, 박남철 등과 1980년대에 등단한 황지우, 장정일, 김영승, 유하 등의 시는 미학주의에서 탈출하여 세계와 소통하는 해체주의라 할 수 있다.

이성복[36]은 『뒹구는 돌은 언제 잠 깨는가』(1980)에서 아버지의 이름을 거부하며 적대적인 세계에 낯설고 거친 언어들을 쏟아 내었다. 1980년을 여는 비극적 사건처럼 예기치 않게 던져진 이 시집은 이미지의 돌연한 충돌과 내적 맥락을 무시하는 환유적 서술, 산문적 요설, 파격적이고 공격적인 언어 구사 등을 거리낌없이 실험하고 있다. 이 시집은 이후 해체주의 시인들에게 상당한 영향력을 끼쳤다.

> 그해 가을 나는 세상에서 재미 못 봤다는 투의 말버릇은
> 버리기로 결심했지만 이 결심도 농담 이상의 것은
> 아니었다 떨어진 은행잎이나 나둥그러진 매미를 주워

---

36) 이성복(1952~): 1977년 《문학과지성》으로 등단. 시집으로 『뒹구는 돌은 언제 잠 깨는가』, 『남해 금산』 등이 있음.

성냥갑 속에 모아두고 나도 누이도 방문(房門)을 안으로
잠갔다 그해 가을 나는 어떤 가을도 그해의 것이
아님을 알았으며 아무것도 미화(美化)시키지 않기 위해서는
비하(卑下)시키지도 않는 법(法)을 배워야 했다
아버지, 아버지! 내가 네 아버지냐
그해 가을 나는 살아온 날들과 살아갈 날들을 다 살아
버렸지만 벽(壁)에 맺힌 물방울 같은 또 한 여자(女子)를 만났다
그 여자가 흩어지기 전까지 세상 모든 눈들이 감기지
않을 것을 나는 알았고 그래서 그레고르 잠자의 가족(家族)들이
이장(移葬)을 끝내고 소풍 갈 준비를 하는 것을 이해했다
아버지, 아버지…… 씹새끼, 너는 입이 열이라도 말 못 해
그해 가을, 가면(假面) 뒤의 얼굴은 가면(假面)이었다
　　　　　　　　　　　　　──「그해 가을」 부분

　이 시에서 부권 부정은 '아버지의 이름'이라는 당대 가부장적 독재 정권의 부정으로 읽힐 수 있다. 부권은 '아버지의 이름'으로서의 규범이며, 세계의 질서를 계층적으로 결정하는 로고스이다. 부권 부정은 전범의 기준으로 기능할 규범의 상실을 의미하며, 이는 곧 어떤 시도도 허용될 수 있다는 실험주의로 나아가게 한다. 부권 부정과 실험주의는 내적 필연성을 지니고 있음을 이 시는 잘 보여 준다.
　이윤택[37] 역시 언어 위주의 실험주의자인 이성복과 유사하다. 이성복의 부권 부정은 "시집을 왔다 맹숭맹숭하다／ 내 위에 포복한 남편 괜스리 심각한 표정 참을 수 없어 쿡,／ 웃다가 뺨따귀

---

37) 이윤택(1952~　): 1979년 《현대시학》으로 등단. 시집으로 『시민』, 『막연한 기대와 몽상에 대한 반역』 등이 있음.

맞았다"에서는 남편의 희화화로 나타난다. 『시민』(1983), 『춤꾼 이야기』(1986)에서 그의 실험주의는 마조히즘적 언어 구사보다는 억압적 질서를 해체하는 메시지를 지속적으로 전달하는 방식으로 나타난다. 그의 시도는 곧 "깽판을 치는 일"로 요약된다.

> 사람들은 조금씩 뻔뻔스러워지면서
> 게임의 규칙은 무너졌다
> 뻘밭이 펼쳐지고
> 개처럼 싸운다
> 지금 여기서
> 내가 할 일은 깽판을 치는 일
> 이것이 우리에게 주어진 식량이라면
> 죽을 쑤는 일이다
>
> ——「깽판」 전문

황지우[38]는 언어 위주의 실험을 넘어서서 실험주의를 과격하게 확장시켰다. 그는 『새들도 세상을 뜨는구나』(1983), 『겨울—나무로부터 봄—나무에로』(1985), 『나는 너다』(1987) 등의 시집을 간행하여 현실에 대한 풍자와 실험 의식을 합일시켰다. 각종 기호, 그림, 만화, 신문 기사 등을 몽타주하는 기법은 기존 시의 경계를 가장 전위적으로 넘어서는 시적 방식이었다.

    1983년 4월 20일, 맑음, 18°C

---

38) 황지우(1952~): 1980년 《중앙일보》로 등단. 시집으로 『새들도 세상을 뜨는구나』, 『게 눈 속의 연꽃』 등이 있음.

토큰 5개 550원, 종이컵 커피 150원, 담배 술 500원, 한국일보 130원, 자장면 600원, 미쓰 리와 저녁식사하고 영화 한편 8,600원, 올림픽 복권 5장 2,500원

표를 주위 주인에게 돌려
준 청과물상 김정권(金正權)(46)

령=얼핏 생각하면 요즘
세상에 조세형(趙世衡)같이 그릇된

셨기 때문에 부모님들의 생
활 태도를 일찍부터 익혀 평

가하는 것이 더욱 중요한 것
이다. (이원규(李元柱)군에게) 아

임감이 있고 용기가 있으니
공부를 하면 반드시 성공

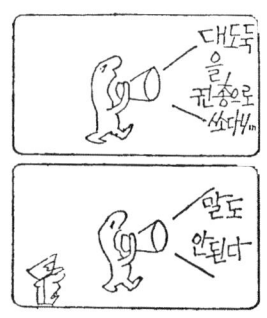

대도둑은 대포로 쏘라

―안의섭, 두꺼비

(11) 제(第) 10610 호(號)

▲ 일화 15만엔(45만원) ▲ 5.75캐럿 물방울다이어 1개(2천만원) ▲ 남자용파테시계 1개(1천만원) ▲ 황금목걸이 5돈쭝 1개(30만원) ▲금장로렉스시계 1개(1백만원) ▲ 5캐럿에머럴드반지 1개(5백만원) ▲ 비취나비형브로치 2개(1천만원) ▲진주목걸이꼰것 1개(3백만원) ▲ 라이카엠 5 카메라 1대(1백만원) ▲ 청자 도자기 3점(싯가미상) ▲ 현금(2백 50만원)

너무 거(巨)하여 귀퉁이가 안 보이는 회(灰)의 왕궁에서 오늘도 송일환씨는 잘 살고 있다. 생명 하나는 보장되어 있다.
——「한국생명보험회사 송일환씨의 어느 날」 전문

이 시에서 시적 화자의 진술은 마지막 행에 있을 뿐 나머지는 신문 기사의 짜깁기이다. 송일환이라는 사람이 건성으로 신문 읽는 방식을 암시하는 듯한 이런 몽타주에는 현실에 대한 관심이 담겨 있다. 무관한 기사의 몽타주는 총체성과 전망을 상실해 버린 부정적 현실의 미적 반응이라 할 수 있다.

박남철[39] 역시 이런 과격한 실험주의를 보여 준다. 『지상의 인간』(1984), 『반시대적 고찰』(1988)에 등장하는 욕설과 야유, 거꾸로 쓰기, 띄어쓰기 무시, 형태 파괴, 언어 외적 요소들의 과감한 도입 등은 기존의 시 개념을 전면적으로 부정하게 만드는 적극적인 시도이다. 이런 시가 유통되기 위해서 독자들은 새로운 시 개념을 이해해야 한다. 다음 시는 새로운 시학 프로그램을 깔기 위한 포매팅 작업이 된다.

---

39) 박남철(1953~): 1979년 《문학과지성》으로 등단. 시집으로 『지상의 인간』, 『자본에 살으리랏다』 등이 있음.

내 시(詩)에 대하여 의아해하는 구시대의 독자놈들에게 ──→차
렷, 열중쉬엇, 차렷,

이 좆만한 놈들이……
차렷, 열중쉬엇, 차렷, 열중쉬엇, 정신차렷, 차렷, ○○, 차렷,
헤쳐모엿!

이 좆만한 놈들이……
헤쳐모엿,

(야 이 좆만한 놈들아, 느네들 정말 그 따위로들밖에 정신 못
차리겠어, 엉?)

차렷, 열중쉬엇, 차렷, 열중쉬엇, 차렷……
──「독자놈들 길들이기」전문

그가 "구시대의 독자놈들"에게 얼차례를 주는 것은 새로운 시학을 위한 인식 변화의 문제가 중요함을 보여 주기 위해서이다. 시적 완결성과 언어의 세련성을 떨쳐 버리지 못한 이성복, 황지우 등과 달리,(그들이 나중에 서정주의로 전향한 것은 이런 요소들에 기인한다.) 천민적 언어 표현을 중시하고 철학적 사유의 흉내내기와 거리가 멀다는 점에서 박남철은 1980년대의 가장 전위적인 실험주의자라 할 수 있다. 그의 실험주의가 극단적으로 지속되고 있다는 점은 주목할 만하다.

과격한 어투, 산문적 언어, 환유적 서술 등은 해체주의 여성시에서도 반복된다. 김혜순[40]의 『또다른 별에서』(1981), 『아버지가 세운 허수아비』(1985), 『어느 별의 지옥』(1988) 등과 최승자[41]의 『이

시대의 사랑』(1981), 『즐거운 일기』(1984), 『기억의 집』(1989) 등은 강렬한 언어를 통하여 이 세계의 부조리를 실험적 기법으로 고발한다. 이들의 고발은 주로 페미니즘적인 시각에 국한되어 있으나 이전에 발견할 수 없었던 문제의식을 통하여 시적 성취를 이룬다.

너는 날 버렸지,
이젠 헤어지자고
너는 날 버렸지,
산 속에서 바닷가에서
나는 날 버렸지.

(중략)

나쁜 놈, 난 널 죽여 버리고 말거야
널 내 속에서 다시 낳고야 말 거야
내 아이는 드센 바람에 흘러 지상에 떨어지면
내 무덤 속에서 몇 달간 따스하게 지내다
또다시 떠나가지 저 차가운 하늘 바다로,
올챙이꼬리 같은 지느러미를 달고.
오 개새끼
못 잊어!

——「Y를 위하여」 부분

---

40) 김혜순(1955~): 1979년 《문학과지성》으로 등단. 시집으로 『또 다른 별에서』, 『우리들의 음화』 등이 있음.
41) 최승자(1952~): 1979년 《문학과지성》으로 등단. 시집으로 『이 시대의 사랑』, 『내 무덤 푸르고』 등이 있음.

욕설과 복수심을 보여 주는 최승자의 위의 시처럼 그동안 억눌린 여성성은 해체적 사유의 등장으로 부활한다. 로고스중심주의에 억압되어 변방으로 밀려났던 여성성, 일상성, 비평의 변방으로서의 독자 등에 새로운 가치가 부여되었다. 해체주의 여성시는 남성우월주의, 가부장제와 그 연장인 독재 정권의 강력한 대통령중심주의 등에 대한 공격을 과격한 언어를 통하여 보여 주었다. 여기에는 정체성 혼란에서 오는 허무감과 새로운 정체성을 찾으려는 고투가 담겨 있다.

해체주의 시는 1980년대 후반에 들어 급격하게 줄어들었으며 이성복, 황지우처럼 서정시로 전향하는 시인들이 나타나기 시작하였다. 그래서 1980년대 후반의 해체주의 시는 과격한 실험을 내면화하는 쪽으로 변화되었다. 광범위한 실험지상주의가 퇴조하고 해체주의는 언어 내적 세계로 회귀하였다.

장정일[42]은 『햄버거에 대한 명상』(1987), 『길안에서의 택시 잡기』(1988)에서 여러 장르를 시로 끌어들여 장르의 경계를 해체하기도 하고, 천박한 패러디를 시도하기도 하고, 소비 지향적인 현실을 재치 있게 풍자하기도 한다. 지적이어야 한다는 부담을 떨쳐버린 그의 발랄한 상상력은 가능한 모든 대상들을 끌어들여 희화화한다. 글쓰는 행위도 거기에서 예외일 수 없다.

길안에 갔다.
길안은 시골이다.
길안에 저녁이 가까워왔다. 라고
나는 썼다. 그리고 얼마나

---

42) 장정일(1962~): 1984년 《언어의 세계》로 등단. 시집으로 『서울에서 보낸 3주일』 등이 있음.

이, 서두를 새로 시작해야 했던가?
타자지를 새로 끼우고, 다시 생각을
정리한다. 나는 쓴다.
길안에 갔다.
길안은 아름다운 시골이다.
그런 길안에 저녁이 가까워왔다.
별이 뜬다.

이렇게 쓰고, 더 쓰기를
멈춘다. 빠르고 정확한 손놀림으로
나는 끼워진 종이를 빼어,
구겨버린다. 이놈의 시는
왜 이다지도 애를 먹인담.

——「길안에서의 택시 잡기」 부분

김영승[43]은 가학적인 시선을 끊임없이 자신에게로 되돌리면서 언어 실험을 계속한다. 『반성』(1987), 『차에 실려가는 차』(1988)에서 속물화된 세계를 겨누는 풍자 정신은 언어적 실험과 만나 위대한 거부로서의 예술의 기능을 수행하고자 한다. 그의 반성은 도덕적 염결성으로 돌아가기 위한 것이 아니라 이 세계의 허위를 고발하고 해체하여 그 근원을 끊임없이 회의하기 위한 정신적 포즈이다.

키치적 상상력으로 독특한 실험을 행한 유하[44]는 『무림일기』

---

43) 김영승(1959~): 1986년 《세계의 문학》으로 등단. 시집으로 『반성』, 『아름다운 폐인』 등이 있음.
44) 유하(1963~): 1988년 《문예중앙》으로 등단. 시집으로 『무림일기』, 『바람부는 날에는 압구정동에 가야 한다』 등이 있음.

(1989)에서 왜곡된 현실을 무협지, 만화, 드라마 등의 형식을 빌려 패러디하였다. 그의 패러디는 자본주의 사회의 허상을 풍자하는 행위이면서 동시에 현실주의적 거대 담론의 무거운 상상력을 희화화하는 행위였다는 점에서 주목할 만하다.

3) 서정주의 시의 건재

1980년대에 현실주의와 해체주의가 부각되면서 서정주의 계열은 상대적으로 위축되어 보였다. 그러나 서정시는 이전과 같이 각종 문학 잡지를 통해 꾸준하게 발표되고 있었으며 질적인 측면에서도 어느 정도 수준을 유지하고 있었다. 그럼에도 서정시의 위상이 상대적으로 추락한 것은 시대 상황이라는 외부적 요인뿐만 아니라, 서정시 계열의 시인들이 지닌 수세적 성격이라는 내부적 요인도 직간접적인 영향을 주었을 것으로 보인다. 이것은 크게 세 가지 정도로 요약할 수 있다.

먼저, 다른 장르에서 새로운 시인들이 등단하여 왕성하게 활동한 것에 비하여 서정시에서는 상대적으로 신인들의 등장 및 활약이 두드러지지 않았다. "이 시기에 탁월한 서정시를 쓴 대표적 시인"[45]으로 거론되는 박정만, 나태주, 임영조, 이수익, 조정권, 이세룡, 허영자, 문정희, 이성선 등이 모두 1960년대 후반이나 1970년대 초반에 등단한 기성 시인이라는 점 역시 이런 사실과 관련이 있을 것이다.[46] 이것은 당대 주류 담론인 민중 문학

---

45) 오세영, 「리리시즘의 회복과 서정시―1980년대 후반의 시단 풍경」, 『우상의 눈물』(문학동네, 2005), 318쪽.
46) 참고로 등단 연도를 밝히면 다음과 같다. 박정만(1968년), 나태주(1971년), 임영조(1970년), 이수익(1963년), 조정권(1970년), 이세룡(1974년), 허영자(1961년), 문정희(1969년), 이성선(1972년).

담론의 영향 때문에 이 시대에 서정시를 쓴다는 것이 일종의 정신적 부채를 떠안는 행위로 비쳐졌기 때문이다. 또한 등단을 통하여 주류 담론의 화려한 조명을 받고 싶어 하는 신인들의 심리가 상대적으로 적막한 서정시 계열을 기피하게 만들었다고 할 수 있다.

다음으로 서정시 계열 시단의 경직성이 서정시의 변화와 활성화에 걸림돌이 되었다는 점이다. 한 예로 등단 제도의 문제를 들 수 있다. 서정시 계열의 잡지 중 중심에 놓여 있던 《현대문학》 같은 잡지는 등단 제도로서 다회 추천제를 운영하였기 때문에 상대적으로 신인을 많이 배출하지 못했는데 이 때문에 시의 시대가 필요로 하는 신인들의 수요를 제대로 충족시키지 못하였다. 민중시나 해체시 계열은 동인지나 무크지에 한 번 발표함으로써 등단을 인정받았지만 1980년대 내내 《현대문학》은 몇 번의 단계를 거쳐야만 신인이 될 수 있었다.[47] 또한 무크지의 성황에도 불구하고 서정시 계열의 무크지는 거의 없었으며, 1980년대 내내 서정시의 등단은 기존의 문학 잡지 위주로 이루어지고 있었다. 이것은 기성 시단의 경직성과 우직성이 현실적 대응에 미흡했음을 보여 주는 예가 된다.

마지막으로, 민중시와 서정시가 여러 면에서 공통되는 성격을 지니고 있어 민중시의 전경화로 서정시의 정체성이 혼란스러워졌다는 점이다. 가령 신경림, 곽재구, 안도현, 김용택, 허수경 등의 시는 현실 비판적인 진술 몇 개를 제외하면 그 세계관이나 방

---

47) 1980년대 《현대문학》의 경우 2회 추천제를 운영하고 있었기에 등단이 인정되기 위해서 최하 반년, 길면 2~3년이 걸리기도 하였다. 서정윤의 경우 초회 추천이 1981년 10월(「화석」 외)이며, 최종 추천이 1984년 7월(「서녁바다」 외)로, 등단하는 데에만 꼬박 3년이 걸렸다.

법론상 서정시와 변별되기 힘든 면이 많다.[48] 몇몇 대상이 현실주의적 관점에서 선택되기는 하지만 그것을 다루는 방식은 철저하게 서정적이다. 이런 시를 쓰는 이들이 민중시 계열로 편입된 것은, 비판적 현실 인식을 약간이라도 보여 주는 시인이라면 자신들의 범주로 적극적으로 포섭하려 노력한 민중시 계열의 노력 때문이다. 그래서 "민중적 서정시"[49]라는 구차한 범주를 만들어야 할 정도로 장르 성격의 혼란이 있었다. 이들이 1980년 후반에 서정시로 전환하는 것이 손쉬웠던 것도 이런 시적 특성 때문이었다.

  서정시 진영의 수세적 성격은 당대 서정시의 성격에 대한 고민이 제대로 이루어지지 않았다는 사실에서도 드러난다. 1980년대 광주의 비극적 사건 앞에서 서정시의 정체성은 혼란을 겪었다. 이 시대 서정성은 어떤 형태를 띨 것인가, "아우슈비츠 이후에도 서정시가 가능한가"라는 질문은 1980년대 서정시에 던져진 화두가 아닐 수 없었다. 서정시의 한계가 근원적으로 수정 불가능한 것으로 보는 사람은 서정시를 떠나 민중시나 해체시를 선택하였다. 그러나 서정시 진영은 공론의 장에서 이 문제를 다루는 경우는 드물었는데, 《시운동》 동인들과 현실주의 비평가들의 대립 정도가 고작이었다. 결과적으로 서정시 진영은 난삽한 대사회적 발언이나 직설적인 현실 비판 등을 피하고 인간의 가장 근원적인

---

48) 논자에 따라 이들 시인이 어떤 경우는 서정시로, 다른 경우는 민중시 계열로 분류되는 것도 서정시, 민중시(특히 농민시)의 근원적 동질성을 암시해 주는 증거가 된다. 이런 점에서 서정시, 민중시, 실험시(해체시)라는 3분법은 논리적으로 범주론적 검토가 정리되지 않은 부분이라 할 수 있다.
49) 오형엽은 민중시를 개괄하는 논의에서 "민중시에 서정성의 숨결을 불어넣"은 것을 "민중적 서정시"라 부르고 고은, 신경림, 안도현, 고형렬, 박세현 등을 거명하고 있다. 그러나 민중적 서정시는 서정시의 일종으로 현실주의 시의 범주에 넣을 수 없는 개념이다.

문제를 정서적으로 접근하는 전통적인 방식을 묵수하며 시적 실천으로 보여 주는 것으로 대응하였다.

그렇다고 하여 서정시인들이 시대 현실을 외면한 것은 아니다. 시대의 폭력에 대한 비판적 인식이 서정적으로 처리되어 당대 서정시에 각인되었지만, 이것이 크게 눈에 띠지 않은 것은 서정시의 특성상 직설적인 진술보다는 내면화되고 비유적인 표현을 중시하였기 때문이다.

서정주의 계열에서는 1980년대에 등단한 신인들보다 기성 시인들의 활동이 더 활발하였다. 이는 앞에서 본 이유뿐 아니라 서정시의 특성상 삶이나 세계의 본질에 대한 통찰이 본질적으로 연륜을 필요로 하기 때문이기도 할 것이다. 기성 시인으로서 1980년대에 활발한 활동을 한 시인은 허영자, 이수익, 유안진, 박정만, 오세영, 문정희, 임영조, 조정권, 나태주, 이성선, 조창환, 이기철, 이세룡, 송수권, 최동호 등이다.

박정만[50]은 1968년에 등단하였지만 1980년 중반 이후부터 본격적으로 작품 활동을 하였는데, 1987년에는 20일 동안 300여 편의 작품을 써서 6권의 시집을 상재하는 기염을 토하기도 하였다. 『맹꽁이는 언제 우는가』(1986), 『무지개가 되기까지는』(1987), 『저 쓰라린 세월』(1987), 『슬픈 일만 나에게』(1988) 등에서 죽음과 삶의 경계에 대한 인식을 서정적으로 풀어내는 데 주력하였다.

　　나 죽으면 슬픈 꿈을 하나 가지리.
　　저기 저 끝없이 흐르는 강물처럼
　　애간장이 다 녹아나서

---

50) 박정만(1946~1988): 1968년 《서울신문》으로 등단. 시집으로 『잠자는 돌』, 『맹꽁이는 언제 우는가』, 『그대에게 가는 길』(1988) 등이 있음.

흐르고 흘러도 언제나 은빛 기러기가 되는 곳,
그 곳에서 반짝이는 홍역 같은 사랑을.
아픔이 너무 깊어 또 눈을 뜬다.
아무도 없는 방에
누군지 알 수 없는 흰 이마가 떠오르고
돌멩이 같은 것이 자꾸 가라앉는다.

어서 오렴, 나의 사랑아.
신열 복숭아 꽃잎처럼 온몸에 피어올라
밤새 헛소리에 시달릴 때도,
오동잎 그늘 아래
찬 기러기 꽃등처럼 떠갈 때에도
분홍빛 너의 베개 끌어안듯 기다리었다.

한세상 살다보니 병(病)도 홑적삼 같다.
　　　　　　　　　　　　──「죽음을 위하여」부분

  그의 시는 죽음과 삶의 경계를 넘나드는 인생에 대한 성찰로 가득한데, 그것은 "병도 홑적삼"처럼 홀가분해지는 경지로 요약될 수 있다. 그는 또한 정갈한 정서를 담기에 좋은 단형 서정시로서 5행시를 실험하기도 하였다.
  오세영은 초기 모더니즘 경향에서 벗어나서 전통적 사유에 기대어 명상적이고도 서정적인 시들을 발표하였다. 이런 변화는 당대 민중시나 해체시에 대하여 비판적 거리를 유지하며 서정성의 본질과 연계된 전통적 사유를 능동적으로 수용함으로써 서정시의 새로운 차원을 개척하고자 하는 열망의 결과이다. 『가장 어두운 날 저녁에』(1983), 『무명연시』(1986), 『불타는 물』(1988)은 이런 열망을 내면화하여 지적 제어를 바탕으로 서정적 완결성을 지향하고 있다.

> 겨울에 나무가
> 빈 가지를 들어
> 영하(零下)의 창공을 지키고 있는 것은
> 예사로운 일이 아니다.
> 세상은 밤이 되어
> 고단하고
> 철새들 깃을 찾아 방황하는데
> 돌이키면 문득
> 눈섶에 내리는 서리.
> 삶도 그러하거니
> 물러설 수 없는 절정에서
> 겨울에 나무가
> 스스로 과일을 떨어트리고
> 천명(天命) 앞에 서는 고독.
> 그것은 예사로운 일이 아니다.
>
> ——「겨울나무」부분

대상을 대하는 시선이 지적으로 제어됨으로써 이 시는 단단한 세계 인식이 깃든 서정시가 되었다. 그 바탕에는 세계를 신성한 것으로 바라보고 경외감을 지녔던 전통적 사유가 깔려 있다.

임영조[51]는 『바람이 남긴 은어』(1985)에서 사물의 껍질을 뚫고

---

51) 임영조(1945~2003): 1970년 《월간문학》으로 등단. 시집으로 『바람이 남긴 은어』, 『갈대는 배후가 없다』 등이 있음.

본질적인 의미를 읽어 내려 노력한다. 그에게 세계는 숨겨진 의미를 감춘 경전과도 같다. 그는 통찰력을 지닌 수도사처럼 이 세계를 꼼꼼하게 읽으려 노력한다. 그의 시에서 대부분의 비유가 일종의 알레고리로 기능하는 것도 이 때문이라 할 수 있다.

> 하얗게 센 머리칼 풀어
> 하늘만 우러러 노하는 자여,
> 누가 너의 분노를 막을 것인가.
> 죽어도 할 말 없는 세상에
> 분하고 억울한 일 그것뿐이랴.
> 가장 무력한 자와
> 내 생전 차마 못 할 말들을
> 대신하기 위해서 너는 서 있다.
> 바람에 허리 감겨 거꾸러져도
> 다시 솟는 주장(主張)의 결백함이여.
> 맑고 찬 너를 보고 있으면
> 나 역시 피가 잘 돌아
> 옳소, 옳소 찬성하며 손들고 싶다.
> ──「분수를 보며」 부분

분수를 무력한 자의 울분을 대신하여 표출해 주는 것으로 보는 이 작품은 당대 서정시가 어떤 식으로 현실을 고민하였는지를 보여 준다. 그가 민중시 계열의 시인이었다면 이 작품은 비판적 시대 인식을 잘 표현한 민중시의 하나가 되었을지도 모른다.

이성선은 1980년대에 『밧줄』(1982), 『나의 나무가 너의 나무에게』(1985), 『별이 비치는 지붕』(1987), 『별까지 가면 된다』(1988), 『새벽꽃 향기』(1989) 등의 시집을 내며 왕성하게 활동하였다. 그의 시는 세계와 자아의 동일성이라는 서정성의 본질을 보여 주는 전범이 된다.

> 나무야
> 너는 하나의 절이다.
> 네 안에서 목탁소리가 난다.
> 비 갠 후
> 물 속 네 그림자를 바라보면
> 거꾸로 서서 또 한 세계를 열어 놓고
> 가고 있는 너에게서
> 꽃 피는 소리 들린다.
> 나비 날아가는 소리 들린다.
> 새 알 낳는 고통이 비친다.
> 네 가지에 피어난 구름꽃
> 별꽃 뜯어먹으며 노니는
> 물고기들
> 떨리는 우주의 속삭임
> 네 안에서 나는 듣는다.
>
> ──「나무 안의 절」부분

나무에서 "목탁소리", "꽃 피는 소리" 등을 듣는 것은 일상적 세계의 평면성을 뚫고 입체적 차원에 도달하는 초월의 경험을 말한다. 자아와 세계의 간격은 여기에 개입할 수 없다. 이성선의 시처럼 서정시는 모든 존재가 죽은 물질로 화한 자본주의 시대의 한계를 넘어설 새로운 가능성을 제시해 줄 수 있다는 점에 의의가 있다. 이 점에서 그의 시는 당대 현실에 대한 더 근원적인 부정이라 할 수 있다.

송수권[52]은 『산문에 기대어』(1980), 『꿈꾸는 섬』(1983), 『아도』(1985), 『우리들의 땅』(1988) 등에서 남도 정서를 바탕으로 하는 한국적 미와 정한의 세계를 형상화하고 있다. 특히 『아도』에서는 한국적 서정성과 현실 비판 의식을 결합한 시를 다수 발표하고 있는데, 현실과 긴장 관계를 지니고 있는 1980년대 서정시의 한 유형을 볼 수 있다.

아도란 무엇이냐
질그릇이다.
인사동 골짜기의 고물상 같은 데 가서 만나보면
입은 기다랗게 찢겨져 있고 두 귀는 둥글게
구멍이 패어 있는
입이 있어도 벙어리고 귀가 있어도 귀머거리인
못생긴 우리네의 질그릇이다.

(중략)

나는 오늘 이 도시의 어디선가
목을 조르며 도둑고양이처럼 오는 최루탄 가스에
재채기 콧물 눈물 범벅이 되면서
잎 핀 오월의 가로수 밑에 비틀거리면서 비틀거리면서
그 시대에서 한 발짝도 더 깨어나지 못한
또 하나의 아도가 되어가는 내 모습을 본다.
아도 아도 아도 아도 아아아아 아도

---

52) 송수권(1940~): 1975년 《문학사상》으로 등단. 『수저통에 비치는 저녁노을』 등이 있음.

이 땅의 시인이여 만세.

　　　　　　　　　　　　　　──「아도」 부분

　시인은 아도라는 질그릇을 통하여 현실 비판적인 시선을 드러낸다. 최루탄 가스로 표상되는 시대 현실 속에서 아도가 되어 가는 자신을 성찰하는 이 시를 비롯한 『아도』의 여러 시편은 당대 서정시인의 고민을 잘 보여 준다는 점에서 문학사적 의미를 지닌다.

　1980년대 시정시 계열에서는 기성 시인들의 왕성한 활동에 비하여 신인들의 활동은 그다지 두드러지지 않았지만 서정시의 저변은 많이 넓어진 편이다. 1980년대에 등장한 시인은 남진우, 하재봉, 이문재, 김윤배, 박찬, 황인숙, 문인수, 이승하, 서지월, 박주택, 최영철, 송재학, 황학주, 함민복, 서정윤, 원구식, 박상천, 이사라, 이지엽, 이상호, 양애경, 김백겸 등이 있다. 신인들은 무크지나 동인지보다는 기존 잡지나 신춘문예를 통하여 등단한 경우가 많은 편이다.

　이문재, 하재봉, 남진우는 《시운동》 동인으로서 유사한 시적 분위기를 보여 준다. 《시운동》 동인은 현실주의 비평가들로부터 '개꿈'이니 '외계적 상상력'이니 하는 비난을 받을 정도로, 현실주의의 경직된 논리를 원형적 상상력으로 줄기차게 타개해 나갔다는 점에서 1980년대 서정시에서 주목할 만한 존재라 할 수 있다. 이들은 개인적 내면의 서정적 심연을 독특한 상상력으로 풀어내고, 자본주의 사회와 동떨어진 원형적 이미지를 시에 적극적으로 활용하였다. 그들의 시는 단절과 비약의 이미지로 인하여 비의적인 분위기를 풍긴다.

　하재봉[53]은 『안개와 불』(1989)에서 숲, 안개, 불, 별 등의 원형적이면서도 환상적 이미지를 열정적으로 구사하여 강렬한 시적 분위기를 만들고 있으며, 남진우[54]는 비극적이면서도 몽환적인 이미지로 인간의 존재론적 방황을 다루고 있다. 이문재[55]는 『내 젖은 구두 벗어 해에게 보여줄 때』(1988)에서 유년의 기억을 쉽고도 서정적인 언어로 풀어내면서 그 속에 환상적인 이미지를 담아내었다.

외사촌 형의 새총을 훔쳐들고 젖어 있는 새벽강의 머리맡을 돌아 갈대숲에 몸을 숨길 때, 떼거리로 날아오르는 새떼들의 날개 끝에서 물보라처럼 피어나는 그대, 무지개를 보았나요?

일곱 개 빛의 미끄럼틀을 타고 새알 주으러 쏘다니던 강안에서 무수히 많은 눈물끼리 모여 흐르는 강물 위로 한 움큼씩 어둠을 뜯어내버리면, 저물녘에는 이윽고 빈 몸으로 남아 다시 갈대숲으로 쓰러지고요

둥지를 나와 흔들리는 바람을 타고 강의 하구까지 내려갔다가 그날, 노을 거느리며 돌아오던 새떼들의 날개는 불타고 있었던가? 어느덧 온 강마을이 불타오르고 그 속을 나는 미친 듯이 새알을 찾아 뛰어다녔지요

──「강마을」 전문

---

53) 하재봉(1957~) : 1980년 《동아일보》로 등단. 시집으로 『안개와 불』, 『비디오/천국』 등이 있음.
54) 남진우(1960~) : 1981년 《동아일보》로 등단. 시집으로 『깊은 곳에 그물을』, 『타오르는 책』 등이 있음.
55) 이문재(1959~) : 1982년 《시운동》으로 등단. 『내 젖은 구두 벗어 해에게 보여줄 때』, 『마음의 오지』 등이 있음.

《시운동》 동인의 시에는 유년의 기억이 자주 등장하는데, 유년은 개인의 원형적 시간이기 때문이다. 하재봉의 위의 시에서 불타는 강마을 속에서 새알을 찾아 뛰어다니는 유년의 강렬한 이미지가 인류의 원형으로 읽히는 것도 이 때문이다.

이승하[56]는 『사랑의 탐구』(1987), 『우리들의 유토피아』(1989)에서 서정성을 지적 구도 속에 배치하고 있다. 그의 시는 비극적인 세계 인식으로 빚어진 지적 구조물의 형태를 취한다. 서정적인 리듬이 중요한 시적 요소가 되는 그의 작품들 중에서 그의 등단작「화가 뭉크와 함께」는 다소 이질적이지만 서정의 새로운 국면을 개척한 작품이라 할 수 있다.

> 어디서 우 울음소리가 드 들려
> 겨 겨 견딜 수가 없어 나 난 말야
> 토 토하고 싶어 울음소리가
> 끄 끊어질 듯 끄 끊이지 않고
> 드 들려와
>
> 야 양팔을 벌리고 과 과녁에 서 있는
> 그런 부 불안의 생김새들
> 우우 그런 치욕적인
> 과 광경을 보면 소 소름 끼쳐
> 다 다 달아나고 싶어
> ――「화가 뭉크와 함께」부분

---

56) 이승하(1960~): 1984년 《중앙일보》로 등단. 시집으로 『세상 읽기』, 『폭력과 광기의 나날』 등이 있음.

『사람』(1987)이란 시집으로 등단한 황학주[57]는 시대의 고통이 바탕에 스며들어 있는 소읍의 소외 의식을 비극적인 정서로 그리고 있다. 그의 시는 시대 상황처럼 제 모습을 제대로 갖추지 않은 통사 구조에 절망적인 이미지를 간신히 얹어 놓은 것처럼 비약과 단절이 심한 것이 특징이다.

> 더 검으면 더 강할 지장천변의 삶에
> 간 치지 않은 건대구 길쭉길쭉 뜯듯
> 진눈개비 떨어질 때
> 어디엔가 두고 온
> 벌벌 흔들리는 검은 핏덩이들의
> 서럽도록 뜨겁고 징그러운 것이 밑불로 살아 있는
> 사랑이라는 말의 뜻은 알았지만
>
> 완행이 놓쳐 버린 소읍의 시간
> 딸라 이자처럼 늘어나며 봉투를 뿌리는 눈 속으로
> 사북 3리 검은 다방 안에 앉은 나의 사랑은
> 아 나의 사랑은 썩은 정육처럼 유리 안의 꽃이지 아니면 무엇이냐
>
> ——「지장천을 보며」부분

탄광촌의 모습을 그린 이 시에도 비극적인 이미지("간 치지 않은 건대구 길쭉길쭉 뜯듯/ 진눈개비 떨어질 때")는 비약과 단절의 수사학으로 표현되고 있다.

---

[57] 황학주(1954~): 1987년 시집 『사람』으로 등단. 시집으로 『루시』 등이 있음.

함민복[58]은 산업화 시대에 소외된 삶을 우울한 시선으로 그리고 있는데, 당대 삶의 어두운 면을 위트와 풍자를 통하여 우회적으로 비판하였다. 서정성과 주지적 특성이 뒤섞인 그의 시는 실험적인 면모를 보이기도 하지만 그 바탕에는 서정적 시선이 깔려 있다.

> 빛으로 짠 커튼을 치고 싶습니다
> 불을 켜야 불을 켜지 않은 방보다 어두운 방은
> 좁고, 나이가 들어, 어머니 등이 따듯합니다
> 우러러 들리는 위층 하늘에는 정육점이 삽니다
> 메주처럼 조용한 어머니는 가는귀가 먹어
> 하늘에서 들리는 삼겹살 써는 소리는 못 먹고
> 갈비 자르는 소리만 먹습니다
> ——「지하생활 3주년에 즈음하여」 부분

서정윤[59]은 그리움, 외로움 등의 정서를 일상어로 쉽게 풀어내어 서정시의 대중성을 획득하는 데 많은 공헌을 하였다. 낯익은 정서를 복잡한 수사학적 장치 없이 풀어내고 있는 『홀로서기』(1987)라는 시집은 삶에 대한 일상적 통찰이라는 측면을 부각시켜 서정시의 새로운 가능성을 보여 주었다.

> 꽃은 눈물,
>
> 그 해의 가장 아름다운 태음력이 되어

---

58) 함민복(1962~): 1988년 《세계의 문학》으로 등단. 시집 『우울 씨의 일일』 등이 있음.
59) 서정윤(1975~): 1984년 《현대문학》으로 등단. 시집 『홀로서기』 등이 있음.

나의 정원을 거닐고
사람들의 가슴에 맺힌 아픔을
풀어줄 언어를 찾지 못할 때
외로움은 비처럼 젖는다.

———「가을에」 부분

원구식[60]은 많은 시를 발표하지는 않았지만 대상을 바라보는 시선이 날카로우며 사유의 폭이 깊다. "무너지는 것은 언제나 한꺼번에 무너진다"로 시작하는 그의 등단작 「탑」처럼 그의 시는 대상을 묘사하기보다는 그것의 존재론적 의미, 본질적 의미를 직관적으로 포착하는 데 초점을 둔다.

박상천[61]은 시집 제목 『사랑을 찾기까지』(1984)에서 드러나 있듯이 사물화된 세계와 부정적인 현실에 저항하는 유일한 방식이 사랑임을 시를 통하여 보여 준다. 타자와 자아의 경계를 넘어서는 궁극적인 힘을 사랑에서 찾는 것은 당대 저항 일변도의 공격적 사유에 대한 서정적 비판을 담고 있다고 할 수 있다.

이사라[62]는 지적인 시선으로 세계의 이면을 담담하게 읽어 낸다. 슬픔이나 고통 등 감정의 직접적인 노출을 꺼리기 때문에 시 작품은 전반적으로 단단한 구조를 형성하고 있다. 세계가 이성적인 질서 내에서 포착되면서 시에서 객관적인 어조, 투명한 시선이 두드러진다.

---

[60] 원구식(1955~): 1979년 《동아일보》로 등단. 시집 『먼지와의 전쟁은 끝이 없다』 등이 있음.
[61] 박상천(1955~): 1980년에 《현대문학》으로 등단. 시집 『사랑을 찾기까지』, 『말없이 보낸 겨울 하루』 등이 있음.
[62] 이사라(1953~): 1981년 《문학사상》으로 등단. 시집 『히브리인의 마을 앞에서』, 『미학적 슬픔』 등이 있음.

이지엽[63]은 전통적인 서정성을 견지하면서도 주지적인 요소를 도입하여 정갈하면서도 지적인 시를 발표하였다. 표제시 「다섯 계단의 어둠」처럼 그의 시에서 전통적 서정시에 익숙한 자연적 소재들은 신선한 시각과 지적인 배치를 통하여 새로운 감각을 획득한다.

이상호[64]는 절제된 언어로 사물과 현실의 이면을 서정적으로 포착한다. 언어를 극도로 절약하여 여백의 공간을 충분하게 확장시킴으로써 시적 여운을 두드러지게 한다.

양애경[65]은 언어의 미적 측면에 관심을 기울이며 리듬 의식이 잘 드러나는 시를 발표하였다. 시적 언어는 서정적이면서도 도시적 감각을 많이 반영하고 있다.

김백겸[66]은 서정적인 소재들을 지적인 제어를 통하여 새롭게 변용시킴으로써 환상적이면서 초월적인 시 세계를 보여 주었다. 등단작 「기상예보」나 표제시 「비를 주제로 한 서정별곡」처럼 작품에 일련번호를 붙이는 연작 형태의 호흡이 긴 시들을 발표하여 단시 위주의 서정시의 차원을 확장시켰다.

1980년대 신인들의 서정시는 전반적으로 암울한 분위기를 띠고 있었다. 단절되고 비약적인 이미지, 통사 구조의 불안정 등은 시대와의 교신의 결과였다고 할 수 있다. 그러나 서정시는 1980년

---

63) 이지엽(1958~): 1982년 《한국문학》으로 등단. 시집으로 『아리사의 눈물』, 『다섯 계단의 어둠』 등이 있음.
64) 이상호(1954~): 1982년 《심상》으로 등단. 시집으로 『금환식』, 『그림자도 버리고』 등이 있음.
65) 양애경(1956~): 1982년 《중앙일보》로 등단. 시집으로 『불이 있는 몇 개의 풍경』, 『사랑의 예감』 등이 있음.
66) 김백겸(1953~): 1983년 《서울신문》으로 등단. 시집으로 『비밀방』, 『비를 주제로 한 서정별곡』 등이 있음.

후반에 등단하여 1990년대에 활발하게 활동할 김기택, 장석남, 장옥관, 손진은, 오정국, 정끝별, 권대웅, 김신용 등의 신인들에을 매개로 하여 새로운 도약을 준비하고 있었다.

 1980년대 후반에 들어 민중시와 해체시를 쓰던 시인이 서정시의 세계로 귀의하는 양상을 보여 주었다. 1980년대를 지배하던 거대 담론의 현실적 실효가 사라졌으며, 이에 따라 시는 새로운 응전력을 보여 주어야 했기 때문이다. 이런 변화로 1990년대는 서정시의 시대가 되었다. 그런 점에서 1980년대의 서정시는 도래할 시대를 예언하고 준비한 세례 요한과 같은 역할을 하고 있었다고 할 수 있다.

4 시사적 의의

 1980년대 시는 현실 문제에 대응하는 시적 장르의 전략을 다양하게 확인시켜 주었다는 점에서 시사적 의의를 지닌다. 시대 상황으로부터 고립적으로 존재할 수 없는 시인들은 시 장르가 지닌 속성과 한계에 대하여 고민하며 새로운 세계를 개척해 나갔다. 현실주의 시(민중시), 모더니즘 시(해체시), 서정주의 시(서정시) 등이 세계관에 있어서 전혀 다른 기반에 서 있었지만 현실과 시의 관계에 대한 고민은 다르지 않았다.

 1980년대 말 들어 동유럽의 사회주의 국가와 소련의 연속적인 붕괴로 말미암아 거대 담론의 퇴조가 역력해지자 문학에서도 변화가 일어났다. 민중시와 해체시의 퇴조가 그것이다. 거대 담론은 사라지고 미시 담론이 서서히 부상하기 시작하였다. 서정시는 또다른 응전력으로 이런 변화를 수용하였으며 1990년대는 서정시의 시대로 접어들었다. 거대 담론의 시대인 1980년대는 다음 시대의 새로운 전개를 위하여 다양한 가능성을 보여 준 시대로 기억될 것이다.

(박현수)

10장
탈냉전의 시기(1991년~2000년)

1 1990년대 시단의 안팎

　근대 이후 우리 문학은 굴곡 많고 신산했던 현대사의 흐름과 매우 친연적인 상동성을 띠면서 전개되었다. 시에 한정해서 보아도 그 경개(景槪)는 별로 달라지지 않는다. 그만큼 우리가 읽어 온 시의 독법(讀法)은 이른바 '사회 역사적 상상력'에 빚진 바 크다. 이러한 현실 지향의 시적 언어들은 우리 문학사에서 구체적인 형상을 통해 현실을 반추하며 성찰케 하는 매우 긍정적이고 생산적인 역할과 기능을 떠맡아 왔다고 할 수 있다.
　하지만 최근 자본주의가 전지구적인 승리를 구가하면서 인간의 모든 의식과 제도가 자본주의적 체계로 일원화되자, 시적 주체들에게 몰아닥친 현실에 대한 환멸과 심리적 공황은 매우 심각한 '시의 위기'를 불러오기에 이르렀다. 더구나 상품 미학의 압도적 지배 앞에 '사회 역사적 상상력'은 커다란 굴절을 겪게 되는데, 아마도 이는 우리 시의 지형(地形)을 바꿀 정도의 미증유의 대격변이었다고 생각된다. 이러한 상황 아래에서 펼쳐진 1990년대 시의 경계 해체와 탈중심적 경향은, 근대적 이념의 핵심인 주체, 진리, 이성, 중심, 언어 등 지금까지 인문학이 축적해 왔던 전통적인 가치들에 도전장을 내고 새로운 영토를 개척하였다. 그것은 일상과 욕망, 육체와 자기 정체성으로 대표되는데, 이러한 것들이 인간과 사회를 이해하는 데 핵심적인 대체 범주로 부상하기 시작한 것이다. 또한 여성, 지방, 환경 같은 근대의 항구적 타자들이 제 목소리를 얻어 간 것도 간과할 수 없는 변화의 징후였다. 이러한 급격한 담론 변화에 대응하여 시적 주체들은 다분히 수동적으로 거기에 자기 동일성을 부여하고 급격하게 개체성으로 떨어지고 말았다.

1990년대 시의 흐름은, 비유하자면, '강(江)'과 같은 지속성 또는 순리(順理)의 표상으로 나타나지 않는다. 그것은 오히려 '역류'나 '혼류' 또는 수많은 지류 같은 불확실성투성이의 형상을 내장하였고, 나아가서는 수많은 흐름이 한데 모여 흐름 자체가 소멸되어 버린 '소용돌이'로 비유될 수 있다. 이는 전대(前代)의 시를 발전적으로 계승하여 우리 시의 난숙기(爛熟期)를 이루었던 1930년대나 1970년대와는 전혀 다른, 1990년대만의 독자적인 특성으로 손꼽힐 만하다. 이 점에서 1990년대는 어떤 절정의 시대를 지난 뒤의 정체성 재구축에 임한 일종의 '이후(以後)'의 시대라 할 만하다.

1990년대의 시는, 감각적으로 말하면, 1980년대의 '뜨거운 상징'이었던 민중 시인 김남주와 박노해의 실질적 퇴장과 더불어 시작하였다. 높은 도덕적 열정과 강렬한 시적 파토스로 한 시대의 정신을 견인했던 이 시인들의 타계와 투옥은 민중시적 흐름의 단절 및 민중시의 반성적 사유로의 커다란 전환을 상징적으로 예고하는 획기적인 사건이었다. 소련을 비롯한 동구권의 현실적·이념적 몰락을 깊은 충격과 실감 속에서 목도한 시적 주체들은 이제는 이념을 매개로 하는 진영(陣營) 개념의 유효성을 인정하지 않게 되었고, 단자화된 개인적 사유의 깊이만이 이 시대의 돌파구가 될 것이라는 시적 산법(算法)을 동원하게 되었다. 자연스럽게 그동안 교과서적 중심으로 위치해 온 이념적 구심력이 심각한 와해를 겪게 되고, 다양한 시적 발언의 르네상스가 꽃핀 것도 이같은 맥락이 전경(前景)으로 작용한 까닭이다. 이같이 1980년대에 대한 질적 대타 의식(對他意識)에서 출발한 1990년대의 시는 이른바 서정성의 강화, 일상적 삶에 대한 관심의 증폭, 시적 형상성의 확보를 위한 노력 등으로 그 모습을 나타냈고, 정치(精緻)한 이념적·방법적 기율을 벗어나 다양한 내용적, 형식적 변모를 꾀하게 되었다. 자연스럽게 시의 경향은 전대(前代)와는 주제나 대상이 판이해지게 되어, '우리'보다 '나'의 절실한 문제로 시선을 옮겨 갔고, 그동안 불변의 가치로 인식되어 왔던 이념적 구심력에 대한 발본적인 반성적 사유를 스스로 요청하게 된 것이다.

 1990년대의 시가 우리에게 선사한 가장 커다란 인식론상의 진경(進境)은 시적 주체의 자기 동일성에 대한 회의와 반성 그리고 그것의 재구축에 있다. '내면/외계', '주체(의식)/객체(대상)', '동일자/타자', '실재/허구', '정신/육체', '서정/묘사(서사)', '단일한 자아/무수한 타자', '인과율/우연성' 같이 그동안 근대적 이성을 통해 이항 대립적 경계로 확연하게 구분되었던 사물(개념, 현상)들의 관계에 대한 탈근대적 재인식이야말로 누대(累代)의 지적 작업이 간과해 온 것이면서 이 시기의 커다란 인식론적 전회(轉回)를 주도한 패러다임이다. 이른바 실체론적 사고에 바탕을 둔 이항 대립적 사고방식은 물론, 개별적인 두 현상(사물) 사이에 확연한 인과율이 개재한다는 사유 방식은 말할 것도 없이 모두 근대의 산물이다. 그런데 이 확고부동한 인과율이나 주객 분리를 벗어나 양자의 경계선에 숨쉴 수 있고 유동 가능한 틈과 간극을 내는 일이 이 시기의 시가 담당한 가장 중요한 작업이 된 것이다.

따서 1990년대의 시에 한 시대를 집약하는 시정신의 '옹이'가 보이지 않는다고 안타까워한 일부 평자들의 인문주의적인 견해는 이성 중심주의에 토대를 둔 근대주의자들의 불만 어린 하소연일 경우가 많았다. 생각해 보면 그 '옹이'라는 것이 중앙 집권적 '중심'(이성, 이념, 진정성 같은 것)에 대한 안타까운 향수의 언어적 표상이었던 것이다. 하지만 '계몽―이성'이라는 근대적 판관의 역할이 현저히 약화되고, 근대적 이성이 몰고 온 여러 징후들에 대한 긍정과 불신, 그리고 그것의 재구축(결코 '폐기'가 아니다.)의 열망이 부단히 교차한 터라, 그 '옹이'라는 것은 그야말로 다양하기 그지없는 구심(求心)을 형성하며 확산된 것이다. 그만큼 이 시기의 시들은 미학적 차원에서는 민주화와 다양화를 동시에 이루었다고 할 수 있다. 더불어 획일성, 대량화, 반복성이라는 현대 자본주의 문명의 속성에서 비켜서기를 지속했다는 점에서도, 이 시기의 시들은 우리 시의 역사에서 정신사 위상의 한켠을 새로이 텄다고 보아도 좋을 것이다. 하지만 1990년대는 1980년대의 긍정적·부정적 시적 유산을 지양, 극복하는 곳에서 시작되지 않고 그것과의 차별화를 선점하려는 전략에서 시작된 혐의가 강하다는 면이 지적될 수 있다. 정보화, 탈냉전, 포스트모더니즘, 생태론 같은 유행 담론들이 지난 시대의 진지한 반성과 성찰을 방해할 정도로 숨가쁘게 대두하고 소멸된 까닭도 있겠지만, 대안적 담론의 성급한 추구가 이 같은 차별화 전략을 재빠르게 불러왔다고 할 수도 있을 것이다.

2 1990년대 시의 전개 양상

1) 현실주의 시의 전개

1980년대 내내 미증유의 활황을 맞이하였던 현실주의 시편들은, 그동안의 핵심 기율이었던 과학적이고 민중 지향적인 현실 인식과는 다른, 지난 연대에 대한 총체적 반성과 재구축에서 자신들의 시적 음역을 개척하였다. 그래서 1990년대의 현실주의 시는 인간과 사회의 위엄과 자존을 회복하면서, 자본주의의 횡포와 그 전일성에 대항하면서 문학적 진정성의 함의를 꾸준히 넓혀 갔다. 그런데 시는 시적 주체의 경험적 집중을 통해 산문적 확장이 아니라 시적 응축을 통해 형성되는 것이기 때문에, 시인들은 시 한 편 한 편에 현실과 주체의 상호작용 및 거기서 빚어지는 비극적 세계 인식과 그럼에도 불구하고 꿈꿀 수밖에 없는 긍정적 인간의 가능성을 시적 형상으로 구체화했던 것이다. 따라서 이들의 목록을 짜는 것이 곧 1990년대 현실주의 시의 고투의 흔적이 될 것이다.

신경림은 『쓰러진 자의 꿈』(1993) 이래 이념에 매개되지 않은 생생한 현실과 기억의 접점을 찾아나서는 부지런함과 장인 의식을 줄곧 보여 주었다. 그의 『어머니와 할머니의 실루엣』(1998)은 현실주의라는 역사적, 이론적 틀의 구획을 자유로이 넘나들며 한 시대의 내적, 외적 초상을 재현하고 있는 대표적 경우이다. 그의 시는 '기억'과 '현실'의 접점에서 집중적으로 형상화되는데, 읽는 이들로 하여금 우리가 행해야 하는 진정한 가치의 복원이 얼마나 지난하고도 절실한가를 역설적으로 깨우쳤다.

> 길이 사람을 밖으로 불러내어
> 온갖 곳 온갖 사람살이를 구경시키는 것도

> 세상 사는 슬기를 가르치기 위해서라고 말한다
> 그래서 길의 뜻이 거기 있는 줄로만 알지
> 길이 사람을 밖에서 안으로 끌고 들어가
> 스스로를 깊이 들여다보게 한다는 것은 모른다
> 길이 밖으로가 아니라 안으로 나 있다는 것을
> 아는 사람에게만 길은 고분고분해서
> 꽃으로 제 몸을 수놓아 향기를 더하기도 하고
> 그늘을 드리워 사람들이 땀을 식히게도 한다
> 그것을 알고 나서야 사람들은 비로소
> 자기들이 길을 만들었다고 말하지 않는다
>
> ──「길」부분

여기서 말하는 '길'은 삶의 갈피갈피를 뜻하는 낯익은 관습적 상징이다. 그러나 그 '길'은 신경림 시 특유의 서사 충동이 약화된 내면의 '길'로 비쳐진다. 우리가 '걸어가야 할 길'이라는 식의 윤리적 당위성도 찾아볼 수 없다. 다만 '길'의 안과 밖을 대비시키며 사람들이 길을 만들어 가는 것이 아니라 길이 사람을 불러 삶의 슬기를 가르친다는 인생론적 자각을 보이고 있을 뿐이다. 이 시는 1990년대 신경림 시의 방향을 충분히 암시하고 있을 뿐더러, 더 나아가서는 1990년대 현실주의 시 전체가 내적 성찰을 통해 타자를 인식하고 계몽하는 쪽으로 가리라는 것을 예감케 해 주기에 족하다. 그 변화가 사회 탐구와 자기 탐구라는 이중의 작업을 시편 속에서 통합해 주는 원천인 셈이다.

그리고 김지하나 고은, 민영, 조태일, 김준태, 이시영 등 중견들의 작업은 딱히 1990년대적이라고 할 수는 없지만, 여전히 지속적 성실성과 높은 문학적 성취를 보인 예들이라 할 수 있다. 특별히 김지하의 단형 서정시들은 현실주의의 경계를 넘어 현실의 리듬과 자아의 리듬을 높은 철학적 이상 속에서 통합하는 새로운 영역을 개척하였다. 어쨌든 이들의 누증(累增)적인 작업은, 타자 탐구에는 반드시 자기 검색이 우선적으로 따라야 한다는 새삼스런 자각을 준 셈이다.

김정환은 『사랑, 피티』(1991)를 통해 '이후(以後)의 세계'를 시적으로 감당하는 미학적 틀을 열려는 의욕을 보여 주었다. 이러한 끊임없는 자기 갱신의 의지는 "모더니즘은 보다 정확한 의미로 '사회적 심화'에 달해야 하고, 사회주의는 보다 정확한 의미로 '당대적 심화'에 달해야 한다."라는 논지의 구체적 표현이었다. 이러한 그의 의지는 시가 여전히 '현실'을 발원지로 하고 있음을 말해 주면서, 그의 시를 1990년대적 후일담 문학이 아닌 당대의 문학이 되게 하는 근원적 힘이 되었다.

> 더이상 너를 빛낼 어둠이 없다
> 더이상 너의 눈물을 빛낼 꽃이 없다
> 어둠이 없고 꽃이 없으므로 당분간
> 네가 없다 아아 네가 사라진다 단 한 번
> 눈부셔라 어둠이고 꽃인 사람아
> 새벽이 오고 둘 사이 이슬이 무산되는
> 이 시간 목숨의 불꽃이 다하기 전
> 이 세상 모든 사람과 마찬가지로
> 간절하고 싶다 진정으로 사랑한 것은
> 한순간 집약된 수만 년 인간 정신의
> 너와, 너의 명징한 육체적 몸짓이었다
> ─「사랑 노래 1」 전문

시인은 "더이상 너를 빛낼 어둠이 없"고 "더이상 너의 눈물을 빛낼 꽃이 없"는 상황에서 "어둠이고 꽃인 사람"을 거듭 호명한다. "새벽이 오고 둘 사이 이슬이 무산되는/ 이 시간 목숨의 불꽃이 다하기 전"에 단 한 번 불러 보는 이 '어둠이자 꽃'인 사람을 시인은 '사랑'의 이름으로 간절하게 부르고 있는 것이다. 그러면서 "진정으로 사랑한 것은/ 한순간 집약된 수만 년 인간 정신의/ 너와, 너의 명징한 육체적 몸짓이었다"라고 고백한다. 결국 '빛'과 '어둠'이 무수히 교차하는 현실에서 '사랑'과 '진실'이 가지는 잠재적인 위대함을 긍정하고 있는 것이다. 이어서 발표된 『노래는 푸른 나무 붉은 잎』(1993)의 시편들은 이러한 '사랑'이 가지는 고통의 진정성, 그리고 일상적 삶의 무게와 역사의 뒤안길에서 서성이는 자의 반성적 회한을 풍부하게 담고 있다.

박노해와 백무산 등 1980년대 노동시의 총아들이 보여 주는 이 시기의 변화는 우리의 호기심을 자극하고도 남는다. 박노해는 옥중에서 상재한 『참된 시작』(1994)을 통해, 우리 시의 현실주의가 나아가야 할 형상적 전범을 보여 주었다. 그러나 그가 다음에 우리에게 보여 준 『사람만이 희망이다』(1997)와 출옥 이후의 대중적 행보는 현실주의의 확산보다는 일탈, 대중주의보다는 감상과 계몽의 절충이라는 혐의를 짙게 보였다.

백무산은 현실을 매개로 한 반성적 사유를 줄곧 보여 주어 역시 주목의 대상이 되었다.

> 누가 이런 길 내었나
> 가던 길 끊겼네
> 무슨 사태 일었나 가파른
> 벼랑에 목이 잘린 길 하나 걸렸네
>
> 옛길 버리고 왔건만

새 길 끊겼네

날은 지고
울던 새도 울음 끊겼네

바람은 수직으로 솟아 불고
별들도 발 아래 지네

길을 가는 데도 걷는 법이 있는 것
지난 길 다 버린 뒤의 경계

아, 나 이제 경계에 서려네
칼날 같은 경계에 서려네

나아가지 못하나 머물지도 못하는 곳
아스라이 허공에 손을 뻗네
나 이제 모든 경계에 서네

——「경계」 전문

시인이 말하는 "칼날 같은 경계"는 이육사의 "서릿발 칼날진 그 위"를 연상시키며 시적 주체가 서 있는 절체절명의 분위기를 암시하고 있고, 그것은 한 시대의 진보적 이상이 필연적 갱신을 요청받고 있음을 말하고 있다. 바로 그 이상과 꿈이 "대지의 시간은 인간의 시간을 거역한다/ 소모와 죽음의 행로를 걸어온,/ 말로 썩어가고 황무지만 진전시켜온/ 죽은 시간을 전복시킨다/ 대지는 단절을 꿈꾼다"(「인간의 시간」)는 과거에 대한 갱신의 인식을 가져다주고 있다. 그만큼 시집 『인간의 시간』(1996)에 나타난 그의 서정은 노동 전사로서의 치열함과 새로운 시대에 눈 돌리지 않는 현실주의자의 안목이 결합된 성과였다.

김용택은 화해 지향의 언어를 통해 탁월한 언어 감각, 그리움과 따뜻함의 형상적 축조, 화해와 중용의 정신, 사물을 원형의 심상으로 복원하는 능력 등을 집중적으로 보여 주었다. 1980년대의 『섬진강』이나 『맑은 날』을 지나, 『강 같은 세월』(1995)과 『그 여자네 집』(1998)에서 그는 모순보다는 화해, 균열보다는 자족적 조화를 집중적으로 노래하였다. 세월이 흘러감에 따라 "사소한 것들이 더욱 깊어지고 아름다워진다"는 깨달음과 심미안은 그만의 구체적이고 미더운 관찰과 사색의 결과물일 것이다. 그러나 아직도 상존하고 있는 현실적 맥락을 애써 일탈하는 상상력은, 현실주의 기율의 이완을 불러왔다고 할 수 있다.

안도현[1]은 『바닷가 우체국』(1999)을 통해 감상과 서정의 경계를 무너뜨리며 우리를 편안한 독서로 이끌었다. 안도현이 "기다리는 것은 오지 않는다는 것을/ 알면서도 기다리고, 기다리다 지치는 게 삶이라고/ 알면서도 기다렸지요"(「고래를 기다리며」) 하고 노래할 때, 그 기다림의 대상인 '고래'는 구체적인 역사적 형상이 아니라 원형적 이미지에 가깝게 된다. 그리고 그가 "아주 작고 하찮은 것이/ 내 몸이 저의 감옥인 줄도 모르고/ 내 몸에 들어와서/ 나를 뜨겁게 껴안을 때가 있네"(「아주 작고 하찮은 것이」)라고 쓸 때 그것은 '작고 사소한 것의 중요성'이라는 화두와 일치한다. 이를 통해 그는 자기 성찰과 타자 인식의 통합성이 생활적 구체성을 구현하는 지점을 우리에게 아름답게 보여 주었다.

---

1) 안도현(1961~): 1984년 《동아일보》에 「서울로 가는 전봉준」이 당선되어 등단. 시집으로 『서울로 가는 전봉준』, 『모닥불』, 『너에게 가려고 강을 만들었다』 등이 있음.

이러한 통합성은 "무릇 창자 가진 짐승들의/ 운명적인 허기와/ 유구한 숲속의 욕망에 대해/ 묵상하며 걷는"(「오대산에서」) 최두석[2]의 시나, 아름다운 서정의 결로 "산 첩첩 물 첩첩 시서내음 타오르는 뜨거운 고향"(「광주로 가는 길」)과 "누군가의 그리운 신발 끄는 소리"(「첫눈」)를 동시에 거머쥐면서 일상성과 그로부터의 심미적 초월을 동시에 노래하고 있는 곽재구의 시, 그리고 "모두들 이제 광주를 넘어 광주로 오고 있다/ 한때 어둠의 상징들이었던 봉분들마저/ 상처 없는 빛의 분화구로 터져오르고 있다"(「우린 이겨왔다」)며 역사적 책무와 그의 치유의 변증을 꿈꾸는 임동확의 시, "늘 면면한 희망"과 "앞강도 야위는 이 그리움"을 역설하는 고재종의 시에도 나타나고 있어 이 시기의 현실주의적 성취의 보편적 모형이 되고 있다.

이처럼 1990년대에 나타난 현실주의 시편들의 음역(音域)은 경험적 구체성과 역사에 대한 긍정적 신념, 사회 역사적 상상력과 문학적 언어가 만나는 상상력을 통해 구현되었다. 삶의 구체성과 보편성을 하나로 관통하는 상상력의 통합을 거치면서 이들 시편은 민중적 자기 긍정에 토대를 둔 현실주의의 시적 가능성을 구현하였다. 변함없이 고통스럽기만 한 현실을 두고 볼 때 이들의 언어는 문학의 위무(慰撫)적 기능과 함께 언어가 권력 및 자본과 결합하는 시류에 대한 근원적인 저항의 몫을 띠는 것임을 실증하였다. 특히 온갖 전위적 실험 양식이 그 일과성의 성격으로 인해 고갱이만을 문학사의 자양으로 남기고 사라져 버렸던 사실에 비추어 볼 때, 이들 시의 지속성은 그와 반대로 문학사적 연속선상의 흐름으로 각인되었다. 이러한 시선은 치열한 현실주의의 재

---

[2] 최두석(1955~): 1980년 《심상》에 「김통정」을 발표하며 등단. 시집으로 『대꽃』, 『성에꽃』, 『꽃에게 길을 묻는다』 등이 있음.

(再)모색을 보여 준 시인들에 의해 개척되었다.

도종환[3]은 '새로운 사회의 모럴'을 통해, 세상이 바뀌었다고 사회 내부의 모순이 크게 달라진 것이 아님을 말하면서, "어느 시대에서나 자신을 낮추고 전체를 위해 희망을 노래하지 않을 수 없는 사람"이 시인임을 보여 주었다. 바로 이 자세가 「부드러운 직선」에 나타난다.

> 높은 구름이 지나가는 쪽빛 하늘 아래
> 사뿐히 추켜세운 추녀를 보라.
> 뒷산의 너그러운 능선과 조화를 이룬
> 지붕의 부드러운 선을 보라 한다.
> 어깨를 두드리며 그는 내게
> 이제 다시 부드러워지라 한다.
> 몇 발짝 물러서서 흐르듯 이어지는 처마를 보며
> 나도 웃음으로 답하며 고개를 끄덕인다.
> 그러나 저 유려한 곡선의 집 한 채가
> 곧게 다듬은 나무들로 이루어진 것을 본다.
> 휘어지지 않는 정신들이
> 있어야 할 곳마다 자리 잡아
> 지붕을 받치고 있는 걸 본다.
> 사철 푸른 홍송 숲에 묻혀 모나지 않게
> 담백하게 뒷산 품에 들어 있는 절집이
> 굽은 나무로 지어져 있지 않음을 본다.
> 한 생애를 곧게 산 나무의 직선이 모여

---

3) 도종환(1954~): 1984년 《분단시대》로 등단. 시집으로 『고두미 마을에서』, 『당신은 누구십니까』, 『해인으로 가는 길』 등이 있음.

가장 부드러운 자태로 앉아 있는

—「부드러운 직선」 전문

산간 절집의 사뿐한 추녀와 지붕의 부드러운 곡선, 그 뒤편의 너그러운 능선까지 부드러움으로 꽉 찬 듯한 이러한 조화는 "휘어지지 않는 정신들이/ 있어야 할 곳마다 자리 잡아/ 지붕을 받치고" "한 생애를 곧게 산 나무의 직선이 모여" 있어야만 가능해진다. 곡선에서 직선을, 직선에서 곡선을 읽어 내는 시선은 "가장 화려한 꽃이 가장 처참하게 진다." 또한 자연과의 교감을 통한 역설의 사고를 통해 "그 무엇에도 길들여지지 않는 외로운 정신"을 강조하고 있다. 나무를 비롯한 생명체와 사물 등을 통해 보다 겸손하고 낮아지는 그러나 변함없는 삶을 살아야겠다는 깨달음은 경건하여 종교적인 느낌마저 주고 있다.

고형렬[4]은 『성에꽃 눈부처』(1998)를 통해 일상적이고 인간적인 몸과, 불경의 행간을 막 지나온 숨결을 노래하였다. 잠든 아내의 살결을 통해 전생을 듣고, 여치 울음에서 시인으로서의 소명을 만지는 그의 시는 아들과 장님과 여치와 나뭇잎을 끌어안고 쓰다듬으면서, 승속(僧俗)의 골 깊은 경계를 지워 나갔다. 우리가 지나온 길에 얼마나 많은 잘못과 오류가 있었는지를 성찰하면서 웅숭깊은 서정의 세계를 보여 주었다.

또한 현실주의 시의 자기 갱신에서 주목받아 마땅한 시인들에 우리는 윤재철, 이상국, 이재무를 추가적으로 거론할 수 있을 것이다. 윤재철[5]의 『그래 우리가 만난다면』(1992), 이상국의 『집은

---

4) 고형렬(1954~): 1979년 《현대문학》으로 등단. 시집으로 『해청』, 『서울은 안녕한가』, 『밤 미시령』 등이 있음.
5) 윤재철(1953~): 1982년 《오월시》로 등단. 시집으로 『아메리카 들소』, 『그래 우리가 만난다면』 등이 있음.

아직 따뜻하다』(1998), 이재무의 『몸에 피는 꽃』(1996)과 『시간의 그물』(1997) 등은 현실주의가 그동안 배타시했던 인접 가치들을 한껏 포용하고 지양시키면서 시의 신생하는 위의(威儀)를 보여 준 예이다. 윤재철의 시는 긴 세월 동안의 방황 끝에 도달한 삶의 조건에 대한 열도 높은 성찰을 보여 주었고, 이상국의 시편들은 우직하고 투박한 서정 속에 분단과 농촌 현실에 대한 지속적 형상화를 이룩하였다.

이재무[6]는 문학적 진정성과 형상이 시 안에서 통합되어야 한다는 줄기찬 믿음과 추진력을 보여 주었다. 그의 시가 주목받아야 할 이유는 그 주제적 측면에도 있지만, 현란한 유행의 변화에 몸을 담그지 않는 자기 세계의 지속성 때문이기도 하다. 이재무는 초기 시의 태반으로 삼고 있는 시공간은 '유년'과 '고향' 그리고 가족사에 긴박되어 있으며, 그러한 흔적은 제3시집인 『벌초』(1992)에까지도 고스란히 이어진다.

> 늦도록 잠 오지 않는다
> 막 수원을 통과해 온
> 상행선 열차가 아프게
> 몸 속 터널 관통하여
> 서울로 간다
> 나는 왜 여직 기대보다는
> 실의만을 가져다준 바퀴 소리에
> 마음 묶어두는 것일까
> 떠올리면 언제나 자랑보다는

---

6) 이재무(1958~): 1983년 《삶의 문학》으로 등단. 시집으로 『섣달 그믐』, 『푸른 고집』 등이 있음.

남루가 먼저 떠올려지는 생이었던 것을
이미 살과 뼈 이룬
죄란 벗는다고 벗겨지는 것이 아니었던 것을
아직도 내게 집착할 그 무엇이
남아 있다는 것일까
설레임으로 출발했던 길은
쓸쓸함으로 막 내렸던 여행에
신열로 온몸 달아오르는 걸까

　　　　　　　　——「기차 — 밤밭골에서」 전문

　여기서 '기차'는 그의 '고향(유년)'과 '서울(성년)'을 이어 주는 가교이자 그 둘 사이를 아득하게 단절시키는 역할을 하고 있다. 그런데 상행선 밤차를 탄 시인은 "늦도록 잠"을 이루지 못한다. 이때의 불면은, "나는 왜 여직 기대보다는/ 실의만을 가져다 준 바퀴 소리에/ 마음 묶어두는 것일까"에서 보듯이, 시인이 행하는 상경(上京)이 희망보다는 좌절과 실의를 곧잘 안겨 준 것이었기 때문에 생겨난 것이다. 그래서 시인은 "상행선 열차가 아프게/ 몸 속 터널 관통하여/ 서울로 간다"에서처럼 만만찮은 통증을 내장한 채, 고향에 대한 완강한 기억을 떠나고 있는 것이다. 이 불가피한 탈향의 과정은 "떠올리면 언제나 자랑보다는/ 남루가 먼저 떠올려지는 생이었던" 자신에 대한 자조와 "이미 살과 뼈 이룬/ 죄란 벗는다고 벗겨지는 것이 아니었던 것을"에서 보이는 죄의식을 동반하는 것이기도 하다.

　우리가 일상적 감각으로 느끼는 바이지만, 우리 사회에 편재하는 모순과 억압은 시대를 달리하면서도 끈질긴 생존력으로 우리 사회를 여전히 감싸고 있다. 따라서 인간을 탐구하는 것을 본령으로 하는 문학이 사회의 근본 모순이나 사람살이의 구체적인 고단함에 주목하는 것은 매우 자연스럽다. 그런 면에서 현실을 핍진하게 반영하는 것을 중심 원리로 삼는 현실주의의 원근법은 여전히 설득력을 지닌 미학적 방법이다. 1990년대 내내 진보적 이념이 아닌 생활적 구체성으로 시적 주체의 진정성을 높은 문학적 성취 속에서 구현한 이들의 시편은 매우 중요하다 할 것이다.

그럴 경우 우리의 시선은 유용주나 장철문, 이대흠 같은 신인들의 만만치 않은 활약도 기억하게 된다. 유용주[7]의 『크나큰 침묵』(1996)과 장철문[8]의 『바람의 서쪽』(1998), 그리고 이대흠[9]의 『눈물 속에는 고래가 산다』(1997) 등은 현실과 초월의 변증법이라는 현실주의의 확충을 암시하였다. 그 밖에도 김진경, 이영진, 이은봉, 하종오, 박영근, 김용락, 정종목, 이원규, 공광규, 조기조, 서정홍, 이승철, 오도엽, 박철, 맹문재, 이흔복, 최영철, 안상학, 양문규, 이중기, 신동호, 박두규, 김수열, 정세기 등이 새롭게 보여 준 현실 탐구와 민중적 서정은 1990년대적 의미에서 새로운 현실주의 시인의 목록을 구성하게끔 하는 수확들로 평가받을 만하다. 그들은 다양성이라는 이름을 내걸고 펼쳐진 1990년대의 시적 지형에서 지난 시대의 현실주의 계보를 잇는 현실성의 시편을 줄곧 써서 우리의 기억에 각인되고 있는 것이다.

2) 생태주의 시의 전개

그와 유사한 맥락에서 이른바 '생태학적 상상력'의 시편들이

---

7) 유용주(1960~): 1990년 『오늘의 운세』로 등단. 시집으로 『오늘의 운세』, 『가장 가벼운 짐』 등이 있음.
8) 장철문(1966~): 1994년 《창작과비평》으로 등단. 시집으로 『바람의 서쪽』, 『산벚나무의 저녁』 등이 있음.
9) 이대흠(1967~): 1994년 《창작과비평》으로 등단. 시집으로 『상처가 나를 살린다』, 『물 속의 불』 등이 있음.

쏟아진 것도 1990년대의 괄목할 만한 시적 경향으로 평가된다. 환경 친화적인 운동시로부터 자연 몰입의 사색의 시편들, 모든 목숨 있는 것들을 긍정하는 탈인간주의 시들, 나아가 문명 비판적인 시편들이 이에 해당될 터이다. 《녹색평론》 같은 근대적 기획에 대해 의혹과 도전을 보내는 패러다임들이 이에 중요한 흐름을 이루었는데, 이는 이 시대의 가장 첨예한 윤리적, 실천적 과제로 부상하기도 하였다. 이 같은 흐름은 지난 시대에 '민중적 서정시'를 써 왔던 이들(김지하, 이시영, 고재종, 고형렬, 백무산, 김용택, 이재무, 안도현 등)에게서도 매우 폭 넓은 양상으로 나타나고 있으며, 모더니즘의 전위에 서 있던 이들(정현종, 최승호, 이성복, 유하 등)이나 1990년대 들어 새롭게 등장한 젊은 시인들(박용하, 이정록, 장석남, 박형준, 장철문, 이윤학 등)에게서도 골고루 나타나고 있는 매우 균질적인 현상이었다고 할 수 있다. 이들은 하나같이 과학 문명으로 대표되는 성장과 개발 이데올로기의 폐해를 비판하면서, 원초적이고 근원적인 기억과 생명력을 인간이 되찾아야 한다는 시적 전언을 자신의 작품 속에 담았다. 이 같은 경향 역시 그동안 인간, 이성 중심으로 지탱되었던 근대적 기획들에 대한 불신과 극복 의지에서 생겨난 것이다. 이때 김지하가 노래하는 '중심의 괴로움'은 중심의 해체 바로 직전의 창조적 긴장을 이름하는 것이다.

봄에
가만 보니
꽃대가 흔들린다

흙밑으로부터
밀고 올라오던 치열한

중심의 힘

꽃피어
퍼지려
사방으로 흩어지려

괴롭다
흔들린다

나도 흔들린다

내일
시골 가
가
비우리라 피우리라.
　　　　　　　　　——「중심의 괴로움」 전문

　김지하가 노래하는 생명의 시학은 단순한 환경론이나 반(反)문명론이 아니라 '생명'이라는 좀 더 심층적이고 본원적인 것에 대한 간절한 희구요 그 복원 의지이다. 그것은 중심을 벗어나 "사방으로 흩어"짐으로써 가능한 "비(피)우"는 행위인데, 그가 말하는 흔들리는 중심의 힘, 그것이 그가 꿈꾸는 대안적 근대의 형상적 상징이다. 김지하의 이 같은 생태적 사유는 이 시기의 가장 대표적인 사상적 지층(地層)을 형성하게 된다.
　정현종은 자연 친화와 물활의 시편들을 통해 생태학적 상상력의 외연을 넓혔다. 특히 『갈증이며 샘물인』은 그의 생태적, 우주적 상상력이 극점에 이른 시집으로서, 미물과 우주, 인간과 자연, 역사와 실존이 두루 화응(和應)하는 탄력과 가벼움과 생명의 세계를 그리고 있어 더욱 주목을 받았다.

> 등에 지고 다니던 제 집을
> 벗어버린 달팽이가
> 오솔길을 가로질러 가고 있었습니다.
> 나는 엎드려 그걸 들여다보았습니다.
> 아주 좁은 그 길을
> 달팽이는
> 움직이는 게 보이지 않을 만큼 천천히
> 그런 천천히는 처음 볼 만큼 천천히
> 건너가고 있었습니다.
> 오늘의 성서였습니다.
>
> ──「어떤 성서」 전문

속도에 취해서, 우리를 둘러싸고 있는 사물들 혹은 자신의 육체 안에서 깊이 울려오는 미세한 소리와 균열마저 전혀 감지하지 못하는 우리에게 시인이 주는 전언(傳言)은, 그 속도를 멈추고 느린 채로 진행되고 있는 우리의 시원적, 본질적 모습을 보라는 것이다. 여기서 달팽이는 "제 집을/ 벗어버"리고[出家] 아주 천천히 자신의 실존을 감당해 내는 태초의 시원성을 가진 존재로 화한다. 이제까지 그 어느 관념이나 사물에 자신의 권위를 결코 양도한 적이 없는 종교적 정전(Canon)인 성서가 시인의 관찰에 의하여, 시인의 언어에 의하여, 달팽이로 현신하는 것도 이러한 통렬한 깨달음이 기초가 된 것이다. 시인에게 문명은 폐허이고 자연은 그 폐허를 감싸고 치유하는 시원의 모태이다. 온 우주를 끌어다 놓아도 풀잎 하나, 미생물 하나를 언어로 설명할 수 없음은 자명하다는 것, 그리고 우주와 같이 숨쉬고 온 우주를 구성하는 구체적 생명들과 함께 길을 열어 가는 원초적, 우주적 상상력이 필요하다는 것을 강조한 것이다.

고진하[10]는 폐허를 건너는 법에 대한 진지한 언어적 탐구를 수행하였다. 그 형상은 바로 상승의 상상력에서 배태되는데, 천상과 지상을 연결하는 교량(橋梁) 의식이 그 배음을 이룬다.

> 저 나지막한 함석집, 저녁밥을 짓는지 포르스름한 연기를
> 곧게 피워올리며 하늘과 내통(內通)하는
> 굴뚝을 보고 내심 반가웠다
> 거미줄과 그을음이 덕지덕지 달라붙은 창틀에
> 올망졸망 매달린 함석집 아이들이 부르는
> 피리 소리, 그 단음(單音)의 구슬픈 피리 소리도
> 곧장 하늘로 피어오르고 있었다
> 울어도 울어도 천진한 동심(童心)은
> 목이 쉬지 않고
> 저처럼 쉽게 하늘과 연통(連通)하는구나!
>
> 아 아직 멀었다 나는
> 저 우뚝한 굴뚝의 정신에 닿으려면!
> 괄게 지핀 욕망의 불아궁이 속으로
> 지지지 타들어가는, 본래 내 것 아닌 살, 하얀 뼈들
> 지지지 다 타고 난 하얀 재마저 쏟아버리지 못하고

---

10) 고진하(1953~): 1987년 《세계의 문학》에 「폐가」 등을 발표하며 등단. 시집으로 『지금 남은 자들의 골짜기엔』, 『프란체스코의 새들』, 『얼음수도원』 등이 있음.

다만 무심천변(無心川邊)에 우두커니 서서
저녁밥 짓는 포르스름한 연기 피어오르는
저 우뚝한 굴뚝을 바라만 보고 있는
       ——「굴뚝의 정신」 전문

 여기서 "굴뚝의 정신"은 천상의 가치와 지상의 가치를 교섭, 연결시키는 종교적 상상력의 한 형식이다. 그것은 또한 '성/속' 사이의 균형 감각의 복원을 통하여 삶의 완성을 기하는 상상력이기도 하다. 사실 우리의 삶은 이율배반적인 모순의 힘에 의해 한결같이 추동된다. 아폴론적 요소와 디오니소스적인 요소, 곧 정적·사색적·이지적 이미지와 동적·낭만적·충동적 이미지는 각각 대립적으로 존재하는 것 같아도 그것들은 서로가 서로를 무화시키지 않고 오히려 서로를 뚜렷하게 자신의 영역 속에 각인시키며 존재하는 상생적인 에너지들이다. 서정시에서 흔히 나타나는 '결핍/충일' '친화/낯섦' 같은 대위적(對位的) 이미지들도 마찬가지이다. 그것들은 상충하면서도 상보하는 타자들이다. 타자와의 교감과 융화 속에서 천상에의 초월을 꿈꾸는 통로를 마련하는 상상력, 그것이 이 작품에 나타난 "굴뚝의 정신"이다. 이 점에서 "굴뚝"은 고통과 영광의 상징인 '십자가'와 형상적 동질성을 띤다. 원래 근대적 정신이 자연을 대상화하고 합리성의 규율 아래 관리하는 사고인 데 반해, 고진하는 자연을 "존재자의 근거"이며, 존재자의 삶이 열려진 "크게 살고 있는 사물"들의 세계로 본 것이다.
 이처럼 1990년대 우리 시에는 '근대'를 둘러싼 각종 비판적 담론들이 활기를 띠며 제출되었다. 그것들은 우리 문학이 성취한 '근대성(modernity)'의 내적, 외적 형질들을 미학적으로 밝히는 일부터, '근대'가 몰고 온 역기능에 대한 고찰까지 상당한 진폭을 보이며 다채롭게 구성되었는데, '생태학적 상상력'의 기반은 말할 것도 없이 이러한 '근대'에 대한 비판적 성찰에 있었다고 할 수 있다. 그만큼 이제 '생태적 사유'와 그 실천은, 치유 불가능의 단계에 빠져 버린 '생태계'의 위기와 맞물리면서 그 중요성이 하루가 다르게 커져 간 것이다. 이는 그동안 매우 빠른 속도로 진행되어 온 인간의 욕망 실현 과정에 대한 근본적인 반성의 의미를 내포하고 있으며, '자연(自然)'을 신성이 깃들인 생명체로 인정하지 않고 인간의 욕망 실현을 위한 '자원(資源)'으로만 생각해 온 개발 논리에 대한 일정한 반성의 의미도 포함하고 있는 것이었다. 물론 '생태적 사유'는 '핵'과 '전쟁' 혹은 '기아'와 같은 다양한 문제들과 더불어 가장 강력한 위기의식을 퍼뜨리고 있는 '자연 재앙'으로부터 온 것이다. 말할 것도 없이, 그 진단과 처방은 '자연'의 모든 존재들이 인간과 함께 평등한 권리와 가치를 지닌다는 새로운 인식에서 찾아야 할 것이다. 하지만 다수의 시인들이 내남없이 자연을 시원(始原)적 상관물로 노래함으로써, 생태학적 상상력의 범람 혹은 평균적 범속화라는 부작용을 낳기도 하였고, 인간 일반에 대한 혐오라는 극단의 정서까지 형성되는 역기능을 행하기도 하였다.

 결국 생태주의 시편들은 자연의 모든 존재들이 평등한 권리와 가치를 지닌다는 인식과 모든 생명체들의 수평적인 관계에 대한 새로운 성찰을 우리에게 요청하면서, 그리고 상극과 배제보다는 상생과 포용의 세계관을 주문하면서 대두하였다. 이와 같은 상생과 포용의 실천이 우리 시에 꾸준히 축적되면서 생태주의 시는 뚜렷한 하나의 주류 미학이 되었다.

 또한 이는 '정신주의'라는 유다른 명칭을 부여받는 일군의 시적 경향으로 나아가기도 하였는데, 조정권, 최동호,[11] 이기철 등이 이 부문의 높은 성취를 이루었다.

붉은 살덩어리
어린애가 막 울고 있는데
달마는 왜 동쪽으로 오는가

구름은 산 아래를 굽어보고
빗방울 길을 따라 바다로 흘러간다
오고 갈 것도 본래 없는데

어린애는 왜 목이 붓도록 울고
눈썹 짙은 달마는
왜 먼 길을 찾아왔는가

——「새벽 빛」 부분

　최동호의 위의 시에서 달마의 행보는 그야말로 "근원에의/ 뿌리"를 전하겠다는 의지의 표현이다. 이 작품은 진리를 찾아 서쪽으로 발걸음을 옮겼던 동방 박사와는 달리, 진리를 뿌리러 동쪽으로 걸음을 옮긴 달마를 화두의 정점으로 삼아, "새벽 빛"이라는 계시의 징후를 시 안에 흩뿌리고 있다. 마치 아기 예수를 연상시키는 "붉은 살덩어리"의 어린애는 목이 붓도록 종일 울고, 자연(구름/빗방울)은 무심히 자기 자신의 운동을 지속하는데, "달마는 왜 동쪽으로 오는가" 하고 시인은 묻고 있을 뿐이다. 성과 속을 동시에 가로지르는 상상력을 통해 정신적 구경(究竟)을 묻고 있는 경향이라 할 만하다.
　하지만 '정신주의 시'는 천상의 초월과 지상의 착근(着根)이라

---

11) 최동호(1948~): 1976년 『황사바람』으로 등단. 시집으로 『황사바람』, 『아침책상』, 『공놀이하는 달마』 등이 있음.

는 변증법적 요소를 통합하지 못하고 탈속적 우월감과 반(反)인간주의라는 한쪽으로 경사되었다는 비판과 마주치게 되었다. 탈속적 경향이 곧 현실의 복잡다단한 매개 고리를 일순간에 지워 버리는 관념으로 화하고 말았다는 비판이 그 근거가 되었던 것이다.

3) 여성주의 시의 전개

여성적 감수성에 뿌리를 둔 시 쓰기 방식의 대두는, 1990년대의 시에 나타난 가장 커다란 현상 중의 하나이다. 이때 '여성적 시 쓰기'란 다수의 여성이 시 쓰기의 주체로 나섰다는 신원적 의미에 그 뜻이 한정되지 않는다. 그것은 그동안 이성, 권력, 남성 중심적이었던 우리의 근대적 사유 체계를 감성, 다양성, 생명 중심적으로 탈바꿈시키려는 인식의 전환이 이들에게서 나타나고 있다는 것을 두루 포괄한다. 그 대표 주자로 우리는 천양희, 강은교, 노향림, 최승자, 김승희, 김혜순, 허수경, 김정란, 황인숙, 양애경, 김경미, 이경림, 나희덕, 정끝별, 최정례, 박라연, 최영미, 노혜경, 이선영, 김수영, 이연주, 허혜정, 신현림, 김선우 등을 꼽을 수 있겠지만, 이는 비단 이들 여성 시인들만이 아니라 많은 수의 남성 시인들에게도 나타나고 있는 보편적 징후이다.

천양희[12]는 1990년대 들어 가장 눈부신 시적 발언을 지속하였다. 아마도 그 빛이 우리의 기억 속으로 깊숙이 들어오게 된 것은, 등단 30년 만에 펴낸 네 번째 시집 『마음의 수수밭』(1994)이 던져 준 언어적 경이 때문이었을 것이다. 거기서 시인은, 우리가

---

12) 천양희(1942~): 1965년 《현대문학》에 「화음」, 「아침」이 추천되어 등단. 시집으로 『신이 우리에게 묻는다면』, 『하루치의 희망』, 『마음의 수수밭』 등이 있음.

홀깃 지나치고 마는 '길'이나 '산', '숲'이나 '폭포' 같은 자연 속에 장엄하게 펼쳐져 있는 생명과 구원의 실마리들을 찾아 그것을 언어화함으로써 눈부신 화엄 세계를 구축한 바 있다.

 폭포소리가 산을 깨운다. 산꿩이 놀라 뛰어오르고
 솔방울이 툭, 떨어진다. 다람쥐가 꼬리를 쳐드는데 오솔길이 몰래 환해진다.

 와! 귀에 익은 명창의 판소리 완창이로구나.

 관음산 정상이 바로 눈앞인데
 이곳이 정상이란 생각이 든다
 피안이 이렇게 가깝다
 백색 정토(淨土)! 나는 늘 꿈꾸어왔다
 무소유로 날아간 무소새들
 직소포의 하얀 물방울들, 환한 수궁(水宮)을.

 폭포소리가 계곡을 일으킨다. 천둥소리 같은 우레
 같은 기립 박수소리 같은―바위들이 몰래 흔들 한다

 하늘이 바로 눈앞인데
 이곳이 무한천공이란 생각이 든다
 여기 와서 보니
 피안이 이렇게 좋다

 나는 다시 배운다

절창(絶唱)의 한 대목, 그의 완창을.

——「직소포에 들다」 전문

　시인은 눈부신 풍경을 통해 자신의 마음의 반응을 담아낸다. 폭포에서 명창의 판소리 완창을 들으면서, 그는 정상과 피안(정토), 수궁을 바라보고 있다. 또한 그의 시는 서정의 자재로운 응집과 확산을 통해, 세계 내적 존재로서 자신이 치른 상처와 열망은 물론, 이 세계 안에 깊이 은폐되어 있는 비의(秘義)를 탐색하고 드러냈다. 소박한 자연 친화나 환경론에 토대를 둔 생태 시편들과는 근본적으로 다른 지점에서 출발한 이 같은 세계는, 자기 몸에 쌓인 시간과 상처에 대한 자기 고백이자 새로운 세계 발견에 대한 경이와 매혹을 담은 풍경첩이었다고 할 수 있다.
　김승희[13]는 남성 중심주의에서 비롯되는 미시적 폭력이라든가 제1세계가 제3세계에 가하는 물리적, 정신적, 제도적 억압의 문제를 시적 제재로 다룸으로써 탈식민적, 반폭력적 담론을 적극적으로 구축해 냈다.

　· 부음
　이상준(골드라인 통상 대표), 오희용(국제 가정의학 원장),
　손희준(남한 방송국), 김문수(동서대학 교수) 씨 빙모상
　＝4일 오후 서울 삼성병원. 발인 6일 오전 5시.

　누군가 실종되었음이 분명하다

---

13) 김승희(1952~　): 1973년 《경향신문》으로 등단. 시집 『태양미사』, 『냄비는 둥둥』 등이 있음.

다섯 명씩이나!

순교 문화의 품위를 지키면서
손수건으로 입을 막고 다소곳이

남근 신의 가족 로망스 이야기
　　　　　　　——「한국식 실종자」 전문

　이 시편의 상황은 어떤 여인의 죽음을 알리는 부고(訃告)에서 시작된다. 즐비한 화환이며 정중하게 차린 조문객들이 확연하게 늘어설 것이 분명한 직함을 가진 사위를 네 명이나 둔 한 여인의 죽음이 이 시편이 다루는 시적 상황이다. 그 거창한 사위들의 아내, 곧 타계한 여인의 딸들은 분주히 손님을 맞는 남편들의 뒤편에 다소곳이 서서 손수건으로 입을 막고 품위 있게 슬픔을 참고 있을 것이다. 이처럼 시집간 여자들에게서는 이름이 사라진다. 누구의 아내, 누구의 어머니로 남게 될 뿐이다. 그러니 "실종"되었다는 것이다. 이름난 사위들의 장모로만 살아왔다는 점에서 타계한 여인도 생물학적 죽음을 맞기 이전에 이미 사회적으로 실종된 처지이다. 시편의 앞부분은 신문의 부고를 그대로 옮겨놓은 것이다. 일반적인 부고에 묻어 있는 표현적 부조리가 사실은 사회 구조에 편재해 있는 권력 구조의 폭력성을 은닉하고 있음을 예리하게 도려내 보여 줌으로써, 우리 사회에 들어찬 남성 중심주의의 은폐된 폭력을 풍자하고 있는 것이다.
　김혜순은 자신의 시 세계에 대한 확고한 자의식과 방법론적 전략을 가지고 지속적으로 작품 활동을 해 왔다. 그의 시는 남성 중심의 가부장제적 질서에 대한 저항과 전복이라는 주제를 전면에 드러내거나 여성성이라는 단일한 가치만을 중심에 두지 않았다. 시의 중심이 여성성에 한정되지는 않더라도, 그의 시는 충분히 여성시의 한 전범이라 할 만하다. 초기 시집에서 단편적으로 보이던 여성의 몸에 대한 언술에서 나아가, 여성성을 시적 사유의 중심으로 부각하고 있기 때문이다. 또한 그 여성성은 모성에 대한 사유로 이어지는데, 여러 가지 측면에서 모성의 내용과 의미가 다르게 해석될 수 있는 점도 주목된다.

> 그러나 자정 뉴스가 끝나면 그 뉴스에 이어서
> 그 뉴스를 견뎌내는 건 바로 그녀
> 오늘밤 자정 뉴스는 오십 명의 넥타이 맨 남자들을 보여주었지만
> 여자들이 맡은 배역은 불에 타 죽은 아이를 껴안고
> 몸부림치며 우는 역할뿐
> ――「물 속에 잠긴 TV」 부분

현실은 엄마가 꾸는 악몽이고, 환원해서 말하자면 여자들의 실존적 모습이다. "불에 타 죽은 아이를 껴안고/ 몸부림치며 우는" 여자들은 제2, 제3, 제4의 "그녀" 자신이며, 동시에 그녀를 바라보는 시적 화자 '나'인 까닭이다. 뇌파 속 어항을 가득 채우고 있는 '침묵'이 한꺼번에 응결되어 어항을 터뜨리면서 질러 대는 비명은 다양한 소리로 허공을 찢는다. 많은 경우 여성 화자의 '버림받은, 내침을 당한 존재'로서의 의식, 무의식에서 길어져 나오는 찢김과 떨어짐, 고통과 절망, 그에 못지않은 뜨거운 설렘과 들림, 환한 트임 등으로 발화되는 비명은 소리들의 혼성 우주를 형성한다.

허수경[14]은 강한 여성성으로 불모와 결핍의 현실을 크고 넉넉한 사랑으로, 헌신적 인내로 뛰어넘어 우주 만상을 유지하는 근

원적인 힘으로서의 모성을 보여 주었다.

> 당신……, 당신이라는 말 참 좋지요. 그래서 불러봅니다 킥킥 거리며 한 적요로움의 울음이 있었던 때, 한 슬픔이 문을 닫으면 또 한 슬픔이 문을 여는 것을 이만큼 살아옴의 상처에 기대, 나 킥킥……, 당신을 부릅니다 단풍의 손바닥, 은행의 두 갈래 그리고 합침 저 개망초의 시름. 밟힌 풀의 흙으로 돌아갈 당신……, 킥킥거리며 세월에 대해 혹은 사랑과 상처, 상처의 몸이 나에게 기대와 저를 부빌 때 당신……, 그대라는 자연의 달과 별……, 킥킥거리며 당신이라고……, 금방 울 것 같은 사내의 아름다움 그 아름다움에 기대 마음의 무덤에 나 벌초하러 진설 음식도 없이 맨 술 한 병 차고 병자처럼, 그러나 치병과 환후는 각각 따로인 것을 킥킥 당신 이쁜 당신……, 당신이라는 말 참 좋지요. 내가 아니라서 끝내 버릴 수 없는, 무를 수도 없는 참혹……, 그러나 킥킥 당신
>
> ―「혼자 가는 먼 집」전문

화자에게 당신은 어떤 구체적 실존으로서 존재하는 것이 아니라 "말"로서만 존재한다. 화자가 당신을 불러보는 것은 두 번 반복되듯이 "당신이라는 말"이 "참 좋"기 때문이지, 당신이 실체로서 현존하기 때문은 아니다. "그대라는 자연의 달과 별"이라는 구절에 주목한다면, 당신은 연인으로서의 인간 존재라기보다는 자연, 즉 모성적 원리로서의 대지에 가까워진다. "밟힌 풀의 흙으로 돌아감"처럼, 상처와 슬픔과 참혹을 안고 살아가는 화자가

---

14) 허수경(1964~): 1987년 《실천문학》에 「땡볕」 등을 발표하며 등단. 시집으로 『슬픔만한 거름이 어디 있으랴』, 『혼자 가는 먼 집』 등이 있음.

언젠가 되돌아갈 근원적 모태와 같은 것이다. 이처럼 "혼자 가는 먼 집"이란 바로 "당신"이라는 근원적 장소를 가리킨다. 또한 "당신"에 대한 계속되는 호명과 제목에 나타난 "혼자 가는" 외로운 도정 사이의 모순이 해명된다. 화자의 목적지인 "집"은 "먼" 곳에 있으며, 그것은 "당신"과의 만남이 거의 불가능하다는 것을 보여 준다. 상처를 치유할 수 없다는 것, 그 불가능성을 인식하는 것이 유일한 치유의 방식이 되는 것이다.

이러한 세계는 그동안 권력에서 소외(그것은 현실적인 힘뿐만 아니라, 언어의 생산, 유통, 소비의 메커니즘에서도 마찬가지이다.) 되었던 '여성성'이 가진 잠재력의 대안적 가능성을 문학적 감수성과 결합시켜 풍요로운 형상화를 이룬 것이다. 또한 이 경향은 가혹한 선악 이분화 및 논리적 재단에서 관용이나 너그러움, 희생, 포용성으로 그 정서적 지향을 움직인 것이며, 어떤 것도 절대적 구심이 될 수 없다는 이른바 '틈'의 시학을 보인 것이다. 이 같은 움직임이 이른바 에코페미니즘(Eco-feminism) 운동과 결합하여 이념으로 화할 가능성도 제기되었다 할 것이다.

나희덕[15]은 형식적 단정함과 시적 주제의 명료함 그리고 시 곳곳을 감싸고 있는 특유의 깊은 모성으로 뜻 깊은 주목을 받았다. 그의 시는 감상적 서정에 토대를 둔 이른바 '여류시'의 좁은 한계를 벗어나 있으면서도, 개인과 사회, 이성과 감성, 삶과 죽음, 따스한 공감과 서늘한 인식 사이에 존재하는 갈등을 생동감 있게 언어화함으로써 이른바 '여성적 글쓰기'의 한 전범을 보이고 있는 것으로 평가되었다.

---

15) 나희덕(1966~): 1989년 《중앙일보》 신춘문예에 「뿌리에게」가 당선되어 등단. 시집으로 『뿌리에게』, 『어두워진다는 것』 등이 있음.

이런 얘기를 들었어. 엄마가 깜박 잠이 든 사이 아기는 어떻게 올라갔는지 난간 위에서 놀고 있었대. 아기가 모르는 난간 밖은 허공이었지. 잠에서 깨어난 엄마는 난간의 아기를 보고 얼마나 놀랐는지 이름을 부르려 해도 입이 떨어지지 않았어. 아가, 조금만, 조금만 기다려. 엄마는 숨을 죽이며 아기에게로 한 걸음 다가갔어. 그리고는 온몸의 힘을 모아 아기를 끌어안았어. 그런데 아기를 향해 내뻗은 두 손에 잡힌 것은 허공 한 줌뿐이었지. 그 순간 엄마는 숨이 멈춰버렸어. 다행히 아기는 엄마 쪽으로 굴러떨어졌지. 죽은 엄마는 꿈에서 깬 듯 우는 아기를 안고 병원으로 달렸어. 아기를 살려야 한다는 생각말고는 아무 생각도 할 수 없었지. 얼마 지나지 않아 울음을 그치고 아기는 잠이 들었어. 죽은 엄마는 아기를 안고 집으로 돌아와 아랫목에 눕혔어. 아기를 토닥거리면서 그 옆에 누운 엄마는 그 후로 다시는 깨어나지 못했어. 죽은 엄마는 그제서야 마음 놓고 죽을 수 있었던 거야.

이건 그냥 만들어 낸 얘기가 아닐지 몰라. 버스를 타고 돌아오면서 나는 비어 있는 손바닥을 가만히 내려다보았어. 텅 비어 있을 때에도 그것은 꽉 차 있곤 했지. 수없이 손을 쥐었다 폈다 하면서 그날 밤 참으로 많은 걸 놓아 주었어. 허공 한 줌까지도 허공에 돌려주려는 듯 말야.

―「허공 한 줌」 전문

이 시에 나타나는 죽어 놓고도 마음 놓고 죽지도 못하는 엄마의 간절한 모성애는 나희덕 시가 줄곧 추구해 오던 '따스한 모성'의 강화에 기여하는 듯이 보이지만, 그것은 오히려 우리가 움켜쥐고 집착하고 가득 채우려는 욕망의 허무함으로 탈바꿈되고 만다. 그 우울한 자각의 음화(陰畵)가 곧 이 작품의 모티프이자 주제이다. 그만큼 그는 '모성'에 대한 중층적 성찰을 수행하였고 그 결과 여성성에 대한 매우 개성적인 천착을 보인 것이다.

박라연[16]은 1990년대 이후 가장 주목할 만한 시인 가운데 한 사람으로 우리에게 다가왔다. 그녀의 시를 추동해 온 근원적 힘은 투명한 실존적 '슬픔'과 뭇 타자들을 향한 가없는 '사랑'이었다. 그러한 지향이 좀 더 '근원'을 지향하면서 어떤 '신성(神聖)한 것'에 가 닿고자 하는 열망을 보여 주었다고 할 수 있다. 그 밖에 유안진, 신달자, 최문자, 김정란, 한영옥, 황인숙, 양애경, 김경미, 이진명, 조은, 이경림, 정끝별, 최정례, 노혜경, 이선영, 김수영, 이연주, 허혜정, 신현림, 김선우 등이 여성 시편의 주목할 만한 성과를 냈다고 할 것이다.

4) 서정주의 혹은 신서정시의 전개

어떤 경향에 복속되는 것 자체가 어려운 높이와 깊이의 시 세계를 꾸준히 보이는 중견 시인들의 시 쓰기 또한 간단없이 이어졌다. 서정주의 시로 명명하기는 어려운 감이 있지만, 마종기, 황동규, 오세영, 최하림, 김종철, 이시영, 오규원, 이건청, 오탁번, 김명인, 김광규, 신대철, 임영조, 이성복 등 지난 시대의 중견들이 보여 주는 원숙한 시 세계는 주목할 만하다.

황동규[17]는 표 나게 민중을 내세우지는 않지만, 현대 사회의 메커니즘이 주는 소외와 내적 파탄을 증언, 가시화함으로써 한국시의 감각과 인식의 층위를 한 단계 올렸다. 『풍장』(1995)이라는

---

16) 박라연(1951~): 1990년 《동아일보》로 등단. 시집으로 『서울에 사는 평강 공주』, 『우주 돌아가셨다』 등이 있음.
17) 황동규(1938~): 1958년 《현대문학》에 「시월」, 「즐거운 편지」 등이 추천되어 등단. 시집으로 『어떤 개인 날』, 『몰운대행』, 『우연에 기댈 때도 있었다』 등이 있음.

의욕적 성과가 가장 대표적이라 할 것이다.

오세영은 『꽃들은 별을 우러르며 산다』(1992)를 정점으로 하여, 철학성보다는 서정의 원리를 강조한다. 그리고 사물과 주체의 접점에서 피워 올리는 정서의 세세한 결에 깊이 주목하였다. 그리고 생의 근원적 결핍과 그리움에 대해 전적으로 승인하면서도, 어떠한 삶이 건강하고 아름다운지를 성찰하는 모습을 지속적으로 보여 주었다.

>꽃들은 별을 우러르며 산다.
>이별의 뒤안길에서
>촉촉히 옷섶을 적시는 이슬.
>강물은
>흰 구름을 우러르며 산다.
>만날 수 없는 갈림길에서
>온몸으로 우는 울음.
>바다는
>하늘을 우러르며 산다.
>솟구치는 목숨을 끌어안고
>밤새 뒹구는 육신.
>세상의 모든 것은
>그리움에 산다.
>닿을 수 없는 거리에
>별 하나 두고,
>이룰 수 없는 거리에
>흰 구름 하나 두고,
>
>　　　　　　　　　—「먼 그대」 전문

그대와 나 사이의 이 좁힐 수 없는 "거리"야말로 오세영 시의 발원 지점이다. 그래서 그대는 늘 "먼 그대"일 것이다. 이러한 다가갈 수 없는 미적 거리는 모든 사물을 제자리에 있게 하면서도 서로를 끌어당기는 인력이 미치는 최대의 거리이기도 하다. 그래서 결핍과 그리움은 생의 최대의 결여태이지만, 동시에 '먼 그대'를 응시하고 바라볼 수 있는 최적의 조건이기도 한 것이다. 이처럼 그가 쓰는 "시의 샘물은 목숨의 긍휼함에 있는 것"(「여백의 말」, 『꽃들은 별을 우러르며 산다』)이다.

김종철은 좀 더 근원적이고 궁극적인 어떤 사유의 지경(地境)을 향하고 있다. 『못에 관한 명상』(1992)에서 그는, '못'이라는 구체적인 사물의 의미를 집중적으로 탐색하여, 소소한 일상성에 대한 관찰로부터 심원한 철학적 통찰에 이르기까지 폭넓은 상징성을 획득하게 된다. 그는 인간 실존의 등가물로 '못'을 형상화하면서 집중적인 시적 천착을 시도하는데, 말하자면 삶이라는 것이 '못'을 박고, '못'에 박히고, '못'을 빼는 일의 심층적 반복이라고 노래하는 것이다.

> 못을 뽑습니다
> 휘어진 못을 뽑는 것은
> 여간 어렵지 않습니다
> 못이 뽑혀져 나온 자리는
> 여간 흉하지 않습니다
> 오늘도 성당에서
> 아내와 함께 고백성사를 하였습니다
> 못자국이 유난히 많은 남편의 가슴을
> 아내는 못 본 체하였습니다
> 나는 더욱 부끄러웠습니다

아직도 뽑아내지 않은 못 하나가
　　정말 어쩔 수 없이 숨겨둔 못대가리 하나가
　　쏘옥 고개를 내밀었기 때문입니다
　　　　　　——「고백성사—못에 관한 명상 1」 전문

　십자가에 못 박혀 죽은 예수의 사건이 이 시편의 배경이 되고 있다. 시인은 자신의 몸에 박혀 있는 "휘어진 못을 뽑는 것"이 여간 어려운 일이 아님을 말한다. 그리고 설사 뽑았다고 하더라도 그 남은 흔적이 흉하기 짝이 없다고 말한다. 여기서 시인은, 때로는 못 박혀 있는 채로 때로는 흉한 흔적을 남긴 채 가까스로 못을 뺀 채 살아가는 인간 존재를 표상하고 있다. 그 가운데 하나가 바로 자신인데, 성당에서 고백성사를 하던 중 시인은 그 흉한 "못자국이 유난히 많은 남편의 가슴을" 짐짓 못 본 체하는 아내를 따듯한 눈길로 바라본다. 그때 시인에게 진한 부끄러움이 밀려온다. 왜냐하면 자신에게는 "아직도 뽑아내지 않은 못 하나" 곧 "정말 어쩔 수 없이 숨겨둔 못대가리 하나"가 숨겨져 있었기 때문이다.
　이시영은 단시(短詩) 미학의 정수를 아름답게 보여 주었다. 특히 그가 1990년대 들어 야심 차게 출간한 『이슬 맺힌 노래』는 시집 전체가 이 같은 단형 서정시로 채워져 있다. 고도로 응축된 시적 형식을 통하여 정신적 성숙과 예지의 경험들을 표상하겠다는 내성(內省)의 의지를 밝히고 있는 것이다. 이처럼 짧은 형식을 통하여 시를 쓰는, 곧 언어를 사용하면서도 바로 그 언어의 명료성과 단호함을 부정하려는 이시영의 노력은 압축의 미학에 대한 견고한 집착으로 이어진다. 이를 두고 이른바 '선시(禪詩) 취향'이라고 부르는 경우도 있는데, 물론 이 같은 진단은 '선시'라는 특정 양식을 전제한 것이 아니라, 압축과 긴장의 감각을 방법적으로 적용한 것을 함의하는 것이다. 그래서 여기서 말하는

'선시 취향'이란 언어 자체에 대한 부정이 아니라 언어 과잉의 욕망을 경계하는 방법적 전략으로 채택된 것이다.

> 나를 죽여
> 내 안의 나를 심화, 확장하는 일
> 나를 죽여
> 내 안의 내 마른 나뭇가지에 동백 두어 송이 후끈하게 피워올리는 일
> ——「내관(內觀)」 전문

이 시편은 시인의 내면에서 완성되는 정신의 심화 과정과 그것을 가장 짧은 언어적 형식으로 현상하는 과정이 변증법적으로 결합한 가편(佳篇)이다. 사실 "나를 죽여/ 내 안의 나를 심화, 확장하는 일"은 시인이 전제하는 시적 방법론에 해당하는 메타적 진술이며, "나를 죽여/ 내 안의 내 마른 나뭇가지에 동백 두어 송이 후끈하게 피워올리는 일"이라는 표현은 그것의 언어적 결실을 함의한다. 비록 정신주의적 편향을 일부 보이기도 하고, 시적 방법론에서 내성이 지나치게 강조된 모양새를 취하고는 있지만, 이 시편은 이시영 시학의 가장 깊은 근원이 되는 일이 '나를 죽이는 것'과 '내 안의 불모성에 꽃을 피우는 것'임을 압축의 미학 속에서 보여 줌으로써 시인이 바라보는 "내관"의 실질을 드러내고 있다. 이러한 단시 미학의 지속성은 이후의 시집들에서 일관되게 관철된다.

김명인[18]은 관념과 실재를 통합하면서 웅숭깊은 서정을 노래하

---

18) 김명인(1946~): 1973년 《중앙일보》 신춘문예에 「춘향제」가 당선되어 등단. 시집으로 『동두천』, 『물 건너는 사람』, 『바닷가의 장례』 등이 있음.

였다. 특별히 다음 작품은 어느 바닷가에서 행해지는 장례를 떠올리면서 삶과 죽음을 하나의 축으로 연결시키고 있다.

    장례에 모인 사람들 저마다 섬 하나를
    떠메고 왔다. 뭍으로 닿는 순간
    바람에 벗겨지는 연기를 보고 장례식이
    이미 시작되었다는 것을 알아차리지만
    우리에게 장례 말고 더 큰 축제가
    일찍이 있었던가

    녹아서 짓밟히고 버려져서
    낮은 곳으로 모이는 억만 년도 더 된 소금들,
    누구나 바닷물이 소금으로 떠다닌다는 것을 알고 있지만
    아무도 말하지 않는다
    죽음은 연둣빛 흐린 물결로 네 몸 속에서도 출렁거리고 있다
    썩지 않는다면, 슬픔의 방부제 다하지 않는다면
    소금 위에 반짝이는 저 노을 보아라

    죽음은 때로 섬을 집어삼키려 파도 치며 밀려온다
    석 자 세 치 물고기들 섬 가까이
    배회할 것이다. 물밑을
    아는 사람은 우리 중 아무도 없다
    물 속으로 가라앉는 사자의 어록을 들추려고
    더 이상 애쓰지 말자, 다만 해안선 가득 부서지는
    황홀한 파도의 띠를 두르고

    서천 저편으로 옮겨진다는, 질펀한

석양으로 깎여서 천천히 비워지는
　　　　　　　　——「바닷가의 장례」 전문

　죽음의 진정한 의미는 외적 관찰이 아니라 내적 체험을 통해서만 접근이 가능하다. 시인은 "죽음"에 대해서 여러 편의 시를 통해 형상화하고 있다. 이 시 역시 "죽음"의 의미에 대한 성찰을 차분하면서도 생생한 이미지로 표현하고 있다. 화자는 바닷가에서 행해지는 장례에서 "죽음"을 보았을 것이고, "소금"을 떠올렸을 것이다. 바닷가에서 "죽음"을 생각하면서 "소금"을 떠올린 것은 화자에게 소금이 바다의 변사체로 다가왔기 때문이다. 그러기에 소금은 "녹아서 짓밟히고 버려져서/ 낮은 곳으로 모이는 억만 년도 더 된" 것이다. 한 사람의 죽음은 다른 사람들에게는 "축제"일 뿐이다. 모두가 그렇게 죽을 것을 알고 있지만 "아무도 말하지 않는다." 그러나 "죽음은 연둣빛 흐린 물결로 네 몸 속에서도 출렁거리고 있다." 죽음은 집어삼킬 듯 밀려오는 파도 같지만, 그 본질에 대해서는 아무도 알지 못한다. 누군가가 죽으면 그의 "어록"을 들추려고 노력하지만, 모두가 부질없는 짓이다. 이처럼 절망과 자책, 그리고 끝없는 방랑과 좌절에서 김명인 시편은 생에 대한 본질의 탐구로 무게 중심이 이동하였다.
　김광규[19]는 따뜻한 관찰을 통해, 상처와 기쁨을 동시에 응시할 수 있는 아이러니는 실물 감각 그대로 지니고 있는 연륜이 동반될 때 가능한 것임을 보여 주었다. 그는 연륜이라는 것이 얼마나 값진 삶의 대가를 지불한 끝에 얻어지는 불가역(不可易)의 자

---

19) 김광규(1941~): 1975년 《문학과지성》에 「유무」, 「영산」, 「시론」 등을 발표하며 등단. 시집으로 『우리를 적시는 마지막 꿈』, 『물길』, 『처음 만나던 때』 등이 있음.

산인가를 극명하게 보여 주었다. 또한 마종기[20]가 미국에서 써 보낸 시편들은 모국어를 근간으로 하는 근대 문학의 존재 의의를 역설적으로 성찰케 해 주는 하나의 역상(逆像)으로 시사에 남을 것이다.

문인수[21]는 서정시의 원형이라 할 만한 미적 성취를 세상에 지속적으로 내놓았다. 생략이나 함축의 원리에 의한 단형 시편을 기반으로 하면서, 절제된 풍경 묘사와 내면에 가라앉은 비애의 형상화를 통해 얻어지는 세계를 보여 주었다. 그 점에서 문인수 시학은 우리 시단에서 전형적인 '한국적 서정'의 범례로 손꼽힐 만하다. 그의 시는 '기행(紀行)'의 형식을 통해 마주치는 온갖 풍경과, 오랜 세월 그리움으로 삭인 내적 심층(深層) 사이의 접점에서 발원하는 세계이다.

> 방울음산은 북벽으로 서 있다.
> 그 등덜미 시퍼렇게 얼어 터졌을 것이다 그러나
> 겨우내 묵묵히 버티고 선
> 산
> 아버지, 엄동의 산협에 들어갔다.
> 쩌렁쩌렁 참나무 장작 찍어 낸 아버지,
> 횐내 그 긴 물머리 몰고 온 것일까
> 첫 새벽 홰치는 소리 들었다.

---

20) 마종기(1939~): 1959년 《현대문학》에 「해부학 교실」 등이 추천되어 등단. 시집으로 『조용한 개선』, 『안 보이는 사랑의 나라』, 『새들의 꿈에서는 나무 냄새가 난다』 등이 있음.
21) 문인수(1945~): 1984년 《심상》에 「능수벌들」 등이 당선되어 등단. 시집으로 『홰치는 산』, 『쉬!』 등이 있음.

집 뒤 동구 둑길 위에 아버지 우뚝 서 있고
여명 속에서 그렇게 방울음산 꼭대기 솟아올라
아, 붉새 아래로 천천히 어둠 가라앉을 때
그러니까, 이제 막 커다랗게 날개 접어 내리며
수탉, 마당으로 내려서고
봄, 연두들녘 물안개 벗으며 눕다.

— 「홰치는 산」 전문

"북벽으로 서 있"는 "방울음산"은 시인의 고향에 있는 단순한 삶의 배경이나 지명이 아니다. 그것은 "등덜미 시퍼렇게 얼어터"진 채 "겨우내 묵묵히 버티고 선" 아버지의 삶을 적극적으로 은유하고 환기한다. 한겨울에 산협에 들어가 "쩌렁쩌렁 참나무 장작 찍어 낸" 아버지, 그 아버지의 궁핍한 삶은 시인의 기억 속에 외경(畏敬)의 대상으로 남아 있다. 그 아버지가 몰고 내려온 "횐내 그 긴 물머리" 속에서 시인은 "첫 새벽 홰치는 소리"를 듣는다. 그 순간 시인은 "집 뒤 동구 둑길 위에" 서 있는 아버지를 보고, "여명 속에서 그렇게 방울음산 꼭대기 솟아올라" 있는 것을 겹쳐 보게 된다. 이때 아버지는 "저 산의 뿌리"(「방울음산」)가 된다. 그러니 "산의 뿌리가 다 만져진다"(「동강의 높은 새」)고 하는 것은 자연과의 친화이자 기억과의 결속인 것이다.

박주택[22]은 『사막의 별 아래에서』(1999)를 통해, 다채로운 상징의 숲을 헤매는 청년 시인의 미적 의지와 치열한 자기 검색을 보여 주었고, 일상의 풍경에 대한 묘사를 통해 자기 검색과 풍

---

22) 박주택(1959~): 1986년 《경향신문》 신춘문예에 「꿈의 이동 건축」을 발표하며 등단. 시집으로 『꿈의 이동 건축』, 『카프카와 만나는 잠의 노래』 등이 있음.

경 묘사라는 주관과 객관의 경계, 그 접점의 풍요로움을 보여주었다.

> 개들은 저녁에 자신의 시간 속에 노랗게 핀
> 버즘들을 물끄러미 바라보고 달의 긴 불구의 다리가
> 나무 위에 늘어져 있을 때
> 길에 버려진 낙엽들은
> 천 개의 눈을 떠 창을 더듬고 꽃들은 꽃들대로
> 제 어두운 그림자에 싸여 운명을 갉아먹는다
> (중략)
> 내 오랜 침묵을 힘없이 기웃거리던 그녀를
> 캄캄한 바닷속으로 밀어버리고
> 나는 소나무 아래에서
> 노랗게 핀 추억의 버즘을 긁어대고 있다
>
> 모든 추억은 무덤을 가지고 있다
> ——「추억 저편의 묘지」 부분

　대상에 대한 섬세한 관찰, 거기에 담긴 일관된 미적, 반성적 시선이 그러한 효과를 창출한 의장(意匠)이라고 할 수 있다. 사실 박주택에게 정치 경제적 현실에 대한 인식이나 그것을 극복해 보려는 열정은 거의 나타나지 않는다. 단지 우리의 일상을 움켜쥐고 있는 소멸의 아우라 또는 시간의 표정을 날카롭고 섬세하게 읽는 것이 그의 서정시적 독법(讀法)이다. 이때 '일상성'이란 개인의 삶의 진행을 지배하는 시간의 조직이며 리듬인데, 이 일상성을 자기 충족적으로 누리는 계층을 소시민이라고 할 경우, 그의 상상력은 소시민의 반성적 시선을 표현주의적 기법으로 모자이크하는 우리 시대의 대표적 언어가 될 것이다.

김기택[23]은 사물이나 현상에 대한 새로운 발견과 새로운 명명으로 가득한 시 세계를 보여 주었다. 시인의 지극한 사랑에 의해 사물들은 기존의 낡은 존재를 벗고 다른 존재로 거듭난다.

> 구멍의 어둠 속에 정적의 숨죽임 뒤에
> 불안은 두근거리고 있다
> 사람이나 고양이의 잠을 깨울
> 가볍고 요란한 소리들은 깡통 속에
> 양동이 속에 대야 속에 항상 숨어 있다
> 어둠은 편안하고 안전하지만 굶주림이 있는 곳
> 몽둥이와 덫이 있는 대낮을 지나
> 번득이는 눈과 의심 많은 귀를 지나
> 주린 위장을 끌어당기는 냄새를 향하여
> 걸음은 공기를 밟듯 나아간다
> 꾸역꾸역 굶주림 속으로 들어오는 비누 조각
> 비닐 봉지 향기로운 쥐약이 붙어 있는 밥알들
> 거품을 물고 떨며 죽을 때까지 그칠 줄 모르는
> 아아 황홀하고 불안한 식욕
>
> ―「쥐」 전문

김기택은 자연 사물과 인간 세계에 대한 임상적 실험과 관찰을 철저하게 수행하였다. 해부학적 상상력이라 불릴 만한 이 같은 방법은 과거 시에서 찾아볼 수 없는 그만의 개성으로 다가왔다.

---

23) 김기택(1957~): 1989년 《한국일보》로 등단. 시집으로 『태아의 잠』, 『사무원』, 『소』 등이 있음.

위 시편도 쥐의 생태와 외관을 정밀하게 묘사함으로써 이러한 상상력의 한 켠을 선명하게 보여 주었다. 이러한 경향과 함께 그의 시편들은 틈새와 허공이라는 화두를 통해 근대 합리주의와 계몽이성 중심의 분별지가 배타적 영역으로 내몰아 버린 주변과 바깥에 대한 중요성을 환기하였다. 시인은 사물의 편에서 사물을 자라게 하고 살아 있게 함으로써 사물들이 한정된 공간을 벗어나 자신의 존재와 의미를 바꾸며 세계를 풍성하게 만든 것이다. 여기에는 인간의 삶과 현실에 대한 은유적인 반성이 동반되어 있다.

장석남[24]은 이성적 분석보다는 심미적 공감을 우선적으로 견지해야 접근 가능한 세계를 보여 주었다. '기억'과 '감각적 현존'의 대위법의 산물인 그의 시는, '감각'의 구체를 통해 자신의 시적 욕망을 완성하려는 일관된 방법에 의해 탄생하였다. 그는 이처럼 언제나 '감각'과 '기억'은 견주고 빗대는 상상력의 가파른 전위에 서 있으면서, 자신의 언어가 파르르 떨리는 그 초월의 순간을 갈망하여 그 순간을 시적으로 완성하려 하는 집요한 의지를 숨기지 않는다. 장석남 시의 중심이 '기억'에 의존하고 있는 것은 첫 시집 『새떼들에게로의 망명』(1991)부터 확연한 것이었지만, 이번에는 그 과거를 향한 '기억'이 현저하게 현재의 '감각'으로 이입되면서, 시적 주제를 '그리움'에서 '아름다움'으로 전이시킨 것이다.

김중식[25]은 『황금빛 모서리』(1993)를 통해 삶의 상처의 진정성

---

24) 장석남(1965~): 1987년 《경향신문》 신춘문예에 「맨발로 걷기」가 당선되어 등단. 시집으로 『새떼들에게로의 망명』, 『미소는, 어디로 가시려는가』 등이 있음.
25) 김중식(1967~): 1990년 《문학사상》으로 등단. 시집으로 『황금빛 모서리』 등이 있음.

을 보여 주었다. 자유와 영혼을 박탈당한 세상에서 황금빛 구원을 꿈꾼 것이다. 그러므로 뜨거운 혁명의 열정도 한낱 잿더미의 꺼져 가는 불씨로 치부될 뿐이다.

> 눈알만 커다란 이디오피아처럼
> 도둑고양이처럼 눈빛을 교환해서 호흡이 맞으면
> 출산할 때 비명조차 지르지 않는 일가(一家)
> 불은 불륜의 본질이다
> 정열을 증명하기 위하여 자기 혀를 씹어먹는다
> 보드라운 혓바닥으로 발바닥부터
> 종아리 허벅지 그 위를 핥으며 기어오르다가
> 오르고 싶은데 오르지 못하게 하면 훔쳐가지고 내려오는 불은
> 초월을 포기한 신(神)의 일대기(一代記)
> 강자의 양심에 호소하지 않는 약자의 절개처럼
> 열렬한 정신의
> 고단한 최후를 보여준다
> 한 공산주의자가 어떻게 허무주의자로 변모해갔는지를
> 뱁새눈의 불씨는
> 전과자의 별처럼 차갑게 보여준다.
> ──「잿더미 위에서」 전문

「잿더미 위에서」는 1990년대의 현실 인식 속에서 1980년대를 치열하게 살았던 자들의 꺼져 가는 이념의 형상화로 읽힌다. 흔히 '눈'은 정신의 창으로 비유된다. "눈알만 커다란 이디오피아"라는 비유는 몸의 남루함에 비례해서 커다란 이념의 무게로 빛을 발하는 정신을 눈을 통해 보여 주는 것이다. 불편한 시대에서 "도둑고양이처럼" 은밀하고 조심스럽게 "눈빛을 교환해서" 이념

을 성장시키는 정열은 "출산할 때 비명조차 지르지 않는" 의지와 닮아 있으며 불로 비유되는 이념은 "정열을 증명하기 위하여 자기 혀를 씹어먹는" 극한의 의지까지 발휘된다.

최영미[26]는 교과서가 없는 시대에 고투하는 젊은 영혼의 편력을 도시적 감수성으로 노래하였다. 청춘과 운동, 사랑과 혁명 같은 이질적 요소를 구체적 삶 속에서 융합시켜 주는 시를 보여 주었다.

이윤학[27]은 부재와 다름없는 현실과 바닥 없는 유년의 기억들 속에서 시를 생성하였다. 그의 시에 나타나는 유년의 비밀스런 둔덕과 둑방, 무덤 등은 그의 시간을 이끈 우연한 계기들에 대한 기억들로 점철되어 있다. 상처의 경험이라는 것이 그것을 내면화하고 타자화할 수 있을 때까지 그 원인과 자국을 끝없이 바라볼 수 있는 상태에서만 치유가 가능한 것이라면, 이윤학은 상처의 치유를 망각이 아니라 혹독한 기억과 그 기억의 피부화(皮膚化) 속에서 치러 낸다.

이정록[28]은 농촌을 구성하는 동식물의 움직임과 생리를 사실적으로 묘사하는 토대 위에서, 세계가 모두 유기성과 생명의 역동성을 보인다는 것을 집요하게 보여 주었다. 그의 시에 나타나는 농촌적 풍경들은 그의 체험적 세목이자 곧 그의 시가 펼쳐지는 내적 삶의 등가물이기도 하다. 이정록의 가능성은 여기서 오는데, 곧 구체적이고 체험적인 자연을 온전한 농촌적 안목으로 재

---

26) 최영미(1961~) : 1992년 《창작과비평》으로 등단. 시집으로 『서른, 잔치는 끝났다』, 『돼지들에게』 등이 있음.
27) 이윤학(1965~) : 1990년 《한국일보》로 등단. 시집으로 『먼지의 집』, 『아픈 곳에 자꾸 손이 간다』 등이 있음.
28) 이정록(1964~) : 1989년 《대전일보》로 등단. 시집으로 『벌레의 집은 아늑하다』, 『버드나무 껍질에 세들어 살고 싶다』 등이 있음.

현하고 거기서 현대인의 내면의 조응을 읽는 태도이다. 자연에 대한 미시적 관찰을 통해, 보다 넓고 고일한 정신적 지평으로 확산시키는 상상력이 그의 작법 원리이자 국량이다.

> 탯줄 떨어진 자리, 넓은 흉터를 만지작거리며
> 끝내 합장을 풀지 않은 쥐밤나무의 믿음과
> 뾰족한 뿔과 그 뿔 쪽으로 힘줄을 당기고 있는
> 알밤의 식식거림을 본다
> 첫 걸음마부터 추락을 해야 하는
> 호락호락하지 않은 눈초리와 눈싸움을 한다
> 밤송이의 안마당으로 내 여린 뿔을 디밀어
> 말라빠진 젖내를 맡는다
>
> ——「알밤」부분

알밤의 자연적 모습과 시인의 정신적 가치가 주체와 객체의 몫을 주거니받거니 하면서 시의 내용을 결속하고 있다. "새파랄 때부터 갇혀서 자라면/ 닫힌 문쪽으로 뿔 하나쯤" 선다는 생각은 고스란히 밤의 생리이자 인생론적 가치에 대한 인식이다. 그렇다고 이정록이 '감정 이입'을 방법적으로 취하느냐 하면 그건 아니다. 오히려 시적 대상과 시적 주체를 분간할 수 없는 화법의 교차를 통해, 자연과 삶이 하나됨을 말하는 방법을 택한다.

조용미[29]는 『불안은 영혼을 잠식한다』(1996)에서 삶의 과정에서 숱한 아픔과 번민을 치른 한 영혼이 내보이는 불안과 소외의 정조(情調)를 보여 주었다. 병(病)·죽음·통증·불안 등의 연쇄적

---

29) 조용미(1962~): 1990년 《한길문학》으로 등단. 시집으로 『불안은 영혼을 잠식한다』, 『삼베옷을 입은 자화상』 등이 있음.

인 병리적 이미지는 이 시집에서 더욱 구체적이고 풍요로운 증식을 보인다. 그 같은 아프고 불안스러운 병리적·유동적 징후들로 자신의 생의 형식을 다시 한번 은유하고 있는 조용미의 시는 아름답고 구체적이지만, 시인의 고통을 그 어느 때보다 깊이 울려오는 아픈 '기억'의 기록이기도 하다.

> 지난 겨울 어디에서나 내 가는 길 끝에 오동나무가 서 있었다
> 죽장 다녀오던 길, 알 수 없는 비문(碑文)들과 어떤 이의 무덤이 견고한 성비(城砒)를 이루고 있던 그 길 앞에 일주문(一柱門)처럼 서 있던 두 그루 오동나무
> 밤이면 봉황이 깃들여 오동나무 텅 빈 열매들 주렁주렁한 가지마다 금빛가루를 터뜨리고 오동나무 몸을 빌린 악기들은 죽은 자를 위해 달빛 하래 현(弦)을 뜯을 것이다 구름은 어두운 하늘을 천천히 흐를 것이고
> 오동나무가 서 있는 곳에서부터 뻗어나가는 낯선 길들,
> 텅 빈 관(棺), 짚신, 모자, 구리반지 그리고 수의(燧衣) …… 죽은 자의 방을 오래 들여다보고 있을 때 겨울 정오의 햇살이 찌르르 나를 관통해 갔다
> 죽은 자와 산 자 사이에 놓여 있는 내통문(內通門), 그 좁은 길, 오동나무 곁에서는 죽음조차 가볍다
> ―「겨울 오동나무」 전문

"일주문"이란 '성(聖)'과 '속(俗)'을 가르는 경계의 표지이다. 그 일주문처럼 서 있는 오동나무에서 시인이 '생(악기)'과 '죽음(棺)'의 이미지를 동시에 상상적으로 환기하고 있는 것은, '삶'과 '죽음' 어느 것도 시인을 붙잡아매지 못하고 그 가파른 경계로 시인을 한결같이 내몰고 있기 때문이다. 따라서 "죽은 자와

산 자 사이에 놓여 있는 내통문, 그 좁은 길"인 "겨울 오동나무"를 매개로 하여 시인이 '삶'과 '죽음'의 경계에 서 있는 자신의 실존을 상상적으로 재구성하고 있는 것은 '악기'와 '관'의 예에서처럼 선연한 이미지로 살아나고 있다. 시인이 그런 후에 자신의 육체 안에 살고 있는 "죽음조차 가볍다"고 느끼는 것은 필연적이다. 그것은 그녀가 바로 자신의 아픈 '몸'에 쌓여 있는(상처로 남은) '통증'을 통해 자신의 존재 형식을 드러내는 체험의 직접성을 지속적으로 노래하고 있기 때문이다. 일정하게 기획된 인위적 화두보다 날것으로 치른 체험의 직접성이 얼마나 커다란 울림을 주는가 하는 물증으로도 그녀의 시들은 단연 첨예한 사례이다.

박찬일[30]은 세계에 대한 '부정(否定)의 상상력'이 시니시즘이나 블랙 유머의 양식을 띠면서 풍자 정신 및 묵시록적 비판 의식을 보여 주었다. 그의 시는 완성형이 아니라 끊임없는 과정적 실체가 되는 것이다. 그가 보여 준 아이러니의 세계는 미학적 효용성 이전에 존재론적 의미를 지니고 있다고 할 수 있다.

소나무는 누가 가까이 오는 것을 싫어하는데도 사람들은 자꾸 다가가 만진다 배로 차고 등으로 찬다 싫어한다는 걸 알릴 방법은 죽음뿐이다.
높은 바위 위에 뿌리내린 소나무들도 독하다

——「죽은 소나무」 전문

자신에게 범접해 오는 속악한 가치들에 대한 근본적인 항변이

---

30) 박찬일(1956~): 1993년 《현대시사상》으로 등단. 시집으로 『화장실에서 욕하는 자들』, 『나비를 보는 고통』 등이 있음.

자 시위로서 택하고 있는 '죽음'은 소나무가 택한 가장 능동적인 생의 형식이다. 따라서 소나무의 죽음은 물리적 생의 종착역이 아니라 오히려 새로운 존재 증명의 유일무이의 방법론이 된다. 그래서 그의 시에서 '고통'은 어떤 특정한 외인(外因)에 의해 생겨난 장애 요인이 아니라, 오히려 그가 언젠가 인용한 적이 있는 게오르크 뷔히너의 말 "악을 부인할 수는 있다. 그러나 고통을 부인할 수는 없다."(「알 수 없는 고통」)처럼, 생의 편재적(遍在的) 원리인 것이다. 그의 시적 목표는 이처럼 존재의 무거움과 고통에 대한 철학적 성찰을 통해 그것을 반어와 역설의 방법론으로 받아들이면서, 새로운 상상적 질서를 세우는 데 있었다. 그 질서란 다름 아닌 세상의 불행과 무거움을 견딜 수 있는 방법론, 곧 이지적인 독설과 관념의 활력이 구축하는 세계이다. 그리고 그의 시는 의미론적 명징함보다는 시어들끼리의 불연속적 병렬을 줄곧 보이면서, 상식이나 순리보다는 불편하고도 섬세한 지적 개입을 요청하는 세계로 우리에게 다가왔다.

박형준[31]은 풍경의 묘사 속에 등가의 몫으로 담긴 내면의 물질성을 집요하고도 환상적으로 그려 냈다. 그 물질성은 유년의 체험과 현재의 폐허 사이를 매개하는 접점에서 피워 올려지는 기억의 육체성이다. 그의 시는 대부분 유년적 경험의 틈입을 최대한 허용하면서, '기억 자체'에 대한 자의식을 노래하고 있는데, 그래서 그의 시는 기억을 저장하는 창고이자 그것을 풀어놓는 선착장이다.

우물은 속이 들여다보이지 않는다.
물 위에 코스모스가 한가롭게 떠 있다.

---

31) 박형준(1966~): 1991년 《한국일보》로 등단. 시집으로 『이제 나는 소멸에 대하여 이야기하련다』, 『춤』 등이 있음.

우물은 평지와 높이가 같다.
빠져죽기에는 비명조차 지를 수 없다.
다만, 실족이 어울린다.

예전엔 이곳이 금광으로 내려가는 입구였다.
지금은 갈대가 사방을 조여오고
채굴은 끝나버렸다. 이미 수장된 지 오래다.
눈치 빠른 사람들은 재빨리 우물에 침을 뱉고 떠난다.
—「금광」 부분

폐광이 된 지점에 있는 죽은 우물, 그것은 "코스모스가 한가롭게 떠 있"는 풍경과는 대조되는 죽음과 마모 그리고 폐허의 현장이다. 박형준의 시에서 이러한 죽음(또는 소멸)의 이미지는 언제나 지배적인 자질로 나타난다. 그러나 정작 그에게 이러한 소멸의 모티프가 중요한 이유는 현재와 대조하여 과거를 미화하려는 데 있는 것이 아니라, 오히려 그 기억의 힘을 통해 근대적 시간의 잔혹함과 맞서는 데 있다. 누추하고 남루한 현재를 과거와 과장되게 대비시키면서 유년을 미화하는 시인들과 그의 시가 근본적으로 갈리는 지점이 여기이다. 따라서 그의 시에 나타나는 시간은 선형적으로 펼쳐지는 근대적 시간이 아니다. 오히려 그의 시간은 유년적 기억의 현재화를 통해 현재를 괄호쳐 버리고, 어느새 늙음과 죽음에 가 닿는다.

또한 우리는 1990년대적 '신서정'이라고 부를 수 있는 내면적 서정의 언어화 혹은 세밀한 감각의 복원에 매진한 새로운 서정시인들을 기억할 수 있다. 이들의 시는 외적 사건의 서사보다는 내적 심리의 무늬를 묘사로 드러내는 형상력을 줄곧 보였으며, 자연의 보편적 정서를 노래한 '구(舊)서정'에 대하여 문명 생활의 찰나찰나에서 느끼는 현대인의 심리적, 실존적 틈을 드러내는 '신서정'을 구가하였다. 이들의 언어 감각은 시가 숙명적으로 정예적이라는 말을 또 한 번 증명하였다.

아무튼 이들의 시는 섬세한 감각과 언어적 장인 의식으로 현대 서정시의 발전에 중요한 시사를 주었으며, 이는 우리 시사의 발전 맥락에서 이루어진 자연스런 결과이다. 이에 해당되는 시인으로 우리는 엄원태, 강연호, 이희중, 차창룡, 윤성근, 김신용, 정한용, 최서림, 이상희, 윤제림, 유하, 정병근, 함성호, 정철훈, 허연, 권혁웅, 박정대, 손택수, 문태준, 배용제, 강신애, 장대송 등을 들 수 있다. 이들의 시 경향은 한결같이 '근대'의 확고한 코기토적 주체에 대해 근본적으로 회의하고 성찰하며 그것을 반성적으로 재구축하려는 정신을 근간으로 한다. 또한 그와 동시에 자본주의의 구조적 움직임과 장악력에 대해 완강한 저항성을 거느린다. 그것이 정치적 저항이 아니라 미적, 의지적 저항임은 말할 나위 없다.

5) 모더니즘 혹은 포스트모더니즘 시의 전개

1990년대의 벽두에 야심만만한 시적 기획으로 두각을 나타냈던 이른바 포스트모더니즘적 시 쓰기는 유하, 박남철, 김영승 등으로 그 계보를 이어 갔다. 세계적 보편성과 동시성을 근간으로 하는 예술적 조류인 포스트모더니즘은 일부에서는 이 시대를 해명하고 구성할 수 있는 가장 적극적인 대안으로 평가되기도 했고, 한국적 특수성을 의도적으로 매몰시키고 우리의 주체적 시각 자체를 몰각시키려는 수상쩍은 박래품(舶來品)으로 인식되기도 하였다. 이러한 극단적인 평가의 와중에서 우리는 진지한 맥락 검토를 사상한 채 풍문으로서의 포스트모더니즘에만 열을 올린 셈이다. 앞다투어 얼기설기 소개 책자가 쏟아져 나온 것도 상업주의의 얄팍한 외피인데, 거기에 민족 문학의 자부심을 근간으로 했던 일군의 논자들이 실상을 도외시한 생래적 거부감만 노정해 온 것이 사실이다. 그러나 그 와중에도 이 같은 시 쓰기의 경향은 1990년대의 경박함과 상업주의를 바로 그것의 방법으로 풍자, 비판했다는 반미학(反美學)의 가능성을 보이기도 하였다.

또한 포스트모더니즘의 인식론과 깊은 연관을 맺는 의미에서 이른바 '해체'의 움직임도 활발했는데, 낭만주의나 마르크스주의가 그 범주의 포괄성 때문에 독자적인 함의를 띠기 어렵듯이, '해체' 또한 합의된 함의 없이 시인 개별적인 편차가 심해 하나의 흐름이라기보다는 언어적 권력을 자기 방식대로 '해체'하는 방법론으로 동원된 몫이 크다고 할 수 있다.

김언희[32]는 『트렁크』(1993)에서 욕망의 문제를 적나라하게 보여줌으로써 성적 주체로서의 '몸'을 부상시켰다. 이 또한 해체적 상상력과 그것의 재구축이라는 이 시대의 과제를 첨예하게 수행한 것이다. 다음 시편에서 세탁기의 탈수 행위는 성행위가 등가로 연결된다.

  몸체를 격렬히 떨며
  회전 수축하는
  기계 질(膣)

  손대지 마시압 나는 지금
  탈수중
  탈수중

---

32) 김언희(1953~): 1989년 《현대시학》에 「고요한 나라」 외 9편이 당선되어 등단. 시집으로 『트렁크』, 『뜻밖의 대답』 등이 있음.

탈수중

　　혈관 속을 흐르는 전기 피
　　전기 욕정으로
　　요분질
　　중

　　　　　　　　　　　　　―「탈수중」 부분

　그런가 하면 '메타시' 경향도 '해체'의 연장선상에서 나타났다. 이는 시 쓰기(글쓰기)에 대한 자기 질문적 성찰을 보이는 경향이었다. 시의 존재 의의에 대한 전위적 도전으로 그 몫을 한 이 경향은 박상배나 이승훈에 의해 집요하게 천착되었는데, 문학적 성취나 공감으로 확산되지는 않은 듯하고, 뚜렷한 에피고넨들을 얻지도 못했다. 이처럼 전통적 의미의 서정시가 아니라 현대적 감각을 드러내는 데 가장 효율적인 언어 전략으로 대두했던 포스트모더니즘의 시 쓰기 경향들은 강력한 결집을 이룬 운동으로는 일회성으로 끝나 버렸지만, 시인 개개인의 방법론적 변용을 거쳐 매우 깊이 있는 개별화를 이룬 점에서 창조적인 글쓰기에 일정 부분 공헌했다고 할 수 있다.
　또한 휴머니즘에 바탕을 둔 '살림'의 의미보다는 묵시록적인 세계상을 승인하며 '죽음' 의식에 집중적으로 착목하는 이른바 '묵시록적 글쓰기' 또한 이 시대의 중요한 화두가 되었다. '죽음' 의식의 시화는 기형도의 시집이 그로테스크 리얼리즘이라는 명명으로 선편을 쥔 이래, 황동규의 역작 『풍장』(1995)이 헌사되었고, 남진우, 윤의섭, 이윤학, 이연주 등에 의해 그 묘사와 천착의 밀도가 더해졌다. 이는 이 시대의 강력한 대안적 글쓰기로 부각되었고, 인간과 문화를 이해하는 데 또 하나의 리얼리티를 부가하는 제 몫을 다했다는 측면과 시대의 부정성을 극단적으로 우화(寓話)함으로써 사유의 다양성을 억압했다는 비판과 마주하게 되었다.

    죽은 자들로
    죽은 자들을 장사지내게 하라
    죽은 자는 두려움이 없으니 그들은 우리의 풍요로운 식탁과
    안락한 집에서 너무 멀리 떨어져 있다

    죽은 자들로 하여금 땅을 파고
    죽은 자들을 묻게 하라 죽은 자들의 머리맡에
    꽃을 뿌리고 죽은 자들과 더불어 춤을 추다가
    그들끼리 어울려 잠들게 하라

    한 번 죽은 자는 마침내 죽고
    영원히 죽어 있으니 그곳에선 아무도 헛된 영생이나 부활을
    꿈꾸지 않으리라 다만 땅속에 갇혀
    오그리고 떨며 제 몸이 부스러져 삭아가는 것을
    흙과 먼지와 검은 물이 되는 것을
    잠자코 지켜보고 있으리라

    죽은 자들로 죽은 자들을 장사지내게 하라
    그들은 슬기로우면서도 조용하고 자유로우면서
    평등하니 한가로이 산 자들의 삶을 곁눈질하며
    자신의 죽음을 완성시켜나가리라

    다만 우리는 가끔씩 모여

그들에 대한 기억을 씻어내기 위해 떠들고 술을 마시고
밤새도록 화투짝을 두드릴 뿐
죽은 자들이 보내는 다정한 미소를 등 뒤로 느끼며
산 자들은 서로를 죽이기에도 너무 바쁘다
──「증언」전문

남진우[33]의 이 시는 죽음에 대한 계시를 통해 삶의 모습을 역으로 조명하며, 나아가 삶의 근원적인 슬픔이나 한계를 체험케 해 주었다. 생성적 감동과 살림의 휴머니즘, 그리고 그것의 극단적 가상인 유토피아를 열망하는 것을 생리로 하는 서정시와는 전혀 다른 모습을 보여 준 것이다.

그런가 하면 이른바 '몸'의 시학이라고 불리는 일군의 경향은 정진규에 의해 주도되다가 김기택, 채호기 등에 의해 외연을 넓히게 되었다. 이들의 언어는 정신주의나 서정주의에 치중한 우리 시의 허약하고 일방적인 시적 전통에 반기를 들고, 그동안 억압받았던 육체의 본질과 의미에 착목하였다. 이는 주체, 권력, 이성, 중심의 언어에서 타자, 탈권력, 감성, 주변의 언어가 하나의 흐름을 보이며 목소리를 얻어 가고 있는 것을 실증한 것이다. 그러나 지나친 전략적 화두라는 비판과 함께, 새로운 미학적 개발이 원활치 못해 심원한 시적 통찰까지는 이르지 못한 한계가 있다.

머릿속에 들어 뇌신경을 또각또각 밟고 다니는 것. 밥 먹고 세수하고 의자에 앉아 있을 때, 음악을 들을 때, 거리를 걸을 때,

---

33) 남진우(1960~): 1981년 《동아일보》로 등단. 시집으로 『깊은 곳에 그물을 드리우라』, 『죽은 자를 위한 기도』 등이 있음.

너는 언제나 꿀렁거리며 나에게 부딪치고, 흘러넘쳐 머리카락이 이마에 닿고, 콧구멍이 너무 크게 보이도록 얼굴을 덮어씌우고, 혀를 휘두르듯 내밀어 융털을 쓸거나, 주먹으로 가슴을 파들어오고, 피부처럼 붙어서 벗을 수 없는 것. 항상 물렁물렁하고 구불구불하고 찐득찐득하고 튀어나오고, 빨아들일 듯 패인 깊이일 뿐. 사랑이란 걸죽한 액체 속에 너란 건 항상 나와 뒤섞여 있는 것.

—「너」 부분

채호기[34]는 이 시에서 내가 너의 존재를 인식하는 것은 나의 '몸'에 남아 있는 너의 '몸'에 대한 기억, 나의 '몸'이 너의 '몸'을 감각하던 순간의 기억을 통해서라는 사실을 말한다. 정신적 관계를 벗어나 몸으로서의 교섭과 교통이 인간과 인간의 사이를 회복한다는 새로운 사유가 거기에 담겨 있다.

그런가 하면 현실에서 일탈하여 환상을 시와 결합하는 계열이 등장하기도 하였는데, 이는 2000년대에서 이 같은 경향이 주류화될 것을 예고한 속성이 강하다.

이수명[35]은 이른바 '탈(脫)문맥'의 시편을 통해 전통적 소통 체계에 길들여져 있던 독자들을 혼란시키고 야유하고 작란(作亂)하였다. 이를 두고 "초현실주의 시의 일종"이라고 보는 견해도 있지만, 그러한 규정조차 별 의미가 없어 보일 정도로 그의 시는 의미론적 코드의 자장으로 환원되기를 완강하게 거부하는 일관성을 가지는 이른바 '탈(脫/奪)의미'의 시편들이었다고 할 수 있

---

34) 채호기(1957~): 1988년《창작과비평》으로 등단. 시집으로『지독한 사랑』, 『슬픈 게이』 등이 있음.
35) 이수명(1965~): 1994년《작가세계》로 등단. 시집으로『새로운 오독이 거리를 메웠다』, 『붉은 담장의 커브』 등이 있음.

다. 그만큼 이수명의 시는 문장 하나하나가 연속적이고 유기적인 문맥을 형성하기보다는, 그 하나하나가 독립적인 의미 단위로 기능하면서 시 전체 문맥으로부터의 격절(隔絕)을 줄곧 택하고 있었던 것이다.

정재학[36]은 환상의 다양한 개입을 통해 현실의 리얼리티를 새롭게 구성하는 시적 기획을 지속적으로 보여 주었다. 그는 사물을 현실의 질서가 아니라 상상의 질서를 통해 그로테스크하게 처리하면서 사물과 세계를 투명하게 바라보는 일의 허구성을 폭로하였다. 하지만 그 폭로는 공격적이지 않고, 우리가 무심히 지나친 존재의 심층을 따듯하고 부드럽게 감싸안는 행위이다. 그래서 그의 응시는 사물과의 투명한 소통이 아니라 그 투명성의 좌절에서 오는 일정한 소외의 기록이고 그 소외를 따듯하게 승인하는 과정이다. "사방을 볼 수 있었지만 무엇 하나 도착할 수 있는 곳은 없었다 아이들은 바닥에 흥건한 피를 핥고 있었다 나는 커다란 눈알이 되어 있었다"(「응시」)는 것은 그 같은 소외와 승인의 표현이다. 물론 그 소외는 사회적 맥락의 선명함 속에 놓이지 않고 실존적 조건으로 시인에게 주어진다.

성기완[37]은 불온한 욕망으로 가득한 화자를 통해 이 세계의 금기를 깨뜨리는 자유로운 시상을 보여 주었다. 『쇼핑 갔다 오십니까?』(1998)는 이러한 성취를 첨예하게 담고 있다. 또한 서정학[38]은 가공된 현실 속에서 인물과 사물이 다차원적으로 존재하는 모

---

36) 정재학(1974~): 1996년 《작가세계》로 등단. 시집으로 『어머니가 촛불로 밥을 지으신다』 등이 있음.
37) 성기완(1967~): 1994년 《세계의 문학》으로 등단. 시집으로 『쇼핑 갔다 오십니까?』 등이 있음.
38) 서정학(1971~): 1995년 《문학과사회》로 등단. 시집으로 『모험의 왕과 코코넛의 귀족들』 등이 있음.

습을 담음으로써, 첨예한 상상력의 모험을 보여 주었다. 그리고 김태동[39]은 『청춘』(1999)을 통해 격정적 리듬과 선명한 색채로 열정적인 시 세계를 보여 주었다. 모두 소용돌이치는 소리와 빛깔로 넘쳐나는 성과라 할 만하다. 그 밖에 함기석, 이원, 김소연, 성미정 등이 더 있다.

이들의 시 세계는 이른바 신세대의 시적 전략을 가장 면밀하고 치밀하게 해 온 대표적인 예로 기록된다. 이들이 시집 단위로 내건 전략적 화두는 매우 인공적이고 의도적인 것이지만, 그것이 한 시대의 우울한 음화(陰畵)임을 부정할 수 없다는 점에서 이채로운 1990년대적 경향이라고 평가할 수 있을 것이다.

3 1990년대 시의 성취와 한계

1990년대의 시는 1990년대 시의 경계 해체와 탈중심적 경향을 통해 근대적 이념의 핵심에 도전하였다. 그리고 일상과 욕망, 육체를 발견하였고, 이러한 것들이 인간과 사회를 이해하는 데 핵심적인 대체 범주임을 역설하였다. 또한 여성, 지방, 환경 같은 근대의 항구적 타자들이 제 목소리를 얻어 간 것도 간과할 수 없는 변화의 징후였다. 물론 서정의 깊이를 지속해 온 것도 1990년대 시의 숨길 수 없는 성취였다.

그러나 1990년대 시는 맥없는 매너리즘과 상업적 전략에 힘입은 의뭉한 평가 절상 등이 그 폐해로 남는다. 가벼움이 무거움에 비해 비교 우위를 점함으로써 내용 없는 또는 내용성 자체를 파괴하면서 축조되는 시편들이 늘어난 점 또한 이 시기를 여러 모

---

39) 김태동(1965~): 1991년 《문학과사회》로 등단. 시집으로 『청춘』 등이 있음.

로 음각(陰刻)한다. 이때 무거움은 엄숙주의 또는 권태로운 계몽주의의 연장선상으로 거부되었는데, 서정시 본유(本有)의 진지함과 인문적 사유마저 부정되는 것이 인준되는 것 같아 그 자체가 새로운 권력 지향의 언어로 느껴질 때가 많았던 것도 사실이다.

또한 1990년대의 우리 시는 '전망'이라는 희망의 마인드와 '비극성'이라는 인간 실존에 대한 날카로운 통찰을 동시에 상실하기도 하였다. 이 점에서 분명 1990년대는 서정시의 정신사에서 '상실의 시기'로 기록될 것이다. 미래에 대한 낙관적 전망은 낭만적 철부지의 환상쯤으로 치부되고, 전망보다는 가벼운 현재형이 선호되어 서정시를 통한 인문적 통찰에 매진해 온 이들을 낡은 유적(遺跡)을 더듬는 이들로 간단없이 희화화하기도 하였다. 또한 열정의 막다른 곳에서 심연처럼 펼쳐지게 마련인 '비극성' 대신에 '권태'라는 일상적이고 즉물적인 정서가 그 틈을 메웠고, '절망'이라는 치열한 실존형이 아니라 낱낱의 사물을 비유기적으로 바라보는 '환멸'이 주된 정조로 자리하기도 하였다.

이 모든 제약에도 불구하고 1990년대의 시는, 어떤 절정의 시대를 지난 '이후(以後)'의 시대를 구축하였고, 다양한 중심들의 소용돌이로 우리 시의 풍부함에 기여한 시대였다.

(유성호)

11장
세계화의 시기(2000년~)

1 2000년대의 시대 상황

 2000년대는 새천년의 시작이라는 점에서 그 어떤 때보다도 많은 관심과 기대 속에 출발했다. 그렇지만 안타깝게도 이전 세기와 마찬가지로 불안과 비극적인 사건들이 계속 이어졌다. 그와 같은 징후는 새천년의 길목에서 일어났던 와이투케이(Y2K) 상황에서부터 볼 수 있다. Y는 연도(year)를, K는 1000(Kilo)을 의미하는 이 용어는 천년을 뜻하는 밀레니엄과 컴퓨터 프로그램상의 오류를 가리키는 버그의 합성어로 밀레니엄 버그(Millenium Bug)라고 불리기도 하는데, 컴퓨터 시스템으로 작동되는 모든 산업에 대혼란을 가져올지 모른다는 불안이었다. 다행히 큰 사고가 없이 새천년을 맞이했지만, 새로운 시대가 순조롭게만 진행되지는 않을 것임을 강하게 시사했다.
 그와 같은 예상이 여실하게 증명된 것이 2001년 9월 11일 미국에서 일어난 테러 사건이었다. 미국 워싱턴의 국방부 청사와 의사당을 비롯한 주요 관청과 뉴욕의 세계 무역 센터 쌍둥이 빌딩이 동시다발적으로 테러 공격을 받은 이 사건은 세계인들에게 큰 충격을 주었다. 미국은 테러 사건의 배후 인물로 오사마 빈 라덴을 지목하고 그를 비호하고 있던 아프가니스탄을 공격해 탈레반 정권과 알 카에다 조직을 붕괴시켰다. 뿐만 아니라 테러와의 전쟁을 선포하고 2003년 3월 20일 이라크 전쟁을 감행하는 등 인류사에 또다시 피를 뿌렸다. 지난 20세기는 폭력과 전쟁의 역사로 얼룩졌기 때문에 새천년에는 반성과 화해로써 극복되기를 희망했지만 세계 평화의 실현이란 결코 쉽지 않음을 보여 준 것이다.

2000년대를 특징짓는 또 다른 면은 자본주의의 심화라고 할 수 있다. 1989년 베를린 장벽의 철거 이후 사회주의가 몰락되면서 20세기 내내 견고하게 대치했던 냉전 구도는 허물어지고, 그 대신 신자유주의의 기치를 내건 자본주의가 전 세계를 장악한 것이다. 자본주의는 자신의 이익을 위해 국가 간의 경계마저 제거하고 자유롭게 이동하는데, 한국도 예외 없이 영향을 받을 수밖에 없었다. 1997년 11월 21일 한국 정부가 국제 통화 기금(IMF)에 구제 금융을 요청한 상황이 그 여실한 면이다. 기업들의 무리한 투자와 금융 기관의 경영 부실, 정경 유착과 관치 금융, 교역 조건 악화 등으로 인해 연쇄 부도를 일으키고, 대외 신용도의 추락에 의해 외국인 투자자들이 빠져나감에 따라 외환 보유고가 고갈된 것이다. 아이엠에프는 구제 금융을 제공하는 대신 한국 정부에 긴축 통화 정책의 실시, 부실한 기업의 정리, 모든 은행의 국제 결제 은행(BIS) 기준 자기 자본 비율 8퍼센트 이상 유지, 외국인 주식 투자 한도 폐지, 재벌 경영의 투명화, 기업의 적대적 인수 및 합병 허용, 노동 시장의 유연화 등을 요구했다. 다급한 한국 정부는 아이엠에프의 요구를 수용할 수밖에 없었고, 그 결과 대대적인 구조 조정이 이루어져 노동자들은 실직과 취업난으로 불안정한 생활을 영위해야만 했다. 뿐만 아니라 사회의 양극화가 더욱 심해졌고, 물질 가치가 인간의 정신 가치를 지배하는 현실이 도래했다. 자본주의의 영향은 2007년 4월 2일 한미 자유 무역 협정(FTA)이 체결된 데에서 보듯이 더욱 심화될 것으로 보인다.

2 2000년대 시단의 안팎

2000년 9월 소설가 황순원이, 같은 해 12월 시인 서정주가 타계했다. 어느 시대나 문인들의 타계가 있기 마련이지만 이들의 경우가 특히 주목되는 이유는 한국 문단에 큰 영향을 끼쳤기 때문이고, 또 새로운 세기에 일어났기 때문이다. 20세기의 한국 문단을 이끌어 온 상징적 존재들이 타계함으로써 새로운 시인들이 출현할 수 있는 계기가 마련된 것이다.

2003년 2월 이문구(소설가), 3월 조병화(시인), 4월 이태극(시조시인), 5월 임영조(시인), 8월 신동집(시인) 및 이오덕(아동문학가), 10월 최영숙(시인), 11월 이근삼(극작가), 12월 윤석중(아동문학가) 등이 타계했다. 2004년 5월 구상(시인) 및 어효선(아동문학가), 9월 윤중호(시인), 10월 류달영(수필가) 및 김상옥(시조시인), 11월 김춘수(시인) 및 김정구(시인), 12월 전우익(작가) 등도 타계했다. 2005년 2월 이형기(시인), 12월 이선관(시인), 2006년 5월 박영근(시인), 6월 차범석(극작가), 8월 박영한(소설가), 9월 정세기(시인), 2007년 1월 박찬(시인), 2월 오규원(시인) 및 조영관(시인), 4월 백창일(시인), 5월 권정생(아동문학가) 및 피천득(수필가), 6월 정규화(시인) 및 유경환(시인), 7월 김영태(시인) 등도 타계했다. 이들 중 원로들의 타계는 세대교체를 상징한다고 볼 수 있다.

2000년대의 한국 시단은 참여 문학과 순수 문학이라는 기존의 이분법적 구분이 상당히 와해된 상황이다. 신자유주의 체제를 내세운 거대 자본이 사회의 전역을 지배하게 되자 문학 분야 또한 영향을 받을 수밖에 없게 된 것이다. 자본주의의 심화로 인해 문화 영역 전체가 산업 가치로 전환되었듯이 문학 역시 예외 없이 가치의 변화를 겪었다. 역사나 국가, 민족, 민중, 계급, 해방 등과 같은 거시 담론의 가치들은 축소 내지 폐기되었고, 대신 일상, 개인, 욕망, 몸, 탈중심 등과 같은 미시 담론의 가치들이 대두되었다. 그동안 문학이 고유하게 견지해 온 정신 가치는 더 이상 지배적인 요소가 되지 못하고, 오히려 새로운 감각과 시각적인 효과가 중요하게 인식된 것이다.

2000년대에는 새로운 시인들이 대거 시단에 등장해 활동했다. 이들은 대중문화의 과감한 차용, 상상력 발휘, 시어 활용의 다양화 등으로 문학의 사회성이며 공리성을 추구하던 기성세대 시인들과는 상당히 다른 시의 미학을 지향했다. 기성세대 시인들은 시의 의미를 중요하게 여겼지만 이들은 시의 형식을 중요하게 여겼고, 기성세대 시인들은 시의 문법을 유지하였지만 이들은 오히려 문법을 파괴했다. 그리고 기성세대 시인들은 독자들과의 소통을 중시했지만 이들은 자기 인식에 보다 중점을 두었다.

그렇지만 2000년대의 한국 시단은 어느 한 가지의 특성만으로는 집약할 수 없을 정도로 다양해졌다. 시인들의 평균 수명이 늘어남에 따라 창작 활동 자체가 연장된 데다가 새로운 공급층과 수요층이 다양화되었다. 대학에 문예창작학과가 대폭적으로 신설된 것은 물론 각 지역의 문화 센터에 문예창작 강좌가 개설되어 있고, 228종의 문예지(2006년 『문예연감』)가 발간됨으로 인해 다수의 시인이 제도적으로 배출되고 창작 활동을 할 수 있게 되었다. 또한 컴퓨터의 급속한 확대로 인해 시인의 활동 지형도가 변화되어 인터넷을 통한 다양한 방법으로 작품 활동이나 문단 활동이 이루어지고 있다.

3 2000년대 시의 전개 양상

1) 원로 및 중견 시인[1]들의 활동

2000년대의 한국 시단은 새로운 시인들이 많이 등장해 활발하게 활동했지만, 원로 및 중견 시인들의 활동도 그에 못지않았다. 현대 의술의 발달, 건강 관리 개선, 식생활 향상, 문화생활의 확대 등으로 인해 전체 인구의 평균 수명이 80세에 이르렀기 때문에 시인들의 수명 역시 연장되어 작품 활동 기간이 늘었다는 외면적인 면도 있지만, 창작 의욕 자체도 높았다고 볼 수 있다. 원로 및 중견 시인들은 자신이 추구해 온 시의 주제며 형식을 변화시키기보다는 심화시키는 쪽으로 활동했는데, 인문학적 통찰을 통한 삶의 의미와 공동체적 가치를 지향하는 경향을 보였다.

1960년대 이전에 등단해 2000년대에 작품 활동을 한 시인으로는 김종길, 김규동, 김남조, 신경림, 박희진, 허만하, 황동규, 조영서, 유경환, 고은, 함동선, 마종기, 민영, 김영태, 이성부 등을 들 수 있다.

김종길은 『해가 많이 짧아졌다』(2004)에서 인생의 아름다움과 유한함을 성찰했다. 김규동은 『느릅나무에게』(2005)에서 헤어진

---

[1] 2007년을 기준으로 등단한 지 20년이 넘은 시인들을 지칭한다. 필자의 임의적인 구분이다.

고향의 가족과 지인들을 그리워하며 조국 통일을 염원했다. 신경림은 『뿔』(2002)에서 사회적 약자에 대한 관심을 지속적으로 견지하면서 지인들의 죽음을 통해 인생의 회한을 보여 주었다. 황동규는 『버클리풍의 사랑 노래』(2000), 『우연에 기댈 때도 있었다』(2003)에서 인간의 존재론적 의미를 탐색했다. 김영태는 『그늘 반근』(2000), 『누군가 다녀갔듯이』(2005)에서 내면에 존재하는 고독, 기쁨, 그리움 등을 풍요롭게 그렸다. 고은은 140권의 저서를 낸 시인답게 2000년대에도 왕성한 작품 활동을 보였는데, 『두고 온 시』(2000), 『남과 북』(2000), 『순간의 꽃』(2001), 『만인보』 16~23(2004/2006), 『부끄러움 가득』(2006) 등에서 사회 문제 및 자연 인식을 보여 주었다. 마종기는 40여 년의 도미 생활을 정리하고 귀국해 『새들의 꿈에서는 나무 냄새가 난다』(2002), 『우리는 서로 부르고 있는 것일까』(2007)를 간행하여 시간과 사랑에 대한 사념들을 담백한 시어로 담았다. 민영은 『해지기 전의 사랑』(2001), 『방울새에게』(2007)에서 이름 없는 풀, 꽃, 새 등과의 대화를 통하여 인생의 외로움, 고독, 그리움 등을 노래하였다.

1960년대에 등단한 정진규는 『도둑이 다녀가셨다』(2000), 『본색』(2004), 『껍질』(2007)에서 가족의 소중함과 자연의 엄정한 생명력을 노래했다. 김종해는 『풀』(2001)에서 궁핍했던 시대에 가족을 위해 희생한 어머니를 품었다. 이수익은 『눈부신 마음으로 사랑했던』(2000), 『꽃나무 아래의 키스』(2007)에서 삶의 본질을 응시했다. 이승훈은 『비누』(2004), 『이것은 시가 아니다』(2007)에서 자아에 대한 탐구를 지속했다. 최하림은 『풍경 뒤의 풍경』(2001)에서 시간의 흐름과 함께하는 풍경들의 참모습을 그렸다. 박의상은 『질문과 농담과 시』(2005)에서 시 형식을 파괴하는 실험 정신으로 인간의 욕망과 농담과 상처를 담았다. 유안진은 『봄비 한 주머니』(2000), 『다보탑을 줍다』(2004)에서 일상생활의 가치와 여성성을 그렸다. 오규원은 『새와 나무와 새똥 그리고 돌멩이』(2005)에서 개념화되기 이전의 이미지, 즉 '날[生]이미지'라는 본인의 시론과 작품을 일체화시켰다. 천양희는 『너무 많은 입』(2005)에서 생의 상처와 절망에 맞서는 정신적 가치를 추구했다. 조오현은 『산에 사는 날에』(2001), 『아득한 성자』(2007)에서 불교적 세계관을 바탕으로 삶의 본질을 사색했다. 강인한은 『푸른 심연』(2005)에서 존재의 심연을 탐구했다. 오탁번은 『벙어리 장갑』(2002), 『손님』(2006)에서 유년의 추억과 자연의 경이로움을 노래했다. 이건청은 『석탄 형성에 관한 관찰 기록』(2000), 『푸른 말들에 대한 기억』(2005), 『소금창고에서 날아가는 노고지리』(2007)에서 문명에 의해 사라져 가는 자연과 사회적 약자들을 품었다. 오세영은 『적멸의 불빛』(2001), 『봄은 전쟁처럼』(2004), 『시간의 쪽배』(2005), 『꽃피는 처녀들의 그늘 아래서』(2005), 『문 열어라 하늘아』(2006)에서 인간 가치와 자연의 생명력을 노래했다. 강은교는 『초록 거미의 사랑』(2006)에서 소리와 굿을 통한 심연의 세계를 노래했다. 신대철은 『개마고원에서 온 친구에게』(2000), 『누구인지 몰라도 그대를 사랑한다』(2005), 『바이칼 키스』(2007)에서 화전민이었던 유년 및 군 복무 시절, 몽골 등의 오지 체험을 담았다. 김형영은 『낮은 수평선』(2005), 『새벽달처럼』(2007)에서 조화를 추구하는 세계 인식을 보였다. 서정춘은 『봄 파르티잔』(2001), 『귀』(2005)에서 삶의 아픔을 서정으로 승화시켰다. 홍해리는 『봄 벼락치다』(2006), 『푸른 느낌표』(2006)에서 서정적 열정으로 자연과 삶의 본질을 노래했다. 문정희는 『오라 거짓 사랑아』(2001), 『양귀비꽃 머리에 꽂고』(2004), 『나는 문이다』(2007)에서 사랑의 기쁨과 슬픔을 주체적인 여성으로 노래했다. 김지하는 『화개』(2002), 『유목과 은둔』(2004), 『비단길』(2006)에서 생성과 소멸의 우주적 존재와 생명 문제를 사유했다.

이시영은 『은빛 호각』(2003), 『바다 호수』(2004), 『아르갈의 향기』(2005), 『우리의 죽은 자들을 위해』(2007)에서 가난하고 어두웠던 시간과 함께했던 인물들을 산문시 형태로 그려 냈다.

1970년대에 등단한 임영조는 『시인의 모자』(2003)에서 장인이 물건을 공들여 만들 듯 시인의 모자를 만들어 쓰려고 했다. 노향림은 『해에게선 깨진 종소리가 난다』(2005)에서 고통과 슬픔을 섬세하게 이미지화했다. 정희성은 『詩를 찾아서』(2001)에서 말을 새로 배운다는 자세로 참다운 시 쓰기를 고민했다. 조정권은 『떠도는 몸들』(2005)에서 담담한 어조로 예술혼의 흔적을 찾아 나섰다. 나태주는 『이 세상 모든 사랑』(2005), 『쪼금은 보랏빛을 물들 때』(2005), 『물고기와 만나다』(2006)에서 삶의 연륜과 사랑을 노래했다. 이선관은 『우리는 오늘 그대 곁으로 간다』(2000), 『배추흰나비를 보았습니다』(2002), 『지금 우리들의 손에는』(2003), 『어머니』(2004), 『나무들은 말한다』(2006)에서 장애를 극복하고 정치 민주화, 환경 문제, 조국 통일 등을 노래했다. 이하석은 『것들』(2006)에서 객관적인 시선으로 황폐한 도시 문명을 비판했다. 신달자는 『어머니 그 비뚤비뚤한 글씨』(2001), 『오래 말하는 사이』(2004)에서 모성과 여성의 생명력을 노래했다. 이기철은 『가장 따뜻한 책』(2005), 『정오의 순례』(2006)에서 자연과 합일을 추구하면서 존재론적 근거를 성찰했다. 김승희는 『냄비는 둥둥』(2006)에서 음악적인 율동으로 여성의 일상과 야성미를 회복시켰다. 허형만은 『영혼의 눈』(2002), 『첫차』(2005)에서 일상과 인정의 소중함을 노래했다. 김명인은 『바다의 아코디언』(2002), 『파문』(2005)에서 내밀하고 정제된 시어로 생의 문제를 탐색했다. 한영옥은 『비천한 빠름이여』(2001), 『아늑한 얼굴』(2006)에서 삶의 면면을 노래했다. 조창환은 『피보다 붉은 오후』(2001), 『수도원 가는 길』(2004)에서 아쉬움과 그리움과 아름다움 등 길 위에서 느낀 회상들을 그렸다. 이태수는 『이슬방울 또는 얼음꽃』(2004)에서 삶의 쓸쓸함과 서정적 자아를 탐구했다. 김광규는 『처음 만나던 때』(2003), 『시간의 부드러운 손』(2007)에서 세월과 일상의 의미를 그렸다. 하종오는 『무언가 찾아올 적엔』(2003), 『반대쪽 천국』(2004), 『님시집』(2005), 『지옥처럼 낯선』(2006), 『아시아계 한국인들』(2007), 『국경 없는 공장』(2007)에서 대지와 농민, 외국인 노동자들의 삶을 그렸다. 이영춘은 『시간의 옆구리』(2001)에서 일상과 생의 내면을 응시했다. 최동호는 『공놀이 하는 달마』(2002)에서 달마는 왜 동쪽으로 왔는가 하는 화두를 가지고 인간 존재의 근원을 탐구했다. 이상국은 『어느 농사꾼의 별에서』(2005)를 통해 가족, 나무, 어둠, 별 등을 노래했다. 강영환은 『푸른 짝사랑에 들다』(2003), 『불무장등』(2005), 『집을 버리다』(2005), 『벽소령』(2007) 등에서 바다와 산과 생의 운명을 그렸다. 김명수는 『아기는 성이 없고』(2000), 『가오리의 심해』(2004)에서 차별을 넘어서는 생명의 소중함을 노래했다. 이성복은 『아, 입이 없는 것들』(2003), 『달의 이마에는 물결무늬 자국』(2003)에서 참신한 이미지와 절제된 감정으로 깊은 세계 인식을 보여 주었다. 송재학은 『기억들』(2001), 『진흙 얼굴』(2005)에서 어둡고 절망적인 자의식을 응시했다. 박몽구는 『개리 카를 들으며』(2001), 『마음의 귀』(2006)에서 자본주의 사회에서의 소외된 삶을 그렸다. 문충성은 『허공』(2001), 『백년 동안 내리는 눈』(2007)에서 자신의 고향인 제주에 깊은 관심을 보였다. 김혜순은 『달력 공장 공장장님 보세요』(2000), 『한 잔의 붉은 거울』(2004)에서 활달한 상상력으로 남성 중심의 관념을 넘어서는 부정의 미학을 획득했다. 손종호는 『새들의 현관』(2006)에서 인간 존재의 가치를 탐구했다. 장석주는 『간장 달이는 냄새가 진동하는 저녁』(2001), 『붉디붉은 호랑이』(2005)에서 삶을 영위하는 자아를 성찰했다. 고형렬은 『김포 운호가든집에서』(2001), 『밤 미시령』(2005)에서 고향, 가족, 일상, 자연 등을 성찰했다. 박남철은 『바다 속의 흰머리뫼』(2005)에서 형태 파괴의 시 형식 및 인터넷 양식을 차용하며 현실의 위선과 모순을 비판했다. 박노해는 2000년대에 들어 시집이 없지만 1980년대에 추구했던 노동시를 평화와 생명 사상으로 확대했다.

1980년대에 등단한 박태일은 『풀나라』(2002)에서 전통적인 시어로 소리와 색깔 등을 예민하게 포착했다. 이소리는 『바람과 깃발』(2006)에서 노동의 체험과 민요의 차용으로 삶의 애환을 노래했다. 최두석은 『꽃에게 길을 묻는다』(2003)에서 생태적 감수성으로 인간의 길을 찾았다. 김정환은 『해가 뜨다』(2000), 『하노이 서울시편』(2003), 『레닌의 노래』(2006)에서 역사, 죽음, 사랑의 시간을 회복했다. 이재무는 『위대한 식사』(2002), 『푸른 고집』(2004)에서 농촌 공동체의 체험을 그렸다. 남진우는 『타오르는 책』(2000), 『새벽 세 시의 사자 한 마리』(2006)에서 죽음의 다양한 이미지를 그렸다. 박영근은 『저 꽃이 불편하다』(2001), 『별자리에 누워 흘러가다』(2007)에서 자본주의의 한 구성원으로 살아가야 했던 삶의 힘듦을 담았다. 정규화는 『슬픔의 내력』(2004), 『나무와 바람과 세월』(2004), 『오래된 변명』(2006), 『머슴새가 울었다』(2007)에서 신부전증이라는 병마 속에서도 삶의 희망과 의지를 잃지 않았다. 배창환은 『흔들림에 대한 작은 생각』(2000), 『겨울 가야산』(2006)에서 공동체적 삶을 추구했다. 박운식은 『아버지의 논』(2005)에서 농촌이 처해 있는 제반 모순들을 알렸다. 이사라는 『시간이 지나간 시간』(2002)에서 세월에 묻힌 기억과 죽음의 흔적들을 들춰 보며 자신의 내면을 조망했다. 이기형은 1917년 함남 함주 출생으로 1982년 시집 『망향』으로 등단했는데, 『산하단심』(2002), 『봄은 왜 오지 않는가』(2003), 『해연이 날아온다』(2007)에서 역사의식과 민족의식을 그렸다. 이정주는 『의심하고 있구나』(2007)에서 논리적 이해를 넘어서는 이미지를 추구했다. 김수열은 『신호등 쓰러진 길 위에서』(2001), 『바람의 목례』(2006)에서 공동체를 건설하려고 했던 1980년대의 열정과 4·3 항쟁의 슬픔을 그렸다. 윤재철은 『세상에 새로 온 꽃』(2004)에서 도시 문명에 끌려가지 않는 인간 가치를 제시했다. 김사인은 『가만히 좋아하는』(2006)에서 고즈넉한 시어로 내면의 풍경화를 그렸다. 양애경은 『내가 암늑대라면』(2005)에서 여성의 시각으로 사랑을 노래했다. 이문재는 『제국호텔』(2004)에서 디지털화된 도시를 비판하며 자연의 생명력을 옹호했다. 김경미는 『쉿 나의 세컨드는』(2003)에서 외로움에 젖어 있는 자아를 그렸다. 이승철은 『총알택시 안에서의 명상』(2001), 『당산철교 위에서』(2006)를 통해 한국 사회에서 힘들게 살아가야 하는 40대 남성의 자화상을 그렸다. 김백겸은 『북소리』(2002), 『비밀방』(2005)에서 상상력으로 시의 고유한 세계를 지향했다. 박찬은 『먼지 속 이슬』(2000)에서 자연의 경이와 삶의 깨달음을 노래했다. 최영철은 『일광욕 하는 가구』(2000), 『그림자 호수』(2003), 『호루라기』(2006)에서 소외된 자들과 유대감을 가지려고 했다. 고재종은 『그때 휘파람새가 울었다』(2001), 『쪽빛 문장』(2004)에서 인문학적 감각과 언어의 섬세함으로 농민시를 확장시켰다. 백무산은 『초심』(2003), 『길 밖의 길』(2005)에서 자본주의 사회를 비판하면서 새로운 세계를 사유했다. 이은봉은 『내 몸에는 달이 살고 있다』(2003), 『길은 당나귀를 타고』(2005)에서 생태적 사유로 삶을 성찰했다. 윤중호는 유고 시집 『고향 길』(2005)에서 산업화 과정에 소외된 농촌 고향을 그렸다. 김기홍은 『슬픈 희망』(2002)에서 공사장 인부들의 힘든 삶과 동료애를 품었다. 김용락은 『시간의 흰 길』(2000)에서 아이엠에프 시대의 불행한 상황을 그렸다. 김해화는

『누워서 부르는 사랑 노래』(2000)에서 노동 현장에서의 상처와 고통과 희망을 노래했다. 도종환은 『슬픔의 뿌리』(2005), 『해인으로 가는 길』(2006)에서 집착을 치유하는 근원을 살폈다. 황인숙은 『자명한 산책』(2003)에서 세월과 함께하는 삶의 연민과 애잔함을 담았다. 이승하는 『뼈아픈 별을 찾아서』(2001), 『인간의 마을에 밤이 온다』(2005), 『취하면 다 광대가 되는 법이지』(2007)에서 고통을 겪는 이 세계의 실상들을 휴머니즘으로 담아냈다. 박남준은 『적막』(2005)에서 생태적 인식으로 자연과 함께했다. 정일근은 『누구도 마침표를 찍지 못한다』(2001), 『마당으로 출근하는 시인』(2003), 『경주 남산』(2004), 『가족』(2004), 『오른손잡이의 슬픔』(2005), 『착하게 낡은 것의 영혼』(2006)에서 가족, 사랑, 자연, 아픔 등을 서정적으로 그렸다. 문인수는 『동강의 높은 새』(2000), 『쉬』(2006)에서 자연의 소중함을 노래하면서 힘없고 가여운 대상들에게 연민을 보였다. 박영희는 『팽이는 서고 싶다』(2001), 『즐거운 세탁』(2007)에서 오랜 영어 생활을 마치고 돌아온 자신을 되돌아보며 역사적 현실을 응시했다. 장경린은 『토종닭 연구소』(2005)에서 비인간화된 자본주의의 현실을 풍자했다. 박주택은 『카프카와 만나는 잠의 노래』(2004)에서 적막과 상처의 얼룩들을 유장한 문체로 그렸다. 김윤배는 『부론에서 길을 잃다』(2001), 『사당 바우덕이』(2004), 『혹독한 기다림 위에 있다』(2007)에서 욕망의 문제를 지속적으로 탐구했다. 공광규는 『소주병』(2004)에서 자본주의 사회에서 어렵게 살아가는 40대 가장의 현실을 고백했다.

2) 서정시의 심화와 확대

서정시의 세계관은 자아와 이 세계의 동일화, 즉 자아와 이 세계의 대립과 갈등을 극복하고 조화와 합일을 추구하는 것이다.

이는 수동적인 것이 아니라 바람직한 이상향을 지향하는 것이기에 능동적인 인식이다. 따라서 자본주의의 심화로 인해 공동체적 의식이 소멸하고 인간 소외가 심해지고 있는 21세기의 상황에서 서정시의 가치는 크다고 볼 수 있다. 인정, 의리, 이해, 희생 등의 인간 가치가 지극히 왜곡되거나 함몰되고 있으므로 이 세계와 동일화를 지향하는 서정시의 정신이 극복의 대안이 될 수 있는 것이다. 다시 말해 서정시의 정신은 익명화된 섬에서 단자화된 존재로 살아가고 있는 상황을 극복하는 길이 될 수 있는 것이다.

서정시는 이 세계의 존재들을 진지하게 이해하고 포용하는 세계관을 갖고 있다. 시장 가치에 조종당하는 것이 아니라 성숙한 인간 정신으로 주체성을 지향한다. 이는 대상과 타협하는 것이 아니라 주체적으로 합일을 추구하고, 또 대상을 배척하는 것이 아니라 함께하는 것이다. 부정적인 자세로는 이 세계와 동일화를 이룰 수 없음을 인식하고 긍정적으로 연대를 지향하는 것이다.

2000년대 이전까지의 서정시는 참여시 및 실험시와 대립적인 위치에 있었다. 전통적인 서정시의 입장에서 보면 참여시는 구호만을 내세우는 선동적인 제스처에 불과한 것이었고, 실험시는 주관적이고 난해한 상징의 나열에 불과한 것이었다. 그러므로 모순되고 폭력이 난무하는 이 세계를 근본적으로 극복하는 데에는 서정시의 가치가 적격이라고 보았다. 그렇지만 서정시는 다양화되고 급변하는 시대를 적극적으로 반영하거나 전위적인 위치에서 이끌지 못했다.

그러나 2000년대에 들어 서정시의 성격은 상당히 변모되었다. 유구한 전통을 계승해 영역을 넓혔고, 보수적인 성격을 상당히 극복했다. 과거로의 회귀만을 추구하지 않고 혼란스러운 시대를 열린 세계 인식으로 품은 것이다. 아울러 인습적인 규범에 의지하지 않는 창의력을 발휘하여 시 형식도 다양성을 획득했다.

2000년대의 서정시를 이끈 장석남은 『왼쪽 가슴 아래께에 온통증』(2001), 『미소는, 어디로 가시려는가』(2005)에서 자연의 질서에 동화되는 세계 인식으로써 자아를 성찰했다.

> 벌판은
> 안 어기고 돌아오는 봄 때문에도
> 해마다 넓고
> 넓어서
> 사월(四月)의 내 작문(作文) 공부는
> 힘에 부친다
>
> ——「벌판」 부분

엄정한 질서를 지키고 있는 대자연에 비해 자신의 글쓰기가 부족함을 겸손하게 인정하고 있다. 벌판이 의연한 것은 자기 존재를 위해 최선을 다했기 때문이고, 자신의 글쓰기가 힘에 부치는 것은 온몸으로 다하지 못했기 때문이다. 그리하여 편견과 안일과 타협과 욕심을 뛰어넘는 글을 쓰지 못하는 자신을 반성하고 있다. 이와 같은 인식은 자연에 비해 인간의 연약함을 깨닫는 것이어서 종래의 세계관을 새롭게 확장시켰다고 보기는 어렵지만, 자기 존재를 진지하게 성찰했다는 점에서 서정시의 한 규범으로 볼 수 있다.

허수경은 『내 영혼은 오래되었으나』(2001), 『청동의 시간 감자의 시간』(2005)에서 근원적이고 거시적인 시선으로 인류의 폭력을 고발하면서도 희망을 품고 모국어의 지평을 확장시켰다. "대구를 덤벙덤벙 썰어 국을 끓이는 저녁이면 움파 조곤조곤 무 숭덩숭덩/ 붉은 고춧가루 마늘이 국에서 노닥거리는 저녁이면// 어디 먼 데 가고 싶"(「대구 저녁국」)어 하는 면에서 확인된다.

정끝별[2]은 『흰 책』(2000), 『삼천갑자 복사빛』(2005)에서 "밥이 쓰다/ 달아도 시원찮을 이 나이에 벌써/ 밥이 쓰다/ 돈을 쓰고 머리를 쓰고 손을 쓰고 말을 쓰고 수를 쓰고 몸을 쓰고 힘을 쓰고 억지를 쓰고 색을 쓰고 글을 쓰고 안경을 쓰고 모자를 쓰고 약을 쓰고 관을 쓰고 쓰고 싶어 별루무 짓을 다 쓰고 쓰다/ 쓰는 것에 지쳐 밥이 먼저 쓰다"(「밥이 쓰다」)라고 했듯이, 일상의 상처들을 끌어안으면서 가족의 중심으로 사랑을 노래했다.

나희덕은 『어두워진다는 것』(2001), 『사라진 손바닥』(2005)에서 약하고 가녀린 대상들을 모성으로 감싸안았다.

어치 울음에 깨는 날이 잦아졌다
눈 부비며 쌀을 씻는 동안
어치는 새끼들에게 나는 법을 가르친다

(중략)

저 텃새처럼 살 수 있다고,
이렇게 새끼들을 기르며 살고 있다고,
쌀 씻다가 우두커니 서 있는 내게
창 밖의 날개 소리가 시간을 가르치는 아침

소나무와 단풍나무 사이에서 한 생애가 가리라
——「겨울 아침」 부분

'어치'는 까마귀과에 속하는 텃새로 우리나라 전 지역에 널리

---

2) 정끝별(1964~): 1988년 《문학사상》에 「칼레의 바다」 외 6편이 당선되어 등단. 시집으로 『자작나무 내 인생』, 『흰 책』, 『삼천갑자 복사빛』이 있음.

분포하고 있는 것으로 알려져 있다. 위의 시는 어미 어치가 새끼들에게 나는 법을 가르치는 장면을 그린 것인데, 시인은 그 모습을 통해 자신의 자식 기르기를 성찰하고 있다. 진정한 모성이란 자식에게 밥을 먹여 주는 것이 아니라 밥 먹는 법을 가르치는 일이고, 때에 이르러서는 기꺼이 품에서 내려놓는 일이라고 새기고 있는 것이다.

이윤학은 『아픈 곳에 자꾸 손이 간다』(2000), 『꽃 막대기와 꽃뱀과 소녀와』(2003), 『그림자를 마신다』(2005)에서 "주먹을 불끈 쥐고/ 기침을 시작하는 아버지./ 금 캐러 광산에 다닌 아버지./ 돌가루 쌓아놓고 사는 아버지."(「기침」)라는 표현에서 볼 수 있듯이 삶의 주변에서 마주하는 사물과 상황들을 담백한 문체로 묘사했다.

최정례[3]는 『붉은 밭』(2001), 『레바논 감정』(2006)에서 "저승사자도 마찬가지다/ 퇴근해 돌아오는 사람을/ 집 앞 계단을 세 칸 남겨놓고/ 갑자기 심장을 멈추게 해 끌고 가버린다/ 오빠가 그렇게 죽었다// 전화를 받고 허둥대다가/ 스타킹을 신는/ 그동안만이라도 시간을 유예하자고/ 고작 그걸 아이디어라고"(「스타킹을 신는 동안」) 인식하고 있듯이 자아의 결핍과 불안을 기억으로써 치유했다.

이선영[4]은 『일찍 늙으매 꽃꿈』(2003)에서 "내가 천사를 낳았다/ 배고프다고 울고/ 잠이 온다고 울고/ 안아달라고 우는/ 천사, 배

---

3) 최정례(崔正禮, 1955~): 1990년 《현대시학》으로 등단. 시집으로 『내 귓속의 장대나무 숲』, 『햇빛 속에 호랑이』, 『붉은 밭』 등이 있음.
4) 이선영(李宣姈, 1964~): 1990년 《현대시학》에 「한여름 오후를 장의차가 지나간다」 외 8편이 당선되어 등단. 시집으로 『오, 가엾은 비눗갑들』, 『글자 속에 나를 구겨 넣는다』, 『일찍 늙으매 꽃꿈』 등이 있음.

부르면 행복하고/ 안아주면 그게 행복의 다인// (중략)// 내 속에서 천사가 나왔다/ 내게 남은 것은 시커멓게 가라앉은 악의 찌끄러기뿐이다"(「내가 천사를 낳았다」)라고 여기고 있듯이, 여성이라는 존재로 살아가는 일상 속에서 인연의 대상들을 모성으로써 따뜻이 품었다.

박형준은 『물속까지 잎사귀가 피어 있다』(2002), 『춤』(2005)에서 중심부에 서지 못한 존재들을 섬세한 언어로 그렸다.

> 석유를 먹고 온몸에 수포가 잡혔다.
> 옴팍집에 살던 때였다.
> 아버지 등에 업혀 캄캄한
> 빈 들판을 달리고 있었다.
> 읍내의 병원은 멀어,
> 겨울 바람이 수수깡 속처럼 울었다.
> 들판의 어디쯤에서였을까,
> 아버지는 나를 둥근 돌 위에 얹어놓고
> 목의 땀을 씻어내리고 있었다.
>
> ——「지평(地平)」 부분

온몸에 수포가 돋아날 정도로 위급한 자식을 아버지가 업고 병원으로 달려가는 상황이다. 시인은 그 모습을 통해 자식에 대한 아버지의 사랑을 보여 주는 것은 물론 곤궁한 삶 자체의 그림자를 늘어뜨리고 있다. "고통의 미묘한/ 발자국 속에서/ 울다 가는"(「빛의 소묘」) 사람들의 깊은 흔적을 이야기하고 있는 것이다.

이정록은 『제비꽃 여인숙』(2001), 『의자』(2006)에서 자연과 사소한 일상들을 능숙한 시어의 활용으로 담았다.

허리가 아프니까
   세상이 다 의자로 보여야
   꽃도 열매도, 그게 다
   의자에 앉아 있는 것이여

   (중략)

   싸우지 말고 살아라
   결혼하고 애 낳고 사는 게 별거냐
   그늘 좋고 풍경 좋은 데다가
   의자 몇 개 내놓는 거여
                        ——「의자」부분

 위의 작품이 독자에게 친밀하게 다가오는 근거로는 어머니가 집안 식구들을 위해 헌신하는 자세라든가, 의자가 다른 사람을 위하는 상징이라는 점 등을 들 수 있지만, 어머니의 말투를 특히 들 수 있다. 시인은 어머니의 목소리라는 구어체 형식으로써 삶의 가치를 설득력 있게 들려주는 것이다.
 문태준[5]은 『수런거리는 뒤란』(2000), 『가재미』(2006)에서 도시적 삶으로 인해 상실한 공동체 의식을 회복하고자 했다.

   김천의료원 6인실 302호에 산소마스크를 쓰고 암투병중인 그녀가 누워 있다
   바닥에 바짝 엎드린 가재미처럼 그녀가 누워 있다

---

5) 문태준(文泰俊, 1970~): 1994년 《문예중앙》에 「처서」 외 9편이 당선되어 등단. 시집으로 『수런거리는 뒤란』, 『맨발』, 『가재미』가 있음.

나는 그녀의 옆에 나란히 한 마리 가재미로 눕는다
가재미가 가재미에게 눈길을 건네자 그녀가 울컥 눈물을 쏟아낸다
한쪽 눈이 다른 한쪽 눈으로 옮겨 붙은 야윈 그녀가 운다
그녀는 죽음만을 보고 있고 나는 그녀가 살아온 파랑 같은 날들을 보고 있다

—「가재미」 부분

가족애를 바탕으로 한 공동체 의식이 들어 있기에 따스하게 읽힌다. 허름한 지방의 한 병원에서 산소마스크를 쓰고 있는 환자와 같이 가난하고 하찮은 사람들의 "파랑 같은" 삶을 포옹하고 있기에 점점 이기주의와 물질주의가 횡행하는 이 자본주의 시대를 되돌아보게 하는 것이다.

장철문[6]은 『산벚나무의 저녁』(2003)에서 가족의 삶과 자신의 일상을 구체적으로 담았다. "그마저 방향을 잡지 못하고/ 햇살과 각을 이루거나,/ 마주보자고 고개를 쳐드는 놈도 있다/ 한쪽 방향으로 기는 놈들은/ 제 발로 신문지를 벗어날 것이니,/ 좌충우돌하는 놈들만 손가락으로 집어낸다/ 손가락에서 빠진 놈들은 몸을 웅크리고/ 쌓인 체한다/ 살겠다는 것이 겨우/ 눈 가리고 아옹인 때가 있다"(「살생」)가 좋은 예다. 신문지를 깔고 벌레가 난 쌀을 널었을 때 방향도 제대로 모르는 채 도망가기에 바쁜 바구미들의 모습이 결코 자신의 삶과 다르지 않다고 성찰하고 있는 것이다.

김선우[7]는 『내 혀가 입 속에 갇혀 있기를 거부한다면』(2000),

---

6) 장철문(張喆文, 1966~): 1994년 《창작과비평》에 「마른 풀잎의 노래」외 6편을 발표하며 등단. 시집으로 『바람의 서쪽』, 『산벚나무의 저녁』이 있음.
7) 김선우(金宣佑, 1970~): 1996년 《창작과비평》에 「대관령 옛길」 등 10편을 발표하며 등단. 시집으로 『내 혀가 입 속에 갇힐 거부한다면』, 『도화 아래 잠들다』, 『내 몸속에 잠든 이 누구신가』가 있음.

『도화 아래 잠들다』(2003), 『내 몸속에 잠든 이 누구신가』(2007)에서 "그대여 내 상처는 아무래도 덧나야겠네 덧나서 물큰하게 흐르는 향기,/ 아직 그리워할 것이 남아 있음을 증거해야겠네 가담하지 않아도 무거워지는/ 죄를 무릅써야겠네 아주 오래도록 그대와, 살고 싶은 뜻밖의 봄날/ 흡혈하듯 그대의 색을 탐해야겠네"(「도화 아래 잠들다」)라고 토로하고 있듯이 어머니를 토대로 한 모성과 아울러 여성성을 그렸다.

손택수[8]는 『호랑이 발자국』(2004), 『목련 전차』(2007)에서 섬세한 언어로 가족의 정서를 담았다.

> 그렇게 밀어드리고 싶었지만, 부끄러워서 차마
> 자식에게도 보여줄 수 없었던 등
> 해 지면 달 지고, 달 지면 해를 지고 걸어온 길 끝
> 적막하디적막한 등짝에 낙인처럼 찍혀 지워지지 않는 지게자국
> 아버지는 병원 욕실에 업혀 들어와서야 비로소
> 자식의 소원 하나를 들어주신 것이었다
> ——「아버지의 등을 밀며」부분

시인은 한 번도 목욕탕에 함께 가 주지 않은 아버지를 원망하며 살아왔는데, 아버지가 쓰러져 의식을 잃은 채 병원에 실려 가고서야 비로소 당신의 삶을 이해하게 되었다. 지게 지는 일로 가족을 먹여 살린 아버지는 지게 자국으로 시커멓게 죽어 있는 등을 지니고 있었던 것이다.

박성우[9]는 『거미』(2002), 『가뜬한 잠』(2007)에서 가난한 가족

---

8) 손택수(孫宅洙, 1970~): 1998년 《한국일보》 신춘문예에 「언덕 위의 붉은 벽돌집」이 당선되어 등단. 시집으로 『호랑이 발자국』, 『목련 전차』가 있음.

사를 중심으로 한 인간의 존재 의미를 사회적인 차원에서 조명했다. "한 사내가 가느다란 줄을 타고 내려간 뒤/ 그 사내는 다른 사람에 의해 끌려 올라와야 했다/ 목격자에 의하면 사내는/ 거미줄에 걸린 끼니처럼 옥탑 밑에 떠 있었다// (중략)// 거미는 스스로 제 목에 줄을 감지 않는다"(「거미」)에서 볼 수 있듯이, 파산한 한 가장의 자살 장면을 통해 사회적 약자들의 삶을 진단하고 있는 것이다.

  1980년대에 등단한 이희중은 『참 오래 쓴 가위』(2002)에서 삶의 주체성을 추구했다. 송찬호는 『붉은 눈』(2002)에서 이미지의 힘을 보여 주었다. 황학주는 『너무나 얇은 생의 담요』(2002), 『루시』(2005), 『저녁의 연인들』(2006)에서 국제 민간 구호 단체의 일원으로 겪은 체험을 바탕으로 생명의 소중함을 그렸다. 상희구는 『발해기행』(2006)에서 발해의 역사와 의의를 그렸다. 박철은 『험준한 사랑』(2005), 『사랑을 쓰다』(2007)에서 변두리 사람들의 삶의 애환을 그렸다. 장옥관은 『하늘 우물』(2003), 『달과 뱀과 짧은 이야기』(2006)에서 시적 상상력을 확장시켰다. 채호기는 『수련』(2002)에서 수련에 대한 집중적인 고찰로써 시의 본질을 포착했다. 함민복은 『말랑말랑한 힘』(2005)에서 자연의 생명력을 노래했다. 성선경은 『서른 살의 박봉 씨』(2003), 『몽유도원을 사다』(2006)에서 생활과 사물에 대한 성찰로써 공동체적 삶을 지향했다. 전기철은 『풍경의 위독』(2004), 『아인슈타인의 달팽이』(2006)에서 자본주의의 허구적인 면을 비판했다. 김기택은 『소』(2005)에서 사물들의 의미를 새롭게 발견했다. 양문규는 『영국사에는 범종이 없다』(2002), 『집으로 가는 길』(2005)에서 자연의 질

---

9) 박성우(朴城佑, 1971~): 2000년 《중앙일보》 신춘문예에 「거미」가 당선되어 등단. 시집으로 『거미』, 『가뜬한 잠』이 있음.

서와 농촌 고향의 정서를 지켰다. 이향지는 『내 눈앞의 전선』(2003)에서 자신의 존재를 긍정적으로 바라보았다. 이경림은 『상자들』(2005)에서 아버지를 비롯한 이 세계의 존재들을 상상력의 상자 속에 담았다. 정우영은 『집이 떠나갔다』(2005)에서 소외된 고향을 보듬었다. 차창룡은 『나무 물고기』(2002)에서 현실과 신화, 차안과 피안의 세계를 상상력을 발휘하여 그렸다.

　1990년대에 등단한 신현림은 『해 질 녘에 아픈 사람』(2004)에서 성숙한 시선으로 이 세계를 감싸안았다. 이진명은 『단 한 사람』(2004)에서 인연의 대상을 소중하게 품었다. 박라연은 『공중 속의 내 정원』(2000), 『우주가 돌아가셨다』(2006)에서 활달한 상상력으로 생과 사의 신성함을 노래했다. 김상미는 『잡히지 않는 나비』(2003)에서 몸과 영혼이 켜는 사랑을 노래했다. 조용미는 『일만 마리 물고기가 산을 날아오르다』(2000), 『삼베옷을 입은 자화상』(2004)에서 대상의 내면에 귀를 기울였다. 박현수는 『위험한 독서』(2006)에서 시어의 본질을 탐색하면서 자기 실존을 성찰했다. 이인원은 『빨간 것은 사과』(2004)에서 세월과 함께하는 자신의 그림자를 역설의 시학으로 그려 냈다. 반칠환은 『뜰채로 죽은 별을 건지는 사랑』(2001), 『웃음의 힘』(2005)에서 원형적인 사랑을 노래했다. 최영숙은 『모든 여자의 이름은』(2006)에서 눈물겨운 삶의 열정을 선보였다. 조항록은 『지나가나 슬픔』(2002), 『근황』(2007)에서 생에 대한 애증과 연민을 이야기했다. 최서림은 『세상의 가시를 더듬다』(2000), 『구멍』(2006)에서 존재의 근원을 탐구하면서 현대 문명을 비판했다. 박찬일은 『나는 푸른 트럭을 탔다』(2002), 『모자나무』(2006)에서 지식인의 역할을 고민했다. 김소연은 『빛들의 피곤이 밤을 끌어당긴다』(2006)에서 빛과 그림자의 존재를 성찰했다. 고두현은 『늦게 온 소포』(2000), 『물미해안에서 보내는 편지』(2005)에서 겸손한 세계 인식으로 자연의 순리와 삶의 본질을 탐색했다. 한혜영은 『태평양을 다리는 세탁소』(2002), 『뱀 잡는 여자』(2006)에서 힘들었던 이민 생활을 이야기하면서 인연들을 소중하게 품었다. 김길나는 『둥근 밀떡에서 뜨는 해』(2003)에서 존재 의미를 공간과 시간으로 확장시켰다. 곽효환은 『인디오 여인』(2006)에서 서정성의 토대 위에 비판 정신을 올려놓았다. 심재휘는 『적당히 쓸쓸하게 바람부는』(2002)에서 시간과 풍경들을 그렸다. 김영남은 『모슬포 사랑』(2001), 『푸른 밤의 여로』(2006)에서 낙관적인 세계관으로 자연을 품었다. 최영규는 『아침 시집』(2000)에서 생활에 내면화된 생의 진실을 탐구하였다. 문정영은 『낯선 금요일』에서 도시인의 일상과 좌절된 욕망을 그렸다. 배용제는 『이 달콤한 감각』(2004)에서 객관적인 거리를 유지하면서 대상들을 묘사했다. 조은길은 『노을이 흐르는 강』(2007)에서 애달픈 운명을 연민의 미학으로 승화시켰다. 김윤은 『지붕 위를 걷다』(2004)에서 여성성을 통과 의례의 차원으로 인식했다. 한정원은 『낮잠 속의 롤러코스터』(2005)에서 성정과 이치의 시학을 지향했다. 이영광은 『직선 위에 떨다』(2003), 『그늘과 사귀다』(2007)에서 과묵한 리듬으로 죽음과 삶의 의미를 탐색했다. 박해람은 『낡은 침대의 배후가 되어가는 사내』(2006)에서 담담한 문체로 인정의 세계를 그렸다. 조영순은 『새들은 난간에 기대어 산다』(2001)에서 사물이 지닌 모성성을 발견하였다. 우대식은 『늙은 의자에 앉아 바다를 보다』(2003)에서 길의 이미지로 생의 도정을 고민했다. 이안은 『목마른 우물의 날들』(2002)에서 가난과 상처를 전통시의 아름다움으로 담아내었다.

  2000년대에 등단한 여태천은 『국외자들』(2006)에서 현대 도시인들의 불안한 내면을 그렸다. 조정은 『이발소 그림처럼』(2006)에서 현실을 참신하면서도 다양한 이미지로 직조했다. 위선환은

『나무들이 강을 건너갔다』(2001), 『눈 덮인 하늘에서 넘어지다』(2003), 『새떼를 베끼다』(2007)에서 일상의 풍경을 서정적 인식으로 그렸다. 박홍점은 『차가운 식사』(2006)에서 시적 감수성으로 존재의 고통을 담았다. 휘민은 『생일 꽃바구니』(2007)에서 삶의 이야기들을 정연하게 들려주었다. 하선영은 『사랑의 슬픈 기쁨』(2005)에서 여성성을 절실하게 이야기했다. 길상호는 『오동나무 안에 잠들다』(2004), 『모르는 척』(2007)에서 자연 친화적인 서정성을 넘어 이 세계에 적응해야 하는 내면의 불안을 그렸다. 고영민은 『악어』(2005)에서 공동체적인 유대감을 추구했다. 윤성학은 『당랑권 전성시대』(2006)에서 도시 샐러리맨으로 살아가는 현실을 재치 있게 그렸다.

이밖에 2000년대의 서정시를 이끈 시인으로는 강경호, 강문숙, 강상윤, 강성철, 강수, 강신애, 강연호, 고명수, 고영, 고운기, 고증식, 고진하, 고찬규, 공계열, 구순희, 권대웅, 권형영, 김나영, 김미성, 김경수, 김경인, 김병호, 김선굉, 김수복, 김석준, 김선태, 김수우, 김영산, 김영탁, 김완하, 김요일, 김용범, 김유선, 김월수, 김은숙, 김은정, 김인구, 김점용, 김정숙, 김정인, 김재혁, 김종태, 김지헌, 김찬옥, 김충규, 김형술, 나병춘, 노춘기, 류기봉, 류외향, 류인서, 류종민, 마경덕, 문경화, 문영, 문창길, 문혜진, 박경자, 박상수, 박완호, 박용하, 박이화, 박종국, 박진용, 배한봉, 백우선, 백인덕, 변삼학, 서석화, 서안나, 서영처, 손진은, 손한옥, 손현숙, 송용구, 송종규, 송종찬, 신구자, 신미균, 심언주, 심호택, 신용목, 안명옥, 안성원, 양선규, 양정자, 여선자, 오정국, 유수연, 유승도, 윤성택, 윤홍조, 이강산, 이경, 이관묵, 이규리, 이기와, 이나명, 이동재, 이문숙, 이병률, 이사라, 이선형, 이수정, 이선이, 이영식, 이영주, 이종암, 이지엽, 이진수, 이진영, 이창수, 이태선, 이홍섭, 이화은,

임재춘, 장대송, 장무령, 장승기, 장종권, 전길자, 전동균, 전성호, 전윤호, 정공량, 정낙추, 정복여, 정숙, 정숙자, 정영선, 정영운, 정유화, 정채원, 정한용, 정해종, 조정인, 조하혜, 조현석, 주병율, 최규승, 최영규, 최정애, 최춘희, 하영, 하재영, 한광구, 한명희, 한성례, 한영숙, 황선식, 허순위, 허혜정 등 헤아리기 힘들 정도로 많다.

3) 실험시의 등장과 확대

2000년대에 들어 시 형식의 해체화, 산문화, 요설화 등이 급격히 증가했다. '미래파'라고 지칭되는 일군의 시인들이 등장해 실험시의 영역을 확산시킨 것이다. 어느 시대에나 기존의 주류를 거부하고 새로운 시를 추구하는 경향이 등장하기 마련이지만, 2000년대에는 보다 운동적이었고 집단적이었다. 기성세대에 대한 강한 부정과 대중문화의 수용, 새로운 스타일의 추구 등으로 시단에 환기력을 준 것이다.

그렇지만 2000년대의 실험시는 대부분의 연구자들이 호의적으로 평가하지 않은 데서 볼 수 있듯이, 긍정적인 결과만을 갖는 것은 아니다. 시 형식의 획일성 및 상투성, 과도한 장광설, 체험의 진정성 부족, 사유의 깊이 부족, 폐쇄적 세계관, 무의미한 유희성, 서술 구조의 단절 등으로 시가 궁극적으로 추구해야 할 미학을 담보하지 못했다. 그리하여 실험시들은 혼란스러운 사회의 거울이 되지 못하고 오히려 혼란을 낳고 있다거나, 다양한 사회 문제를 개선하기는커녕 방관과 무관심을 조장한다는 비난을 피하기가 어려운 것이 사실이다. 그럼에도 불구하고 실험시들은 기존의 시단을 상당히 허물고 새로운 담론을 주도해 나갔는데, 그만큼 새 천년의 한국 시단은 새로운 시를 기대하고 있는 것이다.

2000년대의 실험시는 1980년대 중반 이후의 해체시 경향을 계승했다고 볼 수 있다. 키치적인 소재, 탈장르적 속성, 낯선 이미지의 조합, 대중문화의 활용, 반권위주의 성향 등의 성격에서 그 유사성을 찾아볼 수 있다. 그러면서도 해체시와는 다소 차이를 보이는데, 현실에 대한 인식 태도에서 그러하다. 1980년대의 해체시는 시 형식의 실험을 행하면서도 현실을 반영하려는 목표를 가지고 있었던 것에 비해, 2000년대의 실험시는 현실을 반영하기보다 개인의 의식을 강조한다.

기성세대에 대한 신세대 시인들의 도전 중에서 가장 획기적이었던 경우는 386세대가 행한 것이었다고 볼 수 있다. 그들은 정치 민주화와 노동 해방이라는 시대적 과제를 자신의 작품에 적극적으로 반영함으로써 명분을 얻을 수 있었고 독자들과도 연대를 이룰 수 있었다. 박노해와 백무산을 위시한 노동시나 황지우와 박남철을 위시한 해체시는 그 형식이 서로 달랐지만, 기성세대에 도전하려는 의식은 유사했다. 그 결과 기존의 시 규범에서 보면 모두 비(非)시적인 것이었지만, 비시도 시가 될 수 있음을 보여 주었다.

2000년대에 등장한 신세대 시인들의 도전은 1980년대 해체시 시인들만큼 시단에 영향을 주지는 못했는데, 그만큼 독자와의 소통을 원활하게 이루지 못한 것이다. 따라서 2000년대의 실험시는 창조성과 공유성, 개인성과 보편성 간에 유기적인 관계를 획득해야 하는 과제를 안고 있다. 그들은 좋은 시의 기준으로 전통적인 시로부터 어느 정도 벗어났는가를 삼고 있지만, 이것만으로는 한계가 있다. 고도의 자본과 기술이 주도하고 있는 이 시대에 시의 전통성을 비판하는 것만으로는 창조적 가치를 획득하기가 어려운 것이다.

2000년대의 실험시를 이끈 김언희는 『말라죽은 앵두나무 아래 잠자는 저 여자』(2000), 『뜻밖의 대답』(2005)에서 도발적인 이미지로 관습화된 가치들을 조롱했다.

> 거울 속의
> 아버지, 새빨간
> 페티큐어를 하고, 아이,
> 꽃만 보면 소름이 끼쳐요, 허리를
> 꼬는 아버지, 과부가
> 된 아버지
> 시뻘건 아버지의 음부, 아버지의
> 질, 하룻밤에 여든여덟 체위로
> 내 남자와
> 하는,
>
> ――「가족극장, 과부가 된 아버지」 부분

시인에게 아버지란 성적 욕망을 자제하지 못하는 짐승 같은 존재일 뿐이다. 따라서 아버지를 벗겨 내는 일이야말로 허위와 권위로 대변되는 남성 중심 사회를 극복하는 길이라고 주장하고 있다. 이와 같은 시인의 세계 인식은 시집(『말라죽은 앵두나무 아래 잠자는 저 여자』) 서문에서 임산부나 노약자는 읽을 수 없고, 심장이 약한 사람이나 과민 체질이나 알레르기가 있는 사람도 읽을 수 없다고 밝힐 정도로 도전적이다. 시문학의 전통적 가치로 여겨온 서정성이나 아름다움이 여지없이 조롱당하고 있는 것이다.

박상순[10]은 『LOVE ADAGIO』(2004)에서 작품의 배열을 가나

---

10) 박상순(朴賞淳, 1961~): 1991년 《작가세계》에 「빵공장으로 통하는 철도」 외 8편이 당선되어 등단. 시집으로 『6은 나무, 7은 돌고래』, 『마라나, 포르노 만화의 여주인공』, 『LOVE ADAGIO』가 있음.

다, 숫자, 알파벳순으로 할 정도로 시의 관습을 전복시켰다. "미니멀한 것으로 한 곡 들려줄까? 하지만 뒤틀 줄도 알아야 해. 내 비극의 컬러를 모르면 마라톤 경주를 관람할 수 없단다. 본능이라고 생각하진 마! 눈을 감으면 잘 들리니? 귀를 막으면 더 크게 들리지? 그 사람 이야기를 다시 해볼까. 빵공장, 마라나, 그런 시를 쓴 사람 있잖아. 사실은 내 시야. 새우 한 마리. 바다에서 잡혀온 새우 한 마리."(「가수 김윤아」)처럼 논리의 차원을 넘어 무의식에 깊숙이 자리잡고 있는 꿈과 환상과 욕망을 표출시켰다.

함기석[11]은 『착란의 돌』(2002)에서 비루하고 불안한 현실을 낯선 이미지로 그렸다.

    핏빛 말 따라온다 관을 매고 따라온다 경마장에서 사람들이 손을 흔든다 오래 전에 죽은 친척들이다 검은 망토를 뒤집어쓰고 웃는다 나는 직업소개소로 들어간다 광장이 나온다 아무도 없다 초조해진다 한 소년이 다가온다 황소의 머릴 달고 있다 검은 뿔이 돋아나 있다 난 일곱 살이야 함기석이라고 해! 소년의 뒤로 집이 보인다 내 유년의 뒷마당이 보인다 목 없는 해바라기 아래 어머니가 울고 있다 병든 누이를 업고 대추나무 한 그루 뒷산으로 달아나고 있다 소년은 나를 끌고 정원으로 들어간다 담은 죽은 해파리와 산호로 덮여있다 지붕은 온통 뱀의 껍질로 뒤덮여 있어 햇빛이 비칠 때마다 시퍼렇게 번쩍인다 한 노인이 지팡일 짚고 거실에서 나온다 내 손에 푸른 깃털의 새를 건네주며 말한다 이 열쇠 잘 간직하게 난 30년 후의 자넬세 자넨 앞으로도 불안과 고통의 날들을 보내게 될 게야 노인이 말하는 동안 입에서 보라색

---

11) 함기석(咸基錫, 1966~): 1992년 《작가세계》에 「新고린도전서식 서울사랑」 외 4편이 당선되어 등단. 시집으로 『국어선생은 달팽이』, 『착란의 돌』이 있음.

연기가 흘러나온다

——「착란의 돌, 미궁」 부분

풍요롭고도 현란한 이미지의 향연은 작품의 의미와 상상력을 끊임없이 증식시키고 있다. 그리하여 일상의 예상성을 뛰어넘는 놀이를 제공하면서 이성적 논리를 극복하고 있다.

이수명[12]은 『붉은 담장의 커브』(2001), 『고양이 비디오를 보는 고양이』(2004)에서 내면이기도 하고 현실이기도 하고 형이상학이기도 한 비유들을 선보였다. "고양이 비디오를 틀어놓고/ 고양이가 하나 둘 셋/ 의자에 하나 둘 셋/ 바닥에 하나 둘 셋/ 창틀에 하나 둘 셋// 고양이를 관람하는 고양이들// 고양이를/ 관람하는 고양이들"(「고양이 비디오를 보는 고양이」)에서 볼 수 있듯이, 탈출할 수 없는 일상의 고통과 통합될 전망이 보이지 않는 풍경들을 그렸다.

이장욱[13]은 『내 잠 속의 모래산』(2002), 『정오의 희망곡』(2006)에서 가시적인 것과 비가시적인 것, 시간과 공간의 혼재를 그렸다. "당신은 사랑을 잃고/ 나는 줄넘기를 했다./ 내 영혼의 최저 고도에서/ 넘실거리는 음악,/ 음악은 정오의 희망곡.// (중략)// 나는 사랑을 잃고/ 당신은 줄넘기를 하고/ 음악은 정오의 희망곡,/ 냉소적인 자들을 위해 우리는/ 최후까지/ 정오의 허공을 날아다녔다."(「정오의 희망곡」)와 같이 정오의 의미를 전망이 보이지 않는 어두운 분위기를 띠는 상징으로 형상화했다.

김참[14]은 『미로여행』(2002), 『그림자들』(2006)에서 꿈과 같이

---

12) 이수명(1965~): 1994년 《작가세계》로 등단. 시집으로 『새로운 오독이 거리를 메웠다』, 『왜가리는 왜가리놀이를 한다』, 『붉은 담장의 커브』가 있음.
13) 이장욱(李章旭, 1968~): 1994년 《현대문학》으로 등단. 시집으로 『내 잠 속의 모래산』, 『정오의 희망곡』이 있음.

비논리적이고 비선형적인 세계를 그렸다.

>임금님이 포도주 두 병을 비웠을 때 주방에서 일하던 요리사의 아들이 죽었습니다 요리사의 며느리는 남편이 죽은 줄도 모르고 옷을 짜고 있었습니다 요리사가 구워낸 칠면조가 임금님 식탁에 올라갔을 때 요리사의 아내는 아들이 죽은 줄도 모르고 잔치가 있는 이웃집에서 접시를 닦고 있었습니다 임금님의 요리사가 창고에서 포도주 병을 꺼내 쌓인 먼지를 닦고 있을 때 감옥에 갇혀 있는 노름꾼의 큰아들이 죽었습니다 노름꾼의 큰아들이자 사촌오빠의 사위가 죽은 줄도 모르고 왕비는 주사위 놀이를 하고 있었습니다 술 취한 임금님이 식탁에 엎어져 코를 골고 있을 때 요리사의 막내딸은 아홉 번째 항아리를 열고 뜨거운 기름을 부었습니다 임금님이 잠꼬대를 하고 있을 때 요리사네 옆집에 사는 할머니의 아들이 죽었습니다
>
>——「요리사와 도둑」 부분

『아라비안나이트』에 수록된 「알리바바와 40인의 도둑」을 패러디한 작품인데, 임금과 요리사의 사이가 지배자와 피지배자 간의 관계 혹은 가진 자와 가지지 못한 자 간의 관계를 알레고리화한 것으로 읽힌다. 시인은 기름에 데어 독 안에서 죽고 만 힘없는 사람들의 운명을 상상력으로 이야기하고 있는 것이다.

황병승[15]은 『여장남자 시코쿠』(2005)에서 일관된 의미나 이미

---

14) 김참(1973~): 1995년 《문학사상》으로 등단. 시집으로 『시간이 멈추자 나는 날았다』, 『미로 여행』, 『그림자들』이 있음.
15) 황병승(黃炳承, 1970~): 2003년 《파라21》에 「주치의 h」외 5편이 당선되어 등단. 시집으로 『여장남자 시코쿠』가 있음.

지를 넘는 자유롭고 분방한 상상력을 추구했다.

하늘의 뜨거운 꼭짓점이 불을 뿜는 정오

도마뱀은 쓴다
찢고 또 쓴다

(악수하고 싶은데 그댈 만지고 싶은데 내 손은 숲 속에 있어)

양산을 팽개치며 쓰러지는 저 늙은 여인에게도
쇠줄을 끌며 불 속으로 달아나는 개에게도

쓴다 꼬리 잘린 도마뱀은
찢고 또 쓴다

그대가 욕조에 누워있다면 그 욕조는 분명 눈부시다
그대가 사과를 먹고 있다면 나는 사과를 질투할 것이며
나는 그대의 찬 손에 쥐어진 칼 기꺼이 그대의 심장을 망칠 것이다
　　　　　　　　　　　　　　　──「여장남자 시코쿠」 부분

여장한 남자는 일종의 트랜스젠더로 그 정체성이 모호하다. 남성도 아니고 여성도 아니므로 정체성을 확정할 수 없는데, 시인은 그와 같은 인물의 상황을 시대의 전형으로 생각하고 있다. 성 정체성의 혼란에서 볼 수 있듯이 우리가 살아가는 21세기의 사회는 어느 한 가지로 규정지을 수 없을 만큼 혼재되어 있는 것이다.

김경주[16]는 『나는 이 세상에 없는 계절이다』(2006)에서 음악과 시의 경계를 허물고 탈장르의 형식과 상상력으로 새로운 감각을 선보였다.

　외로운 날엔 살을 만진다

　내 몸의 내륙을 다 돌아다녀본 음악이 피부 속에 아직 살고 있는지 궁금한 것이다

　열두 살이 되는 밤부터 라디오 속에 푸른 모닥불을 피운다 아주 사소한 바람에도 음악들은 꺼질 듯 꺼질 듯 흔들리지만 눅눅한 불빛을 흘리고 있는 낮은 스탠드 아래서 나는 지금 지구의 반대편으로 날아가고 있는 메아리 하나를 생각한다
　나의 가장 반대편에서 날아오고 있는 영혼이라는 엽서 한 장을 기다린다

　오늘밤 불가능이라는 감수성에 대해서 말한 어느 예술가의 말을 떠올리며 스무 마리의 담배를
　사오는 골목에서 나는 이 골목을 서성거리곤 했을 붓다의 찬 눈을 생각했는지 모른다 고향을
　기억해낼 수 없어 벽에 기대 떨곤 했을, 붓다의 속눈썹 하나가 어딘가에 떨어져 있을 것 같다는
　생각만으로 나는 겨우 음악이 된다
　　　　　　　　　　　──「내 워크맨 속 샌시스」부분

---

16) 김경주(金經株, 1965~): 2003년 《대한매일》 신춘문예에 「꽃 피는 공중전화」가 당선되어 등단. 시집으로 『나는 이 세상에 없는 계절이다』가 있음.

"지난 몇 년 동안 나는 비정하고도 성스러운 이 세계 앞에서 경악했고 그 야설(夜雪)을 받아 내느라 몸은 다 추웠다. 어두운 화장실에 앉아 항문으로 흘러나온 피를 닦으며 나는 자주 울었다."라고 시집의 서문에서 밝히고 있듯이, 시인은 결코 안온한 서정성을 품지 않았다. 통사론이나 의미론 등 한국어의 체계에서는 결코 어긋나지 않았으면서도 상상적인 기술로 인해 매우 낯선데, 그만큼 시어가 다양하고 문장이 자유롭고 개성이 강한 것이다.

1980년대에 등단한 박서원은 『모두 깨어 있는 밤』(2002)에서 고통을 품는 신성한 꽃을 피웠다.

1990년대에 등단한 함성호는 『너무 아름다운 병』(2001)에서 현대 문명의 텍스트들을 비판했다. 박정대는 『내 청춘의 격렬비열도엔 아직도 음악 같은 눈이 내리지』(2001), 『아무르 기타』(2004), 『사랑과 열병의 화학적 근원』(2007)에서 언어의 압축과 절제를 넘어서는 유희로 시의 낭만성을 확장시켰다. 변종태는 『안티를 위하여』(2006)에서 상상력과 일상을 결합시켰다. 김왕노는 『슬픔도 진화한다』(2002), 『말달리자 아버지』(2006)에서 개인과 시대의 우울을 인식했다. 이원은 『야후!의 강물에 천 개의 달이 뜬다』(2001), 『세상에서 가장 가벼운 오토바이』(2007)에서 기계와 문명의 감각 그 너머의 근원을 낯선 이미지로 그렸다. 주종환은 『일개의 인간』(2002), 『끝이 없는 길』(2007)에서 현대 자본주의 사회의 모순점들을 비판했다. 윤의섭은 『천국의 난민』(2000), 『붉은 달은 미친 듯이 궤도를 돈다』(2005)에서 시간과 공간, 삶과 죽음의 관계를 환상적으로 그렸다. 성미정은 『사랑은 야채 같은 것』(2003), 『상상 한 상자』(2006)에서 일상을 상상력으로 전환했다. 조연호는 『죽음에 이르는 계절』(2004), 『저녁의 기원』(2007)에서 섬세한 이미지와 환상으로써 죽음, 가난, 불화 등을 이미지화했다. 이용한은 『안녕, 후두둑 씨』(2006)에서 다원화된 세계를 그렸다. 박서영은 『붉은 태양이 거미를 문다』(2006)에서 여성의 몸과 자의식을 성찰했다. 이영수는 『나는 안경을 벗었다 썼다 한다』(2002)에서 미로같이 다양한 상황을 제시했다. 정재학은 『어머니가 촛불로 밥을 지으신다』(2004)에서 세계의 부조리들을 담았다. 김종미는 『생일선물』(2006)에서 가족사를 참신한 비유와 이미지로 그렸다. 진수미는 『달의 코르크 마개가 열릴 때까지』(2005)에서 여성의 몸과 내밀한 욕망을 발견했다. 정익진은 『구멍의 크기』(2003)에서 존재의 비애를 직시했다. 김언은 『숨쉬는 무덤』(2003), 『거인』(2005)에서 대상과의 거리를 유지하며 존재의 근원을 탐구했다. 권혁웅은 『마징가 계보학』(2005)에서 1980년대의 텔레비전 드라마, 만화, 영화 등의 대중문화 코드를 소시민들의 삶과 연결시켰다. 김근은 『뱀 소년의 외출』(2005)에서 환상적인 이미지와 설화의 세계로 생의 본질을 탐구했다. 이기성은 『불쑥 내민 손』(2004)에서 낯선 산문시 문체로 죽음과 부패로 얼룩진 도시를 그렸다. 이재훈은 『내 최초의 말이 사는 부족에 관한 보고서』에서 풍부한 상상력으로 최초의 말이 발성되는 순간을 기록했다. 신해욱은 『간결한 배치』(2005)에서 관계의 소통과 불안을 그렸다. 조말선은 『매우 가벼운 담론』(2002), 『둥근 발작』(2006)에서 전복적인 이미지로 억압과 부조리한 상황을 그렸다. 김병호는 『과속방지턱을 베고 눕다』(2006)에서 미시의 현상을 일상 세계에 연결했다. 김민정은 『날으는 고슴도치 아가씨』(2005)에서 환상과 연상으로써 이 세계의 기성세대를 조롱했다. 김행숙은 『사춘기』(2003)에서 미성숙으로 인한 초조와 우울, 외로움, 충동, 호기심 등을 그렸다. 최치언은 『설탕은 모든 것을 치료할 수 있다』(2005)에서 부조리한 현실을 낯선 형식으로 조명했다.

2000년대에 등단한 이민하는 『환상수족』(2005)에서 손과 발이 절단된 뒤에도 그 부위가 남아 있는 것으로 느끼는 병리적 증상을 통해 자아의 결핍과 상처를 그렸다. 이승원은 『어둠과 설탕』(2006)에서 빈혈 상태에 있는 현대 사회를 묘사했다. 이기인은 『알쏭달쏭 소녀백과사전』(2005)에서 폭압적인 자본주의를 외설적인 기호로 반영했다. 김이듬은 『별 모양의 얼룩』(2005)에서 인간 가치가 사물로 전락한 이 시대를 그로데스크하게 그렸다. 박진성은 『목숨』(2005)에서 병과 삶의 실재를 탐구했다. 유형진은 『피터래빗 저격사건』(2005)에서 모니터킨트로 대변되는 신세대의 정서를 담았다. 박판식은 『밤의 피치카토』(2004)에서 자신의 내밀한 자의식을 성찰했다. 안현미는 『곰곰』(2006)에서 활달한 상상력과 독특한 어법을 보였다. 장석원은 『아나키스트』(2005)에서 대중가요, 과학, 수학, 형이상학 등의 소재로써 형식의 단순함을 파괴하며 다양한 이미지를 보여 주었다. 하재연은 『라디오 데이즈』에서 체험의 사물들을 낯선 이미지로 기억했다. 이근화는 『칸트의 동물원』(2006)에서 일상의 의미를 탐색했다. 조영석은 『선명한 유령』(2006)에서 세속적인 속성을 상상력으로 간파했다.

4) 참여시의 지속

2000년 1월 30일 민주노동당이 창당된 것은 주목할 만한 일이다. 민주노동당은 2004년 제17대 총선에서 10석을 획득, 44년 만에 국회에 진출하는 기염을 토했다. 가난과 사회적 차별로부터 해방되고 싶어 하는 민중들의 열망이 그만큼 컸음을 반증하는 것이다.

2000년 6월 13일부터 15일까지 분단 55년 만에 장벽을 허물고 개최된 남북 정상 회담 역시 역사적 사건이었다. 온 겨레가 부푼 기대로 지켜본 남북 정상 회담은 분단을 넘어 화해와 통일을 향한 대장정의 출발이라는 점에서 의미가 크다. 치열한 국제 경쟁이 진행되는 상황에서 서로 이념을 달리한다 할지라도 민족의 공동 이익을 위해서 협력할 수 있다는 인식을 공유한 것이다.

2007년 4월 2일 한·미 자유 무역 협정(FTA)이 체결된 것도 시사하는 바가 크다. FTA는 자유 무역 협정(free trade agreement)의 영문 머리글자를 딴 약칭으로, 국가 간 물자나 서비스의 이동을 증진시키기 위해 무역 장벽을 제거하는 협정이다. 그 결과 비교 우위에 있는 상품의 수출은 촉진되지만, 경쟁력이 약한 분야는 타격을 입을 수밖에 없다. 한국은 2004년 칠레와 자유 무역 협정을 맺은 뒤 미국과의 협정을 통해 본격적으로 세계의 무역 시장에 뛰어든 셈이다. 앞으로 유럽 연합(EU)이며 중국 등과도 무역 협정이 진행될 것이므로 세계 자본의 영향은 한층 더 심화될 것이다.

자본주의는 자신의 이익을 추구하기 위해서 이 세계의 어떤 시장도 개방시키고 재편시킨다. 무역과 투자를 가로막는 장벽을 제거하고, 투자 협정을 맺고, 상품과 서비스를 자유롭게 거래하고, 노동 시장을 유연화시키는 것이다. 환경 및 노동 관련 규제를 폐지하고, 외국 자본의 차별화를 막고, 자산 매입과 기업 인수 등의 투기에도 몰두한다. 그리하여 지배받는 국가는 내수 시장을 회복시키지 못하고 비정규직 노동자가 급증하고 임금 격차가 심해질 수밖에 없다.

이와 같은 상황에 비춰 보면 시문학은 역사와 사회를 통찰해야 할 책무가 있음이 재확인된다. 아이엠에프 체제, 미국과 북한의 핵 분쟁, 비정규직 및 실업 문제, 남북 문제, 자유 무역 협정 등 일련의 역사적 격변은 문학이 개인적인 차원에서만 머물러서는 안 된다는 사실을, 독자들과 함께 적극적으로 연대해야 된다는 사실을 일러 주고 있는 것이다. 2000년대의 참여시는 그 기대를 만족할 만큼 달성했다고 보기 어렵지만, 나름대로 지속되었다고 평가할 수 있다. 참여시는 '아직' 존재하는 특수한 것이 아니라 한국 시단의 저변에 여전히 유유히 흐르고 있는 것이다.

2000년대의 참여시를 이끈 최종천[17]은 『눈물은 푸르다』(2002), 『나의 밥그릇이 빛난다』(2007)에서 자본주의 사회의 노동자로서 살아가는 실재성을 성찰했다.

> 열 개의 손가락에서 노동은 시들어버렸다
> 열 개의 열려 있는 입을 나는 주체할 수가 없다
> 모든 필요를 만들어내던 손
> 인간의 유일한 실재인 노동보다
> 입에서 쏟아지는 허구가 힘이 되고 권력이 된다니
>
> 나의 손은 이제
> 실재의 아무것도 만들지 않으며
> 허구조작에 전념하고 있다
> 나는 노동을 잃어버리고
>
> 허구가 되어간다
> 상징이 되어간다
>
> ——「가엾은 내 손」 부분

시인은 실재를 통해 상징화된 노동을 비판한다. 상징으로 표상되는 관념과 추상과 형식주의를, 그것을 지향하는 예술을, 그리

---

17) 최종천(崔鍾天, 1954~): 1986년 《세계의 문학》으로 등단. 시집으로 『눈물은 푸르다』, 『나의 밥그릇이 빛난다』가 있음.

고 그것을 공고히 하는 이 세계의 자본주의적 이데올로기를 비판하는 것이다. 오늘의 예술이나 노동이 상징에 지나치게 함몰되어 제 역할을 못하고 있다고 보고, 노동으로써 삶을 영위하는 사람들을 옹호하고 있는 것이다.

김신용[18]은 『환상통』(2005), 『도장골 시편』(2007)에서 수의를 만드는 아내와 함께하는 삶을 통해 가난과 인간 소외로 인한 고통을 치유하려고 했다.

　이 도장골에 처음 발을 디을 때, 나를 압도한 것은 풀이었다. 집 뒤, 버려진 산밭에서부터
　풀들은 무적의 군대처럼 진군해와, 울타리를 덮고 마당까지 점령하고 있었다

　그러나 잠 안 오는 밤, 달빛에 끌려 마당에 내려서면 이슬들은 우거진 풀숲에 맺혀, 그야말로 진주알처럼 빛나며 있곤 했다

　그때, 나는 문득 풀의 짐은 이슬! 이라는 생각을 했었다. 지게도 없이, 짓누르는 무게를 버틸 지게 작대기도 없이
　맨몸으로 등에 짊어지고 있는 짐,

　그 짐이 무거울수록 무게가 아프게 등짝을 파고들수록, 그 아픔을 덜기 위해 한 걸음이라도 더 빨리 걸어야 하는

---

18) 김신용(金信龍, 1945~): 1988년 《현대시사상》에 「양동시편」 외 6편이 당선되어 등단. 시집으로 『버려진 사람들』, 『개 같은 날들의 기록』, 『몽유 속을 걷다』 등이 있음.

그렇게 한 걸음이라도 더 빨리 걸어 짐을 내려놓은 순간, 다시 등에 얹어야 하는

　　　　　　　　——「도장골 시편—이슬」부분

풀잎에 달린 이슬방울을 보고 지게꾼으로서 날품을 팔며 하루하루를 연명하던 자신의 삶을 떠올리고 있다. 그만큼 시인에게 노동은 삶의 조건이자 토대이다. 그리하여 도장골이라는 곳으로 삶의 장소를 이동했다고 하더라도 생활고라는 실존적 고통으로부터 자유로울 수 없음을 보여 준다. 컴퓨터가 지배하는 현대 사회에도 육체 노동자가 엄연히 존재하고 있고, 그들의 땀이 결코 하찮은 것이 아님을 강조하고 있는 것이다.

엄원태[19]는 『물방울 무덤』(2006)에서 "식당 아줌마는 늘 준비해 놓은 반찬 중에서/ 날짜를 못 이겨 상하기 직전인 것만으로/ 자신의 식사를 해결하곤 하는데,/ 그 처연한 혼자만의 식사를/ 그 앞을 지나다니며 무심히 몇번 보았다/ 삶이란 게 그런 것은 아닌가/ 쉬어빠지기 직전의 음식을 어쩔 수 없이/ 혼자서 느릿느릿 씹어대는, 어떤, 말로는 다 못할/ 무심함 같은, 그런 나날들의 이어짐……"(「늦은 오후의 식당」)이라고 했듯이 궁핍하고 소외된 이웃들을 포옹했다.

맹문재[20]는 『물고기에게 배우다』(2002), 『책이 무거운 이유』(2005)에서 "나는 경찰서며 보험사며 심지어 병원 영안실이/ 부

---

19) 엄원태(嚴源泰, 1955~　): 1990년 《문학과사회》에 「나무는 왜 죽어서도 쓰러지지 않는가」 외 4편을 발표하며 등단. 시집으로 『침엽수림에서』, 『소읍에 대한 보고』, 『물방울 무덤』이 있음.
20) 맹문재(孟文在, 1963~　): 1991년 《문학정신》에 「댑싸리」 외 5편이 당선되어 등단. 시집으로 『먼 길을 움직인다』, 『물고기에게 배우다』, 『책이 무거운 이유』가 있음.

르지 않기를 바라는 것처럼/ 그들의 손짓을 싫어한다// 그러나 나는 붉은 머리띠를 두르고/ 클럽 회원증을 찢지 못한다// (중략)// 이 도시에서 나를 배척하는 건/ 이자 클럽이다"(「이자(利子) 클럽」)라고 했듯이, 이자로 상징되는 무소불위의 자본주의를 고발하고 있다. 이자의 만연에 희생당하고 있는 약자들의 편에 서서 자본주의의 모순을 비판하고 있는 것이다.

유홍준[21]은 『상가(喪家)에 모인 구두들』(2004), 『나는, 웃는다』(2006)에서 '반쪼가리'로 칭할 수 있는 사회적 약자들을 그렸다.

반쪼가리 아버지가 반쪼가리 어머니 또 패대기치고 있었다 반쪼가리 밥상이 오리처럼 날아갔다 반쪼가리 마당 가득 반쪼가리 그릇들이 흩어졌다 반쪼가리 교과서를 북북 찢었다 나는 반쪼가리 교과서를 찢고 또 찢으며 울부짖었다 반쪼가리 아버지 런닝구도 너덜너덜했다 반쪼가리 달이 떠서 반쪼가리 잠자고 어머니 또 행상 나갔다 반쪼가리 아버지 또 검은 고무튜브 옷 입고 시장바닥 기어다녔다 반쪼가리 아버지가 부르는 노래 반쪼가리 동생 업고 시장입구에 서서 들었다

―「반쪼가리 노래」 부분

시인이 반쪼가리들을 내세우고 있는 것은 자신을 반쪼가리로 인식하고 있기 때문이고, 또 반쪼가리들을 품고 있기 때문이다. 억압받고 작고 낮고 힘없고 부족하고 하찮은 반쪼가리들을 포옹하면서 그들의 생명력을 회복시키고자 하는 것이다.

표성배[22]는 『개나리 꽃눈』(2006), 『공장은 안녕하다』(2006)에서

---

21) 유홍준(劉烘埈, 1962~): 1998년 《시와반시》에 「지평선을 밀다」 외 4편이 당선되어 등단. 시집으로 『상가(喪家)에 모인 구두들』, 『나는, 웃는다』가 있음.

공장 생활을 구체적으로 그렸다. "사십이다. 아직 넘어야 할 산이 높다. 건너야 할 강이 몇 개인지도 모른다. 공장 그림자가 어깨에 내려앉아 아이들 커가는 것만큼 작아진다. 처음 일을 시작한 공장 터에는 번들거리는 건물이 높이 솟아 내 추억 같은 외로움마저 슬프게 한다/ 그래도 공장은 안녕하다"(「공장은 안녕하다」)에서 볼 수 있듯이, 공장은 시인의 삶에서 배제할 수 없는 대상이다. 근대 사회 이후 공장은 사회 및 경제 상황을 크게 변화시켰는데, 시인은 그 상황과 문제점을 나름대로 고민했다.

1980년대에 등단한 김만수는 『산내통신』(2007)에서 일상의 가치를 시의 미학으로 그렸다. 강세환은 『상계동 11월 은행나무』(2006)에서 불편한 지형에 있는 사회적 약자들을 끌어안았다. 최창균은 『백년 자작나무숲에 살자』(2004)에서 농민시의 계보를 이었다. 안상학은 『오래된 엽서』(2003)에서 농민들의 현실적 고통을 담았다. 정세기는 『겨울산은 푸른 상처를 지니고 산다』(2002)에서 삶의 신념과 상처를 끌어안았다. 서수찬은 『시금치학교』(2007)에서 대추리 도두리 주민들의 삶을 중심으로 농어민들의 역사적 의의를 조명했다. 육봉수는 『근로기준법』(2002)에서 노동운동의 당위성을 당당하게 토로했다.

1990년대에 등단한 유용주는 『은근살짝』(2006)에서 유년기의 가난과 슬픔을 그렸다. 조성국은 『슬그머니』(2007)에서 민중의 편린에 빚진 마음을 내보였다. 최영미는 『돼지들에게』(2005)에서 위선적인 지식인들을 풍자했다. 김태정은 『물푸레나무를 생각하는 저녁』(2004)에서 자본주의의 질서를 거부하는 인간애를 그렸

---

22) 표성배(表成倍, 1966~): 1995년 「우리의 요구는 너무나 작은 것입니다」로 '제6회 마창노련문학상'을 수상하면서 작품 활동 시작. 시집으로 『아침 햇살이 그립다』, 『저 겨울산 너머에는』, 『공장은 안녕하다』 등이 있음.

다. 이중기는 『밥상 위의 안부』(2001), 『다시 격문을 쓴다』(2005)에서 이농 문제와 농업 개방에 따른 농촌 붕괴를 토로했다. 조기조는 『기름 미인』(2005)에서 도시의 거리를 부유할 수밖에 없는 사회적 약자를 그렸다. 한미성은 『어두워질 때까지』(2006)에서 인간다움의 세계를 상징하는 이미지를 찾았다. 박해석은 『하늘은 저쪽』(2005)에서 자본주의의 비인간적인 상황을 비판했다. 정철훈은 『살고 싶은 아침』(2000), 『내 졸음에도 사랑은 떠도느냐』(2002), 『개 같은 신념』(2004)에서 현대사의 문제와 역사적 실존을 고민했다. 박일환은 『푸른 삼각뿔』(2001)에서 뒤틀린 일상들을 그렸다. 이덕규는 『다국적 구름공장 안을 엿보다』(2003)에서 농민들의 삶과 애환을 그렸다. 윤임수는 『상처의 집』(2005)에서 늙은 역무원, 가난한 농부, 철도 궤도공 등을 소개했다. 이세기는 『먹염바다』(2005)에서 서해 어촌에서 살아가는 사람들의 정서를 살려 냈다. 이종수는 『자작나무 눈처럼』(2002)에서 풍자와 야유로 부조리한 세상을 비판했다. 박관서는 『철도원 일기』(2000)에서 철도원의 일상을 구체적으로 그렸다. 류외향은 『꿈꾸는 자는 유죄다』(2002)에서 자본주의에 억압된 자들의 소통을 간구했다.

2000년대에 등단한 조혜영은 『검지에 핀 꽃』(2005)에서 노동자로 살아가기 위한 투쟁을 노래했다. 이면우는 『아무도 울지 않는 밤은 없다』(2001)에서 힘들지만 진실하게 살아가는 삶을 보여 주었다. 송경동은 『꿀잠』(2006)에서 노동시의 구체성을 복원시켰다. 임희구는 『걸레와 찬밥』(2004)에서 되돌아보기와 바로보기로써 사회적 자아를 인식했다.

이밖에 2000년대의 참여시를 이끈 시인으로는 고증식, 권혁소, 김광선, 김명환, 김시천, 김사이, 김인호, 김종인, 김태수, 김해자, 문동만, 문영규, 박인섭, 박후기, 박희용, 서규정, 송태웅, 신현수, 안용산, 오인태, 오철수, 이대흠, 이도윤, 이민호, 이한

주, 이행자, 임동확, 임성용, 전승묵, 정연수, 조현문, 황규관 등을 들 수 있다.

(맹문재)

찾아보기

ㄱ

가갸날 131, 136
『가난한 사랑 노래』 486
『가람 시조집』 131, 215
「가련아(可憐兒)」 138
『가만히 좋아하는』 603
가사 23, 66
「가신 어머님」 132
「가엾은 내 손」 629
『가오리의 심해』 601
「가을 운동회」 412
「가을에」 529
「가을의 노래」 103, 308
「가을이 서럽지 않게」 275
『가장 따뜻한 책』 600
『가장 어두운 날 저녁에』 519
「가재미」 610
『가족』 604
「가족극장, 과부가 된 아버지」 619
가톨리시즘 182, 297
「간」 207
『간장 달이는 냄새가 진동하는 저녁』 601
「갈대」 308, 314
『갈매기 소묘(素描)』 273
『갈증이며 샘물인』 550
감태준(甘泰俊) 443
『강 같은 세월』 542
『강강술래』 313
강경화 401
강계순 298
「강마을」 525
「강물」 310
「강물에서」 302
『강설기』 393
강세환 633
강신애 583, 616
『강아지풀』 409
강연호 583, 616
강영환 601
강우식(姜禹植) 393, 400
강은교(姜恩喬) 400, 432~433, 483, 556, 599
강인한 314, 349, 413, 496, 599
강일순 484
「강 있는 마을」 238
강창민 401
강현국 400
강희근 400
『개리 카를 들으며』 601
『개마고원에서 온 친구에게』 599
『개밥풀』 467, 468
이시영(李時英) 399, 468, 483, 538, 549, 564, 567~568, 600
「개복(開腹)」 361
개화 가사 66, 95, 109
개화기 5, 15, 17~19, 22~23, 43, 45, 46, 49~52, 61~63, 70~71, 73, 82~83, 90~93, 100, 110
「거미」 328, 613
「거울」 189, 306
「걸식」 16
『검은 산 하얀 방』 483

찾아보기

「검은 신」 326
『것들』 600
『겨울 가야산』 602
「겨울 아침」 607
「겨울나무」 297, 520
『겨울-나무로부터 봄-나무에로』 508
『겨울날』 399
「겨울밤」 308
『겨울섬』 433~434
『겨울의 황혼』 17
『겨울축제』 413
「겨울 오동나무」 579
격조시(格造詩) 22
「경계」 541
「경부철도가」 23, 86
『경상도의 가랑잎』 405
『경주 남산』 604
「경찰은 공장 앞에서 데모를 하였다」 495
「경축가」 96
《경향신문》 54, 239
《계명》 132
「계엄령 속의 눈」 445~446
「고개 머리에서」 286
고광헌 498
「고궁」 251
고두현 614
「고래를 기다리며」 542
「고목가」 96
『고백성사-못에 관한 명상 1』 567
「고사 1」 233
「고사(古寺) 2)」 175, 233

「고사」 176
「고산행(高山行)」 436
『고슴도치의 마을』 502
고시가 95
「고야」 187
고영민 616
『고원의 곡』 216
고재종 483, 496, 498, 543, 549, 603
고정희 483, 487, 490
고진하 552~553, 616
『고통의 축제』 448
「고풍의상」 176, 231
고한용 32, 137
『고향 길』 603
「고향 앞에서」 168
「고향」 187
고형렬 483, 545, 549, 602
「고흔 봄길 우혜」 161
「곰」 99
공광규 548, 604
『공놀이하는 달마』 601
《공동체 문화》 481
「공자(孔子)의 생활난(生活難)」 240
「공중 정원 1」 505
곽재구 483, 490, 492, 516, 543
곽효환 615
「광야」 208
광주 학생 운동 147, 149
「광주로 가는 길」 543
『교사일기』 499
교육 현장시 498, 500
교육시 500

찾아보기

『구곡(九曲)』 444
「구름과 장미」 242
『구름과 장미』 215~216, 241~242
구상(具常) 595
구송 시대 110
구자운 302, 307
「구작삼편」 82
구재기 483
『국경 없는 공장』 601
『국경(國境)의 밤』 133, 148
「국 경 의 밤」 33~34, 37~38, 133~135
「국군은 죽어서 말한다」 250, 288~289
『국군은 죽어서 말한다』 248
「국군은 죽어서 말한다——나는 광주 산곡을 헤매다가 문득 혼자 죽어 넘어진 국군을 만났다」 250
「국립도서관」 328
국문 운동 110
국민문학 129, 130~131, 199
국민문학 운동 130
《국민문학》 155, 202~203
국민시 199~200, 202
《국시》 482
「국제 열차는 타자기(打字機)처럼」 320
《국제신보》 217
『국토』 399, 462
「군대」 311
「굴뚝의 정신」 553
「궁(宮)」 301

권달웅 418
권용득 215
권일송(權一松) 302, 307
권지숙 400
권택명 418
권한 223
권혁웅 583, 626
권환 156, 195
『귀』 599
「귀가」 307
『귀촉도』 216, 236, 261
「귀향시초(歸鄕詩抄)」 275
「귀향시편」 239
『그 여자네 집』 542
「그날이 오면」 209
『그날이 오면』 216
「그네」 291
『그늘 반근』 588
「그대는 허무의 극점에서」 280
『그때 휘파람새가 울었다』 603
『그래 우리가 만난다면』 545
그로테스크 리얼리즘 585
『그리스도 옛애인』 413
「그리움」 224
『그림자 호수』 603
「그해 가을」 507
극 문학 35
극시 33~35, 37, 487
근대성(modernity) 204, 247, 367, 553
「금광」 582
《금성(金星)》 114, 118, 133

찾아보기

『기(旗)』 221, 255, 295, 326
기념시 213~214, 235~236, 490
『기다리며 사는 사람들』 309
「기다림」 288
「기도(祈禱)」 268
「기상도」 180, 185
『기상도』 180, 216
「기상예보」 530
『기억의 집』 512
「기차-밤밭골에서」 547
『기항지』 215
기형도 501, 503~505, 585
「기화」 16
『길 밖의 길』 603
「길」 538
길상호 616
「길안에서의 택시 잡기」 514
『길안에서의 택시 잡기』 513
『길은 당나귀를 타고』 603
김경린(金璟麟) 32, 239, 246, 315, 317, 319~324
김경미 556, 564, 603
김경주(金經株) 624
김경희 315~316
김관식(金冠植) 302, 312, 399
김광규(金光圭) 400, 453~454, 483, 501, 564, 570, 601
김광균 32, 156~157, 180, 183, 211, 215, 238, 260
김광림(金光林) 281, 400
김광섭 170, 213, 237, 260, 274, 399
김광협(金光協) 393

김구용 32, 278, 444, 500
김규동(金奎東) 217~218, 246, 317, 323~324, 597
김근 626
김기림(金起林) 32, 156~157, 180, 184~186, 215, 500
김기진(金基鎭) 138, 144, 148, 192
김기택 480, 531, 574, 587, 613
김기홍 603
김길나 615
김남조(金南祚) 287, 292~293, 295, 297, 302, 408, 597
김남주 483, 488, 489, 534
김달진 170~172, 213
김동리 213, 480
김동명 215
김동인(金東仁) 113
김동환(金東煥) 37~38, 133, 135, 148, 200
김만수 633
김명수 483, 601
김명인(金明仁) 400, 434, 436~437, 483, 564, 568, 570, 600
김민정 626
김백겸 524, 530, 603
김병욱 315~316
김병호 616, 626
김사인 483, 490, 493, 603
김상미 614
김상옥(金相玉) 133, 170, 172, 215~216, 238, 260, 275, 595
김상용 170, 200

찾아보기

김석규 400
김선우(金宣佑) 556, 564, 611
김선학 414, 479
김성영 400
김성춘 418
김소연 590, 614
김소월(金素月) 119, 120~121, 123, 133, 148~149, 158
김수복 418, 616
김수열 548, 603
김수영(金洙暎) 32, 217~219, 239~241, 315, 317, 327~329, 339~343, 345, 375, 455, 556, 564
김수철 75
김순기 248, 255
김승희 501, 556, 558, 600
김시태 400, 479
김신용(金信龍) 531, 583, 630
『김씨의 옆얼굴』 452, 502
김안서 17, 22, 215
김억(金億) 95, 99~102, 115~117, 137, 148, 215
김언 626
김언희(金彦姬) 584, 618
김여수(金麗水) 111, 140
김여제(金輿濟) 17, 54, 59
김영남 615
김영랑(金永郞) 146, 156, 158~161, 213, 238, 389
김영석 418
김영승 32, 506, 514, 583
김영태 373~374, 450, 595, 597~598

김왕노 625
김용락 548, 603
김용제 200
김용택 483, 496~497, 516, 542, 548
김용호 170, 200
김유신 401
김윤 615
김윤배 524, 604
김윤성(金潤成) 219, 238, 249, 280
김이듬 627
김정란 501, 556, 564
김정환 483, 490, 539, 602
김종길(金宗吉) 219, 239, 277~278, 597
김종문(金宗文) 302, 317, 329, 333
김종미 626
김종삼(金宗三) 281, 329, 444, 450
김종진 302
김종철(金鍾鐵) 436, 441, 564, 566
김종한(金宗漢) 200~202
김종해(金鍾海) 373~374, 400, 430, 598
김준식 400
김준오 80, 424, 451
김준태(金準泰) 399, 464~465, 483, 538
김중식 575
김지하(金芝河) 37~38, 459, 483, 489, 538, 549~550, 599
김지향 297
김진경 483, 548
김진섭(金晉燮) 136, 213

찾아보기

김차영 317
김창완(金昌完) 399~400, 467
김초혜 413, 482
김춘수(金春洙) 32, 80, 215~216, 219, 241, 255, 275~277, 444, 455, 595
김태동 590
김태정 633
김팔봉 200
『김포 운호가든집에서』 602
김해강 191
김해화 483, 493, 496, 603
김행숙 626
김현구 159
김현승(金顯承) 177~178, 238, 287, 399, 406
김형영(金炯榮) 400, 413, 599
김혜숙 298
김혜순 32, 476, 506, 511, 556, 559, 601
김화산(金華山) 140~141
김후란(金后蘭) 394
「깽」 225
「깽판」 508
「꽃」 166, 208, 276~277, 306
『꽃나무 아래의 키스』 598
『꽃들은 별을 우러르며 산다』 565~566
「꽃밭」 277
「꽃밭의 독백(獨白)-사소 단장(娑蘇斷章)」 263
『꽃에게 길을 묻는다』 602

『꽃을 꺾기 시작하면서』 400
「꽃을 위한 서시」 276~277
『꽃피는 처녀들의 그늘 아래서』 599
『꿈꾸는 섬』 523
『꿈꾸는 한발(旱魃)』 449
『꿈속의 뼈』 248
「꿩 발자국 1」 502

ㄴ

『나 사는 곳』 215
『나는 너다』 508
『나는 문이다』 599
『나는 바퀴를 보면 굴리고 싶어진다』 400, 445~446
『나는 별 아저씨』 400, 448
「나는 유리창을 나라고 생각한다」 278
나도향(羅稻香) 114
「나라에 슬픔이 있을 때」 224
「나무 안의 절」 522
「나무」 280, 310
『나무들은 말한다』 600
「나무와 먼길」 287
『나무와 바람』 295~296
『나무와 바람과 세월』 602
「나비와 광장」 324
『나비와 광장』 324
「나비와 철조망」 259
「나아드의 향유(香油)」 295~296
『나의 나무가 너의 나무에게』 521
「나의 안에서」 332

「나의 처녀막 3」 348
「나의 처녀막(處女膜) 2」 348
「나의 처녀막(處女膜)」 346
『나의 친구 우철동씨』 394
「나의 침실(寢室)로」 127
『나의 칼 나의 피』 489
나태주(羅泰柱) 415, 515, 518, 600
나희덕(羅喜德) 556, 562~563, 607
「낙엽후(落葉後)」 407
「낙와(落瓦)의 부(賦)」 171~172
「낙화(落花)」 232, 283~284, 312
『낙화집(落花集)』 312
난해시 376, 402, 434
「날개가 돋쳤다면」 163
「낡은 집」 198, 223
「낡은 집」 223
『남과 북』 598
남궁벽(南宮璧) 113
남궁억 57
「남남 27」 408
「남남 43」 408
『남남』 408
「남대문(南大門)」 290
「남신의주유동박시봉방」 187, 218~219
남진우 524~525, 585, 587, 602
『남한강』 486
낭만주의 27, 29, 31, 145, 195~196, 584
「낭인(浪人)의 봄」 119~120
『낮은 수평선』 599
『낱말 추적』 427
『내 몸에는 달이 살고 있다』 491, 603

「내 반지의 여자(女子)」 364
「내 워크맨 속 갠지스」 624
『내 젖은 구두 벗어 해에게 보여줄 때』 525
『내가 암늑대라면』 603
「내관(內觀)」 568
「내리는 눈」 367
「내의 가슴」 99, 103
『냄비는 둥둥』 558, 600
「너」 588
『너무 많은 입』 599
『넋이야 넋이로다』 487
『네 눈동자』 485
네모예프 99
네오클래식(neo-classic) 29~31
네코에푸스키 16
「노고지리」 132
《노동문학》 494
노동시 493, 495~497, 540, 602, 618, 634
『노동의 새벽』 482, 493~494
《노동자신문》 476
『노래는 푸른 나무 붉은 잎』 540
「노래를 지으시려는 이에게」 146
『노산(鷺山) 시조집』 130, 132
「노을이 깔릴 때」 283
「노작(勞作)」 16
노천명(盧天命) 177~178, 200, 260, 288, 290~293
노향림(盧香林) 453, 556, 600
노혜경 556, 564
「논개(論介)」 122~123

643

찾아보기

「논개의 애인이 되어 그의 묘에」 123
《녹색평론》 549
「논학교창가」 88
「농무」 397
『농무』 399, 460
농민시 496~498, 603, 633
《농민신문》 476
「농부 아들의 탄식」 141
「농부의 선물」 141
『누구도 마침표를 찍지 못한다』 604
『누구인지 몰라도 그대를 사랑한다』 599
『누군가 다녀갔듯이』 598
『누님의 가을』 415
『누워서 부르는 사랑 노래』 604
『눈 온 날 저녁』 412
「눈길」 314, 461
「눈나리는 보성(堡城)의 밤」 197
『눈물 속에는 고래가 산다』 548
『눈물꽃』 488
「눈보라가 치는 날-국토 21」 462
『눈부신 마음으로 사랑했던』 598
『느릅나무에게』 597
「님의 침묵(沈默)」 126~127
『님의 침묵(沈默)』 102, 126, 148

ㄷ

다다이즘 29, 112, 135, 137~138, 140~141, 148, 180
「다리 우에서」 224
「다리 위에서」 306

「다리목」 283
「다보탑」 238
『다보탑을 줍다』 598
「다섯 계단의 어둠」 530
『다시 광야에』 399
「다시 제주도」 275
「단순한 봉선화의 애화」 190
단편 서사시 191~192
「달 있는 제사」 224
『달넘세』 486
『달력 공장 공장장님 보세요』 601
「달밤」 268, 275
『달의 이마에는 물결무늬 자국』 601
「담(曇)-1927」 140
『답청』 465
『당산철교 위에서』 603
「당인리 근처」 271
「대국민의 기백」 16
『대꽃』 492, 543
「대낮」 381
『대낮』 215, 332
『대설 남』 459, 484
『대설주의보』 502
『대숲 아래서』 415
「대양」 16, 99
『대열』 496
《대조》 217
《대한매일신보》 49~50, 52, 54~55, 57~58, 63~64, 69, 83, 87~88, 91~92, 95
《대한민보》 50, 52, 57, 63
《대한학회월보》 53, 55, 59, 62, 93

찾아보기

《대한흥학보》 50, 63
「The Last Train」 168
데페이즈망 322, 359, 361
「도(悼) 이마리아」 130
『도둑이 다녀가셨다』 598
《도시빈민신문》 476
도시시 502~503
「도시에 내리는 비」 103
「도시와 넥타이」 307
「도장골 시편-이슬」 631
도종환 482, 498, 544, 604
도하룡 400
《독립신문》 49, 54, 60~61, 66~67, 77~79, 113
「독무(獨舞)」 374
「독을 차고」 162
「독자놈들 길들이기」 511
「돌」 422
「돌담에 속삭이는 햇발」 161
돌샘[石泉] 17
「돌의 깊이」 370
「동강의 높은 새」 572
『동강의 높은 새』 604
『동경』 237
《동광(東光)》 132, 275
『동두천』 400, 434, 568
「동심가」 67
《동아일보》 130~131, 138, 154, 163, 172, 177, 199~200, 307, 362, 374, 390, 393, 418, 467, 504, 525, 529, 542, 564, 587
『동행』 295, 408

「두견」 162
『두고 온 시』 598
『뒹구는 돌은 언제 잠 깨는가』 455, 506
「들국화」 239, 275
「들판의 비인 집이로다」 418~419
『들판의 비인 집이로다』 418
「등불」 310
「등산」 421
「따스한 것을 노래함」 271
「땅」 239, 308
「떠나가는 배」 160
『떠도는 몸들』 600
「떡살」 390, 412
『떨어져도 튀는 공처럼』 501
「또 다른 고향」 207
『또다른 별에서』 511
『뜨거운 노래는 땅에 묻는다』 264
『뜨거운 달』 410
「띠의 강반의 방앗군」 16

ㄹ

랭보 103
『레닌의 노래』 602
「렌의 애가」 178
류외향 616, 633
《르포시대》 481
리리시즘 158~159, 173, 479, 515
리얼리즘 27~28, 31, 111~112, 359, 374
리중원 67

645

찾아보기

ㅁ

마광수 401
「마굿간 여자(女子)」 363~364
『마당으로 출근하는 시인』 604
「마당은 삐뚤어도 장구는 바로 치자」 497
《마산문학》 481
「마을은 맨천 구신이 돼서」 218~219
『마음』 216, 237
『마음의 귀』 601
『마음의 수수밭』 556
마조히즘 508
마종기 564, 571, 597~598
마종하(馬鍾河) 373~374
「마지막 지상(地上)에서」 407
『마지막 지상에서』 399, 406
『마침내 시인이여』 482
『막동리 소묘』 415
「만국의 노동자여」 495
「만수성절을 축함」 75
『만월』 399, 468
『만인보』 485, 598
「만인보-서시」 485
「만추」 238
《말》 476
「말세의 희탄」 128
『맑은 날』 497, 542
『망향』 602
「망향의 노래」 275
『매달려 있음의 세상』 400, 418
《매일신보》 66, 86, 105, 155, 202, 320
『매장시편』 493
『맹꽁이는 언제 우는가』 518
맹문재(孟文在) 548, 631, 635
『머슴새가 울었다』 602
「먼 그대」 565
『먼동이 틀 제』 215
『먼지 속 이슬』 603
『메이비』 400
메타시 585
『명궁(名弓)』 436
『모기들은 혼자서도 소리를 친다』 400, 413
모더니즘 8, 27~32, 112, 129, 137~138, 141, 148, 156~157, 159, 179~180, 187, 204, 240, 246~247, 292, 304, 315~320, 322~323, 327~328, 331~335, 340~341, 353, 356, 359, 365, 367~368, 371~374, 402~405, 444~445, 449, 463, 500, 503, 519, 531, 536, 539, 549, 583
「모란송」 305
「모란여정」 269
「모란이 피기까지는」 161
「모르네 나는」 96
모윤숙(毛允淑) 177~178, 200, 248, 250, 252, 288, 290, 292, 302, 309~310
「모음」 103
「목계장터」 461~462
『목마른 자는 잠들고』 423
「목마와 숙녀」 325

찾아보기

『목석의 노래』 172, 275
「목숨」 296, 332
『목숨』 295~296, 627
목적시 458
몬트꼬 메리 16
『몸 바뀐 사람들』 443
「몸시(詩)」 362
『몸에 피는 꽃』 546
『못에 관한 명상』 441, 566
「못은 박혔는데」 283
「묘(墓)」 420
「묘정(廟廷)의 노래」 217
「묘지송(墓地頌)」 173, 230
『무너진 지층(地層)』 248
『무림일기』 514
「무명(無名)」 310
『무명연시』 519
『무순(無順)』 405
『무언가 찾아올 적엔』 601
무의미시 275, 445, 451
「무인도를 위하여」 440
『무인도를 위하여』 400, 439
「무제(無題) 2」 274
『무지개가 되기까지는』 518
「무한낙하(無限落下)」 406
묵시록적 글쓰기 585
『문 열어라 하늘아』 599
「문(門)」 239
문덕수(文德守) 80, 310, 400, 445
문병란 483
「문어구」 16
《문예》 218, 249, 302, 177, 283, 298,
302, 305~306, 309~310, 313, 331,
333
《문예시대》 141
《문예중앙》 400, 514, 610
문인수 524, 571, 604
《문장》 170, 172, 202, 217~218, 228
문장파 157, 172, 177
『문정희 시집』 414
문정희(文貞姬) 414, 515, 518, 599
문총 구국대(文總 救國隊) 249
문충성 400, 601
문태준(文泰俊) 583, 610
문학 건설 총본부 212
《문학》 213, 218
《문학과지성》 43~44, 47, 339, 378,
382, 399, 479, 482, 506, 510, 512,
570
《문학사상》 272, 415, 523, 529, 575,
607, 622
「문학의 가치」 50
《문학의 시대》 481~482
문화 건설 중앙 협의회 212
《문화전선》 212~213
문효치 400
『물고기와 만나다』 600
『물로 바람으로』 412
「물 속에 잠긴 TV」 560
《미래시》 481
미래파 29, 112, 617
미술 건설 총본부 212
《민성》 217
《민심》 217

찾아보기

민영(閔暎) 314, 413~414, 483, 538, 597~598
민요 17, 65, 71~72, 78, 92, 461, 486, 490, 602
민요시 107, 133, 136, 393~394
민용태 393~394
《민의》 482
민재식 329
《민족과 문화》 481
민족문학론 212, 479~480
민주 통일 민중 운동 연합 476
민주화 운동 청년 연합 476
《민주화의 길》 476
《민중 교육》 482
《민중》 481
민중 문학 346, 478, 480~481, 493~494, 515
민중시 107, 346, 385, 460, 465~467, 478~480, 482~486, 488~489, 493~494, 516~517, 519, 521, 531, 534
《민중시》 482, 495
《민중의 소리》 476
민중적 서정시 517, 549
민청련 476
민통련 476
「밀실로 돌아가다」 119, 127

ㅂ

「바다 2」 181~182
『바다 속의 흰머리뫼』 602
『바다 호수』 600
「바다」 165, 181, 356, 449
『바다가 보이는 교실』 499
「바다가 보이는 교실-우리반 내 아이들에게」 499~500
「바다에서」 460
「바다에의 향수」 291
『바다와 나비』 215
『바다의 아코디언』 600
「바다의 층계(層階)」 321
『바닷가 우체국』 542
「바닷가의 장례」 570
「바람 부는 솔숲에 사랑은 머물고」 498
「바람」 266, 273, 288
『바람과 깃발』 602
『바람의 목례』 603
『바람의 서쪽』 548, 611
「바람이 남긴 은어」 520
「바위에 묻힌 꿈같이」 275
『바이칼 키스』 599
박관서 634
박남수 170, 260, 273
박남준 604
박남철 32, 506, 510~511, 583, 602, 618
박노해 482~483, 489, 493~495, 534, 540, 602, 618
박두규 548
박두진(朴斗鎭) 156, 170, 172, 174, 176, 213, 215~217, 228, 230~231, 233~234, 249, 271, 273

찾아보기

박라연 556, 564, 614
박명성 298
박목월(朴木月) 156, 170, 172, 174~176, 205, 213, 215, 217, 228, 233, 249, 260, 269~271, 405~407, 423
박몽구 601
박봉우(朴鳳宇) 248, 257~259, 399
박산운 228
박상순(朴賞淳) 619
박상천 524, 529
박서영 626
박서원 625
박성룡(朴成龍) 302, 305
박성우(朴城佑) 612
박세영(朴世永) 141~142, 156, 195~196, 212, 215, 223
박세현 483, 498
박아지(朴芽枝) 141, 156, 191, 215
박양균 302, 305
박영근 493, 496, 548, 595, 602
박영숙 297
박영희(朴英熙) 102, 113~114, 138, 604
박용래(朴龍來) 302, 308, 400, 409
박용철(朴龍喆) 146~147, 156, ~157, 159~160, 389
박용하 549, 616
박은식 52, 57
박의상(朴義祥) 373~374, 598
박이도(朴利道) 392, 413
박인환(朴寅煥) 32, 217, 239~240, 246, 249, 315, 317, 324~327, 373
박일환 634
박재삼(朴在森) 246, 302~304, 410
박정남 400
박정대 583, 625
박정만 515, 518
박정희 298, 395~396, 466, 473
박제천(朴堤千) 391, 424
박종화(朴鍾和) 101, 113~114, 127, 148, 213, 215
박주택 524, 572~573, 604
박진성 627
박찬 524, 595, 603
박찬일 580, 614
박철 548, 613
박태일 602
박태진 239, 317
박판식 627
박해석 634
박해수 400
박현수 532
박형준(朴瑩浚) 549, 581~582, 609
박홍점 616
박희진(朴喜璡) 302, 305, 400, 413, 597
『반대쪽 천국』 601
『반란하는 빛』 353
반미학(反美學) 584
『반성』 514
《반시》 400, 467
「반쪼가리 노래」 632
반칠환 614

649

찾아보기

발라드 33, 36~38
『밤 미시령』 602
「밤」 278, 434
「밤과 나」 99~100, 103
「밤의 노래」 239
『밤의 서정』 275
『밧줄』 521
「방울음산」 572
『방울새에게』 598
「배반(背叛)」 428
배용제 583, 615
배창환 498, 602
『배추흰나비를 보았습니다』 600
『백년 동안 내리는 눈』 601
『백록담』 183
백무산 483, 493, 495~496, 540, 549, 603, 618
《백민》 217
『백발의 꽃대궁』 400, 409
백석(白石) 151, 186~187, 218~219
「백수(白手)의 탄식(歎息)」 139
「백양(白楊)에 부치는 노래」 294
『백자도(白子圖)』 452
「백자부」 238
『백제행』 399, 463
《백조(白潮)》 114
「백탑송(白塔頌)」 278
「백팔번뇌(百八煩惱)」 129
『버리고 싶은 유산』 216, 238, 407
『버클리풍의 사랑 노래』 598
『벌레소리송』 301
『벌초』 546

「벌판」 606
「법성포 십이경(法聖浦 十二景)」 131
『벙어리장갑』 599
베를렌 102~104, 116
『벼는 벼끼리 피는 피끼리』 487
『벽(壁)』 333
「벽」 164
『벽소령』 601
《변방》 481
변영로(卞榮魯) 113, 121~123, 148, 213
변종태 625
「별」 408
《별건곤(別乾坤)》 141
별곡 95
『별까지 가면 된다』 521
『별밤을 우러르며』 484
「별은 창에」 291
「별이 비치는 지붕」 521, 602
『별자리에 누워 흘러가다』 602
「병든 서울」 225
『병든 서울』 215
「병인년과 시조」 130, 132
「병중몽몽」 96
보들레르 29, 97, 102~105, 165~166, 413
『보리 필 무렵』 412
『보병(步兵)과 더불어』 248
「보석(寶石)」 422
「보이지 않는 별」 275
『본색』 598
『봄 벼락치다』 599

찾아보기

『봄 여름 가을 겨울』 491
『봄 파르티잔』 599
「봄」 17, 464
「봄밤의 말씀」 314
『봄비 한 주머니』 598
「봄비」 122
「봄은 고양이로다」 118~119
『봄은 왜 오지 않는가』 602
『봄은 전쟁처럼』 599
『봉헌문자』 413
『부끄러움 가득』 598
「부드러운 직선」 544~545
『부론에서 길을 잃다』 604
『부활』 457
「북방에서」 187
『북소리』 603
「북쪽」 224
『북치는 소년』 444
『북치는 앉은뱅이』 399, 466
『북호텔』 450
『분단동이 아비들하고 통일동이 아이들하고』 487
《분단시대》 482
《분수》 400
『분수령』 223
「분수를 보며」 521
「불 2」 354
「불놀이」 17, 95, 106~107, 114~115, 142, 145~146, 148~149
『불무장등』 601
「불살러주어」 131
「불안은 영혼을 잠식한다』 578

『불안한 토요일』 333
『불타는 달』 412
『불타는 물』 519
「불행한 신」 325
『붉디붉은 호랑이』 601
「붉은 산」 225
『비 속에서』 412
비가 37~38, 168
『비누』 598
「비닐우산」 352
『비단길』 599
비대상 시 506
「비를 바라보는 일곱 가지 마음의 형태」 425~426
『비를 바라보는 일곱 가지 마음의 형태』 425
「비를 주제로 한 서정별곡」 530
「비명」 357
『비밀방』 603
「비상」 278~279
『비천한 빠름이여』 600
「빈 컵」 406
『빈자일기(貧者日記)』 432
「빗소리」 146
『빙하』 275
『빛나는 지역』 178, 288
빠이론 16
「빠이론의 해적가」 16
「빼앗긴 들에도 봄은 오는가」 127~128, 144
「뻔디기」 404
『뼈아픈 별을 찾아서』 604

651

찾아보기

「뼈에 대하여」 362
『뿔』 598

ㅅ

『사람』 527
『사람만이 희망이다』 540
「사랑 노래 1」 539
『사랑, 피티』 539
「사랑」 16, 99, 275
『사랑굿』 482
사랑시 390
「사랑을 위하여」 432
「사랑을 위한 되풀이」 299
『사랑을 찾기까지』 529
『사랑의 기교』 448
『사랑의 탐구』 526
『사랑이 가기 전에』 309
『사랑초서』 408
『사랑할 시간이 많지 않다』 501
「사력질(砂礫質)」 405
「사령(死靈)」 328
「사루비아」 492
『사막의 별 아래에서』 572
「사물 A」 357
『사물의 꿈』 448
《사상계》 339
사설시조 17, 19, 69, 109
「사소(娑蘇) 두 번째의 편지 단편(斷片)」 263
「사슴」 178
「사월도상소견(四月途上所見)」 141

『사월에서 오월로』 487
「사치(奢侈)」 387
『사평역에서』 492
4행시 15, 18, 22, 69
사회 역사적 상상력 533, 543
「산도화」 174~175, 269
『산도화』 269
「산동네에서 내려다보면」 487
「산문(山門)에서」 409
산문시 60, 81, 97, 99, 115, 178, 230, 273, 275, 339, 417~418, 448, 600, 626
《산문시대》 339
「산문에 기대어」 415~416
『산문에 기대어』 415, 523
『산에 사는 날에』 599
「산역(山役)」 439
「산유화」 120~121
「산제비」 196
『산제비』 142
『산하단심』 602
「산협에서」 141
산호집 106
「살구꽃처럼」 202
『살아 있는 날들의 비망록』 493
《살아 있는 아동문학》 482
『살아남은 우리들만이 다시 6월을 맞아』 400
「살어리」 215
《삶의 문화》 481
『삼남에 내리는 눈』 445
《삼사문학》 32, 156, 188, 190

「3월 1일(三月 一日)이 온다」 214, 222
『3·1기념시집』 213~215, 222, 235~236
3·1독립운동 112, 135, 140
「38선에서」 311
『상심(傷心)하는 접목(接木)』 282
「상심하는 접목」 282
《상아탑》 217
우에다 빈(上田敏) 106
상징시 101~106, 117
상징주의 27~28, 101~105, 107, 111~112, 116~118, 429
상희구 613
『새들도 세상을 뜨는구나』 508
『새들의 꿈에서는 나무 냄새가 난다』 598
『새들의 현관』 601
『새떼』 414
『새떼들에게로의 망명』 575
「새로 열리는 땅」 304
『새로운 도시와 시민들의 합창』 216, 239, 315, 317, 326
「새벽 빛」 555
『새벽 세 시의 사자 한 마리』 602
「새벽길」 223, 352, 458
『새벽길』 223, 399, 457
『새벽꽃 향기』 521
『새벽달처럼』 599
『새벽바다』 445
『새와 나무와 새똥 그리고 돌멩이』 599

『새재』 399, 461
《새한민보》 218
「샘물」 171~172
「생각하는 나무」 311
「생명의 서(書)」 168
생명파 164, 170
생볼릭(symbolic) 355
생태주의 시 548, 554
생태학적 상상력 382, 548, 550, 554
서간체 시 38
『서벽당집(棲碧堂集)』 433
《서북학회월보》 73
서사 문학 35
서사시(epic poesis) 32~37, 135, 191~193, 431, 483, 486
서사적 장시 135, 148~149
서수찬 633
서술시(narrative poem) 33, 36~37, 197~198, 304, 378
《서울신문》 415, 438
「서울의 유서」 441~442
『서울의 유서』 441
『서울의 하늘 아래』 400
서원동 400
「서적과 풍경」 325
서정 문학(lyric poesis) 35, 37
서정가(抒情歌)」 275
서정시 32~38, 112, 114, 120~121, 129, 135, 148, 151~152, 156~157, 159~161, 163, 172, 219, 224~225, 231, 233, 238, 247, 260, 269, 303, 306, 315, 334, 359, 375, 378, 390,

찾아보기

392, 409, 412, 417, 427, 433, 463,
468, 479~480, 482, 484~485, 496,
502, 513, 515~520, 522~524, 528,
530, 553, 571, 573, 582, 585, 587,
591, 604~606, 616
서정윤 482, 524, 528
『서정의 유형』 332
서정주(徐廷柱) 102, 156, 163,
165~166, 200~202, 204, 213, 215,
235, 246, 249, 251~252, 260~261,
263, 389, 404, 413, 595
서정춘 599
서정학 589
서정홍 548
「석가의 노래」 313
석계향 297
『석초 시집』 215
『석탄 형성에 관한 관찰 기록』 599
「선덕여왕(善德女王)의 말씀」 262
「선도산화」 269
『섣달 그믐』 498, 546
「설야」 308
설정식 215~216, 226, 228
『섬진강』 542
성기완 589
성미정 590, 625
『성벽』 166, 225
성선경 613
『성에꽃 눈부처』 545
성찬경(成贊慶) 300~301, 413, 417
「성탄제」 277~278
《세계의 문학》 400, 486
「세계일주가」 93
세미오틱(semiotic) 353, 355, 359
세상에 새로 온 꽃 603
「소곡(小曲)」 410
『소금창고에서 날아가는 노고지리』 599
소네트 22, 38
「소녀의 죽음」 133
《소년》 5, 16, 50, 55, 57, 62~63,
82, 93, 97, 99
「소리 9」 433
『소주병』 604
『소학 창가집(小學唱歌集)』 23
손기섭 418
『손님』 599
손우성(孫宇聲) 136
손종호 601
손택수(孫宅洙) 583, 612
『송 백팔(頌 百八)』 444
송가 36~38
송경동 634
「송구영신가」 59
송수권(宋秀權) 415, 518, 523
송영 212
송욱(宋稶) 329, 331~332, 456, 500
송재학 524, 601
「송정오장 송가(松井伍長頌歌)」 203
송찬호 501, 504~505, 613
『쇼핑 갔다 오십니까?』 589
「수대동시」 166
『수도원 가는 길』 600
수양동우회(修養同友會) 145

찾아보기

「수운(水雲)이 말하기를」 384
「수정가」 303
《수화》 481
『순간의 꽃』 598
『순례』 448
순수 서정시 156, 159~161, 163~164, 170, 172, 260, 401
순수시파 160
「순은이 빛나는 이 아침에」 368
쉬르레알리슴 29
『쉿 나의 세컨드는』 603
『슬픈 목가』 215~216
『슬픈 일만 나에게』 518
「슬픈 평행선」 275
『슬픈 희망』 603
『슬픔의 내력』 602
『슬픔의 뿌리』 604
『슬픔이 기쁨에게』 399, 437
「승무」 176, 231
『승천(昇天)하는 청춘(青春)』 133
「시(詩)」 271
《시각과 언어》 481
『시간음』 301
『시간의 그물』 546
『시간의 부드러운 손』 601
『시간의 옆구리』 601
『시간의 쪽배』 599
『시간의 흰 길』 603
『시간이 지나간 시간』 602
「시계를 죽임」 181~182
시니시즘 580
「시다의 꿈」 494

《시단》 339
「시대고(時代苦)와 희생(犧牲)」 124
『詩를 찾아서』 600
《시문학》 147, 404
시문학파 158~160, 164, 170
『시민』 508
「시민행렬」 185
『시비시』 394
『시사시대(詩史時代)』 333
『시산(屍山)을 넘고 혈해(血海)를 건너』 248
『시여 날아가라』 485
《시와 경제》 481
《시와 자유》 481
《시운동》 481
「시의 이야기-주로 국민시가에 대하여」 202
《시인》 481
『시인의 모자』 600
『시인의 병풍』 417
『시인학교』 444
시조 부흥 운동 21, 68, 129~131, 133, 136, 148
「시조란 무엇인가」 130
「시화(詩話)」 105
「식칼론」 346, 349, 462
『식칼론』 349
신간회(新幹會) 136, 149
「신개지」 239
신경림 313~314, 346, 397, 399, 460~461, 483, 486, 490, 516, 537~538, 597~598

찾아보기

《신년대》 400
신달자(愼達子) 413, 564, 600
신대철(申大澈) 400, 439, 564, 599
《신동아》 177, 459
신동엽(申東曄) 304, 382~384
신동집(申瞳集) 215, 329, 332, 413, 595
신동호 548
신백수 190
《신생활(新生活)》 122
신서정시 564
신석정(辛夕汀) 156, 159, 162~163, 215~216, 260, 275
신석초(申石艸) 156, 170~172, 260
「신설」 332
「신세계」 259
《신세대》 217~218
신승철 401
신시(新詩) 5, 15, 49, 65, 79~81, 83~84, 86, 93~95, 97~98, 110, 240, 315
신시론 240, 315~316
신응식 215
신중신(愼重信) 393
신채호 52, 57~58, 73~74, 88
《신천지》 122, 217~218
신체시 15~16, 18~23, 77, 79~82, 93~94
《신춘시》 339
《신한민보》 55~56, 64
신해욱 626
신현림 556, 564, 614

신협 400, 418
『신호등 쓰러진 길 위에서』 603
「실락원」 16
「실내」 280
《실천문학》 477, 481
《실천불교》 481
실험시 36, 38, 140, 478, 605, 617~618
『심법(心法)』 424
「심법상편(心法商篇)」 425
「심봉사전」 423
「심상(心象)」 271
《심상》 400, 417, 423
심의성 52, 57
심재휘 615
『심화(心火)』 215
심훈(沈熏) 208, 209, 216
「12월의 종기」 190
「십자가」 207
《17인의 신작 시집》 481
『쌍룡고지(雙龍高地)』 248
『쓰러진 자의 꿈』 537

ㅇ

『아, 입이 없는 것들』 601
『아기는 성이 없고』 601
『아늑한 얼굴』 600
「아도」 523
『아도』 523~524
『아득한 성자』 599
『아르갈의 향기』 600

찾아보기

「아름다운 군병(軍兵)-자산(慈山)에서」 251
「아메리카」 16
아방가르드 8, 27~32, 136, 138, 140, 156~157, 159, 179~180, 188, 366, 402, 500~501, 505
아방가르드 문학 28, 138
『아버지가 세운 허수아비』 511
「아버지의 등을 밀며」 612
《아성》 132
『아시아계 한국인들』 601
「아시아의 마지막 밤 풍경」 124
「아주 작고 하찮은 것이」 542
「아직도 먼 날 영원한 수고」 307
「아침」 267
『아침선박』 349
「악몽」 357
『악어를 조심하라고?』 501
「악장」
『안개와 불』 524
안경원 401
안도현 483, 516, 542, 549
안상학 548, 633
안서 54, 61, 99, 101~105
『안서 민요집』 215
안용만 156, 197
안창호 56, 145
안현미 627
「알시(詩)」 362
「알흐면서 어버이 생각」 131
《암호》 481
「암흑의 정신」 192

앙드레 브르통 138
애가 37
「애국가」 79, 86, 96
「애국독립가」 78
『애린』 484
『야간열차』 420
「야반(夜半)」 95
「야반음(夜半吟)」 271
「약속」 310
『양귀비꽃 머리에 꽂고』 599
양기탁 52, 57~58
양문규 548, 613
양병식 239, 315
「양산도화 타령」 73
양성우(梁成祐) 399, 466
양애경 524, 530, 556, 564, 603
양주동 213
『어느 농사꾼의 별에서』 601
『어느 별의 지옥』 511
「어두운 밤에」 310
「어떤 성서」 551
「어린 새벽은 우리를 찾아온다 합니다」 178
『어린것들 옆에서』 410
「어머니 그 비뚤비뚤한 글씨」 600
「어머니」 350~351
『어머니』 408, 600
『어머니와 할머니의 실루엣』 537
「어머니의 사랑」 141
「어서 밧비 도라오세」 96
「어휘」 357
언문풍월 18, 65, 73, ~76

657

찾아보기

『언어로 만든 새』 400
《언어의 세계》 481~482
「언제쯤 한 번은 거기에」 274
「얼굴」 332
「얼굴-국토 45」 462
엄원태(嚴源泰) 583, 631
『에세닌 시집』 215
《에스쁘리》 339
에코페미니즘(Eco-feminism) 562
에피그램 38
엑조티시즘 393
「여름과 겨울의 노래」 374
『여사시집』 293
여상현 215, 228
여성적 글쓰기 562
여성주의 시 556
「여우난골족」 187
「여윈 손」 422
「여인」 307
「여장남자 시코쿠」 623
「여창십홍」 59
여태천 615
『역사 앞에서』 248, 267
「연륜」 233
연작시 181, 190, 277, 331, 349, 404~405, 408, 417, 423~424, 463, 483
「연필로 쓰기」 362
《연합신문》 239
《연희》 132
「연희고지(延禧高地)」 254
『연희고지(延禧高地)』 248

《열린시》 481
염군사 136
염상섭(廉想涉) 113
「염원(念願)」 268
《영대(靈臺)》 114
영정하풍(永井何風) 106
『영혼의 눈』 600
영화 건설 총본부 212
《예각》 481
『예루살렘의 닭』 264, 266
《예술부락》 217
《예술조선》 218
「오감도」 189
오규원(吳圭原) 32, 378~379, 381~382, 400, 447~450, 506, 564, 595, 599
『오뇌의 무도』 101, 104, 116
「오늘밤 아버지는 퍼렁 이불을 덮고」 192
『오늘은 내가 반달로 떠도』 482
「오대산에서」 543
오도엽 548
『오라 거짓 사랑아』 599
「오랑캐꽃」 215, 224
『오래 말하는 사이』 600
『오래된 변명』 602
「오렌지」 332
『오른손잡이의 슬픔』 604
오봉옥 483
오상순(吳相淳) 113, 121, 123~125, 148, 213
오세영(吳世榮) 9, 41, 46, 73, 77,

79~80, 94, 353, 355~356, 421, 426, 479, 518~519, 564~566, 599
오세창 52, 57
《오월시》 481
「오월에의 노래」 224
오장환(吳章煥) 156, 163, 166~168, 215, 223, 225
오재철 400
「오적」 37~38
오종식 213
오탁번(吳鐸藩) 368~369, 371~372, 564, 599
「오후의 마천령」 196
『옮겨 앉지 않는 새』 400
「와병기」 408
「Y를 위하여」 512
와이투케이(Y2K) 593
「완충지대에서」 311
『왕자가 아닌 한 아이에게』 400, 448~449
『왜 아니 오시나요』 400, 431
『요람』 215
「요리사와 도둑」 622
「요즘의 시」 306
『용사(勇士)의 무덤』 248
「용의 팔뚝」 307
우대식 615
『우리 낯선 사람들』 502
《우리 세대의 문학》 481~482
「우리 옵바와 화로」 142~144, 146, 148~149
『우리는 서로 부르고 있는 것일까』 598
『우리는 오늘 그대 곁으로 간다』 600
「우리들 시대의 아들아」 409
「우리들은 무엇인가」 430
『우리들을 위하여』 399, 428
『우리들의 땅』 523
『우리들의 양식』 463
『우리들의 유토피아』 526
『우리를 적시는 마지막 꿈』 400, 454
《우리문학》 213
「우리영웅」 99
『우리의 죽은 자들을 위해』 600
「우린 이겨왔다」 543
『우연에 기댈 때도 있었다』 598
「우울한 샹송」 367
『우울한 샹송』 420
「울릉도」 237
『울릉도』 215, 237
「울음소리」 436
「울음이 타는 가을 강」 303
원구식 524, 529
「원정(園丁)」 202
《원탁시》 339
『위대한 식사』 602
위선환 615
유경환(劉庚煥) 302, 307, 595, 597
유근 57
「유리창(琉璃窓) 1」 147
『유목과 은둔』 599
유안진(柳岸津) 412~413, 518, 564, 598
유엽(柳葉) 133, 135

찾아보기

유용주 548, 633
「유월의 언덕」 292
「6월이 있게 된 이유의 달 4월은」 282
유자효 418
유자후 400
유재영 418
유진오(兪鎭五) 223
『유치환 선집』 264, 266
유치환(柳致環) 102, 156, 163, 168, 170, 213, 215~216, 237, 248~249, 251~252, 260, 264
유하 506, 514, 549, 583
유형진 627
유홍준(劉烘埈) 632
육봉수 633
『육사 시집』 215
《60년대 사화집》 339
6·10만세운동 135
윤강노 400
윤곤강 156, 170, 195, 215
윤동주(尹東柱) 156, 206~208, 215~216, 482
「윤리(倫理)」 196
「윤사월」 175
윤삼하 302, 306
윤상규(尹常奎) 400, 436
윤석산 418
윤성근 583
윤성학 616
윤의섭 585, 625
윤임수 634
윤재철 545~546, 603

「윤전기(輪轉機)와 4층(四層)집」 140
윤제림 583
윤중호 595, 603
윤후명 436
율격 17, 19, 20, 22, 36, 39~41, 63, 77, 79, 90, 97, 120, 161
『은빛 호각』 600
「은자(隱者)의 가(歌)」 117
『음계』 394
음보 39~41, 66~67, 90
음수율 21, 39~41, 78~79
음악 건설 총본부 212
《응시》 481
「응시」 589
「응시자」 306
『응향』 239
『의상(衣裳)』 275
「의상」 275
「의자」 610
「의혹의 기(旗)」 326
『이 가문 날에 비구름』 484
「이 볼펜으로」 352
『이 세상 모든 사랑』 600
『이 시대의 사랑』 511
『이 시대의 아벨』 488
이가림(李嘉林) 390~391, 413
이건청(李健靑) 359, 423, 479, 564, 599
『이것은 시가 아니다』 598
이경록 400
이경림 556, 564, 614
이광석 400

찾아보기

이광수(李光洙) 15, 18, 21~22, 54, 99~100, 115, 145, 200
이규호 400
이근배(李根培) 392
이근화 627
「이기고 돌아오라-일선사병(一線士兵)들에게」 252
이기성 626
이기인 627
이기철(李起哲) 400, 427, 518, 554, 600
이기형 602
『이단의 시』 216
이대흠 548, 634
이덕규 634
이동순(李東洵) 400, 452, 467, 483
이동주(李東柱) 246, 302, 313
이동하 324, 414, 447, 457, 479, 570
『이등병』 248
이면우 634
이명수 418
이문재 524~525, 603
이 미 지 즘 29~31, 175, 180, 182~184, 366~367, 393, 453
이민하 627
「이별」 99, 103
이병기(李秉岐) 130~131, 133, 148, 157, 172, 177, 215, 238
이봉래 317
이봉진 400
이사라 524, 529, 602, 616
이상(李箱) 157, 188

이상국 496, 498, 545~546, 601
이상호 524, 530
이상화(李相和) 101~102, 114, 127, 129, 144~145, 148, 172
이상희 583
이생진 400, 413
이선관 595, 600
이선영(李宣姈) 556, 564, 608
이성교(李姓敎) 302, 308, 412
이성복(李晟馥) 455~456, 506~507, 511, 513, 549, 564, 601
이성부(李盛夫) 350, 352, 399, 463, 483, 597
이성선(李聖善) 416, 515, 518, 521, 522
이세기 634
이세룡 515, 518
이소리 602
이수명 588, 589, 621
이수복 302, 305
이수익(李秀翼) 365~368, 372~374, 420, 515, 518, 598
이수화 400
이순(耳順)」 406~407
『이슬방울 또는 얼음꽃』 601
이승원 627
이승철 548, 603
이승하 404, 449, 524, 526, 604
이승훈(李昇薰) 32, 356~357, 359, 445, 455, 506, 585, 598
이시영 399, 468, 483, 538, 549, 564, 567~568, 600

찾아보기

이시우 190
이야기 시 304, 306
「이야기하는 쟁기꾼의 대지(大地)」 304
이향아(李鄕莪) 394
이연주 556, 564, 585
이영광 615
이영수 626
이영순(李永純) 248, 254~255
이영진 548
이영춘 601
이용악(李庸岳) 156, 191, 195, 197, 215, 223~224
이용한 458, 626
이우석 400
이원 590, 625
이원규 509, 548
이원섭 246, 302
이유경(李裕憬) 302, 373~374, 428
이육사(李陸史) 156, 207~208, 215~216, 541
이윤택 506~507
이윤학(李允學) 549, 577, 585, 608
이은봉 483, 490~491, 548, 603
이은상(李殷相) 130, 132~133
이인원 614
이일 54, 61
이장욱(李章旭) 621
이장희(李章熙) 118, 148
이재무 483, 496, 498, 545~546, 549, 602
이재훈 626

이정록(李楨錄) 549, 577~578, 609
「이제 눈뜨게 하소서」 433
이종문 57
이종수 634
이종일 57
이중기 548, 634
「이중의 사망」 128
이지엽 524, 530, 616
이진명 564, 614
이찬 156, 195, 197
이탄 400
이태수 400, 601
이하석(李河石) 400, 452~453, 501~502, 600
이하윤(異河潤) 136, 170, 213
이한직 170, 213
이해인 418, 482
이향지 614
이헌구 213
이형기(李炯基) 283, 302, 449~450, 595
이호우 133, 238
『이호우 시조집』 238
이활 317
이혼복 548
이희중 583, 613
『인간고도(人間孤島)』 309
『인간의 마을에 밤이 온다』 604
『인동일기(忍冬日記)』 467
「인동차」 205
《인문평론》 218
『인부수첩』 496

= 찾아보기

「인식의 마을」 380~381
「일곱 개의 층계」 325
《일과 놀이》 481
『일광욕하는 가구』 603
「일몰」 306
「일선행 차중에서」 251
「일어서라 풀아」 433
「일월(日月)」 168~169
임강빈 302, 313
임동확 483, 490, 493, 543, 635
임따따 140
임보 413
《임술년》 481
임영조 515, 518, 520, 564~595, 600
임인식 140
임정남 400
『임진강』 492
임학수 200, 216, 228
임호권 239, 315
임홍재(任洪宰) 438
임화(林和) 32, 78, 111, 129, 140, 142, 144~146, 148~149, 156, 160, 191~192, 195, 212, 214~215, 220, 223, 500
임희구 634
「입 속의 검은 잎」 504
『입 속의 검은 잎』 504
『입산』 457
입체파 29
《잉여촌》 400

ㅈ

「자고 새면」 195
「자기의 방」 376
「자다가 웃고」 411
「자동판매기」 503
『자명한 산책』 604
자유시 15~20, 22~23, 28, 60, 64~65, 76~77, 81~83, 94~97, 99~101, 104, 115~116, 131~132, 400, 427
《자유시》 400, 467
『자음송』 412
「자화상(自畵像)」 164~165, 196
《작가》 481
「작시론(作詩論)」 116
「잠을 이루지 못하는 밤」 326
장경린 604
장대송 583, 617
『장도와 장미』 394
장만영(張萬榮) 156, 184, 260, 275
《장미촌(薔薇村)》 111, 114, 119, 122
장서언 156, 184
장석남(張錫南) 531, 549, 575, 606
장석원 627
장석주 601
장송가 37~38
「장수산 1」 205
장영수 400
장옥관 531, 613
『장자시』 424, 425
장정일 32, 506, 513

663

찾아보기

장지연 57, 58
장철문(張喆文) 548, 549, 611
장호 302, 306
장호강 248, 253~255
장효근 52, 57
「잿더미 위에서」 576
『저 꽃이 불편하다』 602
『저 무덤 위에 푸른 잔디』 488
『저 쓰라린 세월』 518
『저녁 종소리』 275
『저문 강에 삽을 씻고』 399, 465
저항시 159, 207, 447, 457, 459
《적(敵)과 적(敵)》 400
「적막(寂寞)한 식욕(食慾)」 271
『적막』 604
『적멸의 불빛』 599
「적성(赤星)을 손가락질하며」 133
전기철 613
전봉건(全鳳健) 248, 281, 298, 317, 329, 373, 400, 445
《전선문학》 249
전영경(全榮慶) 329, 342, 456, 500
전영택(田榮澤) 113
『전원시편』 485
전위시 444, 506
『전장포 아리랑』 492
「전쟁과 꿀벌」 282
『전쟁과 음악과 희망과』 281
전쟁시 246, 248~249, 253, 255, 260, 289
전조선 문필가 협회 213
전통 가사 23, 79

전통시 15, 97, 615
전통주의 시 157, 183
《절대시》 481
『절망시편』 412
「절정」 208
「점경」 280
「점박이 눈」 502
『접시꽃 당신』 482
『정경(情景)』 288
정공채(鄭孔采) 302, 306
정규화 595, 602
정끝별 531, 556, 564, 606
『정념(情念)의 기(旗)』 295
정대구(鄭大九) 393~394
「정말 건설자」 99
정병근 583
정세기 548, 595, 633
정순영 400
정신주의 205, 362, 554~555, 568, 587
정신주의 시 555
정양 413
정영상 498~499
『정오의 순례』 600
정완영 133
정우영 614
정익진 626
정인보(鄭寅普) 132~133, 213
정인섭(鄭寅燮) 136
정인화 493
정일근 498~499, 604
정재학 589, 626

찾아보기

정종목 548
「정주성」 186~187
정지용(鄭芝溶) 32, 111, 136, 146~149, 157, 175, 177, 180, 182~183, 205, 215, 366, 500
정진규(鄭鎭圭) 362~365, 400, 418, 587, 598
정철훈 583, 634
정치적 격문시 220, 223, 225, 241
정한모(鄭漢模) 66, 78, 80, 92, 97, 239, 268~269, 285~286
정한용 583, 617
정현웅 190
정현종(鄭玄宗) 340, 374~376, 378, 400, 447~448, 501, 503, 549~550
정형시 16~19, 21~23, 81, 94~96, 98
정호승(鄭浩承) 399~400, 437~438, 483
정효구 402, 452, 479
정희성(政喜成) 399~400, 465, 483, 600
《제3세계 문학》 481
『제9시집(第九詩集)』 264
《제국신문》 54
『제국호텔』 603
「제망매가」 233
「제석(除夕)」 16
「제신의 분노」 227
「제신의 분노」 216, 226
『제이(第二)의 서시(序詩)』 332
『제주바다』 400

『조국의 별』 485
조기조 548, 634
조남현 448
조말선 626
조병무 400
조병철 400
조병화(趙炳華) 216, 219, 238, 255~256, 309, 407~408, 595
「조비공문」 96
조상기 400
「조선 국민문학으로서의 시조」 129
조선 문학가 동맹 212~213, 215, 222, 224~225, 235
조선 청년 문학가 협회 213
조선 프롤레타리아 문학 동맹 212
조선 프롤레타리아 예술가 동맹 102, 111, 136, 138~139
조선 혁명당 147
《조선문단》 129~132, 140~141
조선어 연구회 136
『조선의 마음』 123
《조선일보》 154, 439
《조선지광》 143, 145
조성국 633
조애실 297
조연호 625
조영석 627
조영순 615
조영암 248
조오현 599
조용미 578~579, 614
『조운 시조집』 215

찾아보기

조운(曺雲) 130~133, 148, 215
조은 564
조은길 615
조재도 498~499
조정 615
조정권(趙鼎權) 425, 427, 515, 518, 554, 600
『조지훈 시선』 266, 268
조지훈(趙芝薰) 80, 156, 170, 172, 175~177, 215, 217, 228, 231, 233, 248, 249, 252, 260, 266, 268
조창환(曺敞煥) 427, 518, 600
조태일(趙泰一) 346, 349~350, 399, 462, 466, 483, 538
조항록 614
조향(趙鄕) 32, 246, 317, 320~324, 500
조혜영 634
존 밀톤 16
「종」 227
『종』 215, 226~227
종교시 182~183
「종이 운다」 306
『좋은 세상』 491
주요한(朱耀翰) 17, 21~22, 95, 101~102, 105~107, 113~115, 142, 145~146, 148~149
「주음치리」 309
「주점서장(酒店序章)」 277
주종환 625
주지주의 29, 45~46
《죽순》 238

「죽은 소나무」 580
「죽음을 위하여」 519
「죽음의 둔주곡-나는 베트남에 가서 인간의 신음소리를 더 똑똑히 들었다」 442
「중심의 괴로움」 550
중앙 문화 협회 214, 237
《중앙순보》 213
「쥐」 574
『즐거운 일기』 512
「즐거운 편지」 314
「증언」 587
「지구와 박테리아」 140
『지금 우리들의 손에는』 600
「지리산의 봄」 488
「지리산의 봄」 488
「지옥기(地獄記)」 268
『지옥처럼 낯선』 601
『지용 시선』 215
「지울 수 없는 노래」 491
『지울 수 없는 노래』 490
「지장천을 보며」 527
「지층(地層)」 373
「지평(地平)」 609
《지평》 482
「지하생활 3주년에 즈음하여」 528
《지하시》 339
「직소포에 들다」 558
《진단시》 481
「진달래 산천(山川)」 304
「진달래꽃」 120~121
진수미 626

666

찾아보기

『진혼가』 489
『진흙 얼굴』 601
『진흙소를 타고』 502
『질마재 신화』 404
『질문과 농담과 시』 598
『집은 아직 따뜻하다』 545
『집을 버리다』 601
『쪼금은 보랏빛을 물들 때』 600
『쪽빛 문장』 603

ㅊ

『차에 실려가는 차』 514
차창룡 583, 614
차한수 418
「착란의 돌, 미궁」 621
『착하게 낡은 것의 영혼』 604
찬가 36~38, 272
『찬가』 215
찰스 맥케이 16
「참깨를 털면서」 464~465
『참깨를 털면서』 399, 464
『참된 시작』 540
참여시 329, 339, 341, 359, 454, 605, 627~629, 634
「참회록(懺悔錄)」 207
「창」 288, 306
창가 19, 23, 49, 56, 60, 65~66, 68, 76~80, 83~84, 86, 92~93, 95, 109
《창작과비평》 339, 399, 459, 482
《창조(創造)》 113

「채석장」 142, 145~146, 148
채호기 587~588, 614
「1953년의 여자에게」 325
「1950년의 만가」 325
「1974년 1월」 460
『천년의 바람』 410
「천노(賤奴), 일어서다」 431
「천사」 307
천양희 556, 599
「천희당시화」 50, 74
철학시 38
「첫눈」 543
『첫차』 600
「청년의 기원」 16
「청노루」 175, 234
《청녹두》 481
『청령일기(蜻蛉日記)』 216, 237
『청록집』 215, 217, 228, 233~234
『청마 시집』 264, 266
「청시」 186
「청자부」 238
『청자부』 215
《청춘》 16, 55, 57, 62, 93, 99~100
『청춘』 590
「청포도」 208
『초개수첩(草芥手帖)』 450
『초록 거미의 사랑』 599
「초병」 311
『초생달』 216
『초심』 603
『초적』 215, 238
『초토(焦土)의 시』 248

찾아보기

「초토의 시 1」 257
「초토의 시」 259
초현실주의 29, 32, 112, 138, 148, 180, 188, 190, 319, 321, 353, 359, 367, 424~425, 444, 448, 450, 452, 456, 588
「초혼」 121
『초혼제』 488
『총검부(銃劍賦)』 248
『총알택시 안에서의 명상』 603
최남선(崔南善) 5, 15~16, 18, 20~21, 23, 49, 54, 62, 81, 95, 97, 110, 115, 129~130
최동호 150, 406, 518, 554, 601
최두석 483, 490, 492, 543, 602
최문자 564
최서림 583, 614
최석두 223
최선영 298
최소월(崔素月) 17
최승구 54, 61, 99
최승자 506, 511, 513, 556
최승호 501~502, 549
최시형 484
최영규 615, 617
최영미 556, 577, 633
최영숙 595, 614
최영철 524, 548, 603
최원규(崔元圭) 412
최정례(崔正禮) 556, 564, 608
최제우 484
최종천(崔鐘天) 629

최창균 633
최하림(崔夏林) 399, 428, 483, 564, 598
「추상화(抽象化)」 300, 307, 379
「추억 저편의 묘지」 573
추은희 298
「추일서정 2」 184
「추천사」 263
「축가」 77, 96
「춘복(春服)」 201
「춘의 노래」 99
「춘향유문(春香遺文)-춘향(春香)의 말」 262
출정부(出征賦) 254
『춤꾼 이야기』 508
『취업공고판 앞에서』 496
『취하면 다 광대가 되는 법이지』 604
친일시 199, 202~203
『칠면조』 215
《70년대》 339, 400
「칠월백중」 218~219
『침묵의 무늬』 413

ㅋ

카프 계열 129, 140~142, 147, 156, 212
카프(KAPF) 102, 141~142, 157, 191~192, 195, 212, 339, 403
『카프카와 만나는 잠의 노래』 604
캐롤라인 오온 16
『K읍 기행(K邑紀行)』 453

「코스모스」 268
『크나큰 침묵』 548
크리스테바 355

ㅌ

『타관의 햇살』 408
『타는 목마름으로』 459
『타오르는 책』 602
「탈수중」 585
「탑」 529
《태극학보》 53, 59, 75, 86
「태백산 시집」 95
「태백산부」 97
「태백산의 사시(四時)」 97~98
《태서문예신보》 66, 102~103, 111, 116~117
테니슨 16
「토르소」 421
『토종닭 연구소』 604
「통곡」 313
투르게네프 16, 97
『투명한 속』 452, 502
『투창』 394
『트렁크』 584
트리스탄 차라 137
「특별기도」 309

ㅍ

『파문』 600
파스큘라(PASKYULA) 136

판소리 17, 187, 490, 557~558
『팔도풍물시집』 216
『패각(貝殼)의 침실(寢室)』 255
『팽이는 서고 싶다』 604
페시미즘 187
《평민시》 482
평시조 17
《폐허(廢墟)》 113
「포구의 밤」 291
『포도』 216, 226
포멀리즘 112
포스트모더니즘 27, 29, 31~32, 536, 583~585
「포연을 숨쉬는 나팔꽃」 311
「포옹(抱擁)」 268
「폭포(瀑布)」 328
표성배(表成倍) 632
표성흠 400
표현주의 29, 573
「푸르른 날」 236
『푸른 고집』 602
『푸른 느낌표』 599
『푸른 말들에 대한 기억』 599
『푸른 심연』 599
『푸른 짝사랑에 들다』 601
『풀』 598
《풀과 별》 400
『풀나라』 602
『풀잎 단장(斷章)』 266
『풀잎』 432
『풍경 뒤의 풍경』 568
『풍랑』 288~289

찾아보기

「풍어제 그 스물일곱」 425
「풍장」 314
『풍장』 564, 585
프랑스 상징주의 시 111, 116
《프랑스 시단》 103
프로시 156~157, 159, 191, 197
「플라타너스」 287
『피리』 215, 445
「피리타령」 391
『피보다 붉은 오후』 600
『필부의 노래』 216
필사 문화 110

ㅎ

「하…… 그림자가 없다」 343
「하관(下官)」 271
『하남시편(下南詩篇)』 428
『하노이 서울시편』 602
「하늘」 265
『하늘』 215
『하늘과 바람과 별과 시』 215
「하늘과 태양만이 남아 있는 도시」 324
『하늘문을 두드리며』 417
하선영 616
「하수도의 생리」 306
「하여지향(何如之鄕)」 331
하이쿠 22
하재봉 524, 526
하재연 627
하종오 483, 487, 490, 548, 601

『하지제(夏至祭)』 409
「학(鶴)」 263, 268
「학살 3」 489
《학우(學友)》 114
《학지광(學之光)》 17, 122
《학풍》 218
「한 갈래의 길」 138
「한 개의 불빛」 138~139
「한 모금의 물」 274
『한 잔의 붉은 거울』 601
한광구(韓光九) 417, 617
《한국문학》 400, 407
《한국문학의 현단계》 481
「한국생명보험회사 송일환씨의 어느 날」 510
《한국시》 339
「한국식 실종자」 559
『한국의 아이』 399
《한국일보》 307, 359, 392, 437, 441, 574, 577, 581, 612
한기팔 418
한미성 634
「한반도」 95
한상윤 54
한성기 302
한시 22, 49, 58, 65, 69~71, 74~76, 86, 132, 176
한영옥 418, 564, 600
한용운(韓龍雲) 102, 121, 123, 125~127, 148~149
한정원 615
「한제(閑題) 5화(五話)」 273

찾아보기

한천 190
『한하운 시초』 215
한하운(韓何雲) 215, 302, 312
한혜영 615
한효 212
함기석(咸基錫) 590, 620
함민복 524, 528, 613
함성호 583, 625
함윤수 170
「합창에 대해서」 202
「항공일에」 203
「항구에서」 275
『항전(抗戰)의 조국(祖國)』 248
「해(海)에게서 소년(少年)에게」 110
「해」 228~230, 279
『해』 216, 228
『해가 뜨다』 602
『해가 많이 짧아졌다』 597
「해바라기」 274
『해바라기』 274
「해바라기의 역사」 306
『해방기념시집』 213~214
「해변」 238
「해수(海獸)」 167
『해에게선 깨진 종소리가 난다』 600
『해연이 날아온다』 602
《해외문학》 137
해외 문학파 137
『해인으로 가는 길』 604
「해조음」 106
『해지기 전의 사랑』 598
해체시 359, 402, 506, 516~517,
519, 531, 617~618
해체주의 478~479, 500~501,
505~506, 511, 513, 515
해체주의 시 500, 505, 513
『해파리의 노래』 104
「해협의 낭만주의」 195
『햄버거에 대한 명상』 513
『행복은 성적순이 아니다』 499
『행복은 이렇게 오더니라』 264
행사시 214, 220
「행진곡」 236
「향(香)아」 304
향가 33, 95
「향현(香峴)」 174
「허공 한 줌」 563
『허공』 601
『허무집』 432
「허무혼(虛無魂)의 선언」 125
허수경 516, 556, 560, 606
「허수아비가 그 열셋」 425
「허수아비가(歌) 그 셋」 425
허연 583
허영자(許英子) 389~390, 394, 412,
515, 518
허형만 418, 600
허혜정 556, 564, 617
『헌사』 225
「헌시」 203
「헤어진 뒤에도」 290
「헬리콥터」 328
「혁명」 235~236
《현대문학》 374, 391, 407, 427, 516

671

찾아보기

《현대시》 339~340, 359, 365, 367~368, 372~374
《현대시학》 400
현상윤 61, 99~100
《현실》 339
현실주의 시 148, 198, 219, 438, 456, 483, 531, 537~538, 544~545
현장시 493~494, 496~497
현진건(玄鎭健) 114
「현해탄」 194~195
『현해탄』 192, 195
「혈조」 132
「혈죽가」 69
『호루라기』 603
「호수」 275
『혼야(婚夜)』 313
「혼자 가는 먼 집」 561
『홀로서기』 482, 528
홍사용(洪思容) 114, 119, 148
홍신선(洪申善) 433
홍윤숙(洪允淑) 292~294, 408
홍해리 599
「화가 뭉크와 함께」 526
「화강석」 139
『화개』 599
『화랑연가(花郎戀歌)』 248
「화랑초(花郎草)」 256
「화사」 164
『화사집』 235
「화음(和音)」 374
「화하(花河)의 밤」 324
『화형둔주곡』 301

「환몽병(幻夢病)」 128
『환상의 다리』 451
활자 문화 110
『황금빛 모서리』 575
황금찬(黃錦燦) 302, 306
황동규(黃東奎) 313~314, 340, 400, 445, 447, 501~503, 564, 585, 597~598
「황마차」 182
황명걸 399
「황무지」 185
황병승(黃炳承) 622
『황색예수전』 490
황석우(黃錫禹) 17, 101, 105, 111, 113, 115, 117~118, 137, 148
황선하 400
《황성신문》 57
황인숙 524, 556, 564, 604
「황인종의 개」 423
『황제여』 394
황지우 32, 506, 508, 511, 513, 618
『황지의 풀잎』 399
《황토》 481
황학주 524, 527, 613
황현 71
『황홀』 310
「해치는 산」 572
『횃불』 215
후반기 245~246, 316~319, 324, 328~329, 332~334
휘민 616
『휴전선(休戰線)』 248

찾아보기

「휴전선」 257~258
「흑판(黑板)」 425
『흔들림에 대한 작은 생각』 602
《흙과 바람》 400
『흙은 사각형의 기억을 갖고 있다』 505
「흰나비를 잡으러 간 소년은 흰나비로 날아와 앉고」 441

저자 약력

오세영
1942년 전남 영광에서 태어나 서울대학교 국문과를 졸업하고 동 대학원에서 박사 학위를 받았다. 1965~1968년 《현대문학》으로 등단하였으며 현재 서울대학교 국문과 명예교수이다. 『한국 낭만주의 시 연구』, 『한국 현대시인 연구』 등 19권의 학술서와 시집 『시간의 쪽배』, 『벼랑의 꿈』 등 17권이 있다.

김영철
경기도 파주에서 태어나 서울대학교 국문과를 졸업하고 동 대학원에서 박사 학위를 받았다. 1986년 대구 《매일신문》으로 등단하였으며 현재 건국대학교 국문과 교수, 겨레어문학회 회장으로 있다. 저서 『문학의 이론』, 『개화기 시가의 장르 연구』, 『현대시론』, 『김소월』, 『한국 현대시 정수』, 『말의 힘, 시의 힘』 등이 있다.

최동호
1948년 경기도 수원에서 태어나 고려대학교 국문과를 졸업하고 동 대학원에서 박사 학위를 받았다. 시집 『황사바람』(1976)을 출간하고 《중앙일보》 신춘문예에 평론이 당선(1979)되어 등단하였으며 현재 고려대학교 국문과 교수로 재직 중이다. 시집 『아침 책상』, 『공놀이하는 달마』 등과 시론집 『현대시의 정신사』, 『시 읽기의 즐거움』 등이 있다.

남기혁
1964년 경기도 용인에서 태어나 서울대학교 국문과를 졸업하고 동 대학원에서 박사 학위를 받았다. 1994년 《현대문학》을 통하여 등단하였으며 현재 군산대학교 국문과 교수로 재직 중이다. 저서 『한국 현대시의 비판적 연구』, 『한국 현대시와 침묵의 언어』가 있다.

고형진

1959년 서울에서 태어나 고려대학교 국어교육과를 졸업하고 동 대학원 국문과에서 박사 학위를 받았다. 1988년 《현대시학》으로 등단하였으며 현재 고려대학교 국어교육과 교수로 재직중이다. 저서로『시인의 샘』,『현대시의 서사 지향성과 미적 구조』,『또 하나의 실제』,『백석 시 바로 읽기』,『정본 백석 시집』 등이 있다.

김현자

1944년 부산에서 태어나 이화여자대학교 국문과를 졸업하고 동 대학원에서 박사 학위를 받았다. 1974년 《중앙일보》 신춘문예로 등단하였으며 현재 이화여자대학교 국문과 교수로 재직 중이다. 저서『아청빛 길의 시학』,『한국 시의 감각과 미적 거리』,『한국 현대시 읽기』,『시와 상상력의 구조』 등이 있다.

송기한

1962년 충남 논산에서 태어나 서울대학교 국문과를 졸업하고 동 대학원에서 박사 학위를 받았다. 1991년 《시와시학》 평론 부분 신인상을 수상하였으며 현재 대전대학교 국문과 교수로 재직 중이다. 저서『1960년대 시인 연구』,『시의 형식과 의미의 유희』 등이 있다.

이숭원

1955년 서울에서 태어나 서울대학교 국어교육과를 졸업하고 동 대학원 국문과에서 박사 학위를 받았다. 1986년 《한국문학》에 「김영랑론」이 당선되어 등단하였으며 현재 서울여자대학교 국문과 교수로 재직 중이다. 저서『백석 시의 심층적 탐구』,『감성의 파문』,『폐허 속의 축복』,『원본 정지용 시집』,『정지용 시의 심층적 탐구』가 있다.

박현수

1966년 경북 봉화에서 태어나 서울대학교 대학원에서 박사 학위를 받았다. 1992년《한국일보》신춘문예로 등단하였으며 현재 경북대학교 국문과 교수로 재직 중이다. 시집 『우울한 시대의 사랑에게』, 『위험한 독서』와 평론집 『황금책갈피』 등이 있으며 학술서 『모더니즘과 포스트모더니즘의 수사학』, 『현대시와 전통주의의 수사학』 등이 있다.

유성호

1964년 경기도 여주에서 태어나 연세대학교 국문과를 졸업하고 동 대학원에서 박사 학위를 받았다. 현재 한양대학교 국문과 교수로 재직 중이다. 저서 『상징의 숲을 가로질러』, 『침묵의 파문』, 『한국 시의 과잉과 결핍』, 『현대시 교육론』 등이 있다.

맹문재

1963년 충북 단양에서 태어나 고려대학교 국문과를 졸업하고 동 대학원에서 박사 과정을 수료하였다. 1991년《문학정신》으로 등단하였으며 현재 안양대학교 국문과 교수로 재직 중이다. 시집 『먼 길을 움직인다』, 『물고기에게 배우다』, 『책이 무거운 이유』와 시론집 『한국 민중시 문학사』, 『패스카드 시대의 휴머니즘 시』, 『지식인 시의 대상애』, 『현대시의 성숙과 지향』 등이 있다.

한국
현대
詩
사

1판 1쇄 펴냄 · 2007년 10월 11일
1판 8쇄 펴냄 · 2022년 8월 31일

지은이 · 오세영 외
발행인 · 박근섭, 박상준
펴낸곳 · (주) 민음사

출판등록 1966. 5. 19. 〈제16-490호〉
서울특별시 강남구 도산대로1길 62(신사동)
강남출판문화센터 5층(우편번호 06027)
대표전화 02-515-2000 / 팩시밀리 02-515-2007
www.minumsa.com

ⓒ오세영 외, 2007. Printed in Seoul, Korea.

ISBN 978-89-374-1211-0 (03810)

※ 이 책은 문화관광부, 서울문화재단, 대산문화재단의
  지원을 받아 발간되었습니다.
※ 잘못 만들어진 책은 구입처에서 교환해 드립니다.